우리말의 고향

이 도서의 국립중앙도서관 출판예정도서목록(CIP)은 서지정보유통지원시스템 홈페이지(http://seoji.nl.go.kr)와 국가자료종합목록 구축시스템(http://kolis-net.nl.go.kr)에서 이용하실 수 있습니다.
(CIP제어번호 : CIP2019024703)

겨레문화 28

증보판

우리말의 고향

김소내 씀

한누리미디어

머리글

우투리님, 반가워요.

우투리님, 그 동안도 잘 계셨지요? 내가 어릴 때 할아버지가 들려주신 옛이야기 속에서 그대를 처음 만났을 때는 그대 이름도 몰랐는데 이렇게 또 만나게 되어 반가워요.

지금 기억나는 어릴 때 할아버지가 들려주신 이야기는 대충 이런 것입니다. 옛날 어느 마을 뒷산에 백마 탄 아기장수가 태어날 명당이 있었는데, 그 소문을 들은 왜놈들이 그 명당자리에 아기장수가 태어나지 못하도록 쇠말뚝을 박아 놓았다는 거예요. 그 소식을 듣고 분개한 마을 사람들이 떼를 지어 그 명당자리를 찾아가 박힌 쇠말뚝을 빼냈더니, 글쎄, 쇠말뚝 끝에 사람의 피가 묻어나왔다는 게 아니겠어요? 아기장수는 땅속에 꼿꼿이 선 채로 묻혀 있으면서 곧 세상에 나올 날만을 기다리고 있었는데, 쇠말뚝이 아기장수의 장백이까지 닿았기 때문에 피가 묻어나왔다는 거지요. 그 뒤 마을 사람들은 계속 백마 탄 아기장수가 나오기를 기다렸지만 아직까지 나오지 않았다는 이야기입니다.

이야기를 끝내면서 할아버지는 나에게 '아기장수는 지금도 살아 있을까?' 하고 물었어요. 너무 간단하고 소박한 이야기지만 아무리 생각해도 아기장수가 죽었을 것 같은 생각에 어린 가슴이 많이 아팠지요.

나는 나이가 조금 들어서야 동화 책 속의 '아기장수 우투리'[1]를 읽게 되었습니다. 어릴 적 할아버지께 들었던 그 아기장수 이름이 그대 '우투리' 인 것과 그대가 지리산 속 민중의 영웅이란 것도 그때 비로소 알게 되었지요.

평소에 넘치는 외래말 속에서 본디 우리말 찾기를 즐기던 나는 장수(將帥)나 영웅(英雄)의 본디 우리말은 뭘까 늘 궁금했는데, 그대 이름 '우투리' 가 바로 장수나 영웅의 본디 우리말임을 알고는 얼마나 반가웠던지 몰라요. 그 뒤 그대

1) 민족문화대백과에서 '우투리설화' 또는 '울때기설화' 로 적고 있다.

아버지뻘쯤 되는 말이 배달이고 더 올라가서 할아버지뻘쯤 되는 말이 '박달'이란 것도 알게 되었지요.

우리말은 오랜 동안 한자문화 속에 쪼들리기만 했고 일제 강점기엔 영영 잃어버릴 뻔했습니다. 나라를 되찾은 오늘날은 또 어떻습니까? 마주이야기에서 영어를 섞어 쓰는 것은 기본이랄까요? 글자살이도 한글만 쓰기를 비웃기라도 하듯 한자, 알파벳, 히라가나 따위를 마구 섞어 쓰고 있습니다. 모범을 보여야 할 방송매체나 높은 사람들이 한 술 더 떠서 앞장서 춤추어 왔습니다. 이러다가는 우리말을 다시 잃어버리고 마는 것은 아닐지 걱정입니다. 나라를 빼앗겼을 때는 목숨처럼 되찾으려고 애쓰던 우리말인데!

그러다가도 가끔 내 귀를 부드럽게 때리는 토박이말이나 아름다운 우리말을 만나노라면 그때마다 잃어버린 오누이를 만난 듯 반가웠습니다. 우연한 기회에 아낙들이나 어린이들이 때 묻지 않은 토박이말로 말잔치를 벌이는 어느 시골 마을 어귀를 스치노라면 '저것이 아직도 살아있는 우리 모습이로구나' 하며 괜히 혼자 행복감에 젖기도 했습니다. 이 나라 골골마다에는 아직도 다정한 토박이말들이 많이 살아 있는 것을 보고는 희망의 산으로 여기기도 합니다.

우투리님, 그대가 아직 땅속에 살아 있다면 어린 시절 참새처럼 우리말을 재잘거리며 뛰놀던 고향 마을에 태어나 줬으면 좋겠어요. 푸른 언덕 위에 솟대를 세우고 아름드리 나무에게 꿈을 빌며 같이 살고 싶어요. 우리 얼을 멱 감아 온 맑은 강물을 살리며 내 고을과 건강한 지구별의 앞날을 노래하며.

앞에서도 말했지만 그대 이름 우투리는 장수나 영웅의 본디 우리말인데 안타깝게도 우리는 지금 이 말을 잃어버리고 말았지요. 우리가 이렇게 본디 우리말을 많이 잃어버리게 된 까닭은 나라를 이끌던 사람들이 삶에서 한자를 많이 썼기 때문입니다. 그래서 우리말에는 장수(將帥), 영웅(英雄), 민족(民族), 학교(學校) 따위처럼 한자말이 많잖아요?

신라 경덕왕 때 일로 알고 있어요. 서기 760년쯤 일이니 지금부터 1250여 년 앞부터 우리나라 모든 땅 이름이나 사람 이름이나 벼슬 이름 따위를 당나라 모습으로 고쳐 적기로 했죠. 그때부터 우리가 본디 우리말을 많이 잃어버리는 길로 들어선 거죠. 모든 것을 당나라 모습으로 바꾸고 당나라를 따라가는 것이 좋은 나라가 되는 길이라고 믿었던 모양입니다. 지금 생각하면 매우 어리석은 일이죠. 내 삶을 지금 여기 나를 임자로 삼지 않고 먼 데 있는 남을 따라간 거예요. 사람이든 나라든 제 개성을 살려 서로 다른 모습으로 임자답게 살아갈 때 인류사회가 더 튼실하게 된다는 것을 미처 생각하지 못했던 거지요.

그런데 그대 이름 '우투리'는 본디 우리말이 맞잖아요? '우투리'는 한자로 뭐라고 쓸 건덕지가 없습니다. 아버지나 어머니가 그냥 그대로 아버지, 어머니인 것처럼. 어떤 사람은 또 이렇게 물을지도 몰라요. 그럼 무슨 말이든 그것을 한자로 쓸 수 없는 것이면 다 본디 우리말이 맞느냐고.

이는 우투리라는 그대 이름이 혹시 몽골이나 다른 나라에서 들어온 지 얼마 안 되는 남의 말이 아닐까 하는 물음이겠죠. 아마 그대는 벌써 속으로 '아니'라고 말하고 있을 거예요. 그런데도 다른 나라에서 들어온 말로 계속 의심받는다면 마음이 또 얼마나 아플까요? 나는 그대 이름이 다음과 같이 우리말 '밝닭'에서 온 것으로 보고 있습니다.

밝닭 → 박달, 봉두 → 배달, 버들, 부두 → **우투리**, 우투, 우데, 우두, 웃

밝달과 비슷한 이름으로 신라 시조 혁거세의 넷째 아들인 박특(朴特)이 있고, 백제 27째 임금인 위덕(威德)이 있지요. 나는 이 이름들이 그대 이름과 같은 뿌리에서 나온 말이라고 생각해요. 이는 모두 삼국사기에 적힌 이름들인데, 이 이름들은 더 나아가 몽골말의 영웅이란 뜻의 바타르와 비슷합니다. 저는 이런 말들이 모두 우리말 밝닭에서 나왔다고 생각해요.

밝닭	→	박특	→	바타르	→	우투리	→	위덕
(우리말)		(혁거세 아들)		(몽골 말)		(설화 주인공)		(백제 임금)
		(서기전 1세기)		(영웅)		(영웅)		(6세기)

위에서 보듯이 이런 이름들은 우리말 밝닭에서 왔는데 오랜 동안 곳곳마다 환경에 따라 조금씩 다르게 바뀌어서 지금은 많이 다른 모습을 하고 있죠. 그래서 사람들은 이들이 같은 뿌리에서 온 말임을 잘 알아차리지 못하지요. 특히 바타르에서 우투리가 되는 길에서 겉모습이 가장 많이 바뀌었는데 이는 [ㅂ]이 부드러워지는 모습입니다.

바타르 → 우투리
[ㅂ] → [ㅸ] → [우]

주로 우리나라, 몽골, 중앙아시아에 이와 비슷한 이름들이 많이 널려 있습니다. 재미있는 것은 이런 이름들이 모두 동이족(예로부터 우리 겨레를 이르는 말) 또는 훈족(흉노라고도 이름)이 살아 움직이던 곳에서 많이 보인다는 거예요. 이는 주로 사람 이름이나 마을 이름이나 산 이름이나 강 이름 따위를 영웅(英雄)의 뜻으로 나타낸 것입니다.

우리나라에만 해도 박달재, 박달나무, 버드나무, 배달겨레, 벌재, 백산, 부아악(북한산), 발해, 백하, 패수 따위가 있고, 내몽골에 울라하다(홍산, 紅山)가 있고, 위구르에 박격달봉이 있고, 중앙아시아의 대하(大夏, xar)에 바크타르가 있지요. 나는 이런 말들이 다들 밝닭에서 나온 말들이라고 생각해요. 이는 나만의 생각이 아니고 보다 앞서 이런 우리말의 뿌리에 관심을 가졌던 분들이 이미 말씀한 거예요. 더 밝히면 '조선상고사' 를 쓴 단재 신채호와 '불함문화론' 을 쓴 육당 최남선 같은 분들입니다.

밝닭은 '밝' 과 '닭' 로 되어 있는데, '밝' 은 '밝다' 나 '불' 을 뜻하고 '닭' 은 '사람' 으로 풀립니다. 그리하여 '밝닭' 은 '밝은 사람' 또는 '뜨거운 사람' 이 되는데, 여기서 영웅을 뜻하는 '우투리' 가 되었지요. 이처럼 그대 이름이 우리말 '밝닭' 에서 온 것이 증명됩니다. 우투리님! 제 풀이가 맞다면 언짢았던 기분을 푸세요.

그리고 참, 그대에게 또 묻고 싶은 것이 있습니다. 지금이라도 우리가 '영웅' 이라는 뜻의 본디 우리말인 '우투리' 를 살려 쓰면 어떨까요? 다른 나라도 더러 그런다는데.

궁금한 우리말의 뿌리

그대는 우리말의 뿌리가 어딘지 궁금하지 않나요? 가령 우리말에서 어머니는 왜 어머니가 되었는지, 아버지란 말은 또 그 뿌리가 어딜까? 이런 물음요.

우투리님, 우리가 좋아하는 것에 '꽃' 이 있죠? 이 꽃의 말뿌리는 무엇일까요? '꽃' 은 본디 '곶' 에서 왔는데, 여기서는 된소리 되기와 거센소리 되기가 일어나서 지금처럼 '꽃' 이 되었지요.

곶 → 꽃
(ㄱ → ㄲ : 된소리 되기)
(ㅈ → ㅊ : 거센소리 되기)

그렇다면 또 '곶'은 무엇일까요? 이는 뾰족한 것을 나타내는 말입니다. 이는 포항 '호미곶'이나 황해도 '장산곶'에서 보이는 말인데, 여기서도 뾰족한 땅이나 끝을 말하죠. 송곳의 '곳'도 이와 같은 말인데 꽃은 끝이나 높은 곳에서 피기 때문에 '곶(끝)'에서 '꽃'이 나왔나 봐요. 그래서 사람들이 꽃을 고결하게 여기는지도 모르죠.

곶 : 끝, 뾰족한 것, 높은 것

충남 안면도에는 '꽃지'라는 예쁜 마을이 있는데, 해마다 꽃 박람회가 열리는 곳이죠. '꽃지'는 본디 '고지'이고 이는 곧 '곶'에서 나왔음을 알 수 있습니다. '곶'에서 '꽃'이 나왔으므로 여기서 꽃 박람회를 열려는 생각을 할 만도 하죠.

그러면 또 우리가 좋아하는 새를 알아볼까요? 새는 무엇이며 어디서 왔을까요? '새'는 그냥 '새'면 되는 것이지 무엇을 묻고 자시고 할 것이 있느냐 할 수도 있습니다. 그러나 이 말도 아래처럼 '닭'에서 왔다면 사람들이 놀라죠.

닭 → 다락 → 사락 → 솔개 → 수리 → 새

새는 본디 닭이었습니다. 옛날에는 다 같은 닭이었지만 새와 집짐승인 닭이 갈라져 두 낱말이 되었지요. 일본말에 새를 '도리'라고 하는데 이는 '닭'의 흔적입니다. 그래서 우리나라의 '서라벌'은 본디 '닭벌'이었는데 '새벌'이 된 것을 알게 되고, 또 서라벌이 계림(鷄林)인 까닭도 깨닫게 되지요.

닭벌 → 다락벌 → 사락벌 → 서라벌 → 새벌 → 계림(鷄林)

우투리님, 이렇게 말뿌리를 캐다 보면 우리 뿌리와 마음도 알게 되지 않을까요? 서라벌 사람들은 새를 믿었으므로 나라 이름도 새와 얽힌 '새벌'로 지었고, 소도(蘇塗)에 솟대(새의 모습을 깎아 세운 장대)를 많이 세운 것입니다.

궁금한 우리 뿌리

우투리님, 우리 뿌리는 어디이며 무엇일까요? 나는 이것이 참 궁금합니다. 멀리서 여기까지 왔다느니, 본디부터 여기서 살았다느니, 이름은 무엇인데 그 뜻은 이렇다느니, 저렇다느니 말씀이 많으니.

이제까지 고조선만 해도, 학자들끼리 그것이 있었느니, 없었느니 했고요. 고조선을 세운 단군은 누군지, 고조선의 서울인 아사달이나 평양이나 신시(神市)는 무엇을 뜻하며 어디 있었는지 밝혀진 것이 적습니다. 또한 우리는 배달이라느니 아니라느니 하는 의견도 분분하지요.

그래서 나는 오랜만에 그대를 만나고부터 둘이 함께 우리 고향을 말씀으로써 찾아가 보고 싶습니다. 그곳 뒷산에는 아직도 연붉은 진달래가 우리말로 속삭이며 피어나고 앞내엔 아이들이 멱 감는 시냇물이 지줄대며 흐르고 있을 것 같아요. 그곳은 산까치가 울면 혹시나 반가운 손님이 오시려나 사람들이 동구밖에 기다림의 눈길을 걸어놓은 그런 아름답고도 따뜻한 마을은 아닐까요?

안 그래도 우리에게는 옛글이나 유물이 불타고 무너지고 빼앗기고 하여 많이 남아 있질 않잖아요? 그러니까 말씀의 뿌리를 캐는 것도 우리 고향으로 가는 데 도움이 되리라고 믿습니다. 이런 내 마음과 함께해 주실 거죠?

그러나 솔직히 말해서 걱정이 많습니다. 관심은 있으나 배움과 생각이 짧은 내가 과연 우리 고향에 얼마나 다가갈 수 있을는지. 그래도 그대와 함께 슬기를 모으고 마주 이야기를 나누며 걷다 보면 좋은 일도 더러 생기리라고 믿습니다. 그러니 내 생각이나 말씀을 들어 보고 아니라고 생각되면 언제든 아니라고 말씀해 줘요. 무턱대고 내가 가자는 데로 따라오지만 말고요.

먼저 고조선에 얽힌 것부터 풀어 보고 싶고, 다음으로 흉노와 우리와의 사이도 밝히고 싶습니다. 몇 해 전 일인데 신라 왕족은 흉노의 후예라는 내용이 적힌 문무왕비를 잃었다가 되찾았잖아요? 그 뒤 흉노가 우리와 어떤 인연이 있는지 관심이 높아졌고 말씀도 많아졌지요. 일찍이 단재도 흉노는 우리와 뿌리가 같다고 했는데,[2] 사람들이 궁금해 하는 것이 한두 가지가 아닐 거예요. 저는 그 문무왕의 글돌을 잃었다가 되찾은 것은 뜻이 매우 크다고 생각합니다.

우리에겐 잃어버린 역사가 있으니 이를 찾는 것은 매우 시급합니다. 우리 뿌리는 어디며, 키워야 할 싹은 무엇이고, 솎아야 할 지시미는 무엇인가? 우리가 역사를 너무 모르니 누가 물어도 말을 못하고, 삶이 바람에 흔들리는 것은 아닐까요? 반가운 우투리님! 그럼 둘이 함께 마주 이야기해 보자고요. 우리 고향은 어디며 어느 하늘 아래의 모습인가를!

---

2) 신채호 쓰고 박기봉 옮김, 《조선상고사》 (비봉출판사, 2006) 27쪽

알아두기

(1) 우리말의 뿌리말

처음 우리에게는 일곱 말이 있었습니다. 이 일곱 말을 우리말의 '뿌리말' 이라 하겠습니다.

ᄀᆞ르 ᄃᆞ르 ᄇᆞ르 ᄆᆞ르 ᄃᆞᆰ ᄇᆞᆰ ᄆᆞᆰ

이 일곱 말에 들어있는 모음 아래아[•]를 이 책에서는 쉽게 [ㅏ]로 적겠습니다.

ᄀᆞ르 ᄃᆞ르 ᄇᆞ르 ᄆᆞ르 ᄃᆞᆰ ᄇᆞᆰ ᄆᆞᆰ → 가르 다르 바르 마르 닭 밝 맑

이 일곱 뿌리말은 오늘까지 이렇게 걸어왔습니다.

가르 → 자르 → 하르 → 나르 → 아르
다르 → 사르 → 자르 → 하르 → 나르 → 아르
바르 → 화르 → 와르 → 우르
마르 → 만 → 망 → 마
닭 → 삵 → 잙 → 핡 → 낡 → 앍
밝 → 홝 → 왉 → 욹
맑 → 막 → 말 → 만 → 망 → 마

(2) 아래아[•]

우투리님, 아래아[•]는 지금 잘 쓰이지 않는 옛 글자지만, 이 책에서 가끔 써 먹습니다. 옛 글자를 이 책에서 굳이 쓴 까닭은 옛말을 적는 데 도움이 되기 때문입니다. 옛말에서 몇 안 되는 홀소리가 오늘날의 ㅏ, ㅓ, ㅗ, ㅜ, ㅡ, ㅣ와 같은 여러 소리로 갈라지기 이전에 나온 소리가 바로 아래아[•]이기 때문이에요.

아래아[•]는 제주도에서는 아직도 쓰이고 있는 소리요 글자지요. 나는 2010년 2월 현기영[3]님을 따라 제주 문학기행을 다녀왔는데, 이 소리를 제주도 토박

3) 현기영(1941~) 소설가. 순이 삼촌, 지상에 숟가락 하나 들들 제주 민중의 삶을 깊게 다루어 '4 · 3 작가' 로 불린다.

이들이 [ㅏ]와 [ㅗ] 사이의 소리쯤으로 짧게 소리 내는 것으로 알아들었습니다. 알다시피 우리는 '사삼항쟁'을 처음에는 격을 낮추어 '4 · 3사태'라 했지요. 그런데 그곳 토박이들은 이를 아래와 같이 '사삼ᄉᆞ태'라고 적고, 여기의 [ㆍ]를 [ㅏ]와 [ㅗ]의 사이 소리쯤으로 짧게 소리내는 것으로 들었습니다. 거의 '사삼소태'에 가깝게 소리내더라고요.

[ㆍ]는 [ㅏ]와 [ㅗ] 사이의 짧은 소리(지금 제주도에서)

한편 이 아래아[ㆍ]는 환경에 따라 여러 홀소리로 바뀌었는데 이 길에서 어떤 규칙성 같은 것은 보이지 않습니다.

ᄀᆞ슬 → 가을	ᄆᆞ슬 → 마을	소ᄅᆡ → 소리	ᄆᆞᄅᆞ → 마루

하여튼 이 책에서 가끔 아래아[ㆍ]가 나오면 놀라지 말고 대략 오늘날의 [ㅏ]쯤으로 소리내면 큰 탈 없다고 생각하고 글을 읽으면 됩니다.

(3) 'ø'의 쓰임

그리고 이 책에서 수학 기호인 'ø'를 가끔 썼는데, 이는 있던 소리가 없어졌다는 뜻입니다. 다음에서 '딸'이 '따님'으로 될 때, [ㄹ]이 떨어졌다는 것이죠.

딸 → 따님
[ㄹ] → Ø

(4) 닿소리의 길

우리말 닿소리는 다음과 같이 걸어 왔는데 이를 '닿소리의 길'이라 하겠습니다.

[ㄷ] → [ㅅ] → [ㅈ] → [ㅎ] → [ㄴ] → [ㅇ] → Ø : 닿소리의 길('ㄷ'의 길)
[ㄱ] → [ㅈ] → [ㅎ] → [ㄴ] → [ㅇ] → Ø : 닿소리의 길('ㄱ'의 길)

(5) 콧소리의 길

콧소리들은 대체로 다음과 같이 걸어 왔기에 이를 '콧소리의 길'이라 하겠습니다.

[ㄹ] → [ㄴ] → [ㅇ] → Ø : 콧소리의 길

(6) 하화(夏華)

이 책에서 하화(夏華)라는 말이 자주 나오는데, 이는 중국(中國)을 나타낸 말입니다. 하화(夏華)의 하(夏)는 중국이 그들의 첫 왕조라고 주장하는 하(夏)나라에서 왔고, 화(華)는 중화(中華)의 화(華)에서 왔죠.

중국(中國) 대신 굳이 하화(夏華)를 쓰는 까닭은 하화가 중국(中國)이라는 나라 이름을 쓴 것은 그리 오래 되지 않았기 때문이죠. 알다시피 손문이 신해혁명을 일으킨 뒤 중화민국을 선포했는데 이때부터 중화민국(中華民國)을 줄여서 중국이라 부르게 되었지요. 그러니 그 옛날에는 '중국(中國)' 이 없었으므로 하화(夏華)라는 말을 씁니다.(또는 화하華夏라고도 함) 이는 때로는 중국을 이루는 주된 종족인 한족(漢族)을 뜻하기도 합니다.

그런데 또 한족(漢族)이라는 말을 잘 안 쓰는 까닭은 중국 안에는 그들 말고도 여러 겨레가 살고 있기 때문입니다.

Contents
차례

Contents

차례

〈세 마당〉 3조선

〈네 마당〉 신(神)과 무당

〈다섯 마당〉 이어진 뿌리

〈여섯 마당〉 닭의 빛

Contents 차례

〈일곱 마당〉 불어라 신바람

〈여덟 마당〉 마무리

〈첫 마당〉

말씀

1. 혁거세왕과 징기스칸
2. 게세르
3. 말의 시작
4. 사뇌가(詞腦歌)
5. 고조선의 신지(神誌)
6. 사뇌가에서 나온 시조(時調)

1. 혁거세왕과 징기스칸

우투리님, 나는 어려서부터 신라의 첫 임금인 혁거세왕은 누구며 무슨 뜻인지 매우 궁금했습니다. 살수대첩에서 크게 이긴 을지문덕은 왜 우리 이름처럼 석 자로 되어 있지 않을까? 살수대첩(薩水大捷)의 살수(薩水)는 어느 물이며 무슨 뜻을 담고 있을까?

그러다가 깨달은 바가 있어 이제 혁거세왕과 징기스칸을 한 자리에 앉히고 말문을 열어 보고자 합니다. 신라의 혁거세왕과 몽골의 징기스칸을 굳이 한 자리에 부른 것은 매우 엉뚱한 생각입니다. 그러나 이 둘의 말뿌리를 캠으로써 이들은 서로 어떤 인연으로 얽혔으며 오늘 우리와는 어떻게 이어져 있는지 그 물음의 실타래를 풀고 싶기 때문입니다.

혁거세왕

삼국사기는 혁거세를 다음과 같이 밝혔습니다.[4]

> 始祖 姓朴氏 諱赫居世 前漢孝宣帝 五鳳元年甲子 四月丙辰(一曰正月 十五日) 卽位 號居西干 時年十三 國號徐那伐 先是 朝鮮遺民 分居山谷之間 爲六村 …
>
> 시조는 성(姓)이 박씨(朴氏)요 이름은 혁거세다. 전한(前漢) 효선제(孝宣帝) 오봉(五鳳) 원년 갑자(서기전 57) 4월 병진(또는 정월 15일이라고도 함)에 즉위해 거서간(居西干)이라 불렀다. 나이는 13살이고 나라 이름을 서나벌(徐那伐)이라 했다. 이 앞서 조선의 유민이 골짜기에 나뉘어 살았는데 이를 6촌이라 했다. …

혁거세(赫居世)는 다음과 같이 '밝은 예(濊)'를 뜻할 것입니다. 혁(赫)은 밝이요, 거세(居世)는 예(濊)를 나타내는 '게세르'를 한자로 적었을 것이기 때문입니다. 게세르가 예(濊)를 뜻하는 것은 이 다음에 풀겠습니다.

혁거세(赫居世) = 혁(赫) + 거세(居世) = 밝 + 게세르 = 밝은 예(濊)
　　　　　　　　밝　　　　게세르　　　　　　예(濊)

그러므로 '혁거세왕' 하면 '밝은 예(濊)의 임금'이 됩니다.

---

4) 김부식(金富軾), 《삼국사기》 〈신라본기〉 혁거세 쪽

혁거세(赫居世) → 혁거세(赫居世)왕
밝은 예(濊)　　　밝은 예(濊)의 임금

제 생각이 맞는지, 이와 얽힌 삼국유사[5]를 더 봅니다.

… 於是乘高南望 楊山下蘿井傍 異氣如電光垂地
… 이에 그들이 높은 곳에 올라 남쪽을 바라보니 양산(楊山) 밑 나정(蘿井)이라는 우물가에 번갯불처럼 이상한 기운이 땅에 닿도록 비치고 있다.

有一白馬跪拜之狀 尋撿之有一紫卵(一云靑大卵)
흰 말 한 마리가 땅에 꿇어 앉아 절하는 모습을 하고 있어서 그곳을 찾아가 살폈더니 거기에는 자줏빛 알 한 개가 있다. (혹은 푸른 큰 알이라고도 함.)

馬見人長嘶上天 剖其卵得童 男形儀端美 驚異之 浴於東泉(東泉寺在詞腦野北)
그러나 말은 사람을 보더니 길게 울고는 하늘로 올라가 버렸다. 알을 깨 어린 사내아이를 얻으니, 몸이 단정하고 아름다웠다. 모두 놀라 이상하게 여겨 그 아이를 동천에 멱 감겼더니 (동천사는 사뇌야 북쪽에 있다.)

身生光彩 鳥獸率舞 天地振動 日月淸明
몸에서 빛이 나고 새와 짐승들이 따라서 춤을 췄다. 이내 천지를 울리고 해와 달이 맑았다.

因名赫居世王(盖鄕言也 或作弗矩內王 言光明理世也)
이에 그 아이를 혁거세왕(赫居世王)이라 이름하고(이 혁거세는 사투리일 것이다. 혹은 불구내왕이라고도 하니 밝게 세상을 다스린다는 뜻이다.)

說者云 是西述聖母之所誕也 故中華人讚仙桃聖母 有娠賢肇邦之語是也
해설자 왈, "이는 서술성모가 낳을 때의 일이다. 그러므로 중화인이 선도성모를 찬양한 말에, '어진 이를 낳아 나라를 세웠다.' 는 말이 이 때문이다." 한다.

乃至鷄龍現瑞產閼玲 又焉知非西述聖母之所現耶 位號曰居瑟邯(或作居西干)
그러고 보면 닭이 상서를 나타내고 알영을 낳은 얘기 또한 어찌 서술성모의 현신을 말한 것이 아닐까? 위호를 거슬한이라 하니(혹은 거서간이라고도 하니)

初開口之時自稱云 閼智居西干一起因其言稱之 自後爲王者之尊稱
그가 처음 입을 열 때에 스스로 말하기를, "알지거서간이 한 번 일어났다."는 말에서 일컬은 것이다. 이 뒤부터 모든 임금의 존칭이 거서간(居西干)으로 되었다.

위에서 '혁거세왕은 불구내왕이며 밝게 세상을 다스린다.' 는 뜻으로 풀었는

5) 일연(一然), 《삼국유사三國遺事》 신라시조 혁거세왕(新羅始祖赫居世王) 쪽

데 이는 더 정확하게 '혁거세왕은 불구내왕이며 밝게 세상을 다스리는 왕' 일 것입니다.

혁거세왕 : 밝게 세상을 다스린다. → 밝게 세상을 다스리는 왕
불구내왕

이는 제가 이 앞서 혁거세왕을 '밝은 예(濊)의 왕' 으로 풀이한 것과 크게 다르지 않습니다. 왜냐하면 거세(게세르)는 예(濊)를 뜻하기도 하지만 나라나 누리로도 풀리기 때문입니다. 누리는 곧 세상이 맞죠. 그러므로 삼국유사의 풀이와 제 풀이는 서로 보증합니다.

삼국유사	혁거세왕 = 불구내왕 = 밝은 + 누리 + 왕 赫居世王 밝내왕 밝게 누리를 다스리는 왕
내 풀이	혁거세왕 = 혁 + 거세 + 왕 = 밝은 예濊의 왕 赫居世王 밝 예濊 나라 왕 밝게 예를 다스리는 왕

그리고 신라를 세울 때 임금을 '거서간' 이라고 불렀으며, 거서간(居西干)을 거슬한(居瑟邯)으로 적기도 했습니다.

거서간 = 거슬한 : 임금

그런데 '거서간' 은 알고 보니 그냥 '임금' 이 아니라 '예(濊)의 임금' 입니다.

거서간 = 거서(게세르) + 간 = 예濊(우리 겨레의 옛 이름)의 임금
예(濊) 임금

그러니까 누가 혁거세거서간님! 하고 부르면, 이것은 혁거세임금님! 하고 부르는 말이지요. 그런데 여기서 '거세' 와 '거서' 는 한자로 적다 보니 약간 다른 모습일 뿐 예(濊)를 뜻하는 같은 말입니다. 그래서 겹친 말 하나를 빼면 '혁거서간' 이 되고, 이는 끝내 '밝은 예(濊)의 임금' 이 되지요.

혁거세 거서간 = 혁 + 거세 + 거서 + 간 = 혁 + 거서 + 간
혁거세 왕 밝 예濊 임금

징기스칸

징기스칸은 어떻게 풀릴까요? 이는 '징' 과 '기스' 와 '칸' 으로 나눌 수 있는데, 여기서 '징' 은, 위험성이 없는 것은 아니지만 우리말의 '징하다' 에서 온 것으로 보고 사전을 살폈더니 이는 전라도 사투리로서 '크게 울리다' 의 뜻을 가진 움직씨라는군요. 그래서 '징' 을 이름씨꼴의 '큰 울림' 으로 풀었습니다. '기스' 는 혁거세의 '거세' 와 같은 '예(濊)' 를 뜻하며, '칸' 은 '간' 과 같은 임금을 뜻한다고 이미 밝혔죠. 그러므로 '징기스칸' 은 '크게 울리는 예(濊)의 임금' 입니다.

징기스칸 = 징 + 기스(게세르) + 칸 = 크게 울리는 예(濊)의 임금
큰 울림 예(濊) 임금

제가 여기서 몽골 말 '징' 을 우리말처럼 취급하는 것은 몽골 말과 우리말이 거슬러 올라가면 같은 뿌리일 것으로 보기 때문입니다.

마무리

혁거세왕과 징기스칸은 '혁' 과 '징' 만 다를 뿐 '예(濊)의 임금' 이라는 같은 인연을 가지고 있다는 결론입니다.

이처럼 혁거세왕과 징기스칸을 얘기하다 보면 이들이 우리에게 훨씬 더 가까이 다가오지 않나요? 신라 임금인데도 그 뜻을 잘 모르던 혁거세왕과, 누리를 호령하던 몽골의 징기스칸이 우리 조상을 뜻하는 '예(濊)' 로써 얽혀 있거니와 또 이를 우리말로 풀 수 있으니 이런 일은 무엇을 말할까요?

혁거서왕	혁 + 거서 + 간 = 밝은 예(濊)의 임금 밝 예濊 임금
징기스칸	징 + 기스 + 칸 = 큰 울림 예(濊)의 임금 큰 울림 예濊 임금

2. 게세르

게세르란?

(1) 게세르에서 온 예(濊)

게세르가 예(濊)임을 제게 귀띔해 준 이는 유창균[6]님입니다. 그는 우리 겨레 이름인 '예(濊)'를 아주 옛날에는 'gasar' 또는 'gsar'로 소리 냈을 것이라고 했어요. 이는 실로 엄청난 것을 찾은 것인데, 안타깝게도 많이들 눈여겨보지 않습니다. 저는 여기서 'gasar'를 우리말로 '게세르[ᄀᆞ르ᄉᆞ르]'로 적습니다.

gasar = 게세르[ᄀᆞ르ᄉᆞ르] = 거슬 = 거서 = 예濊

그런데 다음과 같이 '게세르[ᄀᆞ르ᄉᆞ르]'의 소리 바뀜을 좇아 보아도 여기서 실제로 '예(濊)'가 나옵니다.

게세르 →	[ᄌᆞ르ᄉᆞ르] →	[ᄒᆞ르ᄉᆞ르] →	[ᄋᆞ르ᄉᆞ르] →	[ᄉᆞ르] →	[ᄋᆞ르]
[ᄀᆞ르ᄉᆞ르]	조세르	흐사르	아사르	세르歲	예濊

그는 '예(濊)'에 대해 다음과 같이 간추려 놓았습니다.

歲 →	濊 →	獩 →	薉 →	穢
세	예	예	예	예
세르	예르	예르	예르	예르

그는 위의 글자들은 모두가 음부(소리를 나타내는 부분)가 세(歲)이므로, [예]라고 소리내기 오래 전에는 세歲[ᄉᆞ르]로 소리 냈을 것이라고 했습니다. 또 그보다 이전에는 [그ᄉᆞ르]로 소리 냈을 것이라고 했습니다. 특히 이들 글자와 음부가 같은 '귀(劌)'의 아주 옛 소리를 언어학자 칼구레인이 [그ᄉᆞ르]로 소리냈을 것으로 추정한 것을 소개하면서 '예(濊)'의 아주 옛날 소리도 '그ᄉᆞ르'였을 것이라고 주장했습니다. '그ᄉᆞ르'는 '게세르[ᄀᆞ르ᄉᆞ르]일 것입니다.

---

6) 유창균, 《문자에 숨겨진 민족의 연원》(집문당, 1999), 176쪽

예(濊) = 그ᄉᆞ르 = 게세르[ᄀᆞ르ᄉᆞ르]

(2) 글자의 짜임에서 본 예(濊)의 뜻 바뀜

유창균님의 생각을 열쇠 삼아 다음과 같이 예(濊, 獩, 薉, 穢)에서 '게세르'를 찾아 제가 다시 간추려 보았습니다.

글자	: 歲 →	濊 →	獩 →	薉 →	穢
오늘 발음	: 세	예	예	예	예
[으뜸꼴]	: [세르]	[예르]	[예르]	[예르]	[예르]
옛날 발음	: 세르	세르	세르	세르	세르
그옛날 발음	: 세르	게세르	게세르	밝세르	밝세르

1) 예(濊)

'예(濊)' 는 '수(水)' 와 '세(歲)' 가 모인 글자인데 '水' 는 'ᄀᆞ르(천川)' 로 풀고 '歲' 는 소리 그대로 풀었더니 게세르[ᄀᆞ르ᄉᆞ르]가 나오는 거예요. '水' 는 '물' 인데 '물' 은 '걸(개울)' 이라 하는 데까지 생각을 넓혔지요. 이때 예족(濊族)은 개울에서 물고기를 잡아먹고 살던 겨레로 생각됩니다. 'ᄉᆞ르' 가 겨레를 뜻하는 것은 이 다음에 풀겠습니다.

예(濊) :	水	+	歲	= 걸 + 세 =	ᄀᆞ르	+	ᄉᆞ르	=	ᄀᆞ르ᄉᆞ르
	걸(水)		해(歲)		개울		겨레		게세르 → 예濊
	*뜻새김		*소리새김						

2) 예(獩)

'예(獩)' 는 '개(犬)' 와 '세(歲)' 가 모인 글자인데 '개' 는 'ᄀᆞ르' 로 풀고 '세(歲)' 는 'ᄉᆞ르' 로 푸니 또 '게세르' 가 나옵니다. 이때 예족(獩族)은 개나 가축을 기르는 겨레가 됩니다.

예(獩) :	犬	+	歲 = 개 + 세 =	ᄀᆞ르	+	ᄉᆞ르	=	ᄀᆞ르ᄉᆞ르
	개(견)		해(세)	개(견犬)		겨레		게세르 → 예濊
	*뜻새김		*소리새김					

3) 예(薉)

'예(薉)' 는 '풀(草)' 과 '세(歲)' 가 모인 글자인데 '풀' 은 '밝' 으로 풀고 '세(歲)' 는 'ᄉᆞ르' 로 풀었더니 여기서는 '밝ᄉᆞ르' 가 나옵니다. 이때 예족(薉族)은 '밝ᄉᆞ르' 로 불린 모양인데, 이는 '풀밭에 사는 겨레' 라는 뜻입니다. 그런데 '밝ᄉᆞ르' 는 '게세르' 와 같습니다. '밝' 과 '가르' 는 언제든 맞바꿀 수 있는 말이기 때문인데 이는 이 다음에 밝힙니다.

> 예(薉) : 草 + 歲 = 풀 + 세 = 밝ᄉᆞ르 = 밝세르 ⇄ 게세르
> 풀(초) 해(세) 밝 ᄉᆞ르 풀 겨레 예濊
> *뜻새김 *소리새김

4) 예(穢)

'예(穢)' 는 '벼(화禾)' 와 '세(歲)' 가 모인 글자인데 '벼' 는 '밝' 으로 풀고 '세(歲)' 는 'ᄉᆞ르' 로 풀었더니 또 '밝ᄉᆞ르' 가 나옵니다. 이때도 예족(穢族)은 '밝ᄉᆞ르' 로 불린 모양인데, 이는 '벼농사를 짓는 겨레' 가 됩니다.

> 예(穢) : 禾 + 歲 = 벼 + 세 = 밝 + 사르 = 밝세르 ⇄ 게세르
> 벼(화) 해(세) 밝 ᄉᆞ르 벼(禾) 겨레 예濊
> *뜻새김 *소리새김

제가 깜짝 놀란 것은 한자(漢字)가 우리 겨레의 이야기를 이렇게 참되게 적어 놓았을 줄은 미처 몰랐기 때문입니다. 우투리님, 이렇게 한자(漢字)가 아주 옛날의 우리 겨레를 정확하게 나타내고 있는 모습은 무엇을 말할까요?

저는 처음엔 예(濊)를 한자의 뜻으로만 풀려고 했더니, 아무리 궁구해도 안 되는 거예요. 그 까닭은, 당시에는 한자의 음절을 다시 부수(뜻을 나타내는 부분)와 음부(소리를 나타내는 부분)로 나누어 그 뜻과 소리를 다 이용해서 복잡하게 적은 것을 미처 몰랐기 때문입니다.

> 예(濊) = 水 + 歲 = 물의 해 → (×)
> 물(수) 해(세) (뜻)
> **걸(천川) 해(세) → 걸 + 세 = 게세르 = 예(濊)** → (○)
> *뜻새김 *소리새김 걸세 [가르사르]

유창균님이 예(濊)를 게세르[ᄀᆞ르ᄉᆞ르]로 풀 수 있었던 것도 그가 예(濊)의 뜻이 아닌 소리에 귀 기울인 덕택입니다. 이제까지의 풀이를 간추렸습니다.

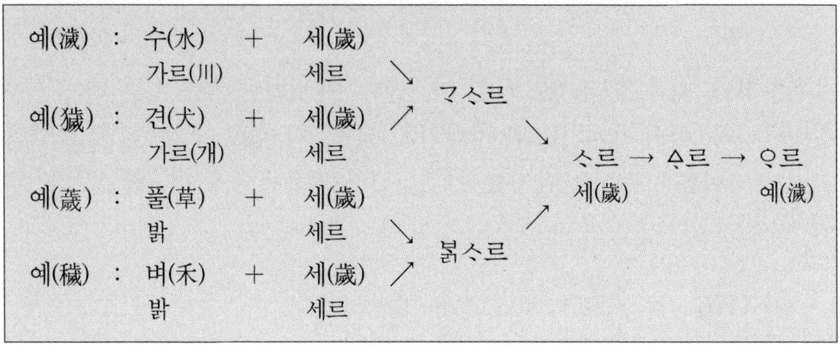

게세르는 누구인가?

우투리님, 예(濊)는 게세르에서 온 것을 앞에서 알았지요? 또한 거슬(居瑟), 거서(居舒)도 다 한자로는 조금씩 다르게 적혔을지라도 '게세르'와 같은 말임을.

예(濊) = 게세르[ᄀᆞ르ᄉᆞ르] = 거슬(居瑟) = 거서(居舒)

(1) 게세르는 하늘에서 내려온 영웅

게세르는 범몽골 게세르신화[7]에 나오는 주인공이죠. 범몽골 게세르신화에 따르면 게세르는 하늘에서 내려와 악의 무리를 물리치고 평화 세상을 만들었다[8]고 합니다. 이는 단군신화의 주인공인 '단군'과도 비슷한 영웅입니다. 그는 제정일치시대 제사장이며 신(神)이며 하늘이기도 합니다.

게세르 = 예(濊) = 제사장 = 신(神) = 하늘

(2) 게세르는 말씀 또는 샤먼

또한 예(濊)인 게세르를 '소리'로 풀면 '말씀'이기도 합니다. 게세르의 으뜸꼴을 [가르사르]로 잡고 이를 더 잘게 나누어 보면 [가르]와 [사르]가 나오는데

7) 일리아 N. 마다손 채록, 양민종 옮김, 《바이칼의 게세르신화》(솔출판사, 2008), 25쪽
8) 일리아 N. 마다손 채록, 양민종 옮김, 위의 책, 38쪽

이는 둘 다 말씀의 뜻을 가지고 있기 때문입니다.

예(濊) = 게세르[가르사르] = 가르 + 사르 = 말씀
말씀 말씀

우투리님, 제가 '가르' 와 '사르' 가 '말씀' 을 뜻하는 것을 아는 데는 시간이 걸렸습니다. 여러 가지 시도를 하다가 [가르]와 [사르]를 이름씨로 보고 다음과 같이 움직씨를 만들어 보았지요. 그랬더니 신통하게도 둘 다 '말씀하다' 의 뜻인 '가로다' 와 '사로다' 가 나오는 것이 아니겠습니까?

가르 + 다 = 가로다 = 고다 = 말씀하다
사르 + 다 = 사로다 = 아로다 = 아뢰다 = 간곡히 말씀드리다

또 게세르[가르사르]를 [가르]와 [사르]로 나누지 않고 거기에 그대로 '~다' 를 붙여 보니 다음과 같이 '구슬리다(가라사대)' 가 나오고 이의 이름씨꼴인 '꾸중' 도 나옵니다. 그리고 이는 '웃어른이 아랫사람에게 어르고 달래다.' 는 뜻을 가지고 있음을 알았지요. 또한 여기서 '가르치다' 도 나왔는데 이는 물론 스승이 제자에게 가르치는 것이겠죠. 옛날에 게세르가 스승 역할도 한 모양입니다.

게세르 + 다 = 가르사르다 ⇨ [가르사르] 가라사대	구슬리다 → 구시렁(일본말 '쿠사리') 구지르다 → 꾸지르다 → 꾸중 가르자르다 → 가르치다 → 가르침 자르자르다 → 지즈다 → 지중(차차웅) 사르사르다 → 시새다 → 스승

이처럼 예(濊)인 '게세르' 를 소리로 풀면 어떻게 풀든 '말씀' 이 됩니다. '말씀' 은 제정일치시대의 샤먼(무당)과 바로 잇기는 개념입니다. 샤먼은 말씀으로써 신과 사람을 이었습니다.

예濊 = 게세르 = 제정일치시대의 제사장 = 꾸중 = 가르침 = 말씀

(3) 게세르겨레는 하늘겨레

이와 같이 예(濊)인 '게세르' 는 제정일치시대 제사장이며 신(神)이며 하늘이

므로 '게세르겨레' 라 하면 신(神)의 겨레, 하늘겨레, 샤먼의 겨레, 스승의 겨레라는 결론에 이릅니다.

게세르겨레
예족濊族 = 신神의 겨레 = 하늘 겨레 = 샤먼의 겨레 = 스승의 겨레

우투리님, 우리 겨레를 일컫던 말인 예(濊)가 이렇듯 깊은 뜻이 담긴 성스런 말이니 우리가 예족(濊族)인 것이 자랑스럽지 않나요?

3. 말의 시작

'게세르' 에서 온 말

우투리님, 게세르는 다음과 같이 '구슬리' 는 말씀을 뜻한다고 했지요?

게세르[가르사르] + 다	↗	가르 + 다 가로다	↘	가르사르 +다 구슬리다 → 말씀
	↘	사르 + 다 사로다	↗	

(1) 게세르에서 나온 움직씨

'게세르' 에 '~다' 가 더해져 다음과 같은 가르치다, 구슬리다, 지즈다, 시새다 들의 움직씨가 나왔다고도 했습니다.

게세르+다 :	가르사르다 →	가르자르다 →	자르자르다 →	사르사르다	
[가르사르]다	구슬리다(구시렁)	가르치다(꾸중)	지즈다(지중)	시새다(스승)	

(2) 게세르에서 나온 그림씨

'게세르' 에 '~하다' 가 붙어 가지런하다, '~ㅂ다' 가 붙어 가소롭다, 구슬프다, 어설프다 들의 그림씨가 생겼습니다.

게세르 +하다 :	가르사르하다	→	가르자르하다	
[가르사르]	까실하다		가지런하다	
게세르 + ㅂ다 :	가르사르ㅂ다	→	아르사르ㅍ다	
[가르사르]	가소롭다 구슬프다		어설프다 아살프다	

(3) 게세르에서 나온 이름씨

게세르에서 나온 이름씨들을 보여드립니다.

		가르자르	→	가르하르	→	가르아르		
	↗	군자 공자 기준 기자		고흐르		고을 거렬 거렁 강	↘	
게세르	→	자르자르	→	사르사르	→	나르아르	→	아르아르
[가르사르]		지중		신선 산신 선생 스승		노래 나라		예(濊)
귀신 고신	↘	자르사르	→	하르사르	→	아르사르	↗	
		조선 장사 조상 조사		흐순		아산 아신 어신		

우투리님, 고구려 10째 임금에 산상왕(山上王), 백제 10째 임금인 구수왕(仇首王), 13째 임금에 근초고왕(近肖古王), 19째 임금인 구이신왕(久尒辛王), 신라 2째 임금에 남해차차웅(南解次次雄), 22째 임금에 지증왕(智證王)이 있죠? 여기의 산상, 구수, 근초고, 구이신, 차차웅, 지증은 서로 아주 다른 말 같지만 사실은 모두 '게세르' 에서 온 임금들입니다.

게세르[가르사르] →	가르자르	→	자르자르	→	사르사르
구이신 구수	꾸중 가르치 –	근초고	지증 차차웅		산신 신선 산상 선생 스승
久尒辛 仇首		近肖古	智證 次次雄		山神 神仙 山上 先生

'스가르' 에서 온 말

우투리님, 스가르는 여기서 처음 이야기하는데, 이도 게세르와 거의 같은 말입니다. 게세르는 으뜸꼴이 [가르사르]인데, 스가르는 으뜸꼴이 [사르가르]이므로 게세르의 [가르]와 [사르]가 앞뒤가 뒤바뀌었을 뿐이지요. 그러므로 스가르도 게세르와 거의 같은 제정일치시대 제사장(무당)입니다.

게세르[가르사르] = 가르 + 사르
말씀 말씀 ↘ 말씀 = 제정일치시대의 제사장
스가르[사르가르] = 사르 + 가르 ↗ (샤먼 또는 무당)
말씀 말씀

그런데 이 '스가르'에서 우리말의 중요한 낱말이 거의 다 만들어졌다고 볼 때, 스가르가 게세르보다 훨씬 더 오래된 뿌리 깊은 말임을 알 수 있지요. 이 스가르[ᄉᆞ르ᄀᆞ르]야말로 모든 우리말의 뿌리요, 알맹이입니다. 그러므로 같은 제사장일지라도 스가르가 게세르보다 훨씬 더 뿌리 깊은 제사장일 것입니다.

(1) 스가르에서 나온 움직씨

스가르[사르가르]에 '~다'가 붙어 '지껄이다' 따위의 움직씨가 나옵니다.

사르가르다 → 자르가르다 → 아르가르다 → 아르아르다
시끄리다 지껄이다 일거리다 읽다 아뢰다 이르다

'지껄이다'의 '지껄이'에서 '제귀'가 나왔죠. 서울에 제귀(기)동과 제주도에 서귀포가 있는데 여기서의 '제귀'와 '서귀'는 '지껄이'는 것이므로 이 마을은 무당이 살던 곳으로 보입니다.

사르가르 → 자르가르
시끌 서귀 → 서귀포 지껄 제귀 → 제귀(기)동

고조선 25째 임금에 솔라단군(率那檀君), 고구려 23째 임금에 안원왕(安原王), 백제 9째 임금에 책계왕(責稽王), 신라 11대 임금에 재귀이사금이 있는데, 이들은 모두 '지껄이는 임금'입니다. 지껄이며 비는 임금은 제정일치시대 샤먼 임금입니다.

사르가르 →	사르아르 →	자르가르 →	아르가르 →	아르아르 →	아느아느	
시끌	솔라	지껄 제귀 책계	아가리		안원	
제귀(솔라, 안원, 책계) 이사금 =			샤먼 임금 =		제정일치시대의 제사장	
지껄이는 이사금			비는 임금			

스가르[사르가르]에 '~하다'가 붙으면 다음과 같은 말들이 나오죠.

사르가르하다 →	자르가르하다 →	아르가르하다 →	아르아르하다
시끌하다	지껄하다	일갈(一喝)하다	얼얼하다
(그림씨)	(그림씨)	(움직씨)	(그림씨)

여기서 '일갈(一喝)하다' 는 한자로 적기도 하니 한자말 같지만 사실은 본디 우리말 '일거리다(읽다)' 일 것입니다.

일갈(一喝 하나 일, 꾸짖다 갈)하다	한자말 : 한 번 꾸짖다? → (×) 우리말 : 일거리다 → (○)
'일갈(一喝)하다' 는 한자말이 아니고 우리말 '스가르' 에서 온 '일거리다' 이다.	

스가르[사르가르]에 '~ㅂ다' 가 붙으면 다음과 같은 그림씨들이 나오죠.

사르가르ㅂ다 →	자르가르ㅂ다 →	아르가르ㅂ다 →	아르아르ㅂ다
시끄럽다	즐겁다	아깝다	아프다 예쁘다

(2) 스가르에서 나온 이름씨들

'스ᄀᆞ르' 에서 온 이름씨들을 여기에 간단히 소개합니다.

사르가르 →	자르가르	→	하르가르 →	나르가르 →	아르가르
씨가리 **시끌**	천군 친구	**지껄 절규 재갈**	학鶴 하날	누구	인간 아가리
시골 **사간**(원)	청구 처구	장군 장구 **제귀**	향그런 흙	나가 내	악岳 옥屋

위에서 '제귀' 와 같은 줄에 '재갈' 이 있죠? 말에게 입을 못 벌리게 하려고 입에 물리는 도구를 재갈이라 하는데, 여기서 재갈이 '지껄이다' 와 얽혀 있음을 압니다.

재갈을 물리다 → 말에게 **입**을 못 벌리게 하다 → 사람에게 **말**을 못하게 하다
풀을 뜯지 못하게 하다 지껄이지 못하게 하다

그런데 사실 '재갈' 은 '아가리' 와 같은 말입죠. 그러므로 '재갈을 물린다' 는 '입을 다물린다' 는 뜻입니다.

사르가르 → 자르가르 → 아르가르
시끌 재갈 지껄 아가리

결국 제정일치시대에는 '스가르' 든 '게세르' 든 종교지도자이면서 정치지도자도 겸했을 것이며, 그들은 살아있는 신(神)이었을 것입니다. 그 뒤 제정분리시대에는 '스가르' 는 종교지도자가 되고 '게세르' 는 정치지도자가 되었을 것입니다.

〈제정일치 시대〉	〈제정분리 시대〉
스가르 : 무당 겸 임금 게세르 : 〃	스가르 : 무당 = 종교 지도자(하늘에 **빌다**) 게세르 : 임금 = 정치 지도자(백성에게 **꾸중하다**)

우투리님, 그런데 게세르와 스가르는 또 언제 어디에서 왔는지 궁금하지 않나요? 이에 얽힌 것은 이다음에 풀겠으니 그대도 상상의 나래를 펴 보시길.

말이 씨가 된다

우투리님, 우리 속담에 '말이 씨가 된다.' 고 했지요? 어떤 말을 자꾸 하다 보면 나도 모르는 사이에 그렇게 된다는 뜻이지요. 누가 '나는 건강해.' 를 자주 되뇌다 보면 그 사람은 참말로 건강하게 될 수 있다는 거죠. 그러니까 '말이 씨가 된다.' 는 것은 자꾸 그렇게 생각하고 말하다 보면 그렇게 될 수 있다는 거예요. 그런데, 여기서는 눈길을 조금 돌려, 제가 '말이 씨가 된다.' 는 것은 말을 뜻하는 '스가르' 에서 '씨' 라는 말이 생겼다는 것인데 제 말씀이 맞다면 참 신기하기도 해요. 이를 풀어 보면 다음과 같으니 '말' 이 '씨' 가 된 게 맞나요?

[사르가르] → 사르아르 → 자르가르
씨가리 씨알 씨 설說 사辭 사詞 지껄이 : **말씀**

더 재미나는 것은 '싹' 도 다음과 같이 '스가르(씨알)' 에서 왔다는 거예요.

스가르[사르가르] → 사르아르
씨가리 싹 씨알 씨

또, 싸가지나 싹수는 다음과 같이 '싹' 의 '아지' 에서 왔음을 알 수 있지요. 또 아지는 아시 또는 아기와 같은 말이고,

ᄉᆞ가ᄅᆞ →	아ᄅᆞ가ᄅᆞ →	아ᄅᆞ자ᄅᆞ →	아ᄅᆞᅀᅡᄅᆞ →	아ᄅᆞ아ᄅᆞ
[사르가르]	아가 아기	아지	아ᅀᅵ	아이
싹 + 아지 →	싹 + 아시			
싸가지	싹 수			

우투리님, '생각'이라는 말은 한자로 '生覺'으로 적기도 하는데, 저는 이것이 본디 우리말이라고 생각합니다. 그러나 이제까지 이를 보라는 듯이 밝힐 수가 없었죠. 그런데 이 또한 'ᄉᆞ가ᄅᆞ'가 '말씀'을 뜻하는 것을 알고부터 술술 풀렸습니다. '생각'은 다음과 같이 'ᄉᆞ가ᄅᆞ'에 '아기'가 더해져서 만들어졌거든요.

ᄉᆞ가ᄅᆞ [사르가르] +	아기 →	사르가르악 →	생각 : 본디 우리말	
말씀		생각		

그러므로 '생각'이란 말은 '말씀의 아기'에서 온 것이지요. 이는 곧 '말을 하기 위한 싹'이 '생각'이라는 뜻이니 이치에 꼭 들어맞습니다. 우리는 생각을 해야 말을 하게 되잖아요? 한편 '생각(生覺)'을 한자의 뜻으로 풀면 '깨닫는 것을 살린다.'고 할 수 있는데 이는 아무리 궁구해도 어색합니다.

4. 사뇌가(詞腦歌)

우투리님. 신라 노래에 '사뇌가'가 있는데 이는 향가(鄕歌)라고도 하지요? 그런데 이 사뇌가나 향가가 무슨 노래인지 환하게 밝혀지지 않았으므로 이도 우리가 잃어버린 얼이요 역사일 것입니다.

사뇌가와 얽힌 말이 나오는 곳을 소개합니다.

사뇌가	始作兜率歌 有嗟辭腦格	: 삼국유사 권2 유리왕 쪽
	耆婆郎詞腦歌, 身空詞腦歌	: 삼국유사 권2
	사내악(思內樂)은 시뇌악(詩惱樂), 신문왕 9년 사내무(思內舞) 공연,	
	애장왕 8년 사내금(思內琴) 연주	: 삼국사기 악지(樂志) 쪽
	其序云夫詞腦者 世人戲樂之具	: 균여전
향가	釋永才性滑稽不累於物善鄕歌	: 삼국유사 영재우적(永才遇賊) 쪽
	十一首之鄕歌詞淸句麗	: 균여전 역가현덕분(譯歌現德分) 쪽
	大矩和尙 條集鄕歌 謂三代目	: 삼국사기 진성왕 2년 봄 2월쪽

먼저, 사뇌가를 한자의 뜻으로 풀면 다음과 같이 '말씀으로 괴로워하는 노래' 가 되는데 뭔가 어색합니다.

사뇌가 = 사(詞) + 뇌腦 + 가歌 = 말씀으로 괴로워하는 노래?
詞腦歌 말씀 괴로워하다 노래

사뇌가를 한자의 뜻으로만 푸는 것은 이처럼 덧없습니다. 그때 사람들은 한자의 소리를 빌려서 말을 적었기 때문이죠. 이는 이른바 향찰로 적기 이전의 일로 보입니다. 이것을 소리로만 풀면 다음과 같이 '비는 노래' 입니다.

사뇌가(詞腦歌) = 사 + 뇌 + 가 = 사뢰어 니르는 가락 = 비는 가락 사르 나르 가락 사뢰다 이르다 (비는 노래)

다음으로, '향가' 를 풀어 봅니다. 이 또한 한자의 뜻으로 풀면 다음과 같이 이상하게 시골 노래가 되지요.

향가(鄕歌) = 鄕(시골 향) + 歌(노래 가) = 시골 노래?

시골 노래라는 것은 아무리 생각해도 좀 이상하잖아요? '시골' 은 으뜸 자리가 아닌 변두리입니다. '향가' 의 '향(鄕)' 을 한자의 뜻으로 풀면 이처럼 엉망이 됩니다. 그래서 저는 '시골' 을 소리 나는 그대로 '스골[스가르]' 로 생각했더니 엉클어진 실타래가 풀렸습니다. 시골[스골]의 '뜻' 에 눈길을 두는 것이 아니라, '스골' 의 소리를 불러낸다는 것이죠. 그랬더니 사뇌가를 풀 때와 같이 '비는 가락' 이 됩니다.

향가 : 鄕(스골 향) +	歌(노래 가)	= 시끄러운 가락 → 지껄이는 가락 → 비는 가락
스가르(시끌)	가락	

그러므로 사뇌가든 향가든 이는 결국 신에게 비는 가락이 됩니다. 이는 곧 무당(샤먼)의 노래입니다.

사뇌가(詞腦歌)	: 사르나르가락			
스나르가락	사뢰어 이르는 가락	↘	비는 가락 →	비는 노래
향가(鄕歌)	: 사르가르가락	↗	(신에게)	무당의 노래
스가르가락	사뢰어 가뢰는 가락			

격(格), 가(歌), 자(者), 악(樂)은 모두 가르닭에서 온 '가락(곡曲)' 과 같은 말로 보입니다. '가르닭' 에 관해서는 이 다음에 더 밝히겠습니다.

가르닭 → 가르삵 → 가르앍 →	자르앍 →	나르앍 →	아르앍
가락 격格 곡曲 가歌	자락 → 자者	나락 → 놀애 노래	악樂
사뇌격(詞腦格) →	사뇌가(詞腦歌) →	사뇌자(詞腦者)	
사뇌**가락**	사뇌가락	사뇌**자락**(나락, 노래) = 비는 **노래**	

그러므로 향가와 사뇌가는 같은 노래인데, 아래를 보면 스가르가락(향가)에서 스자르가락(시절가)으로, 스나르가락(사뇌가)으로 바뀐 것으로 보입니다. 시절가는 '시조(時調)' 의 말뿌리입니다.

스가르 →	스자르 →	스나르 →	스아르 →	사르
스가르가락 향가鄕歌	스자르가락 시절가時節歌 – 시조	스나르가락 사뇌가詞腦歌	스아르가락 서왕가西往歌	살가락 신가神歌

따라서 '시조(時調)' 는 우리말 '시끌' 또는 '지껄' 을 한자의 소리로 나타낸 것임을 알 수 있습니다.

스가르	→	스자르	→	즈가르	→	즈자르
시끌		시즐 → 시조時調		지껄		지즐 짖-

우투리님, 앞에서 '말씀'을 뜻하는 말로 게세르와 스가르가 있다고 했죠? 그런데 둘 다 '말씀'을 뜻하는 것은 맞는데 둘은 미묘하게 다릅니다.

스가르	게세르
스가르 → 자르가르(다) [사르가르] 지껄이다 → 빌다	게세르 → 가르사르(다) → 가르자르(다) [가르사르] 구슬리다(구시렁) 꾸지르다(꾸지람)
아랫사람이 웃어른께 빌다.	웃어른이 아랫사람에게 얼우고 녹이시다.
'샤먼이 신에게 지껄이기를'	'임금 가라사대(임금이 백성에게 구슬리기를)'

사뇌가나 향가에서 '사뇌'나 '향(鄕)'은 '게세르'에 해당하는 '꾸짖는 말씀'이 아니라 '스가르'에 해당하는 '비는 말씀'이라는 거예요. 그러므로 사뇌가나 향가는 곧 신에게 '비는 말씀'의 가락입니다.

스가르 + 가락 = 즈가르가락 = 비는 가락 → 신(神)에게 비는 가락
시끄러운 가락 지껄이는 가락

게세르와 스가르는 둘 다 '말씀'을 뜻하기는 하지만, 이처럼 미묘하게 다르게 쓰입니다. 이런 것을 알아야 사뇌가를 더 밝게 풀 수 있지요. 사뇌가를 밋밋하게 '말씀의 노래'로만 풀면 무슨 뜻인지 어정쩡합니다.

옛날 다스리는 임금(게세르)은 주로 백성들에게 보다 많이 꾸짖었고, 제사장인 샤먼(스가르)은 주로 신(神)에게 보다 많이 빌었을 것입니다.

스가르(지껄임)	게세르(꾸지람)
샤먼이 신에게 비는 말씀 사람이 신에게 지껄이는 말씀	임금이 백성에게 꾸짖는 말씀 신이 사람에게 꾸짖는 말씀

그러므로 사뇌가나 향가는 무당이 신(神)에게 비는 말씀에서 나온 노래라는 거지요. 그래서 아마 제례를 맡았던 무당이나 화랑이나 스님들의 향가 작품이 많았을 것입니다.

우리 가락에 '시나위 가락'이 있는데 이는 '사뇌가'를 부를 때 연주하던 가락으로 풀립니다. '굿거리장단'은 굿을 할 때 연주되던 가락인데, 굿은 게세르

에서 왔으므로 이는 결국 게세르가락(굿가락)이며 '꾸짖는 가락' 이 됩니다.

시나위가락 사뇌가락	**스가르가락**(스나르가락) → 향가(사뇌가, 시나위가락)	사뇌가를 부를 때 치는 가락 샤먼이 신에게 **빌 때 치는 가락**
굿거리장단 굿가락장단	**게세르가락**(굿가락) → 꾸짖는 가락	굿을 할 때 치는 가락 신이 사람을 **꾸짖을 때 치는 가락**

다음에 우리나라 임금 이름을 몇몇 늘여놓아 보았는데, 많은 임금들이 '스가르(지껄)' 와 '게세르(꾸중)' 로 구분됩니다.

사르가르 ↗ 자르가르 → 아르가르 (제귀 책계 **지껄이** 아가리) ↘ 나르아르 → 아르아르 (노례弩禮 안원安原 유리琉璃)
스가르 ↘ 사르아르 → 사르아르 (솔라率那 성聖) ↗

고조선 25째 솔라(率那) 고구려 2째 유리(琉璃), 23째 안원(安原)
신라 3째 노례(弩禮), 11째 제귀(諸貴) 백제 9째 책계(責稽), 26째 성왕(聖王)

가르사르 ↗ 가르사르 → 자르사르 → 아르사르 (구수仇首 **꾸중** 진사辰斯 장수長壽 아신阿莘) ↘ 아아르 예(濊)
게세르 ↘ 가르가르 → 자르자르 (가륵嘉勒 지증智證) ↗

고조선 3째 가륵(嘉勒) 고구려 20째 장수(長壽) 신라 22째 **지증**(智證)
백제 6째 구수(仇首), 16째 진사(辰斯), 17째 아신(阿莘)

이것을 보면 스가르에서 나온 임금들은 샤먼의 역할도 함께 했음을 짐작할 수 있지요. 바로 그 임금들이 샤먼으로서 성황당에서 사뇌가를 불렀을 것입니다. 물론 후대로 내려오면서 임금 노릇과 샤먼 노릇이 갈라졌지요. 말로만 보면 신라에서는 지증마립간 때부터 제(祭)와 정(政)이 나뉜 것으로 보입니다.

그런데 향가나 사뇌가처럼 신에게 비는 노래는 신라에만 있던 것이 아니라 다른 나라에도 있었을 것입니다. 무당이 신에게 비는 풍속은 신라에만 있던 것이 아니기 때문이죠. 다만 다른 나라에서는 그것을 찾지 못해 모를 뿐입니다.

5. 고조선의 신지(神誌)

별똥님[9]이 신지에 얽힌 물음을 주셔서 짧은 소견을 보내 드린 바 있습니다. 그 내용을 소개하여 신지(神誌)를 밝힙니다.

부탁 내용

선생님, 다음 두 사람은 단군시대와 기자조선시대의 인물이라는데, Rufus가 간단히 소개하고 있을 뿐, 다른 참고자료를 찾을 수가 없습니다. 선생님은 알고 계실 것 같은데, 수고스럽지만 도와주시면 고맙겠습니다. 2015. 1. 10

신지 神誌 단군조선 시대인 기원전 2247년에 비사(秘詞)라는 천문과 점술 책을 쓴 사람으로서, Rufus는 한국 역사상 최초의 천문가라 할 만하다고 주장하는데, 그는 문헌비고 제246권 29쪽의 기사를 인용하였다. (Rufus, "Astronomy in Korea") [참고서적/논문] Rufus, W. C., "Astronomy in Korea", Transactions of the Royal Asiatic Society Korea Branch, p. 8, 1936.
령운 鈴雲 기자조선 시대인 기원전 685년에 팽원(彭原)에 사는 령운(鈴雲)은 동해용왕(東海龍王)의 딸을 자칭하면서 하늘과 바람과 비의 예고를 받아 사람들의 길흉을 점침으로써 대단히 추앙을 받았다. 그러나 이로 인해서 왕은 그녀를 교수형에 처했다. (Rufus, "Astronomy in Korea") [참고서적/논문] Rufus, W. C., "Astronomy in Korea", Transactions of the Royal Asiatic Society Korea Branch, p. 9, 1936.

답변 내용

선생님도 새해에 더욱 건강하시고 바라는 일이 잘 되기를 빕니다. 부탁하신 내용은 저도 배움이 짧아서 새로운 것이 별로 없습니다. 다만 제가 본 책 몇 구절을 소개해 드리니 참고하시기 바랍니다.

9) 나일성, 별똥은 호, 연세대 명예교수, 천문학자, 현 과학문화진흥원 이사장

(1) 신지(神誌)

신지(神誌)는 책의 이름이고 신지(神智, 臣智)는 직책 이름일 것입니다. 신지(神智, 臣智)는 더 정확하게는 고조선 때 단군을 보좌하던 국사(國師) 또는 샤먼일 것입니다. 그리고 신지(神誌)는 역대 샤먼인 신지(神智, 臣智)들의 기원문을 모아 엮은 책일 것입니다. 이는 본디 신지비사(神誌秘詞) 또는 해동비록(海東秘錄)이라 하였는데 줄여서 신지(神誌)라고도 한 것으로 보입니다.

1) 신지(神智, 神誌, 臣智)

본디 '신지(神智, 神誌, 臣智)'는 '신크치'에서 왔는데 한자로는 어떻게 적든 신크치의 소리를 나타낸 것일 뿐입니다. 신크치의 말뿌리는 '닭닭'이며 수다간, 우다간이기도 합니다. 수다간, 우다간은 성황당의 무당입니다. 여기서 스승과 선생도 나온 것으로 보입니다.

닭닭	→	삵닭	→	삵잙	→	삵삵
텬독天毒 텬도天桃		성황당		신크치		선생
텬튝天竺 도독都督		수다간		신지(神智, 臣智)		스승

신지는 본디 단군과 동격인 샤먼(제사장)이었으나 세월이 흐름에 따라 그 지위가 차차 낮아져 작은 읍락의 우두머리를 이르기도 했습니다.

신지臣智란 〈삼국지〉위지 동이전에 나타나는 삼한 소국 수장首長의 명칭 가운데 하나다. 신지神智라고도 쓴다. 삼한사회는 여러 읍락이 하나의 소국을 이루고 각 소국에는 수장들이 있었다. 그중 강대한 자를 신지라 했고, 그 다음은 험측-번예-살해-읍차 등으로 불렸다. 이들은 모두 고유한 명칭을 한자식 음이나 훈으로 적은 것이다. 신지들 중에서 우대받은 자가 신운국의 수장으로서 견지라는 칭호를 쓴 것으로 보인다. – 민족문화대백과(신지)

2) 신지(神誌) 또는 신지비사(神誌秘詞)

앞에서도 밝힌 바와 같이 신지비사(神誌秘詞)를 줄여서 신지(神誌) 또는 해동비록(海東秘錄)이라고도 하였습니다.

신지(神智)의 전고비(篆古碑)

원래 신지(神智)는 사람 이름이 아니라 지금 문화부 장관 격인 단군조선의 관직명이다.

환웅천왕의 명으로 천부경을 쓴 신지는 혁덕(赫德)이란 이름이 밝혀졌으나, 고운(孤雲)이 찾은 고비(古碑)를 쓴 신지는 누군지 모른다. 따라서 … 신지는 같은 사람이 아니다. 다만 3세단군 갸륵의 명을 받고 배달유기를 엮은 이는 신지 고글(高契)이요, 6세 달문단군 때 신지 비사의 제천서원문을 쓴 사람은 신지 발리(發理)다. 〈고조선기〉에 신지는 청석에 삼일신고를 그려서 전했다[倧經合部 : 三一神誥 奉藏記]고 했으나 여기도 이름은 없다. 그러나 천부경과 삼일신고가 늘 함께 강설된 전례를 볼 때, 천부경도 단군조선에서 삼일신고와 같이 처음에 청석에 전문(篆文)으로 새겼을 것이다. 다만 고운이 찾은 그 전문비와 단군초의 각비가 같은 것인지 알 수 없다.[10]

신지(神誌)의 역사

옛 사서에서는 단군 때 신지(神智)라는 사람이 있어서 사관(史官)이 되었다고 했으나 사실은, 신지(神智)는 곧 [신치]의 한역(漢譯)이다. [신치]는 [신크치]의 약자이고 [신크치]는 [신가(臣加)]의 별칭이며 [신가]는 앞에서 설명한 다섯 가의 수석대신(首席大臣)이다. [신치] 곧 [신가]가 언제나 신수두의 제삿날에 우주 창조의 신화와 영웅, 용사 등의 이야기와 예언류의 경계담을 노래하여 그것이 후대에도 계속 따라 하는 예로 되었는데, 후세에 문사들이 그 노래를 엮어 그의 관직명인 〈신치〉로써 책 이름을 삼은 것이니 이른바 〈신지(神誌)〉가 그것이다. 이제 〈신지〉 본서가 멸절하여 그 가치 여하는 알 수 없으나, 그 책 이름이 이두문으로 지어진 것인 만큼 그 내용의 가사도 이두문으로 적혔을 것이다.

고려사 김위제전에 신지비사(神誌秘詞)의 일부 즉,

如秤錘極器秤幹扶疎樑錘者五德地極器百牙岡朝降七十國賴德護神精首尾均平位興邦保太平若廢三諭地王業有衰傾 — 〈고려사〉 김위제전 神誌秘詞의 일부

마치 저울 대, 저울 불알, 저울 머리와 같은데, 저울대는 부소량, 저울 불알은 오덕지, 저울 머리는 백아강에 해당하네. 찾아오고 항복해 온 나라가 70개국이니 그 덕에 기대어 단군의 정신을 지켜 나아가네. 우두머리와 끝이 같은 자리에서 균형을 이루니, 나라가 흥성해 태평을 누리네. 그러나 만약 이들 삼경 중 하나라도 폐하면 왕업은 쇠하여 기울어질 것이니.

이런 10구를 적어 놓고 부소량은 지금의 송도, 오덕지는 한양, 백아강은 평양이라고 증명했다. 그러나 송도, 한양, 평양은 고려삼경이지 대단군 삼경은 아니다. 대단군 삼경은, 그 하나는 지금의 하얼빈이니 고사(古史)에 부서갑, 비서갑, 아사달로 적힌 곳이며, 그 둘은 지금의 해성(海城) 개평(蓋平) 등지로서 고사에 오덕지, 오비지, 안지홀, 안시성으로 적힌 곳이며, 그 셋은 지금의 평양이니, 고사에 백아강, 낙랑, 평원, 평양으로 적혔다. 이두문의 독법에 부소, 비서, 아사는 [ᄋᆞ스]로 읽으며, 오덕, 오비, 안지, 안시는 [아리]로 읽으며, 백아강, 낙랑, 평원, 평양은 [펴라]로 읽는다. 그리고 앞의 비사 10구는 이두문의 〈神誌〉를 한시로 옮긴 것인데, 대개 삼국 말엽에 한학이 흥성해 한학자들이 이두문으로 적혀 전해 오던 시와 문을

10) 송호수, 《한민족의 뿌리사상》(기린원, 1984) 74쪽

한문으로 옮기려고 시도했는데(최치원의 향악잡영과 같은 종류) 신지(神誌)의 한역(漢譯)시(詩)도 그 한 예다.

그렇다면 왜 비사(秘詞)라 했는가? 고대에는 역사 종류를 성서(聖書)라 하여 왕궁에 비장하고 민간에 유행하는 것을 막았다. 이런 것이 어찌해 후세에 하나도 전해지지 못했는가? 이는 고구려와 백제가 멸망할 때 왕궁의 비장이 불타고, 신라의 것이 겨우 전하여 고려조까지도 왕궁에 한 벌이 있었으며, 이조에 와서는 이를 서운관에 깊이 감추어두었는데, 이것마저 임란 때 불타 버렸다.[11]

이 신지(神誌)는 제천의식 때 하늘에 올리던 무당의 기원문을 모아 엮은 것이므로 거기 실린 내용들은 신라의 사뇌가(또는 향가鄕歌)의 원형일 것입니다. 이는 오늘날로 말하면 제례의 고유문(告由文)과 성격이 비슷할 것입니다.

신지비사(神智秘詞)의 전래와 기록

단군조선 때 사관(史官)인 역대 신지(神誌 또는 臣智)들이 매년 10월 소도대제 때 우주 창조와 단군조선 건설과 산천 지리의 명승과 후세에 감계할 일을 들어 노래했다. 후세 문사들이 그 노래를 이두문이나 오언시로 적어 비장(秘藏)했으니 신지비사 또는 해동비록이라 했다. 조선태종 때 유학을 장려하고 다른 것을 눌러 많은 책을 불태울 때 없어졌다. 〈신지비사〉는 삼국유사 보장봉로(寶藏奉老) 보덕이암(普德移庵)조와 고려사 권22 김위제金謂磾(고려 숙종 때 사람)조에 보이고 〈해동비록〉은 고려사 권22 예종(睿宗)조와 권96 김인존(金仁存)전에 나온다.[12]

그러므로 신지(神誌) 또는 신지비사(神誌秘詞)는 신라의 향가집인 삼대목과 비슷한, 소도대제의 기원문을 모아 엮은 일종의 작품집일 것입니다.

시 대	고조선	신라
이 름	신지비사(해동비록)	삼대목
성 격	소도대제의 기원문집	사뇌가집 또는 향가집

(2) 령운(鈴雲)

령운의 말뿌리는 닭(단군)이며 여기서 아랄, 아론, 어른, 아랑 따위가 나왔습니다. '령운(鈴雲)' 은 여기서 '아론' 과 가장 가까운 소리일 것입니다. 단군은

11) 신채호 쓰고 박기봉 옮김, 《조선상고사》(비봉출판사, 2006) 107쪽
12) 안경전 역주, 《환단고기》(상생출판, 2012) 552쪽

이다음에 더 풀겠습니다.

닭 → 삵 → 잙 → 앍[아르가르] →	아르아르 →	아르아느	→	아르아ㅇ
단군 시끌 지껄 아가리 일거리	아랄	어른 아론 령운鈴雲		아랑
	[ㄹ] →	[ㄴ]	→	[ㅇ]

단군은 제정일치시대의 임금이면서 제사장이었습니다. 제정분리 후 단군에서 분리된 령운(鈴雲)은 임금과는 거리가 있는 성황당 무당이었을 것입니다. 이야기의 내용으로 보아 불행하게도 그는 임금에게 잡혀가서 혹세무민의 죄목으로 처형된 것으로 보입니다. 지배자 단군의 권력이, 격이 많이 떨어지긴 했으나 그래도 아직도 민간에 상당한 영향력을 가진 샤먼 단군을 눌린 이야기인데 여기서는 처형까지 한 셈이죠. 다만 그는 당시 일개 무당이었을지라도 천문이나 역술 방면에 있어서 민간인에게 예측하고 풀이하는 나름대로의 전수받은 지식과 능력이 있었을 것입니다.

6. 사뇌가에서 나온 시조(時調)

시조는 일반적으로 고려 말에 생겨난 우리 고유의 시(詩) 양식으로 알고 있죠. 그런데 알고 보니 시조는 고려 말에 갑자기 어디서 솟아난 것이 아니라 신라의 사뇌가(향가)에서 비롯된 것을 우리는 앞에서 이미 확인하였습니다.

'시조(時調)'의 말뿌리

그렇다면 사뇌가의 말뿌리는 어디서 왔을까요? 이는 '닭가락'에서 왔습니다. '닭가락'에서의 '닭'은 '단군'이니 '닭가락'은 결국 '단군가락'이 됩니다.

닭[다르가르]가락 →	사르가르가락 →	사르자르가락 →	사르나르가락
단군가락	ㅅ가르가락	ㅅ자르가락	ㅅ나르가락
단군가檀君歌	향가鄕歌	시절가時節歌 → 시조	사뇌가詞腦歌

단군은 살아서도 신이요 죽어서도 신입니다. 결국 단군가락인 사뇌가(향가)는 신에게 비는 가락이 됩니다. 그러므로 사뇌가에서 나온 시조나 사뇌가의 기원인 신지비사(해동비록)도 단군가락이며, 신(神)가락 곧 신가(神歌)가 됩니다. 시조가 '단군' 에까지 말뿌리가 닿는 것은 실로 중대한 일이 아닐 수 없습니다. 이는 시조가 민족문화의 알짜며 본류임을 뜻합니다.

우리는 이제까지 시조를 정형시의 하나일 뿐, 현대적 값어치로 볼 때 자유시가 나오기 이전의 과정의 하나쯤으로 하찮게 여기기도 하였습니다. 그렇다면 이것도 어느 것 못지않은 중대한 우리의 잃어버린 얼이요 역사가 아닐 수 없습니다. 이는 시조의 값어치를 뿌리째 새로 매겨야 함을 뜻합니다.

고조선의 신가(神歌) → 신라의 사뇌가(향가) ↗↘	시조(時調) 고려가요

시조의 3장(三章) 틀

더구나 시조의 3장은 천부경의 삼태극(삼재)사상에서 온 것으로 보입니다.

삼태극 곧 삼재(三才)는 하늘, 땅, 사람을 말하는데, 삼태극사상이란 처음에 하늘이 열리고 그 다음 땅이 생겼는데 그 하늘과 땅의 조화로 생명체가 탄생하여 비로소 하나의 우주가 완성되어 돌아간다는 사상입니다. 이는 물론 3진법에서 비롯된 우리 정통 철학인데, 여기서 3은 완성수입니다.

초장	땅(기)	이 몸이 / 죽고 죽어 / 일백 번 / 고쳐 죽어 셋 넷 셋 넷
중장	하늘(승)	백골이 / 진토 되어 / 넋이라도 / 있고 없고 셋 넷 셋 넷
종장	사람(전, 결)	임 향한 / 일편단심이야 / 가실 줄이 / 있으랴 셋 다섯 넷 셋

시조가 3장(章)의 틀을 갖춘 것은 한 편의 시조도 생명력 있는 하나의 완성된 우주로 본다는 뜻일 것입니다. 3장 중 초장을 땅, 중장을 하늘, 종장을 사람으로 여긴 것으로 보입니다. 종장은 이름 그대로 작품을 마무리하는 장이죠.

이제까지 시조가 왜 하필 3장이냐에 대한 논의는 없었습니다. 이는 3진법에 기원한 우리 고유의 삼태극사상에서 온 것으로서의 뜻이 깊다 하겠습니다.

학자들은 '도이장가'와 '정과정'을 향가에서 고려가요로 바뀌는 과정의 작품이라고 합니다. 여기서는 정과정만 소개하는데 시조의 3장 형식이 꿈틀거리고 있습니다.

원문	풀이	시조의 틀
내 님믈 그리ᅀᆞ와 우니다니 山졉동새 난 이슷ᄒᆞ요이다	내 님을 그리워하여 울고 있으니 산 접동새 나와 비슷합니다.	초장
아니시며 거츠르신ᄃᆞᆯ 아으 잔월효성이 아ᄅᆞ시리이다 넉시라도 님은 ᄒᆞᆫᄃᆡ 녀져라 아으 벼기더시니 뉘러시니잇가 과(過)도 허믈도 천만 업소이다 ᄆᆞᆯ힛 마리신뎌 ᄉᆞᆯ웃븐뎌 아으	(사실이) 아니며 거짓인 줄 잔월효성이 알고 계실 것입니다. 넋이라도 님은 함께 살고 싶구나 우기시던 사람이 누구입니까? 잘못도 허물도 전혀 없습니다. 뭇 사람들이여 참소하지 마소서 슬프구나.	중장
니미 나ᄅᆞᆯ ᄒᆞ마 니ᄌᆞ시니잇가 아소 님하 도람드르샤 괴오쇼셔	님이 나를 벌써 잊으셨습니까. 오, 님아 돌려 들으셔 사랑하소서.	종장

학자들은 고려가요의 정읍사가 시조의 3장 형식으로 발전되기 직전의 대표 노래로 보고 있습니다. 〈악학궤범〉의 정읍사 원문입니다.

정읍사 원문		시조의 틀	삼재(三才)
前腔 小葉	ᄃᆞᆯ하 노피곰 도ᄃᆞ샤 어긔야 머리곰 비취오시라 어긔야 어강됴리 아으 다롱디리	초장(기)	땅
後腔	져재 녀러신고요 어긔야 즌ᄃᆡ를 드ᄃᆡ욜세라 어긔야 어강됴리	중장(승)	하늘
過篇 金善調 小葉	어느이다 노코시라 어긔야 내 가논 ᄃᆡ 졈그ᄅᆞᆯ셰라 어긔야 어강됴리 아으 다롱디리	종장(전, 결)	사람

그러나 시조의 3장 형식은 더 거슬러 올라가 신라의 향가에서 찾는 것이 맞습니다. 향가는 일반적으로 4구체에서, 8구체로, 10구체로 발전했다고 보고 있는데, 아마 10구체에서 시조의 3장이 나온 것으로 보아야 할 것입니다. '찬기파랑가' 를 보겠습니다.

讚耆婆郎歌	거불한을 찬양하는 가락	시조의 틀
咽烏爾處米 露曉邪隱月羅理 白雲音逐于浮去隱安支下	열어젖히며 나타난 달이 흰 구름 따라 떠가는 건 아니지	초장
沙是八陵隱汀理也中 耆郎矣皃 史是史藪邪 逸烏川理叱磧惡希 郎也持以支如賜烏隱 心未際叱肹逐內良齊	모래 고운 냇가에 거불한의 모습 있느니 맑은 나리 조약돌헤 임이 지니시던 마음 끝을 따르련다.	중장
阿耶 栢史叱枝次高支好 雲是毛冬乃乎尸花判也	아아, 잣나무 가지 높아 구름도 못 오를 화랑의 봉우리여	종장
三國遺事 권2 紀異篇 제2 景德王忠談師表訓大德조	양주동과 나의 풀이	3장

시조의 4음보는 우리 민요의 3음보에 나왔을 가능성

시조는 한 수가 3장으로 이루어졌고, 각 장은 다음과 같이 4음보로 짜여 있습니다.

초장	4음보	이 몸이 / 죽고 죽어 / 일백 번 / 고쳐 죽어
중장	4음보	백골이 / 진토 되어 / 넋이라도 / 있고 없고
종장	4음보	임 향한 / 일편단심이야 / 가실 줄이 / 있으랴

위와 같은 시조의 4음보는 우리 민요의 3음보에서 나온 것으로 보입니다. 우리 민요에 나타나는 3음보의 3째 음보는 일반적으로 첫째, 둘째 음보보다 깁니다. 여기의 길어진 3째 음보에서 한 음보가 더 생겨 4음보(우리 민요의 4 · 4조)가 나왔을 것입니다. 아리랑을 보기로 들어 보겠습니다.

우리 민요의 3음보		3음보에서 나온 4음보
아리랑 / 아리랑 / 아라리요 ~		아리랑 / 아리랑 / 아라리요 / ~
아리랑 / 고개로 / 넘어간다. ~	→	아리랑 / 고개로 / 넘어간다. / ~
나를 / 버리고 / 가시는 님은 ~		나를 / 버리고 / 가시는 님은 / ~
십리도 / 못 가서 / 발병 난다. ~		십리도 / 못 가서 / 발병 난다. / ~

마무리

시조는 이와 같이 말뿌리로 보든, 형식으로 보든 신가(神歌)인 신라의 사뇌가(향가)에 닿아 있으며, 우리 고유의 우주관인 삼태극 사상이 녹아 있는 전통 문학 양식이므로 이는 우리 문화의 정수가 아닐 수 없습니다.

〈두 마당〉

단군과 조선

1. 흉노
2. 단군(檀君)
3. 조선(朝鮮)
4. 임금
5. 아사달
6. 평양(平壤)
7. 동이(東夷)와 텬독(天毒)
8. 하(夏)
9. 삼황오제(三皇五帝)

1. 흉노

흉노는 꾸중하는 겨레

우투리님, 저는 여기서 조선과 단군을 이야기하기에 앞서 흉노 이야기를 먼저 꺼냅니다. 흉노를 찾는 길에서 조선의 실타래를 푸는 열쇠를 얻을지도 모르기 때문입니다.

아쉽게도 흉노에 얽힌 이야기는 이제까지 많이 묻혀 있었습니다. 그들의 역사나 문화가 글로 남겨진 것이 적습니다. 그래서 그런지 그들의 후손들에게는 '글 문화' 가 여린 대신, 영웅 이야기를 말로 외워서 길게 푸는 '입말 문화' 가 더 잘 살아 있습니다. 흉노가 살던 지역(대표적으로 중앙아시아)에는 지금도 신화를 외워 이야기하는 '입말 문화' 가 굉장히 활발합니다. 우리 판소리도 아마 이와 같은 뿌리의 '입말 문화' 선상에 있을지도 모릅니다.

흉노의 역사나 문화는 그들이 남긴 유물이 많지 않아서, 하화(夏華)가 흉노와의 사이에 얽힌 일들을 적어 놓은 것[13]을 보고 그나마 어느 정도 짐작할 수 있습니다.

하화에게는 이런 버릇이 있었습니다. 그들을 늘 가운데 놓고 이웃한 다른 겨레들을 동이, 서융, 북적, 남만이라 이르고 다들 오랑캐라며 얕보았다는 거예요.

그러니까 흉노(匈奴)도 하화가 주변의 겨레들을 낮추어 오랑캐라 부른 이름 가운데 하나죠. 흉노(匈奴)란 글자의 뜻을 풀면 '흉한 노예' 인데 흉노 스스로가 제 이름을 이렇게 지었을 리는 없지요. 이는 하화가 혐오스런 글자로만 적어놓은 '소리' 일 뿐입니다. 이로 보아 그들이 흉노를 얼마나 두려워하면서도 미워하였는가를 짐작할 수 있습니다.

흉노(匈奴)를 유럽에서는 훈(Hun)이라 했습니다. 여러 학자들은 훈족이 흉노(匈奴)와 같다느니 다르다느니 했지만 지금은 같다고 보고 있습니다. 게르만족의 큰옮김(대이동)을 가져오게 하는 등 세계사를 흔들었던 훈족의 큰옮김은 흉노(匈奴)를 빼고는 말이 되지 않기 때문입니다.

그러면 '흉노' 는 과연 어디서 왔을까요? 그 소리를 풀면 예족(濊族)을 뜻하

---

13) 사마천, 《史記》 들들

는 게세르에서 왔음을 알 수 있습니다.

게세르	→	하르사르	→	하르나르				→	아르사르	→	아르자르
[가르사르]		흐순		흉노	→ 호로	→ 훈	→ 호		아신		여진 예족
				匈奴	胡奴		胡				女眞 濊族

우리말에 '호로의 자식' 이란 말이 있는데, 병자호란 때 청의 군사들 때문에 태어난 아이를 말합니다. 여기의 '호로' 가 '훈' 이며 흉노입니다.

그러면 그대는 또 묻겠죠! '꾸중하는 겨레' 와 흉노와는 무슨 관계가 있느냐고. 아래를 보면 흉노는 '꾸중하는 겨레' 가 맞습니다.

게세르[가르사르]	→	가르자르	→	하르사르	→	하르나르	→	아르자르
		꾸중(말씀)		흐순		흉노		예족(濊族)

다시 말해서 '흉노' 는 하화가 표현한 '흉(匈)한 노예(奴隸)' 가 아니라 '예족' 을 뜻함과 아울러 '꾸중하는 겨레' 라는 엄청난 뜻이 담겨 있는 말이지요. 이런 이야기를 하다 보면 흉노든 예족(濊族)이든 이들이 천하를 호령하던 겨레 곧 신(神)의 겨레임을 알 수 있습니다.

황제에 먼저 등극한 흉노의 선우

진(秦)의 왕인 정(政)이 중원을 처음 통일한 것은 기원전 221년인데, 이때 그는 자신을 시황제(始皇帝)라 일컬으면서 처음으로 황제 자리에 올랐지요. 그래서 우리는 일반적으로 진(秦)의 중원 통일을 계기로 동양에서 지난날의 봉건영주제도와는 달리 지방을 바로 다스리는 드센 황제가 처음 나타난 것으로 알고 있죠.

그러나 저는 황제의 시작은 진(秦)보다 앞서 대제국을 세웠던 흉노의 선우(單于)에서 먼저 찾아야 한다고 생각해요. 이는, 흉노가 두각을 나타낸 것이 기원전 5세기쯤이고, 진(秦)이 중원을 통일하고 황제가 된 것이 기원전 221년인 것을 보아도 짐작할 수 있지요. 그리고 진(秦)은 곧 망하고 한(漢)이 나타났지만 흉노제국은 진(秦)과 한(漢)을 포함하는 상당한 기간 동안 계속 드세어 그들을 호령하며 조공을 받고 있었잖아요? 이때의 흉노제국은 진(秦)이나 한(漢)과

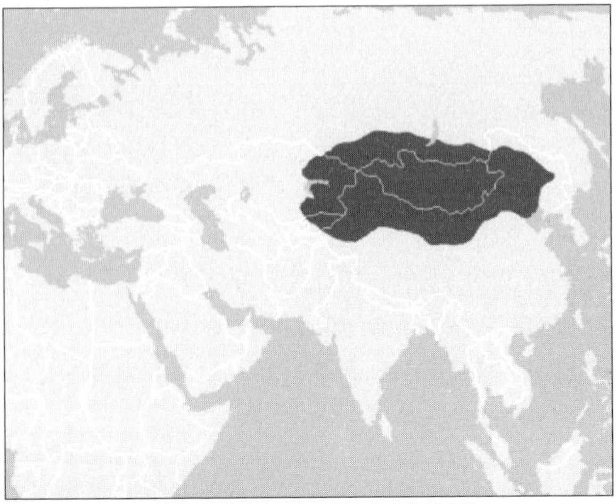

기원전 250년쯤의 흉노의 강역(위키백과)

는 땅 넓이만으로도 비교가 안 됩니다. 결국 강력한 제국을 먼저 세우고 실제로 오랜 동안 위세를 떨친 것이 진(秦)의 시황제가 아니고 흉노제국의 '선우(單于)' 라는 겁니다.

흉노는 황제를 '선우' 라 했는데, 초기에는 그 선우가 신라의 화백회의에서처럼 민주적으로 뽑히다 보니 실제로 힘이 그리 세지는 못하였죠. 그러나 차츰 흉노가 드세어지면서 드넓은 제국을 곧바로 다스리는 선우가 드센 황제로 되었는데, 그런 흉노제국의 첫 선우가 바로 '두만 선우'[14]로 알려졌지요. 그가 언제 선우로 등극했는지는 밝게 알 수는 없으나, 기원전 209년에 아들에게 이미 '선우' 의 자리가 넘어간 것을 보면 그의 등극 연대를 짐작할 수 있지요. 흉노는 이미 '두만 선우' 이전에 강력한 제국의 틀을 갖추었을 것입니다.

흉노제국은 오랜 동안 강성하다가 뒤에 내분과 한(漢)의 분열정책으로 차차 그들에게 쫓깁니다. 결국 동서, 남북 흉노로 갈라지면서 선우가 많이 생겼는데 그러다 보니 선우의 이름값이 떨어지고 뒤에 '칸' 이라는 황제의 이름이 새로 나오게 되죠. 그들은 차차 한(漢)에게 밀려 훈족이란 이름으로 서쪽 유럽으로 몰려갑니다.

'선우(單于)' 는 흉노의 뿌리를 찾는 데 매우 중요한 말입니다. 고대에 은(殷)이 멸망한 자리에 '선우중산국' 이 있었는데 이는 '단군조선국' 으로 풀립니다.

선우중산국 = 선우(단군) + 중산(조선) + 국 = 단군조선국

14) 두만 선우頭曼單于(재임 기간 : ? ~BC 209)

그러므로 '선우'는 흉노와 조선을 이어 주는 중요한 말입니다. 선우중산국[15]은 최소한 기원전 8세기로 올라갑니다.

<table>
<tr><th>연대</th><th>내용</th><th colspan="2">출전</th></tr>
<tr><td>BC 774</td><td>주周 족속은 북쪽에 위 여 선우가 있다.</td><td colspan="2">《國語》</td></tr>
<tr><td>BC 530</td><td>진晉의 순오가 중산선우에게 비肥를 친다며 길을 비켜달라고 했다. 진晉이 비肥의 일을 이유로 선우를 정벌했다. 이후 BC 489년까지 41년 동안 8차례 싸웠다.</td><td colspan="2">《春秋左氏傳》</td></tr>
<tr><td>BC 506</td><td>선우, 중산, 중산국中山國이 처음 나옴.</td><td colspan="2"></td></tr>
<tr><td>BC 406</td><td>중산국은 위魏에게 1차 멸망 식민지화</td><td rowspan="3">《史記》</td><td rowspan="2">〈악의열전〉</td></tr>
<tr><td>BC 380</td><td>20여 년만에 나라 회복, 80년간 전성기</td></tr>
<tr><td>BC 296</td><td>해마다 조나라가 쳐들어와 결국 무너짐.</td><td>〈조세가〉</td></tr>
</table>

우투리님, 제가 여기서 흉노의 황제인 선우를 들먹이는 것은, 동방문명은 흉노(匈奴)로 대표되는 북방유목민이 먼저 일으켰을 가능성을 말하고 싶은 거예요. 이것이 이제까지 잘 알려져 있지 않아 우리가 모르고 있을 뿐입니다.

사실은 진(秦)도 북방 민족이 세운 나라지만 하화가 일방적으로 그들의 역사로 끌어들인 것으로 보입니다.

이상의 분석을 통해 추론해 보건대, 진(秦) 부락의 언어는 비교적 강렬한 몽골어적 특징을 보였을 것이다. 그리고 몽골어를 할 줄 아는 진시황은 아마 긴 얼굴의 월지-여진인이었을 것이다.[16]

이들 키막족 무사의 복장이 고구려, 가야, 훈족, 캉르의 복장들과 비슷할 뿐 아니라 심지어 중원을 통일했던 진(秦)과도 비슷한 점으로 보아 이들이 어느 시점에 몽골초원을 지나 카자흐스탄으로 들어온 것이 아닐까 추측된다. 따라서 춘추전국시대를 통일했던 진시황은 한족이 아닌 명백한 알타이-투르크계 민족의 혈통을 가지고 있었다는 증거다.[17]

---

15) 이형구와 이기환, 《코리안루트를 찾아서》(성인당, 2010) 315쪽
16) 주학연 지음 문성재 옮김, 《진시황은 몽골어를 하는 여진족이다》(우리역사연구재단, 2008) 165쪽
17) 김정민, 《단군의 나라 카자흐스탄》(글로벌콘텐츠, 2015) 198쪽

선우는 닭에서 왔습니다. 이 '닭' 에서 '스가르' 가 나왔는데 이는 '빌다(지껄이다)' 를 뜻한다고 이미 말씀했죠. 흉노도 이미 가르닭(게세르, 예濊)에서 왔다고 알았잖아요?

닭 → 삵	→	잙	→	앍			
시끌, 스칸 → 선우		**지껄 → 지껄이다 → 빌다**		아가리 아가한 → 가한 → 칸			
가르닭	→	가르삵	→	하르삵	→	하르낡	→ 아르앍
커다란		게세르		흐순		흉노 → 훈 → 호(胡)	예(濊)겨레

이렇듯 흉노는 예족이고, 선우는 비는 사람입니다. 비는 사람은 무당을 말하겠죠. 제정일치시대의 무당은 임금을 겸했으므로 선우는 제정일치시대 황제(皇帝)가 됩니다.

닭	→	삵	→	잙	→	앍
단군 → 단우		시끌 스칸 → 선우		지껄 → 지껄이다 → 빌다		아가리
		↑↓		↑↓		
		황제皇帝	→	무당		

우리 성씨에 선우(鮮于)씨가 있는데 이는 중국에서 들어온 것이 아닌 흉노의 황제인 선우(單于)에서 유래한 우리 고유의 성씨로 보입니다.

결국 흉노(匈奴)의 '선우(單宇)' 든, 진(秦)의 '시황제' (始皇帝)든 이들은 예(濊)로써 얽혀 있거니와 여명기 역사의 중심에 있었다는 것입니다.

2. 단군(檀君)

우투리님, 우리가 잃어버린 역사가 있다면 이를 한 마디로 말하면 단군을 잃어버린 것입니다. 그러므로 단군을 찾는다는 것은 잃어버린 역사를 통째로 거의 다 찾는 것과도 같습니다. 이런 생각을 하면 마음이 숙연해집니다.

단군왕검

우투리님, 고조선을 세운 단군은 삼국유사에 단군왕검(檀君王儉)으로 적혀 있지요. 단군을 찾으려다가 단군왕검이 나오므로 단군왕검 전체를 찾는 길에서 단군도 자연스럽게 풀고자 합니다. 우선 여기서 삼국유사[18]를 읽습니다.

魏書云 有壇君王儉 乃往二千載 立都阿斯達
위서에서 이르기를, 지금으로부터 2천년 전에 단군왕검이 있어 아사달에 도읍하고
(經云無葉山 亦云白岳 在白州地 或云在開城東 今白岳宮是) 開國號朝鮮 與高同時
(경에서는 무엽산이라고 하고, 백주에 있는 백악이라 하고, 누구는 현재 개성 동쪽의 백악궁아라고도 한다) 나라를 세우니 이름이 조선이요, 고와 같은 때다.

古記云 昔有桓因(謂帝釋也)庶子桓雄 數意天下 貪求人世
옛글에 이르기를, 옛날에 환인(제석이라 함)의 서자 환웅이 있어, 늘 땅에 뜻을 두고, 사람 세상을 몹시 바랐다.

父知子意 下視三危太伯 可以弘益人間 乃授天符印三箇 遣往理之
아버지는 아들 뜻을 알고, 삼위태백을 내려다보매 홍익인간을 할 만하여, 이에 천부인 세 개를 주어, 내려 보내 누리를 다스리게 했다.

雄率徒三千 降於太伯山頂(卽太伯今妙香山)神壇樹下 謂之神市 是謂桓雄天王也
환웅은 삼천 무리를 이끌고, 태백산정상(지금의 묘향산)신단수 아래 내려왔는데, 그곳을 신시라 하고, 이를 환웅천왕이라 한다.

將風伯雨師雲師 而主穀主命主病主刑主善惡 凡主人間三百六十餘事 在世理化
풍백, 우사, 운사를 거느리고, 곡식, 수명, 질병, 형벌, 선악 들을 주관하고, 무릇 인간사 삼백 육십여 가지를 주관하여, 인간계를 다스려 교화시켰다.

時有一熊一虎 同穴而居 常祈于神雄 願化爲人
이때 곰과 범이 있어 같은 굴에 살았는데, 늘 신에게 사람이 되기를 빌었다.

時神遺靈艾一炷 蒜二十枚曰 爾輩食之 不見日光百日 便得人形
이에 신이 신령한 쑥 한 심지, 마늘 스무 개를 주며 말했다.
"너희들이 그것을 먹고, 백일을 해를 보지 않으면, 사람의 모습을 얻으리라."

熊虎得而食之 忌三七日 熊得女身 虎不能忌 而不得人身
곰과 범은 그것을 받아먹었는데, 삼칠일을 참고, 곰은 여자 몸을 얻고, 범은 참지 못해 사람의 몸을 얻지 못했다.

---

18) 일연, 《삼국유사》 〈紀異篇〉 第一 古朝鮮(王儉朝鮮) 쪽

熊女者無與爲婚 故每於壇樹下呪願有孕 雄乃假化而婚之 孕生子 號曰壇君王儉
웅녀는 혼인하려는 이가 없어, 오래 날마다 신단수 아래서 아기배기를 빌었다. 환웅이 사람으로 바뀌어 혼인해 아들을 낳았는데, 단군왕검이라 불렀다.

以唐高卽位五十年庚寅(唐堯卽位元年 戊辰 則五十年丁巳 非庚寅也 疑其未實)
중국 요임금이 즉위한지 50년인 경인년(요임금의 즉위 원년은 무진년이니, 곧 50년은 정사이지, 경인이 아니다. 아마 사실이 아닌 것 같다.)

都平壤城(今西京) 始稱朝鮮 又移都於白岳山阿斯達 又名弓(一作方) 忽山 又今彌達
평양성(지금의 서경)에 도읍하고, 처음으로 조선이라 불렀다. 또 도읍을 백악산 아사달로 옮겼는데 그곳은 궁(혹은 方)홀산 또는 금미달이다.

御國一千五百年 周虎王卽位己卯封箕子於朝鮮 壇君乃移於藏唐京
그는 천오백년 동안 나라를 다스렸다. 주의 호왕이 즉위한 기묘년에 기자를 조선에 봉하니, 단군은 장당경으로 갔다.

後還隱於阿斯達爲山神 壽一千九百八歲
뒤에 아사달에 돌아와 숨어 산신이 됐는데 나이 1908살이다.

위에서 단군왕검이 조선을 세웠다고 했습니다. 그러면 이 '단군왕검' 은 어떤 뜻이며, 본디 소리는 어떤 모습일까요? 먼저 다음과 같이 단군(檀君)과 왕검(王儉)으로 나누어 생각해 봅니다.

단군왕검(檀君王儉) = 단군(檀君) + 왕검(王儉)

(1) 단군

우투리님, 단군은 이제까지 막연하게 알타이말의 하늘을 뜻하는 탱그리에서 왔다고 했죠.[19] 그런데 이런 이야기는 너무 막연하고 그 뼈를 받치는 살이 없어서 확실히 믿기지 않습니다. 왜냐하면 '탱그리' 와 '단군' 이 어떻게 다르고 같은지, 어떻게 얽혀 있는지 밝히지 못하고 있기 때문입니다.

설사 단군이 알타이말의 '탱그리' 에서 왔다고 한들 단군이야기가 너무 먼 다른 나라 이야기로 들리기 쉬웠고, 단군도 우리와 가까운 임금으로 쉬 다가오지 못했습니다. 그래서 단군이나 조선에 대해서 물음을 가지는 사람들이 많았을지도 모릅니다. 단군이나 조선이 우리 것이라면 당연히 우리말로 풀 수 있어

19) 유창균, 《문자에 숨겨진 민족의 연원》(집문당, 1999) 93쪽

야 되지 않겠습니까?

우투리님, 다른 사람이 보면 조금 무모할는지 모르지만 나는 우리 하나비들이 일러 온 말씀들이나 적어 놓은 글들을 거의 믿기로 마음먹었습니다. 더러 꾸밈이나 부풀림이 있거나 더하기빼기가 있더라도 거기엔 어떤 참이 들어있으리라고 보는 거지요. 보기를 들면, 무너진 나라의 임금을 아주 못된 임금이라고 적은 글에서는 일어난 임금의 정당성을 세우려는 부풀림이란 참이 있다는 거예요.

제가 왜 이런 이야기를 할까요? 우리 겨레의 옛일은 비록 한자로 적혔지만 우리말을 나타내려고 애쓴 어떤 진실이 들어있다는 거지요. 그런 믿음 아래 곰곰 생각하다가 마침내 예(濊)는 게세르에서 왔고, 이는 흉노, 여진이며, 그 뜻은 말씀, 임금, 곰(신神) 따위로 새길 수 있다는 것도 밝혀냈지요.

게세르	→	그자르	→	흐나르	→	아자르	→	아아르
		꾸중(말씀), 곰(신神), 임금		흉노匈奴		여진女眞		예濊

나의 그런 믿음은 이제까지 별로 어긋나지 않았습니다. 사실 저는 한자의 뿌리인 갑골문도 우리 조상이 만들었다고 보기 때문에 내 믿음은 그렇게 무모하기만 한 막연한 믿음이 아닙니다.

갑골문(胛骨文)	→	한자(漢字)
갑골문은 우리 조상이 만들었다.		한자는 우리말 소리를 충실히 적었을 것이다.

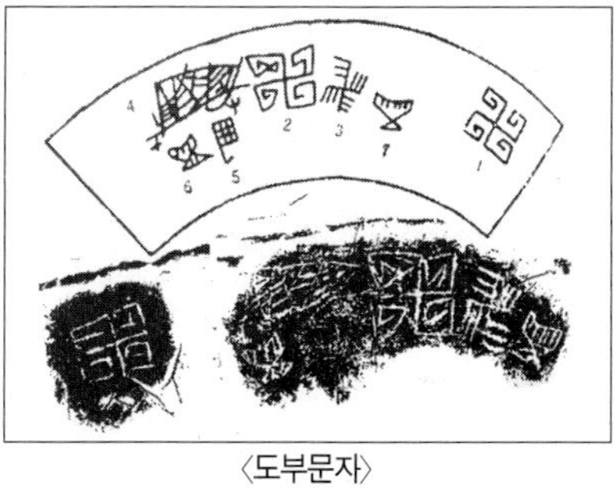
〈도부문자〉

요서 일대에서 갑골문의 전신이라는 도부문자나 암각 부호가 나오고, 이것을 한자의 기원으로 잇는 논리는 매우 중요합니다. 왜냐하면 이들(소하연문화의 주인공들)이 내려가면서 상(商)문명을 세우는 주체가 되기 때문입니다. 이런 도부문자나 암각 부호의 전통이 있어 상(商)에서 갑골문이 나오게 됩니다. 상나라 주도세력이 남하한 동이족이라는 것은 이제 중국학자들도 두루 받아들입니다.[20]

20) 우실하, 《동북공정 너머 요하문명론》(소나무, 2007) 153쪽

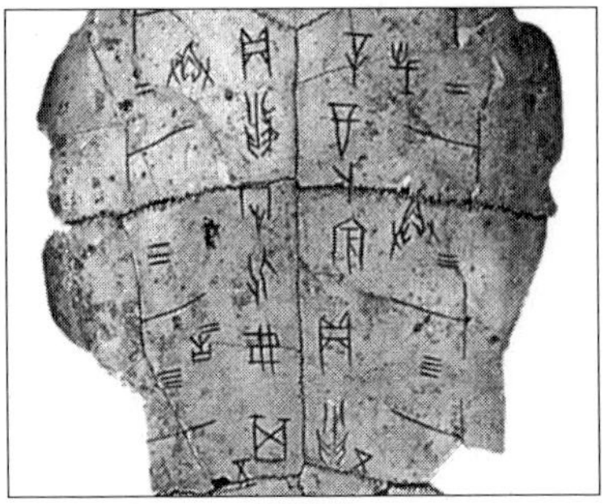

〈갑골문〉

… 황하문명이 홍산문명에서 기원했음은 이미 중국 학계에서도 인정하고 있다. 동이족 계열의 은(殷)이 한자를 발명했기 때문에 흉노가 황하 유역의 갑골문자와 비슷한 글자를 썼다고 해서 그들이 화하에게 글자를 배워 갔다는 주장은 설득력이 없다. 오히려 몽골, 만주지방에서 드넓게 쓰이던 한자의 기원이 된 탐가(Tamga)문자를 하화가 고쳐 썼다고 보아야 순서가 맞다.

… 따라서 카자흐어에 하화의 한자에서 기원한 것처럼 보이는 낱말이 나오는 것은 전혀 이상한 현상이 아니며 이는 고대 카자흐인들도 훈족이 쓴 탐가문자와 비슷한 꼴의 문자를 쓰고 발음했을 가능성을 암시한다. 한국인의 한자 발음은 한족(漢族)의 한자 발음을 모방했다기보다는 고대로부터 쓰던 동이식 발음을 그대로 가지고 있다고 보아야 한다.

실례로 현대 한국 한자의 발음체계는 당(唐)에서 온 발음체계인데 당(唐)은 스키타이계인 위구르족이 세운 나라다. 당시 신라도 스키타이계가 세운 나라니 신라가 당(唐)의 한자 발음체계를 따른 것은 그 동안 중원에 퍼져 있던 부여-고구려계 한자 발음체계 및 다른 여러 가지 한자 발음을 스키타이계 한자 발음으로 통일시킨 작업으로 생각된다. 지금도 중국 고문은 중국식 발음보다 한국식 발음으로 읽어야 원음에 더 가까운 음을 구현할 수 있는데 그 이유는 한자를 쓰던 지식인층, 지배층이 한족이 아닌 동이족이었기 때문이다.[21]

우투리님, 저는 단군(檀君)도 다를 바가 없다고 생각해요. 곰곰 생각하다가 단군(檀君)이 우리말 '닭'에서 온 것임을 깨달았습니다. 만약 내 풀이가 옳다면 단군(檀君)이 우리에게 훨씬 더 가까운 우리 임금으로 다가올 것이므로 이 일은 잃어버린 역사를 찾는 길에서 가장 큰 고비라고 생각해요.

그러면 닭이 어떤 길을 걸어 단군이 되었을까요? 닭의 으뜸 소리를 [ᄃᆞ르ᄀᆞ르]로 보고 여기서 [ᄃᆞ느ᄀᆞ느]로 바뀌었다고 봅니다. 단군에서 다시 탱그리, 당골, 둥글이 됐습니다.

닭[ᄃᆞ르ᄀᆞ르]	→	ᄃᆞ느ᄀᆞ느	→	ᄃᆞ으ᄀᆞ르
돌골		ᄃᆞᆫᄀᆞᆫ → 단군(檀君)		탱그리 당골 둥글
[ㄹ]	→	[ㄴ]	→	[ㅇ](*콧소리의 길)

여기서 끝소리 [ㄹ]이 [ㄴ], [ㅇ]으로 바뀌는 것은 우리말에서 자주 일어나는 일

21) 김정민, 《단군의 나라 카자흐스탄》(글로벌콘텐츠, 2015) 144쪽

입니다. 저는 이런 현상을 '**콧소리의 길**' 이라고 하겠습니다.

콧소리의 길			
[ㄹ]→	[ㄴ]→	[ㅇ]→	ø
밝달	**번**달	**봉**당 봉두	**부**두 우두
가르	갠 간干 군君	강江 궁(宮, 弓) 경京	개川 가家 구區
사르	선仙 순舜 신神 산山	상上 성聖 숭崇	사辭 수水 수秀
불알		붕알	부알

그리고 '단군' 에서 '당골' 로 이어진다는 것은 단군이 처음에는 무당이었음을 말합니다. 왜냐하면 호남지방에서는 아직도 무당을 '당골' 로 부르고 있기 때문입니다.

또한 '단군' 이 알타이말의 하늘을 뜻하는 '탱그리' 와 얽혀 있다는 것은 단군이 하늘을 뜻했음을 말하고 있습니다. 그런데 여기의 '탱그리' 는 알타이말이 아니라 우리말 '덩그르' 또는 '둥그르' 라고 하는 것이 더 주체적이겠죠.

(2) 왕검

왕검(王儉)은 다음과 같이 '닭맑' 에서 온 '임금' 의 한자(漢字) 표현으로 보입니다. 또한 임금은 대감, 상감, 샤먼과 말뿌리가 같음을 알 수 있습니다.

닭맑	→	삵맑	→	앍맑				
대감		상감 샤먼		영감	**왕검**(王儉)	→ 잉검	→	**임금**

위에서 '잉검' 이 '임금' 으로 될 수 있느냐며 물을 수 있습니다. '잉' 의 [ㅇ]이 뒤에 오는 [ㅁ]을 거꾸로 닮아서 같은 [ㅁ]이 된 것으로 보입니다.

왕검	→	잉검	→	임금
		[ㅇ]←[ㅁ]		

임금이든 왕검이든 이들이 샤먼(무당)으로 풀리는 것은 이 말들이 처음에는 무당을 뜻하는 말이었음을 알 수 있습니다.

(3) 단군왕검

이제까지의 풀이를 간추리면 '단군왕검' 은 단군대감, 단군상감, 단군샤먼, 단군임금이 되는군요. 이 중 우리 귀에 가장 익은 말은 아마 '단군임금' 일 것입니다.

<table>
<tr><td>단군 = 닭</td><td>왕검 = 닭맑(대감, 상감, 샤먼, 주몽, 영감, 임금)</td></tr>
<tr><td colspan="2">단군왕검 : 닭닭맑 = 단군대감 단군샤먼 단군상감 단군주몽 단군임금</td></tr>
</table>

그러므로 '단군왕검이 고조선을 세웠다' 는 것은 '단군임금이 고조선을 세웠다' 는 것이고 당시 단군임금은 무당이었음을 뜻합니다.

▌'단군' 이 된 '닭' 은 본디 무엇일까요?

(1) 닭은 달이 낳은 알

먼저 '닭' 의 정확한 소리는 [다르가르]일 것입니다. 이는 '다르' 와 '가르' 로 쪼갤 수 있으며 '달이 낳은 임금' 또는 '달이 낳은 알' 또는 '달이 낳은 겨레' 로 풀립니다.

<table>
<tr><td>닭[다르가르] → 다르 + 가르
달(月) 알, 임금, 겨레, 칸</td><td rowspan="3">가느
↗ 칸 ↘
가르 임금 나르 → 아르
겨레 ↘ ↗ 날(일日) 알
깔 하르
해</td></tr>
<tr><td>* 눈깔 → 눈알
깔[가르] 알[아르]</td></tr>
<tr><td>결국, 닭은 달(月)의 알, 달임금, 달겨레</td></tr>
</table>

(2) 닭에서 나온 스가르(비는 말씀)

이제까지 매우 중요하게 다루어 온 '말씀' 을 뜻하는 '스가르' 와 '게세르' 가 어디서 나왔는지 잘 몰라 얼버무려 왔는데 이 또한 정확하게 각각 '닭' 과 '가르닭' 에서 왔습니다. '닭' 에 '가르' 가 더해져 '가르닭' 이 되었거든요. '닭' 에서 온 '스가르' 는 '빌다' 의 뜻을 가지고 있고, '가르닭' 에서 온 '게세르' 는 '꾸짖다' 의 뜻을 가지고 있다고 했지요.

닭 → 삵 → 잙 → 앍				가르닭 → 가르삵 → 가르잙
단군	**시끌**	**지껄**	아가리	**게세르** **꾸짖(다)**
	스가르		일거리(다) → 아뢰다 = **빌다**	**구슬이**(다)

이미 배운 '사뇌가' 도 사실은 '닭가락' 이니 이는 '단군가락' 이군요. 시조(時調)의 말뿌리인 시절가(時節歌)도 스가르가락(향가鄕歌)에서 나왔으므로 이 역시 단군가락이죠. 허허! 고구마 덩굴에 고구마가 주렁주렁 열렸군요.

닭[다르가르]가락 →	사르가르가락 →	사르자르가락 →	사르나르가락
단군가락	스갈가락(**향가**鄕歌)	**시절가**時節歌 → **시조**時調	**사뇌가**

(3) 닭은 하늘을 날으는 새(鳥)

단군의 말뿌리인 닭은 '새' 이기도 합니다.

닭 →	삵 →	잙 →	핡 →	낡 →	앍
닭 따오기	솔개 수리	자규子規 작雀 작鵲	해오라기	노고(지리)	왜가리 오리
두견이	생이 새	적翟 조鳥	학鶴	노鷺	오鳥

그래도 그대는 단군이 왜 하필 새(조鳥)인 닭에서 왔느냐고 묻겠죠? 우리 겨레는 예부터 조이(鳥夷)로도 불렸는데, 이는 새를 받드는 겨레라는 뜻이지요.

닭닭 →	닭삵 →	닭잙 →	닭앍 →	삵앍 →	잙앍
뎐독天毒	**닭씨가리**	닭족 단군족	**동이東夷** **단군겨레**	**새겨레**	**조이鳥夷**

우리가 왜 새를 높게 받들었을까요? 새를 하늘과 땅을 이어 주는 신령스러운 존재로 믿었기 때문입니다. 그래서 서낭당에 새의 모습을 깎아 장대에 올려놓았잖아요? 이것이 솟대죠. 이런 풍습은 아직도 곳곳에 많이 남아 있습니다.

닭닭 →	삵닭 →	삷닭
도독 뎐독 뎐당天堂	시끌다락	성황당 서낭당 사당 소도 → 솟대를 깎아 세운 곳

새를 옛날에 닭이라 했는데 일본에는 그 흔적이 '도리' 로 남아 있습니다.

닭	→	삵	→	좕
도리		새		조(鳥)
(일본말)		(우리말)		(한자말)

(4) '닭' 에서 나온 세 발 까마귀와 태극(太極) 사상

고구려 사람들은 세 발 까마귀(三足烏)[22]를 믿었는데 그들도 새에서 나온 단군족이기 때문이죠. '세 발' 은 우주를 구성하는 3요소인 '삼재(三才, 세 씨알)' 즉 '하늘과 땅과 사람' 을 뜻합니다. 그러므로 '세 발 까마귀' 는 '하늘과 땅과 사람을 이어주는 새' 입니다.

하늘(닭)	+ 땅(닭)	+ 사람(닭)	= 세 발	→	세 발 까마귀	(三足烏)
뎐(天)	디(地)	이누(人)	삼재三才		하늘 땅 사람을 잇는 **할미새**	

까마귀는 아래에 보듯이 웅녀, 가메시, 해모수, 할마시 들과 같은 말인데 이는 고조선이나 고구려를 뜻하는 말입니다.

가르맑닭	→	가르맑삵	→	가르맑왉	→	하르맑삵	→	아르맑좕
곰딸(웅녀)		까막수리		**까마귀**		**할미새**		아르마질
금닭(金鷄)		가메시		금오金烏		할마시		예맥족
금당(金堂)		가메쏘				해모수		

삼재에서 삼극이 되고 삼극에서 삼태극이 나왔습니다.

삼재(三才)	→	삼극(三極)	→	삼태극(三太極)	→	태극 사상
세닭(하늘, 땅, 사람)		세끝		세큰끝		큰끝 마음
세알 세누리		세우주		세큰우주		큰우주 마음

삼재의 '재' 는 닭이요, 삼극의 '극' 은 가르닭이요, 삼태극의 '태극' 은 닭가르닭입니다.

---

22) 평양 진파리 7호 무덤에서 나온 '일중삼족오금동관식' 과 각저총 주실 천정에 그려진 삼족오 모습 등이 있다.

구분	풀이	뜻	범위
재 才	**닭** → 삵 → 잙 → 핡 → 낡 → 앍 **땅** 씨가리 → **씨알** 재才 **하날** 누리 **인간**	씨족 氏族	누리
극 極	**가르닭** → 가르삵 → 가르앍 → 아르잙 끝 구스 극極 국國 우주	나라 國	우주
태극 太極	**닭가르닭** → 닭가르앍 → 잙가르앍 → 닭아르잙 덩그런 끝 태극太極 제국帝國 대 **우주**	연방국	큰우주

재(才)는 단군이요, 극(極)은 조선이요, 태극(太極)은 단군조선이기도 합니다.

닭 → 가르닭 → 닭가르닭
단군 커다란, 큰(끝) 더커다란 탕구트
↘ ↘ ↘
삵 → 잙 자르삵 → 가르앍 닭가르삵 → 닭자르삵 → 닭가르앍
씨 재才 조선 극極 퉁구스 단군조선 태극太極

(5) 닭은 하늘이며 신(神)이다

이미 새의 말뿌리인 닭이 하늘로 풀리기도 했으니, '새' 도 '하늘' 이 되지요. 끝내 단군은 닭(새)임금 또는 하늘임금이 되는데 하늘임금은 신(神)입니다.

닭 → 삵 → 핡
단군 솔개 → 수리 → 신神 새鳥 하늘 → 하늬 → 하나

닭은 신(神)일 뿐만 아니라 산(山), 선(仙), 손(客), 샌(님)이기도 합니다.

닭 → 삵
단군 산(山), 신(神), 선(仙), 손(객客), 샌(님), 새

삼국유사 고조선쪽에도 단군은 산신(山神)이 되었다고 했으니 이는 내 어원 풀이와 맞습니다.

壇君乃移於藏唐京 後還隱於阿斯達爲山神
단군은 이에 장당경으로 옮겼다. 뒤에 아사달에 돌아와 숨어 산신이 되었다.

천부경에서도 '삼극은 하늘, 땅, 사람인데 이는 본디 하나' 라고 했지요? 이 말은 하늘과 땅과 사람이 하나의 '닭' (씨알)에서 나왔다는 뜻이기도 하군요.

닭	→	탉	→	닭	→	앍
단군檀君		텬天		디地		인간人間 → 이누(人)

선민사상(選民思想)도 닭에서 나온 것으로 보입니다. 닭(단군)은 곰(신神)이므로 단군겨레는 곰(신神)의 겨레가 됩니다. '곰(신神)의 겨레' 에서 선민사상이 나온 것이지요. 다른 곳의 선민사상도 아마 닭에서 갔을 것입니다.

닭 → 삵 → 잙 단군 스칸 신神 새 지껄이 주呪	단군의 말씀 신의 말씀	단군 겨레 → 선민사상 신(神)의 겨레 選民思想

(6) 닭(단군)은 무당(샤먼)

단군이 무당이 되기도 하는 것은 제정일치시대의 임금이기 때문인데, 이는 다음과 같이 닭이 말씀(지껄이다)을 뜻하는 것을 보아서도 알 수가 있지요.

닭	→	삵	→	잙	→	앍
단군 대거리		시끌이		지껄이		일거리 아가리

이미 '왕검' 의 말뿌리를 밝힐 때 나온 이야기지만, '샤먼' 이란 말도 다음과 같이 '닭맑' 에서 생긴 말이지요. '닭맑' 의 닭은 '지껄이다' 이고 '맑' 은 임금(메르켄, 마립간)이므로 이는 '지껄이는 임금' 즉 샤먼이 됩니다. 그런데 샤먼은 우리에게는 '주몽' 으로 더 익숙합니다.

닭맑	→	삵맑	→	잙맑	→	앍맑	맑
두만		샤먼		주몽		임금	메르켈 → 메르켄
대거리메르켈		시끌메르켈		지껄메르켈		아가리메르켈	임금 마립간

우리는 '샤먼' 을 '무당' 이라고 더 많이 일러 왔습니다. 샤먼은 '닭맑' 에서 왔고, '무당' 은 반대로 '맑닭' 에서 왔습니다.

삵맑	←	닭맑	⇄	맑닭
샤먼		다물		무당

(7) 닭은 모든 임금의 뿌리

닭에서는 단군뿐 아니라 누리의 임금이 다 나왔습니다. 아래와 같이 단군이 유럽의 '킹'이 된 것은 무엇을 말할까요?

닭 → 삵 → 앍
단군 도고 산군 **선우** 아가한 → 가한 → **칸**(干) 퀸(queen) → **킹**(king)
(조선 임금) (훈족 임금) (몽골 임금) (유럽의 임금)

옛날 벼슬아치들이 쓰던 모자에 탕건이 있었습니다. 이 탕건도 단군과 같은 소리니, 이는 단군이 쓰던 왕관을 뜻했을 겁니다. 닭에서 탕건이 나온 까닭은 닭은 벼슬이 있는데 이는 나으리(벼슬아치)나 임금을 상징하기 때문이지요. 고구려 사람들은 닭 벼슬 대신 새의 깃털을 머리에 꽂고 다녔죠.

닭 → 탉 → 챩 → 삵 → 앍
단군 탕건 투구 천구 친구 청구 처구 스칸 솔개 선우 신神 새鳥 아간 칸

(8) 닭은 모든 목숨의 뿌리

닭이 '아가'나 '씨알'로도 풀리는 것을 보면 이는 모든 생명의 뿌리로 여겨집니다.

닭 → 삵 → 앍
단군 씨가리 → 씨알 → 씨, 알 인간 → 아가 → 아ㅿ이 → 아이

'앍[아가르]'은 어떤 말의 뒤에 붙어 더 많은 낱말을 낳았군요.

나락	날 + 아가르 = 날아가르 → 해가 낳은 아기 해 아기 나락 (햇볕으로 익은 열매)
생각	사르가르 + 아가르 = 스가락 → 말씀이 낳은 아기 말씀 아기 생각
싸가지	싹 + 아가르 = 싸가그 = 싹아지 → 씨가 낳은 아기 씨 아기 싸가지
가락	가르 + 아가르 = 가르아가르 → 말이 낳은 아기 말(語) 아가 가락 → 노래

우투리님, 우리 하나비들의 생각이 이 얼마나 이치에 맞는가요? 생각은 말씀이 낳았고, 싸가지는 씨의 아기이고, 나락은 '날(해)' 이 낳은 아기라니.

'아기' 가 곧 '아기 임금' 이고, '님' 이라는 말도 '임금' 의 뜻이 있으므로 단군은 정확하게는 '달아기임금' 이지만 '달임금' 또는 '달님' 이라고 불러도 되겠죠. '별님' 또는 '달님' 은 우리 어린이들의 꿈동산에 또 얼마나 많이 노니는 임금들인가요?

> 닭 = 단군 = 달아간 = 닭(새) = 달임금 = 달님
> 밝 = 별아간 = 부라한 = 별칸 = 불 = 별임금 = 별님

우리는 여기서 또 하나 중요한 것을 찾아냈지요. 그대 이름 우투리도 본디 '밝닭' 에서 나왔잖아요? 그 '밝닭' 을 풀면 '별님달님' 이 된다는 것입니다. 그러니까 우투리 그대를 '별님달님' 으로 불러도 되겠군요.

밝닭	→	왉닭
(**별님달님**) 박달 박특 바크타르 바토르 **배달**		**우투리**(**별님달님**) 우대 윤 위

(9) 단군이 유럽에서 용으로 나타난 까닭

유럽에서는 용(龍)을 드래곤, 드라큐라로 부르는데 이는 우리 단군이 거기로 나아간 증거입니다. 왜냐하면 서양에서 용(龍)을 뜻하는 드래곤, 드라큐라가 단군과 말뿌리가 같기 때문입니다.

닭[다르가르]	→	다느가느
드라큐라 드래곤		단군

그렇다면 유럽의 단군이 우리에게 왔는지, 우리 단군이 그리로 갔는지 어떻게 단정할 수 있느냐고 물을 수 있습니다.

동양에서 용은 지혜의 상징이자 왕의 상징이지만 서양에서는 사악한 괴물인 용을 물리치려고 영웅적으로 싸운 민담이 많이 나타나고 있는 것은 왜일까? [23]

위 글은 단군으로 풀리는 용이 유럽으로 나아갔다가 그들로부터 많은 저항

23) 김정민, 《단군의 나라 카자흐스탄》(글로벌콘텐츠, 2015) 255쪽

을 받았다는 내용인데, 이것은 단군의 고향이 우리쪽에 있음을 말합니다.

단군을 '닭' 에서 찾은 참뜻

단군을 우리말 닭에서 찾은 참뜻을 손꼽아 봅니다.

> ① 단군이 우리말 닭에서 나온 것을 알게 됨.
> ② 단군이 우리 선조임을 알게 됨.
> ③ 우리가 달님을 받들던 겨레임을 알게 됨.
> ④ 우리가 왜 조이(鳥夷)인가를 알게 됨.
> ⑤ 단군에서 하늘과 신(神)과 선민사상이 나온 것을 알게 됨.

우투리님, 우리가 단군이 우리말 닭에서 비롯되어 그가 걸어온 길을 밝히게 된 것은 참으로 뜻이 깊습니다. 이제까지는 '단군' 이 먼 알타이말의 하늘을 뜻하는 '탱그리' 에서 온 것으로만 보아 왔는데, 우리말 '닭' 에서 '달님' 을 거쳐 '하늘' 에 닿는 풀이는, 끝은 비록 같지만 그 걸어온 길에 살을 붙여 훤하게 밝혀냈다는 것이지요.

닭[다르가르] →	다ㄴ가ㄴ →	다ㅇ가르 →	사르가르 →	아르가르
달굴	단군	둥그르 **탱그리**	스칸 사카 선우	아간 아가 칸
[ㄹ] →	[ㄴ] →	[ㅇ] →	Ø (* 콧소리의 길)	

우투리님, 우리가 지금 걷고 있는 우리말의 길은 잃어버린 길을 더듬는 험한 길이기도 하지만, 찾아들면 굽이마다 우리 하나비들이 마중 나와 이렇게 우리를 곱게 안아 주는, 가슴 설레는 길이기도 하군요.

단군을 업신여겨 온 일들

단군 이야기는 일연스님이 삼국유사에 남긴 우리 역사입니다. 오늘날 삼국유사가 있어 우리 조상을 알게 되니 그 고마움이란 이루 말할 수 없습니다. 그런데 삼국사기를 쓴 김부식은 기자조선은 쓰면서 단군과 단군조선 이야기는 왜 빠뜨렸을까요? 우리 역사가 단군에서 비롯되어 고조선과 고구려로 힘차게 이어지는 이야기를 빠뜨린 것은 생각만 해도 아찔합니다. 일연은 삼국사기를 읽다 못해 단군을 삼국유사의 첫머리에 장식했을 것입니다. 또한 늦게나마 환단고기와 규원사화가 나온 것도 다행입니다.

우리는 단군을 잘 알지 못해서인지 우리 스스로 단군을 많이 업신여겨 왔습니다. 이는 우리가 오랜 동안 김부식의 사관에 기운 까닭입니다. 우리가 생각이 좀 모자라는 사람에게 '새 대가리!' 하잖아요? 이런 말은 우리가 새를 믿는 겨레임을 알면 조심해야 합니다. 새는 곧 닭(단군)이기 때문에 이는 내가 나를 비웃음이요, 우리가 믿던 신(神)을 비웃는 것일 수도 있으니까요. 차라리 '버러지 같은 이!' 라 하든가. 인도 사람들은 그들이 받드는 소는 안 잡아먹잖아요?

> 새 대가리! : 내가 나를 비웃다. 단군이 단군을 비웃다.
> 새가 새를 비웃다. 조이(鳥夷)가 조이(鳥夷)를 비웃다.

또한 내가 어릴 때, 어른들은 버릇이 나쁜 아이를 야단칠 때 '대끼놈!' 하며 꾸짖었습니다. 이때 '대끼' 도 '닭' 으로 풀리니, 이 역시 단군이 단군을 나무라는 것입니다. 우리가 우리와 가까운 여진족을 '되놈' 이라고 하는 것도 그렇습니다. '되놈' 은 '단군놈' 인데 여기서는 '유학(儒學)의 세례를 받지 못한 겨레' 란 뜻일 겁니다.

대끼놈 = 닭놈 = 단군놈 = 되놈 = 오랑캐놈

우투리님, 우리가 고뿔 몸살이 난 사람을 낫게 할 때, 아픈 사람에게 귀신을 쫓는 의식을 하지요? 아픈 사람을 눕혀놓고 정지칼을 그의 이에 물리고 거기에 먹는 물을 조심스럽게 뜬겨 칼물을 먹게 하지요. 이는 앓는 이에게 칼에 있는 철분을 섭취하게 하는 효과가 있습니다. 그 다음 바가지에 귀신이 먹을 음식을 담지요. 그 다음 환자의 몸에 붙은 마귀를 칼로 떼어내어 그 바가지에 담는 시늉을 하고는 삽작걸에 가져가 그 바가지를 엎어놓지요. 그리고 그 주위에 칼을 던져 꽂고 '사팔 쉐!' 하고 외치며 침을 퇴, 퇴 세 번 뱉고 안으로 들어오지요. 그 뒤 마귀가 물러났을 성싶은 이튿날 아침쯤에나 바가지와 칼을 거두지요. 이때 '마귀' 는 '못된 귀신' 을 뜻하는데, '못된 귀신' 을 내쫓음으로써 몸살을 낫게 한다는 원리지요. '마귀' 를 불교에서는 '마구니' 라 하는데 이는 본디 우리말의 '마고' 와 같은 말입니다. 쫓아내야 할 마고는 마고 중에도 나쁜 마고라고나 할까요.

맑[머리가르] →	머리가ㄴ →	머리가으
메르켈	메르켄 마립간 마구니	마고 마귀

우투리님, 그런데, 마고할미는 우리의 천지창조신화의 주인공이잖아요? 마고할미의 '마고'

가 곧 '마귀' 입니다. '마고할미' 로 풀리는 '마귀' 를 우리에게서 쫓아내야 할 귀신으로 생각하게 된 것은 무엇을 뜻할까요? 본디 뜻은 신의 노여움을 풀어 아픈 것을 낫게 하는 것인데, 언젠가는 마귀를 물리쳐 병을 고친다는 생각으로 바뀐 것이지요. 이는 우리가 믿던 신을 스스로 물리치는 것입니다.

이와 같은 갖가지 정체성 혼란의 원인은 어디 있을까요? 그것은 아마 단군과 조선을 잃어버린 후유증일 것입니다.

3. 조선(朝鮮)

사람들이 우리 겨레의 첫 나라인 '조선' 이 어디서 왔는지 몹시들 궁금해 합니다. 사람들은 주로 조선(朝鮮)이 단군신화에 나오는 아사달이라는 말과 얽혀 있을 것이라는 생각에서 아사달의 '아사' 가 '아침' 을 뜻한다고 보고 '조선(朝鮮)' 의 '朝(아침 조)' 를 풀었는데, 모두들 '鮮(신선할 선)' 이라는 글자에서 막히고 말곤 하였지요. 뜻으로만 풀면 조선(朝鮮)을 아무리 풀어도 '아침의 신선함' 밖에 안 되니 도대체 나라 이름이 이렇게 애매할 리가 있겠어요? '조선' 은 너무 오래된 말이므로 한자의 뜻으로 풀려고 하면 부질없습니다.

그대는 '조선(朝鮮)' 이 다음 표의 3단계에서 언제쯤 생긴 말로 보입니까? 이 말은 물론 조선을 세울 때쯤인 아득한 반만 년 전쯤에 생겨났겠죠.

때	반만년 전	삼국 때	남북국 때부터
적는 방법	한자의 소리로 적음	한자의 뜻과 소리로 적음	한자의 뜻으로 적음

우투리님, 그래서 저는 '조선' 이라는 말도 한자의 소리로 적은 우리말이라고 생각해요. 결론부터 말하면 '조선' 또한 '예(濊)' 와 같은 말입니다. 이는 순전한 제 생각이 아니고 이미 유창균님이 거의 다 밝힌 겁니다.[24]

24) 유창균, 《문자에 숨겨진 민족의 연원》(집문당, 1999) 345~381쪽

예(濊) = 그사르[그ᄉᆞ르] = 조선(朝鮮)

이제부터가 제가 나아간 내용인데 그사르[그ᄉᆞ르]를 무엇으로 보느냐가 알짜입니다. 이는 이미 말씀했듯이 범몽골 게세르신화의 주인공인 영웅 게세르입니다.

그사르[그ᄉᆞ르] = 게세르[가르사르]
범몽골 게세르신화의 하늘에서 내려와 땅을 평정한 영웅

또한 게세르는 '꾸짖는' 말씀이기도 하므로 조선(朝鮮)도 마찬가지입니다.

게세르	→	가르자르	→	자르사르	→ 아르자르	→	아르아르
[가르사르]		꾸지르(다) → 꾸중		조선	여진 예족濊族		예濊

또한 게세르가 말의 뜻이 점점 넓어져서 샤먼, 임금, 하늘, 곰(신神)이기도 하므로 조선(朝鮮)도 그러합니다.

예(濊) = 게세르 = 조선 = 신(神) = 임금 = 하늘 = 샤먼 = 말씀

'조선'의 말뿌리는 '가르닭'

조선인 게세르는 '가르닭'을 말뿌리로 하는데 이는 케레이트라고도 하고 고구려, 가락, 공공으로도 풀립니다.

가르닭	→	가르삵	→ 자르삵	→	가르앍	→	아르잙
케레이트		게세르	조세르 조선		고구려 가락 고깔 공공工工		여진 예족濊族

(1) 소리의 변화

'게세르'에서 '조선'으로 되기는 좀 까다롭습니다. 먼저 게세르가 조세르로 되는 과정에서 [ㄱ]이 [ㅈ]으로 바뀝니다.

가르삵	→	자르삵	
게세르		조세르	→ 조선
[ㄱ]	→	[ㅈ]	

[ㄱ]이 [ㅈ]으로 되는 경우는 우리말에서 흔히 볼 수 있지요. '기름' 이 '지름' 으로 되고 '가르다' 에서 '자르다' 가 나오기도 했는데, 이런 현상들은 모두가 입천장소리되기입니다.

기름	→	지름
가르다	→	자르다
[ㄱ]	→	[ㅈ](* 입천장소리되기)

다음으로 '조세르' 에서 '조선(朝鮮)' 이 되는 길에서 [ㄹ]이 [ㄴ]으로 바뀌었죠. 끝소리 [ㄹ]이 [ㄴ], [ㅇ], ø 으로 바뀌는 현상은 '콧소리의 길' 이라고 했죠.

게세르 → 조세르 → 조세느 → 조선
[ㄹ] – (* 콧소리의 길) → [ㄴ]

(2) 케레이트란?

가르닭은 '케레이트' 라고 하는데 이는 주스(조선)이며 중앙아시아 카자흐스탄 사람들이 자신들을 이르는 말[25]이기도 합니다.

		가르잙 →	하르잙 →	하르앍		
	↗	고리족 고죽 카자흐	후리족	회淮 해겨레(태양족)	↘	
가르닭 →		아르닭 →	아르잙 →	아르삵	→	아르앍
케레이트	↘	알타이	알족(금족金族) 올자 여진	아신	↗	락樂 예濊
		가르삵 → 자르삵 →	가르앍 →	하르낡		
		게세르 조선 주스	고구려 가락 공공	흉노		

조선은 케레이트

조선인 케레이트는 고리족이라고도 하는데 이는 태양족을 말하지만 말씀의 겨레도 됩니다. '가르' 가 '가로다' 의 말뿌리이기도 하기 때문입니다.

25) 김정민, 《단군의 나라 카자흐스탄》(글로벌콘텐츠, 2015) 186쪽

가르닭	→	가르줅	→	자르숡	→	하르줅	→	하르읅
케레이트		고리족 → 말씀겨레		조선		후리족		해겨레 → 태양족

조선인 케레이트는 알타이 또는 아신인데 이는 황금족을 뜻하기도 합니다.

가르닭	→	아르닭	→	자르숡	→	아르숡	→	나르줅	→	아르줅
케레이트		알타이		조선		아신		노른자		알짜 → 금족金族

조선인 케레이트는 큰단군이며, 거서간(임금)이며, 광대, 귀신(큰 신神)을 뜻하기도 합니다.

가르닭	→	가르숡	→	자르숡
큰단군 광대		거서간 게세르 큰신 귀신鬼神 고신		조선

조선인 케레이트는 '가운데' 이며 '커다란' 이며 기슭, 갯, 강(江)이며 용왕이기도 합니다.

가르닭	→	가르숡	→	자르숡	→	가르읅	→	아르숡	→	아르읅
가운데		기슭 갯		조선		가락 → 거령 → 강江		용성龍城		용궁
커다란										용왕龍王

케레이트들

아래에 케레이트들을 늘여놓습니다. 카자흐는 카자흐스탄이며 기르기는 키르키즈스탄입니다. 중산은 선우중산국을 말하며 고죽국은 백이숙제의 나라입니다. 쿠샨은 쿠샨왕국이며 꼬살라는 부처님이 나투신 나라며 케추아는 잉카족을 말합니다. 특히 저는 김정민님이 말씀한 중앙아시아 나라들을 흉노인 케레이트로서 주목합니다.

		자르숡	→	하르숡	→	하르흙	→	하르낡		
가르닭	↗	조시아 중산 조선		흐시아 흐순		회회		하르니아 흉노	↘	아르읅
구다라										연연 유연
케레이트	↘	가르숡	→	가르줅	→	아르줅	→	가르읅	↗	예濊 위魏
		꼬살라 큐샨		케추아 카자흐 고죽 고차		여진 예족		고구려 기르기		

우투리님, 여기서 그대는 우리 뿌리를 찾는 길에서 또 하나의 큰 고개를 넘고 있다는 것을 느끼세요? 조선(朝鮮)이나 흉노나 여진은 다 같은 예(濊) 또는 게세르라는 한 뿌리에서 나온 케레이트며, 이들은 모두 말씀의 겨레, 하늘 겨레, 신神의 겨레, 태양의 겨레, 위대한 겨레인 것을.

결국 여기서 우리는 진(秦), 한(漢) 때부터 하화(夏華)를 호령하다가 유럽으로 가서 동로마제국을 뒤흔들었던 '흉노제국' 이 '조선제국' 과 같음을 알 수 있습니다. 이것이 우리가 여기서 말씀으로써 복원하는 역사입니다.

우투리님, 우리가 역사를 잃어버렸다는 것은 한 마디로 조선이 있었는데 그것을 의심하는 것이고, 조선을 인정하더라도 그 뜻이 무엇인지, 어디에 있었는지, 어떠했는지를 모르는 것이 아닙니까?

4. 임금

닭맑에서 온 임금

우투리님, 무릇이름씨인 왕(王)의 본디 우리말은 '임금' 인데, 이의 말뿌리는 다음과 같이 닭맑에서 왔다고 했지요? 닭맑에서는 임금뿐만 아니라 대감, 티무르, 탐라, 다물, 동무, 두만, 덕만, 투무, 추모, 주몽(朱蒙), 짐, 샤먼, 승만, 상감(上監), 왕검(王儉), 영감 따위의 임금과 얽힌 말들이 많이 나왔습니다. 더구나 지금까지 말뿌리를 모르던 정경모주, 서왕모, 왕모도 여기서 나왔군요.

닭맑 →	삵맑 →	잙맑 →	핡맑 →	낡맑 →	앍맑 →	가르맑
두루마기	**신명 설렘**	천막 주몽	할망구	늘그막	**왕검** 이무기	까마귀
두마칸 덕만	**서왕모** 섬	치마 정경모주	할미	낭만	임금 엉마구리	과메기
티무르 두만	샤먼 사람	추모 징거미	호무	나막	**왕모** 이모	가미 감
다무르 동무	씨갈머리	처마 죽음	후미	나물	영감 음흡	거미 검
대감 투무	**상감** 승만	춤 자무카	호머	놈	아무 어미	고모 금
두메 동명	**샤먼** 시민	참 **짐**	흠 힘	남	앎 움	곰 김
담	삶 숨 샘	젊	홈	님	임	곰 꿈

우투리님, 유럽 역사에서 18세기 전후를 이른바 '절대왕정시대' 라고 부른 적이 있지요? 이때 하늘을 찌르던 임금들 권세를 나타낸 유행어가 바로 '짐이 곧 국가'[26]라는 말입니다. 그때 임금들이 자신을 이를 때 '짐' 이라 했는데, 이 말의 뿌리도 우리말 '임금' 과 같습니다. 결국 여기서 우리는 후대의 정치 지도자인 '짐' 이나 '임금' 은 고대의 제사장인 샤먼에서 왔음을 알 수 있습니다.

닭맑	→	삵맑	→	잙맑	→	앍맑
다물		샤먼		주몽 짐		임금 임
		↓				↓
		고대 제사장		→		후대의 정치 지도자

이처럼 '닭맑' 에서 온 말들이 중요하므로 간추려 몇 갈래로 나누었습니다.

(1) 신(神)이나 샤먼(무당)이나 임금(지배자)과 얽힌 말들

닭맑	→	삵맑	→	잙맑	→	핡맑	→	낡맑	→	앍맑	→	가르맑
당금애기 티무르		서왕모		정경모주 짐		호무		님		왕모 임금		가미
동명 대감 다물		상감 승만		자무카 주몽		할미				왕검		ᄀᆞᆷ
두만 덕만 투무		샤먼		처구마 추모		후미				임		

(2) 가족이나 삶과 얽힌 말들

닭맑	→	삵맑	→	잙맑	→	핡맑	→	낡맑	→	앍맑	→	가르맑
두루마기		사람 시민		천막 징거미 참		할미		늙음		인민 영감 어미 임		구멍 꿈
동무		삶 숨 샘		치마 죽음 젊-		힘		님		이모 이매 아주머니		곰 금

'삶' 과 '죽음' 도 '닭맑' 에서 왔습니다. 삶과 죽음이 이렇게 한 곳에 있음을 보고 새삼 삶의 이치를 깨닫습니다.

나를 낳은 '어머니' 는 도대체 어디에서 왔을까? 늘 궁금했는데 이도 '닭맑' 에서 왔군요. 또한 죽도록 사랑하다가 서럽게 이별하기도 했던 내 '임' 은 어디서 왔는지도 늘 궁금했는데 이 역시 '닭맑' 에서 왔으니 신비스럽기까지 하네요. 이는 모계사회의 임금은 당연히 어머니였음이 증명되는 말이기도 합니다.

---

26) 프랑스 최전성기 임금 루이14세(1638~1715)의 말, 그는 왕권신수설을 주장했다.

우투리님, 재미있는 것은 '닭맑' 에서 온 어머니의 성(性)이 몇 번의 반전이 있었다는 것입니다. 닭맑(다물)은 샤먼이면서 임금인데 초기엔 당연히 여성입니다. 왜냐하면 인류가 처음 문명을 일으킨 것은 모계사회이기 때문입니다. 그리고 고구려를 세운 주몽은 분명 사내입니다. 그런데 지금의 우리 어머니는 다시 계집입니다.

닭맑	→	삵맑	→	잙맑	→	앍맑
다물 덕만		샤먼		주몽		어머니
토고문		(무당)		고구려 건국자		나를 낳은 이
(계집)		(계집)		(사내)		(계집)

동무, 친구, 벗은 모두 뜻이 비슷한 말인데 말뿌리는 각각입니다. 동무는 '닭맑' 에서 오고 '친구' 는 '닭' 에서 오고, '벗' 은 '밝닭' 에서 왔습니다. 벗은 우리말이고, 동무(童舞), 친구(親舊)는 한자로 적기도 하지만 이들이 과연 한자 말일까요?

닭	→	칡	→	잙	→	삵	→	앍	닭맑	→	삵맑	→	앍맑	밝닭	→	밝삵
		친구		조카		씨가리		아가	**동무**童舞		씨갈머리		영감	배달		박수
		親舊		족族					대감大監		샤먼		임금			**벗**

우리나라 임금의 칭호

우투리님, 그러면 우리 여기서 신라 때로 돌아가서 임금을 대대로 어떻게 불렀는지 한 번 살펴볼까요?

거서간	→	차차웅	→	이사금	→	마립간	→	매금	→	왕
居西干		次次雄		尼斯今		麻立干		寐錦		王
혁거서간		남해차차웅		유리니사금		내물마립간		지증매금		법흥왕
(서기전 57)		(서기4)		(서기25)		(서기356)		(서기 503)		(서기514)

먼저 가르닭에서 온 임금부터 살피겠습니다. 거서간은 게세르와 같은 말이고, 차차웅은 지중과 같은 말입니다. 지중에서 선생, 스승 등등의 말도 나왔음을 알 수 있습니다.

가르닭 → 가르삵	→	자르잙	→	사르삵
구스리(다)		지저귀(다)		시새(다)
거서간 게세르		중전 지중(차차웅)		소서노 신선 산신 선생 스승

불교에서 사람이 저승에 가서 염라대왕 앞에서 심판을 받을 때 사람(피고인)의 변호를 맡은 보살을 지장보살(地藏菩薩)이라고 하는데, 여기의 '지장(地藏)' 이 '지중(차차웅)' 과 같은 소리로 보입니다.

신라 초기에는 임금을 이사금(尼師今), 이질금(尼叱今, 爾叱今), 치질금(齒叱今)으로 적었는데 이는 모두 같은 말입니다. 역시 한자는 우리말을 정확히 적는 데는 한계가 있습니다. 사(師)와 질(叱)은 우리말 [ㅅ]이나 [ㅈ]을 나타냅니다.

이사금(尼師今) = 이질금(尼叱今, 爾叱今) = 치질금(齒叱今) = 잇금

이 이사금은 닭닭맑에서 나왔으며 단군왕검이기도 하군요.

닭잙맗 → 닭앍맑
닭닭맑 ↗ 타지마할 **단군왕검** ↘ 가르닭맑 → 가르삵맑 → 아르삵맑
투탕카멘 ↘ ↗ 고두마칸 구스만 **이사금 잇금**
앍닭맑 → 앍삵맑
어거두마칸 오스만

다음으로, 마립간이 맑에서 온 것을 보겠습니다.

맑[마르가르] → 마르가느 → 마르자르 → 마르하르 → 마르아르
메르켈 미륵 **마고** 맥 메르켄 **마립간** 마지 미자 모하 마엘 모아이

그런데 5세기 고구려 광개토대왕비에 신라의 임금을 뜻하는 말로 '매금(寐錦)' 이 나오는데 이는 다음과 같이 '머리곰' 을 적은 것으로 봅니다. 이는 여러 임금 가운데 가장 우두머리 임금이란 뜻이니 이 또한 거서간처럼 황제(皇帝)를 뜻할 것입니다. 우리가 임금을 부를 때 '상감마마!' 라고 하는데 여기서의 '마마' 가 '매금(寐錦)' 과 같습니다. 이 '매금(寐錦)' 이 일본으로 건너가 '무라까미' 가 되었을 것입니다.

맑닭맑 → 맗닭맑 → 맑삵맑 → 맑낡맑 → 맑앍맑
마하트마 마담 머리샤먼 마나님 마님 **머리곰 매금** 무라까미 마마

'왕(王)' 이 '가르' 에서 온 것을 보겠습니다. 한(韓), 예(濊), 용(龍)도 같습니다.

가르 →	자르 →	하르 →	나르 →	아르
칼 → 칸干, 퀸 → 킹king	짜르	한韓 해	날	왕王 용龍
[ㄹ] → [ㄴ] → [ㅇ]		호昊		웅雄 예濊

결국 신라의 임금 이름은 다음과 같이 바뀌어 갔습니다.

가르ᄃᆞᆰ →	ᄃᆞᆰᄃᆞᆰᄆᆞᆰ →	ᄆᆞᆰ →	ᄆᆞᆰᄃᆞᆰᄆᆞᆰ →	가르
거서간	투탕카멘	메르켈	매금	왕王
차차웅 지중	단군왕검 이사금	마립간 메르켄	마님 마마	

그런데 삼국사기[27]에는 김대문의 말을 빌려 「'尼師今方言也 謂齒理라.' 하여 신라 초기에 박·석·김(朴·昔·金)이 임금 자리를 잇는데 나이 순서로 한 까닭에 '왕'을 '이사금'이라 하였다.」고 했는데 이것은 김대문의 말을 김부식이 나름대로 풀이한 것으로 생각해요. 다만 '이사금을 사투리로 치리라 한다.(尼師今方言也 謂齒理)'에서 '치리(齒理)'는 '이(齒)의 숫자(理)'가 아닌 단군(임금)을 뜻하는 소리 '짜르'인 것으로 보입니다. 여기서도 '치리'의 소리가 중요합니다.

ᄃᆞᆰ →	ᄎᆞᆰ →	ᄌᆞᆰ →	ᄉᆞᆰ
단군 도고 퇴계 투구	친구 청구 처구 차르 치리(齒理)	주르 짜르	사르 수로

임금을 나이 순서로 추대한 것은 부족장들이 모여 평화롭게 임금을 뽑던 부족연맹체 시절의 상황을 표현한 것으로 봅니다. 흉노는 전통적으로 선우를 용성대제 때 뽑았고, 신라에서는 가위 때 화백회의에서 그런 일을 했겠죠.

흉노 : 용성대제 때 선우를 뽑음
신라 : 가배(한가위) 때 화백회의에서 거서간을 뽑음

우투리님, 그러면 그대는 고조선이나 고구려나 백제는 또 임금을 무엇이라 불렀을지 궁금하지 않나요? 고조선에서는 임금을 처음에는 단군이라 부르다가 나중에는 기자(게세르)로, 위만으로 부른 것으로 보입니다.

---

27) 김부식, 《삼국사기》〈유리이사금〉 쪽

닭 → 가르닭 → 닭맑
↘ ↘ ↘
닭 → 삵 가르삵 → 가르잙 닭맑 → 삵맑 → 잙맑 → 왉맑
단군 스칸 → 선우 게세르 기준 기자 두만 샤먼 주몽 위만

고구려는 초기에는 임금을 '다무르' 라 부른 것 같습니다. 고구려를 건국한 주몽도 '다무르' 이고 이를 기린 축제로 '동맹' 이 있었던 것으로 보아 그렇게 짐작합니다. 동맹을 달리 다물, 동무, 티무르, 투먼이라 한 흔적이 곳곳에 많습니다.

고구려의 임금 : 닭맑 → 삵맑 → 잙맑
동맹 동명 동무 다물 티무르 두만 샤먼 주몽 추모

백제는 세운 이가 '온조' 요, 서울이 '위례' 임을 볼 때 최소한 초기에는 임금을 '박사' 라 부른 것으로 봅니다. 이 박사에서 사내 무당을 뜻하는 '박수' 가 나왔죠. 그러므로 일본에 천자문을 전한 왕인 박사도 왕족이거나 왕이었을 것입니다. 이 '박사' 는 황제를 뜻하는 밝닭에서 왔으니 결국 백제인들은 임금을 황제(皇帝)로 인식하며 '박사' 라고 했을 것입니다.

백제의 임금 : 밝닭 → 밝삵 → 밝잙 → 홝잙 → 왉잙
배달 박사 백잔 백제 황제皇帝 온조

우리나라 임금의 이름을 나라별로 모아 간추렸습니다.

<table>
<tr><td>고조선</td><td colspan="2">닭 → 가르닭 → 자르잙 → 닭맑 → 왉맑
단군 산군 서간 선우 우거 게세르 기준 기자 제준 지중 다물 위만</td></tr>
<tr><td>고구려</td><td>닭맑 → 잙맑
대감 동무 다무르 다물 두만 동명 동맹 주몽 짐</td><td rowspan="3">↘
→ 가르 → 아르
↗ 간 왕(王)</td></tr>
<tr><td>백제</td><td>밝닭 → 밝삵 → 홝잙 → 왉잙
바토르 박사 박수 방사 황제皇帝 온조</td></tr>
<tr><td>신라</td><td>가르닭 → 가르닭맑 → 맑 → 맑닭맑
거서간 지중 이사금 마립간 매금</td></tr>
</table>

칸은 황제가 되어 어디로 갔을까요?

우투리님, 칸은 본디 선우에서 왔는데 선우는 아래와 같이 닭에서 왔다고 이미 밝혔지요? 칸이 우리말 닭에서 나왔다는 것을 알면 누구나 놀랄 거예요.

닭 → 삵 → 잙 → 앍 → 가르 → 아르
단군 단우 산군 **스칸** 사르곤 서기書記 **선우** 처구 치우 **아가한 가한 칸** 왕王 용龍

황제(皇帝)는 밝닭에서 왔는데 밝닭은 또 가르닭과 같다고 했죠. 왜냐하면 밝과 가르는 늘 같게 통용되기 때문이에요.

가르닭 → 가르삵
↗ 큰닭 콘돌 기슭 크스크 **거서간** 게세르 ↘
닭[다르가르] *임금
단군 선우 ↘ 밝닭 → 밝삵 → 홝잙 ↗
스칸 칸 밝은 닭 밝세르 박수 방사 **황제**(黃帝 → 皇帝)

가르닭에서 거서간이 나오는데, 신라의 첫 임금인 혁거세를 거서간으로 불렀지요. 그러므로 혁거세는 하찮은 제후국 왕(王)이 아니라 황제(皇帝)입니다.

밝가르닭 → 밝가르삵 → 홝가르삵 → 밝나르앍
밝구다라 밝거서간 혁거서간居西干 **혁거세赫居世 황제** 밝은 누리왕

'칸' 은 간(干), 한(邯)으로도 적혔죠. 신라에서 임금을 거서간(居西干)과 마립간(痲立干)이라고도 했는데 여기의 간(干)이 '칸' 이지요.

초대 혁거세 임금 : 거서간(居西干) = 거서 + 간
17대 내물마립간 ~ 22대 지증왕 : 마립간(痲立干) = 머리 + 간

우투리님, 그러면 황제(皇帝)인 칸은 어디로 갔을까요? 중앙아시아에서 험준한 히말라야산맥을 넘어 인도로, 유럽으로 나아갔겠지요. 그리고 '킹' 이 되었을 것입니다.

(우리 황제)	→	(유럽의 황제)
칸(간干 한汗)		킹(king)
[ㄴ]	→	[ㅇ]

우투리님, 기억하세요? 징기스칸은 크게 울리는 예족의 황제란 것을.

징기스칸 : 징	+	기스	+	칸	=	큰 울림의 예족(濊族)의 황제
크게 울림		게세르(예濊)		황제		

그러나 사실은 '징' 도 '닭' 에서 왔을 것이므로 '징기스칸' 은 정확하게 '퉁구스칸' 입니다. 이는 '단군조선의 황제' 를 뜻하니 이 어인 일입니까?

닭가르닭	→	닭가르삵	→	닭자르삵	→	잚가르삵
탕구트 둥그렇다		퉁구스(의 칸)		단군조선(의 칸)		징거서간 **징기스칸**

우투리님, 징기스칸(재위 1206~1227)이 백마를 타고 비단길(배달길)을 따라 파미르(백두)고원을 넘어 말달리던 모습을 상상해 봅니다.

닭가르닭	→	닭자르삵	→	닭가르삵	→	잚가르삵	-	밝맑고원	-	밝닭길
탕구트		단군조선		퉁구스(칸)		징기스칸		파미르(백두)고원		배달길

우투리님, 그 징기스칸 이전에 이미 비단길과 파미르고원을 넘은 사람들이 훈족(흉노)이죠. 동로마제국을 뒤흔들었던 흉노제국의 전설적인 제왕인 '아틸라' 였습니다.

이보다 더 오랜 아주 오랜 옛날에 수메르로 간 동이(東夷)가 있을지도 모릅니다.

오리엔탈 커넥션[28)]

1851년 어느 가을날 파리는 피비린내 나는 혁명의 시대를 뒤로하고 빅토르 휴고가 의회에서 연설한 유럽연합에 대한 이야기로 온통 술렁였다. 아씨리아 학자인 율리우스는 그의 서재에서 신문을 든다. 그의 관심은 정치가 아닌 푸코라는 학자가 만든 28Kg짜리 진자로 지구자전을 증명해 보인 뉴스다. "결국 푸코가 해냈군." 율리우스는 신문을 접고 뉘엿뉘엿 넘어가는 저녁 해를 바라본다.

… 오후 나른한 햇살이 그의 책상 위에 아무렇게나 널려 있는 4천 년 전의 이름 모를 한 메소포타미아 점토판들 위를 비추자 한 줄의 쐐기문자(cuneiform)가 유난히 밝게 빛난다.

---

28) www.coo2.net (우리 역사의 비밀) 이건주 글 '오리엔탈 커넥션'

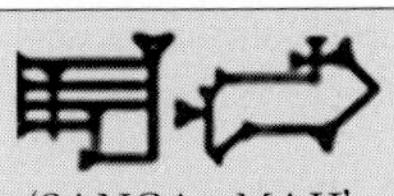 'SANGA -MAH'	(1x : ED IIIb) wr. saĝĝa-mah "an official, the senior chief administrator of a temple household

율리우스는 나직이 이 쐐기글자를 발음해 보고는 이내 한숨을 내쉰다. 그는 4천 년 전의 이 글자를 읽을 수도 있고 그 뜻을 알 수도 있으나 이 쐐기글자를 만든 주인공들의 말은 이웃의 엘람어나 아카드어 그리고 후대의 바빌론의 말과는 너무나 다르기 때문이다. 도대체 이런 일이 가능한가. 율리우스는 10년에 걸쳐 연구한 그의 이론이 어쩌면 틀릴 수도 있다는 생각에 잠시 어지러움을 느꼈다. 그해 여름, 율리우스는 이 쐐기판의 글자들이 셈어가 아님을 알고 투라니안(Turanian : 투르크계 몽골어)계와 닮아 있음을 느꼈다.

하지만 그에게 쏟아질 질문과 비난은 뻔하다. 도대체 그 점토판의 글자들이 아카드말이나 아람말이 아니고 심지어 바빌론말도 아니라면 무어냐는 것. 그러나 더욱 고통스러운 것은 그 쐐기글자들이 투라니안계라면 도대체 터키나 몽골 그 어디냐고 잡아먹을 듯이 덤벼들 케케묵은 아씨리아 학자들 때문이다.

… 햇살은 일몰 전 자신의 마지막 짧고 환한 빛줄기를 그 옆에 아카드말로 새겨진 점토판 그 마지막 글월을 비춘다. "사르곤, 수메르, 아카드의 왕" 율리우스는 문득 이 점토판의 쐐기글자 체계를 '수메르말'이라고 불러야 한다고 느꼈다. 수메르는 아씨리아인의 셈어로 '이방인'이라는 뜻이다. 어차피 이 점토판들이 셈어가 아니면 셈어를 쓴 아씨리아인들이 이들을 정복하고 '이방인'이라고 부른 '수메르(sumer)'라는 이름도 나쁘지 않다는 생각이다. 물론 '수메르'인들이 자신을 뭐라 불렀는지는 모른다.

1855년 그는 '수메르어'(Sumerian Language)라고 명명한 이 쐐기글자에 대한 연구를 Écriture Anarienne라는 이름으로 발표한다. 반응은 뜻밖이다. 모두 의아해 하면서도 일단 율리우스가 '수메르말'이라고 부른 것을 순순히 받아들였다. 하지만 그로서는 이 수메르말과 친연성이 있는 어군을 하루 속히 찾아내야만 했다.

그러던 어느 날 홍콩에서 무역을 하던 제이콥은 친형 율리우스의 논문을 받아본다. 율리우스의 연구는 모험심 많은 제이콥에게도 늘 흥분되는 일이다. 제이콥은 종종 이집트에서 왕들의 무덤을 캐 한 몫 챙긴 이들의 이야기를 듣고 그에게도 언젠가는 그런 행운이 올 것을 믿고 있다. 그러한 제이콥에게 친형 율리우스의 '수메르'는 새로운 기회일 수도 있다.

율리우스의 연구대로라면 인류 첫 문명을 연 이 미지의 왕국이 이집트나 바빌론이 아닌 아시아계일 수도 있다. 제이콥은 형의 주장을 믿었다. 만일 수메르 말이 투라니안계라면 그것은 터키와 몽골 그 어디쯤이리라. 제이콥은 홍콩에서 많은 국제 상인들에게서 수메르어와 닮은 말을 찾으려 하지만 결과는 늘 아니었다.

1856년 제이콥은 홍콩에서 프랑스 선교사 페론(Feron)과 그를 따라 홍콩으로 온 한 아시아 사내를 만난다. 페론 신부는 제이콥에게 그 사내는 '조선'에서 왔다고 소개했다. 그 조선 사내는 사제 품의를 받으러 로마로 가는 길이다. …

제이콥은 그 조선 사내의 머리모양에 눈이 갔다. "당신의 그 머리를 묶은 건 무엇입니까?"

제이콥의 호기심 어린 질문에 그는 '상투'라고 대답했다. 그 순간 제이콥의 눈이 번쩍 띄었다. '상투' 그것은 바로 수메르어로 머리(head)를 뜻하는 'SANG DU'가 아닌가.

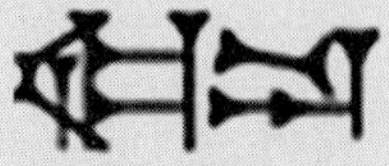	(90x : Old Akkadian, Ur III, Old Babylonian, unknown) wr. saĝ-du; saĝdu "head" Akk. qaqqadu

제이콥은 몇 가지 물었다. "혹시 'SANG-GA MAH'라는 말의 뜻을 알겠는가?" 조선의 남자는 고개를 갸웃하고는 그것이 곧 우리 임금을 부르는 말이라 대답했다. 제이콥은 한 대 맞은 느낌이다. 제이콥은 이미 중국어를 비롯 그 어떤 나라 말로도 집정관을 뜻하는 말에 'SANG-GA'라는 용례를 찾을 수 없었다.

제이콥은 그 조선 사내를 통해 조선어를 대충 파악한 뒤 1867년 한국을 몇 차례 탐험하면서 이제까지 다른 그 어떤 말보다 조선말과 수메르말이 비슷하다는 확신을 갖는다. 제이콥은 당장 이런 사실을 형 율리우스에게 알리고 미국의 부호 E. F. B. Jenkins로부터 조선 탐험 투자금을 받는다. 하지만 당시 조선은 청과 일본을 빼고는 무역을 막고 있었다.

1867년 4월 30일 제이콥은 미국인 젠킨스가 준 돈으로 100여 명의 중국인과 20여 명의 동남아인을 태운 배를 타고 조선에 와 자신들을 러시아 군대라고 둘러댔다.

그날 밤 제이콥은 조선의 덕산군에 닿아 조선 왕가의 묘를 파기 시작하나 조선 관군이 막아 실패했다. 그의 원 이름은 Ernst Jakob Oppert(1832~1903)며 '수메르말'을 붙이고 이 말이 셈어가 아닌 투르크-몽골계 말임을 밝힌 그의 친형 아씨리아 학자는 Julius Oppert(1825~1905)다. 도굴꾼 제이콥 오페르트는 훗날 독일로 돌아가 〈은둔의 나라 조선〉을 비롯, 조선에 대한 몇 권의 책을 냈다.

이 글에서 수메르말 'SANG-GA MAH'는 우리말 '상감'과 같습니다. '상감'은 '샤먼'과 같은 말입니다. 우리는 실제로 임금을 부를 때 '상감마마!' 하고 불렀는데 '마마'는 '마하트마'에서 온 존칭을 뜻하는 말이라고 앞에서 밝혔지요?

닭맑	→	삵맑	→	잙맑	→	앍맑
덕만		상가마 상감 승만 샤먼		정만 주몽 짐		영만 임금 영감

수메르말 'SANG DU'는 우리말 '상투'와 같습니다. 우리가 돌아가신 이를 묻는 사람을 '상두꾼'이라 하는데 여기서의 '상두'가 이와 같은 말이며 이는 '넋'으로도 풀립니다. 이렇게 우리말과 수메르말이 같은 것은 무엇을 말할까요?

닭닭	→	삵닭	→	삻닭	→	삵삵	→	낡삵
돋-		상두 상투		성황당 서낭당	사당(祠堂)	소산 소사 솟-		넉시 넋

5. 아사달

우투리님, 단군신화에 나오는 아사달은 고조선의 서울이지요? 그런데 이 아사달은 어디이며, 무엇을 뜻할까요? 삼국유사[29]에서 아사달이 나오는 곳을 다시 한 번 읽습니다.

朝鮮(王儉朝鮮) 조선(왕검조선)

魏書云 有壇君王儉 乃往二千載 立都阿斯達
위서에서 이르기를, 이천년 전에 단군왕검이 있어 아사달에 도읍하고
(經云無葉山 亦云白岳 在白州地 或云在開城東 今白岳宮是)
(경은 무엽산 또는 백주의 백악이라 하고, 누구는 현재 개성 동쪽 백악궁이라 한다)

開國號朝鮮 與高同時 … 雄率徒三千 降於太伯山頂(卽太伯今妙香山)神壇樹下
나라를 세우니 이름이 조선이요, 고와 같은 때다. … 환웅은 삼천 명의 무리를 이끌고, 태백산정상(태백은 지금의 묘향산이다) 신단수 아래로 내려왔는데,

謂之神市 是謂桓雄天王也 … 都平壤城(今西京) 始稱朝鮮
그곳을 신시라 하고, 이분을 환웅천왕이라 한다. … 평양성(지금 서경)에 도읍하고, 처음으로 조선이라 불렀다.

又移都於白岳山阿斯達 又名弓(一作方) 忽山 又今彌達 御國一千五百年
또 도읍을 백악산 아사달로 옮겼는데 그곳을 궁(혹은 방자로도 되어 있다)홀산 또는 금미달이라 한다. 그는 천오백년 동안 나라를 다스렸다.

周虎王卽位己卯封箕子於朝鮮 壇君乃移於藏唐京
주周 호왕이 즉위한 기묘년에 기자를 조선에 봉하니, 단군은 곧 장당경으로 갔다.

後還隱於阿斯達爲山神 壽一千九百八歲
뒤에 아사달에 돌아와 숨어 산신이 되었는데 이때 그의 나이 천구백팔 살이다.

여기 나오는 아사달(阿斯達), 무엽산(無葉山), 백악(白岳), 평양(平壤), 신시(神市), 금미달(今彌達), 장단경(藏唐京)은 어디이며 무엇을 뜻할까요?

---

29) 일연, 《삼국유사》〈고조선〉쪽

아사달 풀이

'아사달' 은 '아사' 와 '달' 로 나눌 수가 있죠.

먼저 '달' 부터 풀어 보면 이 앞서 푼 바와 같이 이는 '닭' 에서 왔는데 여기서는 '터(데)' 또는 '땅' 으로 풀 수 있죠. 이제까지 '달' 은 '산(山)' 의 고구려 말로 알려져 있지만 꼭 그렇지는 않습니다. '닭' 은 우리 겨레의 공통어니까요.

닭	→	삵	→	잙
대간 다락 **달** 단壇 **땅**		사락 **산**山 신神 성城		줄기 자락
데 터 티 토土 도都 도道		상上 수首 사祠 새鳥 수水		진 재

'달' 의 풀이는 쉬운 편인데, 문제는 '아사(阿斯)' 예요. 먼저 '아사(阿斯)' 에서의 '아(阿)' 를 지금은 '아' 로 소리 내지만 아주 옛날로 올라가면 '가' 로 소리 내었을 거라고 생각해요. 이것은 본디 제 생각이 아니고 유창균님이 밝힌 것[30]입니다. '阿' 에서 '可' 가 음부(소리를 나타내는 부분)이니 '阿' 는 처음에는 '가' 로 소리 내었을 것이라고 했거든요. 그러므로 '아사' 는 본디 '가사' 또는 '게세' 니 이는 결국 '게세르' 죠.

게세르 → 가사(르) → 자사(르) → 하사(르) → 아사(르)
[ᄀᆞ르ᄉᆞ르] [ㄱ] → [ㅈ] → [ㅎ] → Ø : 닿소리의 길

우투리님, 여기서 게세르[가르사르]라면 벌써 떠오르는 것이 있지요? '조선' 또는 '예(濊)' 말입니다. 그러므로 '아사달' 은 '가사르달' 이고 이는 게세르(임금)가 사는 데, 곧 '조선의 서울' 이란 뜻이 되지요. 많은 사람들의 머리를 어지럽혔던 '아사달' 이 오히려 쉽게 풀려서 조금 허탈하지 않나요?

가르닭닭	→ 가르삵닭	→	자르삵닭	→	하르삵닭	→	아르삵닭
커다란땅	크스크등기		조스크다락		흐스크다락		으스크다락
	게세르달		조선달(조선 서울)		흐순달 → 하서량		**아사달**

동예(東濊)의 서울을 가섭원(迦葉原)이라고도 하는데 오늘날의 강릉(江陵)을 말한다고 하는군요. 이 가섭원도 아사달을 뜻하는데 이는 더 정확하게는 '아사

30) 유창균, 《문자에 숨겨진 겨레의 연원》(집문당, 1999) 354쪽

벌' 로 풀립니다. '달' 과 '벌' 만 다른데 이때 '벌' 은 서라벌의 '벌' 과 같죠.

가르닭밝 →	가르삵밝 →	아르삵밝				가르앍앍		
커다란 벌	게세르벌	아사벌			↗	강릉	↘	
	가시버리			가르닭닭	→	가르삵닭	→	아르삵닭
	가섭원			커다란 달		게세르달		아사달

가섭원은 고구려 때 하서량(河西良)이지요. 삼국사기에, '명주(지금의 강릉)는 본디 하서량(河西良) 또는 하슬라(何瑟羅)인데 대개 예(濊)의 옛 나라였다.' 는 글[31]이 있어요. 여기서 하서량 또는 하슬라도 '아사달' 로 풀립니다.

			가르앍닭 →	가르앍앍		
		↗	가락달	강릉	↘	
가르닭닭 →	가르삵닭					아르삵닭
	게세르달	↘			↗	아사달(*예濊의 서울)
			하르삵닭 →	하르삵앍		
			하사달	하서량 하슬라		

여기서, 다음과 같이 '가사르달' 의 '가' 가 부드러워져서 '아사달' 로 가고 있는 모습을 봅시다. '달' 도 '알' 이 되어 가고 있군요. 이는 닿소리가 부드러워지는 현상입니다.

[가]	→	[자]	→	[하]	→	[아]		
가르닭닭	→	자르삵닭	→	하르삵앍	→	아르삵닭	→	아르삵앍
		조선**달** 조선땅		하서**량** 하슬라		아사달		이스라**엘**
		[달]	→	[랄]		→		[알]

그런데 여기서 잊지 말아야 할 것은 '아사달' 은 '게세르달' 이고 '예족(濊族)을 다스리는 이가 있는 서울' 이라는 홑진 뜻만을 가진 것이 아니라는 거예요. 앞서도 말씀했듯이 예(濊)에는 '신성한 겨레, 곰(신神), 다스리는 이' 라는 뜻이 들어 있으므로 아사달은 '거룩한, 다스리는 이가 있는 신성한 곳' 다시 말하면 신시(神市)가 되지요. 그러므로 신시(神市)는 아사달의 뜻을 새긴 말입니다. 고대(古代)는 제정일치시대라는 것을 금방 알아차릴 수 있는 말이지요.

---

31) 김부식,《삼국사기》제35권 잡지 제4 지리지

가르닭닭 → 가르삵닭 → 아르삵닭
게세르달 구수당 굿당 = 신시(神市) 아사달

우투리님, 아사달은 장단경과도 말뿌리가 같습니다. 온달산, 오대산도 같습니다.

가르닭닭 → 자르닭닭 → 자르닭앍 → 자르삵닭 → 아르닭삵 → 아르삵닭
장단달 장단경 조선달 알타이산 온달산 아사달
조선땅 오르도스 오대산 오토산

금미달은 닭맑닭에서 왔군요. 뿐만 아니라 여기서 험독(險督), 험측, 가메시, 해모수, 웅녀, 왕검성 따위가 나왔으며, 이들은 모두 아사달, 신시(神市)를 뜻하겠죠.

	↗ 삵맑잙 →	잙맑잙 →	핡맑잙 →	앍맑잙 →	가르맑잙
	삼량진 섬진	주문진	험측	우금치 예맥족	검재
닭맑닭 →	삵맑닭 →	잙맑닭 →	핡맑닭 →	앍맑닭 →	가르맑닭
투메트	샤먼당	주몽당	할미당 험독	임금당	**금미달 귀밀 곰딸(웅녀)**
	↘ 삵맑삵 →	잙맑삵 →	핡맑삵 →	앍맑삵 →	가르맑삵
	수미산	주몽성	할무성	왕검성	금성 까막수리
	삼위산	주마산	해모수	아르마스	가메시

아사달은 무엽산 또는 백악이라고도 했다지요? '무엽산' 은 '백악' 을 뜻으로 푼 것입니다. '백악' 은 밝닭에서 왔는데 '밝' 은 '임금' 이요, '닭' 은 '성' 이니 '황성(皇城)' 이기도 합니다.

	↗ 밝삵 →	홝삵 ↘	
	박수골 백산 평양성	횡성 화성 황성皇城	
밝닭 →	밣닭		밝앍
박수	↘ 부라한다락	↗	백골 부가리 백의 부여
			백악白岳 → **무엽산**無葉山
	밝잙 →	홝잙	
	백제골 **백잔 백제** 변진 박적	황제皇帝	

미국 대통령이 사는 백악관의 '백악' 의 말뿌리는 아마 밝닭일 것입니다. 그 뿌리는 우리의

배달(백제 또는 부여의 신전)인데 이것이 수메르의 무엽산이 되고, 이스라엘의 '벧엘' 이 되고 그것이 유럽으로, 미국으로 가서 백악관(white house)이 되었을 것입니다.

밝닭 →	밝삵 →	밝잙 →	밝핡 →	밝앍
붉은달 붉은등	붉은산 패수(浿水)	붉은재	백학	백악白岳 부여夫餘
박달 벧엘	백산白山(無葉山)	벌재 박적		백옥白屋 = white house

이제까지의 풀이를 간추리면 아사달은 장단경이며 '조선(예濊)의 서울' 을 뜻하고, 임금이 사는 곳(임금성), 신이 머무르는 곳(신시神市, 가메시, 험독)임을 알 수 있습니다.

아사달은 어디일까요?

우투리님, 아사달은 게세르닭이라고 했으니, 아사달을 찾는 것은 곧 게세르닭을 찾는 것과 같지요. 이는 곧 조선의 서울을 찾는 것이요, 신시(神市)를 찾는 것이요, 평양성(平壤城), 무엽산, 금미달, 장단경을 찾는 것이기도 합니다. 그럼 지금부터 그런 '게세르닭' 을 찾아가 볼까요? 사람들이 가장 많이 헷갈리는 것은 아사달이 오늘날의 '서울' 처럼 무릇이름씨에 가깝다는 것을 모르는 탓입니다.

(1) 간도(間島)와 알동

우리가 잃어버린, 백두산 너머의 땅을 간도(間島) 또는 알동이라 하지요? 여진족은 이곳을 신성시하였습니다. 간도(間島)를 한자의 뜻으로 풀면 '사이의 섬' 이니 두만강 속의 섬을 말하기도 한다는군요. 그러나 간도든 알동이든 이는 말뿌리가 같은 가르닭에서 왔으므로 이는 알타이, 금산(金山), 조선을 뜻합니다. 그러므로 간도땅, 또는 알동땅이라고 하면 이는 '조선땅' 이며 아사달입니

	자르닭닭 →	자르닭앍 →	아르닭닭 →	아르닭삵
	장단땅	장단경	알동땅	온달산 오르도스
↗	장동땅		알타이땅	알타이산 오대산 ↘
가르닭닭 →	가르삵닭 →	자르삵닭 →	아르삵닭 →	아르잙닭
간도땅	크스크등기	조선 땅	아신땅	예족땅
커다란땅	게세르달	조선달	아사달	여진땅

다. 그러므로 '간도땅' 전체가 아사달이군요. 장단경, 온달산, 오대산도 같습니다.

우리는 여기서 요동반도의 안뚱(安東)과 우리의 안동(安東)이 하화에서 온 것이 아니라 우리의 '알동' 에서 간 것임을 알 수 있습니다. 더욱이 요동반도는 대대로 동이(東夷)의 영역이었기 때문입니다.

가르닭 →	가르좕 →	가르삵 →	아르닭 →	아르좕 →	아르잙 →	아르삵
관동 간도	고창 거창	고산 고성	알동 알타이	알천 예천	안주 영주	안산 안성
구다라	고차 고죽	괴산 개성	**안동** 인동 요동	영천 이천	여진 여주	어신 오산

(2) 울라하다(홍산, 紅山)

우투리님, 저는 내몽골의 울라하다가 아사달이라고 생각해요. 더 정확하게 울라하다뿐만 아니라 울라하다 관내에 있는 우하량과 크스크등기의 말뿌리가 모두 아사달로 풀립니다.

최근 세계를 놀라게 한 발해문명[32] 또는 요하문명[33]의 본고장이 울라하다(홍산)인데요, 그래서 발해문명을 홍산문명이라고도 하죠. 이 울라하다가 단군신화에 나오는 무엽산, 백악과 같은 '밝닭' 이라는 거예요. 이는 곧 평양성이요, 임금성이요 황성이니 결국 아사달이 아니겠어요?

	밝삵 →		밝잙 →	밝앍		
	박수골 백산(무엽산)		박적 벌재	백악白岳		
밝닭 ↗	평양성 배새이		팔직이	피아골 ↘	*아르삵닭 ←	가르닭닭
붉은등 ↘	홝닭 →	홝삵 →	욿닭 →	욿앍 ↗	아사달	커다란달
배달	환단	**황성**皇城	**울라하다**	**우하량**		
	화타	**홍산**紅山				

이 부근에 거란의 서울이던 크스크등기가 있지요. 이 또한 아사달입니다.

가르닭닭 →	가르삵닭 →	자르삵닭 →	아르삵닭
커다란달	크스크등기 게세르닭	조선달 조선땅	**아사달**

32) 이형구, 《한국고대문화의비밀》 (새녘, 2012) 85쪽
33) 우실하, 《동북공정 너머 요하문명론》 (소나무, 2007) 99쪽

어쩌면 우하량과 크스크등기를 포함하는 울라하다(홍산, 紅山) 전체가 조선의 첫 아사달일지도 모릅니다. 더 밝혀 말하면 울라하다의 우하량에서 단군신화에 나오는 국가의 발생을 밝힐 수 있는 신석기시대의 유물과 유적이 쏟아져 나왔기 때문입니다. 천원지방형 제단이 발굴되고, 단군신화에 나오는 웅녀의 모습으로 추정되는 흙으로 구워 만든 여신상과 신전이 발굴되고, 인류 피라미드의 기원이라 할 수 있는 돌로 쌓은 초기의 피라미드가 드러난 곳이기도 하지요. 그리고 귀족들이 쓰던 옥귀걸이 등 사회 계급 분화를 엿볼 수 있는 많은 유물이 나왔습니다. 나라가 서자면 다스리는 이의 힘이 모아져야 하는데, 유적 발굴 결과가 그런 초기 형태의 국가 발생을 웅변한다는 것이지요.

여기서 여신상이 곰의 턱뼈와 함께 나왔는데, 이는 웅녀일 가능성이 높습니다. 천원지방형 제단이란 하늘은 둥글고 땅은 반듯하다는 뜻으로 만들어진 제단으로, 이러한 꼴의 제단은 강화도 마니산의 천제단에도 남아 있고, 백제 유적인 한강 남쪽 암사동 고분군에도 나타나 있고, 일본의 고분에도 남아있다는 거예요. 우리는 하늘과 땅과 조상에게 제사를 올렸고, 그 셋을 삼신(三神)이라 했는데 이는 우리의 핵심 철학이지요.

여기서 나온 옥귀걸이와 거의 같은 유물은 문암리 유적을 비롯한 우리나라 곳곳에서도 나옵니다. 피라미드도 고조선과 고구려로 이어진 무덤 모습이고, 좌청룡 우백호의 장묘 문화, 무덤 구조, 성곽 축조 방식 등으로 봐서 홍산문명에서 우리 조상 냄새가 진동한다는 겁니다.

> 뉴허량(우하량) 제1지점에서 지금부터 5천~5천5백 년 전에 만들어진 여신의 자태가 홀연히 나타난 것이다. … 뉴허량 여신묘와 적석총에서 나온 곰 소조상과 곰형 옥기 등으로 미루어 보아 여신은 단군신화에 나오는 웅녀를 상징하는 것이 아닐까? 곧 웅녀는 홍산인이 모셨던 지모신의 원형일 가능성이 크다.[34]

(3) 고구려의 아사달

고구려를 처음 열었던 오녀산성(五女山城)이 있죠. 이는 홀승골성(紇升骨城)이라고도 하는데 이 또한 아사달이군요.

---

34) 이형구, 《코리안루트를 찾아서》(성인당, 2009) 208쪽

		자르삵닭	→	아르닭삵				
가르닭닭	↗	조선땅		오르도스	↘	아르닭닭	→	아르삵닭
커다란땅	↘				↗	오래된땅		아사달
		하르삵삵	→	아느삵삵		알타이땅		
		홀승골성		**오녀산성**				

오녀산성을 졸본성(卒本城)이라고도 하는데 이는 '닭밝닭' 에서 온 말입니다. 여기서 티베트, 사비성, 집안(국내성, 國內城)도 나왔는데 이는 샛별(금성)의 성, 절벽의 성(城)입니다.

닭밝닭	→	닭밝삵	→	삵밝닭	→	잙밝삵	→	잙밝앍
티베트		태백산		서라벌성		**졸본성**		진번국 → 진번 집안(國內城)
두루배달		태백성		샛별성 사비성		절벽성		

(4) 신라의 아사달

신라의 옛 성터를 반월성이라 합니다. 이 '반월성' 도 배달성으로 풀리니 아사달과 같습니다.

밝앍삵	←	밝닭삵	←	밝닭닭	⇄	가르닭닭	→	가르삵닭	→	자르삵닭	→	아삭닭
반월성		배달성		배달땅				게세르달		조선땅		**아사달**

(5) 백제의 아사달

백제의 서울이던 '위례성' 과 '부여성' 도 반월성처럼 배달성이며 아사달과 같습니다. 백마강이 내려다보이는 '부소산' 도 그렇습니다.

밝닭닭	→	밝닭삵	→	밝삵삵	→	밝앍삵	→	왉앍삵	⇄	아르삵닭	←	가르닭닭
배달땅		배달성		**부소산**		**부여성**		**위례성**		**아사달**		커다란땅

(6) 가야의 구지봉

우투리님, 가야의 김수로왕이 내려온 구지봉은 '아사벌' 이군요. 우리 조상들은 곳곳마다 나라를 세울 때 좋은 곳을 찾아 아사달이나 아사벌이라 이름 짓고 서울로 삼았나 봅니다.

가르닭밝 → 가르삵밝 → 가르잙밝 → 아르삵밝
커다란봉　게세르봉　구지봉　아사봉 아사벌 ⇄ 아사달

(7) 가조의 갓벌

경남 거창군 가조면의 '갓벌' 은 옛날 가야의 한 무리들이 나라를 이룬 곳인데, 이 역시 아사벌입니다.

가르닭밝 → 가르삵밝 → 가르잙밝 → 아삵밝
갈대벌 광대벌　가시벌 갓벌 갯벌　**가조**벌　**아사**벌 ⇄ 아사달

(8) 일본으로 건너간 아사달

가조에서 나라를 이룬 무리들이 신라에게 밀려 일본으로 건너가 야마토(대화, 大和) 나라를 세웠다고 했지요? 야마토는 맑닭에서 왔으며 대화(大和)는 '야마토' 의 의역입니다.

맑닭 →	맑삵 →	맑홝 →	맑앍
무당 **미코토** → 마토 → **야마토**	머리크스크 말조선 **멕시코**	**대화**大和	몽카크
		마한	몽골

대화(大和)의 서울이 가시하라입니다. 이는 가조의 '갓벌' 을 그대로 옮겨간 건데 그것을 김종택님[35]이 밝혀냈지요. 일본서기에는 갓벌을 '고천원(高天原)' 이라고도 적었는데, 이는 아사벌입니다.

			가르잙밝 →	가르잙왉		
		↗	고차벌	곶자왈 고천원高天原	↘	
가르닭밝 →	가르삵밝					아르삵밝
구다라벌	가시버리	↘	가르삵홝 →	가르삵왉	↗	**아사벌**
	갓벌		가시하라	가섭원迦葉原		

결국 곰(신神)의 겨레인 게세르(예濊)가 일본에까지 가서 나라를 세우고 나라의 서울을 가시버리라 하였으니 이는 '아사벌' 입니다. 그리고 일본 사람들은 실제로 임금을 '가시' 라고 했는데, 이는 '게세르' 일 것입니다.

---

35) 한국지명학회 발행 〈지명학〉 8호 게재 논문, '일본 왕가의 본향 高天原은 어디인가'

가르닭 → 가르삵 → 아르삵
거서간 게세르 가시 → 임금 아사

(9) 그 밖의 아사달

가르닭닭	→		가르닭닭밝
↘ 아르닭삵 →	아르삵닭 →	아르잙닭	↘ 아르삵닭밝
오르도스(*흉노)	아사달(*조선)	아즈텍(*멕시코)	이스탄불(*터키)
안데스(*에콰도르)	아스타나(*카자흐)	아잔타(*인도)	아사달벌
운달산(*경북 문경)	에스토니아(*유럽)		
오대산(*강원도)	오스트리아(*유럽)		

〈아사달의 또 다른 의미〉

아사달은 이제까지의 풀이로는 고조선의 서울이나 예의 서울을 뜻하였습니다. 그런데 이는 재미있게도 영어의 동쪽을 뜻하는 '이스트' 로 풀리기도 합니다.

가르닭닭 → 가르삵닭 → 아르삵닭
아사달 → 이스트 east

그런데 수메르문명의 후기 아카드족의 신전을 '이슈타르' 라 했는데 이것이 '아사달' 과 말뿌리가 같습니다.

가르닭닭 → 가르삵닭 → 아르삵닭
귀신닭 아사달 이슈타르

박용숙님은 이른바 '초승달 지역'(북위 30°~40°에 있는 겨레들)에 있는 이 이슈타르 신전은 해가 뜨는 정확한 동쪽으로 문이 나 있었다고 했는데, 저는 여기 나오는 이슈타르가 그리스와 로마를 거쳐 유럽으로 가서 동쪽을 뜻하는 '이스트' 가 되었다고 생각하는데 그대 생각은 어떻습니까?

지금까지 알려진 국내의 학설에서도 '아사달' 의 '아사' 는 우리 고어 '아춤' 과 일본어의 아침인 '아사' 를 연결시켜 '아사달' 을 해 뜨는 곳이라고 풀이하여 '아스타르테' 의 뜻과 일치함을 보였다. 그러니까 고조선 기사에 보이는 '아사달' 은 오늘날 시리아 땅의 우가리트(지금의 라스샤므라)에 있는 아슈타르테신전을 가리키는 것이다. 위서(魏書)를 인용한 고조선 기사에는 아사달에 관한 주(註)에서 이렇게 설명한다.

아사달阿斯達 : 經에는 無葉山이라 하고 또 白岳이라고도 했는데 白州에 있다.

여기서 '經'이란 어떤 책을 말하는지 알 길이 없으나 분명히 아사달을 잎사귀 없는 산이며 그곳이 '白州'였다고 한 것이다. 잎사귀가 없는 산은 인공적으로 만들어진 뫼(축조물)란 뜻이고 '白州'는 '페니키아'의 첫음을 가리킨다. 아슈타르테신전이 있는 우가리트는 페니키아의 역사적인 도시이다. 다시 '고조선기'의 본문에는 이렇게 쓰고 있다.

도읍을 아사달에 옮겼는데 그곳을 궁흘산(弓忽山)또는 방흘산(方忽山) 또는 금며달(金旀達)이라고도 하며

이 부분은 우가리트에 있는 아슈타르테신전의 모습을 그대로 전하고 있다. 앞에서 말한 대로 아슈타르테신전은 회랑처럼 생긴 층계를 따라 빙빙 돌아 올라가며 그 구조물의 꼭대기 넓은 곳에는 원추형의 탑과 네모꼴의 첨탑이 있다. '弓忽山'은 '弓'자를 삼각형으로, '方忽山'의 '方'을 네모꼴로 읽을 수 있으므로 이것들이 피라미드처럼 네모꼴의 첨탑을 가리키고 있음을 알 수 있다. 또 '金旀達'은 '金旀'를 '금'이나 '곰'으로 읽을 수 있으므로 아슈타르테여신이 '金星'의 상징인 것, 혹은 환웅과 혼인한 웅녀의 성격을 나타낸 것으로 해석할 수도 있다.[36]

〈풀이〉

가르닭닭 → 아르삵닭 아사달 아슈타르 금성신	가르닭닭닭 → 아르삵닭닭 아스타르테 금성신전	가르맑닭 → 가르맑삵 금미달(곰딸) 가메시(웅녀) 금당 금성(金星) 곰딸(웅녀) 김씨(金氏)

윗글을 보면 수메르에서 관능의 신인 '이난나'가 있던 신전을 아슈타르(또는 아슈타르테)라고 했습니다. 신전의 이름인 이 '아슈타르'가 우리의 '아사달'과 같다는 것입니다. 이것이 유럽으로 흘러가서 이스트(east)가 나온 것은 아닐까요?

가르닭닭 → 가르삵닭 → 아르삵닭
아사달, 아슈타르 → 이스트(east)

이는 말의 뜻을 풀어 봐도 비슷한 결론에 이릅니다. 아사달의 말뿌리인 '가르닭닭'에서 '가르'는 '크다'이며, '닭닭'은 '동(東)쪽'으로 풀리므로 이는 '큰 동쪽'을 뜻하기도 합니다. 큰 동쪽은 결국 정동향(正東向)일 것입니다.

---

36) 박용숙, 《지중해문명과 단군조선》(집문당, 2001) 31쪽

가르닭닭 = 가르 + 닭 + 닭 → 가르닭잚
크- 동(東) 땅 큰동쪽 → 정동향(正東向)

6. 평양(平壤)

평양

평양은 고조선 서울의 하나지요? 평양(平壤)은 한자의 뜻을 풀면 '평평한 데 있는 부드러운 흙' 입니다.

평양 : 平(평평하다) + 壤(부드러운 흙) = 평평한 데 있는 부드러운 흙

그런데, 평양(平壤)을 한자의 뜻으로 풀면 이와 같이 그럴듯한 말이 되니까 이는 처음부터 한자말인 것 같기도 한데 이 또한 우리말 '밝' 에서 왔습니다. 벼락, 부리기, 번개, 포구 펴랄 등도 여기서 나왔습니다.

밝[바르가르] → 바르하르 → 바르아르
벼락 부리기 번개 포구(浦口) 부라한 포항 불 벌 펼알 → 평양(平壤)

밝은 또한 벼락이요, 번개요, 불입니다. 옛날에 번개가 치고 벼락이 떨어지면서 산불이 났을 것이니 그로부터 구운 고기를 먹을 수 있지 않았겠어요? 불이 얼마나 무섭고 고맙고 신비스러웠을까요? 그래서 임금을 뜻하는 부라한도 벼락 또는 불을 뜻하는 밝에서 왔을 것입니다.

'부라한' 은 '임금' 이면서 '불' 이기도 하며 '불의 신(神)' 이기도 합니다. 옛사람들은 지배자를 별이 낳은 고귀한 존재로 받아들였으므로 이런 말이 생겼겠죠. 그러므로 평양은 '불의 신이 사는 마을' 곧 신시(神市)입니다.

밝 → 밣 → 바르아르
불 **부라한**(불임금, 불신) 펼알 **평양**(불임금, 불신神이 사는 마을) → **신시**神市

평양성

밝에 닭이 더해져서 밝닭이 되고, 여기서 '평양성' 이 나왔는데, 이는 황성(皇城)이기도 합니다. 황성(皇城)은 임금성으로 의역됩니다.

밝닭 → 밝삵 → 홝삵 ⇄ 읅맑삵 ← 삵맑닭 ← 닭맑닭
배달 부두 밝성, **평양성** 황성(皇城) 임금성 왕검성 샤먼당 투메트

'밝닭' 에 다시 '닭' 이 붙어 반월성, 부여성, 위례성이 되었습니다.

가르닭닭 → 밝닭 → 밝닭닭
↘ ↘ ↘
가르삵닭→자르삵닭→아르삵닭 밝삵 → 홝삵 밝읅삵 → 읅읅삵
크스크등기 아사달 평양성 황성(임금성) 반월성 부여성 위례성

신(神)과 같은 존재인 임금이 계신 곳은 모두 신시(神市)로 의역됩니다.

신시(神市)는 뜻이 아닌, 소리 그대로 풀면 다음과 같이 '닭닭' 에서 왔는데, 소도(蘇塗)와도 같습니다. 제정일치시대에는 임금이 곧 샤먼(무당, 巫堂)이기 때문입니다.

닭닭 → 삵닭 → 삻닭 → 삵삵
텬독天毒 단군당 시끌당 성황당 서낭당 신당神堂 사당祠堂 소도蘇塗 신시神市

곳	말 풀이
조선의 아사달 고구려 홀승골성	가르닭**닭** → 가르삵닭 → 하르삵삵 → 아르삵닭 게세르**달** 홀승골**성**忽升骨城 아사**달**
몽골 울란바타르	밝밝**닭** → 밝밝삵 → 밝홝삵 → 왉밝닭 부푸**실** 붉은 황**성** 울란바타르
신라의 반월성 백제의 위례성	밝닭**닭** → 밝닭삵 → 밝왉삵 → 왉읅삵 배달**산** 반월**성**半月城 평양성 부여성 위례**성**
가조의 고천원	가르닭**밝** → 가르좕왉 → 아르삵밝 고천**원**高天原 아사**벌**
터키의 이스탄불	가르닭닭**밝** → 가르삵닭밝 → 아르삵닭밝 게세르달벌 아사달**벌**, 이스탄**불**

'밝' 에서 '평양' 이 나오고 '부루' 가 나오고 '벌' 이 나왔는데, '벌' 은 '닭' 에서 나온 '달' 과 같은 뜻으로 쓰입니다.

여기서 알아둘 일은 '평양' 이 곳곳에 여럿이 있다는 겁니다. 이 말은 본디 '서울' 이라는 뜻의 무릇이름씨(보통명사)였는데 지금은 외이름씨(고유명사)처럼 된 거죠. 여기서 학자들의 머리가 많이 어지러웠죠. 나라 안으로도 평양(平壤)과 비슷한 말로 풍양(豊壤), 평양(平陽 : 서울의 양천, 전남 순천의 옛이름)이 있고, 중원의 저장성(浙江省) 원저우(温州)의 현(縣)인 평양(平陽), 섬서성의 평양(平陽) 등 여러 군데지요. 중원에 있는 이런 이름들은 아마 고조선이 남긴 흔적이겠죠.

부락(部落)과 포구(浦口)

우투리님! 부락(部落)을 본디 우리말로 마을이라고 하잖아요? 제가 어릴 때 어른들은 글을 쓸 때 한자와 한글을 섞어 쓰는 경향이 컸는데, 그래서 그런지 '마을' 보다 '부락(部落)' 을 많이 썼습니다. 지금도 면사무소나 군청에서 행정용어로 '부락(部落)' 을 많이 씁니다. 그래서 저는 '부락(部落)' 을 일본에서 들어온 한자말로 봤습니다.

그런데 이 부락(部落)을 한자의 뜻으로 풀면 '여럿이 떨어짐' 이라는 이상한 결론에 이릅니다. 그래서 일본 사람들이 그들의 말로 마을을 부락(部落)이라고 하는가 보다 이렇게만 생각했죠. 그러나 부락(部落), 포구(浦口)가 평양(平壤)처럼 한자말이 아니고 우리말 '밝' 에서 온 것들임을 알고는 깜짝 놀랐습니다.

다 같이 '밝' 에서 온 말이지만 부락(部落), 항구(港口), 포구(浦口)는 무릇이름씨가 되었고, 평양, 포항, 봉화, 황간 등은 외이름씨가 되었습니다.

		화르가르 →	화르하르 →	화르아르 →	화르	
	↗	황간 항구港口	회현	화란	황黃홍紅 ↘	
밝[바르가르]	→	바르하르 →	바르아르	→	바르 →	우르
벼락 벌교 **부락**		포항 방하 봉화	**평양**平壤	부루 벼루 부리 벌		우리 울
번지 방골 **포구**	↘		벼랑 부안 비안	불 부우 부部 ↗		
부리기 반구		와르가르 →	와르하르 →	와르아르 →	와르	
		우르크 와락	완하	와룡	온百	

밝[바르가르]에서 부(部), 리(里), 가르(加)로 갈리어 행정용어로 많이 쓰였군요.

```
                        바
            바르   ↗ 부部 ↘ 바느          →        바ㅇ
          ↗ 부리 벌 ↘  르  ↗ 반班 번番 방(房, 邦) 봉(峰) ↘
밝[바르가르]             리里                                   왁
부락      ↘ 가르                   →            하르 ↗ 우르크 우리
            게르 굴 골谷 간 경京 궁宮     홀忽 현縣 호戶
            강 가家 가加 가街 구區
```

'부(部)' 는 마을을 뜻하는 부락(部落)에서 왔지만 오늘날은 행정용어로서 어떤 분야의 조직 체계를 뜻하게 되었습니다. 이를 보면 옛날에는 마을별로 나라에서 주어진 어떤 역할(부서, 部署)이 있었던 것으로 보입니다.

신라에 6촌(村)이 있었는데 나중에 6부(部)로 바뀌었습니다. 고구려, 백제, 흉노에도 5부가 있었습니다. 부여에는 5가(加)가 있었는데 이는 부(部)와 같은 개념일 것입니다. '리(里)' 는 거리의 단위로 쓰이고 있는데 이 말의 뿌리가 몹시 궁금했습니다. 자전에는 '마을 리' 로 나오지만 정확하게 밝에서 나온 '부락' 을 뜻하죠.

7. 동이(東夷)와 뎐독(天毒)

동이(東夷)는 누구인가?

우투리님, 그대는 동이(東夷)를 알고 계시나요? 동이는 우리가 우리 스스로를 자랑스럽게 부르던 이름이란 것을.

(1) 동이(東夷)는 '동녘의 오랑캐' 인가?

이제까지 우리는 동이(東夷)를 하화가 우리를 낮춰 부른 '동녘의 오랑캐' 쯤으로 알며 하화에게 늘 떨떠름한 감정을 떨쳐버릴 수 없었던 것도 사실이지요.

동이(東 : 동녘 동, 夷 : 오랑캐 이) = 동녘의 오랑캐?

그리고 하화는 '나' 가 아닌 '너' 는 모두 오랑캐로 불렀죠.

우리는 거의가 '동이' 를 '동녘의 오랑캐' 로 알고 있다. 왜 동이가 변방의 '오랑캐' 로 낮춰졌을까? 하화와 동이의 정치적 대결이 그 배경이다. 서양의 트로이전쟁에 견주는 4700년 전 탁록대전이 대결의 시작이다. 탁록대전은 당시 동북아의 종주국인 배달의 치우천황에 맞서 서방 하화의 헌원이 일으킨 싸움이다. 10년간 73회 공방전 끝에 패한 하화는 그 후 2300여 년 동안 황하 중상류에 머물 수밖에 없었다. 그 뒤 진시황 때 힘을 길러 중원을 그들 터전으로 만들며, 동이를 변방으로 내몰거나 죽였다. 이때 일부 동이는 하화에 동화되기도 했다.

그런데 '夏' 를 중국 민족의 대명사로 쓰기 시작한 것은 주(周)부터다. 주는 동이족과 차별하려고 '하' 라는 호칭을 쓰기 시작했다. 자민족을 제하(諸夏)라 불렀는데 동이족을 뺀 중국의 전 민족을 뜻했다. 이로부터 정치적으로는 중원 왕조를, 민족적으로는 중국 사람을, 문화적으로는 중원 문화를 가리키게 된다. '華夏' 는 춘추시대부터 유행한다. … 하, 상까지는 하(夏)와 이(夷)를 구별하지 않았다. 화하족과 동이족을 구분하여 존화양이를 내세운 것은 주(周)부터다.

화하가 중원의 주도 세력이 되면서 동이는 '오랑캐' 가 된다. 그들은 중원에 골고루 퍼져 살던 동이족을 사방으로 나누어 동이, 서융, 남만, 북적으로 불렀다. 그전까지 역사를 이끈 이족을 옥죄어 그 지배하에 두고자 했다. 동이족은 배달과 고조선 시대에 곳곳에서 각 문화권을 만든다. 그리하여 견이, 우이, 방이, 황이, 백이, 적이, 현이, 풍이, 양이 등으로 불린다. 후한서 동이열전에서 이 아홉을 통칭한 '九夷' 는 동이의 다른 이름이다. 하지만 동이는 9족 밖에도 인이, 조이, 엄이, 남이, 화이, 욱이, 서이 등이 더 있다.

구이는 중원의 주도 세력으로 그 활동 무대가 회수와 황화 유역, 산동반도, 발해만 일대 등에 이른다. 대만 사학자 쉬량즈(徐亮之)도 은에서 주가 망할 때까지 동이족의 활동 영역이 지금의 산동성, 하북성, 하남성, 강소성, 안휘성, 호북성, 요동반도 지역 등으로 드넓다고 밝혔다. 이처럼 배달동이는 동방의 장자국인 배달조선과 함께 고대 동북아 문화를 창조하고 꽃피운 주체세력이다.[37]

(2) 동이의 '이(夷)' 는 큰 활

동이(東夷)의 동(東)은 동녘이고 이(夷)는 큰 활인데 눈을 닦고 봐도 오랑캐라 할 건덕지가 없습니다.

동(東) = 동녘	이(夷) = 대(大) + 궁(弓) = 큰 활

존화양이란 하화가 저들만이 깨인 겨레고 남들은 모두 오랑캐로 낮춘 것인데, 이는 문화적 우월주의가 낳은 비뚤어진 생각이지요. 지금 보면 다름을 우

37) 안경선 역주, 《환단고기》(상생출판, 2012) 94쪽

열로 매도한 겁니다.

(3) 닭닭에서 온 동이(東夷)

동이란 누구인가? 동이(東夷)의 '동(東)' 을 '동녘' 이라는 뜻에 관심을 두는 것이 아니라 '동' 의 소리를 뚫어지게 살폈더니 아니나 다를까, 그 속에 '둥그르' 가 들어있습니다. 저는 또 깜짝 놀랐죠. 이는 단군의 말뿌리인 '닭' 과 같습니다. 여기서도 우리의 옛말을 풀 때 [ㅇ]은 [ㄹ]로 푼다는 '콧소리의 길' 을 좇았습니다.

동(東) : 닭 → 단군 → 둥그르 → 동東, 당堂 → 대大, 두頭, 두斗, 도道
[ㄹ] → [ㄴ] → [ㅇ] → Ø

이(夷)도 한자의 짜임을 들여다보면 다음과 같이 '닭' 임을 알 수 있습니다. 여기서도 뜻보다 소리에 눈을 맞춥니다.

이(夷) : 대(大) + 궁(弓) = 대 + 가르 = 달가르 = 닭

그러므로 동이에서 다음과 같이 닭닭이 나오는데 이는 단군 겨레가 됩니다. 동이(東夷)가 동녘의 오랑캐가 아니라 단군겨레라는 뜻이니, 잃어버린 우리 역사의 중요한 매듭이 또 하나 풀렸습니다.

닭닭	→	닭삵	→	닭잙	→	닭앍
타타르 덕다리 뎐독天毒 뎐둑天竺 도독都督		닭씨가리		단군족		동이東夷 단군겨레

(4) 동이는 스키타이 또는 알타이

또한 동이는 스키타이 또는 알타이이기도 합니다.

닭닭	→	삵닭	→	잙닭	→	핡닭	→	낡닭	→	앍닭	→	앍잙
돈달 단달 단동		스키타이		차카타이		히타이		낙동		알동 알타이		옥저 예족 이족
타타르 둔덕 대동		성황당		장단		한티		느티		인동 안동 어등		沃沮 濊族 夷族

(5) 동이는 신(神)의 겨레

우투리님, 단군겨레인 동이(東夷)는 또한 신(神)의 겨레, 산(山)의 겨레, 선

(仙)의 겨레, 새(鳥)의 겨레이기도 합니다.

닭닭 →	닭삵 →	닭좕 →	닭앍 →	삵앍 →	좕앍
텬독 텬둑 도독	단군씨가리	단군족	**동이**東夷	색이色夷 신神겨레	조이鳥夷
타타르 타이탄	동산東山	닭재	단군겨레	산山겨레 새겨레	

(6) 동이(東夷)는 텬독(天毒)

닭닭에서 온 동이(東夷)는 텬독(天毒)이며 텬듁(天竺)이기도 합니다.

닭닭	→	닭앍
텬독(天毒) 텬둑(天竺) 도독 돈달 둔덕 덕다리		**동이**(東夷) 단군겨레

그런데 일반적으로 텬독(天毒)이나 텬듁(天竺)은 인도를 가리킵니다. 그렇다면 우리 겨레의 이름인 동이(東夷)가 인도를 뜻한다니 이 어인 일입니까?

동이東夷 = 텬듁天竺 ⇨ 동이국東夷國 = 천축국天竺國 = 인도?

단군족으로 풀리는 동이가 인도를 뜻하는 텬듁(天竺)과 같다는 것은 매우 풀기 어려운 문제입니다.

산해경의 '텬독국(天毒國)'과 '조선(朝鮮) 텬독(天毒)'[38]

이건주님은 산해경에 나오는 텬독국과 조선 텬독(天毒)에 관한 신선한 물음을 궁구하셔서 여기에 소개합니다.

> 산해경은 중국에서 가장 오래된 인문지리서며 경전이다. 이를 적은 때는 다 알 수 없으나 적어도 사마천의 사기에 말이 나오는 것으로 보아 이미 漢대에 있었다고 본다. 가장 이른 시기의 글이 周대(기원전 1122~기원전 256)에 들므로 이론적으로는 일단 지금부터 3천년을 너끈히 거슬러 올라간다고 본다. 여기 나오는 고조선에 관한 글은 잘 알 것이다.
>
> 東海之內 北海之隅 有國名曰 朝鮮天毒 其人水居 偎人愛之-《산해경》〈해내경(海內經)〉쪽
> 동해지내 북해지우 유국명왈 조선텬독 기인수거 외인애지
>
> 이 문구에 대해 이제까지 표준적 풀이는 두 가지인 것 같다.

38) www.coo2.net 이건주 글, '산해경의 텬독국天毒國과 조선朝鮮 텬독天毒'

(1) 동해(황해)의 안과 북해(발해)의 모퉁이에 나라가 있으니 조선 천독이다. 그 사람들은 물가에 살며 사람을 아끼고 사랑한다.

(2) 동해(황해)의 안과 북해(발해)의 모퉁이에 나라가 있으니 조선이다. 천자가 다스리는 (하늘이 돌보는) 그 사람들은 물가에 살며 사람들을 아끼고 사랑한다.

결국 이러한 다른 풀이는 천독(天毒)을 어떻게 푸는가 하는 문제다. 이에 대한 곽박(郭璞)의 주해는 '천독'을 바로 '천축' 즉 현재의 인도로 푼다. 이로부터 조선과 천독의 지리적 차이 문제로 풀이가 분분했다. '毒'을 주역의 해석에 따라 돌본다, 기른다는 뜻으로 풀기도 한다. 이 '조선 천독'은 중국학자들도 별다른 풀이를 내놓지 못하고 있다. 지나에서는 고대로부터 '천독=천축=신독'들이 인도를 이르는 말로 알고 있는데 신독(身毒)은 'Shindu/Hindu'의 음차로 본다. 따라서 몇몇은 '조선 천독'의 '천독'이 인도를 가리키는 고유명사가 아니라 '하늘이 돌본다.' / '천자가 다스린다.'라고 풀기도 한다. 하지만 이 풀이엔 여전히 물음이 남는다. 왜냐면 산해경에서는 분명히 "西方有天毒國" 즉 "서쪽에 천독나라가 있다."고 적었기 때문이다. 다시 말해 산해경은 천독(天毒)에 대해 분명히 나라개념으로 말한 것이지 '하늘이 다스린다.'와 같은 뜻으로 쓴 것이 아니다.

그렇다면 고조선의 '천독'과 서방의 '천독'이 무슨 관계가 있을까? 이렇게 생각해 본다. '서방의 천독과 고조선의 천독은 다른 때의 글이다.' 이 가정은 산해경이 여러 때를 거치면서 글이 쌓였다는 것에서 출발한다. 그렇다면 산해경에 나오는 동북아의 '천독'과 서역의 '천독'은 시차를 두고 책에 실렸다는 것이다. 곧 산해경의 "西方有天毒國"과 "東海之內, 北海之隅, 有國名曰 朝鮮天毒" 사이에는 시차가 있다는 것이다. 이렇게 가정하면 서역의 천독이 고조선 지역의 천독보다 뒤의 글이라는 점에 동의하게 된다. 왜냐하면 '천독=천축'을 지금의 인도지역으로 비정한 동진東晉의 곽박은 6조시대(4세기경) 사람이기 때문이다. 결국 천독은 아주 아득한 고대에 동북아에서 지금의 인도방면으로 간 고조선문화권의 한 무리였을 가능성을 주장해 본다. 그 배경으로 약 4천 년 전 인더스문명은 이주인 문명이라는 점에 학자들이 대체로 동의한다는 점도 있다. 말로도 인더스문명의 드라비다어와 알타이-퉁구스어간의 놀라운 친연성 그리고 아리안문화와 중앙아시아 유목문화의 관계를 풀 고리가 바로 이 '조선 천독'에 있다고 본다.

그렇다면 과연 '조선 천독'이 동북아에 있던 때가 언제쯤일까? 산해경은 적어도, 3천 년 이전의 이야기를 다루고 있으니 '조선 천독'의 상한이 4천 년 전인지 5천 년 전인지 모른다. 이 문제는 사실 종교학계의 오랜 논쟁인 만주-퉁구스어의 샤먼(Shman : '아는 이'라는 뜻)과 아리안의 산스크리트어의 사만(Saman : 본뜻은 도 닦는 자, 퇴마사)이 누가 누구에게 빌렸느냐가 알맹이다. 만일 고대 조선 천독의 '샤만'이 불교전래로 인한 아리안어 '사만(沙門)'이라면 우리 '박수(男巫)'나 만주 Baxi(무당)도 BC 6세기 인도 불교의 Bikshu男僧에서 온 말일까? 아니면 그 정반대의 결과일까.

위 글은 산해경에 나오는 서방에 있던 '천독국'과 발해만에 있던 '조선천

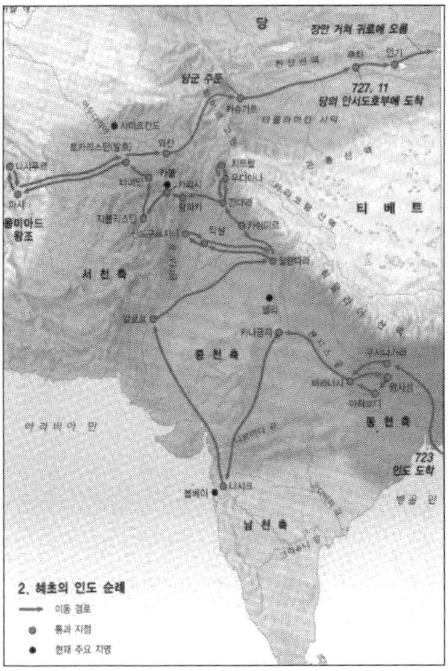

〈혜초의 여행지〉[39]

독' 은 각각 언제 어디에 있었으며 무엇을 말하는지, 그리고 이 둘 사이는 어떻게 같고 다른지 이제까지 안 풀리고 있다는 이야기일 것입니다.

(1) 서방의 텬독국(天毒國)은 인도 북부

텬독(天毒)은 텬튝(天竺)과 같은 말인데, 국어사전에서 천축국(天竺國)을 찾아보았더니 '인도(印度)를 이르는 말' 이라고 짤막하게 소개합니다. 이 풀이는 틀린 것은 아니나 설명이 더 필요합니다. 전통적으로 천축국이라 하면 우리나라나 중국에서는 오늘의 인도 전체로 이해한 것이 아니라 인도 북부로 인식하고 있었다는 것입니다.

혜초(慧超 : 704~787)는 신라 스님으로서 인도를 다녀와 왕오천축국전(往五天竺國傳)을 썼습니다. 여기서 다섯 천축국은 겉으로는 인도 전체를 말하나 사실상 인도 북부와 아프가니스탄 지역을 여행한 것입니다.

(2) 동해와 북해의 모퉁이의 조선천독은 고조선

東海之內 北海之隅 **有國名曰 朝鮮天毒** → 동해지내 북해지우 유국명왈 조선천독	동해의 안과 북해(발해)의 모퉁이에 **나라가 있으니 조선 천독이다.**

동해와 북해의 모퉁이에 있는 '조선천독' 은 발해만 일대에 있던 고조선을 말하는 것이 확실합니다. 동북아 일대에서 고대에 역사적으로 '조선' 으로 불린 나라는 고조선뿐입니다. 더구나 '조선천독' 의 '천독' 이 다음과 같이 '동이(東夷)' 로 풀리니 더욱 그렇습니다.

닮닮 → 닮삶 → 닮잚 → 닮앎 **뎐독**天毒 닮씨가리 단군족 **동이**東夷	→	뎐독=동이 天毒 東夷	→	뎐독국=동이국 天毒國 東夷國

39) 네이버 vannews님의 블로그에서 옮김

이런 텬독(天毒)과 가장 가까운 환경의 도시가 현재 요동의 단둥(丹東)과 산동반도의 칭다오(淸道)로 남아 있다고 생각합니다.

닭닭
텬독(天毒) 단둥(丹東) 팅다오(칭다오淸道)

또한 말의 뿌리를 캐면 닭닭인 텬독(天毒)에서 가르닭인 조선이 나왔습니다.

닭삵 → 닭좕 → 닭앍 → 삵삵 → 삵좕 → 삵앍
닭닭 ↗ 닭씨가리 단군족 **동이**東夷 닭겨레 숙신 색족 색이 ↘ 좕앍
텬독天毒 ↘ 삵닭 → 앍닭 → 가르닭 → 가르삵 → 자르삵 ↗ 조이
텬툭天竺 스키타이 알동 알타이 케레이트 게세르 **조선** 鳥夷

그러므로 '조선 천독' 의 '조선' 과 '천독' 과 동이(東夷)는 뜻이 같은 말일 것입니다.

닭닭 → 닭앍 → 삵삵 → 좕삵 텬독天毒 텬툭天竺 동이東夷 숙신 조선	텬독天毒 = 동이東夷 = 조선

'조선천독' 이 고조선을 이른 말이 맞는 까닭은 글 내용에서도 드러납니다.

其人水居 偎人愛之 → 그 사람들은 물가에 살며 사람을 아끼고 사랑한다.

'그 사람들은 물가에 살며 사람을 아끼고 사랑한다.' 는 글은 조선의 성격을 정확히 꿰뚫고 있습니다. '조선' 의 말뿌리는 '가르닭' 인데 '갯(물가)' 를 뜻하기도 하기 때문입니다.

가르좕 → 가르앍
↗ 고리족 고구려 가락 ↘
가르닭 → 가르삵 고차 곡曲가랄 → 강 아르좕 → 아르앍
구다라 게세르 갯 ↘ ↗ 여진 예족 예濊겨레
자르삵 → 아르삵
조선 아신 아리수

그리고 '사람을 아끼고 사랑한다.' 는 우리의 알맹이 사상인 삼태극사상이나 인내천 사상을 연상케 하는 서술입니다.

천부경의 삼태극 사상	→	동학의 인내천 사상
하늘과 땅의 기운으로 사람이 태어났는데 셋은 하나다.		사람이 곧 하늘이다.

고조선과 인도가 같은 천축국으로 불린 까닭

(1) '조선' 과 '천축' 의 말뿌리가 같아서

인도북부에는 아득한 옛날부터 티베트(환단고기에 나오는 고대 환국 지역) 사람들이 내려와 살았습니다. 이들을 타타르, 색족이라고 하는데 이들이 텬튝(天竺)과 동이(東夷)로 풀립니다.

		닭삵	→	닭잙	→	닭앍				
닭닭	↗	닭씨가리		단군족		동이東夷	↘	잙삵	→	잙앍
타타르	↘	삵닭	→	삵잙	→	삵앍	↗	조선		조이
텬튝(天竺)		스키타이		샤카족 색족		색이色夷				鳥夷

타타르는 환국을 건설한 위대한 족속입니다.

한민족 역사서인 환단고기와 중국 학자의 북방민족에 대한 연구를 비교해 보면 환국을 세운 민족이 타타르인과 연관이 깊을 것으로 생각되는데 … 이렇게 고대로부터 근대에 이르기까지 너무나 강성했던 나머지 전 세계로 퍼져나간 이후 그 힘이 약해져 지금은 독립국이 되지 못하고 러시아의 속국이다. 타타르인에게 호되게 당했던 러시아인들은 다시는 독립을 못하게 여러 방법으로 타타르의 정체성과 역사를 지우는 작업을 하고 있다.[40]

또한 인도의 원주민을 드라비다족이라고 하는데 그 말뿌리가 '티베트' 와 같으므로 그들이 티베트에서 인도북부로 내려온 것이 거듭 증명됩니다. 그런데 '티베트' 나 '드라비다' 는 '두루배달' 과 같고 이는 배달연방(대부여)를 뜻하니 그들이 우리와 같은 계통일 가능성이 있습니다. 나아가 이들은 수메르의 '유프라테(스)' 강과 '이집트' 와 로마의 주신 '쥬피터' 와도 같으므로 그들이 수메르를 거쳐 이집트와 로마까지 갔을지도 모릅니다.

닭밝닭	→	잙밝닭 →	앍밝닭		
티베트	드라비다	주피터	아바타	애굽트	유프라테(스)강
(두루배달)	(인도)	(로마의 신)	(티베트의 신)	(이집트)	(수메르의 강)

40) 김정민,《단군의 나라 카자흐스탄》(글로벌콘텐츠, 2015) 214~219쪽

(2) 언어의 친연성

인도는 본디 기원전 25세기에 드라비다족이 인더스문명을 일으켜 살았는데 기원전 15세기쯤 유럽계 아리안이 들어와 주인 자리에 앉았습니다.

현재 인도의 언어 = 아리안어(72%) + 드라비다어(25%), 몽골어(3%)

'천독국' 은 실제로는 드라비다족의 주된 활동 근거지였던 지금의 인도북부 지역을 말하는데, 그들은 기원전 25세기쯤 모헨조다로문명(인더스문명)으로 번성했습니다. 우리는 이 드라비다족과 같은 교착어를 씁니다. 이는 반대로 인도 아리안의 굴절어와는 거리가 있다는 뜻이기도 하죠.

드라비다어족은 남인도와 스리랑카 동북부에서 쓰이고 있는 말의 총칭이다. 고유의 문자가 있는 인도공화국의 공용어인 타밀어, 말라얄람어, 칸나다어, 텔루구어와 문자가 없는 18개 이상의 말이 여기에 든다. 이들 말은 지역과 말의 특징에 따라 크게 셋으로 나뉜다. 남드라비다어에는 남인도의 타밀나두주 및 스리랑카 북부의 타밀어(4,500만명), 케랄라주의 말라얄람어(2,500만명), 카르나타카주의 칸나다어(3,400만명) 외에 닐기리 산 속의 토다어(800명), 코타어(900명), 망갈로르 지방 주변에서 쓰이는 툴루어(94만명) 등이 있다. 중드라비다어에는 중앙 인도의 쿠이어(50만명), 쿠비어(20만 명) 등이며, 드라비다 어족 중에서 사용인구가 가장 많은 텔루구어(프라데시주 4,900만명)도 여기에 든다. 북드라비다어에는 쿠루크어(114만명), 말토어(9만명), 그리고 멀리 떨어져 있는 지방인 발루치스탄에 따돌려 있는 브라후이어(30만명)가 있다.

드라비다어는 인도 인구의 약 25%다. 모음에는 a, e, i, o, u 등이 있는데 이들은 각각 장모음과 단모음이 된다. 자음에는 후음, 구개음, 반설음, 치경음, 순음이 있는데, 그 중에 반설음이 발달했다. 명사와 동사는 접미사가 붙어 바뀌므로 교착어에 든다. 명사는 단수, 복수가 구별되며 성은 대개 남성과 그 밖의 것을 구별한다. 또 남드라비다어의 단수에는 남성, 여성, 중성을 구별한다. 동사의 인칭어미는 대명사적 요소가 발달한 것이다. 따라서 3인칭에서는 명사의 변화와 같이 성과 수가 구별된다. 동사는 긍정표현과 부정표현으로 나뉘며 어순은 한국어와 비슷하다. 드라비다어족은 우랄어족 또는 알타이어족과 친족관계일 가능성이 있다는 것 말고는 밝혀진 것이 없다. — 국어국문학자료사전(드라비다족)

(3) 고유 신앙의 동질성

인도의 '힌두' 신앙과 우리의 성황당신앙을 다신(多神)이라는 면에서 관련성이 있다고 하면 견강부회일까요? 또한 '힌두Hindu' 는 '신독身毒Shindu' 에서 왔고 이는 우리의 '성황당(단군당)' 과 함께 모두 '텬튝(天竺)' 에서 왔습니다.

닭삵 → 닭좕 → 닭앍 → 삵좕 → 삵앍 → 좕앍
닭닭 ↗ 닭씨가리 단군족 동이 닭겨레 색족 새겨레 조이 ↘ 앍좕
단군당 ↘ ↗ 濊族
텬튝天竺 삵닭 → 삷닭 → 좕닭 → 핡닭 → 앍닭
스키타이 성황당 신독 장단 천독 한티 힌두 알타이 인도
城隍堂 Shindu 天毒 Hindu India

(4) 불교와의 관련성

또한 우리와 인도와의 관련성을 이야기할 때 흔히 우리는 불교를 떠올립니다. 불교도 천독국으로 풀리는 인도 북부(현재 부탄)에서 일어났고 세계로 뻗어나간 바탕도 간다라를 포함하는 인도 북부입니다. 결국 우리와 불교와의 관련성을 말하는 것도 인도 북부의 '텬튝국天竺國' 지역과의 관련성을 말할 것입니다.

이민족 중에 최고 전성기를 누린 민족은 파르티아인의 뒤를 이어 인도에 침입한 쿠샨족이다. 원래 중국 서북부 감숙성의 서쪽 끝에서 돈황에 걸쳐 살던 월지족이 흉노의 침입으로 서쪽으로 가자 이를 계기로 스키타이계의 샤카족 역시 남쪽으로 밀려난다. 이들은 간다라를 비롯한 카슈미르지방으로 흩어진다. 얼마 뒤 다시 흉노에게 쫓긴 오손족이 월지족의 새로운 영토를 침범하니 그들은 다시 서쪽으로 가 박트리아의 왕국을 정복한다. 당시 박트리아에는 토카라족을 비롯한 스키타이계 여러 종족이 살고 있었다. 토카라족은 모두 다섯 부족인데 그 하나가 쿠샨족이다. 쿠샨은 나머지 넷을 누르고 기원 전후에 번성했다.

그 후 쿠샨족은 카불 계곡으로 옮긴 뒤 힌두쿠시산맥을 넘어 간다라지방을 정복해 그리스와 파르티아인의 세력을 모두 지웠다. 이어 인더스강과 갠지스강 유역으로 침입해 정착한다. 이때의 영역은 옥수스에서 갠지스강까지 그리고 중앙아시아의 코라산에서 웃타르 프라데쉬의 바라나시까지 인도 북부를 거의 차지했다. 이들은 여러 인종과 문화를 융화시켜 새로운 독특한 문화를 창출했다.

쿠샨 왕들 중 중요한 이는 첫째 기원후 50년경부터 28년 동안 재위한 쿠즐라 카드피세스이다. 그는 힌두쿠시산맥 이북에 있던 토카라족의 다른 네 토후들을 아울어 쿠샨왕조의 기틀을 세웠다. 그는 힌두쿠시산맥을 넘어 카불과 카슈미르를 점령해 거기 있던 인도 그리스계의 세력을 모두 지웠다.

카니슈카 왕 때는 불교가 크게 바뀐다. 왕 스스로가 독실한 불교 신도로서 바스미트라를 중심으로 카슈미르에서 설일체유부(說一切有部) 계통의 불경결집(제4결집)을 하면서 발지론의 주석서인 《대비바사론》을 펴내게 한다. 이는 카슈미르나 간다라 등의 서북 인도 지역에 설일체유부 계통의 불교가 매우 성행한 간접 증거다. 또한 유명한 불교 승려 아슈바고샤도 카니슈카 왕과 깊게 얽힌 것으로 나온다. 그는 중앙아시아와 티벳 그리고 중국으로 불교를 퍼뜨렸고, 수도인 푸루샤푸라와 카슈미르에 큰 불교 수도원과 탑을 세웠다. 이런 일은 7세기에 인도에 간 현장의 글에도 나온다. 카니슈카 왕은 그가 불교도인데도 딴 종교도 도왔다. 궁정에 저명한 산스크리트 학자들을 들여 자유로이 학문과 문학에 전념케 했다. 이처럼 그는 정치, 종교, 예술, 문학 등에 큰 업적을 쌓았다.

이 때의 큰 특징은 대승불교 성립과 포교활동 시작, 힌두교 대중화다. 예술 면에는 건축, 그림, 조각 등이 발전해 많은 사원과 석탑 등이 세워지고 엘로라 동굴사원과 함께 유명한 아잔타 동굴 벽화가 그려진다. 눈여겨 볼 것은 간다라 양식 조각의 성립 발전이다. 원래 산치탑과 같은 아소카시대 작품에는 붓다 모습이 안 나오고 거기에 깨달음이나 신성함을 상징하는 나무 등을 새기거나 그냥 빈 채로 두었다. 하지만 그리스 영향을 받은 간다라 예술 양식에는 붓다와 보살의 그림과 조각이 나오기 시작한다. 또 지금까지 사람으로서 깨달은 자를 뜻하던 붓다 역시 점차 초월적 존재로 신격화되어 예배와 기도의 대상이 된다. 이는 불교의 종교화를 뜻한다. 신성화 작업은 힌두교에도 적용되어 개인의 지적 노력에 의한 깨달음과 더불어 신에 대한 헌신과 복종을 중시하는 박티 종교의 출현을 재촉했다.

– 다음 백과(이야기 인도사, 쿠샨왕조)

강상원님도 '천축은 티벳고원과 신강성 일대를 중심으로 하는 전체를 포괄하는 말' 이라고 하며 천축을 인도 북부로 지목합니다.

천축(天竺)은 인도가 아니며 불교도 인도의 것이 아니다. 천축은 바로 티벳고원과 신강성 일대를 중심으로 하는 전체를 포괄하는 말이며, 불교는 바로 여기서 나왔다. 이것이 일제 식민사관에 의해 비틀렸다. 불교도 석가도 조선 것이라고 하면 조선이 위대해지니까 인도 것이라고 조작한 것이다.

불교가 나온 곳은 인도가 아니라 바로 천축이다. 천축은 바로 조선 땅이었다. 석가도 인도 사람이 아니라 바로 조선 사람인 것이다. 범어(梵語, Sanskrit)도 인도어가 아니라 조선말이다. 그것을 증빙하는 것이 바로 옥스퍼드 산스크리스트어 사전 509쪽 내용이다. '단군은 석가모니 선조대 할아버지 중 한 사람의 이름' 이라고 분명히 적고 있다. 석가는 단군조선 사람인 것이다. **여기서 단군을 '다누 라자(Dhanu raja)' 라 했는데 이는 '단군 임금' 이란 뜻이다.**[41]

강상원님의 말씀이 맞는 얘깁니다. 산스크리트어의 '산스크리트' 가 '천독국' 으로 풀리기 때문이기도 합니다.

41) 강상원(조선고어실담어주석사전 저자)의 강연(2012. 11. 11 동이문화원 주최 충주연수원)

		삵삵가르닭				
	↗	산스크리트	↘			
닭닭가르닭	→	닭닭자르삵	→	닭닭가르앍	→	닭앍나르앍
		뎐독 조선		텬독국天毒國		동이東夷 나라

그는 다누 라자(Dhanu raja)를 단군 임금으로 풀었습니다.

닭 가르닭	→	닭 가르삵	→	닭 자르삵	→	닭 아르잙
		단군 거서간		단군 조선(칸)		다누(선우單于) 라자

또한 석가모니는 샤카족의 현자(賢者)라는 뜻인데 샤카족은 단군족입니다.

닭닭	→	닭앍	→	닭잙	→	삵잙	→	삵삵
뎐독		동이東夷		단군족		샤카족 신족		산스 선생先生 스승
		단군겨레				색족 색리족		산신山神 신선神仙

김정민님은 '인도에 편두가 있는 이유' 를 다음과 같이 풀면서 석가모니가 북방민족일 가능성을 말하고 있습니다.

> 쿠산왕조를 세운 월지족은 … 이집트와 인도로 들어간 스키타이인들이 왕국을 세운 뒤 또 다른 스키타이계가 다시 진출해 정복하면서 생긴 왕조가 아닌가 추측된다. … 결론적으로 힌두신들이 편두를 하고 몸에 푸른색을 칠하고 도시 또는 부족명에 퀴쉬와 유사한 발음을 쓰고 있는 점 등등을 고려할 때, 고대인도 사회를 다스린 이들은 중앙아시아에서 간 기마민족일 가능성이 높다.[42]

(5) 허황옥과 인도와의 관련성

또한 우리와 인도와의 관련성을 말할 때 아유타국(阿踰陁國)에서 온, 가락국 김수로왕의 왕비인 허황옥을 떠올리기도 합니다. 오늘날로 말하면 김수로왕이 국제결혼을 했다는 것인데 결혼이라는 것은 예나 지금이나 연비(聯臂)가 없으면 어려운 일입니다. 더구나 연비가 전혀 없는 먼 데 이방인과의 혼인은 거의 불가능할 것입니다.

> 라마왕자의 모험에 나오는 아요디아는 현재 인도 북동부에 있는 아요디아보다 더 북쪽의

---

42) 김정민, 《단군의 나라 카자흐스탄》(글로벌콘텐츠, 2015) 97쪽

아프가니스탄 지역에 있었으며 현재의 아요디아로 지명이 옮겨온 것은 BC 8백년쯤이라고 한다. … 古아요디아의 자리는 고대환국이 있던 강당(羌塘)지역이라 스키타이(삭족)와 고대 환국인(색족)의 강역이 같음을 볼 수 있다.[43]

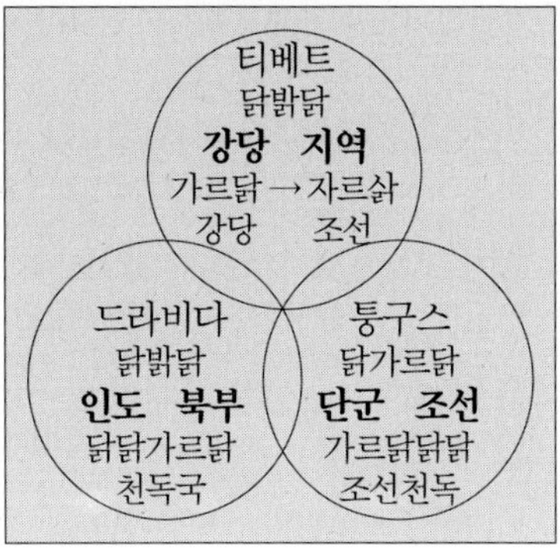

이런 내용으로 미루어 볼 때 가야의 김수로왕이 아유타국의 공주 허황옥과 결혼한 것은 인도북부에 살던 같은 계통의 왕족끼리의 혼인이라는 결론입니다. 이런 여러 가지 현상들은 우리가 강당지역의 장족은 물론 고대인도 북부지역의 '천축' 과의 어떤 관련성을 말합니다.

동이(東夷)들

다음 글에서 구이(九夷)와 동이(東夷)를 말하고 있습니다.

구이는 흔히 아홉 이족(夷族)을 뜻하는 말로 알려져 있다. 후한서 동이전(東夷傳)에 구이로 견이(畎夷)·우이(于夷)·방이(方夷)·황이(黃夷)·백이(白夷)·적이(赤夷)·현이(玄夷)·풍이(風夷)·양이(陽夷)가 나온다. 그런데 논어 자한편(子罕篇)의 자욕거구이(子欲居九夷), 국어(國語) 노어하(魯語下)의 통도우구이백만(通道于九夷百蠻), 상서(尙書)와 이아(爾雅) 등에 나오는 구이의 九는 고대중국인이 많다는 것을 표현할 때 주로 쓰던 형용사로 보는 것이 맞다. 논어정의(論語正義) 등에는 구이가 현토(玄菟)·낙랑·고려·만식(滿飾)·부유(鳧臾)·소가(素家)·동도(東屠)·왜인(倭人)·천비(天鄙) 등으로 나온다. 한편 동이와는 다른 표현인 범칭(凡稱)으로서의 '이(夷)'를 쓴 우이(嵎夷)·화이(和夷)·도이(島夷)·회이(淮夷)·서이(徐夷)·주이(邾夷)·개이(介夷)·거이(莒夷)·기이(杞夷)·내이(萊夷)·패이(郥夷)·여이(黎夷)·관이(串夷) 등이 있는 것을 보면, 구이는 고대 동이 집단들을 두루 일컫는 명칭으로 더 많이 쓰인 것으로 보인다. 또한, 구이의 명칭이 책에 따라 다른 것은 시대에 따라 구이에 대한 하화의 관념이 바뀌었음을 보여준다. 따라서 실제로 이족은 아홉만이 아니며 이 집단 중 대표적인 것이 아홉이라고 볼 수 있다. 우리나라에는 구이에 대응되는 '九韓'이 삼국유사에 나온다. 즉, 황룡사구층목탑의 각 층에 신라가 극복할 대상으로, 「海東安弘記」에 일본·중화·오월(吳越)·탁라(托羅)·응유(鷹遊)·말갈·단국(丹國)·여적(女狄)·예맥이 있다.

— 민족문화대백과(구이九夷)

43) 김정민, 《단군의 나라 카자흐스탄》(글로벌콘텐츠, 2015) 98쪽

윗글에 나오는 동이(東夷)들의 말뿌리를 풀어 보았습니다.

가르ᄃᆞᆰ → 가르ᄋᆞᆰ → 아르좕 → 하르ᄃᆞᆰ → 하르ᄋᆞᆰ → 나르ᄋᆞᆰ → 아르ᄋᆞᆯ 가르티아 고려 견이 여적(女狄) 현토(玄菟) 회이 현이 낙랑(樂浪) 양이 우이	
ᄃᆞᆰ가르ᄃᆞᆰ → ᄃᆞᆰ가르ᄉᆞᆰ → 좕가르ᄋᆞᆰ 탕구트 퉁구스 진국(辰國) 자욕거구이(子欲居九夷)	가르ᄆᆞᆰ → 아르ᄆᆞᆰ 까마귀 예맥
ᄃᆞᆰᄃᆞᆰᄃᆞᆰᄇᆞᆰᄆᆞᆰ → ᄃᆞᆰᄃᆞᆰᄋᆞᆰᄇᆞᆰᄆᆞᆰ 티타이트부라만 통도우구이백만(通道于九夷百蠻)	ᄃᆞᆰᄇᆞᆰ → 촭ᄇᆞᆰ → ᄋᆞᆰ왉 천비(天鄙) 오월
ᄃᆞᆰᄆᆞᆰᄃᆞᆰ → ᄉᆞᆰᄆᆞᆰᄋᆞᆰ → ᄂᆞᆰᄆᆞᆰᄋᆞᆰ → ᄋᆞᆰᄆᆞᆰᄋᆞᆰ 투메트 샤먼겨레 남이 엄이	ᄆᆞᆰᄃᆞᆰ → ᄆᆞᆰᄉᆞᆰ → ᄆᆞᆰᄋᆞᆰ 무당 만식(滿飾) 말갈
ᄃᆞᆰᄃᆞᆰ → ᄃᆞᆰᄋᆞᆰ → 좕ᄋᆞᆰ → ᄉᆞᆰᄋᆞᆰ → ᄋᆞᆰᄋᆞᆰ 뎐독 동도(東屠) 동이 도이(島夷) 적이(赤夷) 주이(郲夷) 조이(鳥夷) 서이 욱이 인이	
ᄃᆞᆰ → ᄉᆞᆰ → ᄋᆞᆰ 탁라(托羅) 소가(素家) 왜(倭) 응유(鷹遊)	ᄇᆞᆰᄃᆞᆰ → ᄇᆞᆰᄋᆞᆰ → 홝ᄋᆞᆰ 배달 白夷 方夷 風夷 부유(鳧臾) 黃夷

마무리

① 동이는 조선과 같으며 우리가 스스로를 부르던 자랑스러운 이름이다.
② 동이는 타타르, 단군족, 스키타이, 색족, 신족, 산족, 조이鳥夷이다.
③ 동이는 뎐둑天竺, 뎐독天毒과 함께 단군당, 성황당을 뜻하기도 한다.
④ 고조선과 인도 북부 지역이 같은 뎐독국天毒國으로 불렸다.

이런 동이와 고조선을 하화가 언제부터인가 동녘의 오랑캐쯤으로 뜻을 비튼 것을 우리가 잘 모르고 있었던 거지요. 그리하여 오랑캐의 허울을 벗으려고 또 얼마나 발버둥쳤을까요? 그것은 잃어버린 역사를 되찾지 않고서는 도저히 이룰 수 없는 꿈인 줄도 모르고서.

우리가 잃어버린 역사란 무엇일까요? 그것은 동이(東夷)가 단군 겨레를 뜻하는 것을 잊어버린 것입니다. 동이가 타타르이며 텬튝(天竺)이며 스키타이이며, 조선이라는 것을 몰랐던 것입니다. 단군겨레인 동이가 신(神)의 겨레요 새(鳥)의 겨레라는 것을 모르는 것입니다.

8. 하(夏)

들머리

전설상의 중국의 첫 왕조를 하(夏)라고 하는데 저는 이 '하夏'가 무엇인지 매우 궁금합니다. 〈史記〉에는 중국의 첫 왕조라 하지만 이 문제는 그냥 쉽게 지나칠 문제가 아닙니다. 이 이름이 동양 역사상 계속 나타나기 때문입니다.

하(夏)든 대하(大夏)든 '하夏'라는 이름을 가진 나라가 역사상 4번씩이나 나타나니 이들의 이름은 우연의 일치인지, 아니면 무슨 '얽힘'이 있는지 궁금합니다. 거기에는 하화와 동이가 갈라지기 이전의 무슨 깊은 이야기가 숨겨져 있을지도 모르고, 또 사마천이 하(夏)를 그들의 첫 왕조라고 적은 것은 그들의 아전인수적인 일방적인 선언일지도 모릅니다.

(1)	하夏 Hsia Xia	BC 2205경~1766경, 사마천의 사기(史記)에 나오는 중국의 첫 왕조 –브리태니커
(2)	대하 大夏	기원전 3~2세기 월지족이 박트리아를 정복하여 대월지국을 세움. 한(漢)에서 대하(大夏) 또는 서하(西夏)라고 부름. 기원전 126년 장건이 갔던 나라 –위키백과
(3)	하夏 Xià	406~431, 흉노(匈奴)의 일파인 철불(铁弗, Tiĕfú)의 혁련발발(赫连勃勃)이 세운 오호십육국(五胡十六国)의 하나. 역사상 마지막으로 선우(單于)를 칭했던 흉노 국가다. 흉노의 선조가 고대 하나라의 후손이라는 전설을 바탕으로 하여 하를 국호로 정했다. 토욕혼(북위 태무제)에게 멸망 –위키백과
(4)	대하 大夏	1038~1227, 중국 서북부의 오르도스와 간쑤(甘肅)에서 티베트 계통의 탕구트족 탁발씨(拓跋氏)인 이원호가 간쑤(甘肅)와 내몽골의 서부에 세운 나라. 대하(大夏)라는 명칭은 중국의 고대 왕조인 하(夏)를 이었다는 뜻인데, 송(宋에서는 이를 서하(西夏)로 불렀다. 불교가 성했고 서하 문자를 만드는 등 독자적 문화를 이루었으나, 1227년에 몽골 칭기즈칸에게 무너졌다. –두산백과

본문

(1) 중국의 첫 왕조라는 하(夏)

먼저 〈사기(史記)〉에 적힌, 하화의 첫 왕조라고 주장하는 하(夏)를 봅시다. 이를 세운 이는 우(禹)인데 역사상 처음으로 왕위상속제를 열었다고 합니다. 그 이전에는 '선양제' 였다는 것인데 이는 요순시대를 말하는 듯합니다. 또한 선양제는 임금을 부족장 회의에서 뽑는 흉노의 오랜 전통이기도 하죠. 물론 인류는 여명기에는 거의 이와 비슷한 모습의 왕위 계승을 하고 있었을 가능성도 있습니다.

한편 환단고기도 하(夏)는 동이족이 세웠다고 적었습니다.

> 순임금이 속한 유우(有禹)씨는 동이에서 나온 대족(大族)으로 연산 일대에서 기원해 점차 남쪽 산동으로 옮긴다. 유우씨는 순 때에 이르러 황제족인 도당씨와 통혼해 동이와 염황족(염제와 황제족) 대연맹의 임금이 된다. 유우씨 세력도 컸지만 하우가 9년 홍수를 극복하자 힘이 더 커져 왕조를 세운다. … 명나라 서원태가 펴낸 유림(喩林) 27권에는 대우(大禹)는 동이에서 태어났다고 적었다. 여기서 요순(堯舜)뿐 아니라 하(夏)의 우왕(禹王)도 동이족 계통임을 알 수 있다.[44]

사마천도 '흉노를 우(禹)의 자손'[45]이라고 적고 있으니 거꾸로 말하면 우(禹)도 본디 흉노와 같다는 것이 아닙니까?

> 匈奴, 其先祖夏後氏之苗裔也, 曰淳維. 唐虞以上有山戎, 獫狁, 葷粥, 居於北蠻,
> 隨畜牧而転移. 其畜之所多則馬, 牛. 羊, 其奇畜則橐駝, 驢, 騾, 駃騠, 騊駼, 驒騱.
>
> 흉노(匈奴)의 선조는 하후씨(夏后氏)의 후예로 순유(淳維)라고 불렀다. 당우(唐虞) 이전에는 산융(山戎), 험윤(獫狁) 훈육(葷粥) 등의 여러 종족들이 북쪽의 미개척지에서 유목생활을 하고 있었다. 가축은 주로 말, 소, 양이었는데 특이한 것으로는 낙타, 나귀, 노새, 버새(駃騠), 도도(騊駼), 탄해(驒騱) 등이 있었다.

(2) 대월지국(大月支國)인 대하(大夏)

기원전 3~2세기에 중앙아시아의 박트리아에 조선족이 세운 대월지국을 보

---

44) 안경전 역주, 《환단고기》 (상생출판, 2012) 227쪽
45) 사마천, 《사기》〈흉노열전〉

겠습니다. 이를 한(漢)에서 대하(大夏)라고 부르기도 하고 서하(西夏)라고 부르기도 했습니다. 김정민님은 환단고기를 인용해 이들을 고조선의 유민이라고 말합니다.

> '정미 원년(기원전 194) 번조선의 왕 기준이 오랜 동안 수유에 있으면서 은혜를 베풀어 백성은 풍족했다. 그러나 떠돌이 적에게 패한 뒤 바다로 들어가 돌아오지 않았다. 이에 오가의 무리는 상장 탁을 받들고 대거 등정길에 올라 월지에 이르러 나라를 세웠다. 월지는 상장 탁이 태어난 곳인데 이를 중마한이라 한다. 이에 이르러 진한, 변한 역시 각각 그 무리로서 땅 백리씩을 받아 도읍을 정하고 나라를 세우니 모두 마한의 명에 따르며 세세토록 배반하지 않았다.' 이 글을 보면 중마한과 월지가 같은 나라다. 또한 중마한이 파미르고원에 나라를 세울 때 진한, 변한의 삼한을 세웠는데 이는 조선의 전통이다.[46]

(3) 5호16국의 하(夏)

이는 서기 406~431년 흉노(匈奴)의 일파인 철불(铁弗)의 혁련발발(赫连勃勃)이 세운 오호십육국(五胡十六国)의 하나입니다. 역사상 마지막으로 선우(單于)를 칭했던 흉노 나라이며 흉노의 선조가 고대 하나라의 후손이라는 전설을 바탕으로 하여 국호를 '하(夏)'로 정하였다고 합니다.

(4) 탕구트족의 대하(大夏)

서기 1038년에 세운 이 나라도 고대 중국의 하(夏)를 잇는다는 뜻으로 국호를 정했다고 하니 5호16국의 하(夏)와 건국 배경이 비슷하군요. 그리고 건국 주체인 탕구트족의 '탕구트'는 '퉁구스' 곧 '단군조선'으로 풀립니다.

닭가르닭	→	닭가르삵	→	닭자르삵
탕구트		퉁구스		단군조선

(5) 말뿌리 찾기

1) 하(夏)의 말뿌리

'하(夏)'의 말뿌리를 풀어봅니다. 저는 외국어를 잘 몰라서 그런지 [x]와 [s]가 어떻게 다른지 매우 궁금합니다. 우리말로는 모두가 [ㅅ]으로 풀고 있지만 이는

---

46) 김정민, 《단군의 나라 카자흐스탄》(글로벌콘텐츠, 2015) 74쪽

무엇인가 다른 소리이기 때문에 다르게 적을 것입니다. 저는 [x]는 본디 [ks]에서 왔다고 보고 있습니다. 그러므로 '하(夏)[Xià]' 는 '크샤' 로 살릴 수 있다고 봅니다. 브리태니커사전에서도 '하(夏)' 를 [Hsia]로도 적고 있습니다.

하(夏) : [Hsia, Xia] - 브리태니커
하(夏) : [Xià] - 중국시사문화사전

결국은 '하(夏)[Hsia, Xia]' 는 '크샤' 또는 '흐샤' 로 풀 수 있다는 것입니다. '크샤' 또는 '흐샤' 는 무엇일까요? 이는 이미 아는 바와 같이 '게세르' 이며 '조선' 이죠.

가르닭 →	가르삵 →	자르삵 →	하르삵
커다란	게세르 크샤	조세르 조선	흐세르 흐순 흐샤 = 하夏[Hsia, Xia]

내몽골의, 예(濊)의 발원지로 보이는 크스크등기(*아사달을 뜻함)에 흐르고 있는 강을 시라무렌강이라 하는데, 이를 지도에서는 [Xiramuren]으로 적었습니다. 여기서의 [xira]도 '예(濊)' 즉 '조선' 을 뜻한다는 겁니다. 그 까닭은 [xira]가 '크시라' 에서 왔고 이는 '게세르' 를 뜻하기 때문입니다.

가르닭 →	가르삵 →		자르삵 →	하르삵 →	하르낡 → 아르좕
	크시라[xira]	게세르	조선	흐순	흉노	예족濊族

그러므로 시라무렌 [Xiramuren]은 '예(濊)의 물' 이거나 '예(濊)의 강(江)' 이 됩니다.

시라무렌[Xiramuren] = Xira + muren = 예(濊)의 강(江)
크시라 게세르 무렌 물

이는 이미 우리가 우리 조상을 나타내는 '예(濊, 獩)' 가 [예]라고 소리내기 오래 전에는 세歲[ᄉᆞ르]로 소리냈을 것이고, 또 그보다 이전에는 [그ᄉᆞ르]로 소리냈을 것이라고 밝힌 데서도 확인됩니다. 다음과 같은 '조선' 을 뜻하는 '게세르[ᄀᆞ르ᄉᆞ르]' 의 소리 변화 과정을 좇아 보아도 '하(夏)' 가 '조선' 과 뿌리가 같음을 알 수 있습니다.

하르나르
↗ 흉노匈奴 훈누 호胡 ↘
게세르 → ᄌᆞ르ᄉᆞ르 → ᄒᆞ르ᄉᆞ르 → ᄋᆞ르ᄉᆞ르 → ᄋᆞ르ᄌᆞ르 → ᄋᆞ르
[ᄀᆞ르ᄉᆞ르] 조세르 흐사르 흐순 아사르 아신 여진 예르濊
↓ ↓
조선(朝鮮) 하(夏 Hsia, Xia)

2) **대하(大夏)**

대하(大夏)는 놀랍게도 '퉁구스' 로 풀립니다. '퉁구스' 는 '단군조선' 이 아닙니까? 이는 '대하(大夏)' 를 세운 '탕구트족' 의 '탕구트' 와도 일치합니다.

닭가르닭 → 닭가르삵 → 닭자르삵 → 닭하르삵
탕구트 퉁구스 단군조선 대흐사르 → 대하大夏

'대하(大夏)' 를 '서하(西夏)' 라고도 했다는데 결과는 마찬가지입니다. '서하(西夏)' 의 '서(西)' 도 '삵' 으로 풀 수 있고, 이는 '닭' 을 뜻한다고 이미 배웠잖아요.

닭가르닭 → 닭가르삵 → 닭자르삵 → 닭하르삵 → 삵하르삵
탕구트 퉁구스 단군조선 대흐시아 → 대하 서흐사르 → 서하
그러므로, 대하(大夏) = 서하(西夏) = 닭가르닭 = 퉁구스 = 단군조선

3) **박트리아와 월지**

박트리아와 월지는 말뿌리가 우리와 같은 배달입니다.

밝닭 → 밝잙 → 밝핡 → 밝앍 → 왉잙
박트리아 배달 백족 백적 백잔 백제 발해 부여 월지 올자 온조

마무리

결국 '하(夏)' 는 '조선' 으로 풀리고 '대하(大夏)' 나 '서하(西夏)' 는 '단군조선' 으로 풀리니 환단고기에서 이야기하고 있는 '하(夏)' 는 동이(東夷)' 라는 말이 맞음이 증명됩니다. 이런 것으로 볼 때 최소한 하(夏)라는 이름을 가진 나라를 세운 주도세력은 '조선' 과 뗄 수 없는 관계에 있다고 하겠습니다. 그렇지 않

고서는 자꾸 '계승' 하는 이야기가 나올 수 있습니까?

그러므로 하(夏)가 하화의 첫 왕조라는 사마천의 주장은 중대한 역사 왜곡의 첫 사례일 것입니다.

흉노족에 대한 중국측의 글(사기 흉노열전)에 따르면

'흉노는 하후씨의 후손으로 요임금 이전에는 산융(山戎), 험윤(獫狁), 훈죽(葷粥)으로 불렸는데 중국의 북방에 살았다고 한다. 하(夏) 말기에 공유(公劉)도 흉노가 되어 그 자손이 3백여 년을 흉노와 같이 살았고 태왕(太王) 때에 이르러 흉노와 갈라져 기산(崎山) 아래로 옮겨 주(周)라는 고을을 이뤘다. 백여 년 뒤 서백창(西伯昌) 때 흉노의 한 갈래인 견이(犬夷)를 정벌했고 또 십여 년 뒤 그 아들 무왕이 은(殷)을 멸하고 주(周, BC 1050~256)를 세우니 흉노가 사신을 보내와 화친했다. 2백여 년 뒤 주(周)의 목왕(穆王)이 견융(犬戎)을 쳐 네 마리 흰 늑대(白狼)와 네 마리 흰 사슴(白鹿)을 잡아오니 이때부터 흉노는 중국에 원한을 품고 빈번히 침범해 왔다.'

이 글로 보아 흉노는 상당히 오래 전부터 있던 민족임을 알 수 있다. 그런데도 흉노가 나온 때를 AD 5세기라고 적은 글은 하화가 북방민족의 역사를 짧게 만들었음을 알 수 있다. 주목할 점은 주(周)를 세운 서백창도 흉노라는 것이다. 하(夏)를 세운 민족도 동이계 민족이고 동이족과 흉노족은 같은 민족이므로 중원은 오래 전부터 알타이-투르크계 민족의 땅임을 알 수 있다.[47]

9. 삼황오제(三皇五帝)

삼황오제란 누구를 말하는지 말이 조금 많습니다. 이는 설화로 내려오던 인류문명 발생 이야기가 춘추전국시대에 와서 조금씩 다르게 여러 책에 적힌 때문일 것입니다.

어떻든 삼황은 3진법과 삼신(三神)의 틀을 갖추고 있으며, 5제는 5행사상의 영향임을 쉬 짐작할 수 있습니다. 삼황의 '황(皇)' 은 거의 신(神)에 가까운 존재일 것이며 오제의 '제(帝)' 는 인간계의 지배자급으로 볼 수 있습니다. 이 '삼황오제' 에서 '황제(皇帝)' 가 생겼습니다.

---

47) 김정민, 《단군의 나라 카자흐스탄》(글로벌콘텐츠, 2015) 71쪽

황皇 – 제帝 밝　　닭	밝닭 → 밝삵　　→　　밝좕　　→　　홝좕　　→　　왉좕 　　　박수 벽사 방사　백잔 변진 백제　황제(黃帝, 皇帝)　온조

삼황(三皇) : 복희씨(伏羲氏), 신농씨(神農氏), 여와씨(女媧氏)
오제(五帝) : 황제 헌원(소호 금천)씨, 전욱 고양씨, 제곡 고신씨, 요, 순

우투리님, 이 임금들을 우리 임금으로 보고, 우리말로 풀어 보겠습니다. 왜냐 하면 이미 말씀했듯이 역사상 상고대의 하화(夏華)를 다스린 이는 주로 동이족이기 때문입니다.

삼황(三皇)

(1) 태호복희(太昊伏羲)씨

태호(太昊)는 태양이며 우리말로 그냥 '해' 일 것입니다. 이는 '하늘' 로도 풀립니다.

닭　→　닰　→　핡
둥그르　　태호 태양　　하늘 하늬 해(昊)

복희는 우리말로 '부라한' 이며 하화에서는 '반고(盤古)' 로 적기도 했는데 이는 불신(火神)일 것입니다. 그는 사람에게 고기잡이를 가르쳤다고 하나 이는 이름과는 거리가 멉니다. 수인(燧人)씨가 불을 발견했다고 했는데 이름으로 보면 오히려 복희씨가 불을 발견했다고 보아야 할 것입니다. '수인(燧人)' 은 '복희(불火)' 의 의역(意譯)일 것입니다.

붉　　→　　붌
반고 벼락 → 불(火)　　부라한 복희(伏羲)

'태호복희씨' 를 하나의 이름으로 보고 말뿌리를 찾으면 이는 '안파견' 이기도 합니다. 안파견은 '샛별신' 이기도 하며 환인으로 의역됩니다.

닭밝닭　→　닭밠삵　→　삵밝삵　→　앍밝삵　→　앍밝
두루배달 티베트　태호복희씨　샛별신　안파견신　알박 안파견(환인桓因)

(2) 염제신농(炎帝神農)씨

염제신농씨의 '염제(炎帝)' 는 '불(火)임금' 으로 풀리는데 이는 밝에서 온 '부라한' 으로 해석됩니다. '염제' 는 '부라한' 의 의역일 것입니다.

붉	→	붏
반고 벼락 → 불火(햇별)		부라한(염제炎帝) 복희(伏羲)

신농씨는 땅신으로서 소의 머리에 사람 몸의 형상을 하고 있다고 하는데 그 모습이 어떻든 이는 닭에서 온 '씨알' 과 관계되는 농사의 신입니다.

닭	→	사르가르 →	사르나르 →	사르아르	닭닭 → 삵삵
[다르가르]		씨가리	스나르	씨알	신농신 신농씨
			신농神農		씨알신 : 농신農神

염제신농씨의 '염제신농' 을 하나로 풀면 이는 밝닭에서 온 '밭' 이 되니 이는 농신이며 지신(地神)임이 증명됩니다.

밝닭	=	밝	+	닭				
밭		↓		↓				
		밣		삵	→	삸	→	삻
		부라한		씨가리		신농		씨알
		염제(炎帝)				농신(農神)		

(3) 여와씨(女媧氏)

다음으로 여와씨는 사람신(人神)이라 했는데 이는 다음과 같이 예족(濊族)을 뜻하는 '게세르' 인 것으로 보입니다.

가르닭 →	가르삵 →	자르삵 →	아르삵 →	아르잙 →	아르핡 →	아르앍
커다란	**게세르**	제수	아신 예수	여진	여호아	**여와**女媧
가운데	그리스(도)	조선	**인신**人神	**예족**濊族	야훼	예濊 위魏

여기서 결국 삼황은 천신, 지신, 인신을 말하는데 이는 우리의 삼재(三才)와 같은 체계를 갖추고 있으니, 이는 삼진법의 우리 전통 사고 체계인 것이죠.

삼재(세 씨)	삼황(세 임금)		
하늘 땅 사람	복희씨(伏羲氏) (천신天神)	신농씨(神農氏) (지신地神)	여와씨(女媧氏) (인신人神)

오제(五帝)

오제는 황제헌원씨, 전욱고양씨, 제곡고신씨, 요임금, 순임금을 말하지요. 황제헌원 대신 '소호금천'을 넣기도 합니다.

(1) 황제 헌원씨(黃帝 軒轅氏)

'헌원'은 '수레'에서 왔습니다. 사마천도 사기에서 헌원을 수레라 풀었고, 또한 글자도 실제로 수레를 뜻하지요.

헌원(軒轅) = 수레(軒 수레 헌, 轅 끌채 원)

'헌원'을 소리로 풀면 '굴레수레'가 됩니다. 그러므로 헌원황제라 하면 '구르는 수레'의 황제가 됩니다. 또한 '헌원'은 '조선'으로도 풀리므로 이는 조선황제도 됩니다. 여기서 '헌원'은 '수레'와 '조선'과 뗄 수 없는 관계에 있음을 압니다.

가르닭 → 가르삵 → 자르삵 → 하르앍 → 아르앍 굴레 수레 **조선**朝鮮 **헌원**軒轅 예濊	헌원황제 수레황제, 조선황제

(2) 전욱(顓頊) 고양씨(高陽氏)와 제곡(帝嚳) 고신씨(高辛氏)

이 두 임금은 같은 소리의 조금 다른 표현으로 보입니다. '전욱고양'씨든 '제곡고신씨'든 단군조선임금으로 풀립니다.

닭 → 삵 → 좌 단군 **전욱 제곡**	가르닭 → 가르삵 → 자르삵 → 가르앍 게세르 **고신** 조선 **고양**
닭가르닭 → 닭가르삵 → 좌가르삵 → 좌가르앍 → 앍자르삵 탕구트 퉁구스 퉁구스칸 징기스칸 **제곡고신** **전욱고양** 연방조선임금	

우투리님, 삼황오제가 남의 임금이라면 어찌 이렇게 우리말로 술술 풀릴까요?

한편 고구려의 고씨(高氏)의 기원에 관해서는 고신씨(高辛氏)란 말과 고양씨(高陽氏)라는 말이 있는데, 말의 뿌리를 밝히면 이들은 결국 '게세르' 라는 하나의 뿌리에서 왔음을 알 수가 있습니다. 그러므로 전욱(顓頊) 고양씨(高陽氏)든 제곡(帝嚳) 고신씨(高辛氏)든 이들은 고구려로 이어진 우리 임금이 맞죠.

高句麗亦以高辛氏後姓高氏也 고구려 또한 고신씨의 고씨라.[48]

十七年 春三月, 遣使北燕, 且敍宗族, 北燕王雲遣侍御史李拔之, 雲祖父高和句麗之屬, 自云高陽氏之苗裔[49]
17년 봄 3월에 북연(北燕)에 사신(使臣)을 보내 종족의 예를 베풀었다. 북연의 왕 雲도 시어사 이발을 보내어 답례했다. 운의 조부 고화(高和)는 고구려에 속한다고 여겨, 스스로 말하기를 고양씨(高陽氏)의 후예라고 했다.

(3) 요(堯)와 순(舜)

요 임금은 '아로 임금' 으로 보는 것이 맞다면 이는 '닭' 에서 왔습니다. 순 임금도 마찬가지입니다.

닭 →	삵	→	읽
단군	산군 선우	순(舜) 세(歲)	연(燕) 인(人) 인(仁) 요(堯) 이(夷) 예(濊)

5제에 현원황제 대신 소호금천(小昊金天)을 넣기도 한다는 말은 삼황오제가 하화의 이야기가 아니라 동이의 이야기임을 말해 주는 확고한 증거입니다. 황제(皇帝)의 황(皇)은 황제(黃帝)의 황(黃)으로 거슬러 올라갈 수 있고, 이 황(黃)은 소호금천(小昊金天)의 금(金)과 뜻이 같으므로 다음과 같이 현원황제는 소호금천과 같은 사람으로 볼 수 있는 거죠. 이는 또한 조선 무당(큰웅녀)로 풀립니다.

---

48) 김부식, 《삼국사기》 〈백제본기〉 의자왕쪽
49) 김부식, 《삼국사기》 〈고구려본기〉 광개토대왕 17년 3월쪽

닭닭맑닭 → 삶읽맑잚 → 잚삵맑닭 → 읽읽맑닭 → 읽읽맑삵 → 읽홟맑삵 대투메트　소호금천　조선 무당　큰곰딸　길가메시　큰해모수
닭닭밝닭 → 잚삵 홟잚 → 홟읽 홟잚 → 자르삵 밝삵 대티베트　조선 황제　헌원 황제　조선 **박수**(*남자 무당)
소호금천(小昊金天) = 헌원(軒轅) 황제(黃帝) 큰곰딸(큰웅녀)　조선 박수(*남자 무당)

마무리

우투리님, 고사변에서 삼황오제는 동이(東夷)가 만든 신이라고 실토하고 있습니다.

중국 고대신화의 제왕에 관한 사료를 보면, 삼황오제의 이름은 조금씩 다르다. 사마천의 사기(史記)는 삼황을 천황(天皇), 지황(地皇), 태황(泰皇), 또는 인황(人皇)으로 적었다. 풍속통의(風俗通義)는 삼황을 복희(伏羲), 신농(神農), 여와(女媧)로 적었다. 오제(五帝)로는 사기(史記)에는 황제(黃帝), 전욱(顓頊), 제곡(帝嚳), 당요(唐堯), 우순(虞舜)으로, 상서서(尙書序)는 황제 대신 소호(少昊)를 넣는다.

삼황오제는 중국역사의 대표 인물들이나, 이들은 모두 동이족이라는 중국의 사료들이 있고, 동이의 역사적 범주가 과거에 산둥성(山东省)이나 요동성 등을 아우른다는 관점에서 삼황오제를 비롯해 동이 전체를 한민족으로 보는 비주류 역사관도 있다. 고사변(古史辯)에는 '동이는 은나라 사람과 같고 그 신화 역시 근원이 같다. 태호(복희씨를 말함), 제준(帝俊), 제곡(帝嚳), 제순(帝舜), 소호(少昊), 그리고 설(契: 은을 세운 탕왕의 선조) 등이 같다는 것은 근래 사람들이 이미 확증하는 바' 라고 적었다. 삼국사기에 신라인과 가야인의 조상을 소호금천씨라 했고, 고구려인은 그 조상을 제곡고신씨 또는 전욱고양씨라 했다고 적었다.[50)]

고사변(古史辨)[51)]에는 중국 고대사에 관한 사실 고백이 이어지고 있습니다. 제7책 '327 中國上古史導論' (楊寬양관의 글)에서는 다음과 같이 적었습니다.

50) 이현국, 《중국시사문화사전》 (도서출판 인포차이나, 2008) 211쪽(삼황오제)

51) 古史辨 : 1926~1941년 顧頡剛구제강(고힐강) 등이 중국 고대사의 과학적 연구를 내세워 전7권으로 펴낸 책. 고서古書에 적힌 고대고대 사실은 대개 후세에 위조된 것이라고 하여 문헌비판 방법으로 고증한다. '중국 사학계의 혁명적 저서' 라 함. 후스胡適 · 첸무錢穆 · 펑유란馮友蘭 · 이구쉬안 튱疑古玄同(錢玄同) 등이 참여.

… 郭沫若亦以帝嚳帝舜帝俊卽殷人之上帝 … (고사변 제7책 65쪽)
곽말약은 또한 제곡 제순 제준은 곧 은나라 사람의 웃임금이라 했다.

… 論帝俊帝嚳帝舜等爲殷人東夷之上帝 … (고사변 제7책 140쪽)
제준 제곡 제순은 은나라 사람 동이의 상제임을 논함

동이의 신화가 어찌 하화에 가 있을까요? 그것은 이른 새벽 하화를 다스린 것이 동이(東夷)이기 때문일 것입니다.

흉노가 부여라면 왜 중국에서는 흉노와 부여를 달리 적었을까? 첫 이유는 부여와 흉노를 이간질해 서로 싸우게 하는 이이제이(以夷制夷)정책 때문일 것이다. 한족은 전통적으로 북방기마민족처럼 잘 싸우지 못했다. 따라서 그들은 늘 북방민족에게 복속돼 살았다. 그 보기가 하, 은, 주, 춘추전국시대 5호 16국. 북위, 수, 당, 요, 금, 원, 청으로 중국 역사의 전부라 해도 과장이 아니다. 즉 중국 역사에서 한족 역사는 거의 없다.[52]

이 문자(漢字)를 우리 문자라고 볼 때 중국의 상고사, 즉 복희씨에서 하, 은, 주 3대에 이르기까지 그것은 하화 역사가 아니라, 바로 우리 역사라는 사실에 귀착한다. 또한 진(秦)의 시조도 따지고 보면 계보상 우리 민족의 한 분파로 간주된다. 이것을 다른 말로 표현하면 우리 역사가 도둑맞았다고 할 수 있다.[53]

여기서, 신이 있든 없든 삼황오제가 신이든 아니든 이는 동이의 옛 기억이거나 생각의 체계라는 것이 중요합니다. 천지인(天地人)이나 삼진법(三進法)은 동이의 사고체계이기 때문입니다.

하화는 이 신화를 버릴 수 있습니다. 그러나 우리는 그것을 가져와야 합니다. 거기엔 우리 선조의 생각과 역사가 담겨 있기 때문입니다.

---

52) 김정민, 《단군의 나라 카자흐스탄》(글로벌콘텐츠, 2015) 69쪽
53) 유창균, 《문자에 숨겨진 민족의 연원》 (집문당, 1999) 6쪽

〈세 마당〉

3조선

1. 배달
2. 발해(渤海)는 왜 우리나라인가?
3. 예맥(濊貊)
4. 몽골
5. 퉁구스
6. 고조선 복원도
7. 삼한 복원도
8. 누리의 단군조선 흔적
9. 최근세까지 활약한 예족들

1. 배달

배달겨레

우리는 언제부터인가 우리 스스로를 배달겨레라 일러 왔는데, 요즈음은 기억조차 희미합니다. 배달이 도대체 무슨 뜻인지 밝혀진 것도 없으려니와, 설사 안다고 한들 지구마을의 모든 나라의 문이 활짝 열린 지금에 와서 무슨 잠꼬대 같은 겨레 타령인가, 뭐 이런 분위기죠. 그러나 분단국인 우리 입장에서 과연 이런 분위기를 그대로 가져가도 되는 일일지 곰곰 생각해 봅니다.

가령 하화를 한 번 봅시다. 그들은 다민족국가이므로 하화족만의 중국은 없습니다. 그러나 하화 문화는 있죠. 왜냐하면 하화란 그들이 그들의 주류 종족을 하화라고 불러 달라고 지어 놓은 이름이고 또 그러한 그들 문화가 있으니까요.

우리도 마찬가지입니다. 한국 문화로 부르든, 배달 문화로 부르든, 우리 문화는 뚜렷이 있습니다. 이런 취지에서 우리가 배달겨레 또는 배달 문화란 표현을 할 때 국수주의나 폐쇄주의라고 비난받을 수 있다는 부담은 가지지 않아도 됩니다. 이는 하화 문화나 미국 문화를 상정하는 것과도 같은 자연스러운 일이기 때문입니다.

결국 지금 우리가 문화를 이야기할 때, 이는 겨레와 뗄 수 없는 관계임을 알 수 있습니다. 이는 혈통만을 이야기하는 것도 아니지만, 혈통을 도외시하는 말도 아닐 것입니다. 특히, 우리는 우리와 같은 문화를 가진 사람들이 다른 나라에도 많이 살고 있어서 문화를 이야기할 때 한국이란 이름만으로는 표현이 부족합니다. 이는 다민족국가인 중국이나 미국하고는 정반대입니다. 가령 연변에 살고 있는 우리말과 한글을 쓰며 같은 풍속을 갖고 있는 우리 겨레를 아우르는 데는 '한국' 으로는 안 됩니다. 그들을 보통 조선족이라 하고 그들 문화를 조선족 문화라고 하잖아요? 중앙아시아에 있는 우리 겨레는 까레이스키라 하고, 일본에 사는 동포를 재일교포라 하잖아요? 또 일본에서 북한을 고향으로 여기고 있는 교포를 북한에서는 또 약간 다른 이름으로 부를 겁니다. 그리고 조국 강토 자체도 남북으로 갈려 살고 있는 우리로서는 남과 북도 아우르고, 우리말과 같은 문화를 가진 사람들을 아우르는 말이 필요한데, 그야말로 중구난방이죠.

사실은 우리를 부르던 이름이 분명히 있었습니다. 그것이 '조선' 이요 '배달' 입니다. '조선' 은 남쪽에서 일부러 못 쓰게 했고[54] '배달' 도 자의든 타의든 거의 잊어버리고 말았습니다. 왜일까요? 제 생각으로는 '겨레' 라는 말에 콤플렉스를 가진 강대국을 의식한 때문이 아닌가 합니다. 뭔가 말 못할 강대국 그늘이 우리 생각을 가리고 있다는 것이죠.

1986년 국회의원 유성환님이 '이 나라 국시는 반공주의가 아닌 통일이어야 한다.' 고 주장했다가 국가보안법을 어겼다고 국회에서 쫓겨난 일이 있습니다.

이처럼 우리는 우리에게 너무나 당연하고 절실한 생각을 왜 내쫓아야 했을까요? 생이별을 당한 것을 아파해서도, 기억해서도 아니 된다니 원 참! 그래서 배달도 민족과 함께 우리에게서 이별을 강요받았을지도 모릅니다.

▌'배달' 은 어디서 왔을까요?

(1) 여러 학설

사전에는 배달에 관한 여러 학설을 소개하면서 '이는 고대 한국을 가리키는 말로서 조선(朝鮮) 또는 한(韓)과 동의어로 쓰였다. 그러나 어원이 밝지 않으며 근대에야 비로소 나온 말' 이라고 적고 있습니다.

> 배달은 고대한국을 가리키는 말로 '倍達' 로 적기도 하며 순 한국어로 추측된다. 조선 · 한(韓)과 동의어로 쓰였다. 현재 표준국어대사전에는 상고시대의 한국을 이르는 이름이라 했다. 그러나 이 말뿌리는 확실치 않고, 근대에 나온 것으로 보이며 고대로부터 이어졌다는 증거도 없다.
>
> 일제강점기에 주로 단군이나 고조선을 이르는 말로 쓰였고, 뜻이 넓어져 한국, 특히 한민족을 가리키는 순 한국어 표현으로 널리 쓰였다. 그러나 1979년에 나온 환단고기에서 처음으로 배달을 환웅이 다스리는 나라, 즉 신시(神市)라고 주장한 뒤 이 주장이 널리 퍼졌는데 그 어원에 얽힌 주장이 많다.
>
> 1993년 10월 북한 사회과학원은 평양시 강동군 대박산의 단군릉에서 단군의 유해가 나왔다고 밝혔는데 대박산은 단군을 상징하는 박달산 또는 배달산에서 온 것으로 보기도 한다. 배달을 두고 상고시대부터 이어져 온 말이라는 세간의 인식과 달리, 근대 이상으로 넘어가지 않는 것으로 보이며 이 용어의 근거를 두고 많은 비판이 있다. – 배달(위키백과)

---

54) 국무원고시 제7호(1950년)

내용	출처
배달은 박달(朴達) 또는 백달(白達)이며 이는 국가명이 아닌 檀, 즉 박달나무를 뜻한다.	북애자, 《규원사화》(1675)
배달이란 조광(祖光)을 뜻하며 조선의 원래 명칭이다.	미도두일백에게서 나철이 받음 〈단군교 포명서〉(1908)
桓, 檀, 朝鮮, 阿斯達, 韓 등은 뜻이 같고 밝달이 박달, 백달, 배달의 어원이다.	계연수, 《한단고기》(1911)
배달은 단군이 세운 조선을 말한다. 조선이 단국이다. 배달이 단, 즉 박달의 어원이다.	김교헌, 《신단실기》(1914)
배달은 박달의 어원이며, 본래 뜻은 '백산' 이라는 지명에서 왔다.	최남선, 《계고차존(稽古箚存)》(1918)
배달의 연원은 어윤적의 《동사연표》며 그 전래 과정을 볼 때 믿기 어렵다.	단재 논문, 〈전후삼한고〉(1925)
박달 · 배달은 '밝달' 에서 왔으며 '한밝산' 이다.	안호상, 《배달의 종교와 철학과 역사》(1964)

(2) '배달' 의 말뿌리는 밝닭

여기서도 보듯이 이제까지 '배달' 은 무엇일까 하는 물음에 신통한 답이 없습니다. '배달' 은 '박달' 인데 그 '박달' 은 무엇일까? '박달' 이 '박달나무' 에서 왔다면 또 그런 나무는 어떤 나무를 말하는가, 그 나무하고 우리하고 무슨 관계가 있는가? 여기까지 왔다가는 흐지부지하고 말곤 하잖아요?

저는 여기서 계연수님과 안호상님의 말씀에 주목합니다. 이분들이 '배달' 이 '밝달' 에서 왔다고 한 것은 사실에 가장 가깝다고 생각하기 때문입니다. 그런데 우리가 이미 밝힌 바와 같이 '배달' 은 더 정확하게 '밝닭' 에서 왔습니다.

밝닭 → 박달 박특 → 배달 부두 → 위덕 우투리 → 우두 → 위

(3) '배달' 의 뜻

배달도 너무 오래된 말이라서 결코 단순하지 않습니다.

1) 배달은 조선

다만 '배달' 의 말뿌리인 '밝닭' 은 '가르닭' 을 말뿌리로 하는 '조선' 과 같습니다.

가르닭 →	가르삵 →	자르삵	=	밝닭
커다란 구다라	거서간 게세르	**조선**		박달 **배달 밝은달**

'가르닭' 에서 온 '조선' 과 '밝닭' 에서 온 '배달' 이 같은 까닭은 '가르닭' 에서의 '가르' 와 '밝닭' 에서의 '밝' 은 늘 같은 뜻으로 쓰여 왔기 때문입니다.

가르맑닭 --------------------- 밝맑닭

↘ ↘

가르맑닭 →	가르맑삵 →	하르맑삵	밝맑닭 →	밝맑삵
검다	검산	히말라야산	피라미드	밝머리산 백두산
(가르)	⇄	(하르)	⇄	(밝)
(켜다)		(혀다 희다)		(밝다)

결국 단군보다 더 큰 단군이 '조선' 이요, 단군보다 더 밝은 단군이 '배달' 입니다. '밝은 단군' 에서 황제(皇帝)와 온조(溫祚)가 나오기도 하였습니다.

닭 →	가르닭 →	밝닭			
단군	큰단군	밝은단군			
↘	↘	↘			
닭	자르삵	밝닭 →	밝삵 →	홝잙 →	왉잙
단군	조선	박달 배달	박사 편수	황제	온조

2) 배달은 '받들다' 의 말뿌리

배달은 움직씨 '받들-' 의 말뿌리인 것으로 보입니다. 그들은 무엇을 받들었을까요? 땅을 받들고 하늘을 받들고 사람을 받들었을 것입니다. 즉 모든 생명체와 자연을 받든 것으로 보입니다. '받드' 는 '배달' 에서 영웅(英雄), 황제(皇帝), 현인(賢人), 신(神)으로 발전한 것으로 보입니다.

배달	배달겨레
홝닭 → 홝잙 → 홝앍 ↗ 환단 황제 현인 환웅 ↘ 밝닭 왉앍 배달 ↘ ↗ 영웅 왉닭 → 왉잙 받들- 울때기 온달 온조 바타르 우투리	받드는 겨레(天地人) 환웅 겨레 황제 겨레 온조 겨레 영웅 겨레 신神의 겨레

'바이테렉' (이른바 '생명의 나무') 카자흐스탄 아스타나

몽골에서도 영웅을 '바타르'라 합니다. 환단고기의 '환단'도 '밝닭(배달)'에서 온 '바타르(영웅)'이므로 환단고기는 '배달고기'로 풀리며 이는 '영웅이야기'가 됩니다.

밝닭 고기 ⇄ 홝닭 고기
배달 고기　　환단 고기

3) 배달은 '별겨레달겨레'

'배달'의 말뿌리인 '밝닭'의 짜임을 풀어 보면 '별겨레달겨레'이니, 참으로 아름답고도 예쁜 말입니다.

밝닭 = 밝 + 닭 = 바르가르 + 다르가르 = 바르아르 + 다르아르
별겨레　달겨레　별알　달알

그러므로 배달겨레라면 이는 별과 달이 낳은 겨레, 하늘이 낳은 겨레, 신성한 겨레란 뜻입니다.

밝닭겨레 = 별겨레달겨레, 별알달알겨레
배달겨레　별과 달이 낳은 겨레, 하늘이 낳은 겨레, 신성한 겨레

'조선'과 '배달'은 왜 같을까요?

조선은 다음의 3가지 이름으로 함께 불렸던 것으로 봅니다. 그러므로 조선이 배달인 것입니다.

조선 : 조선(고쿠리), 배달(배크리), 말갈(무쿠리)

(1) 고조선의 배달

이런 사실은 고조선에서부터 확인됩니다. 단재는 일찍이 고조선은 3조선으로 짜여 있었다고 주장했는데 학계의 인정을 받지 못합니다.

삼조선은 단재 신채호가 주장한 아주 독자적인 학설이다. 그는 단군조선이 있으되, 대단군인 진한이 중앙인 진조선을 다스렸고 부단군인 마한과 변한이 각각 변방인 막조선과 번조선을 다스렸다고 했다. 막조선의 영역은 만주 남부와 한반도며, 번조선은 난하 일대에서 요동까지며, 진조선은 하얼빈을 포함한 북만주 일대라고 했다. 하지만 단재는 삼조선의 근거를 조선상고사에서는 내놓지 않고 전후삼한고에 내놓았는데, 그 근거가 된 글을 오독했다는 비판을 받는다.

《史記》〈조선열전〉에, '自始全燕時嘗略屬眞番朝鮮(일찍이 연나라 전성시대에 진번과 조선을 쳐 복속시켰다.)' 고 적혔는데, 그 주석으로 '燕嘗略二國以屬己也(연나라가 일찍이 두 나라를 공략해 복속시켰다)' 고 했다. 여기서 원래는 "진번과 조선을 공략했다."고 풀어야 당시로 보아 맞는데, 단재는 이것을 "진 · 번조선을 공략했다."고 잘못 풀었고, 삼조선설은 여기서 나온 것인데 현재 학계는 인정하지 않는다. 그는 기자조선을 번조선의 왕조로 보고, 위만조선 역시 기자조선을 잇는 번조선의 한 왕조로 본다. — 엔하위키 미러(삼조선)

- 진번 : 사기에 많이 나오므로 중국 지명으로서의 진번을 가리킨다.
- 조선 : 고조선은 연나라에 져서 많은 땅을 잃고 요동에서 평양으로 옮겼다.

위에서 '眞番朝鮮' 을 '진번과 조선' 으로 풀어야 하는데 단재가 '진 · 번조선' 으로 잘못 풀었다고 했습니다. 제 생각은 둘 다 맞습니다. 다만 다른 것은 단재는 '진번' 도 조선의 하나로 인식한 것이고 우리 학계는 그것을 모른 탓입니다.

기존 학자들 풀이	단재의 풀이
진번조선 = 진번 + 조선 (*서로 별개의 나라)	진번조선 = 진조선(신조선) + 번조선(불조선) (*같은 조선)

단재는 조선에는 신조선, 불조선, 말조선의 3조선이 있다고 하면서 여기서 신조선과 불조선을 함께 '신불조선' 즉 '진번조선' 이라고도 표현했다고 본 것입니다.

당시의 부족한 사료만으로 이런 진실을 깨친다는 것은 매우 어려운 일인데,

단재의 위대함이 바로 여기 있습니다.

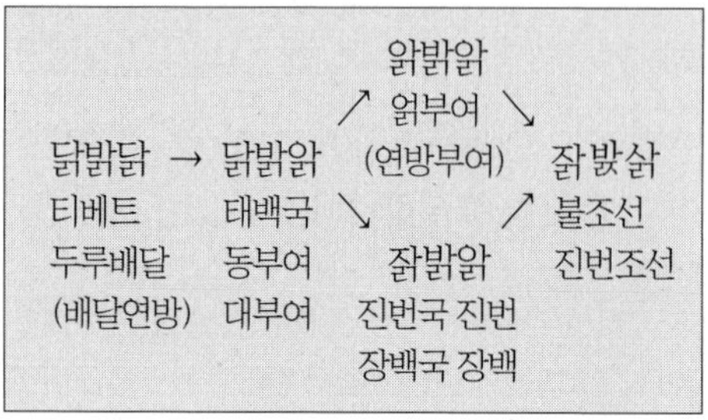

'진번조선' 에서 '진번' 과 '조선' 을 따로 뗀다고 해도 말뿌리를 풀어 보면 조선연방의 하나인 대부여국(진번조선, 진번국, 진번, 연방부여, 대부여)이 '진번' 임을 알 수 있습니다.

단재는 신조선은 단군이 직접 다스리고, 불조선과 말조선은 위임하여 다스렸다[55]고 했죠.

단군조선	=	단군조선(신조선)	+	불조선	+	말조선
닭가르닭		닭가르닭		닭밝닭		닭맑닭
		(손수다스림)		(위임다스림)		(위임다스림)

그런데 3조선은 독자적 군사권(방위 능력과 체계)을 갖추고 있었는데 하화족에서는 이것만 보고 이들을 완전히 다른 나라로 인식했을 것입니다. 이는 아마 미필적 고의가 아닌가 합니다. 우리 학계는 이 미필적 고의를 모른 탓입니다.

삼조선의 개념은 삼한(三韓)에도 나오고, 나중에 나타난 흉노의 정치 체제에도 나오죠. 나라를 '새' 에 비유한다면 선우가 새의 몸통을 바로 다스리고 좌현왕과 우현왕에게는 새의 양쪽 날개를 다스리게 했죠. 좌현왕, 우현왕 제도는 고려의 삼경제(三京制)로 이어지는 등 우리 역사에서 뿌리가 깊습니다. 이는 우리의 삼위일체의 태극사상에 닿아 있는데 여기서 '셋' 을 '하나' 의 완성수로 보고 있죠.

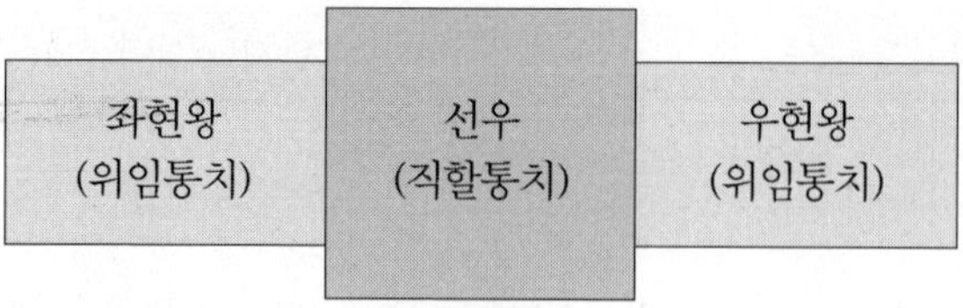

〈흉노의 정치 체제〉

북방민족의 홀수를 선호하는 3수 문화는 아주 일반적이며 그다지 특별한 것이 아니다. …

55) 신채호 쓰고 박기봉 옮김, 《조선상고사》(비봉출판사, 2006) 116쪽 등등

이들은 유목민의 전통에 따라 영토를 3등분해서 나머지 두 지역은 해당 부족이 다스리게 하고 칸은 중앙 직속령만 다스렸다. 따라서 다른 부족장은 자기 지역에 대한 정치적 자치권과 군사도 가졌다. 이런 북방민족의 전통은 징기스칸이 세운 몽골제국이나 누루하치가 세운 청(淸)까지도 이어졌다.[56]

이런 삼위일체의 사상과 정치체제의 원조는 당연히 고조선입니다. 조선은 우리의 시원이니까요. 삼조선에서 '불조선' 이 곧 '대배달' 로 풀리므로 '고조선' 도 '배달' 이 맞죠.

단군조선	=	신조선	+	불조선	+	말조선
닭가르닭		닭가르닭		닭밝닭		닭맑닭
두루구트		두루구트		두루배달		두루말갈
탕구트		대조선		대배달		대말갈
퉁구스		퉁구스		티베트		투메트

그러므로 말조선에서 나온 '맥족(말갈, 몽골, 마고족, 맥이)' 도 고조선의 다른 이름입니다. 마고족과 맥족(貊族)은 이다음에 따로 풀겠습니다.

저는 단재의 생각을 바탕으로 옆그림과 같이 삼조선의 앉음새를 그려 보았습니다.

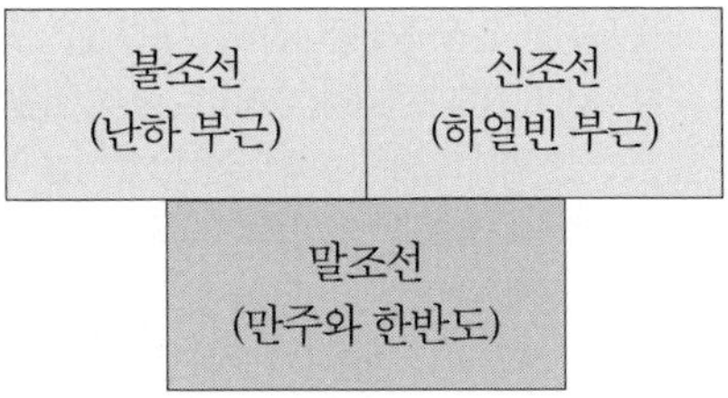

〈단재의 생각〉

그런데 삼조선의 앉음새에 대한 제 견해는 옆그림과 같이 단재와는 조금 다릅니다. 저는 이른바 부여(브리야트) 지역을 번조선(불조선)으로 보고 있습니다.

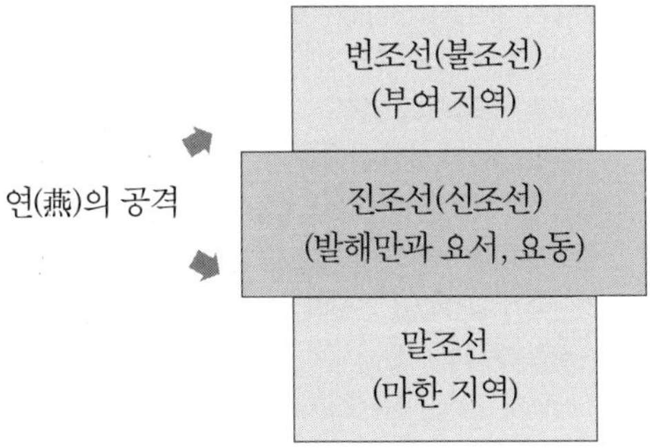

〈내 생각〉

《史記》〈조선열전〉에서 '연(燕)이 진번조선(眞番朝鮮)을 공격했다.' 는 것은 신조선(진조선, 단군조선)과 번조선(불조선, 대부여)을 둘 다 친 것인데 이는 뒤집어 말하면 마한인 말조선은 치지 않

56) 김정민, 《단군의 나라 카자흐스탄》(글로벌콘텐츠, 2015) 161쪽

았다는 것이죠.

한참 뒤 한(漢)의 침략으로 인한 고조선 멸망도 3조선 중 신조선만의 멸망을 말하는 것이 아닌가 합니다. 불조선은 공격을 당해도 국세를 곧 회복했을 것입니다. 또한 한(漢)은 최소한 말조선(마한)은 치지 않았습니다. 당시 말조선(마한)은 한(漢)과 교역을 원하거나 우호적 관계를 가지려 했기 때문입니다. 이를 저는 연방조선의 균열 조짐으로 봅니다. 신조선이 말조선의 독자적인 교역활동을 막으려 한 것은 이를 중앙정부에 대한 지방정부(말조선)의 배반이나 월권으로 인식했기 때문이 아닐까 합니다. 한(漢)의 입장에서는 신조선(중앙정부)과 말조선(지방 정권)의 틈새를 벌리면서 신조선을 쳤을 것입니다. 신조선이 멸망할 때 말조선(마한)은 전쟁에 개입하지 않았을 뿐만 아니라 건재했기 때문에 신조선 유민들이 불조선 지역(브리야트, 부여)으로도 가고 말조선(마한지역, 소위 '진국')으로도 간 것이 아닐까요? 이제까지 알려진 '고조선 유민의 마한 이주'가 평화스럽고 자연스러운 것은 고조선이 삼조선으로 존재했을 가능성을 더욱 높이고 있습니다. 곧 삼조선이 이름은 다르되 같은 나라였기 때문에 신조선 유민의 평화스런 이주가 가능했을 것입니다. 실제로 마한 왕은 고조선 유민의 한반도 정착을 너무나 자연스럽게 받아들입니다.

마한은 서기전 1~3세기쯤 한강(漢江)에서 충청 · 전라도 지역에 퍼져 살던 여러 정치집단을 통칭한다. 삼국지 동이전에는 마한 54소국이 나오는데, 큰 것은 1만여 가(家), 작은 것은 수천 가라고 한다. 큰 나라 지배자는 '신지(臣智)', 작은 것은 '읍차(邑借)'라 한다. 3세기 전반 마한소국연맹체의 맹주는 목지국(目支國 : 삼국지에는 月支國)의 진왕(辰王)이다. 마한의 주체는 고예맥족(古濊貊族 : 개마족)이 남하한 선주(先住) 토착집단이라는 견해도 있고, 북마한(北馬韓)이 남쪽으로 온 세력이라는 말도 있다. 실제로 마한에는 백제국처럼 북방계 유이민이 와서 이룬 무리도 있고 이른 철기문화를 배경으로 나온 집단도 있어 그 형성 시기가 다른 듯하다. 그러나 마한에서는 경상도지역의 초기철기시대(세형동검문화단계) 유물보다 청동기유물이 많이 나와서 앞선 무리가 있음이 드러난다. 이로 볼 때, 마한 소국들은 거의 서기전 3, 2세기 이래의 세형동검문화(細形銅劍文化)를 배경으로 나온 여러 정치집단들이 연이어 자란 것으로 보인다. 여기는 서기전 2세기쯤 이미 밖으로 통일된 힘을 내는 구심체가 되어, 한(漢)과 원거리 통교를 시도하기도 했다.

결속 기반은 아직 힘에 의한 지배 · 복속 관계나 마한 전역을 포괄하는 강한 연맹체의 수준에는 못 미친 듯하다. 다만, 충남지역을 중심으로 하는 무리들이 마한의 주도세력이 되어 연맹체의 토대를 이룬다. 철기가 들어오기 전 이들은 청동기의 제작과 교역을 통해 중남부 여러 무리들에게 영향력을 가진다. 경기도 고양 · 용인, 충남 부여, 전남 영암 등지에서 각종 청동기 거푸집(鎔范)이 나왔다.

삼국지 동이전 진한조(辰韓條)에서, 진(秦)의 유망민에게 동쪽영역을 갈라주었다는 글에 나오는 마한과, 삼국사기 초기 글에 나오는 마한왕의 실체는 이 단계의 세력 구심체와 직접적 계승 관계에 있던 것으로 보인다.

세형동검문화단계의 마한 소국 간의 결속 관계는 서기전 1세기 이후 펼쳐진 정치 · 문화적 변동 속에 그 성격이 바뀐다. 위씨조선(衛氏朝鮮) 유민의 남주와 한군현(漢郡縣) 설치로 인한 철기문화의 본격적 확산, 경상도지역을 중심으로 한 새로운 교역 중심체의 대두 등으로 인해 마한 중심의 청동기 교역권과 마한의 영향력도 줄어든 듯하다. 3세기 전반, 위(魏)나라가 낙랑 · 대방군을 접수하고 한족(韓族) 집단에게 회유정책을 적극 폄에 따라 목지국 진왕 중심의 마한 연맹체는 대군현 교섭에서 가장 우세한 집단이 된다. 목지국은 충남 직산 · 성환 · 아산만 일대 또는 공주, 전북 익산 등지로 비정된다. 목지국이 언제부터 마한 연맹체의 맹주가 되었는지 모르나, 목지국의 진왕(辰王)은 스스로 왕이 될 수 없다는 삼국지의 글로 볼 때, 진왕은 신지들이 뽑은 것으로 보인다.

또한, 삼국지는 진 · 변한 24국 중 12국이 목지국 진왕에게 딸려 있다고 적었으니, 이는 진 · 변한의 일부 지역에 진왕의 힘이 미쳤음을 뜻한다. … 온조(溫祚) 집단의 한강유역 이주로 마한 연맹체의 형세는 빨리 바뀐다. 백제는 처음은 연맹체의 하나로 마한왕에게 신록(神鹿)을 보내거나 전쟁포로를 바치는 등 맹주국에 대한 예를 갖춘다. 그러나 점차 이웃 소국들을 병합해 3세기 중반부터 한강유역에서 충남지역까지 넓히면서 목지국 진왕 중심의 조직체를 좁힌다. 이때부터 백제 중심의 소국연맹체는 마한의 주도세력으로, 3세기 중반 대방군 기리영(崎離營)을 치거나, 3세기 후반 진(晉)에 마한의 이름으로 사신을 보내는 등 밖으로 펼친 정치 · 경제적 교섭을 주관한 것으로 추정된다.

그러나 백제국의 세력권에 들지 않은 남부의 마한 소국들도 비록 세력권이 줄어들긴 했으나, 4세기 후반 근초고왕에게 병합되기까지, 따로 세력권을 이었다. 예를 들면, 3세기 말 신미국(新彌國) 중심의 남부 20여 마한 소국들이 뭉쳐 진(晉)과 통교한 글이 있다. 그러므로 백제가 마한 전역을 통합할 때까지 마한지역은 백제와 토착세력권이 병존했을 가능성이 높다.

— 민족문화대백과(마한)

(2) 삼한(三韓)의 배달

이른바 3한으로 불리는 한(韓)을 봅시다. 일찍이 단재는 조선은 신조선, 말조선, 불조선의 삼조선으로 나뉘어 다스려졌다고 했습니다. 고조선의 멸망은 삼조선의 완전한 멸망이 아니라 신조선만의 멸망을 말하며, 불조선은 전쟁에 휩싸이기는 했으나 국세를 곧 회복했을 것입니다.

조선 : 조선 배달 말갈
가르닭 가르닭 밝닭 맑닭
케레이트 브라야트 메르키트
조선 부여 마한
↙ ↓ ↘
마한 진한 변한
↓ ↓ ↓
백제 신라 가락

부여는 고조선 시대와 거의 같은 시기에 지금의 북만주 일대에 웅거한 부족 국가다. BC 2세기경부터 494년까지 존속한 예맥족계의 나라다.

— 두산백과(부여)

신조선 멸망 후에도 불조선은 바이칼까지의 땅에서 부여(브리야트)로 있다가 고구려로 이어졌습니다. 실제로 사전에도 부여가 고조선과 거의 같은 시기에 있던 나라라고 적고 있습니다.

신조선이 멸망하여 그 유민들이 북쪽으로는 불조선(부여, 브리야트)로 갈 때 남쪽으로는 말조선(마한)으로도 갔습니다. 말조선(마한)은 밀려온 유민들로 인하여 활기를 띠면서 다시 독립된 연방으로 재편된 것으로 보입니다. 이는 신조선이 망한 뒤 말조선(마한)이 독자적으로 고조선을 계승하려는 의지를 가지고 독립국가의 틀을 갖춘 것으로 보입니다. '삼한' 자체가 우리 조상의 국가체제와 일치하기 때문입니다.

마한 중심의 연방국인 삼한이 나중에 차차 해체되어 각각 독립된 삼국이 된 것으로 보입니다.

삼한(연방국)		
마한 맑닭	변한 밝닭	진한 닭닭

➡

삼국(각각 독립된 나라)		
백제 밝닭	가락 가르닭	신라 닭닭

여기서 삼한 중 변한이, 삼국 중 백제가 배달입니다.

마한	맑닭 → 맑삵 → 맑잙 → 맑앍 무당 멕시코 맥족(貊族) 목지 마지 몽카크 말갈 무굴 마한
진한	닭닭 → 닭삵 → 닭잙 → 닭앍 → 잙핡 → 잙앍 뎐독 독로 → 독로국 진한 진국
변한	밝닭 → 밝삵 → 밝잙 → 밝핡 → 밝앍 **배달** 불사 → 불사국 변진 백잔 백제 변한 발해 부여

(3) 고구려의 배달

고구려도 본디 조선에서 왔으므로 이미 말씀한 가락국과 마찬가지로 배달로도 불렸습니다. 실제로 고구려는 고쿠리(가르닭), 배크리(밝닭), 무쿠리(맑닭)로 불렸음이 돌궐 빌게카간의 비석에서 확인됩니다. 여기서 배크리가 배달입니다.

고구려의 어원은 구려(句麗)에서 비롯한다. 몽골고원 오르혼강 기슭에 있는 돌궐(突厥) 제2제국의 빌게가한과 그의 동생 퀼테킨을 기린 2개의 고돌궐비(古突厥碑)에서 고구려를 배크리로 적었다. 돌궐 말에서 [ㅂ]과 [ㅁ]은 서로 바뀔 수 있으므로 배크리는 매크리이며, 그밖에 범어잡명(梵語雜名)과 돈황문서(敦煌文書) 1283쪽 등에서 고려를 무구리라고도 했다. 이는 모두 맥구려(貊句麗) 즉 '맥족의 구려'를 적은 것이다. 이는 곧 고구려에서 '구려'가 어간이고, '고'는 관형사임을 말한다. 고구려어에서 성(城)을 구루(溝漊), 홀(忽: khol)이라 했다. 이는 읍, 동, 곡 등을 뜻하는 '고을'과 통한다. '고구려'는 '구려'에 크다, 높다는 뜻의 '高'를 덧붙인 말로서, 큰 고을, 높은 성이란 뜻이다. '고구려'가 처음 적힌 것은 현토군 설치 때(B.C. 107) 그 속현의 하나로 고구려현을 두면서다. 곧 토착민들이 '큰 고을'이라고 부르던 읍락에 현을 두고, 이를 고구려현이라 한 것이다. 서기전 75년 현토군을 몰아낸 뒤 이 읍락을 중심으로 고구려 연맹체가 생겼고, 이후 국호로 쓰인다. 5세기 중엽부터 '높고 빼어나다'는 한자의 뜻을 살려 고구려를 줄인 말인 고려(高麗)를 국호로 삼았다.

– 민족문화대백과(고구려)

고구려	가르닭(조선, **고쿠리**, 가락, 견이犬夷) 밝닭(**배달**, **배크리**, 백이白夷) 맑닭(무당, **무쿠리**, 몽골, 마고, 맥이貊夷)

누가 묻더군요. 고구려가 우리나라임을 무엇으로 아느냐고요. 그 답의 하나가 여기서 나왔다고 봅니다. 아마 이분은 중국의 동북공정에 대응해야 한다는 뜻으로 이런 중요한 물음을 던진 모양입니다.

(4) 백제의 배달

백제는 본디 '배달'을 뜻하는 '밝닭'에서 왔으므로 그대로 '배달'입니다. 백제뿐 아니라 발해와 브리야트도 같습니다.

밝닭	→	밝삵	→	밝잙	→	밝핡	→	밝앍
배달 브리야트		불사 박사		백잔 변진 **백제**		**발해** 변한		백이白夷 **부여**

그런데 백제를 일본 사람들이 '구다라'라고도 했는데 이는 '가르닭'에서 왔으므로 '조선' 또는 '고쿠리'이기도 합니다.

밝닭	→	밝삵	→	밝잙	⇄	가르닭	→	가르삵	→	자르삵	→	가르앍	→	아르앍
배달		박사		**백제**		**구다라**		게세르		**조선**		고쿠리 가락		예(濊)

백제를 세운 온조도 부여에서 왔으니, 배달인 백제가 조선인 것은 당연합니다. 부여는 고조선의 연방국이었기 때문입니다. 이는 우리의 정통성이 고조선에 있음을 말하며 모두 '배달' 를 증명하는 것이기도 합니다. 우리 역사에서 이런 흐름[57]은 대단히 중요합니다.

(5) 신라의 배달

신라의 첫 임금인 혁거세의 둘째아들인 '박특' 과 박특의 아들인 '박적' [58]이 '배달' 로 풀립니다. 신라의 궁궐터를 반월성이라 하는데 이도 '배달' 성이군요.

밝닭 → 밝잙 박특 박달 배달 박적	밝닭성 → 밝왉성 배달성 반월성

(6) 탐라의 배달

탐라에는 고을나, 양을나, 부을나의 3성이 있어서 그들이 나라를 다스렸다고 전하고 있습니다. 이 탐라의 3성도 우리 삼신사상과 이어진 것이며, 이는 고조선시대의 3조선의 흔적이 명백합니다. '부을나' 가 '배달' 일 것입니다.

가르닭 → 가르삵 → 가르낡 게세르 고을나	밝닭 → 밝삵 → 밝낡 **배달** **박수** **부을나**	닭닭 → 왉낡 뎐독天毒 양을나

저는 우리 겨레의 지방행정 조직도 어떤 이름으로든 삼위일체의 틀로 이어져 왔을 것으로 생각합니다. 삼한(三韓), 삼도(三道), 삼경(三京), 삼성(三省), 삼사(三司), 구주(九州)가 그런 틀의 흔적일 것입니다. 여기의 '3' 을 하화의 영향으로 보는 것은 잘못임을 알 수 있습니다.

(7) 우리 겨레 이름 속의 '배달'

우투리님, 유창균님이 우리 겨레의 이름이 다음과 같이 불렸을 거라고 주장하신 것[59]을 기억하세요?

---

57) '배달' 이 곧 '조선' 이요, '조선' 이 곧 '배달' 이라는 흐름
58) 신라박씨 종친회 간, 〈新羅朴氏璿源世系圖〉(연도 미상)
59) 이미 이 책 '첫마당 2. 게세르' 에서 다루었음

글자	: 歲 →	濊 →	獩 →	薉 →	穢
읽기	: 세	예	예	예	예
오늘	: 세르	예르	예르	예르	예르
옛날	: 세르	세르	세르	세르	세르
그옛날	: 세르	게세르	게세르	밝세르	밝세르
본딧소리	: 닭	가르닭	가르닭	밝닭	밝닭

우리 겨레인 '예(濊)'를 나타내는 위의 여러 글자 가운데 '濊'와 '獩'는 '가르닭'을 말뿌리로 하는 '게세르' 곧 '조선'이요, '薉'와 '穢'는 '밝닭'을 말뿌리로 하는 '배달'입니다. 이로 볼 때 우리 겨레는 '조선(가르닭)'으로 불리기도 하고 '배달(밝닭)'로 불리기도 했다는 것이 거듭 확인됩니다.

가르닭 →	가르삵 →	자르삵 →	가르왉	밝닭 →	밝좕	→	밝앍
구다라	게세르	**조선**	고구려	**박달 배달**	백족	백적 백제	백이 부여
커다란	거서간	朝鮮	가락	朴達 倍達	白族	白狄 百濟	白夷 夫餘

배달의 유래

(1) 단군신화의 환웅이 배달

단군신화에서 단군이 조선을 세웠다고 했으므로 우리를 단군의 자손이라고 합니다. 그러나 한편으로 단군은 환웅의 아들이므로 우리는 환웅의 자손도 됩니다. 이때 환웅의 말뿌리가 '밝닭'이니 우리는 근원적으로 '배달의 자손'이 됩니다.

> 하늘신 안파견이 삼위태백을 내려다보고 늘 땅에 관심이 많은 서자 환웅에게 천부인 3개를 주며 땅에 내려보냈다. 환웅은 우사 운사 풍백을 거느리고 무리 3천을 이끌고 내려와 신단수 아래서 신시를 열었다. 환웅은 웅녀와 결혼하여 단군을 낳았는데 그는 아사달에 도읍하고 조선을 열었다.

밝닭	→	홡앍	→	왉앍
배달		**환웅**		영웅

또한 우리는 환웅이 하늘에서 타고 내려온 나무인 '신단수(神檀樹)'를 '박달

나무' 라고 합니다. 이 박달나무가 배달나무이며 환웅나무이기도 합니다.

신단수(神檀樹)는 우리 삼신사상에 뿌리를 두고 있는 '생명의 나무' 이기도 합니다. 하늘과 땅의 조화로 생명이 태어난다는 것이 삼신사상입니다.

환웅桓雄 (배달)	(천신 환웅)
↓	하늘
신단수神檀樹 (배달나무)	↙ ↖
↓	땅 → 생명 = 밝닭(박달, 배달, 버들, 밭)
신시神市 (배달겨레)	(지신 웅녀) (인신 단군)

'박달나무' 는 '버드나무' 이기도 합니다. 특히 몽골에서는 줄기가 붉은 빛깔의 버드나무를 신수(神樹)로서 더 신성시한다는군요.

그리스의 도리아인(단군족으로 추정됨)들은 떡갈나무(단군나무)를 신수(神樹)로 여깁니다. '떡갈' 은 '닭' 과 같은 소리니 여기서도 '닭' 이 신(神)으로 확인됩니다.

닭나무 → 삵나무
떡갈나무 신神나무 → 신수神樹

(2) 배달은 스키타이 신화의 '10개의 화살'

배달은 스키타이족의 신화에 나오는 '열 화살(온 오구르)' 을 뜻하기도 합니다.

밝닭 → 밝삵 → 홝잙 → 옭삵 → 옭앍
배달 박수 백살 황제 온살 온오구르 = 열 살 = 열 개의 화살

김정민님은 고대 투르크계 민족에게는 10개의 태양과 10개의 화살에 관한 전설이 있다고 합니다. 그는 산해경에 나오는 조선에도 10개의 태양 전설이 있음을 제시하면서 고대 투르크와 우리와의 연관성을 말하고 있습니다.

… 이 신화는 투르크계 민족이 두루 가지고 있는 신화인데, 이 신화가 한국의 다른 신화와 연결될 수 있는 고리를 가지고 있어서 소개한다. ……

'하늘을 다스리던 천제 제준에게는 열 아들이 있는데 이들이 바로 열 태양이다. 이들은 매일 순서를 정해 하늘에 뜨면서 낮과 밤의 조화를 이루었다. 그러던 어느 날 열 태양이 같이 떠올라 땅의 백성이 고통을 겪는다. 이에 제준은 예에게 화살을 주어 태양들을 떨어뜨리라 한다. 땅에 내려간 예(羿)는 한 개만 남기고 아홉 태양을 떨어뜨려 땅에 다시 평화를 가져온다.' (산해경의 해내경)

이 이야기가 '아쉬나 전설'과 공통점이 있다고 생각하는 이유는 바로 숫자 '10' 때문이다. 왜 우리 신화에는 투르크계 민족처럼 10개의 태양이 함께 존재하지 못하고 9개의 태양이 떨어지고 1개의 태양이 남았다고 했을까?[60]

북방 유목민들은 여러 아들 중 막내만 남고 나머지는 다른 곳으로 가서 나라를 개척하는 전통이 있다고 합니다. 만약에 지배자의 아들이 열일 경우 막내만 남고 아홉은 떠났는데 여기서 아홉 부족을 뜻하는 '구이(九夷)'의 개념이 생겼다고 합니다. 위의 열 개의 태양 신화는 구이(九夷)의 기원에 관한 이야기일 것입니다.

1) 우리와 '열 화살'로 이어진 투르크계 중앙아시아 국가들

카자흐스탄과 위구르를 비롯한 투르크계 나라에서는 '열 개의 태양'과 '구이(九夷)'의 개념이 함께 나타납니다. 여기서 구이(九夷)가 조선이요, 열 개의 화살이 '배달'이니 조선과 배달이 같은 개념임이 거듭 확인됩니다. 또한 이들이 같은 투르크계 스키타이이며 '황제(黃帝, 皇帝, 皇族)'임을 알 수 있습니다.

가르닭	→		밝닭				
구다라 ↘			배달 ↘				
	가르앍 →	자르삵		밝좕 →	홝좕 →	왉좕 →	왉삵 → 왉앍
	구이九夷	조선		백제 백족	**황제** 황족	온조	온살 온오구르

2) '열 개의 화살'인 백제(百濟)

부여에서 온 온조가 '백제'를 세울 때 처음에는 '십제(十濟)'라고 하였습니다. 이는 '10개의 화살'을 뜻하는데 스키타이의 신화에 나오는 이야기입니다. 또 백제는 '구다라'라고도 하였는데 이는 '구이(九夷)'이며 '조선'이죠. 이런 현상들은 백제가 고대 투르크족(스키타이족)과 얽혀 있다는 증거입니다. 백제를 세운 온조도 밝닭에서 온 '온오구르(열 화살)'로 풀리니 더욱 그렇습니다.

3) 배달겨레는 황제(黃帝, 皇帝)족

또한 배달이 '온조'도 되고 '황제'도 되므로 배달겨레가 황제족임이 거듭

---

60) 김정민, 《단군의 나라 카자흐스탄》(글로벌콘텐츠, 2015) 40쪽

확인됩니다. 그러므로 황제족으로 풀리는 배달겨레는 비로소 '제국(帝國)' 을 세우고 황제(皇帝)에 등극한 겨레일 가능성이 높습니다.

브리태니커사전에는 백제를 소개하는데 '온조가 나라를 세울 때 열 신(神)의 도움을 받아서 십제(十濟)라고 하였다.' 고 간단히 적고 있으나 이는 간단한 문제가 아닙니다. '백제' 또는 '십제' 는 우리와 고대 투르크족인 스키타이를 '열 개의 화살' 과 '황제(黃帝, 皇帝)로 잇는 징검다리일 것입니다.

가르앍 ←	자르삵 ←	가르닭	=	밝닭 →	밝잙 →	왉잙 →	왉삵 →	왉앍
구이	조선	구다라		박달	백제	황제	온살	온오구르
九夷	朝鮮			배달	백잔	온조	열화살	십제十濟

배달은 붉은 색을 뜻하기도 합니다. 붉은 색은 황제가 입던 옷의 빛깔이죠. 그래서 배달은 황제를 뜻하기도 합니다.

밝닭	→	밝삵	→	홝잙	→	왉잙
배달		붉은 색		황제(黃帝, 皇帝)		월지 온조

우투리님, 우리가 이런 엄청난 배달을 잊어버렸기에 자존을 잃어버린 거죠. '배달' 을 도로 찾는 것도 우리 얼을 찾는 길에서 또 하나의 큰 고개입니다. 나아가 3조선인 조선(가르닭), 배달(밝닭), 말갈(맑닭) 중 말갈까지 찾는 것이 조선을 온전히 다 찾는 것이 되겠습니다.

2. 발해(渤海)는 왜 우리나라인가?

우투리님, 발해는 우리나라가 맞나요? 두 말할 것 없이 우리나라지요. 일본사람들이 자꾸 아니라고 한 모양인데, 거기에는 불순한 의도가 깔려 있죠. 그들은 제 어미나라와 적어도 같이 살려 하지 않고 깎아 먹으려고 덤비기만 했지요. 저는 역사 전문가는 아니나, 말씀으로써 발해가 우리나라임을 증명해 보이겠습니다.

발해의 말뿌리

발해는 '밝' 으로 풀 것인가, '밝닭' 으로 풀 것인가가 문제입니다. 발해를 '밝' 로 풀면 그럴듯해도 함정이 있습니다.

발해 : 밝 → 밝
발해(渤海)

발해를 '밝닭' 으로 풀 경우 드디어 고구려를 이은 나라로서의 발해의 정체성이 드러납니다. '밝닭' 은 '배달' 로서 이는 배크리라고도 불린 부여 또는 고구려와 같죠. 그러므로 발해가 고구려를 계승했음이 증명되는 것입니다.

밝닭 →	밝삵 →	밝잙	→		밝핡 →	밝앍	
배달	밝씨가리	밝족白族	백적白狄	백제	**발해**	밝겨레 **배크리**	백이白夷

이제 '부여' 도 새로이 풀어야 할 때가 되었습니다. 이제까지 이는 단순하게 '밝' 으로만 풀었는데 '밝닭' 으로 풀어야 한다는 것이죠.

밝 →	바르아르 → 바르 → (×)	밝닭 → 밝삵 →	밝앍 → (○)
[바르가리]	부루 부여	**배달** 밝씨가리	**부여**

이는 '부여' 가 '백제' 에서 온 말이기 때문에 더욱 그러합니다. 백제를 곧 부여라고도 했잖아요?

밝닭 →	밝삵 →	밝잙 →	밝핡 →	밝앍
배달	박수	백제	발해	부여

북부여(부여)에서 온 해모수가 고구려를 세웠다고 했는데 이는 고구려와 부여와의 뗄 수 없는 관계를 말합니다.

부여 →	고구려 →	백제 →	발해
밝닭	**밝닭**(배쿠리)	**밝닭**(월지 온조)	**밝닭**(부여)
	가르닭(고쿠리)	가르닭(구다라)	
	맑닭(무쿠리)	맑닭(목지)	

백제는 고구려에서 갈렸고, 고구려는 북부여에서 시작되었습니다. 그러면 북부여(부여)는 어디일까요? 이는 초기 고구려의 북쪽에 있었죠. 지금까지 북부여의 영역으로 동, 서, 남쪽에 관해서는 누구누구와 이웃한다는 말이 있는데, 북쪽으로는 어디까지라는 말이 없습니다.

부여(BC 2~494)는 고조선과 거의 같은 때에 지금의 북만주 일대에 웅거한 예맥족계 부족 국가다. 지금의 북만주 농안 · 장춘 일대에서 농업을 주로 하며 궁실(宮室) · 성책(城柵) · 창고 · 감옥 등 진보된 조직과 제도를 가졌다.

초기 여러나라의 성장

귀족정치로서 왕과 그 밑에 가축의 이름을 붙인 마가(馬加) · 우가(牛加) · 저가(猪加) · 구가(狗加)와 대사(大使) · 사자(使者) 등 귀족 관직이 있으며, 또 사출도(四出道) 혹은 사가도(四街道)로 나누어 마가 · 우가 등의 제가(諸加)가 다스렸다. 사출도 중의 큰 지역은 주민수가 수천 호, 작은 것은 수백 호가 되었다. 피지배계급인 민(民)을 하호(下戶)라 했는데, 그들은 지배계급에게 각종 역(役)이나 물자를 맡아야 해서 모두 노복(奴僕)처럼 여겨졌다. 농경을 주로 하고, 명마(名馬) · 적옥(赤玉) · 미주(美珠) · 돈피(獤皮) 등이 났고, 영고라는 제천대회가 있다.

부여는 서쪽으로 선비 · 오환, 동쪽에는 읍루, 남쪽으로는 고구려와 한(漢)의 현도군과 닿았다. 해부루왕 때 아란불의 권고로 가섭원으로 수도를 옮기면서 동부여로 불렸다. 가섭원은 삼국사기를 근거로 지금의 강원도 강릉이라는 말, 중국의 지린성 훈춘이라는 말 따위가 있다.

– 두산백과(부여)

그럼 고구려 북쪽에 있던 북부여의 북쪽 영역은 어디까지일까요? 저는 감히 바이칼호수까지라고 주장합니다. 왜냐하면 '바이칼' 이 '부여' 와 같은 '밝닭' 으로 풀리며, 또한 '바이칼' 은 고구려를 '배크리' 라고 부른 것과도 같기 때문입니다.

밝닭	→	밝삵	→	밝잙	→	밝핡	→	밝앍
배달		밝씨가리		밝족(族)		**발해**		**바이칼 배크리 부여**

결국 '바이칼' 은 '밝' 이 아니라 '밝닭' 이라는 이야기입니다. 밝닭은 '배달' 이죠. 그러므로 바이칼호수는 '밝' 호수가 아니라 '밝닭' 호수가 됩니다. 이는 바이칼호수가 남의 호수가 아니라 바로 부여의 호수, 배달의 호수라는 결론입니다.

이는 지금 거기 살고 있는 브리야트공화국의 '브리야트' 에서도 확인됩니다.

밝닭 → 밝앍
배달 브리야트 부여

또한 브리야트 사람들은 그들 스스로를 '쿠르칸' 겨레라고 하는데, 여기서도 그들과 고구려가 무슨 인연이 있음을 알 수 있습니다. '쿠르칸' 은 조선, 고구려와 같은 말이기 때문입니다. 쿠르칸은 스키타이의 황제(의 무덤)이기도 합니다.

가르닭 → 가르삵 → 자르삵 → 가르앍 → 아르앍
구다라 거서간 게세르 → 황제 **조선** 고쿠리 가락 **쿠르칸** 예(濊)

그러므로 북부여(부여)는 바이칼호반까지를 영역으로 하여 살던, 고구려와 같은 계통의 '브리야트' 사람들일 것입니다.

밝닭 → 밝삵 → 밝잙 → 밝핡 → 밝앍
박달 배달 브리야트 박사 페르샤 백잔 변진 백제 발해 배크리 바이칼 부루 부여

바이칼호수
북
↑
선비(鮮卑), 서 ← **부여** → 동 읍루(挹婁)
오환(烏桓)
↓
남
한(漢)의 현도군(玄菟郡), 고구려

그러므로 부여는 동쪽으로 읍루(挹婁)와 맞닿았고, 서쪽으로 선비(鮮卑), 오환(烏桓)과 맞닿았으며, 남쪽으로 한(漢)의 현도군(玄菟郡), 고구려와 맞닿았

으며, 북쪽으로 바이칼호수에 이르렀다고 할 수 있습니다.

발해의 기원

먼저 고려 태조 때 일어난 유명한 '만부교 사건' 은 고려가 발해를 어떻게 인식하고 있었는지 밝게 말하고 있습니다.

> 거란족이 우리와 관계를 가지기 시작한 것은 고구려 장수왕 때로 그 연원이 오래 되지만, 밀접하게 된 것은 고려 때부터다. 야율아보기는 922년(태조 5) 고려에 낙타 · 말 등을 보내 수교를 요청했다. 그런데 926년에 거란이 발해를 멸하자, 태조는 발해의 유민을 받아들여 우대한 반면, 거란을 적대시하여 942년에 요나라 태종이 보내온 낙타 50필을 만부교(萬夫橋) 아래서 굶겨 죽이고 사신 30명을 유배시켰다.
>
> – 다음백과(거란)

발해에 관해서 국어사전에는 역시 우리가 학교에서 배운 내용 그대로 '고구려 유민과 말갈족으로 이루어졌다' 고 적고 있네요. 일본 사람들이 여기서 '말갈족' 때문에 발해를 우리가 세운 온전한 조상 나라가 못 된다고 규정했습니다.

> 고구려의 유민 대조영(大祚榮)이 698년에 만주에 세운 나라. 고구려 유민과 말갈족으로 이루어졌고, 수도는 상경 용천부다. 926년, 건국 227년만에 거란에게 멸망했다.
>
> – 다음 국어사전(발해)

'말갈' 은 누구던가요? 이는 밝닭에서 온 무당, 무쿠리, 물길, 몽골, 멕시코, 맥족, 마고족이기도 합니다. '마고' 는 우리가 믿는 창조신이기도 합니다.

밝닭	→	밝삵	→	밝좕	→	밝앍
메르키드 **무당**		멕시코 무수리 모세		**맥족 말갈족** 물길족 **몽골족** 미륵족 **마고족**		**맥이**

발해를 말갈과 고구려의 유민이 함께 세웠다고 해서 우리나라가 아니라고 하는 것은 말이 안 됩니다. 우리가 이미 익힌 바와 같이 '고구려' 는 고쿠리, 배크리, 무쿠리로 자칭했습니다. 여기서 '무쿠리' 가 '말갈' 이므로 오히려 '말갈' 이라는 이름 때문에 발해가 고구려를 이은 나라임이 역증명됩니다.

고구려가 3가지 이름을 가진 것은 단재 신채호가 말씀한 '3조선' 개념과 관련이 있습니다. '3조선' 이든 '3한' 이든 '3고구려' 든 이름이 셋이라고 해서 다른 나라가 아닙니다. 우리 조상들은 하늘과 땅과 사람을 '삼재' 라 하여 하나로 보았다고 이미 배우지 않았습니까? 이것이 '셋'을 완성수로서 다시 '하나'로 여기는 삼진법이고 삼위일체의 철학이라고.

'무쿠리'는 우리 역사에서 대대로 이어 온 3개의 이름 중 하나입니다. 고쿠리, 배크리, 무쿠리는 삼위일체인 하나이지, 서로 별개가 아니라는 거죠.

고구려의 3가지 이름	가르닭 → 가르삵 → 가르잙 → 가르앍 *국호國號 케레이트 고리씨가리 고리족 고쿠리 → **고구려**
	맑닭 → 맑삵 → 맑잙 → 맑앍 메르키드 물씨가리 물족 **무쿠리** → 말갈 물길 → 몽골
	밝닭 → 밝삵 → 밝잙 → 밝핡 → 밝앍 브리야트 배달 불씨가리 불족 발해 **배크리**

발해도 다음과 같이 3발해였을 가능성이 높습니다. 발해를 처음에 진국(振國)이라고 하였는데 이는 3조선 중 '조선'으로도 풀립니다. 말갈족은 '말갈'이며 발해는 '배달'입니다.

3발해	닭닭 → 잙삵 → 잙앍 → 앍닭 → 앍앍 댠독 **조선** 진국 케레이트 고쿠리
	맑닭 → 맑삵 → 맑잙 → 맑앍 메르키드 물씨가리 물족 **무쿠리 → 말갈 물길 → 몽골**
	밝닭 → 밝삵 → 밝잙 → 밝앍 → 밠앍 브리야트 불씨가리 불족 배크리 → 배달 **발해(*국호國號)**

이러한 삼위일체의 개념은 삼한(三韓)에도 적용됩니다. 이는 이제까지 삼한에 관한 여러 어지러운 학설들을 신채호의 삼조선(三朝鮮) 개념을 바탕으로 재정립해야 하는 과제를 우리에게 안기고 있기도 합니다. 곧, 삼한을 하나의 나라인 연방국 또는 제국(帝國)으로 정확하게 인식하는 것입니다. 삼한은 마한 임금이 황제로서 마한을 직할로 다스렸을 것이며 진한, 변한은 위임 통치한 하나의 나라(제국 또는 연방)라는 것입니다. '마한'이 말갈, 몽골이기도 합니다.

3조선	삼한	3고구려	3발해
신조선 번조선 말조선 : 말갈	마한 : 말갈 몽골 변한 진한	고쿠리 배크리 무쿠리 : 말갈	고쿠리 : 진국 배크리 : 발해 무쿠리 : 말갈
하나의 조선	하나의 한韓	하나의 고구려	하나의 발해

이 밖에도 '발해' 와 잇긴 말들을 풀면 다음과 같습니다.

동모산	닭맑닭 → 닭맑삵 → 삵맑삵 → 좕맑삵 → 앍맑삵 → 앍맑좕 투메트 동모산 다물산 샤먼산 주몽산 곰씨(웅녀) 우금치
용천부 (龍泉府)	가르닭밝 → 아르삵밝 → 가르좕밝 → 아르좕밝 아사벌 ⇄ 아사달 고천벌 용천부
영고탑	닭닭밝 → 삵닭밝 → 앍닭밝 단군탑 신탑 영고탑 잉카탑

대조영

우투리님, 그리고 다음 글은 발해를 세운 대조영에 대해서 순수한 고구려계냐 말갈계냐 말이 많다고들 하는데 참으로 한심한 말씨름입니다. 이야말로 식민사관에 얽매여 홀망친 생각입니다. 대조영도 속말말갈 출신이라면 그런 논리는 결국 발해는 진짜 우리와 관계가 없는 나라가 되고 맙니다. 이는 말갈족과 여진족을 우리와 같은 조상으로 보지 못하는 근시안에서 왔으며 모화사상은 이를 더 심화시켰습니다.

대조영이 고구려인인지 말갈인인지 말이 많다. 이는 발해국의 귀속과 직결된다. 그러나 그는 순수 고구려인도 순수 말갈인도 아니니, 그를 고구려 별종이라 한 것은 이 때문이다. 대조영 집안은 본래 속말말갈(粟末靺鞨) 출신으로 일찍이 고구려에 귀순한 것으로 보인다. 그는 고구려 장수를 역임했고, 당이 고구려 유민을 강제 이주시킬 때도 포함된다. 고구려 말에 그는 이미 유력가문으로 커 있었으므로 '말갈계 고구려인' 으로 보아야 한다. 그래서 건국 때 고구려 유민과 말갈인을 아우를 수 있었을 것이다. – 민족문화대백과(대조영)

말갈족에 관한 잘못된 생각은 아래 사전에도 흐릅니다. 전체적 서술이 이들을 우리와 같은 퉁구스계 고대 종족임을 언급하면서도 은근히 구별하려는 의도가 흐르고 있습니다. 우리와 같은 내용은 많은데 '같다' 는 표현은 어디에도 없군요. 이는 우리 역사를 축소하려던 식민사관의 영향에서 벗어나지 못한 때문이 아닌가 합니다.

말갈은 한반도 동북부와 만주 일대에 살던 퉁구스계 고대 종족이다. 주대의 사서에 나오는 숙신 또는 식신, 한대(漢代)의 읍루, 위진남북조 때의 물길은 모두 말갈과 같은 계통의 다른 이름일 것이다. '말갈' 은 수당대의 책에 나오는데, 부족별로 나뉘어 산과 계곡 사이에 살면서 수렵과 농경을 했다. 부족마다 대인으로 불린 우두머리가 있어 안으로 크고 작은 일들을 맡았다. 냇가의 저습지의 부족은 밭농사를 주로 하고, 산악지대 부족은 수렵을 주로 하며 농경을 곁들였다. 곰 · 호랑이 · 이리 등의 동물토템이 있고 말로 밭을 갈았다. 남만주와 한반도 중북부 일대를 근거로 한 예맥계보다 사회발전단계나 문화수준이 낮아, 예맥계의 고조선 · 부여 · 고구려 등의 지배를 받거나 영향을 받았다.

숙신 때의 역사는 밝지 않으나, 읍루로 불리던 때는 부여의 지배를 받다가 고구려에 부여와 같이 복속됐다. 고시 · 석노 · 각궁 등의 특산물에서 보듯이, 활을 잘 쏘고 몸이 날래어 고구려의 대당전쟁에서 중요 역할을 했다.

수당 때는 수십 개 부족 중 일곱이 강성해 말갈사회를 이끈다. 고구려가 세어지면서 헤이룽강(黑龍江)과 쑹화강(松花江) 일대를 근거로 해 힘을 떨친 흑수부를 뺀 백돌(伯咄) · 불열 · 호실 · 안거골 · 속말 · 백산 등의 6부는 고구려의 지배를 받거나 그 영향 아래 있었다. 고구려가 망하자 일부는 본디 부족 자치생활로 돌아간다. 고구려화 된 부족은 고구려인들과 함께 요동의 영주로 끌려갔다.

대조영의 고구려 재건에 적극 협조해 발해를 세운 주체의 하나다. 발해 멸망 뒤에는 독자성이 있던 흑수부를 포함한 모든 말갈이 거란의 지배를 받았다. 그 후신이 고려와 요의 변경을 침입하며 문화적 영향을 받았다. 고려와 송의 영향으로 농경화된 갈래를 숙여진, 수렵의 전통을 이은 부족을 생여진이라 했다. 생여진이 금과 청을 세운 만주족의 원류가 된다.

– 브리태니커(말갈족)

발해는 고구려를 이었고, 고구려는 고조선을 이었습니다. 이는 대개가 오늘날 '만주' 로 일컬어지는 말갈족의 땅에서 일어난 일입니다. 우리는 이래저래 왜곡된 사관에 따라 이 땅을 잃어버려 가는 길로 깊이 들어서고 말았습니다.

고조선 →	고구려 →	발해 →	만주(말갈 땅) →	북한
사대주의 식민사관	동북공정	식민사관	사대주의	반공주의

3. 예맥(濊貊)

들머리

예맥(濊貊)은 우리 조상을 뭉뚱그려 말할 때 흔히 쓰이는 말입니다.

먼저 아래 사전에는 예맥은 고조선과 고구려를 이르는 것으로 적었습니다. 또한 예맥은 한반도 중남부에 살던 한족(韓族)과 함께 한민족 형성의 뿌리가 되었다고 하면서 우리 민족의 뿌리를 둘로 보고 있습니다.

예맥 = 고조선 = 고구려	우리 민족 = 예맥족濊貊族 + 한족韓族

예맥의 여러 무리 중에 센 무리가 나타나 이웃을 아우르면서 점차 힘을 키웠다. 예맥이 고조선을 구성하는 종족집단을 이루었고, 한반도 중남부에 살던 한족(韓族)과 더불어 한민족 형성의 뿌리가 되었다. 고구려의 종족기원과 얽혀 예 · 맥 · 예맥이 많이 주목되었으나 … 정설이 없다. …

— 민족문화대백과(예맥)

또 옥편에는 맥(貊)을 다음과 같이 웅이(熊夷) 또는 고조선(古朝鮮)이라고 풀었는데, 옥편만 보면 맥(貊)이 어째서 웅이(熊夷)나 고조선(古朝鮮)을 뜻하는지 알 길이 없습니다.

貊似熊夷 : '맥(貊)' 은 '웅이' 와 같다. 貊古朝鮮名也 : '맥' 은 고조선 이름이다.	맥貊 = 웅이熊夷=고조선

예맥은 한자로 '濊貊' 으로 적기도 하고 '濊貉' 으로 적기도 하여 그 뜻을 찾아보았더니 다음과 같이 둘 다 오랑캐 또는 웅이(熊夷)로 풀고 있습니다. '貊' 과 '貉' 은 뜻으로는 큰 차이가 없으므로 이는 같은 소리의 비슷한 표현으로 보입니다.

맥貊 : 오랑캐 맥, 웅이熊夷, savage(야만적 잔인한 야생의 무자비한 치열한)
맥貉 : 학貈, 오랑캐, 담비marten

위 내용을 간추리면 맥(貊)은 예맥(濊貊), 웅이(熊夷), 고조선, 고구려, 오랑캐라는 결론인데 어찌하여 한 무리가 이렇게 여러 이름으로 다르게 불렀는지 알 길이 없습니다. 또한 예맥족과 한족(韓族)이 뿌리가 다르다고 하면서도 그 증거를 내놓지 못하고 있습니다.

맥貊 = 예맥濊貊 = 웅이熊夷 = 고조선 = 고구려 = 오랑캐
우리 민족 = 예맥족(濊貊族) + 한족(韓族)

저는 예맥(濊貊)과 한(韓)은 둘이 아닌 하나라고 여깁니다.

우리 민족 = 예맥족(濊貊族) = 한족(韓族)

예맥(濊貊)의 소리 풀이

결국 예맥(濊貊)도 매우 오래된 이름이라 한자의 뜻보다는 소리로 풀어야 진실에 가깝습니다. 이는 우리가 이제까지 우리말을 좇아 온 길에서 이미 밝힌 일이기도 합니다. 예맥을 아래와 같이 예와 맥으로 나누어 생각해 봅니다.

예맥濊貊 = 예濊 + 맥貊

(1) 예(濊)는 예족(濊族)이며 한족(韓族)이며 조선

먼저 예(濊)는 정확하게 예족(濊族)입니다. 이는 가르닭(게세르)에서 왔다고 이미 밝힌 바가 있지요. 여기서 구이(九夷), 조선, 한족(韓族), 여진이 나왔습니다.

가르닭	→	가르삵 → 가르앍 → 자르삵 → 하르잙 → 아르잙	→	아르앍

가르닭 → 가르삵 → 가르앍 → 자르삵 → 하르잙 → 아르잙 → 아르앍
커다란 가운데 / 가샤 쿠샤 / 구이九夷 / **조선** / **한족**韓族 / 여진 **예족**濊族 / **예**濊 겨레

(2) 맥(貊)

1) 맥(貊)의 말뿌리는 '맑'

맥(貊)은 '마고(麻姑)'와 소리가 같다고 보고 '마고'를 쫓아가 봅니다.

마고신화는 우리의 창조신화인데, 단군 한웅 한인 이전의 이야기다. 학계에서는 단군신화를 역사적 실체로 보면서, 그 이전에 홍수신화나 마고신화 따위가 생긴 것으로 보는 견해가 대세다. 신라의 박제상이 쓴 〈부도지(符都誌)〉에는, 땅에서 가장 높은 마고성(麻姑城)의 여신인 마고에게 두 딸이 있고 이들에게서 황궁, 백소, 청궁, 흑소씨의 남녀 각 1명의, 8명이 나고, 이들이 각각 3남 3녀를 낳는데, 이것이 인간의 시조이며 몇 대를 지나 자손이 3천여 명이

됐다고 한다.

사람이 많아져 마고성의 식량인 지유(地乳)가 모자라자 백소씨 일족인 지소씨가 지유 대신 포도를 먹고 이를 다른 사람에게도 권한다. 마고성 안에서 지유만 마실 때는 수명이 길던 사람들이 풀과 과일을 먹게 된 뒤 천성을 잃고 명이 짧아졌다. 이 일의 책임을 느낀 황궁씨가 마고 앞에 복본(근본으로 돌아감)을 서약하고 사람들을 4파로 나눠 성을 떠난다. 그중 황궁씨는 일행을 이끌고 동북아시아지역의 천산주(天山州)로 가서 한민족의 직계 조상이 된다. 황궁씨의 자손은 유인, 유호, 한인, 한웅, 단군으로 이어진다.

또 마고할미 신화도 전해 오는데, 그는 거인으로, 중국신화의 창조신 반고에 해당한다. 그는 한라산을 베고 누워 한 다리는 서해에, 또 한 다리는 동해에 두고 손으로 땅을 훑어 산과 강을 만들었다고 한다.
– 시사용어사전(마고)

여기서는 마고(痲姑)를 우리 민족의 창조신이라고 적었습니다. 마고의 '痲'는 '삼베'를 뜻하고 '姑'는 '할미 고'이니 마고할미는 이상하게 '삼베할미'가 됩니다. 그러므로 글자의 뜻으로는 더 이상 마고를 쫓기 어렵습니다. 다만 '맥'이든 '마고'든 그 소리가 비슷하면서도 우리 조상과 관련된 말로 풀고 있어서 희망의 등불이 되었습니다. 결국 '맥(貊)'은 '마고(痲姑)'와 같은 소리며, 물(水)의 말뿌리인 '맑'에서 온 것임을 깨달았습니다.

맑[ᄆᆞ르ᄀᆞ르]	→	ᄆᆞ르ᄋᆞ르
몰개(모래) 무케 **마고痲姑 맥貊**		물알 무렌 물(水)

2) 맥(貊)의 말뿌리인 '맑'의 뜻풀이

① '맑'은 물

이처럼 맑에서 맥, 마고, 미륵, 물 따위의 말이 나왔는데, 이는 '맹갈다'의 뜻을 가지고 있습니다. 물은 모든 목숨의 뿌리입니다. 그러므로 마고할미는 물할미이며 '맹갈' 할미가 됩니다. '맹갈할미'는 천지를 창조한 할미가 맞는 거죠. 마고할미가 큰 다리를 벌려 놓고 오줌을 싸서 산과 강을 만들었다는 것이 마고할미 이야기의 줄거리입니다.

맥(貊) – 마고	마고할미
맑[마르가르] → 마르하르 → 마르아르 **맹갈**–무케 **마고 맥**貊 무흘 미호眉湖 물알 **물**	맑할미 **맹갈할미 마고할미 물할미**

② 'ᄆᆞᆰ' 은 용(龍)

우리 옆 마을에 '미르물' 댁이 있는데 이 아지매는 '미르물' 마을이 친정입니다. 그 마을에는 아무리 가물어도 마르지 않는 샘이 있는데 이를 '미르물' 이라 하여 마을 이름이 되었다고 합니다. 이 '미르물' 의 말뿌리는 'ᄆᆞᆰᄆᆞᆰ' 인데 이를 '용수龍水' 라 하니 'ᄆᆞᆰ' 은 '물' 임과 동시에 '용龍' 임을 알 수 있습니다. 이때 용(龍)과 수(水)는 'ᄆᆞᆰ' 의 뜻새김입니다.

ᄆᆞᆰᄆᆞᆰ
미르물 = 용물 = 용수龍水

'용龍' 의 소리는 본디 '가르' 에서 왔는데 이는 '개울' 로서 또한 물이죠. '수(水)' 는 본디 'ᄃᆞᆰ' 에서 왔죠.

가르 → 하르 → 나르 → 아르	ᄃᆞᆰ → ᄉᆞᆰ → ᄌᆞᆰ → ᄒᆞᆰ → ᄂᆞᆰ → ᄋᆞᆰ
개울 칸 흐르- 한韓 나리 내 얼 왕王 **용龍**	ᄃᆞᆰ 수 주 흐르- 내리- 아리
가로- 해 호昊 누르 내리 알 예濊 웅雄	湯 水 州 流 落 여울

③ 'ᄆᆞᆰ' 은 임금

'ᄆᆞᆰ' 을 신라에서는 마립간(痲立干)으로 적었는데 이는 임금의 칭호입니다. 이때 임금은 물론 무당이기도 합니다.

ᄆᆞᆰ[ᄆᆞ르ᄀᆞ르] → ᄆᆞ르ᄀᆞ느
메르켈 미륵 마고痲姑 맥貊 메르켄 **마립간**痲立干 마칸 메켄

④ 'ᄆᆞᆰ' 은 '맹갈'

이미 밝혔듯이 'ᄆᆞᆰ' 은 움직씨 '맹갈다' 의 말뿌리입니다. 마누라, 며느리도 여기서 나왔습니다. 그들은 부엌에서 음식도 만들고 자식도 낳죠.

ᄆᆞᆰ[ᄆᆞ르ᄀᆞ르] → ᄆᆞ르ᄌᆞ르 → ᄆᆞ르ᄂᆞ르
맹갈- 먹- 묵 막- 막幕 머저리 마자르 마누라 며느리 미나리 무늬文 문門 민民 맨

⑤ 'ᄆᆞᆰ' 은 '마칸(무궁無窮)'

'ᄆᆞᆰ' 은 '마칸(무궁無窮)' 이기도 합니다.

맑[ᄆᆞ르ᄀᆞ르] → [ᄆᆞ르ᄌᆞ르] → [ᄆᆞ르ᄒᆞ르]
무쿠리 맹갈 마칸 무궁(無窮) 무케 물 　무진(無盡) 　많- 마하摩訶 만滿

우리나라꽃이 '무궁화(無窮花)' 지요? 여기의 '무궁(無窮)' 이 사실은 '맑' 의 소리를 나타낸 것입니다. 맑은 '물' 이므로 무궁무진한 것이 맞죠. 무궁화는 한 나무에 여러 송이가 이어 피잖아요?

3) 맥(貊)은 맥족(貊族)이며 무쿠리이며 말갈족

예(濊)가 정확하게 예족(濊族)이듯이 맥(貊)도 겨레를 나타낼 때는 정확하게 맥족(貊族) 또는 맥이(貊夷)입니다. 맥족 또는 맥이(貊夷)는 말갈, 몽골, 멕시코, 무쿠리입니다.

맥(貊)	맑[마르가르] → 마르자르 → 마르하르 → 마르아르 **맹갈**– 메르켈 **말갈** 물길 미자르 무흘 물알 무렌 몽골 미륵 무케 마고 **맥**貊 미호眉湖 물
맥족(貊族)	맑닭 → 맑삵 → 맑좕 → 맑앍 **무당** **맥씨가리** **맹갈족** **맥이貊夷 말갈** **메르키드** **멕시코** **맥족貊族** **무쿠리 몽골**

'무쿠리' 는 고구려와 고조선의 3이름 가운데 하나인 '말갈' 과도 같은 말입니다. 따라서 고조선과 고구려는 같은 무쿠리(맥족貊族)임을 알 수 있습니다. 무쿠리는 메르키드, 무당, 말갈, 몽골, 마고, 마한이기도 합니다. 그러므로 말갈이나 몽골도 다른 민족이 아니라 조선과 같은 마고족이며 맥족임을 알 수 있습니다. 이는 물겨레이며 맹갈겨레이며 천지를 창조한 겨레입니다.

(3) 예맥(濊貊)

1) 예맥(濊貊)은 예맥족(濊貊族)

'예맥' 도 정확하게는 '예맥족' 인데 여기서 예와 맥으로 나누면 고조선과 고구려가 뚜렷이 나타납니다.

예맥濊貊 = 예맥족濊貊族 = 예족濊族 + 맥족貊族
　　　　　　　　　　　　조선 　　　무쿠리 말갈 물길 몽골

예맥족을 예와 맥으로 따로 나누지 않고 그대로 풀어도 결론은 같습니다.

가르맑닭 →	가르맑삵 →	하르맑삵 →	가르맑잙 →	가르맑앍 →	아르맑잙
키메트 금미달	가메시 곰신熊神	**해모수**	**키맥족**	곰겨레熊夷	예맥족
곰딸(웅녀)	**곰씨 김씨**金氏	할마시	곰족	까마귀	

고조선을 세운 단군의 어머니인 웅녀와 고구려를 세운 주몽의 아버지인 해모수는 같은 예맥족(濊貊族)이며 웅이(熊夷)이며 김씨(金氏)입니다. 고조선과 고구려가 예맥족 또는 웅이로써 얽혀 있는 것은 고구려가 고조선의 직계 후손이라는 뜻입니다.

2) 예맥족은 구미호

예맥족은 구미호(九尾狐)로 풀리기도 합니다. 이는 구이(九夷)와도 관련이 있는 것 같습니다. 구이(九夷)는 조선이며 한족(韓族)입니다. 그러므로 예맥족과 한족(韓族)은 서로 다른 겨레가 아닐 것입니다.

가르맑닭 →	가르맑핡 →	가르맑잙 →	가르맑삵 →	하르맑삵
곰딸(웅녀)	**구미호 → 구이**	곰족	가메시 김씨金氏 금성金星	해모수

가르닭 →	가르잙 →	자르삵 →	하르잙 →	하르앍 →	가르앍
골드	고리족 고죽	**조선**	한족韓族	해昊겨레	**구이**九夷 고구려 가락

3) 예맥족은 김씨(金氏)이며 흉노

우투리님! 삼한(三韓)지역인 신라의 김알지, 가락의 김수로왕 등이 모두 웅녀인데 어찌 한족(韓族)을 따로 가를 수 있습니까? 이들은 모두 흉노입니다.

하르맑삵
↗ 해모수(고구려) ↘

가르맑닭 →	가르맑삵 →	가르맑잙 →	가르맑앍
곰딸(웅녀)	김수로왕 金氏	키맥족 곰족 金族	김알기 김알지 김일제[61]
(고조선)	(가락)	(고조선)	(신라) (흉노)

61) 김일제(金日磾)는 흉노 휴도왕의 태자이며 모든 김씨의 시조

4) 조선의 3가지 이름

① 구이(九夷)의 조선인 경우

가르닭 → 자르삵 → 가르앍 → 하르잚 → 하르낡 → 아르잚
↗ 케레이트 **조선** 고쿠리 9이 한족 훈족 흉노 여진 예족濊族
가르닭 → 밝닭 → 밝삵 → 밝잚 → 밝핡 → 밝앍
조선 ↘ 브리야트 **배달** 박씨가리 백족白族 백적白狄 백제 발해 배크리 白夷
맑닭 → 맑삵 → 맑앍 → 맑잚
메르키드 무당 멕시코 무쿠리 **말갈** 몽골 마고 맥이貊夷 **맥족**

가르닭은 케레이트, 조선, 고쿠리, 고리족, 한족(韓族), 훈족, 여진, 예족(濊族)이라 하고, 밝닭은 브리야트, 배달, 배크리, 백이, 백족, 백제, 발해라 하고, 맑닭은 메르키드, 무당, 무쿠리, 말갈, 몽골, 마고, 멕시코, 문씨, 맥이(貊夷), 맥족(貊族) 들로 불립니다. 이들은 모두 같은 무리의 다른 이름입니다.

② 81夷인 연방국 '단군조선' 인 경우

닭가르닭인 경우 두르구트, 탕구트, 퉁구스, 단군조선 신조선으로 불리고, 닭밝닭인 경우 두루배달, 드라비다, 티베트, 배달조선, 불조선, 아바타, 안파견족이라고 불리고, 닭맑닭인 경우 두루무당, 투메트, 키메트, 키맥족, 마고조선(말조선), 곰딸(웅녀), 가메시, 김씨, 해모수, 예맥족 들로 불립니다. 그러나 이들은 모두 같은 무리의 다른 이름입니다.

닭가르닭 → 닭가르삵 → 닭자르삵 → 삵자르삵 → 앍잚삵
↗ 두루구트 탕구트 퉁구스 단군조선 신조선 연방조선
닭가르닭 → 닭밝닭 → 앍밝닭 → 앍밝잚
단군조선 ↘ 두루배달 드라비다 티베트 얽배달 아바타 안파견족
닭맑닭 → 앍맑앍 → 가르맑닭 → 가르맑삵 → 아르맑잚
두루무당 투메트 얽말갈 말조선 곰딸 키메트 가메시 김씨 **예맥족**

마무리

우투리님, 우리는 여기 우리 뿌리를 찾는 길에서 또 하나의 큰 고개를 넘고 있습니다. 맥족은 3조선(9이의 제국)인 조선, 배달, 말갈 중에 말갈(무쿠리)이며, 예맥족은 3조선연방인 단군조선(81연방국)의 두르구트(탕구트), 두루배달(티베트), 두루무당(투메트) 중에 두루무당(투메트)를 말하며 이는 키메트, 키맥족, 가메시, 웅녀, 김씨(金氏), 금족(金族), 흉노입니다. 이들은 모두 같은 우리 조상의 다른 이름입니다.

4. 몽골

몽골의 기원

아래를 보면 몽골은 발해의 유민들이 세운 나라입니다. 또한 발해 유민의 일부는 카자흐스탄까지 가서 거기에서 일찍부터 살고 있던 케레이트들과 합류하기도 했습니다.

카자흐스탄 역사책에 나오는 케레이족들은 고대 몽골 아르한가이, 중원 일대에 살다가 춘추전국시대의 혼란을 피해 동서남북으로 흩어진 것으로 보이는데, 지금 카자흐스탄의 케레이트들이 8세기쯤에는 많은 수가 만주에 살았다고 하는데 이곳은 고대 탁리국이 있었던 곳과 같다. 케레이트족은 8~9세기쯤 조복(阻卜) 연맹을 맺어 요(遼)와 다투나 번번이 패했다. 케레이트족은 만주와 몽골 동부 지역에서 독립운동을 폈는데 묘하게도 우리 발해 유민들의 항쟁과 일치한다.

아래 표에서 빠진 1090년대에도 만주와 내몽골에서 항쟁은 끊임없이 이어졌을 것이다. 그래서 케레이트들 주거지가 바뀐 것이 아닌가 한다. 카자흐 역사책에는 몽골초원에 있던 케레이트한국(9~12세기)은 한때 칭기즈칸과 함께 타타르를 정벌(1198년)하고 … [62]

순	케레이트 항쟁	발해 유민의 항쟁
1차	924년	924년 거란의 침입, 925년 발해 멸망
2차	983년	986년 후발해(건국 926년) 정안국(938년 건국) 멸망
3차	1026년	1030년 홍요국(1029년 건국) 멸망
4차	1090년	

62) 김정민, 《단군의 나라 카자흐스탄》(글로벌콘텐츠, 2015) 190쪽

몽골의 역사는 흉노와 돌궐에 닿아 있습니다.

거란의 침입으로 발해는 무너집니다. 발해가 망한 뒤 끈질기게 재건운동을 벌이다가 일부는 신라로 가고 일부는 다시 북쪽으로 올라가 (비록 약 3백년 뒤의 일이기는 하지만) 몽골제국을 세우게 되는데, 몽골은 고조선, 고구려, 발해를 이어받은 케레이트의 후예입니다.

우리는 이제까지 학교에서 역사를 배울 때, 어떤 나라가 망하면 거기서 모든 것이 끝난 것으로만 배워 왔다고 볼 수 있습니다. 이는 '역사의 단편화' 입니다. 이는, 나라는 망해도 백성은 다 죽거나 없어지지 않으며, 그들은 어떤 식으로든 미래를 열어간다는 것을 배우는 데 등한시했다는 뜻입니다.

고대	흉노(기원전 209년~155년) 탁발부(93년~234년), 유연(330년~555년) 돌궐(552년~744년) 회흘(742년~848년) 견곤(539년~1219년) 거란(4세기~11세기)
근대	대거란국(907년~1125년) 카마그 몽골(1120년~1206년) 중세 몽골 부족(900년대~1207년) 몽골 제국(1206년~1271년) 원(1271년~1368년), 북원(1368년~1635년), 할하(1388년~1635년) 되르벤 오이라트(1399년~1636년), 중가르 칸국(1635년~1758년) 청제국(1636년~1691년/ 1758년~1911년)
근대 이후	몽골 국가 혁명(1911년) 복드 칸국(1911년~1924년) 북양정부(1919년~1921년) 몽골 인민 혁명(1921년) 몽골인민공화국(1924~1992년) 몽골 민주 혁명(1990년), 몽골국(1992년~현재)

– 위키백과(몽골)

몽골 제국(蒙古帝國, 예케 몽굴루스)

태무진이 부족을 통일하고 1206년 쿠릴타이(용성대제)에서 칭기즈칸으로 추대되는데 나라 이름은 '예케 몽굴루스' 라 했습니다. '예케 몽굴루스' 란 '투메트' 에서 온 말인데 이는 '무쿠리 연방' 이나 '마한 연방' 으로 풀립니다. 이는 고조선의 하나인 '말조선(마고조선)' 또는 '웅녀' 로 해석되기도 하니, 이는 몽골이 고조선의 후예라는 뜻입니다.

		닭밝닭	→	잙밝앍	→	앍밝닭	→	앍밝잙	→	앍밝앍
	↗	**두루배달**		진번국		아바타		안파견족		연방부여
닭닭닭	→	닭잙삵	→	닭앍닭	→	닭앍삵	→	앍앍닭	→	앍잙삵
두루단달	↘	두루조선		탕구트		퉁구스		쿽투르크		연방조선
티타이트		닭맑닭	→	앍맑삵	→	앍맑앍	→	가르맑닭		
		두루무당		**예케몽굴루스**		**연방몽골 연방마한**		**키맥족** 곰딸(웅녀)		

테무진이 칭기즈칸으로 추대되었다는 것은 그가 3조선연방의 제후국 왕에서 종주국의 황제로 승진했음을 뜻합니다.

		닭밝닭	→	앍밝닭		
	↗	티베트(불조선)		아바타 : 지도자(제후국왕)		
닭닭닭	→	닭앍닭	→	닭앍삵	→	잙가르삵
단군조선	↘	탕구트(신조선)		퉁구스칸		**징기스칸** : 지도자(**종주국 황제**)
		닭맑닭	→	닭맑잙		
		투메트(말조선)		**테무진** : 지도자(**제후국왕**)		

또한 몽골의 게사르신화에 따르면 영웅 게사르의 어머니를 '아르마질' 이라 하는데 이는 우리의 단군의 어머니인 웅녀와 같으며 예맥족을 뜻하니 이 어인 일입니까?

닭맑닭	→	닭맑잙	→	앍맑닭	→	핡맑삵	→	앍맑삵	→	앍맑잙
투메트		테무진		알마타		**해모수**		가메시		**아르마질**
왕검조선				곰딸(**웅녀**)		할마시		**예케몽굴루스**		**예맥족**濊貊族

다시 김정민님의 말씀을 듣습니다.

주잔(유연)은 단군조선인 탁리국이 있던 자리에 세운 나라인데 지도자 이름을 보면 우리와 얽혀 있음을 알 수 있다. 주잔(유연)을 세운 이의 성(性)이 목골려(木骨閭)인데 이는 고구려와 같은 이름이다. 당(唐)의 승려 예언(禮言)이 펴낸 범어잡명에 고구려를 무쿠리로 적고 있다. 즉 당(唐) 건국 당시 고구려를 무쿠리로 부른 것이다. 즉, AD 4세기에 단군조선이 있던 자리에, 유연을 세운 이가 목골려이고 같은 시대에 동아시아를 지배한 고구려를 무쿠리로 부른 것이다. 이런 정황으로 보아 유연을 세운 목골려는 고구려인일 가능성이 있다. 특히 494년 부여 왕이 고구려에 항복했다는 글이 있는 것으로 보아 고구려가 단군조선(탁리국)을 접수한 뒤 그곳에 주잔을 세우고 친족을 왕으로 앉힌 것이 아닌가 생각된다. 카자흐스탄 사록에 따르면 카자흐족들은 그 동쪽의 몽골국을 무쿠리스탄이라고 불렀다. 오늘날 몽골족은 고구려인을 조상으로 둔 민족임을 알 수 있다.[63)]

윗글의 목골려는 무쿠리이며 말갈입니다. 이는 3조선(조선, 배달, 말갈)의 하나를 말하니 목골려는 조선인(고구려인)임을 알 수 있습니다.

밝닭 → 밝앍
↗ 배달 백이白夷 **부여**

닭닭 → 닭닭 → 잙삵 → 잙잙 → 앍앍
면독 ↘ 닭티아 탁리국 조시아 **조선** 조지아 **주잔** 주주 **유연**

맑닭 → 맑잙 → 맑앍
무당 맥족貊族 **무쿠리 목골려 맥겨레 말갈 몽골**

몽골제국에서는 제천축제(용성대제)를 '쿠릴타이' 라 했는데 이는 장사(壯士) 또는 장수(將帥)로 풀립니다. 장사(壯士)나 장수(將帥)들이 모여 회의도 하고 말타기, 활쏘기, 씨름을 한 것으로 보입니다. 물론 이때 테무진이 칭기즈칸으로 추대되었겠지요. 이는 신라의 가배와 같은 일종의 제천축제입니다.

쿠릴타이 : 가르닭 → 자르삵
쿠릴타이 장사壯士 장수將帥 조선

지금은 몽골의 축제를 '나담' 이라고 하는데 유네스코 세계 문화유산에 올렸습니다. '나담' 은 겨루기 또는 시합의 뜻이랍니다. 이는 우리말로 '큰 싸움' 으로 풀리니 거의 같습니다.

나르닭맑 ← 가르닭맑 → 가르삵맑 → 가르삵맑
나담 가담 큰샤먼 큰 사호미 → 큰 싸움

---

63) 김정민, 《단군의 나라 카자흐스탄》 (글로벌콘텐츠, 2015) 125쪽

몽골제국의 구성

몽골제국은 3울스(실제로는 4울스)로 된 연방국입니다. 대칸제국(예케 몽굴루스)의 일부는 3형제의 왕자들이 위임받아 통치했습니다. 이는 부여의 사출도와 같은데 본질은 북방민족의 3분치제(3진법)에서 기원합니다. 실제로는 4개 연방이지만 형식적으로는 제국 안에 3개 소국이 있습니다.

예케몽굴루스는 왕검조선으로, 일칸국은 조선으로, 차카타이칸국은 단군조선으로, 킵차크칸국은 배달조선으로 풀리니 여기서도 3조선의 개념이 들어있음을 알 수 있습니다.

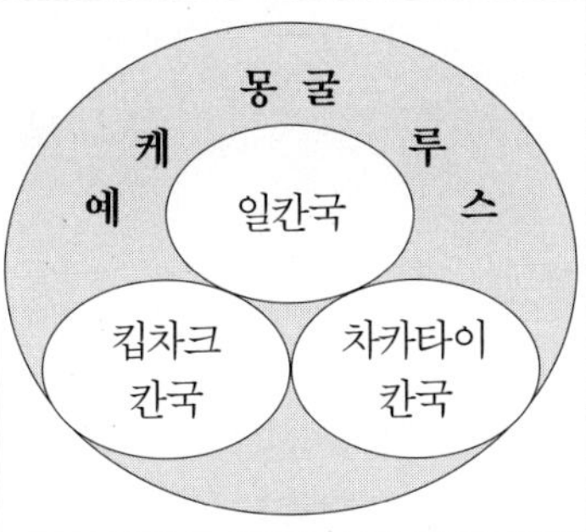

〈예케몽굴루스〉

닭맑닭 → 앍맑삵 → 앍맑살 투메트 예케몽굴루스 왕검조선
닭밝닭=앍밝닭 → 앍밝잙 티베트 카파도키아 얽배달 배달조선 킵차칸(국)
닭닭닭 → 잙닭앍 → 닭잙삵 → 앍잙삵 티타이트 차카타이칸국 단군조선 얽조선
닭닭 → 잙삵 → 앍닭 → 앍앍 텬둑(天竺) 조선 아골타 알타이 일칸국
(연방 몽골 제국)

몽골인민공화국

칭기즈칸 당시 세계를 지배하며 영화를 누리던 몽골은 지금은 우리와 비슷한 분단국가입니다. 내몽골, 외몽골로 갈려, 외몽골만 독립한 상태죠.

몽골 초원에는 흉노, 돌궐 등 여러 유목민이 살다 갔다. 1206년 칭기즈칸의 몽골 부족이 초원을 통일하고 역사상 영토가 가장 넓은 몽골제국을 세웠다. 14세기 말 몽골제국이 몰락하자 몽골초원에는 다시 여러 부족이 나타난다. 몽골과 중국 명나라를 차례로 정복한 청나라의 강희제는 몽골의 힘을 견제하려고 내몽골과 외몽골로 갈랐다. 만주족의 발흥 과정에서 내몽골은 부족들이 일찍 후금과 연합을 이룬 곳, 외몽골은 후에 복속된다. 1911년 중국에서 신해혁명이 일어나 청이 흔들리자, 외몽골은 기회를 잡고 그 해 12월에 첫 혁명을 일으켜 자치를 땄다. 1913년 티베트와 우르가에서 몽장조약을 맺었다. 러시아에서 10월혁명이 일어나자 1920년 국민당이 외몽골의 자치를 뺏는다. 그 해에 반중국 · 민족해방을 목표로 몽골 인민당을 만든다. 1921년에 담딘 수흐바타르가 둘째 혁명을 일으켜 1924년 11월 24일에 독립하나 내몽골은 그대로다.

— 위키백과(몽골)

(1) 몽골 국기에 나타난 아사달 무늬

1) 아사달무늬란?

아래 팽이꼴 토기는 고조선 문화로 추정되는 산동반도 대문구문화에서 나온 것으로서 소위 아사달 무늬가 새겨져 있습니다. 이 무늬가 몽골 국기에도 나오는 것으로 보아 고조선과 몽골이 깊은 인연이 있음을 알 수 있습니다.

팽이꼴 토기의 아사달 무늬	몽골 국기의 아사달 무늬
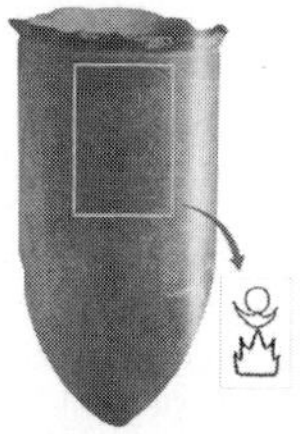	

이를 신용하[64]님은 '아사달 문양' 이라 이름하고 해가 떠오르는 산의 모습을 표현했다고 보았습니다. 그리고 맨 위의 원은 해이고, 그 다음은 구름 또는 바다이고, 맨 밑은 산이라고 했습니다. 그러나 저는 중간의 그림을 구름이나 바다가 아니라 달(月)로 봅니다.

신용하님의 풀이	나의 풀이
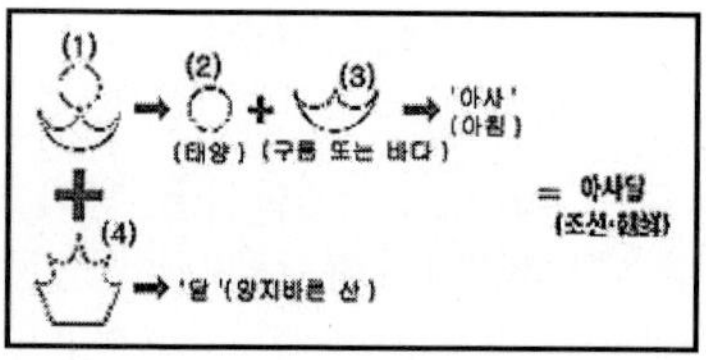	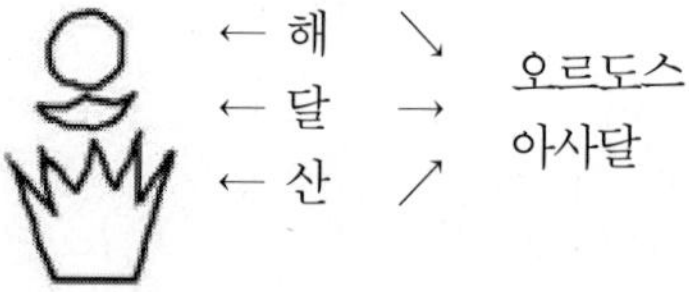

이 무늬가 '아사달' 을 뜻하는 것은 말로써도 증명됩니다.

주로 산둥(山東)과 장쑤(江蘇) 북부에 퍼져 있으며, 1959년 산둥 타이안(泰安)의 다원커우(大汶口)에서 처음 발굴된다. 다원커우 문화를 일군 사람들은 비교적 체격이 커서 남자의

64) 신용하 : 1937년 출생, 서울대 명예교수, 독도학회 회장

		자르삵닭	→	하르삵앍	→	아르삵삵		
가르닭닭	↗	조선땅		하서량		오녀산성	↘	아르삵닭
깔달달	↘						↗	아사달(*이상향)
골드땅		하르닭닭	→	하르닭삵	→	아르닭삵		알산달
		해달달		해달산		오르도스		
		한티달		↙ ↓ ↘		알타이산		
		히타이트		해 달月 산山		알달산 오대산		
				(해와 달이 뜬 산)		金山 金城		

평균 키가 173㎝나 되며 그들에게는 위턱의 어금니를 뽑는 풍습이 성행했다. 일반적으로 동이족의 선조로 여겨진다. 그들은 매우 정교한 석기를 만들었는데 도끼나 구멍을 파는 데 쓰이는 평날도끼 · 끌 · 자귀 · 정 등이 많다. 또한 토기제작술도 발달해 붉은채색토기 · 검은채색토기 · 회색토기 · 청회색토기 · 흰색토기 등이 나왔다.

대부분 단색에 무늬가 없는 것들이지만 구멍을 뚫거나 그림을 새긴 것, 여러 색의 무늬를 넣은 것 등도 더러 섞여 있다. 원시 상형문자가 새겨진 입이 큰 모양의 준(尊 : 술그릇)도 나온다. 공예품 제작기술도 정교해 상아를 깎아 만든 통이나 빗, 그리고 옥도끼나 옥구슬 등의 공예품은 높게 평가된다. 다원커우 문화의 유적 중 씨족 공동묘지가 있는데 묘의 배열이 가지런하며 모두 머리를 동쪽으로 한다. 대부분 개인묘지만 간혹 부부 합장도 있다.

나무관이 많고, 큰 묘는 부장품이 2백 점에 이르는데, 옥기 · 상아조각 · 귀갑 · 악어가죽들과 돼지머리가 10~20개 들어 있기도 한다. 작은 묘에는 몇몇 조잡한 토기나 석기만 나온 것을 보면, 빈부격차가 있음을 알 수 있다. 이 문화는 BC 40세기쯤 시작돼 BC 26세기쯤 룽산문화(龍山文化)로 간다.

— **대문구문화(다음백과)**

2) 우리의 일월오봉도로 이어진 아사달 무늬

우투리님, 우리나라 궁궐의 용상 뒷자리에는 일월오봉도가 그려진 병풍을 두지요? 이 그림이 이른바 아사달 무늬와 같은 구조를 가지고 있음을 발견하였습니다. 해와 달과 다섯 봉우리의 산이 아사달 무늬와 꼭 같습니다. 더구나 일월오봉도는 임금이 계신 곳에만 배치되는 그림이며, 양쪽의 붉은 줄기의 나무는 박달나무를 뜻하는 것으로 보이는데 이는 단군신화에 나오는 이른바 신단수(神檀樹)일 것입니다.

일월오봉도	아사달 무늬
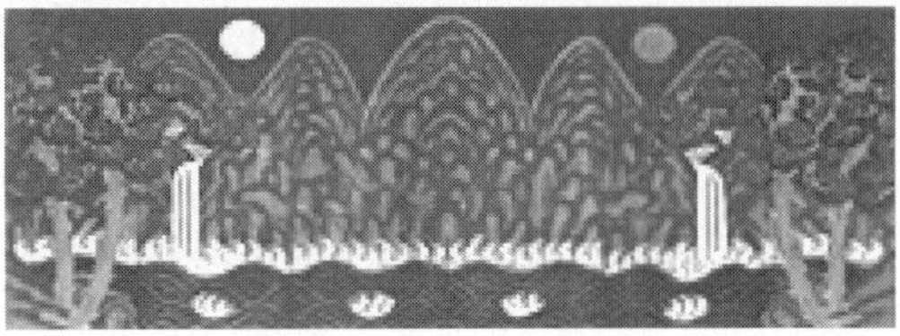	

3) 아사달무늬에서 나온 '明'

소위 명도전에서 한글의 기원으로 보이는 고조선 문자를 발견하신 허대동님은 이 아사달무늬에서 '明' 자가 나왔다고 주장[65]하고 있는데 저도 동의합니다.

이처럼 몽골 국기의 아사달 무늬와 우리의 일월오봉도가 같은 것이나 아사달무늬에서 밝을 '明' 이 나오는 현상은 과연 무엇을 말할까요?

> … 메르키드는 말갈 사람들이란 뜻을 알 수 있다. 말갈인들이 케레이와 동족이라는 것은 만주에 있었던 고조선, 고구려, 발해, 금, 청 등등의 민족의 구성원이 말갈임을 보아도 알 수 있으며, 몽골의 원류를 적은 독일의 역사 서적에 한국을 뜻하는 솔롱고스를 솔롱고스 메르키드로 적은 것을 보아도 한민족과 말갈족은 별개 민족이 아닌 하나임을 알 수 있다.[66]

이 아사달무늬의 뿌리를 더 추적해 보았습니다.

> 반파유적에서 나온 토기는 탄소동위원소로 측정하여 약 6천 년 전에 제작한 것으로 밝혀졌다. 따라서 만약 토기에 새겨진 부호가 문자라면 한자의 역사는 최소한 6천 년이 된다. 유명한 고문자 학자인 궈모러(郭沫若)는 반도문은 문자 성질을 띤 부호라고 단정하며 중국 문자의 기원이거나 중국 원시 문자의 잔류라고 했다. 그러나 반파 도문의 부호가 과연 문자의 구비 조건을 만족시킬 수 있는지는 더 연구해 보아야 한다.
>
> 또 산동 거연 능양하 유적지에서 나온 대문구문화 후기에 만든 도기에 새겨진 부호가 있다. 대문구문화는 산동성 주위에 형성된 신석기 문화의 하나며, 이 도기의 부호는 후기에 드는 것으로 연대는 약 4천5백 년 전이다.

65) 허대동, 《고조선 문자》(경진, 2011) 28쪽
66) 김정민, 《단군의 나라 카자흐스탄》(글로벌콘텐츠, 2015) 188쪽

①	②	③	④
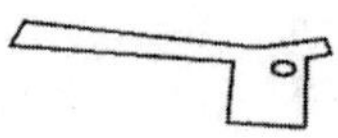	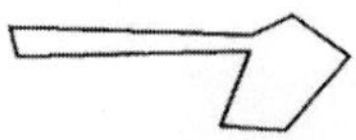		

학자들은 도기에 새겨진 ①, ②, ③, ④를 각각 근斤(자귀), 무戊(큰 도끼 술鉞의 상형자), 경炅(빛나다), 경산(炅山) 등으로 푼다. ③을 탕란(唐蘭)은 위는 해, 아래는 불(火)로 짜여 있다고 주장했고 위싱우(許進雄)는 '旦(日+山)' 으로 푼다.

특기할 사항은 ③이 '경(炅)' 이든 '단(旦)' 이든 이 부호가 대문구문화와 시간과 공간상으로 인접한 양저문화(良渚文化)의 기물에서도 보인다는 점이다. 이는 ③이 부호의 범위를 넘어 문자의 기능인 전달의 역할을 수행하고 있음을 뜻한다. 따라서 많은 학자들은 이것이 원시 문자일 가능성이 크다고 추정한다.[67]

한편 이 부호에 대해서 유창균님[68]은 '특히 ④는 ③에서 산의 모양을 더한 것인데 허진웅[69]은 이 그림을 산과 구름 위에 해가 뜨는 아침을 나타낸다는 것이다. 그리고 이 부호는 앙소문화에서 보인 단순한 부호들보다는 문자의 초기 형태에 더 접근한 갑골문의 선구인 것으로 추측된다.' 고 소개하고 있습니다.

한편 ③은 카자흐스탄의 국기에서 태양을 받쳐주는 삼룩(까마귀)으로 나타나는데 이것이 이집트로 가서 태양신 '라' 의 상징물이 되기도 했습니다.

〈카자흐스탄 국기의 삼룩〉

〈이집트 태양신 '라' 〉

카자흐족에게는 삼룩이라는 거대한 태양새에 대한 전설이 내려온다. 전설에 따르면 태양새 삼룩은 지구의 중심에 있는 생명의 나무인 바이테렉에 둥지를 틀고 앉아 황금알을 낳아 키우며 태양이 뜰 때는 삼룩이 태양을 떠받아 하늘로 날아올라 세상을 비춘다는 얘기가 있다.[70]

'삼룩' 은 '까마귀' 와 말뿌리가 같습니다.

---

67) www.seunjija.net의 김반석님의 글 '한자 기원의 과학적 고찰' 에서
68) 유창균, 《문자에 숨겨진 민족의 연원》(집문당, 1999) 30쪽
69) 허진웅, 《중국고대사회》(영남대학교중국문학연구실 옮김) 16쪽 재인용
70) 김정민, 《단군의 나라 카자흐스탄》(글로벌콘텐츠, 2015) 35쪽

닭맑 → 삵맑 → 앍맑 → 가르맑
시무르크 **삼룩** 액매기 엉마구리 이무기 **까마귀**

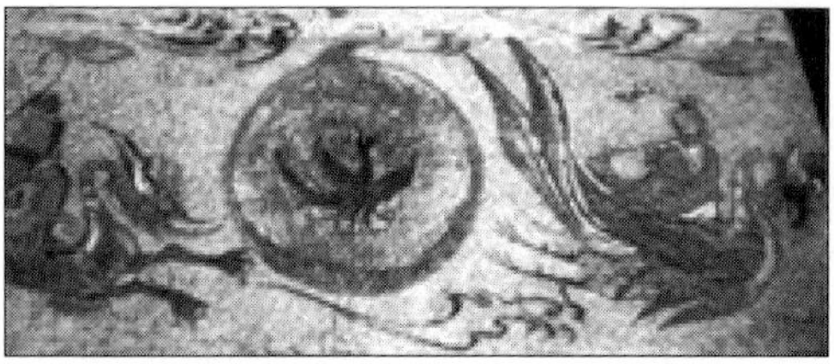
무용총의 세발까마귀, 태양(원) 속에 있다.

카자흐 사람들의 태양을 받쳐 주는 삼룩은 훨씬 더 거슬러 올라간 고구려에서는 세발가마귀로 나타났었는데 여기서는 본디 세발까마귀가 태양 속에 살고 있는 것으로 묘사되었습니다.

5. 퉁구스

퉁구스의 뜻

(1) 동예와 동호와 퉁구스

우투리님, 동이(東夷)는 닭닭인데 동예(東濊)나 동호(東胡)는 무엇인지 궁금합니다. 이 말들은 조금 다르면서도 거의 비슷한 말 같지 않습니까? 이들은 모두가 우리 조상을 나타내는 말이기는 한데 왜 조금씩 다르게 적혔을까요? 여기에 두루 나오는 동(東)은 아마 '닭' 일 것입니다. 그렇다면 동예(東濊)의 예(濊)와 동호(東胡)의 호(胡)만 알면 되겠네요.

동이東夷 닭닭 → 단군겨레	동예東濊 닭예 → (?)	동호東胡 닭호 → (?)

그러다가 무릎을 탁 쳤습니다. 예(濊)는 조선의 말뿌리를 찾을 때, 호(胡)는 흉노의 말뿌리를 찾을 때 이미 풀었습니다. 이들은 모두 예(濊)를 뜻하는 '가르닭' 에서 왔다고.

가르닭 → 자르삵 → 하르삵 → 하르낡 → 아르잙 → 아르앍
조선朝鮮 흐순 흉노匈奴 → 호노胡奴 → 호胡 예족濊族 예濊 겨레

그러므로 동예(東濊)와 동호(東胡)는 다음과 같이 '닭가르닭' 이 됩니다. 이것이 퉁구스요 단군조선(연방조선)입니다.

닭가르닭 → 닭가르삵 → 닭자르삵 → 닭하르삵 → 닭하르낡 → 닭아르앍
탕구트 동고트 퉁구스 단군조선 단군흐순 동흉노 동호東胡 동예東濊

그러므로, 동호, 동예 = 닭가르닭 → 닭가르삵 → 닭자르삵 → 앍자르삵
탕구트 퉁구스 단군선 연방조선

(2) 퉁구스는 태극

한편 퉁구스는 아래와 같이 태극이기도 하니 '태극사상' 은 퉁구스 곧 단군조선에서 나왔다고 보아야 할 것입니다. 이는 천부경의 천지인사상을 말하는 것입니다.

닭가르닭 → 닭가르삵 → 닭자르삵 → 닭가르앍 → 닭아르잙
두루구트(탕구트) 퉁구스 단군조선 태극(太極) 대우주

(3) 퉁구스는 티타이트

조선의 말뿌리인 가르닭이 궁극적으로 닭닭(뎐독天毒, 텬튝天竺, 도독道督)에서 왔다면 퉁구스의 말뿌리인 닭가르닭도 궁극적으로 닭닭닭에서 왔을 것입니다. 이는 수메르와 이집트 고대문명과 그리스 크레타문명과 관련된 히타이트나 힉소스와 같은 것으로 보입니다.

닭닭닭 티타이트
↗ 홝닭닭 → 홝삵삵 → 앍앍닭 → 앍앍찱 → 앍앍삵
히타이트 힉소스 퀵투르크 이누이트 야쿠츠크 오호츠크 아카시아
↘ 닭앍닭 → 닭가르닭 → 닭가르삵 → 닭자르삵 → 닭가르앍 → 닭아르잙
탕아구트 탕구트 퉁구스 단군조선 태극(太極) 대우주

(4) 퉁구스는 단군조선(연방조선)

여기서 다시 한 번 우리를 나타내는 말을 간추려 봅니다.

닭 단군 둥그르	닭닭 → 닭앍 뎐독天毒 동이東夷	가르닭 → 자르삵 커다란 조선	닭가르닭 → 닭가르삵 탕구트 퉁구스

여기서 가르닭은 외이름씨(고유명사)로서 조선, 구이(九夷), 예(濊) 등등도 되지만 무릇이름씨(보통명사)로서 나라(國), 우주(宇宙)를 뜻하기도 합니다.

가르닭 →	가르삵 →	자르삵 →	가르앍 →	나르앍 →	아르잙
구다라 거단	게세르	조선	고구려 가락	**나라**	예족濊族
케레이트			**국國 구이**九夷		우주宇宙

'조선' 이 '구이(九夷)' 와 같다는 것은 '조선' 이라는 나라는 구이(九夷)로 구성된 것으로 풀립니다. 다시 말해서 조선은 아홉 부족이나 소국(小國)으로 이뤄진 나라라는 뜻입니다.

조선 = 구이(九夷) = 9부족(또는 소국小國)의 나라

다음으로 닭가르닭을 봅시다. 이는 두루구트며 탕구트요 퉁구스요 '단군조선' 을 뜻한다고 했는데 또한 제국(帝國), 큰우주, 연방국(聯邦國)을 뜻하기도 합니다.

닭가르닭 →	닭가르삵 →	닭자르삵 →	잙가르앍 →	앍나르앍 →	앍아르앍
두루구트 탕구트	퉁구스	단군조선	제국帝國	얽나라(연방국)	큰우주

그러므로 동이(東夷)가 동쪽의 이(夷)가 아니듯, 동예(東濊), 동호(東胡), 동부여가 각각 동쪽의 예(濊), 동쪽의 호(胡), 동쪽의 부여가 아닐 것입니다. 여기서 '동(東)' 또는 '퉁' 은 '두루, 얽(엮, 예케, 연방)' 을 뜻함을 알 수 있습니다.

나라	연방
구스(조선)	두루구스 → 퉁구스(연방 조선)
예(濊)	두루예濊 → 동예東濊(연방 예濊)
호(胡)	두루호胡 → 동호東胡(연방 호胡)
부여	두루부여夫餘 → 동부여東夫餘(연방부여夫餘, 진번眞番)

단군조선은 닭가르닭에서 왔는데 이는 조선연방입니다. 조선이 구이(9夷)이므로 조선연방인 단군조선은 81이(夷)로 이루어진 나라가 됩니다. 이것이 3진법에 의한 연방 구성법입니다. 자세한 것은 뒤에 '삼한(三韓)'에 가서 풀겠습니다.

소국 →	나라(조선朝鮮) →	연방조선(단군조선, 제국帝國 또는 연방)
3 = 3夷	3^2 = 9夷	9^2 = 81夷
작은나라	나라	연방

퉁구스(두루구스, 단군조선)의 영역

퉁구스인 단군조선은 실로 어마어마합니다. 이는 태극(太極)이기 때문입니다.

		닭자르삵		왉아르촮	
		↗ 단군조선		↗ 오호츠크	
닭가르닭 →	닭가르삵 →	닭가르왉 →	왉가르닭 →	왉가르촮 →	왉아르쟒
탕구트	**퉁구스**	**태극** 큰끝	꼭대기	야쿠티아	큰우주
	두루구스	위대한 끝		이르크츠크	얽우주

(1) 퉁구스는 아시아 대륙의 대부분

퉁구스가 어마어마한 것은 그 영역이 예니세이강에서 야쿠치아공화국까지의 시베리아 전체를 아우르기 때문입니다.

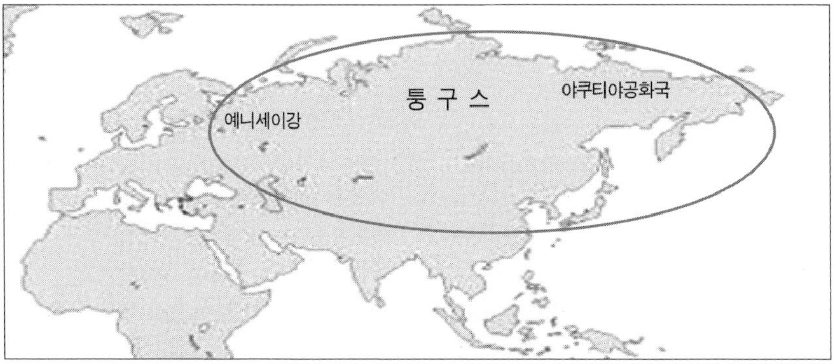

퉁구스족은 동쪽은 사할린에서 서쪽으로는 예니세이강까지 걸치고, 또 북쪽은 야쿠티아 자치공화국의 극한(極寒) 툰드라 지대로부터 남쪽으로는 중국 동북(만주)까지 넓게 퍼진 만주-퉁구스어계 겨레다.

퉁구스 : 서쪽으로 예니세이강에서 동쪽의 야쿠티아공화국까지 시베리아, 몽골, 만주, 우리나라, 사할린, 사하공화국을 아우르는 땅

닭가르닭	→	닭가르삵	→	앍가르닭	→	앍가르촭
두루구트 탕구트		퉁구스		야쿠티아		야쿠츠크(야쿠티아의 서울)

보통 만주어파의 말을 하는 민족을 뺀 퉁구스어파의 각 방언을 쓰는 민족을 퉁구스라 한다. 많은 그룹이 있는데, 그 중 시베리아 분파(북방)에는 에벤크 · 라무트 · 네기달 · 솔론이 들며, 아무르(남방)파에는 나나이(골드) · 올차 · 오로크 · 오로치 · 우데헤 등이 있다. 에벤크는 거의 모든 곳에 걸쳐 조금씩 분포해 약 4만에 이른다. 싱안링(興安嶺)과 그 부근에 사는 오로촌은 그 일부다. 인종학적으로 몽골인에 들며, 키는 크지 않고, 머리는 단두(短頭) 내지 중두(中頭), 코는 작고 낮으며 광대뼈가 나왔다. 눈과 머리는 검거나 암색이고 머리칼은 곧고, 수염과 털은 적다. 피부는 누르나 흰 편이다. 아기 엉덩이에 몽골반점이 나타난다.

툰드라에 사는 이들은 토나카이(馴鹿)를 길러 그 고기와 젖을 먹고 살며, 가죽은 옷감으로 쓴다. 또한 이 짐승을 타거나 썰매를 끌리기도 한다. 이들은 타이가(침엽수림)지대에 들어가 수렵을 하며 농사는 안 짓는다. 이는 토나카이의 사료인 이끼류를 찾아 살기 때문에 집으로 원뿔 모양의 간단한 텐트를 친다. 야쿠티아와 부랴티아에 인접한 에벤크의 일부는 말을 기르고 농경을 하면서 이미 붙박아 사는 이도 많다. 또한 오호츠크해 연안의 에벤이나 아무르강 · 쑹화강(松花江) 유역의 나나이처럼 고기잡이를 주로 하며 개를 기르기도 한다. 사회구성 단위는 부계적 씨족이고, 결혼은 혈연적 외혼제다. – **두산백과(퉁구스)**

(2) 퉁구스의 영역은 알타이어족의 대부분

퉁구스의 영역은 더 넓게 알타이어족으로 확대될 수 있습니다. 알타이어족이란 투르크어족, 퉁구스어족, 몽골어족을 포함하는데 우리도 여기에 듭니다.

알타이어족(영어: Altaic languages)은 언어학으로 논란의 여지가 있는 가설상 어족으로, 퉁구스어족 · 몽골어족 · 투르크어족이 모두 같은 계통이라는 알타이 가설이 바탕이다. 주로 중앙아시아와 북아시아 · 러시아(북캅카스와 중부 러시아)에 사는 민족들의 말이 여기에 든다. 학자에 따라 알타이어족에 한국어나 일본어를 넣는 경우도 있다.

퉁구스어족 · 몽골어족 · 투르크어족 사이의 연관성은 러시아 동부를 여행한 스웨덴 장교 필립 요한 폰 슈트랄렌베르크가 1730년에 쓴 책에서 처음 말한 것으로 알려졌다. 니콜라스 포페는 이를 "알타이 제어에 드는 많은 언어들을 분류하려 한 첫 시도"라고 평한다.

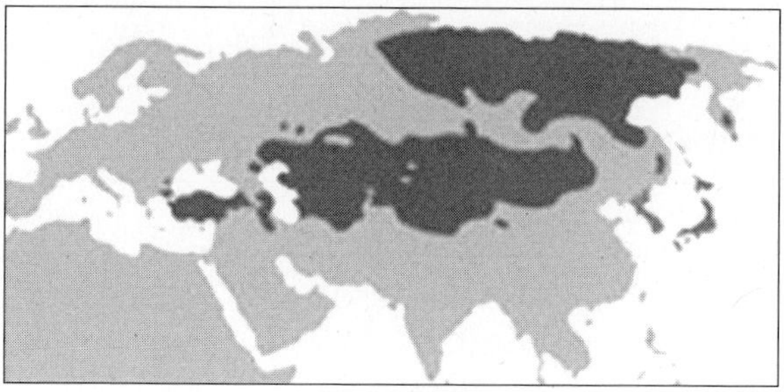
〈알타이어족 분포〉

'알타이어'를 처음 쓴 이는 1844년, 우랄어족을 주로 연구한 핀란드의 문헌학자 마티아스 카스트렌이다. 카스트렌의 알타이 제어는 핀우그리아어와 사모예드어까지 넣고 있는데, 오늘날엔 두 언어군이 우랄어족에 들므로, 카스트렌이 제안한 알타이 제어는 지금의 우랄알타이어족을 말한다.

19세기에서 20세기 초까지 우랄알타이어족을 연구했으나, 20세기 후반에 와서는 인정하지 않는다. 세르게이 스타로스틴은 우랄알타이어족을 "이제는 완전히 버려진 개념"이라 한다. 알타이어족 가설에 다른 언어를 넣기도 한다. 한국어를 넣은 사람으로는 구스타프 람스테트와 예프게니 폴리바노프가 있다. 로이 앤드류 밀러는 일본어를 넣는다. 한편 퉁구스어 · 몽골어 · 투르크어와는 따로 한국어 · 일본어 · 아이누어를 한 어족으로 보기도 하는데 이러한 주장의 하나로 조지프 그린버그의 유라시아어족 가설이 있다. 알타이어족은 다음의 특징을 공유한다.

① 교착어이다.
② 모음조화가 있다.
③ 주어-목적어-동사의 어순을 가진다.
④ 두음법칙(어두에 유음 [r], [l]이 안 옴)이 있다.
⑤ 부동사(副動詞, converb)가 있다.
⑥모음교체, 자음교체가 없다.
⑦ 문법적 성(gender)이 없다.
⑧ 대개 유기음이 없었다.

이들 세 어군은 몇 가지 특성을 공유하고 있지만, 기초어휘의 차이가 크고 분명한 음운대응의 예가 많지 않다. 때문에 이 말들이 실제로 같은 계통이라서 유사한 것인지, 아니면 단순히 접촉에 의한 상호작용과 우연한 유형론적 일치 때문에 서로 비슷한 언어동조대인지 말이 많다.

– 위키백과(알타이어족)

마무리

우리 조상은 닭닭(조선)으로 풀리는 덴독, 동이, 조이, 숙신, 옥저에서 닭닭닭(두루조선, 단군조선, 조선연방)으로 풀리는 퉁구스, 동호, 동예로 발전한 것으로 보입니다.

닭닭 →	닭왉 →	삵삵 →	잙삵 →	좕왉 →	홝좕 →	왉좕 →	왉왉 →	왉닭
텬독	동이	숙신	**조선**	조이	훈족→호	옥저 예족	예겨레	알타이
天毒	東夷	肅愼	朝鮮	鳥夷	후리족 胡	沃沮 濊族	유연	

⇩

닭닭닭 →	닭가르닭 →	닭가르삵 →	닭자르삵 →	닭하르왉 →	닭아르왉
티타이트	탕구트	퉁구스	**단군조선**	동호	동예
두루단달			檀君朝鮮	東胡	東濊

우리 조상은 처음에 닭(단군)으로 시작하여 닭닭(가르닭), 닭닭닭(닭가르닭)의 순서로 이름이 바뀌어 왔을 것입니다.

이와 같이 우리 조상은 나라를 처음 열었고 거대한 제국을 이루었으며, 더 크게 연방국을 세운 것으로 보입니다. 천부경의 3진법에 따른 우주관을 실현하였으며 재세이화와 홍익인간을 구현하려 했던 것으로 보입니다.

닭 →	닭닭 →	가르닭 →	닭닭닭 →	닭가르닭
(누리)	(우주)	(우주)	(대우주)	(대우주)
↓	↓	↓	↓	↓
둥그르	타타르	케레이트	티타이트	탕구트
단군	텬독 도독	게세르	히타이트	퉁구스
토계	신지	조선	힉소스	단군조선
도고	아더왕	거서간	이누이트	이르크스크
신神	당신堂神	귀신(큰신)	천독산	퉁화강

우리가 잃어버린 역사란 무엇일까요? 동예, 동호가 퉁구스이고, 단군조선임을 몰랐던 것이 아닐까요? 단군조선은 제국이거나 연방국이요, 태극이요, 큰 우주입니다. 우리는 우리 조상이 천부경의 3태극사상을 바탕으로 하는 오늘의 코스모폴리타니즘과도 같은 홍익인간을 구현해 왔던 위대한 조상임을 미처 몰랐던 것입니다.

식민사관에서는 단군조선은 신화로만 있을 뿐, 실체가 없다고 했죠. 그들에게 여기서 밝게 대답합니다. 단군조선의 실체는 퉁구스며 태극이며 제국(또는 연방)이며, 큰 우주라고. 단군조선의 영역은 퉁구스나 알타이어족이나 티타이트(천독국, 天毒國)의 영역을 말한다고.

6. 고조선 복원도

우리 조상님네는 이런 천부경의 우주 철학을 철학에만 머물지 않고 땅위에 실현하려 하였습니다. 이것이 삼신사상에 의한 3조선 구성 원리입니다.

그런데 우리가 고조선을 말할 때 주의해야 할 것이 있습니다. 이미 익힌 바와 같이 제국(帝國) '조선'과 연방국 '단군조선'이 구별되어야 한다는 것입니다. 곧 구이(9夷)로 된 조선(가르닭)과 이것이 덩치가 더 커져서 거대한 연방국(81夷)이 된 단군조선(닭가르닭)이 구별된다는 것입니다.

이름	조선	단군조선
성격	국가	국가 연방
소국 수	9이(九夷)	81이(夷)
구성	가르닭 밝닭 맑닭	닭가르닭 닭밝닭 닭맑닭
임금	단군(檀君) → 선우(單于)	선우(單于) → 징기스칸
구조도	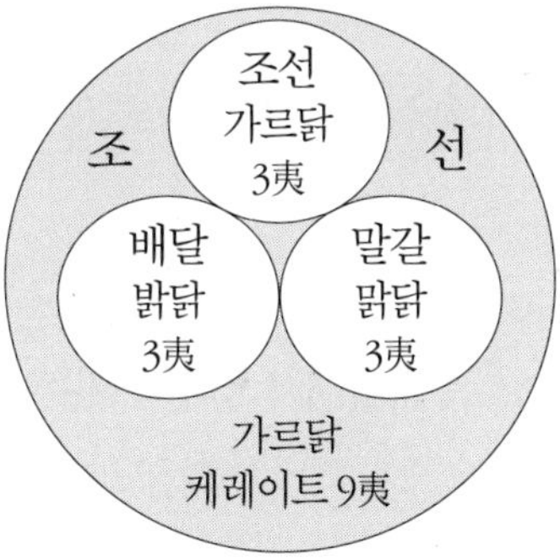	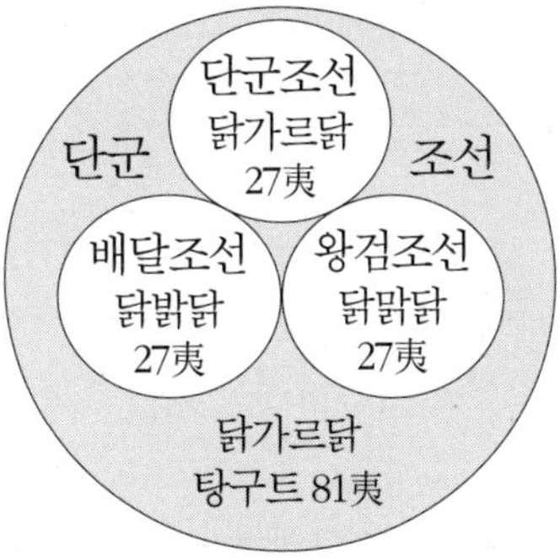

▌제국 조선(9夷)의 복원

제국(帝國)인 3조선은 구이(9夷)이며 다음과 같이 조선, 배달, 말갈로 짜입니다. 3조선 중 조선은 선우가 바로 다스리고, 배달과 말갈은 좌현왕과 우현왕으로 하여금 대신 다스리게 하였습니다.

제국 조선(9夷) =	가르닭 +	밝닭 +	맑닭
	조선	배달	말갈
	(3夷)	(3夷)	(3夷)
	*직할통치	*위임통치	*위임통치

조선에는 배산임수(背山臨水)의 문화가 있었습니다. 이러한 문화적 배경 속에 조선(또는 그 서울)이 자리 잡고 있었을 것입니다. 곧, 우리 조상들은 마을 뒤에는 산이 있고 앞으로는 물이 흐르는 그런 곳에서 마을을 이루어 살아 왔다는 것입니다.

밝닭 → 밝삵 버들 백산 **배산** 백수 패수 白山 背山 白水 浿水	닭맑닭 → 앍맑삵 → 앍맑앍 임수 아무르강 臨水 (흑룡강)

〈모형〉

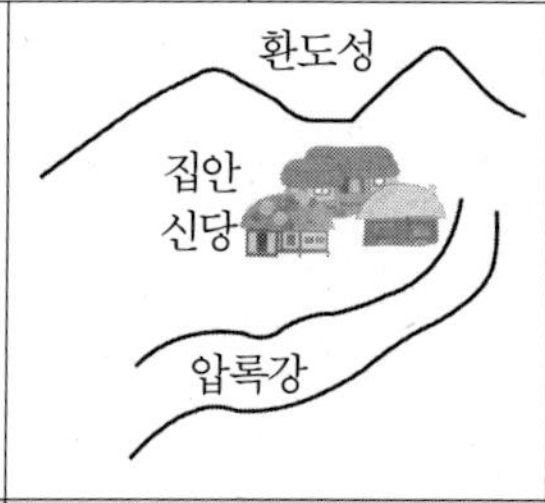

고구려의 서울 집안

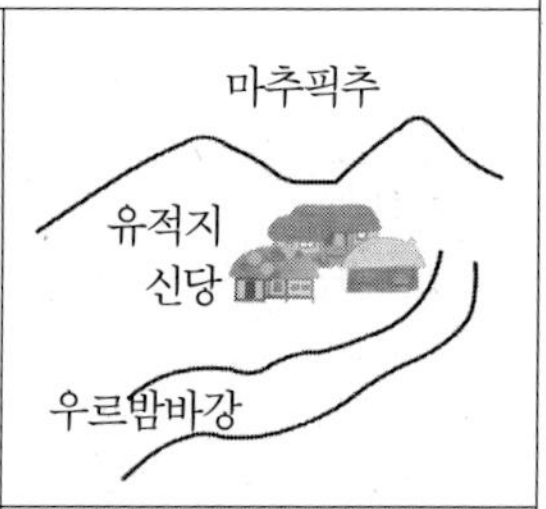

잉카의 마추픽추 유적

(1) 닭닭(조선)에서 나온 이름들

조선은 가르닭에서 왔지만 궁극적으로는 닭닭에서 왔다고 했습니다.

1) 닭닭(조선)에서 나온 나라나 겨레

'조선' 은 닭닭에서 왔는데 이와 관련된 나라나 겨레 이름들을 봅니다.

닭닭 → 닭삵 → 닭잙 → 닭핡 → 닭앍
타타르 단달 텬둑天竺 텬독天毒 닭씨가리 단군족 大韓 탁키아 동로국 동국 동이

삵닭 → 삵삵 → 삵잙 → 삵핡 → 삵낡 → 삵앍
스키타이 숙신 색족色族 숭누 색이色夷 색국色國 서이西夷

ᄌᆞᆰᄃᆞᆰ →	ᄌᆞᆰᄉᆞᆰ →	ᄌᆞᆰᄌᆞᆰ →	ᄌᆞᆰᄒᆞᆰ →		ᄌᆞᆰᄋᆞᆰ
천등 전등 천도天桃 장단	직신 중산 조선	제준 주주	진한辰韓		조이鳥夷 진국辰國
ᄒᆞᆰᄃᆞᆰ →	ᄒᆞᆰᄉᆞᆰ →	ᄒᆞᆰᄌᆞᆰ →	ᄒᆞᆰᄒᆞᆰ →	ᄒᆞᆰᄂᆞᆰ →	ᄒᆞᆰᄋᆞᆰ
흙티 한들	한성 흐순	후리족 한족韓族 훈족	회홀 회회	흉노	한국韓國
ᄂᆞᆰᄃᆞᆰ →	ᄂᆞᆰᄉᆞᆰ →	ᄂᆞᆰᄌᆞᆰ →	ᄂᆞᆰᄒᆞᆰ →	ᄂᆞᆰᄂᆞᆰ →	ᄂᆞᆰᄋᆞᆰ
낙동 느리티 노티기	낙상 내성	늑치 나주 나전	내현	낙랑 나나이	나각 노은
ᄋᆞᆰᄃᆞᆰ →	ᄋᆞᆰᄉᆞᆰ →	ᄋᆞᆰᄌᆞᆰ →	ᄋᆞᆰᄒᆞᆰ →	ᄋᆞᆰᄂᆞᆰ →	ᄋᆞᆰᄋᆞᆰ
왕태골 알타이 알동 오토	왕산골 왕신 어신	알천 안질 여진	영흥	오녀	안악 유연
가르ᄃᆞᆰ →	가르ᄉᆞᆰ →	가르ᄌᆞᆰ →	가르ᄒᆞᆰ →		가르ᄋᆞᆰ
케레이트 구다라 키단 구태	거서간 게세르	구지 귀주 구주	가흥		가락 고구려 거렁

2) ᄃᆞᆰᄃᆞᆰ(조선)에서 나온 산

ᄃᆞᆰᄃᆞᆰ →	ᄉᆞᆰᄃᆞᆰ →	ᄌᆞᆰᄃᆞᆰ →	ᄒᆞᆰᄃᆞᆰ →	ᄂᆞᆰᄃᆞᆰ →	ᄋᆞᆰᄃᆞᆰ
덕다리 돈달	생달	재달	흙티 한들 한티	낙동 노티기 논티	알동 온달 알타이
ᄃᆞᆰᄉᆞᆰ →	ᄉᆞᆰᄉᆞᆰ →	ᄌᆞᆰᄉᆞᆰ →	ᄒᆞᆰᄉᆞᆰ →	ᄂᆞᆰᄉᆞᆰ →	ᄋᆞᆰᄉᆞᆰ
닭산 덕산 텬산 두류산 태산 도산	설악산 수락산	추가산	학산 한산	낙산	옥산 고산 괴산
ᄃᆞᆰᄌᆞᆰ →	ᄉᆞᆰᄌᆞᆰ →	ᄌᆞᆰᄌᆞᆰ →	ᄒᆞᆰᄌᆞᆰ →	ᄂᆞᆰᄌᆞᆰ →	ᄋᆞᆰᄌᆞᆰ
닭재	싸리재 새재	추가재	흙진개 하늘재	농재	안질 인제

3) ᄃᆞᆰᄃᆞᆰ(조선)에서 온 물

ᄃᆞᆰᄃᆞᆰ →	ᄃᆞᆰᄉᆞᆰ →	ᄉᆞᆰᄉᆞᆰ →	ᄒᆞᆰᄉᆞᆰ →	ᄒᆞᆰᄋᆞᆰ →	ᄋᆞᆰᄉᆞᆰ →	ᄋᆞᆰᄋᆞᆰ
	대수	살수	한수 호수	한강	아리수 예니세이강	오르곤강
			회수 형산강	혼강	열수 옥수 예수 개수 갯	알혼강

4) ᄃᆞᆰᄃᆞᆰ(조선)에서 온 서울이나 마을

ᄃᆞᆰᄃᆞᆰ →	ᄉᆞᆰᄃᆞᆰ →	ᄌᆞᆰᄃᆞᆰ →	ᄒᆞᆰᄃᆞᆰ →	ᄂᆞᆰᄃᆞᆰ →	ᄋᆞᆰᄃᆞᆰ →	ᄋᆞᆰᄉᆞᆰ
덕다리 **단동**	솔티 **송도**	**장단** 장동	흙티 한들	느리티 논티	안동 **알타이 왕태골**	**어신**
돈달 도동 다덕	생달 신당골	정동 재동	한티 히티	노티기 낙동	**알동** 안틀이 어등	왕산골

5) 닭닭(조선)에서 온 임금이나 무당

		삵삵 →	삵잚 →	잚잚			
	↗	소서노	신크치	지중 ↘			
닭닭 →	삵닭	선생 스승	신지	주주	가르닭 →	가르삵 →	가르잚
도독	선덕 ↘			↗	구데아	거서간	기준 군자
	순도	잚닭 →	홝닭 →	앍닭	구태	게세르	공자 기자
	성덕	잔다크	휴도왕 혁덕 우다간	유다	광대	가시 공수	관자 공주
	수다간	진덕	후다간 현덕 아더왕	온달	꼰대	거수 괴수	귀주 구주

6) 닭닭(조선)에서 온 당집이나 대궐

닭닭 →	삵닭 →	잚닭 →	홝닭 →	앍닭
단군다락	시끌다락 성황당 서낭당	장군당	향당	옥당
단군당	송도 사당 소도 수두	지구라트 ↘	잚앍 ↗	
			정랑	

7) 닭닭(조선)의 산천 풍경

조선(국)의 또 다른 이름은 예(濊), 텬둑(天竺), 동이(東夷), 유연일 것이며 황제는 신지, 거서간, 게세르일 것입니다. 서울은 단동, 신당골, 장단, 알동, 알타이 들인데 신당의 이름은 성황당일 것이며 무당은 수다간이고, 뒷산은 두류산(天山) 또는 텬산, 태산으로 둘러 있고 앞물은 대수, 거수, 한수, 아리수, 한강, 혼강이 흐를 것입니다.

〈탁리국〉

부여를 세운 동명성왕의 본디 고향을 탁리국이라고 합니다.

고리국(槀離國, 기원전 5~2세기)은 만주 쑹화강 북쪽 땅에 있던 한국의 옛 나라다. 탁리국(橐離國), 색리국(索離國), 탁근국(卓斤國)이라고도 한다. 부여를 세운 동명왕은 고리국 출신이라는 글이 있다. 또 백제가 고리국에서 왔다는 글도 있다. 위치는 오늘날 중국 헤이룽장성의 하얼빈 부근이다.

고리(槀離)의 소리에 대해서 논형에는 탁리(橐離), 삼국지의 주석 중 하나인 배인(裴駰)의 주석에 인용된 위략에는 색리(索離), 후한서에는 고리(高離)로 나오는데, 탁(橐)과 색(索)은 모두 고(藁)의 잘못으로 이해하는 것이 통설이다. 고구려가 처음 음차표기된(중국 전한시대의 서적인 '논형') 단어인 고리(高離)의 리(離)는 전한시대 당시에는 rje(례)에 가까운 소리다. 그 예로 '한서'에서는 '알렉산드리아'가 烏弋山離(아익산리)로 적혔는데 ria를 離로 적었음을 알 수 있다. 그러니 고리국은 고리아국, 고례(고려)국으로 발음하는 것이 맞다. 고구려의 근간인 맥족(貉族)이 코리족(고리국인)의 한자 표기라는 견해도 있다.

부여를 세운 동명왕은 고리국왕의 시녀가 낳은 아들이다. 고리국왕은 동명이 활을 잘 쏘아 장차 나라를 빼앗길까 봐 동명을 죽이려 했다. 남으로 내빼다가 엄호수를 건너 부여를 세웠다고 적혔다. 동명의 부여 건국 설화는 많은 사서에 거의 같게 나오는데 나라 이름은 각각 다르다. 서기 60년 후한 왕충의 논형(論衡)에는 '탁리국(橐離國)'이고, 3세기 진수의 삼국지 위서 동이전 부여편에는 '고리국(高離國)'이며, 5세기 범엽의 후한서 동이열전 부여편에는 북이(北夷)의 '색리국(索離國)'이다. 백제가 고리국에서 나왔다는 글도 있다. 7세기 북사(北史)에는 "백제국은 대체로 마한의 족속이며 색리국에서 나왔다."고 했다. 815년 일본의 〈신센쇼지로쿠(新撰姓氏錄)〉에는 "백제는 부여 땅 탁근국 왕의 시녀에서 나왔다."고 했다. 고리국은 부여의 북쪽 끝 지역이다. 유태용은 고리국을 만주 북쪽에서 남쪽으로 흐르는 넌강의 동쪽, 쑹화강의 북쪽에 있는 평원지대로서, 송눈평원의 동부와 그 북쪽 땅으로 비정했다. 이는 오늘날 중국 헤이룽장성 하얼빈 부근이다. 그는 5세기 중엽 부여가 고구려와 물길 등 주변 세력의 침략을 받자, 부여의 일부 유민들이 나하를 넘어 부여의 옛 선조들이 살던 고리국 땅으로 되돌아가 두막루(豆莫婁)를 세운 것으로 추정했다. — 위키백과(고리국)

탁리국이 색리국도 되고 색국, 고리국, 탁근국도 되는 것은 소리의 변화이지 잘못된 표기가 아닙니다. 이들은 '닭'의 조금씩 다른 표현일 뿐입니다.

닭 →	삵 →	잙 →	핡 →	앍 →	가르 →	하르 →	아르
단군 돌궐	씨가리 새	중가리	헝가리	오랑카르	겨레 **고리**	후리 한韓	아리 이夷
탁근 탁리	**색리** 사카	조鳥			칼 칸 큰	혼 훈hun	알 예濊

그러므로 탁리국, 색리국, 색국, 고리국은 곧 조선입니다. 따라서 동명왕이 탁리국 또는 고리국 출신이라는 말은 아마 멸망한 고조선 출신이 아닌가 합니다.

닭닭 →	삵닭 →	잙닭 →	핡닭 →	낡닭 →	앍닭 →	가르닭 →	자르닭
돈달	생달	재달	한티	낙동	알동	커다란	장단
닭티아	스키티아	차카타이	핡티아	낡티아	옥티아	가르티아	자르티아
↓	↓	↓	↓	↓	↓	↓	↓
닭앍	삵앍	잙앍	핡앍	낡앍	앍앍	가르앍	자르삵
탁리국 단국	색국	진국	한국	나각	예국	고리국 가락	자르시아
橐離國 檀國	色國	辰國	韓國	노국	濊國	槀離國 가야	조선

〈**고죽국**〉

고죽국의 '고죽' 도 '조선' 입니다.

고죽국은 은(殷)의 제후국의 하나고, 은을 멸하고 주를 세우자 수양산에 들어가 굶어죽은 백이와 숙제가 고죽국의 왕자라는 전설이 있다. 또 주(周) 초에 기자가 봉해진 곳으로도 알려져, 고죽국과 기자를 얽어 기자의 실재를 논하기도 한다. 수서(隋書), 구당서(舊唐書), 신당서(新唐)의 배구전에 "고려(고구려)는 본래 고죽국이다. 주가 기자를 봉하여 조선으로 삼았다."는 글이 있다. 삼국유사는 이를 황해도 해주로 비정하나, 이는 해주에 수양산이 있음을 근거로 부회한 것이다. 고죽국은 그 중심지를 가리킬 경우는 지금의 롼허강(灤河) 하류지역을, 넓게는 막연히 요서지방을 통칭한 것으로 이해하기도 한다. – **브리테니커(고죽국)**

닭닭 →	닭앍 →	잙삵 →	삵삵 →	앍삵 →	앍잙 →	가르잙
타타르 뎐독	동이	**직신 조선**	**숙신**肅愼 식신	옥산	익산 옥저	고죽 케추아 고차

아래 사전에서 '발음과 이름이 비슷하다고 해서 (숙신을) 고조선과 동일 실체로 보기는 어렵다.' 고 했으나 이는 안 그럴 것입니다.

숙신은 BC 6~5세기 중원(中原) 북계(北界)를 비롯한 산둥반도와 만주 동북부 땅에 살던 겨레다. 중국 고전인 국어(國語), 좌씨전(左氏傳), 일주서(逸周書), 사기(史記), 회남자(淮南子), 산해경(山海經) 등에 그 이름이 있다. 식신(息愼), 직신(稷愼)이라고도 하며, 호시(楛矢)와 석노(石砮)를 쓰는 겨레로 알려졌다. 또한, 조선이라 불리기 전에 고조선인을 부르던 이름으로도 본다. 초기 글인 『국어』에 따르면, 숙신은 당의 『진서(晋書)』에 나오는 것처럼 흑룡강 중·하류의 주민이 아니었다. 즉, 고조선과 밀접한 관련을 갖는 중원 북쪽 경계를 비롯해 산둥반도 및 남만주 주민을 총칭한다는 것이다. 그런데 숙신의 후손으로 꼽히는 겨레로는 한(漢)대의 읍루, 후위(後魏)대의 물길(勿吉)과 수·당대의 말갈, 발해 멸망 후의 여진이다. 따라서 숙신은 일반적으로 여진족의 선조로 인정한다. 지금까지 연구는 대체로 그들의 종족 계통과 기원, 분포지역, 읍루 및 예맥·고조선과의 관계에 집중되어 있는데 고아시아족 기원설과 순퉁구스, 몽고족, 동이(東夷)의 은인(殷人) 기원설 등이 나왔다. 그런데 최남선 · 신채호 · 정인보 등은 숙신을 조선과 같은 말뿌리로 생각해 그들의 기원을 백두산 부근으로 생각했다. 반면에 슈미트나 시라코고로프 등과 같이 고아시아족설을 주장하는 학자들은 그들의 발상지와 삶터로 흑룡강 유역과 연해주 북단을 든다. 또한, 숙신이 중원 북쪽 경계로부터 흑룡강 중 · 하류로 옮겼다고 주장하는 학자들은 그 기원을 하북계(河北界), 산둥반도, 발해만 양안(兩岸), 황하 유역의 중원지구 등으로 본다. 곧, 숙신의 발상지는 오히려 중원 북계 및 요서 · 요동과 같이 대개 고조선과 일치한다고 한다. 이는 처음부터 흑룡강 중 · 하류가 아니라는 것이다. 그러나 BC 8세기말~7세기초의 춘추시대를 적은 책에는 중국 동북부에 활약한 종족으로 산융 · 영지 · 고죽 · 도하 등이 나올 뿐 숙신은 나오지 않는다. 따라서 BC 7세기 이전 숙신이 북경 동북 지방에 있었다 해도 BC 8~7세기부터는 길림성 북쪽 일대로 간 것으로 보이기 때문에 발음과 이름이 비슷해서 고조선과 동일 실체로 보기는 어렵다.

– **민족문화대백과(숙신)**

〈**여진(女眞)**〉

여진은 우리와 가까운 조상으로서 새롭게 인식해야 한다는 뜻으로 여기서 따로 이야기합니다. '여진' 은 '가샨' 또는 '주션' 이라고도 했는데 이는 바로 '조선' 입니다.

가르닭 →	가르삵 →	자르삵 →	하르삵 →	아르삵 →	아르줅
구다라	**가샨**	**주션** 조선	흐순	아신 욱순	**여진** 여직 예족
	[ㄱ] →	[ㅈ] →	[ㅎ] ----→ Ø		

다음 글에 나오는 '할라, 무쿤, 욱순, 가샨' 은 여진의 뿌리를 캐는 데 중요합니다. '할라' 는 '배쿠리' 에, '무쿤' 은 '무쿠리' 에, '가샨' 은 '조선' 에, '쿠룬' 은 '고쿠리' 에 대응됩니다. 결국 여진에도 조선처럼 배쿠리, 무쿠리, 고쿠리가 있었다는 것입니다.

고구려 =	배쿠리 =	무쿠리 =	고쿠리	↘
	↑↓	↑↓	↑↓	가샨(조선) = 3조선
여진 =	할라 =	무쿤 =	욱순	↗

여진의 사회조직은 일반적으로 두 종류로 구분된다. 하나는 혈연조직으로서 할라, 무쿤, 욱순으로 나뉜다. 다른 하나는 기층 조직으로 가샨(촌락)이 있다.[71]

청 태종이 붙인 '만주(滿洲)' 란 말은 위의 할라, 무쿤, 욱순 중 '무쿤' 에서 온 것인데 이는 '맑닭' 에서 온 '무쿠리' 입니다. 이는 신채호가 말씀한 3조선 중 '말조선(마한)' 을 말하며 몽골, 말

71) 유소맹 짓고 이훈 등 옮김, 《여진부락에서 만주국가로》(푸른역사, 2013) 70쪽

갈, 물길, 멕시코, 마한, 마고, 맥이(貊夷)입니다.

맑닭	→	맑삵	→	맑잙	→	맑홁	→	맑낡	→	맑앍
메르키드 멕시코		마하살		**만주**滿洲		**마한**		모나코		**무쿠리** 맥이貊夷
무당巫堂		**문수**文殊						마나과		**말갈 물길 몽골**

〈상그릴라〉

상그릴라는 티베트 쿤룬산맥(崑崙山脈)에 있는 라마교 사원 공동체이며 신비스런 이상향으로 여겨집니다. 이 상그릴라도 닭에서 나왔습니다. 우리말의 '씨알' 이나 '싱그러운' 또는 '향기(香氣)' 도 이와 같습니다.

닭	→	삵	→	잙	→	홁	→	앍
달그리 달코ㅁ		싱그러운 상그릴라 상기 색		징그르 정기		향그르 향기		알그리 연기

상그릴라라는 나라에도 설산에 삼신산(금강산, 문수산, 관음산)이 있으며 지도자는 하늘에서 내려온 아바타이며, 주민들은 삼바라가 있다고 믿고 있습니다. 아바타의 말뿌리는 닭밝닭(두루배달, 티베트)로 풀리며 이는 '샛별신' 입니다. 삼바라(이상향)는 '상바라' 의 와전일 것이며, 그 말뿌리는 닭밝(태백)인 것으로 보입니다. 이는 환단고기에 나오는 환국의 삼위 태백과 비슷한 환경이라서 매우 주목됩니다. 여기서도 우리처럼 산 자체를 신(神)으로 여기고 있습니다.

닭밝 →	삵밝	→	앍밝	닭밝닭	→	앍밝닭
태백	상바라 삼바라 샛별		안파견(환인)	두루배달 티베트		애급트(이집트)
터부	스베르 새별 사벌 새벽		아보기 알박	드라비다		아바타 배달조선

〈청구국〉

청구국(靑丘國)이라 하면 단군국을 말합니다. 조선의 시조집(時調集)에 청구영언(靑丘永言)이 있는데, 이는 단군국의 오래된 작품이란 뜻으로 풀립니다. 청구와 가장 비슷한 소리가 체코슬라바키아의 '체코' 가 되겠습니다.

닭	→	삵	→	잙	→	홁	→	앍
단군 둥글		색리 상商 송宋		친구 **청구 체코** 처구 청淸 진秦 주周		헝가리		은殷 이夷

〈헝가리〉

헝가리도 우리와 친척입니다. 헝가리는 자칭 '구스' 라고 하는데 이는 '조선' 으로 풀립니다. 헝가리의 겨레이름은 마자르족인데 이는 몽골(말갈, 맥족貊族)과 같은 말입니다. 이와 같이 헝가리도 세 이름을 가져서, 우리의 3조선 개념과 같죠.

닭 → 삵 → 핡 단군 씨가리 **헝가리**	가르닭 → 가르삵 → 자르삵 **구스** 조선	맑닭 → 맑좕 → 맑앍 무당 **마자르** 말갈

〈**연(燕)**〉

진(秦) 주(周) 은(殷) 연(燕) 위(魏) 왜(倭)들은 모두 '이(夷)' 와 같은 닭입니다. 여기서는 연(燕)만 소개합니다. 북연(北燕)이 고구려와 같은 계통의 나라라는 증거가 있습니다.

十七年 春三月 遣使北燕 且敍宗族 北燕王雲遣侍御史李拔之 雲祖父高和句麗之屬 自云高陽氏之苗裔 [72]

17년 봄 3월에 북연(北燕)에 사신(使臣)을 보내 종족의 예를 베풀었다. 북연의 왕 雲도 시어사 이발을 보내어 답례했다. 운의 조부 고화(高和)는 고구려에 속한다고 여겨, 스스로 말하기를 고양씨(高陽氏)의 후예라고 했다.

닭 → 좕 → 핡 → 앍
단군 진秦 진晉 주周 훈노 헝가리 흉노 잉카 은殷 연燕 위魏 왜倭 이夷

〈**거란(契丹)**〉

거란(契丹)도 이제까지 우리 역사에서 먼 나라로 보았는데 저는 아니라고 생각합니다. 이는 다음과 같이 '게세르(조선)' 로 쉽게 풀리거든요.

가르닭 → 가르삵 → 자르삵 → 가르앍
커다란 구다라 키단 **거란**(契丹) 기슭 **게세르** **조선** 가락 고구려 거록 거럴

또한 '거란(契丹)' 은 '奚丹(해단)' 으로 적기도 합니다. '거란' 과 '해단' 을 종합하면 '거단' 으로 소리난다고 볼 수가 있는데, 이는 백제를 '구다라' 라고 한 것과 같습니다. 이들은 '게세르' 의 초기 소리입니다.

가르닭 → 가르삵 → 가르앍 → 자르삵 → 가르앍 → 하르닭
구다라 **거단** 게세르 가샨 **거란** 조선 구이(九夷) 해단奚丹
(먼저 → 나중)

거란(契丹)은 퉁구스와 몽고의 혼혈족으로 알려진 동호계(東胡系)다. 奚丹해단으로 적기도 한다. 5세기 중엽부터 요하 상류인 시라무렌 남쪽에서 유목을 했다. 북위北魏 때부터 이름이 알려졌고, 고구려의 전성기인 장수왕 때에는 출복부(出伏部) 등 그 일부가 고구려에

72) 이 책 '두 마당 9. 삼황오제 (3) 제곡 고신씨' 쪽 참조

딸리기도 했다. 8세기에 당의 위구르에 딸린 적도 있으나, 당 말의 정치적 혼란을 틈타 힘을 키웠다. 야율아보기(耶律阿保機)가 여러 부족을 아울러, 916년 거란을 세웠다. 곧 '요(遼)'로 바꾸어 강해졌다. 925년 발해를 멸망시키고 중국을 침략해 연운(燕雲) 16주를 빼앗았다. 대제국이 된 거란은 북쪽 초원지대와 남쪽 농경지대가 달라 이원적 호한분치제도(胡漢分治制度)를 썼다.

– 한국민족문화대백과(거란)

거란을 세운 '야율아보기'는 '거란의 아버지' 또는 '조선의 아버지'로 풀립니다.

가르닭 닭밝	→ 가르삵 앍밝	→ 자르삵 앍밝	→ 가르앍 앍밝	→ 아르앍 앍밝
	게세르 아바이	조선 아버지	거란 아보기	야율 아보기
	↑↓			
	*아바이 게세르 : 범몽골 게세르신화의 주인공			

거란의 서울을 '크스크등기'라 하는데 이는 '아사달'입니다.

가르닭닭	→ 가르삵닭		→	자르삵닭		→ 아르삵닭
	크스크등기	기숡닭	게세르닭	조선달	조선땅	아사달

거란의 고분 벽화도 고구려를 이은 것으로 필자가 크스크등기를 답사하면서 보았습니다.

(2) 밝닭에서 나온 이름들

밝닭은 밝은 겨레, 벼락 겨레, 불의 겨레, 열 개의 화살을 뜻하기도 합니다.

1) 발닭(배달)에서 나온 나라 이름들

밝닭 →	밝삵 →	밝잙 →	밝핡 →	밝앍 →	홝앍 →	왉잙
박트리아	페르샤	브라질	발해	배크리 부루	환국	월지
파르티아 배달	불사(국)	백잔 백제		페루 부여		올자

2) 밝닭(배달)에서 나온 임금이나 무당 이름들

	홝닭		→		왉닭		
↗	화타			왁대 울때기 우투리 ↘			
밝닭 →	밝삵 →	밝잙 →	밝앍 →		홝잙 →	왉잙 →	왉앍
바토르 부군당	박수 박사	백잔 백제	백의 부루 부우		황제	온조	우륵 우리

3) 밝닭(배달)에서 나온 서울이나 마을

홝삵 → 왉삵

↗ 화산 화성 온성 원산 ↘

밝닭 → 밝삵 → 밝잙 → 밝홝 → 밝앍

바타르 피대기 부두 평양성 변산 부산 박적 팔직이 발해 피아골 백골 부안 부루 부여

4) 밝닭(배달)에서 온 산

홝삵 → 왉삵 → 왉앍

↗ 화산 완산 우산 월악 ↘

밝닭 → 밝삵 → 밝잙 → 밝앍

박달 반달 변달 배티 백화산 백산 변산 벽산 파리산 벌재 백악 부아악

5) 밝닭(배달)에서 온 물

밝닭 → 밝삵 → 밝홝 → 밝앍

버드내 부르퉁하 백수 패수 백하 백강

6) 밝닭(배달)에서 온 산천 풍경

배달(브리야트, 백제, 발해, 배크리, 부여)국의 서울은 평양성(피아골, 부여), 부산이며 위임통치자인 임금은 박수거나 황제나 온조일 것이며, 신당의 이름은 부군당일 것이며, 부군당의 무당은 박수일 것입니다. 뒷산은 배티(백산, 벽

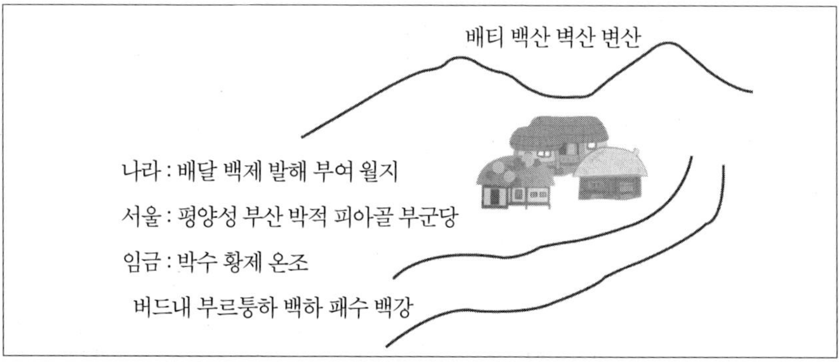

산, 변산)가 두르고 앞물은 버드내(부르퉁하, 백강, 백하, 패수, 백강)가 흐를 것입니다.

〈백제와 부여〉

백제(百濟), 부여, 브리야트, 발해, 불사, 박달은 모두 '밝닭'에서 왔습니다. 실제로 백제는 브리야트(부여)에서 내려왔죠. 불가리아, 페르샤, 프러시아, 브라질, 페루도 말뿌리가 같습니다.

밝닭 → 밝삵 → 밝잙 → 밝핡 → 밝앍

브리야트 배달　프러시아 페르샤 불사　브라질 변진 백잔 백제　발해 불가리아 페루 부여

'백제'는 '불사국(不斯國)'으로 적기도 했는데 이는 '배달나라'가 됩니다. 그리고 '밝닭닭'으로 풀리는 파키스탄은 '배달의 땅'이란 뜻이죠.

밝닭 → 밝닭닭

배달　배달땅

↘ ↘

밝삵 → 밝잙 → 밝핡 → 밝앍　밝삵닭

페르샤 프러시아 불사　**백제**　**발해**　**부여**　파키스탄

BC 10세기　BC 18년　698~926　BC 2세기~494　1947~

백제는 '구다라'라고도 불렀는데 이는 '가르닭'에서 왔죠. '가르닭'은 '백제'와도 같죠. 왜냐하면 '가르'는 '밝'과 같기 때문입니다.

가르닭 → 가느닭 → 가르앍 → 자르삵 → 하르삵 → 아르잙

커다란 **구다라** 크레타　고린도　구이九夷　**조선**　흐시아 한국　여진

카르타고 크로아티아　흐순　예족

〈환국(桓國)〉

환국의 말뿌리는 '밝닭'이며 뜻 그대로 '밝은 나라'인데 이는 배달, 백제, 부여와 같습니다.

밝닭 → 밝삵 → 밝잙 → 밝핡 → 밝앍 → 홝앍

박트리아 **배달**　페르샤　백잔 백제　발해　백이白夷 부여　**환국**桓國

밝닭에서 온 환국은 닭닭에서 온 색리국, 색국과도 같고 맑닭에서 온 맥국과도 같습니다. 왜냐 하면 3조선은 이름은 달라도 같은 나라이기 때문입니다.

닭닭 → 닭앍 → 삵앍 → 가르닭 → 자르삵 → 가르잙 → 가르앍
단달 단군국 **색리국** 구다라 조선 고죽 고쿠리
↗ 타타르 탁리국 색국 **신국** 고리아
닭닭 → 밝닭 → 홝닭 → 홝앍
덴독 ↘ 배달브리야트 환단 **환국**桓國
맑닭 → 맑삵 → 맑잙 → 맑앍
메르키드 무당 메디아 멕시코 맥족貊族 무쿠리 말갈 몽골 **맥국**貊國

환단고기에 나오는 환국 12연방의 말뿌리를 풀어 봅니다.

나라 이름	풀이	
비리국卑離國 수밀이국 우루국虞婁國 須密爾國	밝 → 홝 → 왉 박 비리 부여 환 우르	닭맑 → 삵맑 다물 샤먼 수밀이 수메르
양운국養雲國 일군국一群國	닭 → 삵 → 핡 → 앍 닥 색 한 일군 양운 어른	
구막한국寇莫汗國 구모액국句牟額國	가르맑 구마칸 구모액 키맥 곰	
구다천국句茶川國 객현한국客賢汗國	가르닭닭 → 가르닭찱 → 가르앍앓 → 아르삵닭 쿠르드티아 구다천 객현한 아사달(칸)	
사납아국斯納阿國 선비국鮮裨國	닭밝 → 삵밝 → 삵왉 투르판 사납아 선비 시위豕韋	
매구여국賣句餘國 =직구다국稷臼多國	맑닭 → 맑앍 매구여 무쿠리 맥키아	닭닭 → 잙닭 직구다
선비국 = 시위국 = 통고사국通古斯國	닭가르닭 → 닭가르 → 닭자르삵 → 앍잙삵 탕구트 통고사 퉁구스 단군조선 얽조선	

고대 환국이 9소국 연방이 아니라 어찌 12연방이었을까 생각해 보고 까닭을 알아냈습니다. 아래의 3국(통고사국, 선비국, 수밀이국)은 연방의 이름이므로 실존하는 작은 나라(소국)이 아닐 것입니다. 그러므로 환국의 12연방은 실제로는 9소국 연방이 맞는 것으로 보입니다.

12국 = 9국 + 3국(통고사국, 선비국, 수밀이국)

환국 12(실제 9국)연방을 제가 재구성하여 보았습니다.

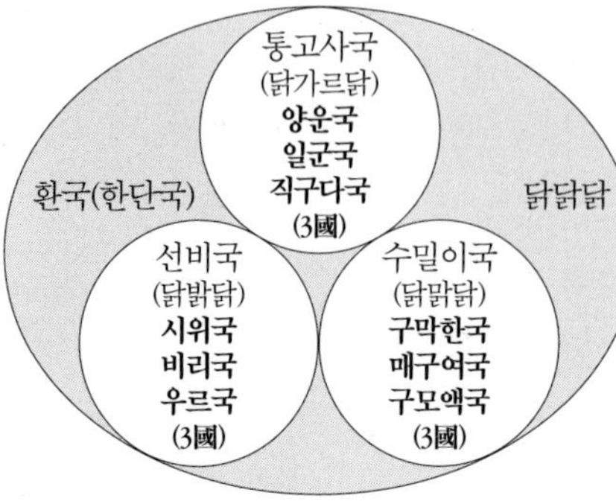

통고사국은 조선연방을 뜻합니다.

닭닭닭 → 닭앍삵 → 앍잙삵
티타이트　통고사　얽조선
(연방조선)

닭밝닭 → 삵밝앍 → 앍밝닭
티베트　선비국　얽배달
(연방배달)

닭맑닭 → 삵맑앍 → 앍맑앍
투메트　수밀이국　얽말갈
(연방말갈)

그런데 환국 12연방은 과장된 면이 있습니다. '환국(桓國)' 의 '桓' 은 '한' 또는 '칸' 으로 읽어야 할 것입니다. '칸국' 은 '조선' 을 뜻하고, 이는 연방이 아닌, 9夷로 구성된 최소의 하나의 나라(國)인 것으로 보입니다. '桓' 을 '환' 으로 읽는다고 해도 이미 앞쪽에서도 풀었듯이 '환국' 은 '배달' 을 뜻하지 '배달연방' 을 뜻하지는 않을 것입니다. 그러므로 환국 '12國' 은 '12夷' 곧 '9夷(9部族)' 로 읽어야 마땅할 것입니다.

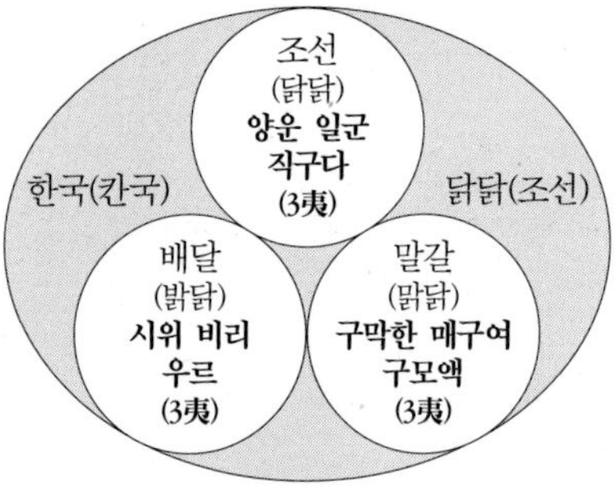

닭닭 → 잙닭 → 잙삵 → 앍앍
텬튝　직구다　조선　9夷 국國
天竺　일군 양운

밝닭 → 밝잙 → 밝앍 → 홝앍
배달　백제　백이白夷　환국桓國
비리 부여

맑닭 → 맑잙 → 맑삵 → 맑앍
무당　맥족　무수리　말갈
마지　매구여

〈환단고기의 신빙성〉

환단고기에 있는 환국의 존재 여부는 학자들의 말이 많습니다. 일부 재야학자들이 주장할 뿐 정사에는 인정하지 않습니다. 그런데 김정민님의 글을 소개합니다.

인류역사는 끝없는 전쟁 속에서 시대에 맞게 적응하며 터득하여 압축된 지식을 특정한 틀 속에 숨겨놓고 후손에게 전수해 왔다. 따라서 고대사를 제대로 해석하려면 역사지식 외에 언어학 천문학 철학 종교 등 다양한 지식이 요구된다.

오늘날 우리 고대사는 신화 속에 묻혀 있다. 동아시아를 넘어 온 유라시아를 아우르는 방대한 역사가 환단고기에 나온다. 우리 사학계는 이를 부정하지만 다른 나라 역사와 비교하면 사실 여부를 알 수 있다. 카자흐스탄의 케레이족 족보에 나오는 중앙아시아인의 이동경로는 환단고기의 글과 같다. 자국의 최초 민족 거주지가 곤륜산으로서 그 조상이 파미르로 내려와 동서로 갈렸다고 한다. 헝가리도 기원전 2만5천년쯤 파미르에서 왔고 루마니아 불가리아 등 북유럽 여러 나라도 모두 비슷하다고 주장한다. 러시아, 미국 등 서양학자들도 인류 최초 시원을 천산天山으로 본다. 티베트의 천산은 중국식 표현이고 북유럽과 중앙아시아에서는 '텡그리 타우' 인데 우리말로 '단군산' 이다.

오늘날 케레이트 브리야트 탕구트 매르키트 등의 부족 이름에서 12한국의 연원을 찾을 수 있다. '이트' 나 '야트' '트' '구트' 등은 복수개념의 우리말 '들' 이란 뜻이며 케레이의 어원은 '겨레 코리 고려' 다. 부리족은 비리 부여 비류로 비리국 후손임을 알 수 있다. 탕은 단족 동족, 매르키족은 맥 말갈 만주족 마자르족이며 객현한국의 계쿤이 오늘날 키르키즈다.

우리는 12한국의 영역과 너무나 흡사한 징기스칸의 정벌지역과 동서로 유라시아를 아우른 케레이족을 눈여겨볼 필요가 있다. 중국은 케레이족을 '克烈(극렬)' 로 적고 '커리예' 로 발음한다. 한국식 발음은 '겨레' 이며 케레이를 한자로 적은 또 다른 음차문자가 '고려' 다. 따라서 비교음운학으로 케레이와 고려는 같은 민족임이 드러난다. 카자흐스탄 역사에서 케레이는 몽골초원에 오기 전, 9~10세기경에는 만주에서 조복組卜연맹을 구성하고 요나라를 상대로 격렬한 독립운동을 펼쳤다고 한다. 이는 발해유민들이 독립운동을 한 때와 같다.

티베트의 고대 장당문명도 고대 한국사와 연관이 깊다. 장당문화의 주인은 이족(夷族)이다. 지도자는 아바타로 하늘에서 내려온 신을 뜻하고 12연방 국가이며 수도는 샴발라(강당지역)로 샤크족이다. 적석목곽분과 석조신전으로 발전되는 티베트역사는 12연방 환국의 안파견과 수도 아사달, 장당경, 적석목곽분과 석실고분으로 이어지는 우리 역사와 같다. 또한 고조선의 마한 진한 변한이 마칸 변캉 진으로 나온다. 사크족을 중국은 '석' 러시아는 '스키프' 인도에서는 '사카' 라 하는데 환단고기의 '색' 족과 같은 겨레로 생각된다.

'탱그리' 를 알지 못하면 세계 고대사연구가 힘들 정도다. 유라시아에서의 탱그리는 해, 곧 신으로 모셔져 누리로 퍼졌다. 탱그리의 뜻은 세 가지다. 하느님과 지상의 지배자, 그리고 소우주인 인간의 몸속에 있는 깨달음이다. 수련을 통해 도덕성과 인성을 갖춘 성인이 모든 민족을 다스리는 지배자, 샴발라와 같다. 몽골 일부에서는 신을 '탕라' 라 하는데 '탱그리' 의 다른 소리 '탕그라' 와 비슷하고 '샹그라' 로도 불린 것으로 보아 '탕그라' 와 '샹그라' 는 같은 어원이며 샹그라는 탄트라와 그 철학적 뜻이 같고 탄트라는 또 얀트라로 불린다.

닭 → 닭닭 → 닭밝
탕그라　탄트라　태백
↘ 삵　↘ 얽닭　↘ 삵밝
샹그라　얀트라　샹바라 → 삼바라
(ㅁ생김)

주잔국 건국자 목골려는 범어로 고구려를 적은 무구리와 유사하고 고대 중앙아시아의 몽골 발음인 모쿠리와도 비슷하다. 또 인도에서 몽골은 무굴이고, 현재의 몽골은 '고구려' 란 뜻이며, 몽골식 표현으로 고조선은 탁리, 부여는 부리, 고구려는 모쿠리다. 유라시아 문헌과 언어, 풍습, 신화, 유물, 유적, 건축 상징물 등을 견주면 환단고기의 내용이 확인되며 모두 12

한국의 자손임을 알려준다.[73]

따라서 '조선'의 발음을 찾아서 온 유라시아 대륙에 있는 부족 이름을 조사하면 환단고기에서 말하는 고대 환국의 영토와 위구르인들이 주장하는 고대 위구르제국의 영토가 대략 일치함을 알 수 있다.

고대 몽골 초원 아르항가이에는 위구르족이 세운 12연방 유목국이 있었다. 그 중 북쪽에 타타르가 살았는데 '북부 조복 타타르'가 오늘날의 케레이족의 조상이 되었다.(출처 : "Казак Ру", Тай палары н ы н т а р п х ы《Керей》, Алаш, 2014, 18~19쪽)

카자흐족에 따르면 그들의 조상 삭족(카:Сак)이 티베트에서 파미르를 거쳐 알타이산맥에서 동서로 갈렸다고 보고 있다. 그 중 한 지류로 한국인을 삭족의 후예로 보고 있다.[74]

(3) 맑닭에서 나온 이름들

맑닭에서 무당, 무쿠리, 말갈, 맥족, 몽골, 마한 등의 말이 나왔습니다.

1) 나라 이름 또는 겨레 이름

맑닭 → 맑삵 → 맑잙 → 맑핡 → 맑낡 → 맑앍
마케도니아 메디아 멕시코 맥족貊族 마한 모나코 무쿠리 말갈 모로코 몽골

2) 서울이나 마을 이름

맑닭 → 맑삵 → 맑잙 → 맑핡 → 맑낡 → 맑앍
목단 모동 무리실 모시골 문수 마산 맛질 마전 모전 무주 무학 마나과 매곡

3) 임금이나 무당 이름

맑닭 → 맑삵 → 맑잙 → 맑핡 → 맑앍
무당 문수 무수리 모세 마지 무학 마할 무쿠리 마고

4) 산과 물

맑닭 → 맑삵 → 맑잙 →맑낡 → 맑앍
말티 마고산 멱산 마니산 문수 무산 매산 마성 목재 미리내 메콩강 묵계 마강

73) 김정민, '환단고기는 진실이다', 「국학신문」 60호(국학원, 2011년 9월호)

74) 김정민, 《단군의 나라 카자흐스탄》(글로벌콘텐츠, 2015) 11쪽

5) 맑닭에서 온 산천 풍경

말갈(메디아, 맥시코, 마한, 몽골, 무쿠리)의 서울은 무리실(마살, 무주, 매곡, 문수, 맛질)일 것이며, 임금은 무당(무수리, 모세)일 것이며, 무당 이름은 '무당' 일 것이며, 당집도 '무당' 일 것입니다. 뒤로는 마고산(멱산, 매산, 무산)이 솟았고, 앞물은 미리내, 마강, 메콩강이 흐를 것입니다.

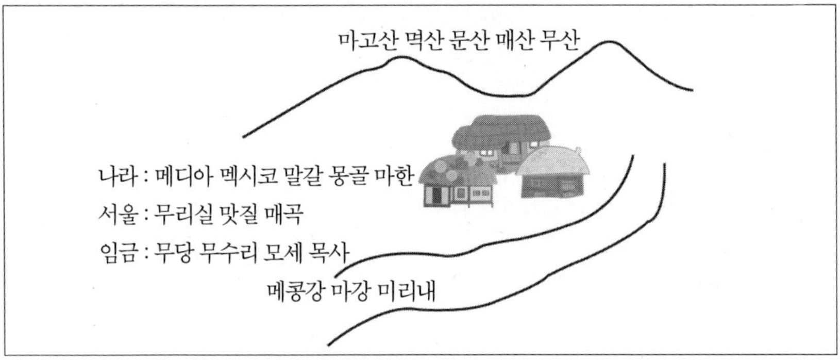

말갈(靺鞨)은 6~7세기쯤 만주 북동부에서 한반도 북부까지 살던 퉁구스계 민족이다. 주나라 때는 숙신, 한나라 때는 읍루라 불렸다. 본래 쑹화강[松花江] 유역을 물길(勿吉)이 지배했으나 6세기 중엽 물길의 세력이 약화되자 각 부족들이 자립했는데, 이들을 두루 말갈이라 부른다. 이후 고구려, 발해에 복속했으며, 발해 멸망 뒤 요나라 때부터 여진(女眞)이라 불리다가 청나라 때에는 만주족이라 했다. 말갈족은 또한 고구려와 당 전쟁에서 큰 공을 세우기도 했으며, 후에 거란족이 세운 요나라의 지배를 당하지만 아구다가 부족을 통합해 세력을 넓혀 금나라를 세우고 만주와 북중국을 지배한 여진족이 된다. — **문화콘텐츠용어사전(말갈)**

위 사전에 말갈을 주나라 때는 숙신, 한나라 때는 읍루, 6세기쯤에는 물길이라 불렀다는 내용이 나옵니다. 이는 말갈이 한결같이 3조선의 이름의 하나임을 증명하고 있습니다.

3조선 = 조선(고쿠리) + 배달(배크리) + 말갈(무쿠리)		
닭닭 → 삵삵 → 잙삵	밝닭 → 밝잙 → 밝앍	맑닭 → 맑잙 → 맑앍
타타르 숙신 직신	박달 백족 읍루	무당 맥족 맥이
단달 조선	배달 백이	물길 말갈

3조선 연방국 단군조선(81夷)의 복원

연방국인 단군조선(두루조선)은 81夷(실제로는 직할지 3국을 뺀 78夷)이며 닭닭닭(티타이트, 히타이트, 힉소스, 퀵투르크, 탕구트, 퉁구스, 단군조선, 이누이트), 닭밝닭(티베트, 드라비다, 배달조선), 닭맑닭(투메트, 왕검조선, 키메트, 가메시, 해모수)의 3제국 연방입니다.

닭닭닭	=	닭가르닭	+	닭밝닭	+	닭맑닭
티타이트		탕구트		티베트		투메트
단군조선		**신조선**		**불조선**		**말조선**
연방조선		**단군조선**		**배달조선**		**왕검조선**
(81夷)		(27夷)		(27夷)		(27夷)

(1) 닭닭닭(또는 닭가르닭)에서 나온 단군조선(두루조선)

↗ 홝닭닭 → 홝삵삵 → 앍앍삵 → 앍삵닭 → 앍앍닭 → 앍잙삵
　히타이트　힉소스　이르크스크　아사달　야쿠티아　갠지스(강)

닭닭닭 → 닭앍닭 → 닭닭삵 → 닭홝앍 → 닭가르삵 → 잙가르삵 → 닭자르삵
티타이트 ↘ 탕구트　텬태산　퉁화강　퉁구스(칸)　징기스칸　단군조선

텬독국
두루조선
앍앍닭 → 앍가르닭 → 앍가르삵 → 앍나르앍 → 앍아르잙
퀵투르크　얽끝 얽꽃　아카시아　얽나라(연방국)　얽우주(대우주)

이제 우리가 닭닭닭에서 온 단군조선이 티타이트(천독국, 히타이트, 힉소스, 퀵투르크, 탕구트, 퉁구스, 이누이트, 이르크츠크, 야쿠츠크, 야쿠티아, 오호츠크)임을 처음으로 밝히는 숙연하고도 엄숙한 순간을 맞이하고 있습니다. 단군조선은 이제 거의 다 복원되었다고 해도 과언이 아닐 것입니다.

1) 닭닭닭(단군조선)에서 온 나라 이름

닭닭닭 ↗ 닭잙삵 → 닭앍닭 → 닭앍삵
티타이트　단군조선　탕구트　퉁구스 ↘

↘ 홝닭닭 → 홝삵삵 → 앍앍닭 ↗
　히타이트　힉소스　퀵투르크 이누이트

→ 앍잙삵 → 앍낡앍
　얽조선　얽나라

2) 닭닭닭(단군조선)에서 온 임금이나 무당

닭닭닭 → 닭앍찱 → 닭앍삵 → 잙앍삵
두테르테 다루가치 퉁구스칸 징기스칸

3) 닭닭닭(단군조선)에서 온 서울 이름

닭닭닭 → 잙닭앍 → 핡삵삵 → 핡삵앍 → 앍삵닭
뎐데단天帝檀 장단경 홀승골성 하서량 아사달

4) 닭닭닭(단군조선)에서 온 산

닭닭닭 → 닭닭삵 → 찱닭삵 → 낡앍삵 → 앍찱삵 → 잙삵잙
두타달 돈달산 두타산 천등산 천태산 나각산 경청산 조선재 저수재

5) 닭닭닭(단군조선)에서 온 물

닭닭닭 → 닭닭앍 → 닭앍삵 → 찱찱앍 → 낡닭앍 → 앍잙삵
돈달탕 대동강 티그리스강 청천강 낙동강 갠지스강

6) 닭닭닭(단군조선)의 산천 풍경

연방국인 단군조선의 서울은 당연히 아사달 또는 장단경이며 연방국 황제는 징기스칸(단군 또는 선우의 제도적 호칭)입니다. 아사달 뒤로는 둔덕산, 대둔산, 두타산, 천독산, 천등산, 천태산이 솟았고 천등산에는 천제단이 있을 것이며 그곳 무당은 다루가치일 것입니다. 앞물은 대동강 또는 낙동강 또는 갠지스강으로 흐를 것입니다.

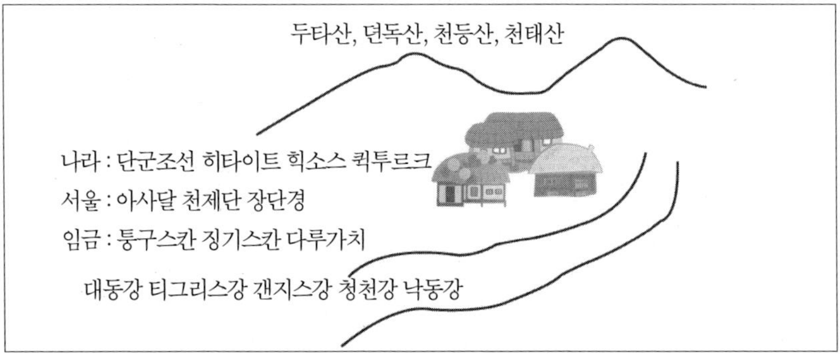

〈히타이트와 힉소스〉

히타이트는 기원전 18세기부터 기원전 12세기까지 강성하여 메소포타미아, 아나톨리아반도, 이집트까지 지배했던 무리인데 학자들은 인도유럽어족으로 보고 있지만 최근에 그들이 몽골로이드라는 설이 강한 것으로 알고 있습니다. 저는 물론 우리와 가까운 몽골로이드로 보고 있습니다. 그 까닭은 '히타이트' 가 단군조선(조선연방)으로 풀리기 때문입니다. 힉소스는 기원전 17세기에 나일강 유역으로 점차 침투해 들어와 결국 하(下)이집트를 다스리게 된, 셈족과 아시아인들의 혼합 집단이며 이집트 제15왕조(BC 1674쯤~1567쯤) 때 통치했다고 했는데 이 무리는 히타이트와 다르지 않을 것입니다. 그러므로 히타이트든 힉소스든 이 집단이 혼합 종족이라 하더라도, 최소한 그 지배세력은 아시아인 곧 몽골로이드일 가능성이 높습니다.

(2) 닭밝닭(두루배달)에서 나온 배달조선(연방배달)

1) 닭밝닭(배달조선)에서 온 나라 이름

아래서 보는 것처럼 배달조선(배달연방)의 말뿌리는 닭밝닭입니다. 이는 두루배달, 드라비다, 티베트임을 알 수 있습니다. 또한 '두루배달' 이 '한배달' 이요, '얽배달(배달연방)' 이요, 진번국이요, '배달조선' 임을 알 수 있습니다. 그리고 말뿌리가 같은 것으로 보아 티베트와 우리 조상들과는 분명 무슨 인연이 있을 것입니다. 또한 인도의 드라비다족과 티베트 사람들도 무슨 인연이 있을 것입니다. 거리도 가깝습니다.

		닭밝앍	→	삵밝앍	→	잙밝앍		
	↗	대부여 태백국		선비국 시베리아		진번국	↘	
닭밝닭								앍밝앍
티베트	↘	삵밝닭	→	핡밝닭	→	앍밝닭	↗	얽부여(연방부여)
두루배달		신배달		한배달		얽배달(애급트)		알바니아
드라비다		소비에트				(배달조선) 압독(국)		

또한 아래를 보면 '대배달' 이 '대부여' 이며, '선비국' 이며, '진번국' 이며, '얽부여(연방부여)' 임을 알 수 있습니다.

닭밝닭	→	닭밝앍	→	삵밝앍	→	잙밝앍	→	앍밝앍
대배달		대부여 → 터부		선비국 → 선비		진번국 → 진번		얽부여(연방부여)
두루배달		토번국 → 토번						알바니아
드라비다		태백국 → 태백						이베리아
		태봉국 → 태봉						안파견(환인)

여기서, 우리 역사에서 신라가 무너질 무렵 궁예가 세운 '태봉국' 은 '태백국' 이요, '티베트(두루배달)' 이며, 이는 '배달조선' 을 뜻함을 알 수 있습니다.

2) 닭밝닭(배달조선)에서 온 임금이나 무당

'주피터' 는 로마제국의 최고신인데 이것이 '아바타' 이며, '안파견(환인)' 임을 알 수 있습니다. 또한 건축의 최고책임자인 '도편수' 는 '자부선생' 과 관련이 있음을 알 수 있습니다.

닭밝닭 →	닭밝삵 →	잙밝닭 →	잙밝삵 →	앍밝닭 →	앍밝앍
태백당 티베트	도편수	주피터	자부선생	아바타	안파견(환인)

3) 닭밝닭(배달조선)에서 온 서울 또는 마을

한편 '닭밝닭' 에서 뒤의 '닭' 이 생략되면 '닭밝' 이 됩니다. '닭밝' 을 말뿌리로 하는 아래의 마을 이름들은 모두가 '절벽' 을 뜻하는 높은 기슭에 있는 마을로 해석됩니다.

닭밝닭 →	닭밝 →	닭홝→	잙밝 →	삵밝 →	핡밝 →	앍밝
티베트	투르판 터부	돈황	진평 집안 천평	서라벌 사벌 성평	해평	알평 오보
	태백 태봉 테베		증평 진보 절벽	서벽 수평 수비	후포	은평 우보
	토번 대판 대평		청백 청평	석보 서귀포 선비	할빈	은풍 안평

4) 닭밝닭(배달조선)에서 온 산과 물

닭밝닭 →	닭밝삵 →	잙밝삵 →	앍밝닭 →	앍밝삵 →	앍밝앍
티베트	태백산	장백산	유프라테(스)	알프스	압록강 알박강 아바장강

5) 닭밝닭(배달조선)에서 온 산천 풍경

배달조선(두루배달, 한배달, 대부여, 티베트, 드라비다, 이집트, 진번국, 선비국)의 위임받은 통치자는 아바타(안파견, 환인)입니다. 서울은 태백(투르판, 테베, 돈황, 집안)이며 신당으로 태백당(터부)이 있고 무당 또는 무신은 주피터입니다. 뒤로는 태백산이나 장백산이 솟았고 앞으로는 압록강(아바장강, 유프라테스강)이 흐를 것입니다.

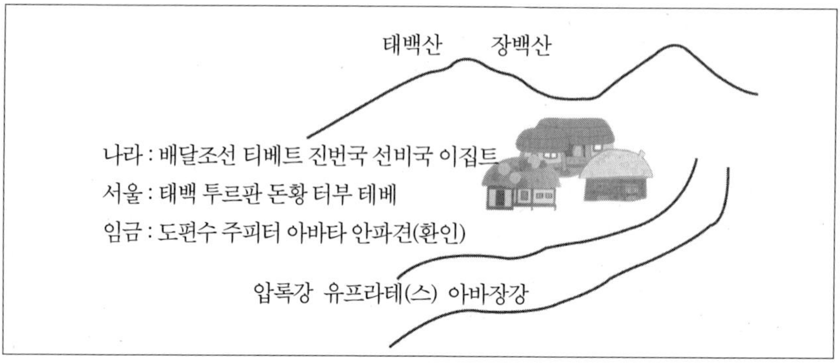

〈선비국〉

선비국도 우리 계통에 속하는 것으로 보입니다.

선비(중국어: 鮮卑, 병음: Xianbei, 기원전 1~6세기)는 하북성(헤베이성)에서 모인 혼혈 유목민이다. 위진남북조시대에는 남하해 중국에 북위 등의 나라를 세웠다. '선비'를 풀면 '혼합(타부리)'이며, 선비족은 하북성, 요동 서부에 살던 민족과 관계가 깊다. 따라서 선비족은 흉노, 돌궐, 말갈과는 태생이 조금 다르고, 같은 선비족도 부족에 따라 조금씩 다르다. 선비족 출신인 당 태종이 황제헌원씨의 후손이라고 주장한 것도 이러한 요소가 있다. 기원전 127년 전한 무제가 위청을 보내 허타오지역을 흉노에서 빼앗는다. 그 뒤 흉노를 막으려고 그곳에 연이어 정착촌을 세우고 삭방(朔方)군과 오원(五原)군을 둔다. 이때 내몽고 동부 땅은 선비족이 점령한다. 선비는 흉노가 한에게 굴복한 후 이곳에서 활발하게 활동한다. 그들은 동호(東胡)족의 북쪽 일파며 동호족의 남쪽 일파는 오환(烏桓 또는 烏丸)이다. 말은 몽골어계통이라는 설이 세지만 투르크계, 몽골계, 퉁구스계와의 혼혈이라는 설도 있다. 선비족의 흥성은 1세기 흉노족의 몰락 시기와 같다. 서기87년과 93년에 그들은 흉노족의 두 선우를 벤다.

동호東胡	북쪽 일파 : 선비 남쪽 일파 : 오환	닭밝 → 사르밝 → 아르밝 → 아르홝 선비 안파견 아보기 오환

선비족은 기원전에는 대흥안령산맥 기슭에서 목축, 수렵을 주로 하며 흉노에 딸렸다. 그 후 흉노가 북과 남으로 갈리자 선비는 전한과 관계를 맺는 부족이 나오는 등 반독립상태가 된다. 1세기 무렵 북흉노가 후한과 싸우는 사이 전한과 손잡고 북흉노를 몽골고원에서 서쪽으로 쫓는다. 2세기 반경 단석괴(壇石槐)가 부족을 아울러 드세어지나 그가 죽자 다시 갈렸다. 후한시대, 한(漢)은 남흉노와 손잡고 북흉노를 서아시아로 밀어낸다. 이때 사실상 흉노는 와해되고, 남흉노는 한나라에 공조 관계를 갖는다. 한이 무너져 삼국시대가 되자, 이때부터 유목민이 내려와 한족과 통합되는 과정이 있다. 흉노의 지배를 받던 갈족, 말갈족도 하북성, 산동성 등으로 남하했다. 한 보기로 관구검의 휘하 부대는 말갈족, 갈족으로 이루며, 그

부대가 고구려의 수도를 함락시켰다. 선비족은 삼국시대 이후로 중국과 만주의 징검다리 지역인 하북성에서 한족과 유민민족이 결합한 민족을 말한다. 한족은 유민민족으로 개량되고, 유민민족은 한족으로 개량된다. 이런 과정은 삼국시대, 5호 16국, 북위, 동위, 서위, 북제, 북주, 수까지 이어진다.

후한이 망하고 서진(西晋)의 황족 중에 8왕의 난이 일어나자 선비족은 용병으로서 차츰 중국 안으로 들어온다. 흉노의 유연(劉淵)이 서진으로부터 독립해 전조(前趙)를 세우자 선비족도 이어 나라를 세워 오호십육국시대가 된다. 이즈음의 선비는 여섯 부족이 드세어 각각 나라를 세운다.

① 탁발부(拓跋部-北魏) ② 모용부(慕容部-前燕 後燕 西燕 南燕) ③ 단부(段部)
④ 우문부(宇文部 - 北周) ⑤ 흘복부(乞伏部 - 西秦) ⑥ 독발부(禿髮部-南涼)

6개의 부족 중 선비족의 정체성이 센 부족은 탁발부, 모용부이고, 단부, 우문부는 오환족에 가깝다. 흘독부, 독발부는 본래 선비족에서 나왔다고 하며, 남량이 망하고 북위에 딸렸다. 이 밖에 모용부로부터 나와 서천한 토욕혼(吐谷渾)도 선비계인데 현지의 강인(羌人)도 융합했다.

탁발부의 북위(北魏)는 439년에 화북을 통일해 남북조시대가 된다. 그 후 수의 양견(楊堅)이 중국을 통일하나 양견은 우문부가 세운 북주(北周)의 외척이며 그도 선비 출신일 가능성도 있다. 같은 선비족시기 다얀씨(대야씨大野氏)인 북주(北周)의 귀족인 당의 이연(李淵)도 선비 출신일 가능성이 주장된다. 북위의 한족화 정책으로 선비족은 한족에 동화된다.

선비족 중 요서에 살던 사람들은 당나라 후기에 거란이 되어 요(堯)를 세웠다. 이때 그 휘하에 있던 말갈족, 갈족들이 일부 동만주로 옮긴다. 말갈족, 선비족, 타타르 혼합 민족인 여진이 거란을 정벌하고 거란인이 반란을 일으키지 못하도록 그 주위에 여진인을 배치해 거란, 여진의 민족 통합이 이루어진다. 요서 선비족은 거란족을 거쳐 여진족으로 바뀌고, 금(金) 멸망 후 해서 여진, 야인 여진, 건주 여진으로 나뉜다. — 위키백과(선비족)

(3) 닭맑닭에서 나온 말갈조선(왕검조선)

우리는 단군왕검이 세운 나라를 단군조선이라 합니다. 이 단군조선을 왕검조선이라고도 하는데 그 까닭은 단군조선을 세운 이가 단군왕검이기 때문일 것입니다. 이는 단군조선과 왕검조선을 동일체로 보는 것입니다.

단군조선과 왕검조선을 동일체로 보는 것은 맞기는 하나 조금은 미묘한 설명이 필요합니다. 단군조선은 3조선 연방국인데 우리가 앞에서 배운 바와 같이, 그 안에 단군조선, 배달조선, 왕검조선이 있기 때문입니다.

단군조선	=	단군조선	+	배달조선	+	왕검조선
(연방조선)		(신조선)		(불조선)		(말조선)

1) 닭맑닭에서 온 말갈조선(말조선, 왕검조선)

왕검조선은 닭맑닭(투메트)에서 온 말로서 말갈조선(말갈연방)을 뜻합니다. 환단고기에 나오는 수밀이국도 여기에 해당함을 알 수 있습니다.

닭맑닭 →	닭맑앍 →	삵맑앍 →	앍맑앍 →	앍맑삵 →	앍맑잙
투메트 타무딕	다물국	수밀이국	얽말갈(말갈연방)	왕검게세르	예맥족
두루무당	탐라국	샤먼국	임금나라(임나)	왕검조선	키맥족

2) 닭맑닭(말갈조선)의 서울 또는 마을

		삵맑잙 →	잙맑잙 →	핡맑잙 →	앍맑잙 →	가르맑잙
	↗	삼량진	주문진	험측	우금치	검재
닭맑닭 →		삵맑닭 →	잙맑닭 →	핡맑닭 →	앍맑닭 →	가르맑닭
두메땅	↘	샤먼당	주몽당	험독	알마티	금미달 금당 귀밀
타무딕		삵맑삵 →	잙맑삵 →	핡맑삵 →	앍맑삵 →	가르맑삵
		샤먼성	주몽성	할무성 하무실	왕검성	까막수리

3) 닭맑닭(말갈조선)의 임금이나 무당

닭맑닭 →	닭맑삵 →	닭맑잙 →	할맑닭 →	앍맑닭 →	핡맑삵 →	앍맑삵
투메트	토미리스	테무진	할미당	곰딸(웅녀)	할마시	가메시
		도무지			해모수	

4) 닭맑닭(말갈조선)의 산

닭맑닭 →	닳맑삵 →	닭맑잙 →	삵맑삵 →	핡맑삵 →	앍맑삵
투메트	토함산	다물재	수미산	할무성 할미산	곰산
			삼위산	히말라야산	금성

5) 닭맑닭(말갈조선)의 물

닭맑닭 →	닭맑앍 →	삵맑앍 →	앍맑닭 →	앍맑삵 →	앍맑잙 →	앍맑앍
투메트	두만강	섬진강	엄리대강	엄수	아마존강	아무르강
		시라무렌강	아무다리아강			흑룡강

6) 닭맑닭(말갈조선)의 산천 풍경

말갈조선(왕검조선, 수밀이국, 티무르국, 탐라국, 임나)의 서울은 왕검성 또는 금미달이나 금당이며 위임받은 통치자는 테무진(티무르, 가메시, 해모수, 웅녀)입니다. 왕검성 뒤로는 히말라야산(수미산, 토함산, 곰산)이 솟았고 그 산에는 할미당이 있습니다. 할미당에는 할마시 또는 해모수라는 무당이 있습니다. 앞으로는 두만강(아무르강, 아마존강, 섬진강)이 흐르고 있을 것입니다.

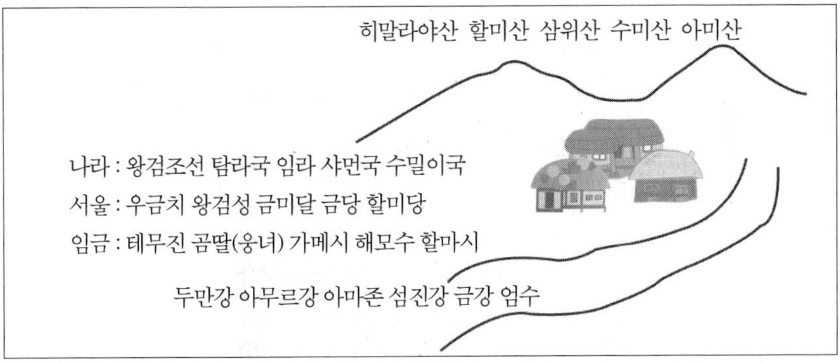

〈임둔〉
우리 역사에 '임둔(臨屯)' 이라는 이름이 보이는데 이는 '웅녀' 를 뜻하며 예맥족일 것입니다.

닭맑닭 →	삵맑닭 →	잙맑닭 →	앍맑닭 →	앍맑삵 →	앍맑잙
두메땅	사마르칸트	주몽당	임둔 금미달 금당	까막수리	예맥족
			곰딸(웅녀) 귀밀 알마타	왕검성	우금치

연방국 단군조선 형세 상상도

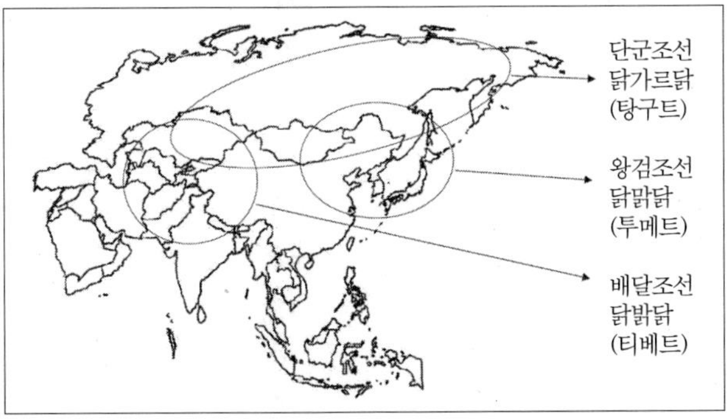

〈조선 연방 형세 상상도〉

연방국 단군조선의 형세는 한 때는 옆그림과도 같았을 것으로 추정됩니다. 이 상상은 엉터리일지도 모르지만 우리가 알고 있던 단군조선

보다 대단합니다.

신국(神國)

(1) 신국(神國)의 개념

연방국 3조선에는 선우가 손수 다스리는 종주국 '단군조선' 이 있는데 이를 신채호 선생은 신조선(神朝鮮)이라고 했습니다. 신조선(神朝鮮) 안에 선우(황제)의 궁궐이 있는 작은 나라(지금의 서울이 있는 경기도와 같은 소국)를 신국(神國)이라고 한 것으로 보입니다. 신국은 단군국, 색리국, 선우국, 색국(索國)이라고도 한 것으로 보입니다.

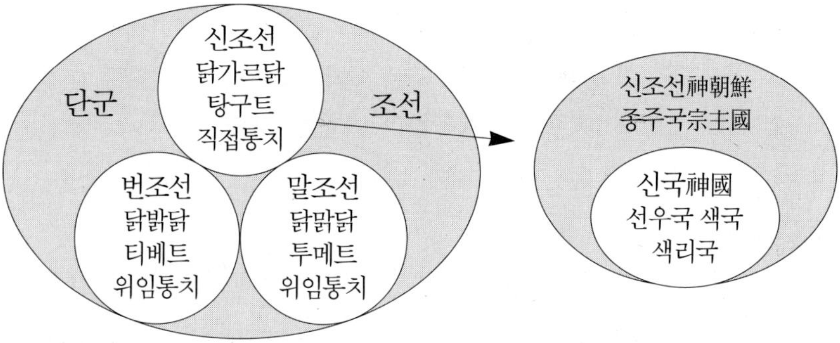

단군조선 = 단군조선 + 배달조선 + 마고조선
(연방국) (선우 직접 통치) (위임통치) (위임통치)
닭가르달 닭밝닭 닭맑닭
종주국(宗主國)
↓
닭가르닭 → 닭가르삵 → 닭자르삵 → 삵자르삵
탕구트 퉁구스 단군조선 신조선(神朝鮮)
↓
닭닭 → 삵닭 ↓
닭티아 삵티아 ↓
단군국 색리국 → 색국(索國) → 선우국 → 신국(神國)

*경기도의 '경기' 는 '게세르(통치자)' 를 뜻하므로 경기도는 서울의 인근 지역(수도권, 도성의 5백리 이내)으로서 임금이 손수 다스리는 땅을 말합니다.

가르닭 → 가르삵 → 가르왉 거서간 게세르 갈가리 경기	경기도 = 경기(京畿) + 도道 게세르(통치자) 땅

(2) 신국(神國)의 기능

신국의 황제인 선우(單于, 공식 명칭은 '튱구스칸')는 제사장(샤먼)이며 살아 있는 신(神)입니다. 선우의 위상과 권위는 대단합니다. 당장 좌현왕(배달조선 임금)과 우현왕(왕검조선 임금)을 임명했고, 유럽의 여러 나라의 왕조를 세우는 데도 직결되었을 것입니다. 다만 시간이 많이 흐른 뒤 동양에서는 그 역할을 하화에게 넘겨주었고, 유럽에서는 로마제국에게 넘겨주었을 것입니다.

저는 다음 글을 보고 신라의 황금보검은 당시 단군조선의 종주국인 신국(神國)에서 연방국 산하 각국 왕들에게 보낸 일종의 인증물의 하나라고 봅니다.

경주 계림로 14호 묘에서 나온 황금보검은 여태까지 한국에서 발굴된 검과는 사뭇 다른 양식인데 이와 같은 검이 카자흐스탄과 흑해 연안에서도 발굴된다. 이와 같은 황금보검이 카자흐스탄과 한국에만 있는 것이 아니라 우즈백족의 조상인 월지(유연, 아바르)족이 살던 크림반도, 이탈리아에서도 발견된다. 이에 대해 현지 카자흐스탄 사학자들에게 물으니, 러시아식 역사교육을 제대로 받았는지 하나같이 무역으로 전래된 것이라고 말했다. 그러나 필자는, 과거도 그렇고 지금도 결코 일어날 수 없는 일이라고 생각한다. 왜냐하면 이러한 보검의 교환은 황가와 황가 사이에만 이루어진 것으로 영토가 넓어져 누가 그곳을 다스리러 갈 때 받았던 통치권을 대표하는 권위의 상징이지 돈으로 사고파는 물건이라고 볼 수 없기 때문이다. 따라서 황금보검이 유럽에서부터 한국에까지 드넓게 퍼진 것은 시기적으로 보아 흉노족의 선우(황제)가 다른 곳의 선우에게 정식지배자로 인정하는 일종의 증거물로 주었다고 보아야 한다. 백제도 칠지도를 일본에 준 것처럼 영토가 확장되고 그곳에 왕자가 통치자로 발령을 받아 갈 때 통치권을 인정하는 상징으로 주었을 가능성이 높다.

보검의 제작 기법이나 재료가 다양한 것은 그만큼 흉노족의 영향이 온 유라시아에 미치고 있음을 반증한다. 〈로마문화 왕국 신라〉를 쓴 요시미즈 츠네요씨는 재료는 페르시아에서 왔고 제작 기법은 로마식인 것으로 보아 로마에서 온 것이라고 말했는데 그렇다고 해서 이 황금보검을 로마제국에게 받았다고 볼 수는 없다. 왜냐하면 그 당시 훈족의 국력은 절정에 이르렀으므로 훈족이 로마제국에 OEM 방식으로 제작을 주문했을 가능성이 크기 때문이다. 훈족은 당시 유럽을 석권하고 페르시아와 인도를 다스리던 같은 스키타이계 쿠산왕조에 귀금속을 제공받아 로마제국에서 최종적으로 만들었을 가능성이 크다.

즉 당시 만들어진 황금보검이 가지는 뜻은 AD 4~5세기경 국력이 절정에 이른 스키타이계 국가들이 스스로 얼마나 대단한가를 보여주려고 일부러 각지에서 귀금속을 모으고 유럽 최강국인 로마제국에 요구해 만들게 했던 것이 아닐까. 이 보검을 받은 왕국들은 당시 스키타이계 국가들 중에도 골품의 서열이나 정통성이 높았을 것으로 생각된다.[75]

고조선 건국 당시의 상황

여기서 저는 고조선의 건국에 대해서 조심스럽게 생각해 봅니다. 고조선의 첫 아사달(서울)은 홍산지역으로 추정됩니다. 그리고 홍산문명이 기원전 3500년쯤이라면 고조선의 시작도 당연히 이와 거의 같을 것입니다.

그렇다면 고조선 건국을 기원전 2333년으로 잡은 삼국유사의 기록은 훨씬 더 앞당겨져야 할 것입니다.

그리고 흉노의 조상은 고조선과 같을 것이며, 그들은 차츰 서쪽으로 갔을 것입니다.

이는 고조선족의 확산을 뜻한다고 봅니다.

또한 중국의 초고대 역사도 고조선 사람들이 홍산에서 내려가서 시작되었을 것입니다. 이는 초고대 하화의 지배세력이 고조선족임을 말합니다.

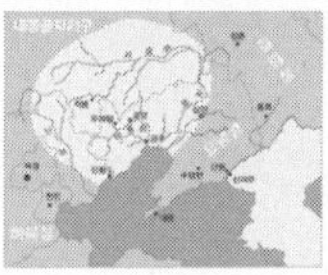	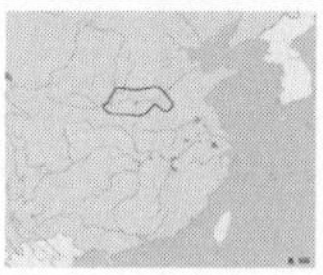	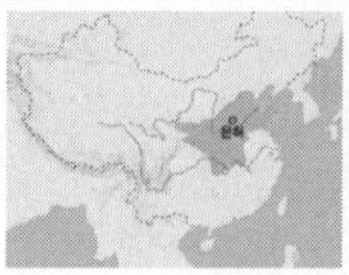		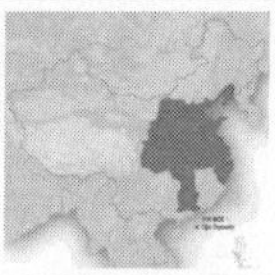
홍산문명	夏	殷	周	秦

75) 김정민, 《단군의 나라 카자흐스탄》(글로벌콘텐츠, 2015) 196~198쪽

7. 삼한(三韓) 복원도

동국통감 외기에 나오는 삼한(三韓)의 내용부터 봅니다.

마한(馬韓) : 기준(箕準)이 이미 위만(衛滿)의 침공을 받아 빼앗겼다. 좌우의 궁인(宮人)을 데려 달아나 바다를 건너 한지(韓地)인 금마군(金馬郡)에 가 살며 스스로 한왕(韓王)이라 했다. 백성들은 농사를 지으며, 잠상(蠶桑)하고 면포(綿布)를 한다. 각각 장수(長帥)가 있는데, 큰 자는 신지(臣智)이고, 그 다음은 읍차(邑借)다. 산과 바다 사이에 흩어져 사는데, 성곽(城郭)은 없다. 무릇 50여 국이 있다. 큰 나라는 만여 호고 작은 나라는 수천 호인데, 모두 10여 만 호(戶)다. 풍속은 강기(綱紀)가 적고 초옥(草屋)과 토실(土室)을 지어 살며 문은 위쪽으로 나 있다. 풍속은 금은이나 금계(錦罽)보다 영주(瓔珠)를 귀하게 여겨 머리에 꾸미고 귀에 드리우는 데에 썼다. 남자는 백포(帛袍)를 입고 초갹(草蹻)을 신으며, 성질이 용감하고 사나워 떠들어대며 일하고, 활 · 방패 · 창 · 노(櫓)를 잘 썼다.

진한(辰韓)은 마한의 동쪽인데, 스스로 말하기를, '진(秦)에서 역(役)을 피해 한(韓)에 들어오니, 마한에서 동쪽 경계(境界)를 나누어 주고 성책(城柵)을 세웠다.' 고 했다. 말이 진인(秦人)과 비슷한 점이 있어, 진한(秦韓)이라고도 하는데, 마한 사람으로 임금을 삼아 대대로 이으나 자립하지 못하니, 마한의 제재를 받은 것이 분명하다. 땅은 오곡(五穀)을 심기에 알맞고, 풍속은 풍요로우며, 잠상(蠶桑)하고, 겸포(縑布)를 잘 만든다. 우마(牛馬)를 타거나 부렸고 가취(嫁娶)에 예(禮)로써 하여 그 풍속이 남녀의 구별이 있고, 길을 가다 만나면 멈춰 서서 길을 양보한다.

변한(弁韓)이 있는데 그 시조(始祖)는 알 수 없고, 진한에 딸렸다. 진한 · 변한 두 나라는 각각 12국을 이끌고, 또 여러 작은 별읍(別邑)을 두었으며, 각각 거수(渠帥)가 있는데, 큰 자는 신지(臣智)라 하고, 그 다음은 차례로 험측(險側), 번예(樊濊), 살해(殺奚), 읍차(邑借)라 한다. 24국인데 큰 나라는 4, 5천 가(家)고, 작은 나라는 6, 7백 가(家)로, 모두 4, 5만 호(戶)다.

권근(權近)이 말하기를, "삼한에 대한 설은 많다. 조선왕 기준(箕準)이 위만(衛滿)의 난을 피해 바다를 건너 남으로 가 나라를 세워 마한이라 했는데, 백제 온조(溫祚)가 그를 병합했다. 지금 익주(益州)에는 고성(古城)이 있는데, 사람들이 기준성(箕準城)이라 부르고 있으니 마한이 백제가 된 것은 의심할 바 없다. 진한은 신라 시조 혁거세가 일어난 곳으로 신당서에 이르기를, '변한은 낙랑 땅에 있다.' 했고, 또 '평양은 옛 한(漢)의 낙랑군이다.' 라 했으니 진한이 신라가 되고, 변한이 고구려가 된 것도 의심할 것이 없다. 후한서에 '변한은 남쪽에 있고, 진한은 동쪽에 있으며, 마한은 서쪽에 있다.' 고 했는데, 변한이 남쪽에 있다고 한 것은 대체로 한(漢)이 요동 땅을 경계로 삼은 데서부터 말한 것이고, 변한이 진한이나 마한 두 한(韓)의 남쪽에 있다는 것은 아니다. 그러므로 최치원이 마한은 고구려며, 변한은 백제라 한 것은 잘못이다." 했다.

신등은 살피건대, "삼한이 다스린 70여 국 이름이 진수(陳壽)의 삼국지와 같으니, 꾸며낸 것은 아닐 것입니다. 그러나 동사(東史)에는 전하지 않으니 지금은 그 소재를 알 수 없습니다.

— (동국통감 외기) 마한 · 진한 · 변한

〈마한 54국 풀이〉

닭→촮 → 삷 → 읡 초리楚離 신흔臣釁 상외桑外 사로駟盧 일난一難 일화日華 원양爰襄 일리一離	가르 고리 구로 古離 狗盧	밝 비리 불운 卑離 不雲	
맑 막로 만로 莫盧 萬盧	맑닭→맑삵 밝닭→밝촮 → 웕 촮 모수 백제 월지 牟水 伯濟 月支	가르맑→가르맗 감해 건마 感奚 乾馬	가르밝 고포 고랍 古蒲 古臘
가르닭→가르삵→가르홝→가르읡→아르촮 구소 구해 고원 원지 狗素 狗奚 古爰 爰池	닭닭→삵삵 (소)석색(대)석색 신운신 小石索 大石索 臣雲新		
닭밝→촮밝→삵밝→삵밟→삵웕→낡밝→좕밝 첩로 신분활 소위건 내비리 지반 捷盧 臣濆活 素謂乾 內卑離 支半	맑밝 모로비리 牟盧卑離	밝맑 불미 비미 不彌 卑彌	
닭맑→촮맑 → 낡맑→읡맑 자리모로 노람 아림 염로 咨離牟盧 怒藍 兒林 冉路	닭맑밝→좕맑밝 점리비 占離卑	닭맑닭밝→읡맑삵밝 임소반 臨巢半	
닭밝닭→삵밝삵 속로불사 速盧不斯	밝닭밝→밝삵밝 비사벌 不斯濆邪	가르맑밝→가르맗밝 감해비리 監奚卑離	닭닭닭→삵삵닭 신소도 臣蘇塗
닭맑닭→욿맑닭 우휴모탁 優休牟涿	가르닭닭→가르닭좕→가르삵닭 고탄자 구사오단 古誕者 臼斯烏旦	가르닭밝→아르읡밝 여래비리 如來卑離	
가르닭맑→자르촮맑 지침 支侵	닭가르닭→ 촮가르읡 치리국 致利鞠	닭닭닭밝→ 촮삵닭밝 초산도비리 楚山塗卑離	밝밝 벽비리 辟卑離

마한 54국 중 불사분야국(不斯濆邪國)은 오늘의 창녕일 것입니다. 창녕을 진한의 불사국(不斯國)으로 비정하기도 하나 이는 잘못으로 보입니다. 불사국은 백제국으로 풀리기 때문입니다. 열쇠는 창녕을 '비사벌'이라 하는 데 있습니다.

밝닭→밝삵→밝좕 불사 변진 백잔 백제	밝닭밝→밝삵밝 비사벌 불사분야→불사분야국

〈진한 12국 풀이〉

<table>
<tr><td>ᄃᆞᆰ → ᄉᆞᆰ → ᄋᆞᆰ
사로斯盧 이저已柢</td><td colspan="2">ᄇᆞᆰᄃᆞᆰ → ᄇᆞᆰᄉᆞᆰ
불사不斯</td><td>ᄆᆞᆰ
마연馬延</td></tr>
<tr><td colspan="3">가르ᄃᆞᆰ → 가르ᄋᆞᆰ → 자르ᄉᆞᆰ → 하르ᄋᆞᆰ → 아르ᄌᆞᆰ
근기勤耆 주선州鮮 호로戶路 우중優中</td><td>가르ᄃᆞᆰᄆᆞᆰ → 아르ᄃᆞᆰᄆᆞᆰ
여담如湛</td></tr>
<tr><td colspan="2">ᄃᆞᆰᄆᆞᆰᄆᆞᆰᄃᆞᆰ → ᄂᆞᆰᄆᆞᆰᄆᆞᆰᄃᆞᆰ
난미리미동難彌離彌凍</td><td colspan="2">가르ᄆᆞᆰ → 아르ᄆᆞᆶ
군미軍彌 염해冉奚</td></tr>
</table>

〈변한 12국 풀이〉

'변한' 은 '변진' 으로 적었는데 이는 'ᄇᆞᆰᄃᆞᆰ' 으로 풀립니다. 변한의 나라 이름들은 11개국이 이름 앞에 '변진' 이 붙고 1개국이 '변' 이 붙는데 이는 무시하고 풉니다. 예를 들면 '변진 접도국' 의 '변진' 은 생략하고 '접도국' 만 풀이한 것입니다.

<table>
<tr><td colspan="5">가르ᄃᆞᆰ → 가르ᄋᆞᆰ → 아르ᄉᆞᆰ → 아르ᄋᆞᆰ
카르타고 구야狗邪 아시라 아라安邪</td><td colspan="3">ᄆᆞᆰᄆᆞᆰᄃᆞᆰ
미리미동彌離彌凍</td><td>ᄃᆞᆰᄃᆞᆰ → ᄂᆞᆰᄂᆞᆰ
낙노弁樂奴</td></tr>
<tr><td>ᄃᆞᆰ
독로瀆盧</td><td>ᄇᆞᆰ
반로半路</td><td colspan="2">가르ᄆᆞᆰ
감로甘路</td><td colspan="2">ᄃᆞᆰᄇᆞᆰᄃᆞᆰ → ᄌᆞᆰᄇᆞᆰᄃᆞᆰ
티베트 접도接塗</td><td colspan="3">ᄃᆞᆰᄃᆞᆰᄆᆞᆰ → ᄌᆞᆰ ᄌᆞᆰ ᄆᆞᆰ
주조마走漕馬</td></tr>
<tr><td colspan="3">가르ᄃᆞᆰᄃᆞᆰ → 가르ᄉᆞᆰᄉᆞᆰ
고순시古淳是</td><td colspan="4">가르ᄃᆞᆰᄆᆞᆰᄃᆞᆰ → 가르ᄌᆞᆰ ᄆᆞᆰᄃᆞᆰ
고자미동古資彌凍</td><td colspan="2">ᄆᆞᆰᄃᆞᆰᄆᆞᆰ → ᄆᆞᆰᄋᆞᆰᄆᆞᆰ
미오야마彌烏邪馬</td></tr>
</table>

삼한은 마한 54국, 진한 12국, 변한 24국 등 78국에 이릅니다. 그런데 이 78개국은 우연히 이렇게 된 것이 아니라 굉장히 중요한 뜻을 가지고 있습니다.

삼한 78국 = 마한 54국 + 진한 12국 + 변한 12국

이 78국은 삼한 전체가 3진법에 의한 이상적인 하나의 대우주를 나타낸 오묘한 숫자로서 81에서 3을 뺀 숫자입니다.

1ᄃᆞᆰ(1족) → 1개 부족(部族) = 일재(1才)
3ᄃᆞᆰ(3족) → 3개 소국이면서 1개의 나라 = 삼재(三才)
3ᄃᆞᆰ(3족)×3 = 9(九夷) → 9개 소국이면서 1개의 제국 = 삼극(三極)
9(九夷)×9 = 81개 소국이면서 3개 제국의 연방 = 삼태극(三太極)

*제국연방의 실제 부족(소국) 수 : 81 - 3 = 78(3소국은 황제 직할이기 때문)

위에서 81이란 숫자는 마한, 진한, 변한 등 구이(九夷)의 9배수를 나타냅니다. 81국에서 3을 뺀 78국밖에 아니 되는 까닭은 아마도 전체 81개 소국 중 황제가 손수 다스리는 3개 소국인 신국(神國)을 뺀 때문일 것입니다. 다시 말해서 78에서 3(황제가 손수 다스리는 신국의 부족 수)을 합하면 전체가 81국이 되죠.

이런 원리는 천부경에서도 찾아볼 수 있는데 천부경은 81자로 된 한민족 고유 경전이라고 한다. 숫자 '1'을 탱그리가 다스리는 중앙 국가로 가정하고 3분할 원리에 따라 주신(구스)를 4번 3등분할 경우 81개 국가가 나온다. 투르크 신화에 따르면 투르크인들이 홍수에 대비해 큰 산을 쌓다가 이것이 탱그리에 대한 도전으로 간주돼 탱그리에게 벌을 받아 언어가 77개로 갈렸다는 전설이 있다. 이에 따르면 고대투르크 족이 처음 한 나라에서 78 부족으로 나뉘었음을 알 수 있다. 실제 문헌상 환국의 분국 수는 천부경 원리에 따라 3분할을 하나 81개의 분국까지는 가지 못하고 78개의 분국이 있었다. 따라서 고대 투르크 신화와 환단고기의 한국의 분국 숫자가 같음을 볼 수 있다.[76]

위에서 김정민님이 지적한 '환국의 분국 수는 … 81국'은 환단고기의 '치우의 81형제'와도 같습니다.

軒轅攝政 蚩尤有兄弟八十一人 並獸身人語 銅頭鐵額 食沙 造五丘杖刀戟太弩 威振天下[77]
헌원이 섭정할 때 치우에게는 81인의 형제가 있었는데 모두 몸이 짐승처럼 보이나 사람의 말을 했고 머리를 구리로 두르고 이마를 쇠로 가린 모습을 하고 사염을 먹으며 오구장, 도, 극, 태노를 만들어 쓰니 그 위엄이 천하에 떨쳤다.

그러나 김정민님의 '…81개의 분국까지는 못 가고 78개의 분국이 있었다.'는 표현은 분국의 수를 조금은 잘못 안 것으로 보입니다. 이미 앞에서 푼 바와 같이 정확하게 78국이 맞습니다. 놀랍게도 고대 투르크족의 연방을 이루는 소국의 수와 삼한의 소국 수가 같기 때문입니다.

삼한의 소국小國 수 = 고대 투르크족(카자흐스탄)의 연방의 부족部族 수 = 78국

이런 81개의 연방국 수는 수메르문명에서도 확인되고 있으니 신비하기까지 합니다.

---

76) 김정민, 《단군의 나라 카자흐스탄》(글로벌콘텐츠, 2015) 227쪽
77) 전영배 엮음, 《환단고기》(코리언북스 1998) 삼성기전 하편 45구(270쪽)

생명의 나무, 신단수 앞에 서 있는 상투머리의 사르곤왕

왕 앞에 있는 나무는 생명의 나무로 신단수神檀樹(동방배달시대에 삼신상제님께 천제를 올리던 성지의 신성한 나무)이다. 이 생명의 나무에 인류의 시원종교로서 동서양문화의 시원인 신교의 삼신사상이 잘 나타나 있다. 본줄기가 3개로 이루어져 있고 가지에 달린 열매도 3개씩 한 단위를 이룬다. 왕이 들고 있는 나뭇가지에도 3개의 열매가 달려 있다.[78]

BC2300년쯤 수메르 돌 부조
(루브르박물관 소장)

〈수메르 사르곤왕의 78개의 신단수 열매〉

이러한 연방국 숫자는 수메르에서도 사르곤왕의 생명의 나무에서 78개의 열매로 나타납니다. 옆 그림에서 생명의 나무 열매가 3개를 한 묶음으로, 맨 아래의 삼지엽을 포함하여 78개가 달려 있습니다. 왕이 가지고 있는 3개의 열매는 손수 다스리는 신국을 상징하며 이를 더하면 정확하게 81국이 됩니다.

3개	+	78개	=	81개
↑		↑		↑
왕의 손의 열매 수		나무에 달린 열매 수		연방 전체 열매 수
↑		↑		
(직할통치)		(위임통치)		

〈신라 금관에 나타난 77개의 곡옥〉

그런데 신라 금관의 대표 격인 황남대총 금관을 살펴보면, 달린 곡옥의 수가 모두 77개에 이르는데, 이는 수메르 사르곤왕의 78개의 신단수 열매와 대비됩니다. 이 금관의 3그루의 신단수('出' 자 부분)는 사르곤왕의 신단수의 3줄기(또는 3지엽)와 일치하며 이는 3진법에 따른 3신(3태극)사상으로 이어집니다. 77이든 78이든 이는 결국 81(9^2)夷의 연방이나 생명체를 뜻합니다. 여기가 신라와 수메르문명의 연관성을 드세게 증언하는 대목이기도 합니다.

황남대총 금관 국보191호

78) 안경전 역주, 《환단고기》(상생출판사, 2005) 194쪽

곡옥 77개	=	48(3신단수×16)개	+	18(2뿔×9)개	+	11개
↑		↑		↑		↑
(전체 수)		('出' 자 부분)		(사슴뿔 부분)		(머리띠 부분)

신라의 경우도 9夷의 나라입니다. 그러나 실제로는 6촌(6개의 소국)이 있었습니다. 그런데 혁거세가 손수 다스리는 이른바 '경기' 지역의 3촌을 더하면 신라는 실제로 9촌村 곧 9이夷가 되는 것입니다.

신라(9촌) = 6촌 + 3촌(서라벌 부근의 임금이 손수 다스리는 지역)

이처럼 고대 수메르의 연방국 수와 고대 투르크의 연방국의 부족(소국) 수와 삼한의 소국 수가 78로 정확하게 들어맞는 것은 놀라운 일이 아닐 수 없습니다. 이는 삼한의 소국(小國)들이 이제까지 알려진 바와 같이 자연발생적으로 생겨나 느슨하게 연맹을 한 것이 아니라, 우리 조상의 전통적 우주관에 따라 3진법으로 의도된 연방국가라는 것이 증명되는 것입니다. 이는 또한 3한과 고대 투르크족은 물론 수메르문명과의 연관성을 말하는 것이기도 합니다.

우투리님, 이제 삼한에 대하여 크게 매듭짓고자 합니다. 삼한은 81소국(실제로는 78국)으로 구성된 연방국(聯邦國)입니다. 연방국은 큰 우주며 '태극(太極)' 이며, 퉁구스입니다. 또한 삼한(三韓)의 본디 나라 이름은 '단군조선(檀君朝鮮)' 이며 '퉁구스' 입니다. 왜냐하면 3한은 3조선이기 때문입니다.

始稱國爲朝鮮 或三韓 高離 尸羅 高禮 南北沃沮 東北夫餘 濊與貊 皆其管境也
처음 나라를 조선이라 하고 혹은 삼한이라고도 했는데 고리, 시라, 고례, 남북옥저, 예와 맥이 모두 조선 땅이다.[79]

그러면 누가 또 되묻겠죠? 단군조선은 이미 기원전 108년에 멸망하지 않았느냐고. 그렇지 않습니다. 단군조선의 세 연방국인 신조선, 불조선, 말조선 가운데 신조선만의 멸망을 우리가 단군조선 전체의 멸망인 것으로 잘못 인식해 온 것이 아닌가 합니다. 그것이 기원전 108년이라는 것이 저의 주장입니다.

불조선은 멸망한 게 아니라 곧 국세를 회복하여 부여와 고구려로 계승되었습니다. 말조선은 마한을 말하는데 신조선의 유민들을 받아들여 단군조선을

79) 전영배 엮음, 《환단고기》(코리언북스 1998) 393쪽

재정립한 것으로 보입니다. 비록 신조선 지역의 땅은 잃었지만 말조선(마한 또는 진국)을 재정비하여 단군조선을 이어간 것으로 보입니다.

단군조선	↗	고구려의 고토 회복(다물多勿 정신) → '고구려' 도 '조선' 을 뜻함 (옛 신조선, 불조선 지역)
	↘	말조선의 발전(신조선 유민과 융합) → '후단군조선' (마한 지역, 소위 삼한)

이제까지 우리는 삼한(三韓)의 '韓' 이 삼조선(三朝鮮)의 '朝鮮' 과 같은 개념임을 잘 알지 못한 까닭에 마한이 연방국인 단군조선임을 알지 못했을 것입니다. 저는 재정립된 단군조선을 '후단군조선' 으로 불러봅니다.

옛 말조선(마한) 지역은 '후단군조선' 으로 부흥했고, 신조선, 불조선 지역은 부여와 고구려가 고토를 회복했다고 볼 때 고조선은 거의 온전히 계승된 것으로 해석됩니다. 이렇게 되면 우리 역사의 중요 부분이 거의 복원된 것입니다.

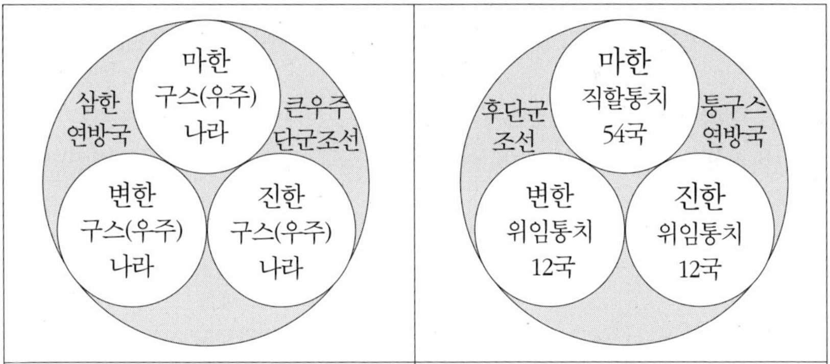

삼한	후단군조선

연방국 후단군조선의 중앙정부는 마한일 것이며 마한 왕은 일개 제후국 왕(王)이 아닌 황제(皇帝)일 것입니다. 그는 마한을 직접 다스리고 진한, 변한은 위임 통치했습니다.

후단군조선 = 마한	+	진한	+	변한
종주국		제후국		제후국

마한 중에도 황제가 손수 다스리는 나라가 월지국(황제국)이었을 것입니다. 이는 황제이면서 신(神)이기도 한 마한 황제가 계신 곳이므로 무당국(巫堂國)이기도 했을 것이며 신국(神國)이었을 것입니다. 이 신국(神國)이 '신미국(新彌國)' 이라고 적혔는데 이는 '샤먼국' 또는 '신모국(神母國)' 또는 '임나(主國)' 라고 해야 맞을 겁니다. 역사 서술자가 '황제국(皇帝國)' 을 '월지국(月支國)' 으로, '신모(神母)' 를 '신미(新彌)' 로, '임나(主國)' 를 '임나(任那)' 로 격하시킨 것으로 보입니다. 오늘날로 말하면 삼한 중 마한은 수도권(首都圈, 경기지역)이며 월지국 또는 목지국은 궁궐이 있는 서울(수도, 首都)를 말할 것입니다.

밝닭국 → 홝잙국 → 왉잙국 = 맑닭국 → 맑잙국 = 신국神國
배달국 황제국皇帝國 월지국月支國 무당국 목지국目支國 샤먼국 신모국 임나

후단군조선에서는 아마 황제가 제사장으로서 단군에 제사했을 것이며, 이 나라를 우주의 중심으로 생각했을 것입니다. 이것이 태극사상입니다.

단군조선 : 닭가르닭 → 닭가르삵 → 잙가르왉 → 왉아르잙 → 왉나르왉
더커다란 퉁구스 제국(帝國) 큰우주 얽나라(연방국)

이런 어마어마한 '후단군조선' 을 누군가 수수께끼로 만들었습니다. '황제국(皇帝國)' 을 '월지국(月支國)' 으로, 신모국(神母國)을 신미국(新彌國)으로,

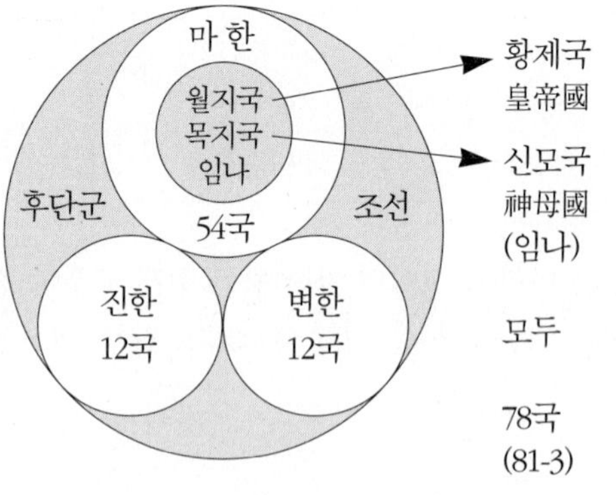

〈후단군조선 복원도〉

마한 : 닭맑닭 → 왉맑삵
투메트 말조선

진한 : 닭닭닭 → 닭왉삵
탕구트 퉁구스

변한 : 닭밝닭 → 닭밝삵
티베트 불조선

밝닭 → 홝잙 → 왉잙
배달 황제 월지

맑닭 → 맑삵 → 맑잙
무당 메르키트 멕시코 목지

닭맑 → 삵맑 → 왉맑
다물 신미 샤먼 임나 임

무당국을 목지국(目支國), 임나(主國)를 임나(任那)로 축소 은폐하여 수수께끼 놀이를 하였습니다. '단군조선' 과 신국(神國)을 지우려고 여러 번 말을 빨래한 것으로 보입니다.

일본이 조선침략의 역사적 타당성을 합리화하려고 이른바 '임나일본부설'[80]을 주장했습니다. 일본이 말하는 '임나(任那)'는 위에 나오는 마한의 황제국인 '目支國'을 말할 것이며 이는 '무당국(巫堂國)'이며 '신국(神國)'이며 '임나(主國)'일 것이니 그들의 주장이 역사적 사실과 정반대일 것입니다. 이것이 말로써 찾아가는 참역사입니다.

8. 누리의 단군조선 흔적

단군조선은 단군나라

단군조선을 다시 한 번 가다듬어 보겠습니다. 단군조선의 '단군' 은 '닭' 입니다. 닭은 '얽' 이기도 합니다.

닭[다르가르] → 앍[아르가르]
단군 얽 → 얽다(엮다) → 연방

조선은 '가르닭' 입니다. 이는 '나라(國)' 이기도 합니다.

가르닭 → 가르삵 → 자르삵 → 가르앍 → 나르앍
게세르 조선 국(國) 나락 나루 **나라** 노래

그러므로 '단군조선' 은 '단군나라' 또는 '연방국' 입니다.

닭가르닭 → 닭가르삵 → 닭자르삵 → 닭나르앍 → 앍나르앍
탕구트 퉁구스 단군 조선 단군 나라 얽 나라 → 연방국

---

80) 일본의 야마토 정권이 4세기 후반 한반도의 남부 가야 지방에 '임나일본부(任那日本府)'를 설치해 근 200년간 한반도 남부를 다스렸다는 설.

티베트 지역의 단군조선 흔적

티베트(두루배달)는 배달조선(배달연방)이며 장단경은 우리의 아사달과 같으며 히말라야산은 웅녀를 뜻합니다.

		닭밝닭	→	앍밝닭				
	↗	**티베트** 두루배달		얽배달(배달연방, **배달조선**)				
닭닭닭	→	닭좖삵	→	좖닭앍	→	앍삵닭	→	앍좖삵
티타이트	↘	단군조선		장단경		아사달		얽조선(조선연방)
(조선연방)		닭맑닭	→	핡맑삵	→	앍맑닭	→	앍맑앍
		투메트		히말라야산		곰딸(웅녀)		얽말갈(말갈연방, 말갈조선)

투르판 지역의 단군조선 흔적

투르판, 토번, 돈황은 태백 또는 서라벌과 같으며, 여기 사는 탕구트족은 퉁구스족 또는 단군조선족으로 풀립니다. 사마르칸트와 우르무치는 우리의 우금치와 같은데 이는 곰딸(웅녀)입니다.

		닭밝닭	→	닭밝	→	삵밝		
	↗	티베트		태백 투르판 토번		서라벌		
닭닭닭	→	닭앍닭(족)	→	닭앍삵(족)	→	닭좖삵(족)		
티타이트	↘	탕구트족		퉁구스족		단군조선족		
(조선연방)		닭맑닭	→	삵맑닭	→	앍맑닭	→	앍맑좖
		투메트		사마르칸트		알마티 곰딸(웅녀)		우르무치 우금치

인도 북부지역의 단군조선 흔적

단군조선(닭닭닭)은 인도에 도착해 인더스문명을 일궜습니다. 인도의 원주민은 드라비다족인데 이는 두루배달(배달조선)족입니다.

'산스크리트' 어는 '단군조선' 의 말로 풀립니다. 인도대륙의 동쪽의 큰 산맥을 동고츠산맥이라 하는데 이는 단군조선의 산맥이며 갠지스강도 단군조선의 강입니다. 북쪽의 히말라야산과 서쪽의 술라이만산은 왕검조선의 산으로 풀립니다.

닭밝닭 → 앍밝닭
↗ 두루배달 티베트 **드라비다** 배달조선
닭닭닭 → 닭앍닭 → 닭앍챩 → 닭잙삵 → 삵삵닭 → 앍잙삵
티타이트 탕구트 **동고츠**(산맥) 단군조선 **산스크리트** **갠지스**(강)
(조선연방) ↘ 닭맑닭 → 삵맑삵 → 핡맑삵 → 앍맔삵 → 앍맑잙
투메트 **술라이만산** 히말라야산 왕검조선 예맥족

수메르의 단군조선 흔적

한편 단군조선(닭닭닭)은 수메르(삵맑닭)에 도착해 수메르문명을 일궜습니다.

닭밝닭 → 앍밝닭 → 앍밝닭
↗ 두루배달 **유프라테(스)** **얽배달(배달조선)**
닭닭닭 → 닭앍닭 → 닭앍삵 → 닭잙삵 → 잙앍삵
티타이트 탕구트 **티크리트** 티그리스(강) **단군조선** **자그로스(산맥)**
(조선연방) ↘ 닭맑닭 → 삵맑닭 → 삵맑앍 → 앍맔삵
투메트 수미티아 **수밀이국** **왕검조선**

키쉬는 조선으로, 티크리트는 단군조선으로, 티그리스강은 단군조선의 강으로, 자그로스산맥은 단군조선의 산맥으로 풀립니다. 유프라테(스)는 배달조선의 강이며 수밀이국은 왕검조선으로 풀립니다. 수메르신화의 주인공인 유명한 길가메시는 큰웅녀로 풀립니다.

가르맑닭 → 가르맑삵 → 가르가르맑삵
키메트 곰딸(웅녀) 가메시 곰씨 길가메시(큰가메시) = 큰곰씨 = 큰웅녀

이집트의 단군조선 흔적

수메르에 있던 단군조선은 유프라테스와 티그리스강변의 땅이 염도가 높아지자 히타이트(핡닭닭)라는 이름으로 이집트로 이주합니다.

히타이트는 단군조선입니다. 기자의 계단식 피라미드의 주인공 조세르왕은 조선 임금입니다. 이집트는 배달조선이요, 이집트의 고대 이름인 키메트는 왕검조선으로 풀립니다.

닭밝닭 → 닭밝삵 → 앍밝닭 → 가르밝닭
↗ 티베트 두루배달 **태백산** **애급트→이집트** **크레오파트라**
닭닭닭 → 닭좕삵 → 홝닭닭 → 홝삵삵 → (닭)좕삵 → (닭)앍좕
티타이트 **단군조선** **히타이트** **힉소스** **조세르** **기자**
(조선연방) ↘ 닭맑닭 → 앍맑닭 → 닭맔삵 → 앍맔삵 → 가르맑삵
투메트 **키메트** **다물조선** **왕검조선** **가메시 김씨**

그리스의 단군조선 흔적

히타이트(힉소스)인들은 다시 이집트에서 에게해의 크레타섬을 지나 그리스에 도착해 그리스문명을 낳습니다.

닭밝닭 → 닭밝삵 → 삵밝닭 → 삵밝삵 → 앍밝삵
↗ 티베트 두루배달 **태백산** **스파르타** **사이프러스** **키프러스**
닭닭닭 → 닭좕삵 → 홝닭닭 → (닭)앍닭 → (닭)앍삵 → 앍닭삵
티타이트 **단군조선** **히타이트** **크레타** **그리스** **에트루스칸**
(조선연방) ↘ 닭맑닭 → (닭)맑닭 → (닭)맑앍 → 앍맔삵
투메트 **마케도니아** (닭)**미케네** **왕검조선**

그레타, 그리스는 조선이요. 스파르타는 배달조선이요, 미케네는 맥족(貊族)이며 말갈입니다.

힉소스인들은 수메르의 땅이 소금기가 많아져 살기 힘들게 되자 이집트로 쳐들어간 수메르인인 것 같다. 그후 힉소스인들이 이집트인들에게 밀려나게 되는데 그 시기가 약 BC 1500년쯤으로 이때부터 이집트의 북부와 그리스 지역에는 해적들이 출몰해 골머리를 앓고 있었다. 본 필자는 지중해에 출현한 이 해적들이 … 고대 그리스문명을 일으키고 로마를 건설한 에트루스칸인이라고… [81]

터키의 단군조선 흔적

한편 돌궐은 중앙아시아에서 투르크메니스탄을 거쳐 아나톨리아반도로 퀵투르크라는 이름으로 갔는데 이도 단군조선으로 풀립니다. '오스만투르크'는

81) 김정민, 《단군의 나라 카자흐스탄》(글로벌콘텐츠, 2015) 261쪽

'큰웅녀' 로 풀리고, '카파도키아' 는 '한밭(대전)' 이며 '배달조선' 입니다.

닭밝닭 → 닭밝삵 → 홝밝닭 → 왉밝닭 → 가르밝닭
↗ 티베트 두루배달 **태백산** **한배달 한밭** **아바타** **카파도키아**

닭닭닭 → 닭좕삵 → 왉왉닭 → 왉좕삵
티타이트 **단군조선** **퀵투르크** **엙조선**

(조선연방) ↘ 닭맑닭 → 닭닭맑삵 → 왉삵맑닭 → 왉왉맑닭 → 왉왉맑삵
투메트 대투메트 **오스만투르크** 큰곰딸(큰웅녀) 길가메시

정형진님이 추적한 환웅족의 이동 경로

한편 정형진님은 〈천년왕국 수시아나에서 온 환웅〉에서 단군조선의 주체의 하나인 환웅족의 뿌리를 매우 깊게 캐고 있습니다. 이분은 환웅족은 '공공족(共工族)' 이란 이름으로 메소포타미아 남부에서 관개 기술을 익혀 농사를 짓고 살았는데 그들이 편두와 고깔모자의 문화를 가지고 고조선 땅(홍산문화 지역)에 왔다고 주장합니다. 이분은 환웅족은 천산에서 발원하여 이란의 자그로스산맥을 넘어 자모르유적의 주인공이 되었다가 남하하여 티그리스강과 유프라테스강의 하류인 수시아나(지금의 수산)에서 농사를 짓고 살다가, 다시 천산산맥쪽으로 와서 타클라마칸사막을 넘어 황하 중류에서 앙소문화를 일구었고,

〈환웅족의 이동 추정로〉

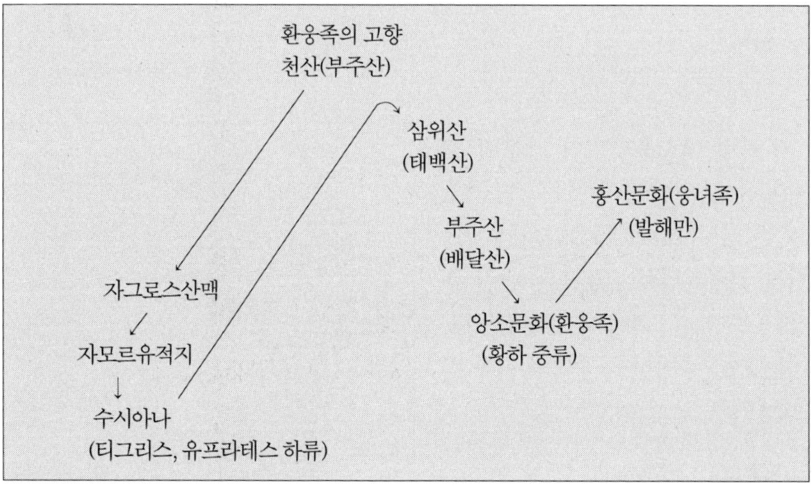

다시 동북쪽으로 와서 홍산문화의 웅녀족과 만나 단군조선을 탄생시켰다고 논증합니다.[82]

환웅이 배달(배달조선)이요, 웅녀가 왕검조선으로 풀리므로 이들의 만남은 같은 티타이트(단군조선)와의 만남으로 해석됩니다.

먼저 공공족(共工族)의 '공공(共工)'의 소리를 풀면 이는 '가르닭'에서 온 '조선'이 확실합니다. 그러므로 '공공족'은 '조선족' 또는 '고구려족'이 됩니다.

가르닭 →	가르삵 →	가르앍	→	자르삵 →	나르앍
끝	크스크 게세르	갈가리 고구려 가락 **고깔 공공**共工		조선	나라

따라서, 조선족 = 갈가리족 = 고구려족 = 가락족 = **고깔족** = **공공족**共工族

자모르유적의 '자모르'는 '닭맑'에서 온 샤먼, 주몽과 같으므로 자모르 유적은 주몽의 유적이 됩니다. 이때 주몽은 고구려 때도 나오는 이름이므로 이 유적의 주인공이 우리와 같은 계통일 가능성이 매우 높습니다.

닭맑	→	삵맑	→	잙맑	→	앍맑
티무르 탐라 두만 다물		수메르 샤먼		자모르 주몽		왕검 임금 위만 곰(웅녀)

수시아나는 수산이라고도 하는데 이는 텬독(天毒) 또는 동이(東夷)로 풀립니다.

닭닭	→	닭앍 →	삵닭 →	삵삵	→	삵잙
타르그타이 타이탄 텬독 도독		동이	스키타이	색씨가리 **수시아나 수산**		색족

이처럼 메소포타미아 남부의 수시아나 부근의 땅에서는 '단군조선'이 너무나도 뚜렷이 나타납니다. 이는 정형진님의 단군조선 관련 주장이 증명되는 것이니 놀랍습니다. 저는 그가 주장한 공공족의 이동 경

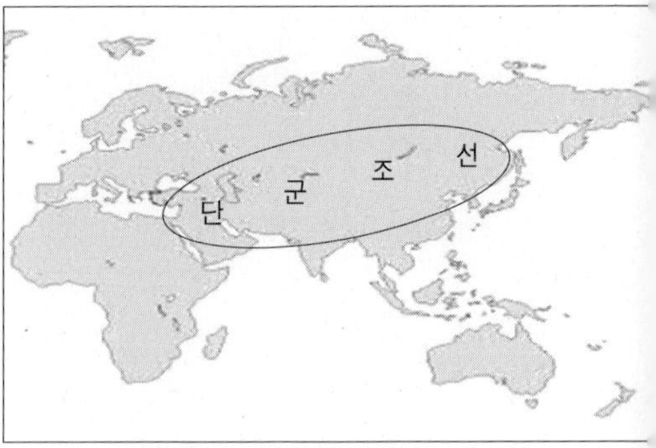

말의 뿌리로 본 단군조선의 어느 때 영역

82) 정형진, 《천년왕국 수시아나에서 온 환웅》(일빛, 2013) 28쪽

로를 연방국 단군조선의 어느 때쯤의 영역으로 해석합니다.

9. 최근세까지 활약한 예족들

우투리님, 지금부터 최근세의 동이(예족濊族이라 해도 좋고, 퉁구스라 해도 관계없음)족들의 활약상을 살펴봅니다.

먼저 너무나 유명한 징기스칸의 몽골제국부터 봅시다. 1206년에 테무진은 몽골지방의 동쪽을 흐르는 아무르강의 지류인 오논강변에서 부족연합의 군장인 징기스칸으로 추대되면서 통일 몽골제국이 비롯됩니다. 그 뒤 몽골제국은 카라코룸을 서울로 하여 세계 역사상 가장 넓은 3600만㎢의 영토를 가진 대제국으로 군림하다가 1368년에 막을 내렸죠.

1370년 몽골제국의 서(西)차카타이한국(汗國) 출신이며 징기스칸의 후손인 티무르가 몽골제국의 재건을 선포하며 티무르제국을 열지요. 사마르칸트를 서울로 하여 중앙아시아를 넘어 1526년까지 총면적 200만㎢의 대제국을 세웁니다.

닭맑닭 → 닭맑잙 → 핡맑삵 → 앍맑삵
투메트 **테무진** 해모수 가메시

닭닭 → 챍닭 → 삵닭 → 삻닭
던독 **차카타이** 스키타이 성황당

닭가르닭 → 닭가르삵 ↗ 닭자르삵 단군조선
퉁구스칸 ↘ 잙가르삵 **징기스칸**

↗ 잙맑닭 주몽땅 → 앍맑닭 임금당 곰딸(웅녀) ↘
닭맑닭 → 삵맑닭 → 삵맑삵 → 앍맑삵 → 가르맑삵 → 아르맑삵
티무르땅 **사마르칸트** 수미산 왕검성 아미산 가메시 해모수

1526년에는 티무르의 5대 직계 후손인 바부르가 인도에 무굴제국을 세워 1857년 영국의 침입 때까지 인도대륙을 다스렸습니다. 면적 300만㎢이며 타지마할이 유명하지요. 오스만제국의 사가들은 바부르가 징기스칸과 티무르의 혈

통을 이었다는 이유로 칭송하며 자랑스러워했다고 합니다. 그 이름 '무굴' 도 '고구려(무구려)' 와 '몽골' 과 같습니다. 인도는 본디 드라비다(타밀족)의 나라였는데, 아리안족의 침입과 다스림이 있었다고 했죠. 그 뒤 다시 칭기즈칸의 후예들이 인도를 다스린 것입니다.

맑닭 → 맑삵 → 맑앍 무당 모세 몽골 무굴 맥貊	닭맑닭 → 닭맑잙 → 앍맑삵 → 가르맑닭 투메트 타밀족 왕검성 곰딸(웅녀)
닭닭맑 → 닭잖맑 → 닭앍맑 투탕카멘 타지마할 단군왕검	닭밝닭 → 닭밝잙 티베트 드라비다 두루배달 **태백족**

이란 쪽으로 가 볼까요. 이란은 9세기부터 셀주크투르크가 다스리다가 1219년부터 몽골이 다스리게 되지요. 그 뒤 1381년부터는 티무르제국이 인도대륙과 합한 영토로 다스렸지요. 그러다가 이란에서는 1501년 타브리즈를 서울로 하여 사파비왕조(1501~1736)가 서게 되어 티무르제국은 이곳에서 밀려나지요. 사파비왕조는 652년 아랍족 침입 이후 천 년만에 이민족이 아닌 이란족이 세운 왕조라 합니다.

약 60년 뒤 근대 이란에는 다시 투르크계 카자르족의 수장(首長) 아가 모하마드칸이 카자르왕조(1795~1925)를 세웠는데 이는 팔레비왕조가 설 때까지 150년 동안 이어지지요. 케자르족의 '케자르' 는 예족(濊族)을 뜻하는 '게세르' 죠.

닭 → 가르닭 → 가르삵 → 자르삵 → 아르앍
투르크 게세르, 케사르 조선 예濊

동아시아로 눈을 돌려 볼까요? 중원은 전통적으로 거의가 동이로 추정되는 예족들이 다스렸다고 해도 과언이 아니죠. 하, 은, 주, 진, 한, 수, 당, 송, 요, 원, 명, 청에 이르기까지 그 지배족이 한족(漢族)인 경우는 '명(明)' 정도라고 누가 말하더군요. 여기서 최근의 '청(淸)' 을 한 번 이야기해 봅니다.

원 → 금 → 청
몽골족 여진족 여진족 → 우리와 같은 계통의 겨레

누르하치가 후금을 세웠다가 나중에 나라 이름을 '청' 으로 바꾸잖아요? 누르하치는 누구인가요? 여진족이죠. 더군다나 그는 금을 세운 아골타의 후손인데, 아골타는 신라 왕족의 후예임을 자랑스럽게 여겼다고 하잖아요? 더 구체적으로 말하면 마의태자의 아들인 김함보(김행)가 여진으로 가서 아골타의 선조가 되었죠. 물론 누르하치도 그런 아골타의 핏줄을 이어받은 것을 자랑스럽게 여겼다고 하네요. 고려사에는 아골타가 신라 왕족인 김함보의 5세손으로 나옵니다. 이 김함보는 부안김씨 족보에 마의태자의 아들이라고 적혔습니다.

金之始祖諱函普初從高麗來年已六十餘矣兄阿古好佛 有高麗不肯從 曰 後世子孫必有能相聚者, 吾不能去也 獨與弟保活里俱 始祖居完顔部僕幹水之涯 保活里居耶賴 금의 시조는 함보인데 본디 고려에서 왔다. 그때 예순 살쯤이었다. 형 아고는 불교를 좋아했는데 고려를 떠나기를 거절하면서 '우리 후손들이 돌아와 만날 곳이 필요하니 갈 수 없다.' 고 했다. 동생 보활리와 왔는데 그는 완안부 복간수 근처로 가서 야리로 갔다. — 금사(金史)
마의태자 후손이 여진에 가 금나라를 세웠다. — 고려사 세가 예종10년 3월쪽
마의태자 아들 3형제 중 김행은 여진에 가고 둘은 부안김씨의 시조가 된다. — 부안김씨 족보

글의 내용을 간추리면 다음과 같습니다.

마의태자 →	김함보(김행) →	아골타 →	누르하치
신라의 마지막 황태자	마의태자의 아들	김함보의 5세손	아골타의 후손

김함보의 '함보' 는 '갈문왕' 으로 풀립니다. 갈문왕은 신라에서 왕족이지만 임금에 등극하지 못한 사람을 말하죠.

김함보의 '함보' :	가르맑밝 →	하르맑밝
	캄포 갈문부라한(갈문왕)	함보

아골타는 닭닭에서 온 동이(東夷), 도독, 우다간과 같고,

닭닭 →	삵닭 →	앍닭
천독, 동이(東夷), 조이(鳥夷) 도독	수다간	우다간 아골타 용골대

'누르하치' 는 '혁거세' 와 '빌게카간' 과 같게 풀립니다.

밝가르닭	→	밝가르삵	→	밝가르앍	→	홝가르삵	→	낡하르좕
밝은 예족의 임금		밝게세르		빌게카간		혁거서간		누르하치
				(위구르제국 시조)		(신라 시조)		(청 시조)
				(8세기)		(기원전 1세기)		(16세기)

청 황실의 성씨를 '애신각라' 라 하잖아요? 이는 조선족 또는 금족(金族)을 뜻합니다. 이는 신라를 '금성' 이라 하는 것과 신라 왕실의 성씨인 '김씨' 와 관계되는 말입니다.

가르닭	→	자르삵	→	나르삵	→	아르삵	→	아르잙	→	아르닭
커다란		조선		누르쇠		아신 **애신**		여진 예족		알타이 금金

닭	→	삵	→	잙	→	앍
		씨가리		족族 조로		겨레 각라

가르닭닭	→	자르삵잙	→	아르삵앍
		조선족		애신각라 金族

우투리님, 예족들의 활약상을 조금은 이해하셨나요? 알고 보면 아시아의 대부분을 우리와 같은 계통이 다스렸다는 것을! 물론 저의 이와 같은 생각을 나무랄 수도 있습니다. 아마 저에게 이런 질문을 하시는 분도 계실 걸요. '그럼 청나라가 우리나라냐?' 물론 우리나라가 아니죠. 다만 우리와 같은 계통인 여진족이 세운 나라인데 중원을 정복했죠.

앞에서 보듯이 투르크계 카자르왕조가 이란을 다스렸는데, 터키인들은 그것을 자랑스럽게 여긴다고 하잖아요. 그들이 카자르왕조를 자랑스럽게 여긴다고 해서, 이란을 자기네 나라로 생각하지는 않겠죠. 그러나 자랑스럽게는 여긴다는 거죠. 그런데 우리는 누르하치나 칭기즈칸을 어떻게 생각하고 있는지 나도 모르겠습니다. 다만 우리나라 사람들이 터키에 가면 '우리 형제들!' 하며 환대한다는데, 우리도 이런 생각을 배워야 하지 않을까요? 아마 그들의 역사책에는 그들과 코리아가 같은 형제(계통)라는 내용이 나오는 모양입니다.

〈**터키와 우리와의 인연**〉

1) '터키' 는 우리와 같은 '닭' 이며 '스키타이' 이며 기마민족 문화가 있다.
2) 그들은 '돌궐' 이라는 이름으로 고구려 옆에 살았다.
3) 같은 교착어를 쓰며 이스탄불은 우리의 아사달과 비슷한 이름이다.
4) '퀵투르크' 는 '단군조선' 이다.
5) 그들은 지금도 우리를 형제로 부른다.

〈네 마당〉

신(神)과 무당(巫堂)

1. 산(山)과 신(神)
2. 탐라에 살아있는 해모수
3. 치우와 주몽과 제우스
4. 다물 홍방의 노래
5. 성황당(城隍堂)
6. 석탈해와 용성국

1. 산(山)과 신(神)

산(山)의 뿌리

'산(山)' 은 '닭' 에서 왔습니다. 여기서 단군, 신(神), 선(仙), 손(客), 새(鳥)도 나왔으므로 옛날에 산(山) 자체를 새(鳥)와 신(神)으로 인식한 것으로 보입니다. 또한 우리 조상들은 모두 산에 기도를 했고 새를 믿었습니다.

닭	→	삵	→	좕	→	홁	→ 낡 →	앍
다락 달		산山 신神 생(제주도의 새) 새鳥		줄기 자락 재		흙	녘	악岳

닭에서 온 새(鳥)에 얽힌 말을 보겠습니다. 산(山)과 신(神)과 새(鳥)들이 모두 성스러움과 함께합니다. 이것은 산과 새가 믿음의 대상이었음을 웅변합니다.

닭	→	삵	→	좕	→	홁	→	낡	→	앍
닭 따오기		솔개 산 선 신 손 성 새 사 수리 山 仙 神 客 聖 鳥 祀		자규 작 작 조 제 주 子規 雀 鵲 鳥 祭 呪		해오라기 학鶴		노고(지리) 노鷺		왜가리 오리

맑에서 온 '뫼' 도 산(山)을 뜻하지요. 맑에서 온 '마고' 는 우리의 천지창조 신입니다. 여기서도 산과 신이 일치합니다.

맑[마르가르]	→	마르아르
메르켈 마립간 메켄 마귀 마고 목(항項)		모룽이 마루 모리 물 → 뫼

그런데 '뫼' 가 아주 처음에는 '맑' 이 아니라 '마르' 에서 왔을지도 모릅니다. 이는 '불' 이 '별' 에서 왔듯이 '물' 도 '마르(山)' 에서 왔다고 유추하면 그렇습니다. 별이 낳은 알이 '불' 이요, 뫼가 낳은 알이 물이라고 보면 산(山)을 뜻하는 '뫼' 는 '맑' 에서 온 것이 아니라 본디는 '마르' 에서 왔을 것이라는 생각입니다. 그러나 자신 있게 말하지는 못하겠습니다.

[바르] + [가르] → 밝 별 (알) 벼락 → 불	[마르] + [가르] → 맑 마루 뫼 (알) 무케 → 물

백암에 설미가 있습니다. '설미' 도 산의 하나지만 무당을 뜻하는 '샤먼' 이기도 합니다. 샤먼도 신(神)일 것입니다.

닭맑 →	ᄉᆞᆰ맑 →	ᄒᆞᆰ맑 →	ᄋᆞᆰ맑
달미	샤먼 설뫼 → 설미	한감 흙목	고르목 월감 임금 ᄀᆞᆷ

밝에서 온 '봉우리' 는 큰 산의 작은 부분을 뜻하게 되었는데 이도 역시 불신(火神)인 '부라한' 과 같습니다.

밝[바르가르] →	바르하르 →	바르아르
별가르	부라한 → 불신(火神)	봉우리 별알 부리 벼루 봉峰

이제까지 우리가 '뫼' 는 신라에서 비롯된 말이요, '달' 은 고구려쪽 말이요, '산(山)' 은 화하에서 들어온 말로 여겨 왔는데 다들 틀린 생각이죠. '뫼' 는 '맑' 에서 왔고, '달' 과 '산(山)' 은 '닭' 에서 왔고 '봉(峰)' 은 '밝' 에서 왔을 뿐입니다. 그리고 산의 가장 중심은 뭐니 뭐니 해도 '닭' 입니다.

우리나라 산

(1) 백두산

우리 겨레의 성스러운 산인 백두산은 '불함산' 이라고도 하는데 그 말뿌리는 '밝맑닭' 입니다. 이는 피라미드와 말뿌리가 같고 '밝은 임금의 집' 이란 뜻을 가지고 있는데 이는 아마 단군신앙(성황당)과 얽힌 이름으로 보입니다. 삼국유사에 단군은 아사달에 돌아가 산신이 되었다고 적고 있지 않습니까? 북망산(北邙山)[83]도 여기서 나왔습니다.

밝맑닭 =	밝 +	맑 +	다락 →	밝맑ᄉᆞᆰ →	ᄫᆞᆰ맑ᄉᆞᆰ
밝뫼달	부라한	메르켈	달, 산(山)	밝머리산 북망산 백두산白頭山	불함산
피라미드	파라호	마립간	집	밝은 임금을 제사하는 산	不咸山

또한 백두산은 히말라야산, 할미산, 해모수, 웅녀와도 동의어입니다. 왜냐하

83) 사람이 죽어서 간다고 생각하는 산

면 밝맑닭의 '밝' 과 '가르맑닭' 의 '가르' 는 같기 때문입니다. 웅녀는 단군을 낳은 모신(母神)입니다.

밝맑닭	→	밝맑삵	⇄	하르맑삵	←	가르맑삵	←	가르맑닭
피라미드		백두산		히말라야산		가메시		곰딸(웅녀)
		파미르산		할미산 해모수		곰산		금당

백두산을 연길 사람들은 장백산이라고도 하는데 그 말뿌리는 '닭밝닭' 입니다. 이는 '태백산' 으로 풀리므로, 단군신화의 '태백산' 이 '백두산' 임을 알 수 있습니다.

닭밝닭	→	닭밝삵	→	삵밝삵	→	잙밝삵	→	낡밝삵	→	앍밝삵	→	앍밝잙
티베트		태백산		선비산		장백산		나비산		안파견산		오백이재

(2) 지리산

우투리님, 지리산은 무슨 산일까 많이들 궁금해 했고 저도 오랜 화두였습니다. 지리산도 한자의 뜻을 풀면 '슬기가 다른 산' 으로 이상합니다. 결국 지리산(智異山, 地理山)도 그 소리에 귀 기울였더니 닭산임을 알았는데 이는 지리산이 옛 '두류산' 이라는 데서 귀띔을 받았습니다.

지리산 = 두류산 = 닭산

그러면 두류산은 또 무엇일까요? 나는 대구의 두류공원의 '두류' 를 생각했지요. '두류' 는 무엇일까? 이는 '달구' 벌의 '달구' 에서 왔을 것이라고 생각했습니다. 그러다가 '달구' 의 말뿌리인 '다락(닭)' 을 생각했지요. 그러므로 지리산이나 두류산은 결국 '닭산' 입니다.

닭닭	→	닭삵	→	삵삵	→	잙삵	→	잚삵	→	홁삵	→	앍삵
돈달		**닭산** **단군산** 달구산 도산		수락산		자락산		주흘산		학산		옥산
		덕산 **텬산**天山 당산堂山		소산 새산		주산 재산		주왕산		학가산		
		도락산 **두류산** 동산東山		설악산		**지리산** 지산						
		[ㄷ]	→	[ㅅ]	→	[ㅈ] (*입천장소리되기)						

지리산은 위에서 보듯이 닭산이며 이는 단군산, 두류산, 뎐산(天山), 덕산, 수락산, 주흘산, 주왕산과 말뿌리가 같습니다. 이들 산은 여러 가지 한자로 표현되었지만 모두 단군산, 신산(神山), 새산(鳥山)으로 수렴됩니다.

한편 닭산(鷄山)에서 당산(堂山), 동산(洞山), 동산(東山)이 나왔는데 이는 모두 당산(堂山)에서 기원합니다.

제가 태어난 마을 소내실 서쪽에 '동산재' 가 있었는데, 어릴 때 그 산에 올라가 아이들과 달을 보고 놀며 이런 생각을 했죠. 마을 서쪽에 있는 재인데 어찌 '동산재' 일까? 알고 보니 이곳은 마을의 개금치(큰할미당)가 있던 당산(堂山)이었습니다.

닭닭 → 닭삵

당산(堂山), 동산(東山), 동산(洞山) → 개금치(큰할미당)가 있었다.

우투리님, 거창 가조에 있는 비계산도 뜻으로만 풀면 '날으는 닭산' 이지만 '비' 를 '날으' 로 보면 이도 그냥 '닭산' 이 되는 거예요. 달구벌의 비산동(飛山洞)의 '비산(飛山)' 도 '날으는 산' 곧 '새산' 이라고 보아야 할 거예요. '새' 는 '닭' 이죠.

닭삵	→	삵삵	→	좕삵	→	핡삵	→	낡삵	→	왉삵	→ 가르삵
닭산		새산		조산(鳥山)		학가산		낙산 날산 비산飛山		아산蛾山	계산鷄山

지리산의 3대 봉우리에 노고단, 천왕봉, 반야봉이 있는데, 그 중 노고단은 '가르닭닭' 으로 풀리니 아사달이기도 하군요. 이는 고조선의 서울이요 신시(神市)입니다.

가르닭닭	→	가르삵닭	→	자르삵닭	→	가르왉닭	→	나르왉닭	→	아르삵닭
큰단군당		구수당		**조사당**		국당國堂		**노고단**老姑壇		**아사달**
커다란당				조선당		나라당				

노고단(老姑壇)은 신라시대에 할미당이 있어서 생겨난 이름이기도 하군요.

가르맑닭	→	하르맑닭		나르왉닭	←	가르삵닭	←	가르닭닭
곰당		**할미당**	⇄	**노고단**老姑壇		구수당		큰단군당

노고단이라는 지명은 할미당에서 나온 것으로 '할미' 는 도교의 국모신인 서술성모(西述聖母) 또는 선도성모(仙桃聖母)를 일컫는다. 통일신라 때까지 지리산의 최고봉 천왕봉 기슭의 '할미' 에게 산제를 드린 할미당이 있었는데, 고려 때 이곳으로 옮겨 지명이 노고단으로 된 것이다. 조선 때 현재 노고단에서 서쪽으로 2㎞쯤의 종석대 기슭으로 할미당을 옮겨 산제를 드렸다.

– 민족문화대백과(노고단)

천왕봉은 닭밝(닭봉)으로 풀려요. 이는 지리산의 '지리' 가 닭임을 거듭 증명하기도 하죠.

닭밝	→	툵밝	→	춝밝	→	좕밝	→	슭밝
닭봉 두류봉		투구봉		청구봉 처구봉 **천왕봉**(天王峰) 차령봉		장군봉		시루봉

결국 '지리산' 과 '천왕봉' 은 '산' 과 '봉' 만 다를 뿐 같은 '닭' 이라는 겁니다. 이는 닭산 안에 닭봉이 있다는 뜻이군요.

지리산 = 닭닭 닭산	천왕봉 = 닭밝 닭봉

반야봉은 '밝밝' 즉 '밝봉' 으로 풀리는군요.

반야봉 :	밝밝	→	바르가르밝	→	바르아르밝	→	바느아르밝
	밝봉				부르봉		반야봉

(3) 수락대와 수락산

예천군 감천면에 수락대가 있는데 이는 수락산과 같은 말뿌리를 가지고 있어요. 냇가에 기암괴석이 많아 유명했던 곳인데 많이 훼손되고 말았습니다. 여기 나오는 도락산, 수락산, 설악산, 속리산은 여러 한자로 적혔지만 본디는 새산 또는 새재(鳥嶺)였음을 알 수 있습니다.

		슭닭						
닭닭	↗	수락대	↘	슭슭	→	슭좕	→	좕읅
돈달	↘		↗	수락산 설악산 새산		싸리재		조령鳥嶺
둔덕		닭슭		속리산		새재		조곡鳥谷
		도락산						

닭닭에서 닭산과 닭재가 갈라졌습니다.

		닭좕	→	슭좕	→	훍좕	→	읅좕	→	가르좕	→	아르좕
		닭재		싸리재		하늘재		아리랑재		가랫재		안정 잇질
	↗			새재				오랑캐재		구조라 거제		안질
닭닭		닭슭	→	슭슭	→	훍슭	→	읅슭	→	가르슭	→	아르슭
돈달	↘	**닭산**		수락산 서산		학가산		옥산 익산		갈라산 고산		안산 이산
덕다리		두류산		설산 수산		하늘산		오랑캐산		가산 구산		오산 우산
두들		도락산		새산 소산				악산		괴산 과산		이사리

닭에서 나온 '재' 는 맑에서 나온 '목' 과 같습니다. '재' 는 '성(城)' 이기도 합니다.

닭 →	삵 →	잙 →	맑
다락 대臺	사락 산山 성城 새	자락 줄기 진鎭 재嶺 조鳥	목(재嶺) 마루 뫼

(4) 무등산(無等山)

호남의 명산인 무등산(無等山)도 한자의 뜻을 풀려고 하면 지리산처럼 답이 나오지 않습니다. 이 산도 매우 오래된 산이므로 뜻 이전의 소리로 풀어야 합니다. 무등산은 무진악, 서석산, 무악, 무당산이라고도 하는데 이는 무당산(巫堂山)이 맞습니다. 산의 이름에 무당이 나오는 것은 당연합니다. 산은 신이므로 거기에는 비는 무당이 있어야 할 것입니다.

맑닭닭 →	맑닭삵 →	맑잙앍 →	맑앍	닭닭닭 →	닭닭삵 →	삵삵삵
무당다락	무당산	무진악	무악	뎐독다락	뎐등산 두타산	서석산
	무등산			天毒堂	뎐태산	

(5) 우두봉(牛頭峰)

거창 가조의 우두봉은 일본서기에 '소시모리' 로 나오는데, 이는 닭닭맑에서 온 것으로 보입니다. 이제까지 소시머리를 소머리(牛頭峰)로 풀려다 보니 뭔가 안 풀리는 데가 있었죠. 우두봉은 '소의 머리' 가 아니라 '솟은 뫼' 입니다.

우두봉	↗ 소머리(×) 牛頭峰	닭닭맑 →	삵닭맑 →	삵삵맑 →	아르닭맑 →	아르삵맑
		돋뫼	수두뫼	**소시모리**	**우두뫼**	읏뫼
		투탕카멘	사당祠堂뫼	솟뫼	우두머리	
	↘ 상봉 (○) 上峰	닭닭밝 →	삵닭밝 →	삵삵밝 →	아르닭밝 →	아르삵밝
		돋봉	수두봉	소시봉	**우두봉**	읏봉
			사당祠堂봉	솟봉		

(6) 백화산(白華山)

상주에 백화산(白華山)이 있는데 거기 흐르는 냇물을 구사천(龜沙川) 또는 중모천(中牟川)이라 합니다. 백화산은 '배달' 이요, 구사천의 '구사' 는 '조선'

이요, 중모천은 '웅녀' 이니 모두가 3조선과 관련이 있음을 알 수 있습니다. 중모현은 본디 도량현(刀良縣)이었는데 경덕왕 때 도안(道安)이라 했습니다. '도량' 이나 '도안' 은 '닭(단군)' 입니다.

밝닭 → 밝삵 → 밣삵 배달　　백산　　백화산	가르삵닭 → 가르삵촭 → 가르삵삵 구사천　　조선시내
닭맑닭 → 좕맑촭 → 왉맑촭 → 가르맑삵 중모천 주몽천　우금치　곰씨(웅녀)	닭[다르가르] → 다르하르 달갈　　도량 도안

백화산 기슭에 금돌산성(今突山城)이 있습니다. 금돌산성(今突山城)의 '금돌' 은 '가르맑닭' 에서 왔는데 이는 가메시, 해모수, 할미당과 말뿌리가 같습니다. 그러므로 이 산성에서도 할미당에서 산신제를 올렸을 것으로 보입니다. 할미당은 왕검조선의 신당이 됩니다.

하르맑닭
할미당

가르맑닭 ↗ ↘ 하르맑삵
곰딸(웅녀) ↘ ↗ 해모수
금돌 금당

가르맑삵
가메시

(7) 계립령(鷄立嶺)

계립령도 풀기 어려운 이름입니다. 그러나 결론부터 말하면 이는 닭재입니다. 이는 계립령을 하늘재라고도 한다는 데서 귀띔을 받았습니다. 닭재는 '새재' 입니다. 계립령은 마골참(麻骨站), 지릅재, 기릅재, 유티(油峙), 경티(經峙)라고도 적혀서 실타래가 많이 엉켰습니다. 그러나 여기서도 '하늘재' 라는 우리 소리에 귀 기울일 줄 아는 슬기가 약입니다. 삼국시대에 고구려와 신라의 관문 역할을 하던 이 하늘재를 넘어서면 마의태자 이야기와 얽힌 미륵사지가 나오는데 많은 사람들이 찾는 곳입니다.

계립령(鷄立嶺) = 하늘재 = 닭재 = 새재

'계립(鷄立)' 에서 '계' 는 '닭' 의 뜻이요, '립(立)' 은 [ㄺ]의 소리를 나타낸 것이니 이는 이른바 향찰식 표기입니다.

계립(鷄立) = 계(鷄) + 립(立) = 닭
닭 [리]
*뜻새김 *소리새김

그러므로 계립령은 닭재, 새재, 조령(鳥嶺)과 같습니다. 이는 또 가까이 있는 문경의 뒷산인 '주흘산' 과도 같습니다.

닭닭 → 닭잙 → 삵잙 → 잙앍 → 잞삵 → 핡잙
닭재 = 계립령鷄立領 새재 조령鳥嶺 주흘산主屹山 하늘재

(8) 계룡산

계룡산은 우리나라 4대 명산에 들 정도로 유명합니다. 정감록에서 예언한 정도령 나라의 서울로 유명합니다. '계룡산' 도 결국 닭산이며 단군산입니다. 이는 이 산의 뒤쪽 능선에 있는 '달갈봉' 의 '달갈' 에서도 확인됩니다.

계룡(鷄龍) = 계(鷄) + 룡(龍) = 달 + 가르 = 닭[달갈]
닭 아르(←가르)
*뜻새김 *소리새김

(9) 우금치

동학농민군이 크게 피 흘린 공주의 우금치는 위구르의 우르무치와 같군요. 또 이는 수미산, 샤먼산, 주몽산, 상감산, 임금산, 아미산이 되는군요. 이들은 모두 닭맑닭에서 나온 산들인데 모두 고조선(왕검조선, 웅녀)의 산입니다.

닭맑닭 투메트 ↗ 닭맑삵 → 삵맑삵 → 잙맑삵 → 잙맑삵 → 앍맑삵 → 가르맑삵
다물산 수미산 주몽산 해모수 어림성 곰씨(웅녀)
닭무술 삼위산 주마산 할무성 왕검성 가메시
↘ 닭맑잙 → 삵맑잙 → 잙맑잙 → 핡맑잙 → 앍맑잙 → 가르맑잙
달밋재 설밋재 주몽재 할미재 우금치 검재
테무진 삼랑진 주문진 우르무치 곰족熊族

풍기읍 금계리에 '욱금치' 가 있더군요. 이는 '우금치' 와 같은데 예천의 금당실, 봉화의 닭실처럼 십승지에 드는 곳으로 명당(明堂)의 뜻입니다. 이는 금산(金山)이기도 한데 풍기군 금계리에서는 실제로 금(金)을 채굴하기도 했다는군요.

(10) 금강산

너무나 유명한 금강산은 『동국여지승람』에는 금강, 개골(皆骨), 열반(涅槃), 풍악(楓嶽), 기달(怾怛)의 다섯 가지 이름으로 적고 있습니다. 보통 봄에는 금강산(金剛山), 여름에는 봉래산(蓬萊山), 가을에는 풍악산, 겨울에는 개골산이라 합니다.

금강산은 화엄경에 나오는 산이라며 불교와 얽어 말하지만 말부리를 캐 보면 닭맑닭에서 왔다고 볼 수도 있고 가르맑닭에서 왔다고 볼 수도 있는데 이는 까막수리이며 웅녀입니다. 이는 불교 이전으로 올라갑니다.

닭맑닭 →	닭맑삵 →	삵맑삵 →	좖맑삵 →	홁맑삵 →	앍맑삵 →	가르맑삵
투메트	다물산	수미산	주몽산	해모수	어림성	곰씨(웅녀)
동명달	닭무술	삼위산	주마산	할무성	왕검성	금강산
두만달	타미리스	소금산	짐산	할미산	우금산	까막수리

기달(怾怛)산과 개골(皆骨)산은 조선산으로 풀리고 풍악(楓嶽)산은 밝산으로 불립니다.

가르닭 → 자르삵 → 가르앍 기달(??) 조선 개골	밝닭 → 밝삵 → 밣삵 배달 밝산 백산 부산 부라한산 봉래산

화엄경(華嚴經)은 '밝음글' 로 풀립니다. 그러면 화엄세계는 사실은 밝음의 세계 바람의 세계를 말하는 것으로 보입니다.

밝맑 →	홝맑
밝음 바람	화람 화엄(華嚴)

(11) 학가산

안동에 학가산(鶴駕山)이 있는데 이 산도 무슨 산인지 도무지 알 수가 없었습니다. '학가(鶴駕)' 를 사전에서는 다음과 같이 적고 있습니다.

학가鶴駕 : 왕세자가 대궐 밖에 나가는 일이나 왕세자가 타는 수레를 이르던 말
학鶴 : 두루미
가駕 : 멍에, 탈것, 천자의 수레

이를 아우르면 학가산은 수레산, 또는 두루미산이 되는데 이는 도무지 종잡을 수 없습니다. 그러나 이 산도 닭에서 온 것을 짐작하면 새산(鳥山)인 학산(鶴山)임을 알 수 있습니다.

닭닭 →	닭삵 →	삵삵 →	잙삵 →	핡삵 →	왉삵
닭다락	따오기산	솔개산	자규산	해오라기산	왜가리산
	닭산 두견이산	새산	子規	**학산鶴山 학가산**	오리산 오산

(12) 천등산 박달재

우투리님, 우리나라 곳곳에는 천등산이 많은데, 이는 닭닭닭에서 왔습니다. 닭닭닭에서 온 산은 모두 단군조선(조선연방)의 산입니다.

닭닭닭 →	닭닭삵 →	삵닭삵 →	잙 왉삵→	낡왉삵→	왉닭삵
둔덕달	대둔산 두타산 텬독산	선도산 성덕산	청량산	나각산	알타이산 온달산 운달산
티타이트	텬등산 텬태산 대덕산	사당산祠堂山			어둥산 오대산 오토산
천등산 : 충주시 산척면 명서리 또는 송강리, 제천시 봉양읍 백운면 평동리					
天登山 전북 완주군 운주면 금당리 또는 장선리, 전남 고흥군 풍양면 송정리					

충주 천등산에는 박달재가 있네요. 송강리는 단군마을, 평동리는 박달마을이군요.

박달재 : 밝닭닭 → 밝닭삵 → 밝닭잙 박달산 배달재 = 밝단군재 = 밝단군산	
송강리의 송강 : 닭 → 사르가르 [다르가르] 스가르 → 송강	평동리의 평동 : 밝닭 박달 → 평동

전북 완주군의 천등산은 한자로 '등불 등(燈)' 자를 썼는데 '오를 등(登)' 자를 쓰든, '등불 등(燈)' 자를 쓰든 상관없습니다. 여기서는 [등]의 소리가 중요하니까요.

닭닭 →	찱닭 →	삵닭 →	핡닭 →	낡닭 →	왉닭
텬독(天毒)	차카타이 천등(天登, 天燈) 장단	스키타이	히타이	낙동	알타이

이 산엔 배티재가 있는데 이 또한 박달재이군요. 금당리는 웅녀 마을이고, 장선리는 조선 마을입니다.

밝닭닭 → 밝닭잙 박달재 → **배티재**	가르맑닭 **금당金堂 곰딸(웅녀)**	가르닭 → 자르삵 **장선**, 정선, 조선

전남 고흥군의 천등산(天燈山)이 있는 풍양면의 '풍양' 은 밝(포구, 浦口)에서 왔죠. 송정리는 또 단군마을 곧 샤먼의 마을입니다.

밝[바르가르] → 바르아르 벼락 번개 포구 벼랄 → 평양, 풍양 → 부루 → 벌	닭 → 사르가르 → 사르자르 [다르가르] 스가르(샤먼) 송정

우투리님, 우리나라 곳곳에는 이렇게 천등(사당, 祠堂)산이 있고 웅녀마을이 있고 거기엔 영웅 게세르나 하늘에 염원을 빌던 단군(샤먼)이 살고 있군요. 천등산의 '천등' 은 바로 텬독(天毒)' 인데, 이는 곧 '동이(東夷)' 이며 '조선' 입니다.

닭닭 → 닭앍 → 잙삵 → 삵닭
텬독天毒 텬등天燈 텬튝天竺 **동이東夷** 조선 성황당 선도 신두 사당 소도

(13) 묘향산(妙香山)

묘향산은 맑닭에서 온 산으로 보입니다.

맑닭 → 맑삵 → 맗삵
무당 마강산 마고산 멱산 명호산 묘향산 미호산 미울산 마니산 뫼산 마산 무산 미산

(14) 목멱산

서울의 남산은 목멱산(木覓山)입니다. 이도 한자의 뜻으로는 '나무를 찾는 산' 으로 말이 안 되니 소리로 다가가야 합니다. '목멱' 은 '맑맑' 에서 왔는데 앞의 '맑' 은 '물' 이니 '龍' 으로 의역하여 '용뫼' 가 되고 다시 '용마(龍馬)' 가 되었을 것입니다. 이는 '면목동' 이 '용마봉' 과 얽혀 있음을 보면 알 수 있습니다. 목멱산이든 면목동이든, 용마봉이든 이들은 모두 한강(뫼, 물, 龍)으로 둘

맑맑닭 ⇄ 맑맑밝
↗↙ 면목동面牧洞 용마봉龍馬峯
맑 → 맑맑 → 맑맑산 ↖↘
뫼 맑뫼 맑뫼산 목멱산木覓山 물뫼산 용뫼산 용마산龍馬山

러져 있어서 생긴 이름일 것입니다.

마무리

우리 조상들은 산에는 산신이 있다고 생각했으며, 산신당을 지어 산신제를 올렸습니다. 우리 조상들의 사고 체계에서 산(山)과 신(神)과 새(鳥)는 뗄 수 없는 관계로 여겨집니다.

2. 탐라에 살아있는 해모수

들머리

우투리님, 제주(濟州)는 무당(巫堂)이 많은 섬나라임은 누구나 다 아는 일이지요? 거친 바다에 삶을 쏟자면 곰(신神)에게 기댈 수밖에 없었음은 훤하게 짐작되는 일이지요. 이는 밝(문명)을 일구는 길에서 인류가 삶에 얽힌 모든 물음을 신에게 기대던 모습과도 같습니다. 이렇게 사람이 신에게 기대던 사회는 고조선의 옛 모습일지도 모르기 때문에 매우 중요합니다. 여기는 고조선의 맨 끝 영역인 섬인데, 오랜 동안 외롭게 따로 살아 왔으므로 우리 조상의 모습이 가장 많이 남아 있는 곳일지도 모릅니다.

그렇잖아도 제주도에 무당이 많고 여성들이 활발한 활동을 하는 것은 어둠이 걷힐 무렵 모계사회의 모습을 보는 듯합니다. 그러니 제주의 말씀, 풍속, 이야기, 마을이나 뫼 이름 속에 우리 본디 모습이 가장 많이 남아 있을지도 모릅니다. 제주는 우리 뿌리를 캘 마지막 광맥일지도 모릅니다.

이는 고대 인더스문명을 열었던 타밀족의 모습이 인도대륙에서 떨어져 있는 섬나라 스리랑카에 더 많이 남아 있을지도 모른다고 생각하는 것과 같지요. 아리안족의 침입으로 타밀족은 인도 대륙의 주인 자리에서 쫓겨나 인도북부지역(네팔, 부탄, 방글라데시)과 남쪽(타밀라주, 스리랑카)으로 흩어져 살고 있거든요.

제주를 뭍과 말이 잘 안 통한다고 해서 남의 나라처럼 멀리하지 말지어다! 제주를 멀리함은 또 다른 식민사관과도 같이 '내 조상' 을 물리치는 일일 수도 있으니까요. 만에 하나라도 그런 측면이 있다면 이야말로 얼마나 어리석을까요? 그런데 근대사를 보면 우리는 제주를 많이 짓밟고 못살게 굴었습니다. 섬나라에 대한 뭍사람의 패권주의가 신라 때도 확인되며 이는 오늘에까지 이르고 있습니다. 뭍사람의 행패가 심했던 것은, 일본 사람들이 제 조상 나라인 조선을 먹으려고 지지고 볶아대던 일과 뭐가 다를까요? 옛일이사 역사의 눈을 못 뜬 탓으로 돌릴 수도 있지만 문명개화 이후까지 그랬다면 어찌 어리석다 하지 않으리오?

탐라국

먼저, 제주도는 오랜 동안 탐라국으로 이어져 왔으니 '탐라국' 부터 알아보는 것이 순서겠죠. '탐라국' 은 '닭맑닭' 에서 왔는데 이는 주몽국, 수밀이국, 샤먼국, 웅녀 등등으로 풀립니다. 탐라국이 웅녀로 풀리는 것으로 보아 여기도 고조선의 3연방 중 왕검조선의 영역임을 알 수 있습니다.

닭맑닭	→	삵맑닭	→	잙맑닭	→	앍맑닭	→	앍맑삵	→	앍맑잙
투메티아		**수메티아**		**지메티아**		**왕검티아** 귀밑		아르마스		아르마질
탐라국耽羅國		**샤먼국**		주몽국		왕검국 **곰딸**		가메시		**예맥족**
티무르국		수밀이국				임금국(웅녀)				

이처럼 제주도는 탐라국(샤먼국)이라는 이름과 같이 신국(神國)인 고조선이며 온통 샤먼들이 득실대는 곳입니다. 서귀포나 제주(濟州)도 소리로 풀면 이 또한 각각 단군(샤먼)을 뜻하는 제귀(서귀, 시끌)와 조선을 뜻하는 제주(지중, 꾸중)이 나오거든요.

닭 → 삵 → 잙 → 앍 **단군** 시끌 **서귀** 지껄 앍 아가리	닭밝 → 삵밝 단군포구 단군벌 **서귀포 : 시끌 포구**
가르닭 → 가르삵 → 자르삵 → 자르잙 구다라 게세르 **조선** **지중 장천 전주 진주 제주 주주**	

백제 5째 임금에 초고왕(肖古王)과 9째 임금에 책계왕(責稽王)이 있고, 신라 11째 임금에 제귀왕(또는 조분이사금)이 있는데 여기서의 초고, 책계, 제귀가 서귀포의 '서귀' 와 같은 소리며

이들은 모두 닭에서 나온 말들일 것입니다.

ᄃᆞᆰ	→	ᄎᆞᆰ	→	ᄉᆞᆰ	→	ᄌᆞᆰ	→	ᄋᆞᆰ
단군		친구 처구 **초고 책계**		시끌 서귀		지껄 제귀		아가리

또한 고조선의 3째 임금에 가륵(嘉勒), 8째 임금에 우서한(于西翰), 13째 임금에 흘달(忽達), 47째 임금에 고열가(高列加)가 있고, 고구려의 10째 임금에 산상왕이 있고, 백제의 6째 임금에 구수왕(仇首王), 16째 임금에 진사왕(辰斯王)이 있고, 신라 22번째 임금에 지증왕이 있는데 이들은 모두 '제주도' 의 '제주' 와 같은 말입니다. '제주' 는 '가르ᄃᆞᆰ' 에서 온 '조선' 이며 '게세르' 인 거죠.

가르ᄃᆞᆰ	→	하르ᄃᆞᆰ	→	가르ᄉᆞᆰ	→	자르ᄉᆞᆰ	→	자르ᄌᆞᆰ	→	사르ᄉᆞᆰ	→	아르ᄉᆞᆶ	→	가르ᄋᆞᆰ
큰단군		흘달		거서간		**조선**		차차웅		선생		우서한		고열가
				게세르 구수		진사		지중 **제주**		스승				가륵

이밖에도 제주의 땅 이름을 풀면 거의가 샤먼(무당)과 많이 얽혀 있습니다. '오름' 은 '오르막' 일 것입니다.

ᄃᆞᆰᄆᆞᆰᄇᆞᆰ → ᄉᆞᆰᄆᆞᆰᄇᆞᆰ → ᄌᆞᆰ ᄆᆞᆰᄇᆞᆰ → ᄒᆞᆰᄆᆞᆰᄇᆞᆰ → ᄋᆞᆰᄆᆞᆰᄇᆞᆰ 상감벌 **상굼부리** 주몽벌 할미벼랑 임금벼랑 임금벌	
ᄃᆞᆰᄃᆞᆰ ᄃᆞᆰᄆᆞᆰ → ᄉᆞᆶᄃᆞᆰ ᄉᆞᆰᄆᆞᆰ → ᄉᆞᆶᄃᆞᆰ ᄋᆞᆰᄆᆞᆰ → ᄋᆞᆰᄃᆞᆰ 사르아르ᄆᆞᆰ 단군당다물 성황당 샤먼 성황당 임금 **이끈다랑 쉬오름**	ᄇᆞᆰ 포구 **봉개**
ᄃᆞᆰᄃᆞᆰᄃᆞᆰ → ᄉᆞᆰᄃᆞᆰᄃᆞᆰ → ᄉᆞᆰᄃᆞᆰᄃᆞᆰ 티타이트 스키타이단 **산텬단**山川壇 성황당단	ᄇᆞᆰᄆᆞᆰᄃᆞᆰ → ᄇᆞᆰᄆᆞᆰᄉᆞᆰ 밝뭍 바위뭍 **빌레못**
ᄃᆞᆰᄃᆞᆰ → ᄃᆞᆰᄉᆞᆰ → ᄉᆞᆰᄃᆞᆰ → ᄋᆞᆰᄃᆞᆰ → 가르ᄌᆞᆰ → 가르ᄌᆞᆶ 돈달 당산 **다랑쉬** 성황당 **알뜨르**(언덕) 알타이 고자갈(골자갈) **곶자할**	
ᄃᆞᆰᄃᆞᆰᄆᆞᆰ → ᄃᆞᆰᄉᆞᆰᄆᆞᆰ → ᄃᆞᆰᄋᆞᆰᄆᆞᆰ → ᄋᆞᆰᄉᆞᆰᄆᆞᆰ 투탕카멘 당산목 단군왕검 윗세고름 대두마칸 **다랑쉬오름** 단군임금 **윗세오름**	ᄃᆞᆰᄇᆞᆰᄆᆞᆰ → ᄌᆞᆰ ᄇᆞᆰᄆᆞᆰ → ᄋᆞᆰᄇᆞᆰᄆᆞᆰ 태백목 절벽목 오보목 태백오름 절벽오름 아부오름

제주에는 세 성 부씨, 양씨, 고씨가 나왔다는 삼성혈(三姓穴)이 있습니다. 3성혈은 3조선의 흔적일 것입니다. 삼성혈(三姓穴)은 '모흥혈(毛興穴)' 이라고도 하는데 모흥(毛興)은 무당으로, 혈은 구멍으로 보입니다. 그러므로 모흥혈은 '무당 구멍' 으로 풀립니다.

맑닭 → 맑삵 → 맑좖 → 맗앍
↗ **무당** 모세 마지 **모홍** ↘
맑닭 가르맑 맗앍 홞맑
무당 구멍 ↘ 가르맑 → 하르맑 → 하르 ↗ **모홍** **홈(혈)**
곰 **구멍** 할미 호무 홈 **혈**穴

제주도에는 무신을 매고, 노고할미, 선문대할망 들로 부르는데 이를 풀어 봅니다. 특히 무슨 '할망' 또는 '할미' 가 많은데 이는 닭맑닭(말갈연방, 왕검조선)의 무당인 할마시 또는 해모수를 뜻합니다.

닭 가르맑닭 → 닭 하르맑삵 → 삵 하르맑삵 → 낡 하르맑 당 가메시 당 할마시 서낭 할마시 **노고할미**	
닭맑닭 가르맑닭 → 삵맑닭 하르맑삵 샤먼당 할마시 → **선문대할망**	맑 매고(埋姑) 마고 맥
닭닭할멈 → 삵닭할멈 → 앍닭할멈 성황당할멈 영등할멈	닭맑 → 삵맑 동막 **선마고** 샤먼

한라산

한라산은 탐라국처럼 닭맑닭에서 온 할미산으로 보입니다. 왜냐하면 한라산은 탐라국의 산이므로 탐라국과 말뿌리가 같을 것으로 추정되기 때문입니다.

홞산 → 앍삵
↗ 하락산 한라산 호라산 옥산 아산 ↘
닭맑닭 → 홞맑닭 → 홞맑삵 → 앍맔삵
투메티아 탐라국 험독 할미당 히말라야산 **할미산** 해모수 할무성 왕검조선 아미산

이는 히말라야산, 아미산과도 말뿌리가 같지요. 닭맑닭에서 '맑' 이 없어진 것이 한라산일 것입니다. 그러므로 한라산은 단순히 '닭닭' 에서 온 것이 아니라 '웅녀' 를 뜻하는 '닭맑닭' 에서 왔다는 거죠. 결국 한라산은 웅녀, 해모수, 할미산이라는 것입니다. 여기엔 나라의 제(祭)를 올리던 할미당이 있었겠죠. 우투리님, 한라산은 이처럼 고조선의 산이요 해모수의 산입니다. 한라산에 해

모수가 살아 있는 까닭을 이제 아셨나요? 곧 탐라국도 고조선(3조선 중 왕검조선)의 땅이라는 것을 아셨나요?

예천군 감천면에 할무성이 있고, 그 주변에 갈머리재, 주마산이 있고 '귀밑' 이라는 마을이 있는 것으로 보아 이 지역도 탐라국처럼 고조선(3조선연방 중 왕검조선)과 관련이 있음을 알 수 있습니다. '주마산(走馬山)' 도 '말 달리는 산' 이 아니라 '주몽산' 이며 웅녀이며 왕검성일 것입니다.

또 그 인근의 은풍현에 어림성(御臨城) 또는 얼음성(氷城)이라 하는 성이 있는데, 이 성은 고려 공민왕이 홍건적의 난을 피하여 여기까지 왔으므로 '어림성(御臨城)' 이 되었다는 것이 정설입니다. 그러나 이 성의 동쪽 기슭에 '월감(月甘)' 이라는 마을이 있고, 남쪽에 있는 고개를 '달밋재' 라 하고 있을 뿐만 아니라 이 성의 남서쪽에 금당실이 있는 것을 두루 살펴 볼 때 이 성은 고조선 때부터 있었던 성으로 추정됩니다. 그러므로 이 성은 고려 공민왕 이후부터 '어림성' 이라 불렸을 가능성이 있겠지만 고조선 때부터 있었던 성으로서 그 이름은 '왕검성' 으로 불렸을 가능성이 높습니다.

	삵맑닭 →	줡맑닭 →	홝맑닭 →	왉맑닭 →		왉맑줡
	샤먼당	주몽당	할미당	곰딸(웅녀) **귀밑**		**갈머리재**
↗	수구막당	주마대	호무당	키메트 **금당**(실)		**감천**
닭맑닭 →	닭맑줡 →	닭맑삵 →	삵맑삵 →	줡맑삵 →	홝맑삵 →	왉맑삵
투메티아	테무진	다물산	샤먼산	**주마산**	해모수	왕검성 월감성
탐라국	**달밋재**	다물성	샤먼성	주몽성	**할무성**	임금성 **어림성**

탐라의 풍습

(1) 스키타이의 뱀 신앙

우리 조상들은 새와 뱀을 믿었는데 새를 믿던 흔적은 솟대로 많이 남아 있습니다. 그런데 뱀을 믿던 흔적은 왜 없을까 늘 궁금했습니다. 그런데 그 증거가 우리나라 맨 끝 자락 제주에 남아 있습니다. 이는 우리 본디 모습이 남아 있는 아주 소중한 증거입니다. 뱀은 다산을 기원하는 스키타이계통의 공통 신앙이기 때문입니다. 다음 그림은 제주도 '칠성눌' 입니다. 칠성눌(뒷할망)이란 집과 곡물을

제주도 칠성눌(뒷할망) 주저리

지키고 집안에 풍요와 안녕을 가져다준다고 믿는 뱀귀신의 거소로 만든 주저리를 말합니다. 이는 제주도에서 주로 뒤안이나 고팡(광)에 모셔 둡니다.

뭍에도 뱀을 믿던 흔적이 전혀 없는 것은 아닙니다. 우리가 어릴 때 집안에 구렁이가 나오면 집지킴이라 하여 잡지 않았습니다. 이는 구렁이를 대하는 우리들의 보이지 않는 마음씨를 말합니다. 그러므로 제주도 뱀신은 본디 외래신이 아님을 알 수 있습니다. 또한 뱀에서 용(龍)이 나왔다고 보면 용이 중화에서 왔다고 보기 어렵습니다.

(2) 몽골의 게르와 같은 집 구조

아래 그림은 제주도 전통 가옥인 '벽이 둥근 집' 과 '외기둥집' 의 모습입니다. 벽이 둥근 집은 벽을 둥그렇게 쌓아 올린 집을 말하는데 이는 몽골의 게르와 겉모습이 같습니다. 외기둥집은 벽은 네모지게 쌓지만 특히 내부 구조가 유목민의 게르와 같습니다. 가운데에 기둥 하나를 세워 지붕을 받치고 그 안에 마른 풀을 깔아 잠자리를 대신하고 불을 피워 취사와 난방을 해결할 수 있도록 되어 있습니다. 지붕은 천막 대신 짚으로 된 이엉을 덮었습니다. 이런 집들이 몽골 징기스칸의 영향인지 이전부터 있었는지 살펴야 할 것입니다. 물론 저는 그 이전의 본디 우리 집 모습의 하나라고 봅니다. 아직도 시골에 가면 광이나 뒷간으로 쓰는, 몽골의 게르와 같은 둥근 꼴의 집들과 취사와 숙식을 함께하는 내부공간을 가진 집을 산간지방에서 볼 수 있습니다.

몽골 '게르' 와 같은 둥근 집

'게르' 와 같은 외기둥집 내부 구조

3. 치우와 주몽과 제우스

치우와 주몽

우투리님, 저는 탁록대전에서 황제와 싸운 치우와, 고구려를 세운 주몽과 그리스의 신(神)인 제우스는 모두 단군에서 나온 같은 이름들이라고 생각합니다.

(1) 단군에서 나온 치우

우투리님, 환단고기, 산해경(山海經), 사기(史記)에는 구려족(九黎族)의 우두머리 치우(蚩尤)가 탁록에서 헌원황제(軒轅黃帝)와 싸운 이야기가 나오는데 결과는 서로 제 편이 이겼다고 적었습니다. 어떻든 여기서는 '치우' 를 추적하고자 합니다. '치우' 는 '선우' 와 같은 ᄃᆞᆰ(단군)으로 추정됩니다.

ᄃᆞᆰ → ᄎᆞᆰ → ᄌᆞᆰ → ᄉᆞᆰ
단군 → 다누　천군 → **치우**　장군 → 짜르 → **주르**　산군 → **선우** 세르 새(鳥)

(2) 치우에서 나온 주몽

주몽은 삼국사기와 삼국유사에 조금씩 다른 한자(漢字)로 적혀 있는데 이들은 치우처럼 'ᄃᆞᆰ' 에서 오거나 샤먼처럼 'ᄃᆞᆰᄆᆞᆰ' 에서 왔습니다. 다음 표에서 '중해' 또는 '상해' 는 분명히 단군에서 나온 치우와 같은 이름이고 나머지는 'ᄃᆞᆰᄆᆞᆰ' 에서 왔습니다. 그러므로 치우와 주몽은 본질적으로 ᄃᆞᆰ에서 온 단군과 같은 반열의 이름이며 샤먼(무당)을 뜻할 것입니다.

ᄃᆞᆰ → ᄃᆞᆰᄆᆞᆰ
↘ ↘
ᄃᆞᆰ → ᄉᆞᆶ → ᄌᆞᆶ　ᄃᆞᆰᄆᆞᆰ → ᄉᆞᆰᄆᆞᆰ → ᄌᆞᆰᄆᆞᆰ

단군	상해	중해	치우	주르	다물	동명	두만	투먼	도모	샤먼	중모	추몽	주몽
檀君	象解	衆解	蚩尤	짜르	多勿	東明	豆滿	圖們	都慕	살매	中牟	鄒蒙	朱蒙

〈두만강은 주몽의 강〉

백두산에서 발원해 동쪽으로 흘러 중국과 러시아와의 경계를 이루고 있는 강이 두만강입니다. 이는 주몽의 강 또는 동명왕의 강으로 풀립니다. 그러므로 저는 두만강은 주몽의 행적과 얽혀 있는 강이라고 생각합니다.

닭맑닭 → 닭맑앍 → 삵맑앍 → 잙맑앍 → 앍맑앍 → 가르맑삵 → 가르맑앍
투메트　두만강　샤먼강　주몽강　아무르강　가메시(웅녀)　금강
　　　　동명강　　　　　　　　　어머니강

압록강은 닭밝닭으로 풀립니다. 이는 태백강, 안파견강, **아버지강**이군요.

닭밝닭 → 앍밝닭 → 앍밝앍
티베트　유프라테(스)　알밝강 **압록강**, 안파견강, **아버지강**

우리 겨레의 성스러운 산인 백두산의 천지(天池)에서 발원하여 동쪽으로는 어머니강인 두만강(주몽강)이, 서쪽으로는 아버지강인 압록강이 태극무늬를 그리며 각각 동해로, 서해로 유유히 흘러가는군요. 이는 메소포타미아에 티그리스강(단군조선강)과 유프라테스강(배달조선강)이 나란히 흘러가는 것과 비교됩니다.

(3) 주몽은 선사자(善射者)

우투리님, 그런데 주몽은 활을 잘 쏘는 사람(선사자, 善射者)이라 했잖아요.

王欲剖之 不能破 遂還其母 其母以物裹之 置於暖處 有一男兒 破殼而出 骨表英奇 年甫七歲 嶷然異常 自作弓矢 射之 百發百中 扶餘俗語 善射爲朱蒙 故以名云[84)]

임금은 그것을 쪼개려 했으나 쪼갤 수가 없어 마침내 그 어미에게 돌려주었다. 어미가 감싸서 따뜻한 곳에 두었더니 한 사내아이가 껍질을 깨뜨리고 나왔다. 골격과 외모가 빼어나며 기이하고, 나이가 겨우 일곱 살일 때 다른 아이들보다 훨씬 컸다. 손수 활과 화살을 만들고, 쏘면 백발백중이었다. 부여의 속담에 활을 잘 쏘는 사람을 주몽(朱蒙)이라 하니 이를 아이의 이름으로 삼았다.

닭맑 → 삵맑 → 잙맑
대감　**샤먼**　**주몽**
↙ ↘
삵 ＋ 맑
살(矢)　**메리켄**
화살　임금

주몽은 샤먼에서 왔는데 이는 활을 잘 쏘는 사람이라는 뜻을 가졌습니다.

84) 김부식, 《삼국사기》 제13권 고구려본기 제1

이는 삼국사기에도 '주몽은 성은 고(高)씨이며, 원래 성은 해(解)이다. 휘는 주몽(朱蒙)이라고도 한다.' 고 했습니다. '고주몽' 은 말뿌리가 가르닭맑인데 이는 '화살 메르켈' 이 됩니다. 이는 활을 잘 쏘는 임금으로 풀립니다.

가르닭맑 →	가르삵맑 →	가르잙맑 →	자르삵맑 →	하르삵맑
고두마간	게세르 메르켈	고주몽	조선 마립간	**화살메르켈(임금)**

우투리님, 그러면 조선의 샤먼이나 임금이 어이하여 활을 잘 쏘는 사람이 되었을까요? 물론 그때는 활이 창이나 칼보다 앞선 최첨단 무기이므로 그때 조선의 지배자들은 활을 비롯한 무기를 잘 다루며 군사를 이끄는 솜씨도 남달랐겠죠.

닭맑	→	삵맑	→	잙맑
동명(군사를 잘 이끌고 무기를 잘 쓰는 사람)		샤먼(살메르켈)		주몽

김정민님은 동이족과 스키타이를 잇는 고리는 태양, 활, 화살, 새라고 하였습니다.

앞장에서 카자흐민족과 투르크계 민족의 조상인 스키타이족과 한민족의 조상인 동이족이 공통으로 활을 자신의 상징으로 쓴다고 하였다. … '족(族)' 의 갑골문을 보면 이 문자 속에 화살이 그려져 있음을 알 수 있다. 아래 갑골문을 보면 모두 활을 볼 수 있는데 그 이유는 갑골문을 만든 은(殷) 왕조가 알타이-투루크계이기에 이러한 한자가 나왔을 것이다. … 천제 제준과 열 개 태양 전설에도 나온 화살이 돌궐족 사이에도 널리 쓰였음을 알 수 있다. 따라서 동이족과 스키타이족을 잇는 고리가 태양, 활, 화살, 새로 함께 나타난다.[85]

(4) 성격이 비슷한 영웅이 자꾸 나오는 까닭

그런데 여기서 또 물음이 남는 것이 있어요. 치우는 상고대의 전쟁신이고 주몽은 고구려의 선사자인데 이름이나 성격이 어찌 이렇게 비슷할까 하는 것입니다. 그 까닭은 이들 말들이 시대별 '샤먼(무당)' 의 소리 변화를 반영한 것이기 때문입니다. 이들은 본디 사람 이름이 아닌 무당(영웅) 이름입니다. 이는 동명과 주몽의 탄생 신화가 거의 같은 것을 보아도 알 수 있는 일입니다.

---

85) 김정민, 《단군의 나라 카자흐스탄》(글로벌콘텐츠, 2015) 136쪽

그러므로 치우는 주몽0세, 훈족의 첫 선우인 두만은 주몽1세, 부여의 동명은 주몽2세, 고구려의 주몽은 주몽3세, 돌궐의 토문은 주몽4세, 티무르제국의 티무르는 주몽5세, 이런 식으로 이름을 지었다고 볼 수 있죠. 이집트에서도 클레오파트라가 7세까지 있었습니다. '두만' 은 '만인(萬人)의 장(長)' 이라 하는데 이는 용감한 '황제' 를 뜻하는 무릇이름씨에 가까운 말일 것입니다.

어원	이름	적음	세(世)	때
닭	치우蚩尤	탁록에서 황제와 싸움	주몽 0세	기원전 25세기?
닭맑	두만豆滿	흉노의 첫 선우(황제)	주몽 1세	기원전 3세기
	동명東明	부여를 세운 영웅	주몽 2세	기원전 2세기
	주몽朱蒙	고구려를 세운 영웅	주몽 3세	기원전 1세기
	토문土門	돌궐의 가한	주몽 4세	6세기
	티무르	티무르제국 황제	주몽 5세	12세기

치우와 제우스

(1) 치우와 제우스도 단군에서 나온 같은 이름

우리의 전쟁신인 치우는 그리스의 불의 신인 제우스와 같습니다. 그리스 말의 끝에 나오는 [ㅅ]은 별 뜻이 없으므로 '제우스' 에서 '스' 를 빼면 '제우' 가 되니 이는 '치우' 와 같습니다. 이들은 모두 '단군' 인 '닭' 으로 풀립니다. 또한 이는 투무, 주몽과 같습니다. 그런데 놀라운 것은 고대 이집트에도 불의 신에 '투무' 가 있었다는 겁니다.[86] 우리의 치우나 주몽도 전쟁 영웅이니 같은 불의 신이라고 볼 수 있습니다.

닭 → 닭맑
↘ 닭 → 촭 → 좕 ↘ 닭맑 → 좕 맑

닭 →	촭 →	좕	닭맑 →	좕 맑
단군	치우	제우(스)	투무	주몽
우리 건국신	우리 전쟁신	그리스 불의 신	이디오피아 불의신	고구려 선사자

86) 이 책 다섯 마당 1. 백두산과 피라미드 – '이집트를 정복한 주몽' 참조

제우스(Zeus), 그리스신화에 나오는 최고의 신(로마이름 : 유피테르, 주피터, 상징물 : 독수리, 벼락, 황소, 오크나무(참나무), 부모 : 크로노스, 레아, 배우자 : 헤라) 이는 하늘을 뜻하며, 로마신화에서는 유피테르와 같게 여겼다. 제우스의 기원은 그리스 땅 북방에서 침입한 그리스 민족의 주신(主神)으로, 은혜로운 비를 내리게 하는 천공을 신격화한 것이다. 이것이 크레타 섬을 중심으로 한 이곳의 주신으로 간주되고, 마침내 헤시오도스나 호메로스의 2대 서사시 일리아스, 오디세이아 등을 통해 여러 신화의 전설이 되어 오늘까지 전한다.

그리스에서 가장 큰 제우스신전. 서기 13년에 세움

… 제우스는 올림포스산의 신들 위에 군림하고 그 권위는 다른 신들의 권위를 모두 더한 것보다 컸다. 제우스는 천공을 지배하는 신으로 천둥과 번개를 뜻대로 쓴다고 생각되어 호메로스의 서사시에서는 구름을 모으는 자, 번갯불을 던지는 자 등으로 나타냈다. 그러나 제우스는 단순히 천공만이 아니고 하늘과 온누리를 다스리는 신이기도 하다. …

제우스는 청동시대에 나쁜 사람을 없애려고 대홍수를 일으켰으나 그를 공경하는 데우칼리온과 그의 아내 피라, 두 사람을 건져 이 땅에 다시 인간을 채우는 방법을 가르쳤다. 또한 그는 인간의 마음을 시험하려고 자신의 모습을 바꾸어 인간 세계를 찾아가곤 했다. 그는 싸움을 조정하고 정의와 율법을 다스렸다. … 독수리는 제우스를 상징한다. …

제우스의 성지로서 가장 유명한 곳은 북방의 에페이로스 오지(奧地)에 있는 도도나인데, 여기에 있는 것이 제우스의 제단으로는 가장 오래된 것이며, 이곳에는 제우스의 성목으로 알려진 큰 떡갈나무가 있다. 옛날에는 곳곳에서 사람들이 몰려와 이 성목의 신탁(神託)을 들었다. 떡갈나무 잎의 속삭임이 제우스의 말이라고 생각했을 것이다. 호메로스 시대에는 제우스신앙이 온 그리스에 퍼져, 독수리가 성스런 짐승이고 떡갈나무가 성목이었다. 따라서 제우스는 독수리를 거느리고 왕홀(王笏)을 손에 들었거나 떡갈나무 잎으로 만든 관을 쓰고 탐스런 턱수염이 있는, 위엄과 인애에 넘치는 표정을 지닌 모습으로 그려졌다. – 두산백과

위 사전에서 제우스의 상징물로 독수리가 나오는 것은 제우스 자체가 새를 뜻하는 닭이기 때문이죠. 제우스의 상징물 가운데 벼락이 나오는 것은 그가 '불의 신' 이기 때문입니다. 불의 신은 궁극적으로 전쟁신과 같습니다. 그러므로 그리스의 제우스는 우리의 치우와 같은 신(神)일 것입니다.

닭 →	칽 →	잙 →	삵
단군	치구	장군	산군
단우	치우	**제우**(스)	선우, 새(제우스 상징물)
	전쟁신(불의 신)	전쟁신(불의 신)	(독수리, 하늘의 벼락)

제우스의 말뿌리가 천공(天空)이라 했으니 이것도 맞는 얘기죠. 제우스의 '제우' 인 ᄃᆞᆰ은 '하늘' 이기도 하기 때문이에요.

ᄃᆞᆰ	→	ᄎᆞᆰ		→		ᄌᆞᆰ	→	ᄒᆞᆰ	→	ᄂᆞᆰ	→ ᄋᆞᆰ
단군		**천공**(天空)	청구(靑丘)	**치우**		**제우**(스)		하늘 해(昊)		날(日)	일(日)

특히 '그리스 땅 북쪽으로부터 침입한 그리스 민족의 주신(主神)' 에 주목합니다. 이를 역사적으로 '도리안' 의 침입이라고도 하지만 사실상 같은 민족의 합류로 보기도 합니다. 이때 도리안은 단군족으로 풀립니다. 그러므로 그리스 문명은 처음부터 단군족의 문명이란 해석이 가능합니다. 그리스는 중앙아시아의 북방민족과 이웃하여 밀접한 관계에 있음이 여러 모로 밝혀지고 있기도 합니다.

ᄃᆞᆰ	→	ᄃᆞᆰᄃᆞᆰ		
↘ ᄃᆞᆰ	→	↘ ᄃᆞᆰᄃᆞᇎ → ᄃᆞᆰᄌᆞᆰ	→	ᄉᆞᆰᄌᆞᆰ → ᄉᆞᆰᄋᆞᆰ
단군 다락 도량 도리안 도리아 도도나		ᄃᆞᆰ족 단군족 도리안족		삭족 새 겨레

그러므로 우리의 치우가 그리스로 갔을 가능성이 높습니다.

동이(東夷)의 치우	→	그리스의 제우(스)
(ᄃᆞᆰ)	→	(ᄃᆞᆰ)

(2) 제우스와 주피테르

그리스의 제우스에 해당하는 신을 로마에서는 주피테르라고 하는데 이는 ᄃᆞᆰᄇᆞᆰᄃᆞᆰ(두루배달)에서 온 아바타입니다. 이로 보아 로마의 초기 지배 집단도 배달조선에서 갔을 가능성이 높습니다. 티베트는 이미 배달조선으로 푼 바가 있죠.

그리스 제우스[Zeus] → 로마 주피테르 ᄃᆞᆰ(치우) ᄃᆞᆰᄇᆞᆰᄃᆞᆰ	ᄃᆞᆰᄇᆞᆰᄃᆞᆰ → ᄌᆞᆰ ᄇᆞᆰᄃᆞᆰ → ᄌᆞᆰ ᄇᆞᆳᄉᆞᆰ 티베트 주피테르 진번조선

4. 다물 홍방의 노래

고구려 22대 안장왕(서기 519~531) 때 을밀선인이 '다물 홍방의 노래'를 불렀다고 하지요? 사람들은 이 '다물 홍방의 노래'를 막연히 '고토 회복의 노래'라고 하는데 정말 그런지 여기서 밝혀 봅니다.

을밀선인

먼저, 다물 홍방가를 부른 을밀선인은 누구인지 볼까요?

을파소(乙巴素)가 재상이 되어 영특하고 준수한 소년들을 뽑아 선인도랑(仙人徒郞)이라 했다. 교화를 맡은 자를 참전(參佺)이라 해 백성에게 계율을 지키게 하고 하느님께 돌봐주기를 비는 일을 하였다. 무예를 맡은 자를 조의(皂衣)라 했다. 이들은 몸가짐을 바로 해 법을 세우고 공공의 일에는 몸을 아끼지 않았다. …

또 말하기를 "평양에 을밀대가 있어 을밀선인(乙密仙人)이 세운 것이라고 세상에 전하고 있다. 을밀(乙密)은 안장(安藏 ; 고구려 22세 왕 519~531) 임금 때 조의(皂衣)가 되었고 나라에 공이 있었다. 그는 본래 을소(乙素)의 자손이다. 집에서 글을 읽고 활쏘기를 익히며 삼신을 노래하고 무리를 모아 수련시켜 의와 용기로 나라에 이바지했다. 그는 평생 조의로 살며 따르는 무리가 3천이었다. 가는 곳마다 사람이 구름같이 모여 다물 흥방가를 불렀다. 이 노래로, 몸을 던져 의를 다하는 풍조를 불러일으킨 사람이다." 했다. 그 노래는 이렇다.

먼저 간 것은 법이 되고 뒤에 오는 것은 위(上)가 되도다.
법이 되는 것은 나지도 없어지지도 않으며 위가 되는 것은 귀함도 천함도 없다.
사람은 천지 가운데 하나이며 마음과 신의 근본도 하나로다.
때문에 빈 것과 찬 것은 같으며 마음과 사물은 둘이 아니로다.
참이란 만 가지 선의 극치이며 신은 하나 가운데 그 극치를 주관하도다.
때문에 삼진(三眞)은 하나로 돌아가고 일신(一神)이 곧 셋이니라.
하늘과 땅에는 오직 내 스스로 있고 다물(多勿)은 나라를 일으켜 스스로 존재한다.
때문에 하지 않아도 나라가 일어나고 말하지 않아도 저절로 교화가 이루어진다.
진명(眞命)은 크게 생겨나 하느님의 신성을 두루 비치니 들어와 효도하고 나가서 충성하여 광명 되도다.
때문에 무리가 선하여 효도하고 충성하지 않는 이 없고 악한 것이 생기지 않도다.
오직 백성들이 이롭게 여기는 것은 나라의 소중함이니 나라 없으면 내가 없기 때문에 나라가 중요하며 사람에게 재물을 주어 복을 받아 살고 나라에는 혼이 있어 덕이 되도다.
혼이 생기면 깨달음과 신령함이 있고 일신이 사는 곳이 천궁과 삼혼(三魂)이로다.

때문에 지혜와 신은 일신과 함께 닦을 수 있고 모양과 혼을 펴나갈 수 있도다.
내 자손이 나라를 위하여 좋은 일을 하니 태백교훈이 내 자손의 스승이 되도다.
때문에 모든 것이 고르지 않음이 없게 우리를 가르치고 가르침은 새롭지 않은 것이 없도다.

을밀선인은 일찍이 을밀대에 있으면서 오로지 하늘에 제사지내고 수련하는 것을 일로 여겼다. 선인이 수련하는 법은 참전(參佺)을 계(戒)로 삼고, 겸손하여 서로 높이고, 나를 비워 모든 사람이 재물이 있게 하고, 몸을 버려 의를 지킴으로써 사람들의 본이 되었다. 뒷사람들이 그곳을 을밀대(乙密臺)라 했다. 이것이 지금은 금수강산의 한 명승지이다.[87]

재상 을파소가 준수한 소년들을 뽑아 선인도랑(仙人徒郎)이라 하고 그들의 심신을 단련시켰는데, 정신교육을 맡은 사람을 참전(參佺)이라 하고 무예연마를 맡은 사람을 조의(皂衣)라 했습니다. 선인도랑을 줄여서 선인(仙人)이라고도 부른 것으로 보이네요. 을밀선인은 일찍이 선인도랑으로 뽑혀 전쟁에 나아가 공을 세운 뒤, 다시 후배 선인도랑에게 무예를 가르친, 남의 추앙을 받던 지도자로 보입니다. 을밀선인에서 '을밀' 은 '샤먼' 과 같군요.

닭맑 →	삵맑 →	좕맑 →	홁맑 →	읽맑	→	가르맑
두만	상감 **샤먼**	**주몽** 정경모주	할미 호무	왕검 임금 **을밀**乙密 어미		곰 김

선인(仙人)은 선우(單于)와 같이 닭에서 왔을 것입니다.

닭 →	삵	→	읽
단군	산군 → 선인(仙人) → 선우		인간 → 이누 → 인

그러므로 을밀선인은 웅녀로 풀립니다. 여기서는 임금과 같은 존경을 받는 지도자 또는 국사(國師)로 짐작됩니다.

닭맑 ↘				+ 닭 ↘		
닭맑 →	삵맑 →	좕맑 →	읽맑		삵 →	좕
다물	샤먼	주몽	을밀		산군 → 선인	장군 → 조의
닭맑닭 →	삵맑닭 →	좕맑삵 →	읽맑삵	→	가르맑닭 →	가르맑삵
투메트	샤먼단군	주몽산군	을밀산군 → 을밀선인		곰딸(웅녀)	가메시김씨

87) 임승국 옮김, 《환단고기》 〈태백일사〉 고구려본기6(정신세계사, 1986)

선인도랑

선인도랑의 '도랑' 은 '도령' 입니다. '도령' 은 남의 집 귀한 아들을 이르는 말인데, 이는 닭에서 왔을 것입니다.

닭[다르가르] → 다르아르
도령(道令) 도랑(徒郞)

그러므로 선인도랑은 단군도랑, 선우도랑, 성황도랑, 신도랑도 됩니다.

닭닭 →	삵닭 →		샖닭 →	잚닭
단군도령	산군도령 → 선인도령 → 선우도령		성황도령 → 신神도령	장군도령
단군도랑	산군도랑 → 선인도랑 → 선우도랑		성황도랑 → 신神도랑	장군도랑

그런데 선인도랑의 '선인' 은 다음과 같이 도량, 당, 절간도 되므로 선인도랑은 최종적으로 신당에 가서 학문과 무술을 익히는 귀한 집 자녀라고 해 두겠습니다.

닭 →	삵 →	샖 →	잚
도량 당	사간 → 사寺	성황 → 신	절간 → 절

절(寺)을 '부처님 도량' 이라 하잖아요? 이 때 도량은 '가르치고 배우는 곳' 즉 당(堂)을 뜻하죠. 이렇게 '절' 과 '도량' 은 같은 말인데, 그 까닭은 이들은 다 '닭(다락, 당堂)' 에서 온 말이기 때문입니다. 학교(學校), 사(寺)도 그렇습니다.

닭 →		삵 →	샖 →	잚 →	핡 → 앍
대궐 다락	도장 당	사간司諫	성황城隍	절간	허깐 옥
도량 도령	道場 堂	사寺	서낭	절	學校 屋

결국 도랑(徒郞), 도량, 도령(道令), 도장(道場)은 같은 닭에서 왔음을 알 수가 있어요. 남의 집 귀한 아들을 '도령' 이라 한 것은 그가 본디 단군도량(성황당)이든 부처님도량(절)이든 그런 곳에서 교육을 받는 사람이기 때문일 것입니다.

닭[다르가르] → 다르자르 → 다르아르
다락 도장(道場) 도랑(徒郞) 도량道場 도령道令 당堂

곁가지로 나가, 지금의 학교(學校)를 '도량' 이라 하면 어떨까도 생각해 봅니다.

아기도량 → 아이도량 → 어린도량 → 젊은도량 → 어른도량 → 깊은도량
(유아원) (유치원) (초등학교) (중고등학교) (대학교) (대학원)

조선시대의 간쟁(諫諍)·논박(論駁)을 관장하던 관서에 사간원(司諫院)이 있었는데 '사간(司諫)' 은 우리말 '시끌' 일 것입니다.

닭 → 삵 → 좕 → 앍
두런거리 시끌이 사간司諫 사詞 지껄이 주呪 일거리 읽 이르 왈曰

조선시대에 육조(六曹)의 인사(人事)를 맡던 부서에 정랑(正郎)이 있었는데 '정랑(正郎)' 은 우리말 '조카' 에서 왔을 것입니다.

닭 → 삵 → 좕 → 핡 → 앍
대가리 씨가리 장군 조카 작爵 히가리 일꾼 인간
단군 대인 산군 상相 정랑正朗 조랑曹郞 후侯 간干 경卿 웅雄

'참전' 도 을밀선인과 같이 닭맑닭인데 이는 웅녀입니다.

닭맑닭 → 촭맑삵 → 촭맑좕 → 앍맑삵 → 가르맑닭
투메트 참산군 참전參佺 을밀산군 → 을밀선인 곰딸
(정신적 지도자) (웅녀)

'조의' 는 태견으로도 풀리니, 무예의 지도자로 보이네요. 우리 전통 무예에서는 지금도 체력도 중요시하지만 정신을 매우 중요하게 여기지요.

닭 → 삵 → 좕
단군 태껸 태권 산군 스칸 장군
단우 선우 치우 조의(皂衣) : 무예 지도자

고조선의 국자랑에서 비롯된 심신 수련의 전통

한편 신라의 화랑도는 신라 고유의 제도가 아니라, 고조선의 '국자랑' 에서 비롯하여 고구려의 '선인도량' 을 이어받은 것으로 보입니다. 이것이 오늘날 화랑정신으로, 동학정신으로 이어져 있을 것입니다. 이것이 우리의 태견, 태권으로 살아 있고, 일본의 사무라이(샤먼), 당수(닭삵), 유도(좕 닭)로 나아간 것

으로 보입니다.

고조선의 국자랑 → 고구려의 선인도랑 → 신라의 화랑 → 일본의 사무라이

戊戌二十年 多設蘇塗 植天地花 使未婚子弟 讀書習射 號爲國子郞 國子郞出行 頭插天指花 故時人 稱爲天指花郞[88]

무술 20년 소도를 많이 세우고 천지화를 심었다. 여기에서 미혼 자제들에게 글읽기와 활쏘기를 가르쳤는데 이들을 국자랑이라 불렀다. 국자랑이 외출할 때 머리에 천지화를 꽂았으므로 사람들이 천지화랑이라고 일컬었다.

'국자랑'과 '천지화랑'은 '닭닭가르닭'에서 온 말로서 조선 장수, 고구려 장수, 나라 장수를 뜻할 것입니다.

닭닭가르닭 →	쥙쥙하르왉 →	쥙삵자르삵 →	왉왉자르삵 →	왉왉자르왉
	천지화랑	조선장수	고구려장수	국자랑

국자랑이 화랑으로 이어진 길을 간추렸습니다.

고조선의 국자랑	닭닭가르닭 → 쥙쥙하르왉 → 쥙삵하르왉 → 왉왉자르왉 뎐독케레이트 천지화랑 조선화랑 국자랑
고구려 선인도랑	닭닭 → 삵닭 단군도랑 도량도랑 산군도랑 → 선우도랑 → 선인도랑
신라의 화랑	가르닭 → 가르삵 → 자르삵 → 하르왉 꼰대 광대 거서간 게세르 조선 장수 장사 화랑

다물흥방의 노래

(1) 다물(多勿)

다물(多勿)은 무엇인가? 이도 역시 한자의 뜻으로만 풀면 '多(많을 다)'와 '勿(말다 물)'이 되는데 무슨 뜻인지 도무지 몰라 사람들이 많이 안달하였죠. 그런데 여기서도 한자의 뜻보다는 소리에 귀를 기울이면 무엇이 보이기 시작합니다.

88) 전형배 엮음, 《환단고기》(코리안북스, 1999) 310쪽 〈단군세기〉 208~210구

1) 다물(多勿)에서 나온 주몽(朱蒙)

이는 닭맑에서 온 달문, 덕만, 티무르, 두만, 동명, 주몽, 신명, 샤먼과 같은 말입니다. 이들은 모두 제정일치시대 제사장입니다. '다물' 과 가장 비슷한 소리는 '동명' 일 것입니다.

닭맑	→	삵맑	→	잙맑	→	앍맑
단군메르켈 티무르 **다물**多勿		신명神明 **샤먼**		**주몽**朱夢		왕검 임금 임主
동명東明 달문 덕만 두만		설미 살매 승만		잘미 즈믄 짐		아미 어미

2) 다물(多勿)의 뜻

그런데 '다물(多勿)' 은 고구려 말로 '옛땅을 회복하는 것' 이라고 했습니다.

復檀君舊章 詞解慕漱爲太祖 是建元爲多勿 是爲高句麗始祖也[89]

(흘달20년)단군의 옛 문물과 제도를 회복하고 해모수를 태조로 받들어 제사하며 처음으로 연호를 다물로 하니 이가 고구려의 시조다.

二年夏六月 松讓以國來降 以其地爲多勿都 封松讓爲主 麗語謂復舊土 爲多勿故以名焉[90]

(동명성왕)2년 여름 유월 송양이 나라를 바쳐 항복해 와 그 땅을 다물도로 삼고 송양을 책임자로 임명했다. 고려어에 옛땅을 회복하는 것을 다물이라 하니 그곳 이름으로 삼았다.

그렇다면 '샤먼' 이나 '주몽' 으로 해석되는 '다물多勿' 이 어떤 과정을 거쳐 '옛땅을 회복하는' 뜻을 얻게 되었을까요?

다물(多勿)은 평안남도 성천군 등 영역에 있던 옛 이름이다. 고려 때 성천지방의 지도인 『성주읍도록』에 나오는 지명이다. 유래는 확실치 않으나 '다물샘' 을 '천황샘' 이라 하고 샘이 있는 이곳을 '천황동' 이라 부르는 것으로 미루어 보아 '다물' 이 옛날 임금을 가리키는 말이라는 것을 알 수 있다.

곧 단군조선의 38대 임금인 '다물' 임금의 행적과 얽혀 생긴 이름으로 추정된다. 전설에는 다물임금이 성천땅에 사냥을 나왔다가 평양으로 돌아가는 길에 '다물샘' 의 물맛이 너무 좋아 며칠을 묵어갔다고 한다. 〈삼국사기〉에는 고구려 건국설화를 인용하면서 '다물' 이란 고구려 때 옛 땅을 되찾는다는 말이라 하고 있다.[91]

---

89) 전형배 역음, 《환단고기》 (코리안북스, 1999) 262쪽 〈삼성기전 상편〉36구

90) 김부식, 《삼국사기》 〈고구려본기〉 권제13, 4장 고구려 시조 동명성왕

91) (사)평화문제연구소, 《조선향토대백과》(평화문제연구소, 2006) 평안남도 성천군편

'다물' 은 위 글에서 어떤 '샘' 의 이름과 관련되어 있습니다. 그런데 '다물' 은 실제로 '샘' 이기도 하니 '근원' 또는 '본디' 를 뜻할 수도 있습니다. 또한 다물은 서왕모이기도 한데 이는 창조신이므로 '근원' 으로 거듭 풀립니다.

닭맑	→	삵맑	→	숝맑	→	삾맑
다물		샘(근원)		성황모		서왕모

'다물' 에서 '설레임' 과 '꿈' 도 나왔으니 여기에도 열쇠가 있는 듯합니다.

닭맑	→	삵맑		→	잙맑	→ 읽맑	→	가르맑	→	하르맑
다물多勿		설레임	샤먼	신명神明	주몽	임금		꿈		희망希望

또한 다물에서 나온 '두만' 선우는 흉노의 첫 황제로서 '만인의장(萬人長)' 이며 '주몽' 은 고구려를 건국한 영웅으로서 '선사자(善射者)' 입니다.

풀이를 간추리면 다물은 고구려 시조 동명성왕(주몽)이요, 샘(본디, 근원)이요, 샤먼(설레임, 신명, 꿈)이요, '선사자(善射者)' 이기도 합니다. 이런 깊고 오묘한 뜻이 어울려 '고토회복(故土回復)' 을 뜻하게 되었을 것입니다.

닭맑	→	삵맑	→		잙맑	→	읽맑	→ 가르맑	→	하르맑
다물多勿	두만頭曼	샤먼	샘		주몽(동명)		왕검	곰		할미
***고토회복**	*흉노선우	*설레임	*근원		*고구려시조		*임금	*꿈		*희망
	*만인의장	*신명神明			*선사자善射者					

(2) 흥방(興邦)

'흥방' 은 한자의 뜻으로 풀어도 됩니다. 흥방은 '興(흥하다 흥)' 과 '邦(나라 방)' 이므로 '나라를 흥하게 하다.' 의 뜻이 되겠습니다.

흥방(興邦) : 나라를 흥하게 하다

그런데 '흥방' 의 소리를 캤더니, '개벽' 의 뜻으로도 풀렸습니다. '개벽' 은 '갈아엎다' 로 보입니다. 이는 처음의 상태로 돌아간다는 뜻인데 이는 '다물' 과도 비슷하군요.

가르밝 → 하르밝
개벽(開闢) 갈아엎다(처음으로 돌아가다) 흥방(興邦)

(3) 다물 흥방

그러므로 '다물흥방' 은 '고토회복' 으로 나라를 흥하게 하다.' 나 '고토회복' 으로 '처음으로 돌아가다' 의 뜻이 됩니다.

다물흥방 : 다물개벽 = 주몽개벽
多勿興邦 多勿開闢 옛땅을 회복하여 나라를 흥하게 하다

아니 금방 세운 나라에 무슨 옛땅이 있을까요? 그것은 고조선의 땅입니다.

고구려의 옛땅 = 고조선 땅

여기서 나아가 '다물정신' 이라고 하면 '주몽의 정신' 을 말하며 이는 고조선을 승계하려는 주몽의 위대한 건국정신으로 해석해야 할 것입니다. 이는 곧 고조선의 높은 정신과 드넓은 영토를 회복하려는 의지입니다.

주몽의 건국 정신 = 고조선 계승 정신

여기서 우리는 우리 역사의 빛나는 물줄기를 만나게 됩니다. 고구려가 고조선을 드세게 계승하려 했던 역사의 큰 물줄기 말입니다.

'다물흥방(多勿興邦)' 이 주몽의 고구려 건국정신이라는 것은 다음 글에서 더욱 밝게 드러납니다. 주몽이 고구려를 세우기 앞서 이미 '다물흥방(多勿興邦) 고천문' 을 써서 신에게 비는 장면입니다.

서기전 59년 고주몽은 동부여에서 탈출해 북부여의 졸본에 이른다. 이때 고주몽은 동부여에서 사귄 오이, 마리, 협보와 함께 남동쪽으로 길을 떠나 엄리대수(奄利大水)를 건너 비류곡에 닿고, 이어 모둔곡을 지나며 3의인을 만나니 묵거, 무골, 재사다.

이렇게 7의인이 졸본에 이르러, 의기투합해 장차 단군조선 삼한의 고토를 회복하고 9한이 하나 된 나라를 세우려고 하늘에 제를 올리며 맹세하니, 다물흥방 고천문(告天文)이 을파소 선생이 전수한 참전계경 총론에 전한다. 고주몽의 고구려 창건이 이때부터 시작된 것이다. 고주몽, 오이, 마리, 협보, 묵거, 무골, 재사 등 7의인이 무리 앞에서 하늘에 제를 올리며 맹세한 다물흥방 고천문을 소개한다.

가르닭 → 가르삵 → 자르삵 커다란　게세르　재사		닭 → 삵 → 앍 → 아르아르 오이 아라리	
마르 머리	맑[머리가르] 묵거 무골 마고	가르밝 → 하르밝 → 아르밝 개벽 가배　협보 하백　아보기 → 아버지	
맑닭닭 → 맑닭삵 → 맑닭앍 무당산　**모둔곡 무당곡**		밝닭 → 밝삵 → 밝앍 배달　백수 백산 백악 **비류곡** → 박곡	
닭맑닭 → 닭맑삵 → 닭맑앍 → 잙맑앍 → 앍맑삵 → 앍맑앍 → 가르맑앍 다물탕　다물시내　두만강　주몽강　**엄리수**　**아무르강**　**흑룡강**			

한한상존(桓桓上尊)이시여! 구한(九桓)에 비추어 내리시사, 밭을 일구고 황무지를 바꾸어, 우리 땅에 우리 곡식으로, 오직 우리 진한(辰韓)이 융성하고 부강하게 하소서! 7인이 같은 덕(德)으로 큰 원(願)을 회복하고자 맹서하며, 도적들을 물리쳐, 우리 옛 강토를 완전하게 하고, 오래된 숙병(宿病)을 없애며, 우리의 쌓인 원한을 풀고, 기근과 병란을 일거에 없애며, 도(道)를 따라 백성을 사랑하고, 삼한(三韓)이 함께 다스려져, 서에서 동으로, 북에서 남으로, 어려서는 반드시 전(佺)을 따르고 늙어서는 종(倧)이 있을 바이다! 노래와 춤으로 마땅히 취하고 배부르게 되오며, 구한(九桓)이 하나의 땅으로서 오래오래 이어지리다! 이제 소자 과덕하여 근면에 힘쓰매, 머리를 조아려 받드니, 신께서 흠향하시고, 소자들이 가는 정벌에 이롭게 하시고, 공을 빛나게 하소서! 나라를 도우사 우리 백성이 오래 살게 하소서!

桓桓上尊 照臨九桓 畇畇闢荒 我土我穀 惟我辰韓 旣殷且富 七人同德 誓復弘願 斥逐寇掠 完我旧疆 去彼宿病 解我積寃 飢饉兵亂 一幷掃盡 引道愛民 三韓同治 自西而東 自北而南 幼必從佺 老有所倧 以歌以舞 且醉且飽 九桓一土 齊登壽域 今朕寡德 甚勤而時 叩頭薦供 神嗜飮食 以利我征 俾光我功 佑我國家 壽我人民

고천문을 읽은 뒤, 이어 7인이 피 속에 손을 넣고 맹세하여 가로되, "7인이 같은 덕(德)으로써 가히 다물흥방이로다! 그 능력에 따라 각기 일을 맡노라!" 했다.

이후 고주몽은 졸본에서 고구려를 세우는데, 당시 북부여 고무서 단군이 고주몽이 비범한 사람임을 알고서 둘째 딸 소서노와 결혼시켜 후에 대통을 잇게 했다.

BC58년에 고무서 단군이 붕어하자 유언에 따라 고주몽이 단군이 된다. 23세인 BC57년부터 21년 동안 고주몽은 북부여의 단군이 되어 고구려 창건에 들어가고, BC37년에 역사상 단군조선의 진한과 변한의 고토를 수복한 고구려를 연다.

고구려는 '하늘의 태양이 밝게 빛나는 가운데 나라(중국)' 라는 뜻이며, 고씨의 구려(句麗:구리)라 해도 되는 바, 구려는 단군조선 초기에 봉해진 한 봉국(封國)으로서 BC285년경 뒤에는 고씨가 봉해진 것이 되고, 이후 역사상 고리국(藁離國)이라고도 불리는 나라로서 해모수의 고향이므로 또한 북부여를 고구려라 부르는 것이니, 해모수의 북부여가 시작된 BC239년부터 고구려 역사로 보면 907년간이다.[92]

92) 임승국 옮김, 《환단고기》〈태백일사〉 고구려본기6 (정신세계사, 1986)

고조선의 영토 회복을 논할 때 '다물흥방' 은 '상무정신(尙武精神)' 을 뜻하기도 했을 것입니다. 우리가 이미 익힌 바와 같이 '주몽' 은 '활을 잘 쏘는 사람(선사자, 善射者)이기도 하기 때문입니다.

닭맑	→	삵맑	→	잙맑
단군메르켈 **다물**多勿		살(살矢)메르켈 샤먼		주몽朱夢
(단군임금)		(선사자善射者) 신명(神明)		

아마 그들은 전장에 나아갈 때 '신명' 나게 '다물!' 을 외쳤을 것입니다. 그렇지 않으면 수와 당과 같은 큰 나라와의 전쟁에서 어떻게 당당한 기개를 세울 수 있었겠습니까? '다물' 은 '신명' 을 뜻하기도 하기 때문입니다.

또한 다물흥방을 고조선의 정신회복으로 여길 때 '고조선의 정신' 이란 천부경에 나오는 태극사상, 홍익인간, 이화세계를 말할 것입니다. 쉬운 우리말로 '뜨거운 가슴으로 우주를 끌어안는 하늘마음' 이겠죠. 그게 누구의 마음일까요?바로 '닭(단군, 덕德, 대大, 인仁)의 마음' 이겠죠.

닭	→	삵	→	잙	→	읅
단군 덕德 대大		스칸 선우		장군 제帝		인간 이누 인人 인仁

고구려 사람들이 다물흥방을 외친 것은 고구려의 고조선 계승 의지로 높이 평가됩니다. 그런데 이를 외치는 데만 그치지 않고 노래로까지 불렀다고 하니 국혼이 살아있는 고구려의 사회 분위기를 물씬 실감합니다.

노래는 염원입니다. 한때 떠들다가 쉬 잊어버리고 마는 다짐이나 외침보다도 한 차원 높습니다. 이것은 2천년 뒤인 지금도 유효할 것입니다.

우투리님, 그러나 오늘날 우리 사회는 과연 무엇을 염원하는 것이 있을까요? 돈? 명예? 통일? 세계 평화? 제 생각에 지금은 아무 것도 노래하는 것이 없는 것 같습니다. 정신이 피폐해질 대로 피폐해졌다고나 할까요? 다만 하나가 있다면 돈이요, 둘이 있다면 비뚤어진 명예일 것입니다.

그러나 우리는 그 노래를 목 놓아 다시 부릅니다. 아침에 다시 깨어납니다!

다물흥방	→	다물흥방의 노래
주몽의 건국정신으로의 개벽		고조선 본연의 모습으로 갈아엎는 노래
닭(본성)으로의 갈아엎음		복본의 노래, 존엄성 회복의 노래

5. 성황당(城隍堂)

우투리님, 성황당(城隍堂)은 우리나라에서 마을을 지키는 신(神)을 모시는 집을 말하는데 서낭당이라고도 하지요. 이 성황당의 말뿌리는 과연 무엇일까요?

성황당의 말뿌리

우투리님, 일단은 성황당을 '성황'과 '당(堂)'으로 나누어 생각해 보는데, 놀라지 마세요. '성황'도 '닭'이요, '당(堂)'도 '닭'이요, 성황신도 '닭'인데 이는 '단군'입죠. 심지어 무당을 뜻하는 단군, 달굴도 닭에서 왔습니다. 이로 보아 무속신앙의 모든 출발점이 닭(단군)임을 알 수 있습니다.

		다르아르 →	사르아르 →	자르아르 →	하르아르 →	아르가르
닭[다르가르]	↗	당堂 대臺	사寺 사舍	절 전殿 청廳	헌軒	옥屋 루樓
달굴 단군 다락	↘	사르가르 →	사르하르 →	사르나르 →	사르아르 →	자르아르
(무당) (신당)		산군 스칸	성황城隍	서낭	수엔 신神	주인主人

그렇다면 성황당(城隍堂)은 당군당(檀君堂)인 거죠. 이제야 성황당에 단군이 모셔져 있는 곳이 많은 까닭을 알겠네요.

성황당 = 서낭당 = 단군당
성황 = 서낭 = 단군 : 마을을 지키는 신(神)

(1) 성황

아래 표에서 '닭'에서 단군, 장군, 산군, 성황, 서낭, 신(神), 사(祠)가 나온 길을 밝힙니다.

닭	→	좕	→	삵	→	삟	→	삸
단군		장군		산군		성황		서낭 → 신(神) → 사(祠)

닭	좕	삵	삵	삟	삸	사
단군	장군	산군	산군	성황	서낭 신神	사祠
[ㄷ] →	[ㅈ] →	[ㅅ]	[ㄱ] →	[ㅎ] →	[ㄴ] →	ø
*(입천장소리되기)			* (닿소리부드러워지기)			

(2) 당(堂)

'당(堂)' 은 '집' 이죠. 이 '당(堂)' 도 '닭' 에서 온 말인데 현재의 '다락' 또는 '대(臺)' 와 가장 가깝습니다.

닭[다르가르] → 다르아르
다락 당(堂) → 대(臺) : 높은 곳, 높은 집
[ㄹ] → [ㅇ] → Ø (* 콧소리의 길)

(3) 성황당은 단군당

성황당은 단군당입니다. 이제까지 그 정체를 잘 모르던 장군당, 성황당, 서낭당, 신당, 산신당, 산시당, 사당, 소도 따위가 모두 닭닭을 말뿌리로 하는 단군당에서 온 단군신앙 또는 그 성소(聖所)을 말한다는 것입니다.

닭닭 → 줅닭 → 숡닭 → 숧닭 → 삸닭
단군당 장군당 산군당 성황당 서낭당 → 신당神堂 → 사당祠堂 → 소도蘇塗

예천읍 흑응산에는 장군당이 있습니다. 이제 그것이 단군당 또는 성황당과 같은 이름임을 알게 됩니다. 이 장군당에는 주건장군(周建將軍)을 신주로 모시고 있는데 '주건' 이 '단군' 임도 어렴사리 알게 됩니다.

닭 → 줅 → 숡
단군 장군 → 주건 산군 → 선우

주건(周建)의 한자를 풀어 보아도 단군이 나옵니다.

주건(周建) = 周(**두루** 주) + 建(세우다 **건**) = 두루건 = 단군
*뜻새김 *소리새김

여기에는 얼마 전까지만 해도 주건장군의 모형을 나무로 깎아 만들어 모셨다고 하는데, 산신당에 불이 나서 지금은 주건장군이 갑옷을 입고 칼을 찬 플라스틱 인형으로 모셔져 있습니다.

온 나라에 장군봉이나 투구봉이 많은데 이제 이들은 모두 '단군봉' 임을 알 수 있습니다. 단군과 장군은 혼돈될 수밖에 없습니다. 왜냐하면 옛날에 장군이 아니고서는 단군으로 등극하기 어려울 것이기 때문입니다. 그는 몸소 싸움에 나아가 이기지 않으면 모든 것을 잃어버렸을 것입니다.

닭 → 춝 → 줅 → 숡 **단군** 투구 천군 처구 **장군** 주건 산군	닭밝 → 춝밝 → 줅밝 → 숡밝 단군봉 투구봉 처구봉 장군봉 산군봉

성황당 신앙의 옹근 모습

지금부터 당집(神堂), 무당(샤먼), 무신(巫神), 신수(神樹), 굿(제의, 祭儀), 신가(神歌) 등의 '성황당신앙'의 옹근 모습을 살피겠습니다. 3조선 개념을 바탕으로 분류해 설명하는 것이 편리할 것 같아서 그렇게 하겠습니다. 성황당 신앙과 관계되는 모든 말들이 3조선의 나라 이름에 뿌리를 두고 있기 때문입니다.

(1) 당집(神堂)의 갈래

1) 3조선의 당집

구분	당집
조선	닭닭 → 닭잙 → 잙닭 → 잙삵 → 삵닭 → 삸닭 단군당 대웅전 장군당 **조선** 산군당 **성황당** 서낭당 신당 사당 소도
배달	밝닭 → 밟닭 → 밝잙 **배달** 부근당付根堂 부군당府君堂 본향당 별당別堂 불당佛堂 보광전普光殿
말갈	맑닭 → 맑잙 → 맑앍 미륵당 마고당 무당巫堂 미륵전彌勒殿 마고전 맹갈겨레 **말갈**

(가) 조선(닭닭)의 당집—성황당

위의 표에서 보듯이 성황당은 닭닭(단군당)에서 온 조선의 당집입니다. 우리가 이제까지 그 뿌리를 잘 모르던 도독(都督), 텬독(天毒), 텬튝(天竺), 텬도(天桃), 선도(仙桃), 서낭당, 신당(神堂), 사당(祠堂), 소도(蘇塗) 따위의 말들도 모두 닭닭(단군당)에서 나온 성황당의 다른 이름입니다. 우리는 이제까지 이런 말들의 정체를 몰라 너무 고생들이 많았죠. 대웅전은 절에서 으뜸 부처를 모신 본당 건물의 이름으로 남아 있습니다.

닭닭 →	닮잙 →	잙닭 →	잙삵 →	삵닭 →	삸닭
단군당 텬독天毒	대웅전	장군당	**조선**	산군당	**성황당** 신당 사당
동이東夷 텬튝天竺	大雄展		조사	선도	서낭당 소도 수두

성황당에는 본디 단군을 모셨습니다. 그런데 후대로 내려오면서 단종(영월), 공민왕(안동 왕모산), 김유신장군(대관령 산신당), 최영장군(추자도 장군당) 등도 모시고 있습니다. 이들은 모두 나라의 지도자며 죽어서 신(단군)이 되었습니다.

닭 → 잙 → 삵
단군 장군 산군山君 신神 선仙 산山

(나) 배달(밝닭)의 당집－부군당

배달(밝닭)에서 온 당집으로 대표적인 것이 부군당입니다. 이는 백제 또는 발해, 부여의 당집이라고도 할 수 있습니다. 그 말뿌리가 같은 배달(밝닭)이기 때문입니다. 부군당은 보광전(普光殿), 별당(別堂), 별실, 별성이기도 한데 모두 '성황당'으로 녹아 들어가고 지금은 경기지역에 희미하게 남아 있습니다. 보광전은 절에 남아 있습니다.

밝닭 →	밝닭 →	밝잙 →	밝앍
배달 부근당 **부군당** 별당 付根堂 府君堂	본향당(*제주도) 불당佛堂 本鄕堂	보광전普光殿 불전佛殿 백제	발해 부여

서울 경기지역에서 마을의 수호신을 모시는 신당을 '부군당(附君堂), 부근당(付根堂), 부강당(富降堂)'이라고도 하는데 이는 성황당(닭닭)과 거의 같습니다. '닭닭'은 조선의 성황당이요 '밝닭(부군당)'은 배달의 성황당으로 풀립니다.

'부군'은 사내의 '불알'이기도 한데, 이는 '부군당'에 사내의 거시기를 깎아 매달아놓은 까닭을 짐작할 수 있는 말입니다. 이는 부군당의 무당인 박수가 남무(男巫)라는 것과 관련이 있을 것입니다.

밝[바르가르] → 바르하르 → 바르아르
부군 부라한 불알

또 우리가 지방(紙榜)을 쓸 때 다음과 같이 '현(顯) ○○ 처사(處士) 부군(府君) 신위'로 적는데, 여기의 '부군'도 '이어 온 핏줄'을 나타내는 듯합니다. '할아버지'의 지방을 쓸 때를 봅니다.

	현顯	조고祖考	처사處士	**부군**府君	신위神位
소리풀이1	가르(하르)	스가르	게세르	부라한	스가르
소리풀이2	글	닭	큰 닭	밝	닭
뜻 풀이 1	나타냄	조상	큰 단군	**불알**	사르
뜻 풀이 2	나투심	할아버지	선비	**핏줄**	신(神)

그러므로 '현(顯)조고(祖考)처사(處士)부군(府君)신위(神位)'는 '처사이신 할아버지 핏줄 신(神)의 나투심'의 뜻이군요.

아래 사전에서 부군당의 '부군' 을 '한나라 태수의 이름' 이라는 말이 나오는데, 이는 툭하면 중국을 끌어들이는 모화사상의 상투적 수법입니다. '부군' 이 우리말 '밝' 에서 온 것을 보면 차라리 신라의 박혁거세의 '밝' 을 끌어들이는 것이 더 온당하지 않을까요? '부군' 은 '부라한' 을 한자로 적은 것입니다.

밝[바르가르] → 바르가느 → 바르하느
박朴 파군 부군(府君) 부라한

부군당(府君堂)은 서울 경기지역에서 마을의 수호신을 모시는 신당(神堂)이다. 한자로는 부군당(附君堂), 부근당(付根堂), 부강당(富降堂) 등으로도 적는다. 『증보문헌비고』에 "본조 풍속에 도하 관부들은 으레 수호신을 모신 한 작은 숲을 두고 그 사당에 종이돈을 걸고 부군이라 일컫는다."는 글이 있다. 부군이란 본래 한(漢)나라 태수의 칭호라 하나, 부군당이란 옛날 관청 내에 두던 사당의 이름인 듯하다. 현재 이 명칭은 서울의 당산동 · 동빙고동 · 서빙고동 · 보광동 · 수유동 · 창전동 · 이태원동 등에서만 보인다. 부군당에 봉안된 부군신은 마을을 지키는 무신적(武臣的) 성격과 함께 풍요신적 요소도 갖는다.

무신의 성격은 굿을 할 때 부군신을 놀리는 '부군거리' 에서 무당이 입는 무복이 장군의 복식인 구군복(具軍服)이라는 점에서 알 수 있다. 그리고 부군당신의 생식적 풍요 요소는 부군당에 나무로 깎은 남근(男根)을 벽에 걸었다는 『오주연문장전산고(五洲衍文長箋散稿)』의 글과 일본인 무라야마(村山智順)의 『조선의 무격(朝鮮の巫覡)』 부록 사진에 보인다.

부군당의 제의는 봄 · 가을에 마을에서 더불어 갖는데, 규모가 큰 당에서는 3년마다 한 번씩 대규모의 당굿을 올린다. 서울 · 경기지역의 대표적 부군당으로는 용산구 이태원 1동의 부군당을 꼽는다. 이 당은 이태원 천여 호에서 돈을 모아 3년마다 당굿을 하고 마을회의에서 뽑힌 제관 12명이 당제를 주관한다. 뽑힌 제관은 당제 15일 전에 두레우물을 퍼내고 왼새끼에 백지술을 끼운 금줄을 쳐서 잡인을 막고, 새로 괸 우물물을 길어다 '조라' 를 담가 제를 올린다. 당제는 유교식이며 당굿은 일반 당굿과 달리 부군신을 위한 '부군거리' 가 덧붙고, 끝에 '황제풀이' 를 하고 나서 '뒷전' 을 하는 특징이 있다. — 민족문화대백과(부군당)

(다) 말갈(맑닭)의 당집—무당(巫堂)

'무당(巫堂)' 도 한자의 뜻을 풀면 '巫' 나 '堂' 의 뜻이 어렴풋 짐작될 뿐 더 깊이 파고 들 수가 없지요.

무당巫堂 = 巫(무당 무) + 堂(집 당) = 무당의 집?

'무당(巫堂)' 은 말갈(맑닭)의 당집(神堂)이었으나 지금은 '무속신앙의 사제(司祭)' 의 뜻으로만 쓰입니다. 이는 현재 절에서 '미륵전(彌勒殿)' 이라는 이름으로 남아 있습니다.

맑닭 →	맑잙 →	맑앍
메르켈당 맹갈당 미륵당 마고당 무당巫堂	미륵전彌勒殿	**말갈** 맥貊겨레 몽골

이와 같이 '무당' 은 '맑닭' 에서 왔는데 이는 맹갈당, 미륵당, 마고당과 같습니다. 여기서 미륵, 마고, 무(巫)에는 '맹갈(창조)' 의 뜻이 들어있음을 알 수 있습니다. 미륵이든, 마고든, 무(巫)든 이는 천지를 창조한 마고할미의 다른 표현일 것입니다. 그러므로 미륵당이든 마고당이든 무당(巫堂)이든 이는 창조신 '마고할미를 모셔놓은 집(堂)' 을 뜻하게 됩니다.

2) 3조선 연방의 당집

구분	당집
조선연방	닭닭닭 → 잙삵닭 → 앍삵닭 → 삵잙닭 → 잙잙닭 → 앍잙삵 뎐독당 조사당 구수당 굿당 산천단 천제단 **조선연방**
배달연방	닭밝닭 → 앍밝닭 태백당 터부당→터부 **배달연방**
말갈연방	닭맑닭 → 살맑닭 → 잙맑닭 → 핡맑닭 → 앍맑닭 → 얽맑앍 투먼당 샤먼당 주몽당 할미당 임금당 금당 **말갈연방** 닭닭맑닭 → 앍앍맑닭 → 앍앍맑삵 → 앍앍맑잙 투탕카맨당 국사당 길가메시 개금정 개금치 개금

(가) 조선연방(닭닭닭)의 당집－조사당

조선연방(단군조선)의 당집으로 조사당(祖師堂), 구수당, 굿당, 천제단(天祭壇), 산천단(*제주도) 따위가 있습니다.

닭닭닭 →	닭잙삵 →	삵잙닭 →	잙삵닭 →	잙잙닭 →	앍삵닭
뎐독당	**단군조선**	산천단	조사당	천제단	구수당
		山川壇	祖師堂	天祭檀	굿당

조사당, 구수당, 천제단 등은 우주의 신을 모시는 곳으로 보입니다. 조사, 구수, 천제는 '큰 단군' 을 뜻하며 '우주' 로 풀리기 때문입니다.

가르닭	→	가르삵	→	자르삵	→	자르좕	→	아르좕
큰단군 구다라		거서간 게세르 **구수**		조선		천제		우주(宇宙)
갇(God)		큰신(神) 귀신		조사				

(나) 배달연방(닭밝닭)에서 온 당집－태백당(터부)

배달연방(닭밝닭)에서 온 당집으로 태백당, 예배당이 있었으나 지금은 희미해졌고 '터부' 라는 말로만 남아 있습니다.

닭밝닭	→	앍밝닭
태백당 터부당 → **터부**		예배당 안과견당 아바타
두루배달 티베트		얽배달(**배달연방**)

(다) 말갈연방(닭맑닭)에서 온 당집－할미당

말갈연방(닭맑닭)에서 온 당집에 두만당, 주몽당, 샤먼당, 선문대, 할미당, 왕검성, 임금당, 금당, 개금치, 국사당 따위가 있습니다.

닭맑닭	→	삵맑닭	→	핡맑닭	→	앍맑닭	→	앍맑앍	→	가르맑닭
다물당		샤먼당		할미당		임금당		얽말갈		금당
두만당		선문대		호무당		왕검당		말갈연방		

닭닭맑닭	→	앍앍맑좕	→	앍앍맑닭	→	앍앍맑삵
대투메트		개금치 개금정		국사당		길가메시 큰가메시

'국사당(國師堂)' 은 '개금치' 의 의역일 것입니다. '국사당' 또는 '개금치' 는 할미당, 임금당, 금당 따위보다 더 큰 대우주의 신(神)을 모시는 곳으로 보입니다. 개금, 국사가 '큰할마시' 또는 '큰 우주' 로 풀리기 때문입니다.

가르가르맑닭	→	가르가르맑삵	→	가르가르맑좕	→	가르하르맑삵
큰곰딸 국사당		큰가메시 길가메시		**개금치** 개금재		큰할마시

길가메시는 고대 수메르의 영웅서사시에 나오는 그 유명한 영웅입니다. 그의 이름과 개금치가 같다는 것은 길가메시가 개금치의 무당임을 뜻할 것입니다. 또한 그는 큰 웅녀로 풀리므로 놀랍게도 고조선 출신의 무당임을 알 수 있습니다. 이는 인류 최초의 문명으로 평가되는 수메르문명이 고조선인들이 세운 문명일 가능성을 말하는 것입니다.

가르가르맑닭 →	가르가르맑삵 →	가르가르맑잙 →	가르하르맑삵
길가메드	길가메시	개금정	큰해모수
큰곰딸(큰웅녀)	큰가메시	개금치	큰할마시

(2) 무신과 무당

'무신(巫神)'은 무속신앙의 신(神)이요, '무당(巫堂)'은 무속신앙의 사제(司祭)로서 서로 구분되지만 혼동되기도 합니다. 그 까닭은 사제(司祭)는 제정일치시대의 제사장으로서 살아있는 신(神)이었기 때문입니다.

1) 3조선의 무신이나 무당

구분	무신 또는 무당
조선	닭닭 → 삵닭 → 핡닭 → 앍닭 → 삵잙 → 앍삵 도독 **수다간** 휴도왕 우다간 아더왕 신크치 신지 **공수**
배달	밝닭 → 밝삵 → 밝잙 복뎅이 **바릿데기** 별신 별성 박수 벅수 판수 바리공주
말갈	맑닭 → 맑삵 → 맑잙 → 맑앍 **무당**巫堂 **무수리** 마하살 모세 뮤직 뮤즈 **마지** 마구니 매고埋姑 말갈

(가) 조선(닭닭)의 무신이나 무당-신지

조선(닭닭)의 무신이나 무당에 도독, 수다간, 휴도왕, 우다간, 아더왕, 신크치, 신지, 공수 따위가 있는데 가장 낯익은 말은 신지나 공수입니다.

닭닭 →	삵잙 →	삵닭 →	핡닭 →	앍닭 →	앍삵
뎐독天毒	신크치	수다간	후다간	**우다간**	**공수**
도독都督	**신지**		휴도왕	아더왕	

퉁구스말에 무당을 수다간 또는 우다간이라 하는데 이는 닭닭에서 온 말입니다. 이는 삼한의 신크치, 신지, 신라의 석탈해, 훈족의 휴도왕(休屠王), 영국의 아더왕과 말뿌리가 같습니다. 수다간에서의 '수다'는 우리말 '수다를 떨다'에 남아 있지요. '샤먼'처럼 말이 많은 사람을 '수다쟁이'라고 하잖아요?

(나) 배달(밝닭)의 무신이나 무당-바릿대기

배달(밝닭)의 무신이나 무당에 복뎅이, 바릿대기, 별신, 별성, 박수, 벅수, 판수, 바리공주가 있습니다. 이들은 모두 배달(백제, 발해, 부여)과 얽힌 이름들입니다.

밝닭	→	밝삵	→	밝잙
배달 복뎅이 **바릿대기**		별신 별성 박수 벅수 판수		바리공주

(다) 말갈(맑닭)의 무신이나 무당―무당(巫堂)

말갈(맑닭)의 무신이나 무당 등은 무당, 무수리, 마하살, 모세, 뮤직, 뮤즈, 마지, 마구니, 매고, 마귀 등입니다. 뮤직은 음악이요, 뮤즈는 음악의 신입니다.

맑닭	→	맑삵	→	맑잙	→	맑앍
맹갈단군 마고단군		맹갈수리 **무수리** 모세		뮤직 뮤즈 **마지**		마구니 매고埋姑
마고딸 **무당**巫堂		마고살 마하살 무신巫神		마고제 무제巫祭		맹갈鬼 마귀魔鬼

무당이 음악과 관련이 있는 것은 그가 굿을 할 때 음악을 포함하는 종합예술의 주체(또는 주관자)이기 때문입니다.

여기서 무당(巫堂)의 '巫' 를 다시 한 번 생각해 봅니다. '巫' 는 글자의 짜임으로 볼 때 '하늘과 땅을 이어 주는 사람' 으로 많이 풀이하였습니다. 그런데 '巫' 의 소리로 볼 때 이는 분명 '맑(맹갈)' 에서 왔습니다. 그러므로 '巫' 는 '하늘과 땅의 조화로 사람이 생겨났다.' 로 풀어야 할 것입니다. 여기서 '巫' 가 천지인의 삼태극을 나타내는 우리 글자임을 알 수 있습니다. 그렇다면 무당(巫堂)은 '창조주' 로 풀어야 마땅할 것입니다.

맑닭	→	맑삵	→	맑잙	→	맑앍
맹갈단군 무당巫堂		맹갈신 무수리		마지巫呪 맹갈주→創造主		맹갈칸 맹갈왕

삼국유사에 서동(薯童)왕자와 선화공주(善花公主)의 이야기가 실려 있죠. 서동(薯童)의 서(薯)를 '맑' 으로 풀면 서동(薯童)은 '무당' 이 됩니다. 그러므로 서(薯)는 먹는 '마(薯)' 하고는 아무런 관련도 없는 우리말 '맑' 임을 알 수가 있습니다.

서동(薯童)	=	서(薯 : 마 서)	+	동(童)	⇄	맑닭
마동		무(巫)		당(堂)		무당
		*뜻새김		*소리새김		

'선화공주' 의 '선화' 는 신라 초기의 화랑인 '원화(源花)' 를 연상케 합니다.

닭 → 삵 → 삻 → 왌 단군딸 산군 선화善花 원화源花	가르닭 → 가르삵 → 다르잙 → 화르왉 게세르 거사 공주 거지 화랑花郞

그러므로 서동왕자는 무당왕자가 되고 선화공주는 '단군공주' 로 풀리는군요. 제정일치시대에는 임금이 곧 무당이므로 그 아들도 무당일 수 있을 것입니다.

서동왕자 薯童王子	맑닭 가르닭 → 맑닭 가르삵 → 맑닭 아르잙 무당 광대 무당 거서간 무당(마동) 왕자
선화공주 善花公主	닭가르닭 → 닭가르삵 → 닭가르잙 → 삵가르잙 → 삻가르잙 단군광대 단군공수 단군공주 산군공주 선화공주

2) 3조선연방의 무신이나 무당

구분	무신 또는 무당
조선연방	닭닭닭 → 닭왉촭 → 닭왉삵 → 잙 왉삵 → 삵닭닭 티타이트 다루가치 퉁구스칸 징기스칸 싯달타
배달연방	닭밝닭 → 닭밝삵 → 잙 밝왉 → 왉밝닭 두루배달 티베트 도편수 자부선생 **아바타**(환인, 안파견)
말갈연방	닭맑닭 → 닭맑왉 → 삵맑닭 → 홝맑삵 → 왉맑삵 → 왉맑왉 투메트 **당금애기** 샤만다 → **샤먼** 할마시 어마씨 얽말갈 **해모수** 가메시(**웅녀**) 닭닭맑닭 → 왉닭맑왉 → 왉삵맑닭 → 왉왉맑삵 → 왉왉맑잙 대투메트 고두마칸 오스만투르크 길가메시 개금치

(가) 조선연방(닭닭닭)의 무신이나 무당—퉁구스칸

조선연방(닭닭닭)의 무신이나 무당에는 퉁구스칸, 다루가치, 징기스칸, 싯달타, 알지거서간 등이 있습니다. 다루가치는 여진말에 남아 있습니다.

닭닭닭 → 닭왉삵 → 닭왉잙 → 삵닭닭 → 잙왉삵 → 왉왉삵 → 왉잙삵
티타이트 퉁구스칸 다루가치 싯달타 징기스칸 알지거서간 얽조선

(나) 배달연방(닭밝닭)의 무신이나 무당—아바타

배달연방(닭밝닭)의 무신이나 무당에는 도편수, 자부선생, 아바타(환인, 안파견) 등이 있습니다.

닭밝닭	→	닭밝삵	→	잛밝삵	→	앍밝닭
티베트		도편수		자부선생		아바타(환인, 안파견) 얽배달(배달연방)

(다) 말갈연방(닭맑닭)의 무신이나 무당—할마시, 샤먼

말갈연방(닭맑닭)의 무신이나 무당에는 당금애기, 해모수, 사만다(선문대), 샤먼, 가메시, 할마시, 해모수, 웅녀, 고두마칸, 길가메시 등이 있습니다. 고두마칸과 길가메시는 웅녀에서 나온 더 '큰 웅녀' 또는 '큰할마시' 라는 무당일 것입니다.

닭맑닭 → 닭맑앍 → 삵맑닭	→	홝맑삵	→	앍맑삵	→	앍맑앍
당금애기 샤만다 → 샤먼		할마시 해모수		어마씨 가메시 웅녀		얽말갈(말갈연방)
닭닭맑닭 → 앍닭맑앍 → 앍삵맑닭	→	앍앍맑삵			→	앍앏맑삵
고두마칸 오스만투르크		길가메시(큰곰씨, 큰웅녀)				큰할마시

이런 무속 신앙의 수많은 사제 이름들은 우리나라에서 거의 '무당(맑닭)' 으로 통일되었는데 그 까닭은 우리가 말갈(맑닭)에서 온 맥족(貊族)이기 때문일 것입니다.

신(神)에도 크기가 있고

닭 → 가르닭 ↘ 삵 ↘ 가르삵 신神 큰신 → 귀신鬼神	맑닭 → 가르맑닭 → 가르가르맑닭 무당 큰무당 크고큰무당 가메시(금당) 길가메시(개금치)

신당(神堂)에도 높이가 있는 것으로 보입니다.

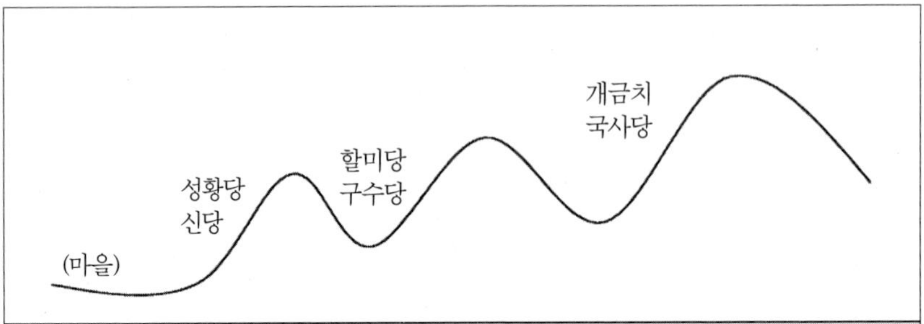

성황당(신당) : 마을이나 마을의 산(누리)을 지켜주는 신의 집
할미당(구수당) : 나라나 나라의 산(우주)을 지켜주는 신의 집
개금치(국사당) : 대우주의 신을 모시는 집

(3) 신수(神樹)와 신목(神木)

신수(神樹)와 신목(神木)은 구별됩니다. 신수(神樹)는 신(神)으로 모시는 살아있는 나무이고 신목(神木)은 나무로 깎아 만든 신(神)의 모형일 것입니다.

1) 신수(神樹)

우리나라에서 신수(神樹)는 주로 큰 느티나무입니다. 대보름날 자시에 마을마다 그 느티나무에 동신제나 산신제를 지내죠. 몽골에서는 버드나무(박달나무)를, 그리스에서는 떡갈나무를 신수(神樹)로 삼고 있습니다. 우리나라에서도 예천군 외남본리에서는 떡갈나무를 신수(神樹)로 모십니다.

시베리아에서는 무당을 '오윤' 이라 하고 신수(神樹)를 '캐리약스마흐' 라 한답니다. 몽골에서는 신수(神樹)를 '오보' 라 하네요.

시베리아의 무당(巫堂)	: 오윤 oyun
시베리아의 신수(神樹)	: 캐리약 스마흐(위대한 오윤나무)
몽골의 신수(神樹)	: 오보

'오보' 의 말뿌리는 '닭밝' 에서, '오윤' 은 '닭' 에서 나온 듯합니다. 신수(神樹)인 '캐리약스마흐(위대한 오윤나무)' 는 '커다란 나무' 로 풀립니다.

닭밝 → 삵밝 → 앍밝 터부 소벌 숲 안파견 은풍 알박 오보	닭 → 삵 → 앍 단군 산군 잉카 → 오윤
가르닭닭맑 → 가르닭삵맑 → 가르닭낡맑 → 가르앍삵맒 위대한 오윤나무 커다란 샤먼 커다란 나무 **캐리약 스마흐**	

2) 신목(神木)

(가) 솟대

우리나라에서는 서낭당에 세우는 신목(神木)을 다음과 같이 여러 말로 부르지만, '솟대'로 가장 많이 이르지요.

솟대 짐대 솔대 소주 소줏대 표줏대 거릿대 갯대 수살이 수구맥이 액맥이대
방아솔대 별신대 화표주華表柱 볏가리(화간禾竿) 풍간風竿

(나) 장승

장승(長承)도 신목(神木)입니다. 돌로 만든 벅수나 무덤에 세우는 촛대석이나 제주도의 돌하루방은 신목에서 나아간 신석(神石)일 것입니다.

(4) '굿'의 뿌리

굿은 무속신앙의 제의를 말하죠. 무당이 음식을 차려 놓고 노래하고 춤추며 귀신에게 인간의 길흉화복을 조절하여 달라고 비는 의식입니다.

굿의 이름도 3조선의 나라 이름에서 비롯되었습니다.

1) 3조선의 굿

구분	굿
조선	닭닭 → 좕삵 → 앍삵 뎐독(天毒) 조선 공수 **굿 용성**
배달	밝닭 → 밝삵 → 밝좕 **배달 푸닥거리 풀굿(→ 풋굿) 별신(→ 별신굿) 백중(→ 백중굿)**
말갈	맑닭 → 맑좕 → 맑앍 **무당**巫堂 뮤직 뮤즈 **마지** 말갈 몽골

(가) 조선(닭닭)에서 온 굿– '굿'

무릇이름씨인 '굿' 은 '조선' 또는 '게세르' 를 뜻하므로 이는 곧 조선굿, 게세르굿이 될 수 있습니다. 끝내 '굿' 이란 '단군(조상신)에게 비는' 의식(祭)을 뜻합니다.

닭닭 →	삵닭 →	잙닭 →	잙삵 →	읅삵
둥당거리	시근닥거리	치근대기	조근시끌 조선	게세르 공수 굿
(단군두런거리)	(선우두런거리)	(장군두런거리)	(장군시끌)	(큰시끌)

(나) 배달(밝닭)에서 온 굿–풀굿(푸꾸), '별신' 굿

배달(밝닭)에서 온 굿에 '별신' 굿이 있는데 이는 푸닥거리, 풋굿, 백중굿이기도 합니다. 부군당에 별신(別神)이 있으므로 별신굿은 부군당(배달)의 무당인 박수(배달)가 하는 굿입니다. 박수는 남무(男巫)이므로 별신굿은 남자무당굿이 되겠습니다. 이는 농사의 씨뿌리기와 얽혀 있지 않을까 생각합니다. 하회별신굿이 오늘까지 이어졌죠. 끝내 '푸닥거리' 는 농신(農神)에게 비는 의식일 것입니다.

밝닭 →	밝삵 →	밝잙
배달 **푸닥거리** 부군당 밭	**별신(→별신굿) 풀굿**(→푸꾸) 박수	**백중**(→백중굿)

'푸닥거리' 는 '부라한' 이라는 신에게 지껄이는 의식을 말하는 것으로 보입니다. 이는 오늘날 '북덕거리다' 로 남아 있습니다. 푸닥거리를 할 때 아마 많은 사람들이 북적대었을 것입니다.

밝닭 →	밝삵 →	밝잙 →	밝읅
푸닥거리 북덕거리	벅석거리 박수	북적거리 백중百中	백의白衣
(부라한두런거리)	(부라한시끌이)	(부라한지껄이)	(부라한이껄이)

(다) 말갈(맑닭)에서 온 굿–마지

우리가 굿을 하는 제의를 '마지' 를 올린다고도 하는데 '마지' 는 '무당(맑닭)' 에서 온 말입니다. 말갈(맑닭)의 무당(맑닭)이 마지(맑닭)을 올립니다. 끝내 '마지를 올린다.' 는 것은 창조신 마고에게 지껄이며 제(祭)를 지낸다는 뜻이 됩니다.

맑닭 →	맑삵 →	맑잙 →	맑핡 →	맑낡 →	맑앍
무당	무수리 모세	뮤직 뮤즈 마지	무희	막나니	말갈 몽골
무닥거리	미식거리	미적거리 마고祭	마고홀기	마고니걸이	마고이껄이
(마고두런거리)	(마고시끌이)	(마고지껄이)	(마고희롱하기)		

2) 3조선연방의 굿

3조선연방의 굿의 이름은 북방유목민의 제천축제의 이름에 닿아 있습니다. 이는 거꾸로 당시 북방유목민들이 연방국 형태로 존재했음을 말하기도 하는 것입니다.

구분	굿
조선 연방	닭닭닭 → 닭삵잙 → 앍삵잙 → 가르앍닭 **타인수제** 용성제 → **용성대제** **쿠릴타이**
배달 연방	닭밝닭 → 핡밝잙 → 앍밝잙 → 가르밝잙 화백제 우란분재 가배제 → **가배** → 가위 → 한가위
말갈 연방	닭맑닭 → 닭맑잙 → 닭맑앍 → 가르맑삵 대림제 → **대림대제** **당금애기** 가메시(곰씨, 웅녀)

(가) 조선연방(단군조선)의 굿 – 용성제 또는 쿠릴타이

조선연방(단군조선)의 굿의 이름은 '용성제'라 한 것으로 보이는데 이는 흉노의 '용성대제'로 발전한 것으로 봅니다.

닭닭닭 →	닭삵잙 →	앍삵잙 →	가르앍닭
	타인수제	용성제 → **용성대제(*흉노)**	쿠릴타이

(나) 배달연방(배달조선)의 굿 – 가배제(화백제)

연방배달(배달조선)의 굿은 '태백제(太白祭)'라고 한 것으로 보이는데, 여기서 '우란분재'와 '가배'가 나온 것으로 보입니다.

	↗ 앍밝닭 →	닭밝앍 →	앍밝앍 ↘	
	앍배달(연방배달)	동부여 대부여	앍부여(연방부여)	
닭밝닭				가르밝잙
티배트	↘ 닭밝잙 →	핡밝잙 →	앍밝잙 ↗	가배제
대배달	태백제(太白祭)	화백제(和白祭)	우란분재	가배 가위

(다) 말갈연방(왕검조선)의 굿－대림제

연방말갈(왕검조선)의 굿은 '대림제(蹛林祭)' 라고 한 것으로 보이는데, 여기서 흉노의 가을 제천축제인 '대림대제(蹛林大祭)' 가 나온 것으로 보입니다.

닭맑닭 →	닭맑잙	→	닭맑앍 →	앍맑삵 →	앍맑앍
다물데	동맹제(→ **동맹**)	대림제(→ **대림대제**)	**당금애기**	**왕검조선**	**얽말갈**
多勿祭	東盟祭	蹛林祭		열매설	연방말갈

(5) 굿을 할 때 부르는 노래

굿을 할 때 부르는 노래에는 크게 두 갈래가 있는 것으로 보입니다. '~가歌(가락)' 와 '~풀이' 입니다. 저는 '~가歌(가락)' 는 3조선의 굿의 노래로, '~풀이' 는 3조선연방의 굿의 노래로 비정해 봅니다. 이는 더 연구가 필요합니다. '~가歌(가락)' 는 짧은 노래이고, '~풀이' 는 긴 사설입니다.

1) 3조선의 신가(神歌) '~가(歌)'

구분	굿
닭닭 조선	닭닭 → 잙삵 → 삵앍 → 핡앍 동동動動 조선 살가락 사뇌가詞腦歌 신가神歌 향가鄕歌
밝닭 배달	밝닭 → 밝앍 배달 푸닥거리 별가락(별곡別曲) 별가別歌 * **청산별곡**
맑닭 말갈	맑닭 → 맑잙 → 맑앍 무당 마지 말갈 몽골 무곡巫曲 무가巫歌 만가輓歌

(가) 조선

조선에서는 신가(神歌)를 '신가(神歌), 사뇌가(詞腦歌), 향가(鄕歌)' 라 한 것으로 보입니다. 그런데 '신가(神歌)' 에서 '시가(詩歌)' 가 되고 '시가(詩歌)에서 '시(詩)' 로 발전한 것으로 보입니다. 고려가요에 '동동(動動)' 이 있는데, 이는 본디 조선의 신가(神歌)에서 온 이름임을 알 수 있습니다.

닭닭 →	닭앍 →	삵앍	→		핡앍
동동	단가락	살가락 → 사뇌가락 사뇌가 →	신가락 신가 시가		흥가락 향가
(動動)	(檀曲, 短歌)	(詞腦歌)	(神歌)(詩歌)		(鄕歌)

우리말에 크게 외쳐 우는 것을 통곡(痛哭)이라 하는데 그 말뿌리가 '조선의 울음' 에 닿아 있음을 알 수 있습니다.

닭닭 → 닭앍 → 좕삵
단달 뎐둑 단동 **동동** 동이 단가락 동가락 조선
둔덕 天竺 丹東 動動 東夷 檀曲 短歌 東曲 痛哭 朝鮮

(나) 배달

배달의 신가(神歌)는 '별곡(別曲), 별가(別歌)' 라 한 것으로 보입니다. 고려가요에 청산별곡이 있는데 여기서의 '별곡' 이 본디 배달의 굿인 '푸닥거리' 를 할 때의 노래(神歌)의 이름에서 온 것임을 알 수 있습니다.

밝닭 → 밝앍
배달 푸닥거리 별가락(별곡別曲) 별가別歌 ***청산별곡**

(다) 말갈

말갈의 신가(神歌)는 '무가락(巫曲), 만가(輓歌), 무가(巫歌)' 라 한 것으로 보입니다. 상여노래를 '만가(輓歌)' 라 하는데 이는 본디 말갈의 굿의 노래에서 비롯되었음을 알 수 있습니다.

맑닭 → 맑좕 → 맑앍
무당 마지 말갈 몽골 **무가락**巫曲 **만가**輓歌 **무가**巫歌

2) 3조선 연방의 신가(神歌) '~풀이'

구분	굿
조선 연방	닭닭닭 → 닭닭 → 닭닭풀이 → 앍삵풀이 動動 동동풀이 귀신풀이 살풀이 신풀이
배달 연방	닭밝닭 → 밝닭 → 밝닭풀이 → 홝좕풀이 배달 배달풀이 황제풀이 본풀이 본바 품바
말갈 연방	닭맑닭 → 닭맑 → 닭맑풀이 → 삵맑풀이 다물 다물풀이 신명풀이 살매풀이

더 연구해 보아야 하겠지만, 3조선연방에서 굿을 할 때는 노래(신가神歌)와는 조금 다른 '풀이'를 한 것으로 보입니다.

밝
밝히기 → 풀이

'풀이'란 무당들이 굿을 할 때 제상 앞에 앉아서 읊는 신(神)의 내력담인데 여기서 우리 민족의 정체성인 '신바람, 신명, 품바'가 나왔군요.

(가) 조선연방(단군조선)의 살풀이

살풀이는 본디 귀신풀이에서 왔고, 귀신풀이에서 공주풀이가 나왔을 것입니다. 살풀이에서 신풀이가 나오고, 신바람이 나왔을 것입니다.

닭닭닭 → 닭닭	→		닭	
티타이트 動動 ↘			달 ↘	
	닭닭풀이 →	읽삶풀이 → 읽잙풀이		삶풀이
	동동풀이	귀신풀이 공주풀이		살풀이 신풀이(신바람)

(나) 배달연방(배달조선)에서 나온 품바

배달풀이에서 황제풀이가 나오고 황제풀이에서 본풀이와 품바가 나왔습니다.

닭밝닭 → 밝닭	→		밝	
두루배달 배달 ↘			부라한 ↘	
	밝닭풀이 →	홝잙풀이		밝풀이
	배달풀이	황제풀이		본풀이 → 본바 → 품바

(다) 말갈연방(말갈조선)에서 나온 신명풀이

닭맑닭 → 닭맑	→		맑	
투메트 다물 ↘			마고 ↘	
	닭맑풀이 →	삶맑풀이		맑풀이
	다물多勿풀이	신명神明풀이		마고풀이 무巫풀이

지금 우리는 굿을 '푸닥거리, 마지, 풀이' 라고도 하는데, '푸닥거리' 와 '마지' 는 굿의 이름이지마는 '풀이' 는 위와 같이 본디 무가(巫歌)의 이름에서 비롯된 말임을 알 수 있습니다.

여러 나라에서는 '굿' 을 다음과 같이 부른다고 이건주님[93]이 전합니다. 이 또한 우리의 굿과 밀접한 관련이 있음을 알 수가 있지요. 일본의 '마쓰리' 는 '무수리' 로 풀리니, 우리의 '마지' 와 같고 나머지는 모두가 우리의 '풀이' 와 같습니다.

<table>
<tr><th>나라</th><th>굿의 이름</th><th>말풀이</th></tr>
<tr><td>한국</td><td>마지</td><td rowspan="2">밝닭 → 밝삵 → 밝잙
무당 마쓰리祭 무수리 미사 마지 미자</td></tr>
<tr><td>일본</td><td>마쓰리祭</td></tr>
<tr><td>영국</td><td>pure</td><td rowspan="3">밝 → 바르하르 → 바르아르
[바르가르] 밝히 - 풀이</td></tr>
<tr><td>프랑스, 산스크리트말</td><td>pur</td></tr>
<tr><td>라틴어</td><td>purus(putus)</td></tr>
</table>

한편 음력 7월 보름을 '백중(百中)' 또는 '풋굿' 이라 하는데 별신굿과 뿌리가 같습니다. 이는 분명 농사와 관계되는 굿입니다.

밝닭 →	밝삵 →	밝잙
밭 푸다가르 → 푸닥거리	박수 풀게세르 → 풀굿 → 푸꾸	백중
배달 붓다	별신(굿)	부처

음력 7월 보름 세벌김매기가 끝난 휴한기에 휴식을 취하는 날. 농민의 여름 축제로 자리잡았고, 음식과 술을 나누어 먹으며 백중놀이(씨름, 들돌 들기, 호미걸이 등)를 즐기는 농민 명절이다. 백중(百中)은 백중(白中), 백중(百衆), 백종(百種), 백종절(百種節), 중원일(中元日), 망혼일(亡魂日)이라고도 한다. 민간에서는 백중이라 하는데, 원래 불가에서 부처의 탄생, 출가, 성도, 열반일의 4대 명절에 백중(우란분재盂蘭盆齋)이 더해져 5대 명절에 든다. 우란분(盂蘭盆)은 범어 Ullampara를 음사한 오람파라(烏籃婆拏)의 와전이다.

— 백중(민족문화대백과)

위 글을 보면 '백중(百中)' 은 우란분재(盂蘭盆齋)와 관계됩니다. 그래서 그런지 '백중(百中)' 은 '부처' 와 같습니다.

---

93) www.coo2.net (우리 역사의 비밀) 이건주 글 '풀이와 마지'

우란분재의 '우란분' 은 '오람파라' 입니다. 오람파라(烏籃婆拏 Ullampara)는 '닭밝' 에서 온 '알밝' 이며 '안파견(환인)' 이니 결국 우란분제는 '알박제' 며 '안파견(환인)제' 가 되는군요.

닭밝닭		→		밝닭	
두루배달 ↘				배달 불타 ↘	
	앍밝닭→앍밝잙	→	가르밣잙		밝삵→밝잙
	아바타 우란분재	안파견제	거발환제		박수 부처 백중

天海와 金岳과 三危太白은 本屬九桓하니 而蓋九皇六十四民이 皆其後也라
然이나 一山一水에 各爲一國하고 羣女羣男이 亦相分境하야
從境而殊하고 國別積久에 創世條序를 後無得究也라
久而後에 有帝桓仁者出하사 爲國人所愛戴하시니 曰安巴堅이요 亦稱居發桓也시라
蓋所謂安巴堅은 乃繼天立父之名也오 所謂居發桓은 天地人定一之號也라
自是로 桓仁의 兄弟九人이 分國而治하니 是爲九皇六十四民也라 [94]

천해(天海)와 금악산과 삼위산, 태백산은 본래 구환(九桓)에 속하니, 구황(九皇) 육십사민(六十四民)은 모두 나반(아버지)과 아만(어머니)의 후손이다.

그러나 산과 강을 끼고 제각기 한 나라를 이루어 남녀 무리가 땅의 경계를 나누고, 그 경계를 따라 서로 다른 나라가 생겨 오랜 세월이 흐르면서, 창세가 이루어진 과정의 구체적인 역사는 훗날 알 수 없게 되었다. 오랜 세월이 지난 후에 환인이 나타나 백성의 사랑을 받아 추대되었다. 이분을 일러 안파견(安巴堅)이라 하고, 또 거발환(居發桓)이라고도 불렀다.

안파견이란 곧 '하늘을 받들어 아버지의 도를 확립시킨다.' 는 뜻의 이름이고, 거발환이란 '천·지·인을 일체로 정한다.' 는 뜻의 호칭이다. 이로부터 환인의 형제 아홉이 나라를 나누어 다스리시니 구황(九皇) 육십사민(六十四民)이 되었다.

(6) 신가(神歌)의 내용

우투리님, 그러면 굿을 할 때 부르던 신가(神歌)의 내용은 어떠했을까요? 주로 죽은 사람의 명복을 빌거나 나라의 홍성과 백성의 안위를 빌지 않았을까요? 이는 신라의 사뇌가와 고조선 제천축제의 기원문을 모은 신지(神誌)에서 확인됩니다. 신라의 사뇌가는 '가(歌)' 에 해당하고 고조선의 신지(神誌)는 '풀이' 에 해당할 것입니다.

1) '~가(歌)' 의 내용

94) 太白逸史 三神五帝本紀(安巴堅 桓仁天帝 안파견 환인천제)

신라의 사뇌가를 봅시다. 경덕왕 때 희명(希明)의 아들이 지어 불렀다는 도천수관음가(禱千手觀音歌), 충담사가 지은 찬기파랑가(讚耆婆郎歌), 월명사가 지은 제망매가(祭亡妹歌) 따위가 있는데, 이는 고인의 명복을 빈 내용임을 알 수 있습니다. 이런 '신가(神歌)' 에서 '시(詩)' 로 나아갔을 것입니다.

도천수관음가	찬기파랑가	제망매가
천수관음께 기도하는 노래	기파랑을 찬양하는 노래	죽은 누이를 제사하는 노래

'희명(希明)' 은 '사먼' 으로 보입니다.

닭맑	→	삵맑	→	좕맑	→	핡맑	→	앍맑
동명		**샤먼**		주몽		할미 **희명** 호무		어미

2) '~풀이' 의 내용

'풀이' 도 크게 보아 '신가(神歌)' 또는 '무가(巫歌)' 에 들겠습니다. 넓은 뜻의 '신가(神歌)' 는 처음에는 '풀이' 와 같은 형태로 길게 시작되었을 것입니다. 나중에 짧은 '가(歌)' 와 긴 '풀이' 로 갈라졌을 것입니다.

고조선의 신가(神歌)를 모은 책인 '신지(神誌)' 가 있었으나 전하지 않고 그 흔적[95]만 남아 있습니다. 그 고조선의 신가(神歌)는 '가(歌)' 가 아닌 '풀이' 에 해당할 것입니다. '풀이' 는 '서사무가(敍事巫歌)' 로 발전하였는데, 이는 무당이 신의 내력을 길게 읊조리는 이야기입니다. 오늘까지 전하는 것으로 성주풀이(황제풀이), 당금애기(제석천풀이), 칠성본풀이 등등 많은데 이런 입말문화에서 소설문학이 나왔을 것입니다.

마무리

성황당 신앙에 대한 전체 모습을 그려 보았습니다. 성황당 신앙에서 북방민족의 제천축제가 나왔고 우리의 3대명절도 나왔습니다. 여기서 살풀이춤도 나오고, 신명과 신바람도 나오고 품바도 나오고 강강수월래와 구지가도 나왔습니다. 이는 민족문화의 정수가 온통 성황당(단군당) 신앙에서 비롯되었음을 말

95) 김종서, 정인지, 《고려사》〈김위제전〉 1449(세종 31)~1451(문종 원년)

해 주는 것입니다. 이것이 단군족의 진면목일 것이며 단군이 지금도 신명나게 살아 있음을 웅변합니다.

6. 석탈해와 용성국

우투리님, 석탈해 이사금은 신라의 넷째 임금(서기57~80년)입니다. 삼국유사에서 그는 본디 용성국 사람이라고 했는데 어떤 사람인지, 용성국은 어딘지 모두가 수수께끼입니다.

삼국유사 읽기

먼저 삼국유사의 관련 내용[96]부터 읽어보겠습니다.

탈해치질금(脫解齒叱今)은 토해니사금(吐解尼師今)이라고도 한다. 남해왕(南解王) 때에 가락국(駕洛國) 바다에 배 한 척이 와 닿았다.

'석탈해' 를 풀면 '성황당 무당' 또는 '단군당 임금' 이 되네요. 이는 퉁구스어의 '우다간' 과도 같습니다. 신라의 넷째임금인 석탈해가 어째서 성황당 무당일까요? 아마 신라 초기는 아직도 제정일치의 모습이 다 걷히지 않았을 것입니다.

닭닭	→ 삵닭	→	삵닳 →	훍닭 →	읅닭
	수다간	성황당칸	석탈해	휴도왕	우다간 아더왕

이를 보고 수로왕(首露王)이 백성들과 함께 북과 꽹과리를 치며 그를 맞으려 했으나 그 배는 나는 듯이 계림 동쪽 하서지촌(下西知村)의 아진포(阿珍浦)로 달아났다.(지금도 상서지촌上西知村 · 하서지촌下西知村이 있다.)

계림(鷄林)은 '닭밝' 에서 온 '닭벌' 일 것입니다.

---

96) 일연, 《삼국유사》 권1 제4편 탈해왕쪽 한문을 번역함

닭밝 → 삵밝 → 홝밝 → 앍밝

달구벌 **닭벌**(鷄林) 터부 **수풀 새벌** 하백(河伯) 화백(和伯) 안파견 아파치

마침 나루에 한 늙은 할멈이 있어 이름을 아진의선(阿珍義先)이라 했는데 이가 바로 혁거세왕의 고기잡이 할멈이다. 그는 배를 보고 말한다. "이 바다에는 본디 바위가 없는데 어찌 까치들이 모여 우는가." 배에 올라 보니 큰 궤 하나가 있었다. 배를 끌어다 숲에 매어 두었는데 이것이 좋은 일일지 몰라 하늘에 빌었다.

아진의선(阿珍義先)은 가르닭가르맑에서 온 것으로 보이는데 '선(先)' 은 '맑' 의 뜻풀이로 보입니다.

가르닭가르맑 → 가르삵하르맑 → 가르앍하르맑 → 아르잙아르맑

커다란곰 갯할머니 고기할머니 고기호무 **아진의선**阿珍義先

궤를 열어 보니 잘 생긴 한 사내아이가 있고 칠보(七寶)의 노비(奴婢)가 가득 차 있다. 이들을 이레 동안 잘 대접하니 그제야 말을 한다. "나는 본디 용성국(龍城國) 사람이오.(정명국正明國, 완하국(琓夏國), 화하국(花厦國)이라고도 하니, 용성은 왜국(倭國) 동북쪽 1천리 떨어진 곳에 있다) 우리나라에는 본디 28 용왕이 있는데 그들은 모두 사람에게서 났으며 5, 6살부터 임금이 되어 백성을 가르쳐 성명(性命)을 바르게 했소. 팔품(八品)의 성골(姓骨)이 있는데 그들은 골고루 모두 임금이 되었소. 그때 부왕 함달파(含達婆)가 적녀국(積女國) 공주를 맞아 왕비로 삼았소. 아들이 없자 하늘에 빌어 7년만에 큰 알 하나를 낳았소. 임금이 신하들에게 '사람이 알을 낳았으니 일찍이 없는 일이다. 이것은 아마 좋은 일이 아닐 것' 이라 하고, 궤 속에 넣고 칠보와 노비를 함께 배에 실은 뒤 바다에 띄우며 '모쪼록 인연 있는 곳에 닿아 나라를 세우고 뜻을 이루게 하소서.' 했소. 그러자 갑자기 붉은 용이 나타나 배를 지켜 지금 여기에 닿은 것이오."

석탈해의 아버지인 함달파는 닭맑닭밝에서 나온 '임호테프' 로 풀립니다. 임호테프는 이집트 조세르왕의 피라미드를 설계한 수메르 출신 기술자이기도 한데 이는 '샤먼자부' 로 풀리므로 당대 최고의 석학을 뜻하는 이른바 '자부선생' 으로 보입니다.

닭맑닭밝 → 삵맑잙밝 → 잙맑앍밝 → 홝맑닭밝 → 앍맗닭밝

샤먼자부(자부선생) 주몽아보기 **함달파** 임호테프

석탈해의 어머니나라인 적녀국은 천독국으로 풉니다.

닭닭 → 삵닭 → 잙닭 → 잙낡 뎐독天毒 수두 천독 적녀積女	**적녀국**(積女國) : 닭닭국 뎐독국天篤國

말을 맺자 그 아이는 지팡이를 끌고 두 종을 데리고 토함산(吐含山)에 올라 돌집을 지어 이레를 머물며 성안에 살 만한 곳을 살폈다. 뫼 하나가 마치 초사흘 달 같았는데 오래 살 만한 곳 같아 찾아가니 바로 호공(瓠公)의 집이었다.

토함산은 할미당, 해모수, 왕검성으로 풀립니다.

닭맑닭 → 닳맑삵 → 삵맑삵 → 잙맑삵 → 핡맑삵 → 앍맑삵 → 가르맑삵
투메트 **토함산** 샤먼산 주몽산 해모수 왕검성 **가메시** 금성

여기서 돌집은 석성(石城)이 아니라 '당집(다락집)' 입니다.

돌집 : 닭집 → 다락집 → 당집 → 당(堂)

아이는 꾀를 썼다. 몰래 숫돌과 숯을 그 집 곁에 묻고, 이튿날 아침에 문 앞에서 말했다. "이 집은 우리 조상이 살던 집이오." 호공은 아니라고 했다. 서로 다투다가 관청에까지 갔다. 사또가 묻기를, "무엇으로 네 집임을 아느냐?" 하자, "우리 조상은 본디 대장장이요. 잠시 이웃 고을에 간 동안 다른 사람이 빼앗았으니 그 집 땅을 파 보면 알 수 있을 것이오." 이에 땅을 파니 과연 숫돌과 숯이 나왔다. 이리해 그 집을 빼앗아 살았다. 이때 남해왕은 이 애가 슬기로움을 알고 공주와 결혼시키니 이가 아니부인(阿尼夫人)이다.

'우리 조상은 본디 대장장이였소.' 하는 부분에서 석탈해가 대장장이의 후예임을 알 수 있습니다. 이는 그가 신라에 쇠를 만드는 기술(연금술)을 가지고 왔음을 암시합니다. 남해왕은 샤먼임금으로 풉니다. 아니부인은 아로부인이며 '아로' 는 '아랑' 입니다.

닭맑 → 삵맑 → 잙맑 → 낡맗 → 앍맑 단군 메르켈 사마르칸 **샤먼** 사마귀 자무카 주몽 남해 아메리코 어미 임
닭[다르가르] → 사르가르 → 아르가르 → 아르아르 → 아르 씨가리 아가리 아기 아랑 아로 → 아니
그러므로, 닭부인 = 사로부인 = 아로부인 = 아니부인(阿尼夫人) = 아랑부인

어느 날 토해(吐解)는 동악에 올랐다 내려오는 길에 백의(白衣)를 시켜 물을 떠 오게 했다. … 지금 동악 속에 우물 하나가 있다. 세상에서 요내정(遙乃井)이라는 우물이 바로 이것이다.

동악은 당산, 당골로 풀립니다.

닭닭 →	닭삵 →	닭앍
뎐독(天毒)	동산(東山) 당산(堂山)	동악(東岳) 당(堂)골

백의(白衣)는 박수 즉 남자무당으로 풀립니다.

밝닭 →	밝삵 →	밝잙 →	밝핡 →	밝앍		
배달	박수(*남자무당)	백제	발해	부루 백의(白衣)	발가리	부가리

요내정은 나정과 같은 '닭우물'에서 온 것으로 보입니다.

닭우물 →	삵우물 →	낡우물 →	앍우물
탕우물	스갈우물 스날우물	나갈우물 나정	아갈우물 아날우물(遙乃井)

노례왕(弩禮王)이 죽자 … 탈해는 임금이 되었다. …

노례왕은 '지껄이는 왕'이며, 이는 유리왕이기도 합니다.

닭왕 → 삵왕 →	잙왕 →	낡왕 →	앍왕
시끌왕 설왕 사뇌왕 송왕 서왕	지껄왕 주왕	노례왕	유리왕 아로왕
說王 詞腦王 頌王 西王	呪王	弩禮王	瑠璃王

그는 죽어서 소천구(疏川丘)에 묻혔다. 뒤에 신이 이르기를, "내 뼈를 조심해 묻으라." 했다. 그 해골과 키는 매우 컸다. 이[齒]는 서로 엉겨 하나가 된 듯하고 뼈마디는 이어져 있다. 이는 유래 없는 장사의 뼈대다. 이것을 부수어 소상(塑像)을 만들어 대궐 안에 모셔 두니 신이 또 말하기를, "내 뼈를 동악에 안치하라." 했다. … 태종의 꿈에, 몹시 사나운 모습의 노인이 나타나 "내가 탈해다. 내 뼈를 소천구에서 파내어 소상을 만들어 토함산에 묻어라." 했다. 그 말을 좇고 이제껏 제사를 지내오니 이를 동악신(東岳神)이라 한다.

소천구는 성황당 또는 당산으로 풀립니다.

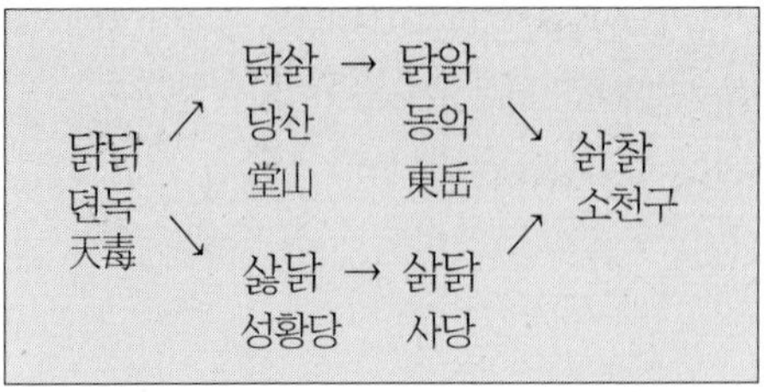

석탈해의 고향인 용성국은 어디일까?

석탈해의 고향을 두고 삼국사기에서는 '다파나국' 이라 하고, 삼국유사에서는 '용성국' 이라 하고 이를 완화국, 화하국, 정명국이라고도 한다고 말해 물음의 열쇠를 몇몇 주었군요.

> 탈해는 본시 다파나국(多婆那國) 출생으로 그 나라는 왜국(倭國)의 동북 천리 되는 곳에 있었다고 한다.[97]

> 나는 용성국(龍城國) 사람이다.(용성국을 정명국正明國 · 완하국琓夏國 · 화하국花廈國이라고도 하며 왜의 동북 천리에 있다.) [98]

출처	내용
삼국사기	석탈해는 본디 **다파나국** 사람이다.
삼국유사	석탈해는 본디 **용성국**(완화국, 화하국, **정명국**) 사람이다.
공통	왜국 동북쪽 천리 되는 곳에 있다.

(1) 용성국

용성국의 '용성' 은 가르닭에서 왔는데 이는 조선, 흉노 등등으로 풀리는 말입니다. 용성국을 화하국, 완화국이라고도 했다는데 이도 말뿌리가 같습니다.

가르닭 → 가르삵 → 자르삵 → 하르핡 → 하르낡 → 아르핡 → 아르삵
구다라 　 게세르 　 조선朝鮮 　 하화 　 흉노 　 완화 　 용성

용성이 '가르닭' 에서 왔으므로 '용성국' 이라 하면 이는 '가르닭닭' 에서 온

97) 김부식, 《삼국사기》〈신라본기〉 탈해이사금쪽
98) 일연, 《삼국유사》 기이紀異 제4 탈해왕쪽

것으로 보아야 할 것입니다. '가르닭닭'은 궁극적으로 '닭닭닭'에서 왔다고 했죠.

닭닭 → 잙삵 → 왉삵 타타르 조선 용성	닭닭닭 → 닭왉삵 → 닭잙삵 → 왉삵닭 티타이트 퉁구스 단군조선 용성국

(2) 정명국

일연은 용성국을 정명국이라고도 했습니다. 정명국은 주몽국, 왕검국, 웅녀가 나오므로 고조선과 관련된 나라겠죠. 이는 고조선의 3조선 중 왕검조선을 뜻하는 것으로 보입니다.

닭맑닭 →	삵맑왉 →	잙맑왉 →	왉맑삵 →	가르맑닭 →	가르맑삵
투메트	수밀이국 샤먼국	**정명국** 주몽국	**왕검조선**	곰딸(웅녀)	가메시

(3) 다파나국

김부식은 석탈해를 다파나국에서 왔다고 했는데 이는 두루배달(배달연방, 배달조선, 티베트)로 풀립니다.

닭밝닭 →	닭밝왉 →	잙밝왉 →	왉밝닭 →	왉밝삵
두루배달 티베트	태백국 다파나국 투르판국	진번국	연방배달	배달조선

(4) 풀이 간추림

용성국은 '단군조선'이요, 정명국은 '왕검조선'이요, 다파나국은 '배달조선'입니다. 여기서 3조선 연방국인 단군조선이 나오니 매우 놀랍습니다. 석탈해의 고향을 여러 이름으로 늘여 놓았지만 결국 3조선연방인 단군조선을 말하고 있군요.

그러므로 석탈해의 고향은 고조선이며 그는 고조선의 유민이라고 잠정 결론을 내립니다. 석탈해가 신라 사람들과 아무런 다툼 없이 잘 섞인 것도 같은 계통임을 말합니다.

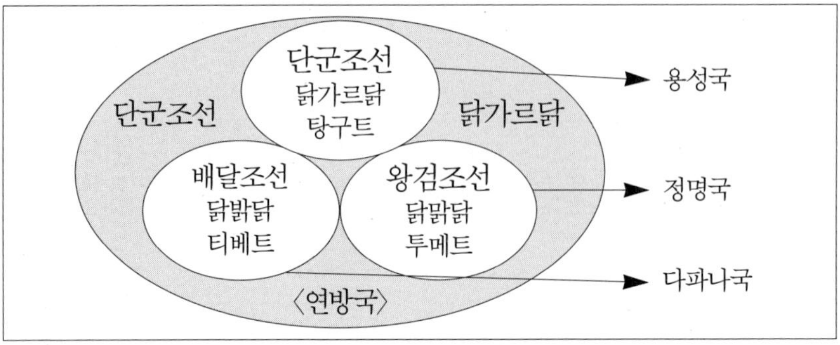

(5) 석탈해의 고향은 바이칼의 부리아트 지역일 가능성

그러면 석탈해의 고향은 고조선 영역 중 과연 어디쯤일까요? 저는 바이칼호반에 있던 배달조선(부여, 지금의 브리야트)일 것이라고 조심스럽게 생각합니다. 브리야트나 바이칼은 모두 밝닭에서 왔으므로 브리야트공화국은 고조선 당시 배달조선(닭밝닭, 부여조선)일 것입니다.

밝닭 브리야트 배달	→	밝앍 부여 바이칼		
닭밝닭 두루배달 티베트	→	닭밝앍 동부여 대부여 다파나국	→	잙밝앍 → 앍밝닭 진번국　앍배달(배달연방, 배달조선)

더구나 지금 브리야트 공화국 사람들은 그들 자신을 '쿠리칸'이라 하는데, 이는 '용성'과 말뿌리가 같습니다. 실제로 거기는 6세기 이전까지 쿠리칸부족이 드센 힘을 가지고 살았다고 하잖아요? 그 증거가 바이칼호수 안의 알혼섬에 석성과 제단으로 남아 있습니다. '6세기 이전까지'는 고구려(기원전 37~기원후 668)와 거의 들어맞습니다.

자르삵 조선朝鮮 (↗ ↘)
가르닭 → 가르삵　　　　　　　　아르삵 → 아르앍
구다라　　거서간　　　　　　　　용성　　　예濊
가르앍 쿠리칸 고구려 (↘ ↗)

코린브리야트는 '닭밝닭'이 말뿌리인데 배달조선, 동부여, 한배달, 다파나국으로 풀립니다.

닭밝닭 →	닭밝앍 →	앍밝닭 →	가르밝닭 →	하르밝닭
티베트	다파나국	앍배달(배달연방)	코린브리야트	한배달
	동부여 대부여	배달조선	큰배달	

용성국을 바이칼 호반의 나라로 추정하는 또 다른 근거로는, 학자들이 바이칼(현재의 브리야트공화국)을 샤머니즘의 본향으로 보고 있기 때문입니다. 이는 용성국의 또 다른 이름인 '정명국'에서도 확인됩니다.

닭맑닭 →	삵맑앍 →	잙맑앍	⇄	바이칼 호수(부야트공화국)
투메트	샤먼국	정명국 주몽국		샤머니즘의 본고장

또한 '석탈해'가 '성황당 샤먼'으로 풀리는 것도 그가 브리야트(부여)에서 왔을 가능성을 높이고 있습니다.

닭닭 →	삵닭 →	삵닳	⇄	바이칼호수(현재 브리야트공화국)
뎐독	수다간	석탈해		샤머니즘의 본고장
天毒	(성황당 샤먼)			

또한 석탈해가 죽은 뒤 '뼛가루로 빚어 죽은 이의 상(像)을 만든 것'은 석탈해가 시베리아 출신 샤먼일 가능성을 더욱 높이고 있습니다.

석탈해왕이 보인 죽은 뒤의 이적은, 그 골상이 특이하다는 점, 탈해왕 자신의 현몽과 그 지시에 따라 이른바 중장(重葬)을 치렀고, 빻은 뼈로 소상(塑像)을 만들어 토함산에 모심으로써 동악신(東岳神)이 되어 나라의 제사를 받게 되었다는 점이다. 특히, 뼛가루로 빚은 죽은 이의 상은 시베리아 샤머니즘에서 볼 수 있는 '온곤'에 비교되는 매우 뜻 깊은 자료로 보인다. — **민족문화대백과(석탈해)**

용성국	=	바이칼	=	다파나국	=	정명국
용성대제		샤머니즘		시베리아		샤먼

↘ ↓ ↓ ↙

* 샤머니즘의 본고장

⇩

브리야트

부여(배달조선)

그러므로 석탈해의 고향인 용성국은 시베리아에 있는 바이칼 호반의 브리야트일 가능성이 더욱 높습니다. 사실 시베리아라면 너무 넓어서 막연한데 시베리아의 본고장이나 샤머니즘의 본향이 바이칼이 아닌가 합니다. 알혼섬은 호수 자체가 성의 회자 노릇을 자연스럽게 하는 성, 곧 '용성(龍城)' 일 것입니다.

가르닭 → 가르삵 → 자르삵 → 하르삵 → 아르삵 크스크 가실 갯 조선 호수湖水 용성 아신	닭 → 앍 알혼

예족의 전통 축제인 용성대제의 어원이 용성국으로 추정되는 이곳 알혼섬에서 나왔을지도 모릅니다. 실제로 이 섬에는 해마다 봄이 되면 3곳에서 용성대제(龍城大祭)가 열렸는데 이를 '용사(龍祠)가 있었다.' 고 전하고 있지요. 활쏘기, 씨름, 말타기 대회를 열고 우리의 강강수월래와 같은 '요호라' 라는 둥글춤도 추었답니다. 요호라춤은 '화백' 춤으로 풀립니다. 화백은 신라의 화백회의의 '화백(和白, 6촌의 촌장)' 을 말합니다.

닭밝춤	→	삵밝춤	→	잚밝춤	→	홝밝춤	→	앍홝춤
태백춤		사백춤		자부춤		화백춤		요호라춤

그러면 용성국에서 샤머니즘이 얼마나 성했는가를 더 살펴보겠습니다.

'후지르' 마을	가르닭 → 가르삵 → 자르삵 → 하르삵 → 하르잚 게세르 조선 호순 후지르
'부라한' 바위	후지르마을에 있는 붉은 빛을 띠고 있는 신비스런 바위다. 두 봉우리로 날아가는 새 모습을 하고 있는 이 바위에는 굴이 있는데 여기서 샤먼이 굿을 한다.
	밝 → 밝 부라한 : 집안의 사방에 모셔둔 수호신
예헤요르도산	닭 닭닭산 → 닭잚삵산 → 삵 삵닭산 → 앍 아르닭산 위대한 천독산 단군조선산 성스러운 사당산 예헤 요르도산

이 섬에는 많은 전설이 있는데 샤머니즘과 얽힌 이야기 한 걸이를 소개합니다.

신 텐그리가 사람들을 심판하려고 열세 아들을 데리고 이 섬에 내려왔다. 그 가운데 가장 힘이 세고 연장자인 큐테바바이칸은 하늘과 땅, 바다에 궁전을 두고 있었는데, 땅의 궁전이 이 동굴이다. 그는 샤먼의 우두머리가 되어 알혼섬의 임금으로 추대되었고 훗날 샤머니즘의

보호자가 되었다.[99]

여기 나오는 주인공 큐테바바이는 '게세르 아바이' 또는 '조선 배뱅이' 로 풀립니다. 실제로 예족(濊族)은 제정일치 때의 임금인 '게세르' 를 제정분리 때에는 '아바이 게세르' 로 부른 것으로 보입니다.

가르닭 밝밝 ⇄ 가르닭 가르밝 → 가르삵 가르밝 → 가르삵 아르밝
큐테 바바이 커다란 가배 게세르 거불한 게세르 아바이

이 이야기는 석탈해가 성황당 무당이다가 성황신이 되었다는 이야기와 비슷하네요. 고조선의 단군도 무당 즉, 샤먼이었는데 태백산 산신이 되었으니, 이야기의 줄거리가 거의 같군요. 이는 제정일치시대 우리 조상의 공통된 생각의 줄기를 드러내는 이야기로 보입니다.

고조선의 단군 : 단군당 무당(샤먼) → 태백산 산신이 됨
신라의 석탈해 : 성황당 무당(샤먼) → 성황신(동악신)이 됨
알혼섬의 큐테바바이칸 : 샤먼의 우두머리 → 샤머니즘의 보호자가 됨

이 바위에는 신비한 동굴이 있는데, 길이는 12m, 넓이 3~4.5m, 높이 6m의 크기다. 코린 브리야트는 이곳에서 신에게 제물을 바치는 의식을 했고 무당이 죽으면 동굴 옆 신수(神樹)에 묻었다. 이 동굴에서 당시 유물이 다수 나왔다. 동굴 벽에는 북을 든 샤먼 그림이 있었다고 하나 지금은 몇 티베트 글자만 남아있다.[100]

여기서 티베트 글자가 적혀 있다는 것은, 이곳에 살던 사람들과 티베트 사람들이 무슨 인연이 있음을 말해 주는 것입니다. '다파나국' 도 이미 티베트에서 왔음을 보았습니다.

알혼섬의 사람들 = 티베트 글자를 쓰던 사람들
용성국 투르판족 또는 다파나국

여기는 우리의 '나무꾼과 선녀' 와 비슷한 전설이 있어요.

---

99) 네이버 eunyupkang의 블로그 글 '우리는 어디서 왔는가' (작성자 : 밤톨군)
100) 네이버 eunyupkang의 블로그 글 '우리는 어디서 왔는가' (작성자 : 밤톨군)

하늘의 백조 몇 마리가 바이칼 호수에 목욕하러 날아왔다네. 그들은 선녀가 되어 옷을 벗고 멱을 감고 있었다네. 호리이도라는 총각이 한 깃털을 감추어 놓자 다른 백조들은 날아가고 옷을 찾지 못한 선녀는 날아가지 못했다네. 그는 호리이도의 아내가 되어 11명의 자식을 낳고 살았다네. 어느 날 선녀가 그 옷을 입고 싶다고 애걸하기에 내어 주었더니 아이들을 남겨둔 채 날아가 버렸다네. 그 11아들이 11부족의 시조며 이 중 하나가 쿠리칸의 시조가 되었다네.[101]

여기 나오는 주인공 '호리이도' 는 '배달' 로 풀립니다.

밝닭	→	밝삵	→	홝닭
박달 배달 바타르		박씨朴氏 박수		호리이도 화타

왜국 동북쪽 천리의 문제

용성국이든 다파나국이든 그 나라는 '왜국 동북쪽 천리에 있다.' 는 표현은 김부식이나 일연이나 같습니다. 왜국(倭國)이란 일반적으로 일본을 말합니다. 그렇다면 '왜국 동북쪽 천리 되는 곳' 은 '일본 동북쪽 천리' 가 되어야 하는데 거기는 사할린이나 알래스카 쪽을 뜻한다고 볼 때, 어떤 나라가 있을 가능성이 적습니다. 차라리 '왜국 서쪽 천리 되는 곳' 이라고 했다면 탐라국을 연상할 수도 있을 텐데 그것도 아닙니다. 그리고 저는 용성국을 바이칼호반의 브리야트로 추정했는데 그렇다면 일본을 끌어들인 까닭을 모르겠습니다.

(1) 당시 왜국은 발해만 일대

왜국이 오늘의 일본을 말하는 것이 아니라면 또 다른 '왜국' 이 있었을까요?

《산해경》〈해내북경(海內北經)〉에 '왜(倭)' 는 연(燕)에 든다.' 는 글이 처음이나 그것이 일본을 가리킨 것인지 확실하지 않다. 확실한 것은 1세기 후반에 반고(班固)가 엮은 《전한서》〈지리지〉에 '낙랑 해중에 왜인이 있다.' 는 글이다. 고구려 광개토왕비에도 왜(倭)에 대한 글이 있다. 일본에서도 7세기 중반에 국호를 일본이라 칭하기까지는 왜의 5왕이 왜국왕이라고 스스로 불렀다. …

— 두산백과(왜倭)

연(燕, BC 1100쯤~222년)은 진(秦)에 무너질 때까지 중국 북부에 있던 선비족이 세운 나라로 북연(北燕)이라고도 한다. 춘추시대에는 약소 제후국의 하나지만, 전국시대는 전국칠

101) 네이버 eunyupkang의 블로그 글 '우리는 어디서 왔는가' (작성자 : 밤톨군)

웅의 하나일 정도로 드셌다. 동으로는 요동, 남으로는 역수(易水, 지금 河北省 易縣)에 이르는 허베이성(河北省) 북부를 다스렸고, 동으로는 조선, 서쪽은 조(趙), 남은 제(濟) 등과 닿았다. 베이징 시우안우구(宣武區)에 연의 서울인 계성(薊城 지금의 북경)의 유적이 있다. … BC 3세기 소왕(昭王) 때가 전성기인데, 이때 연은 동호(東胡)를 물리치고 요동으로 땅을 크게 넓혔으며, 남으로 제(齊)의 땅을 거의 다 점령해 지금의 산둥성에 이르렀다. 이때에 '삼도(三都)'의 틀을 갖춰, 도읍인 계성(薊城) 말고도 중도(中都, 지금 北京 房山區)와 무양성(武陽城)이라고도 불린 하도(下都, 지금 河北省 易縣)를 따로 두었다. – 두산백과(연燕)

그런데, 산해경에서는 '왜(倭)는 연(燕)에 속한다.' 고 했고, 전한서에는 '낙랑(樂浪) 해중(海中)에 왜인(倭人)이 있다.' 고 했습니다. '연(燕)' 은 하북성 일대에 있던 선비족의 나라니, 산해경과 전한서의 글이 들어맞습니다. 또한 '낙랑 해중' 이란 발해만 지역 곧, 옛 고조선 영역을 말한 것으로 봅니다.

	산해경	전한서
왜(倭)	연(燕)에 속하였다	낙랑(樂浪) 해중(海中)에 있다.
	그러므로, 왜국(倭國)은 고조선 영역의 발해만 어디에 있던 나라다.	

이는 '왜(倭)' 의 소리가 '예(濊)' 에서 온 것이라고 추정한 다음 글에서도 확인됩니다.

jar/jwar에 드는 대표적인 것으로 倭(왜)를 들 수 있다. 우리는 倭라 하면 으레 일본을 생각하는데 기실은 倭가 역시 濊의 변한 음 jar/jwar와 등가적으로, 濊를 倭로 바꾸어 적은 데 지나지 않음을 알지 못하고 있다. 왜라는 이름은 우리나라에도 있었던 것으로 추정된다.

倭는 《說文》에 '순(順)한 모양' 이라고 했으나 이런 뜻으로 쓰인 예는 드물다. 오히려 … 주로 종족의 이름을 나타낸 것으로 되어 있다. 《한서》지리지에 '낙랑 해중에 倭人이 있으며 100여 국으로 나뉘어 있다.' 고 했다.[102]

(2) 호공

여기에서의 왜국(倭國)을 더 알려고 석탈해보다 먼저 신라에 온 호공(瓠公)에 얽힌 글을 보겠습니다.

102) 유창균, 《문자에 숨겨진 민족의 연원》 (집문당, 1999) 199쪽

호공(瓠公)은 삼국사기에는 족성(族姓)은 밝지 않으나 본래 왜인(倭人)으로, 처음에 박(瓠)을 허리에 차고 바다를 건너 온 까닭에 호공이라 불렀다고 한다. 이로 보아 호공은 사로국의 중심지로서 시조 혁거세의 강림지 양산(楊山) 기슭에 살며, 사로국이 크는 길에서 중요 역할을 한 이주 집단 지도자인 것 같다.

BC 20년(혁거세 38) 2월 마한에 사신으로 가서, 부실한 조공을 꾸짖는 마한왕에게 사로국의 성장을 과시했다. 삼국유사는 탈해이사금이 즉위하기 전 지략으로써 호공의 집을 빼앗았다고 했다. 이것은 탈해이사금의 석씨쪽과 호공쪽이 만나는 계기로서, 그 뒤 호공의 활동으로 보아 서로 밀접한 관계임을 알 수 있다. 즉, 호공은 58년(탈해이사금 2) 대보(大輔 : 초기 재상)에 임명돼 군국정사를 맡는다. 김알지 탄생설화에 얽힌 것으로 보아 김씨들과 석씨들의 매개역할을 한 것으로 보인다. 한편, 호공이 박을 차고 왔으며, 혁거세가 박 모양의 큰 알에서 태어나서 같은 박씨의 한 분파로 보기도 한다. — 민족문화대백과(호공瓠公)

여기서 '호공은 본디 왜인으로 박을 차고 바다를 건너온 까닭에 호공이라고 불렀다.' 는 내용에 주목합니다.

이를 두고 이제까지는 호공을 일본에서 왔다고 풀었지만 이는 잘못일 것입니다. 당시 육지 사람이 일본으로 건너간 이야기는 많아도 그 반대 이야기는 매우 드뭅니다. 또한 이는 당시 고조선 유민의 한반도 유입 분위기와도 거리가 있습니다. 그러므로 호공은 오늘의 일본을 뜻하는 왜국이 아닌, 발해만 곧, 옛 고조선 영역에 있던 '왜국' 에서 바다를 건너 신라에 왔다고 해야 합니다.

그 까닭은 '호공(瓠公)' 의 말뿌리를 풀어 보아도 알 수 있습니다. 호공은 '밝' 에서 온 '부라한' 으로 보이는데, 이는 혁거세와 같은 박(朴)씨로 추정됩니다. 그러므로 혁거세가 일본에서 오지 않은 이상, 호공도 그러했을 것입니다.

밣	←	밝	→	홝
부라한		벼락 박(朴)		호공(瓠公) 혁(赫)

또한 브리야트 사람들은 신라 박씨(朴氏)와도 관련이 있을지도 모릅니다. 밝닭을 말뿌리로 하는 브리야트 자체가 박씨(朴氏) 또는 부여씨이기도 하기 때문입니다.

밝닭	→	밝삵
배달 브리야트 박대가리		박씨가리 → 박씨朴氏 부여씨

3) '왜국의 동북쪽 천리' 는 '발해만 서북쪽 5천리'

'용성국은 왜국(倭國) 동북쪽 천리에 있다.' 에서 왜국을 '발해만 부근' 으로 풀면 발해만에서 용성국(바이칼호수)까지의 거리는 약 5천리가 됩니다. 방향은 대략 발해만의 서북쪽이라 해야 맞을 겁니다.

용성국은 왜국 동북쪽 천리에 있다. →	용성국은 발해만 서북쪽 5천리에 있다.
(삼국사기, 삼국유사의 글)	(필자가 주장하는 좀더 정확한 표현)

이제까지의 풀이를 모아 간추리면 다음과 같습니다.

석탈해의 고향인 용성국은 오늘날 바이칼호반의 브리야트공화국이다.
브리야트공화국은 발해만 부근에서 서북쪽으로 5천리에 있다.

(4) 석탈해의 고향에서 '왜국(倭國)' 을 거론한 까닭

그러면 삼국사기나 삼국유사에서는 석탈해의 고향을 표현하는데 왜 하필 '왜국' 을 거론했을까요? 아마 이는 석탈해가 바이칼에서 신라에 도착할 때까지의 중간 기점으로 '왜국(오늘의 발해만 일대)' 을 꼽은 것이라고 생각합니다.

바이칼호반의 나라	→	왜국	→	가야	→	신라의 하서지촌
용성국 다파나국 정명국		오늘의 발해만		오늘의 김해		오늘의 감포
(석탈해의 출발지)		(배를 탄 곳)		(처음 들른 곳)		(배에서 내린 곳)

그 까닭은, 석탈해와 같은 시대의 인물인 '호공' 이 '왜국' 에서 박을 차고(배를 타고) 왔는데, 석탈해도 거기를 거쳐 온 때문일 것입니다. 석탈해의 고향을 설명하는 데서 '왜국 동북쪽 천리' 라는 표현이 나온 까닭이 바로 여기에 있지 않을까요? 만약 이 추측이 맞다면, 그때 왜국 사람들은 그러한 손님들과 잘 아는 사이이거나 우호적인 사람들이었을 것입니다. 이는 왜국의 '왜(倭)' 의 말뿌리가 '조선' 으로 풀리는 '가르닭' 에서 온 것을 보아서도 알 수가 있습니다. 유창균님도 앞에서 왜(倭)는 예(濊)와 같다고 했지 않습니까?

가르닭	→	가르삵	→	자르삵	→	가르앍	→	아르삵	→	아르앍
		게세르		조선		고구려 가락		아신 여진		예濊 왜(倭)

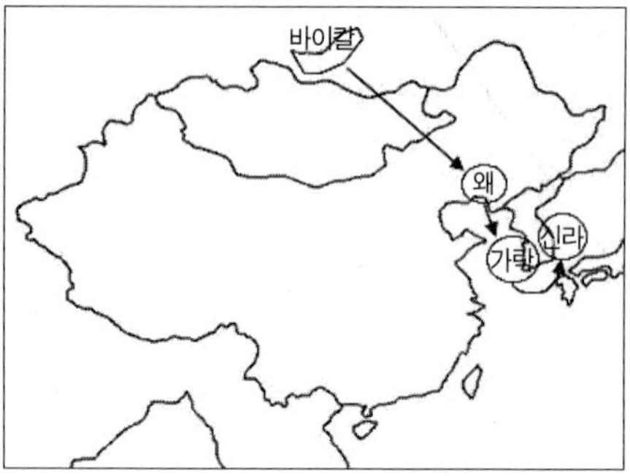

실제로 우리 자신도 왜(倭)로 불린 적도 있군요. 후대의 일이기는 하지만 중국에서는 고려의 부채를 왜선(倭煽)이라 했다는군요. 그래서 저는 당시 발해만에 있던 '왜(倭)'가 고조선의 잔존 세력이 아닌가 생각합니다.

결국 두 사람의 공통점은 모두 브리야트(부여) 사람으로서 '왜국'까지 걸어와서 거기서 다시 배를 타고 신라로 온 것입니다. 다만 호공은 혁거세와 같은 박씨이므로 혁거세의 조상과 함께 바이칼(부여)에서 먼저 왔고, 석탈해는 그들의 후발 주자로서 신라에 왔을 것입니다.

따라서 발해만 부근에 있던 왜국은 석탈해와 호공뿐만 아니라 당시 사람들의 신라로 가는 뱃길의 출발지였을 가능성이 높습니다.

(5) 석탈해는 왜 남하했을까?

그런데 하나 풀리지 않는 물음이 있어요. 바이칼호반에 살던 석탈해가 왜 갑자기 신라에까지 왔을까 하는 것이죠. 그것은 아마 고조선의 멸망과 얽혀 있지 않을까 생각합니다. 조선(3조선 중 신조선, 불조선)이 망한 뒤 석탈해 일행은 신라(말조선 지역)로 와서 새로운 삶을 시작했을 것입니다. 말조선도 같은 단군조선의 하나로서 그의 조국이며 동족이 사는 곳이기 때문입니다.

고조선 유민의 남하과정을 짐작할 수 있는 글은 많습니다.

> 辰韓在馬韓之東 其耆老傳世 自言古之亡人避秦役來適韓國 馬韓割其東界地與之 [103]
>
> 진한(辰韓)은 마한(馬韓)의 동쪽에 있다. 그곳 노인들이 세대를 넘어 전하기를 '옛날 진역(秦役)을 피해 망명하여 자연스레 차츰 한국(韓國)에 왔다. 마한(馬韓)은 그 동쪽 땅을 떼어내 주었다.'

> 朝鮮遺民分居山谷之間爲六村 [104] 조선유민이 산골에 흩어져 사는데 6촌이다.

---

103) 진(晋)나라의 진수(陳壽) 편찬, 《삼국지》〈위서〉 오환선비동이전 진한쪽

104) 일연, 《삼국사기》 혁거세쪽

이런 것을 보아도 석탈해나 호공이 둘 다 단군조선의 유민인데 시차를 두고 신라에 들어왔을 가능성이 높습니다. 왜냐하면 그들이 신라로 온 것은 고조선 멸망 시기와 맞물려 있기 때문입니다. 또한 바이칼호수 부근은 우리와 친척인 몽골의 발생지(오르곤강)이기도 하며 샤머니즘과 깊은 관련이 있는 곳입니다. 이는 고조선의 영역이 바이칼호수 부근에 근접했을 가능성을 말하는 것이기도 합니다.

석탈해와 호공 : 단군조선의 유민, 또는 그 영향권에 있던 사람

마무리

이제까지의 풀이를 간추리면 다음과 같습니다.

석탈해의 고향인 용성국은 지금의 바이칼 호반의 브리야트공화국인데 여기는 고조선(3조선 연방) 영역 중 불조선이다. 그는 고조선(신조선, 불조선, 말조선) 중 신조선, 불조선(곧 재건됨)이 멸망하자 거기를 떠나 아직도 건재하는 말조선 지역(구체적으로 신라)으로 와 새로운 삶을 시작했다. 그는 성황당 무당으로서 쇠를 만드는 기술을 신라에 전했다. 그가 죽은 뒤 뼛가루로 소상을 만들었는데, 뼛가루로 소상을 만드는 문화는 시베리아 샤머니즘의 특징이다.

남는 물음

(1) 성황당의 기원 문제

석탈해는 성황당 무당이기도 합니다. 그렇다면 이 석탈해가 신라에 성황당 신앙도 비로소 처음 가져왔을까가 궁금합니다. 물론 아닐 것입니다. 왜냐하면 성황당신앙은 단군신앙이며 이는 최소한 고조선까지 올라갑니다. 또한 스키타이든, 석탈해든, 성황당이든, 수다간이든, 이는 '닭닭'을 뿌리로 하면서 적어도 BC 25세기 인더스문명의 주인공인 드라비다의 '천독' 신앙으로도 존재했으며, BC 27세기로 올라가는 수메르문명의 '지구라트'로도 존재했습니다.

닭닭	→	삵닭	→	삵닳	→	삻닭	→	잙닭	→	앍닭
텬독天毒		스키타이 수다간		석탈해		성황당		지구라트		우다간 아더왕
↑				↑				↑		
(기원전25세기)				(1세기)				(기원전27세기)		

(2) 스키타이의 문제

석탈해(신라 넷째 임금 기원후 57~80재위)의 무리는 스키타이의 쇠를 생산하는 기술을 가진 집단일 것입니다. 또한 그는 '수다간(성황당 무당)' 이기도 합니다.

닭닭	→	닭앍 →	촭쟑 →	삵닭	→	삵닳 → 삶닭 →	삵삵
타타르	텬독天毒	동이東夷	철족鐵族	스키타이	수다간	석탈해 성황당	쇠씨가리

성황당 무당이 어찌 연금술(쇠를 생산하는 기술)을 가질 수 있을까 하는 문제입니다. 그런데 당시 성황당(신전)은 종교, 학문, 기술의 중심이었으므로 무당인 석탈해가 대장장이(연금) 기술도 가진 것은 당연합니다. 그러므로 석탈해가 가져온 연금술이란 스키타이의 연금술일 것입니다.

강길운님은 석탈해에 관해서 일본에서 왔다고 풀면서 그를 스키타이계의 백인이라고 추정합니다. 그가 백인이든 아니든 석탈해가 대장장이로서 일본에서 건너왔다는 것은 납득하기 어렵습니다.

> 석탈해는 일본의 다바나국 출신인데 스키타이족 계통의 인물이라 할 수 있다. 그의 능묘로 짚이는 조양동 고분의 발굴 결과와 황남대총의 구조나 부장물이 스키타이계 훈족의 적석목곽분과 똑같고, 천마총도 스키타이계인 알마타 부근의 왕릉과 비슷한 점이나, 또한 문신의 풍습상으로 보아 석탈해는 터키계(흉노)라기보다는 스키타이계로 보인다. 그러므로 석탈해는 백인일 가능성이 크다.[105]

아래 사전에서 스키타이는 본디 페르샤계인데 BC 8~2세기 사이에 활약하며 기마술과 연금술을 확산시켜 인류문명사에 큰 영향을 끼쳤다고 합니다. 그렇다면 스키타이족인 석탈해는 유럽인이 됩니다. 이질적인 유럽인이 어떻게 신라에까지 와서 연금술을 전하고 임금에다 성황당 샤먼까지 되었을까요? 신라의 문호가 아무리 열려 있다고 해도 유럽인이, 그것도 혈혈단신에 가까운 모습으로 온 그가 신라의 임금과 제사장까지 되었다는 것은 쉬 이해하기 어렵습니다.

> 스키타이는 본래 이란인이다. 그 이름은 헤로도토스에 의하면 스콜로토이에서 유래한다.

---

105) 강길운, 《고대사의 비교언어학적 연구》(한국문화사, 2011) 472쪽

스키타이(Scythian), 스쿠드라(Skudra), 소그디아(Sogdian), 사카(Saka)라고도 한다. 스키타이족은 현재도 북캅카스에 살고 있는 오세트인과 밀접한 관련이 있는 이란인의 한 분파다. 우라르투의 유적들이 소련의 고고학자들에게 발굴되기 전에는, 러시아 역사를 이야기할 때 보통 이 스키타이족으로부터 시작했다. 그 까닭은 이들이 오늘날 러시아 땅에 살던 민족들 가운데 역사에 적힌 첫 민족이기 때문이다. 고대 그리스의 문헌들, 예컨대 기원전 5세기 헤로도투스의 《역사》는 고대 그리스인들이 교역과 식민의 대상으로 삼던 스키타이의 모습을 보여주면서, 그들을 키메리아족 또는 메오티아족(Maeotians)의 후계자라고 짚었다. 학자들은 스키타이족이 키메리아족을 정복한 것으로 믿고 있다.

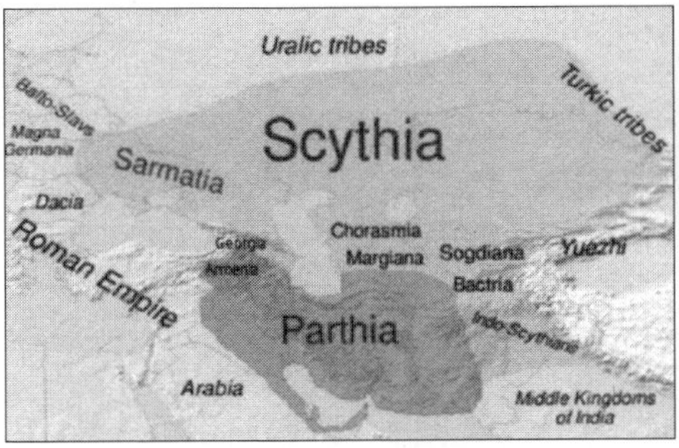

왼쪽 : BC 1세기쯤 스키타이와 파르티아 형세. 오른쪽 : 신라보다 4세기쯤 앞선 아프가니스탄 스키타이족 여왕 추정 무덤에서 캔 금관. 신라 금관과 비슷해 신라와 스키타이 유목 기마문화와의 친근성을 보여준다.

스키타이족은 BC 8~9세기부터 동유럽의 남러시아에 와서 제국을 세웠다. 이들은 서쪽으로 도나우강, 동쪽으로 돈강, 북쪽으로 드네프르강과 부그강의 상당한 곳까지 뻗쳐 있었다. BC 7세기경부터 남러시아와 우크라이나에서 드네프르강까지 퍼져 살았다. 이 기마전사들은 훌륭한 궁술을 가졌고, 바지를 입어 기동력을 높였다. 헤로도토스는 스키타이족이 점령지 주민을 가혹하게 다룬다고 했는데 이는 반란을 막으려 함이다. BC 5세기경 흑해지역에 간 헤로도토스는 이들에 관한 자세한 글을 남겼다. 스키타이의 침입로는 실롱스크, 모라바와 체히를 거쳤음을 추적할 수 있다. 이는 파괴된 루사티아 문화의 거점과 무수한 스키타이 묘 등에 의해 점철된다. 그 파괴상은 동쪽보다 서쪽 지역이 덜한데, 이는 침략자에게 순순히 굴복했기 때문인 듯하다. 스키타이의 침입은 원주민을 많이 약화시켜, 시기해 온 이웃 족속들의 침략, 약탈을 쉽게 했다. 그 예로 게르만족이 오데르강 쪽으로 밀고 왔으며, 켈트족은 동쪽으로 옮겨 체히, 모라바, 그리고 실롱스크 일부와 상류지역의 비스와강 유역을 점령했다.

— 위키백과(스키타이)

또한 헤로도투스는 스키타이를 '키메리아족 또는 메오티아족의 후계자' 라 했는데 키메리아족, 메오티아족은 각각 웅녀족, 맥족(貊族)으로 풀립니다.

가르맑닭 →	가르맑잙 →	가르맑삵 →	하르맑삵
키메트 곰딸(웅녀)	키메리아족	가메시	해모수

맑닭닭 →	맑닭잙 →	맑앍잙
무당들	무당족 메오티아족	무쿠리족 맥족貊族 말갈족 몽골족

'스키타이는 본래 이란인이었다.' 고 했지만 최근 카자흐스탄 학자들이 '얼음공주' 의 유전자를 분석하여 고대투르크계임을 밝혀냈습니다.

서양 학자들이 스키타이가 유럽인이라고 주장하는 근거의 하나로 러시아 알타이공화국에서 나온 스키타이계 왕족의 파지리크 쿠르칸의 주인공이 금발에 흰색 피부를 가진 것을 든다. 러시아 학자들은 이를 근거로 중앙아시아 유목민족이 알타이-투르크계 민족이 아니라 인도-유럽계 민족이며 징기스칸의 침략 이후 인도-유럽인들이 중앙아시아에서 밀려나 오늘날 유럽, 인도, 이란에 살게 됐다는 논리를 펴며, 제정 러시아 이후 그들의 시베리아, 중앙아시아 지배를 정당화하려 했다. 이에 이곳 알타이족과 카자흐족 학자들은 분개해 이 얼음공주가 동양인임을 증명하려 애썼으나 소비에트 시절 민족주의는 자본주의를 말하는 것만큼 반역죄에 들어 조상에 대한 진실을 못 밝혔다. 소비에트가 무너진 뒤 본격적으로 조사해 얼음공주가 알타이-투르크계임을 밝혀냈다. 노보시비르스크 유전학 연구소의 루드밀라 오시뽀바 박사에 의해 얼음공주의 유전자가 드디어 아시아인임이 판명된 것이다. 그러나 중앙아시아 국가들 경제가 약해 스키타이가 서양인이라는 왜곡된 정보를 바로잡기 힘든 실정이다.[106]

이 내용을 보면 우리에게 철기문화를 전한 스키타이는 유럽인이 아닌 고대투르크계임을 알 수가 있습니다. 그렇다면 의문이 거의 풀립니다. 이런 점에서 우리는 고대 투르크계인 스키타이로서의 석탈해를 다시 봐야 합니다. 신라의 황금문화가 스키타이의 영향을 받은 정도가 아니라, 신라 자신이 기마민족(개마무사)이며 스키타이인 것입니다.

106) 김정민, 《단군의 나라 카자흐스탄》(글로벌콘텐츠, 2015) 80쪽

스키타이문화	→	신라 문화
활	→	동이(東夷)
연금술	→	황금 문화
기마술	→	천마도(天馬圖)
고대 천문학	→	첨성대(瞻星臺)

* 고구려 천문도(나일성천문관) →
天象列次分野之圖

〈다섯 마당〉

이어진 뿌리

1. 백두산과 피라미드
2. 게세르를 찾아서
3. 성황당에서 지구라트까지
4. 한가위와 올림픽
5. 강강수월래와 구지가
6. 천수경의 정구업진언과 반야심경의 주문
7. 잉카제국에 살아있는 웅녀

1. 백두산과 피라미드

백두산과 피라미드

백두산 하늘못

우투리님, 백두산과 피라미드를 갑자기 들이대면 거리가 너무 멀어서 황당할 겁니다. 그러나 백두산과 피라미드는 말뿌리가 '밝맑닭' 로서 같으므로 눈여겨봅니다. 여기서 불함산, 북망산도 나왔군요.

밝맑닭 →	밝맑삵	→	밣맑삵
피라미드	밝머리산 → 백두산(白頭山)		불함산(不咸山) 북망산(北邙山)

백두산은 '부라한 임금의 산' 이요, 피라미드는 '파라호 임금의 산' 입니다. '밝' 에서 '부라한' 과 '파라호' 가 나왔으니 신기하기도 하지요? '부라한' 과 '파라호' 는 거의 같은 소리이며 임금이라는 뜻도 같습니다.

밝 → 밣			맑	
부라한(우리 임금) → 파라호(이집트 임금)			메르켈 메르켄 마립간(임금)	
밝맑닭 →	밝맑삵 →	밣맑삵 →	팛맑삵	
피라미드	밝머리산 → 백두산	불함산(부라한메르켈산)	파람산(파라호메르켈산)	
	북망산	부라한임금산	파라호임금산	

이는 우리 임금이든 이집트 임금이든 모두 죽어서 숭배를 받는 산신(山神)이 되었다는 뜻입니다. 이는 우리가 죽어서 간다는 '북망산' 과도 얽혀 있습니다. 그러므로 피라미드와 백두산과 북망산은 고산족들에게서 공통적으로 나타나는 이름이며 같은 문화의 산물일 가능성이 높습니다.

'밝맑닭' 을 어원으로 하는 '백두산' 은 '가르맑닭' 을 어원으로 하는 '히말라야산' 과도 같군요. '밝' 과 '가르' 는 같은 말이기 때문입니다. 아프리카 킬리만자로산도 그렇습니다.

밝맑닭 → 밝맑삵		→		밝맑삵
피라미드	밝머리산 → 백두산 → **흰머리산** → **해모수**			불함산不咸山 북망산北邙山

||

닭맑닭	→	앍맑좕	→	가르맑좕	→	가르맑삵	→	하르맑삵
투메트		우금치		**킬리만자로**		가메시 **김씨**		**히말라야산**
		우르무치		곰족		곰씨(웅녀)		**흰머리산 → 해모수**

히말라야산은 해모수로도 풀리는데 백두산과 피라미드도 마찬가지지요. 해모수는 웅녀입니다. 그러므로 이런 산들은 모두 고조선(왕검조선)과 관련이 있습니다.

티베트의 파미르고원과 우리나라 개마고원도 같은 뜻의 '웅녀' 의 고원으로 풀립니다. 그러므로 이 고원들도 같은 가르맑닭(곰딸, 웅녀)의 활동 무대일 가능성이 높습니다.

밝맑고원	=	가르맑고원	왜냐 하면, 밝 = 가르
파미르고원 백두공원		개마(곰)고원 웅녀공원	

또한 '이집트' 의 어원은 고대 그리스말인 '아이큅토스' 에서 왔는데 이는 '배달조선' 의 말뿌리인 '두루배달' 로 풀립니다. 드라비다, 티베트도 이와 같은 배달 연방을 뜻합니다.

닭밝닭	→	앍밝닭
두루배달 티베트		아이큅토(스) 애굽트 → 이집트
드라비다 대배달		얽배달(배달연방, **배달조선**)

'이집트' 의 더 오래된 이름은 '키메트' 인데 이는 우리의 '가메시(웅녀)' 또는 '해모수' 와 말뿌리가 같습니다.

가르맑닭	→	가르맑삵	→	하르맑삵
키메트 곰딸(웅녀)		가메시 김씨		해모수

이집트의 제17왕조의 마지막 파라호에 '카모세' (기원전 1573~1570년 재위)

가 있는데 이도 '가메시'와 같은 '웅녀'입니다. 이런 현상들은 고대 이집트의 지배세력과 웅녀족과의 관련성을 되뇌고 있습니다.

카모세 마스크
(위키백과)

가르맑닭	→	가르맑삵	→	할맑삵
금당 곰딸(웅녀)		가메시 카모세 김씨		해모수 할마시

이집트를 정복한 주몽

주몽과 이집트와의 무슨 인연을 찾고자 글 한 편을 소개합니다.

고구려의 시조는 주몽이다. 그런데 이 주몽은 추모, 도모, 상해(象解), 동명 등 여러 이름을 갖는다. 의아한 것은 주몽과 동명이 동일인인가 하는 것인데, 둘의 신화 내용이 너무 닮았기 때문이다. 또 고구려는 주몽뿐 아니라 동명왕에게도 제사를 지냈다. 그러나 하화 책에는 동명은 고구려가 아닌 부여의 건국 시조로 푼다. 고구려가 부여에서 나왔다지만 고구려와 부여의 건국신화가 비슷한 것은 무엇을 말할까? 그리고 고구려가 동명왕의 사당을 지었다면 혹시 주몽과 동명이 실존 인물이라기보다는 동북아시아에 두루 나오는 어떤 신의 이름이 아닐까?

일단 주몽의 이름을 분석해 보자. 朱蒙의 상고한음은 '토몬'(To Mon)이다. 만일 이 蒙자를 夢으로 쓰면 'To Man / To Mun'이 된다. 추모(芻牟)의 옛 상고음 역시 'To Mo / Tu Mo'다. 동명(東明)의 상고음이 'Tong Mang/ Tong Mung'인 점에서 결국 주몽, 추모, 도모와 동명의 옛 발음은 비슷했을 것이다. 그렇다면 고구려의 동맹 역시 바로 동명왕이나 주몽을 기리는 제사일 가능성이 높다.

주몽이 투몬/투만이라면 이런 이름은 즉각 우리에게 두만강, 토문강, 두만선우, 달문을 떠오르게 한다. 퉁구스어로 Tuman은 1만을 뜻한다. 두만선우는 '1만의 기병을 가진 선우'다. 투르크어 Tuman은 '연기, 안개'를 뜻한다. 그래서 흉노의 두만선우는 투르크계가 아닌 퉁구스계일 가능성이 높다. 자 이제 주몽, 추모, 도모, 동명 등이 하나의 어휘 'TuMun'을 지향한다고 가정해 보자. 이는 어떤 뜻을 품고 있을까?

'타몬/토고문'이라는 신의 이름이 일본, 만주, 시베리아에 나오는데 이와 비슷한 이름이 이디오피아에도 나온다. 다시 말해 옛 이집트의 땅에서. 이는 주몽, 도모, 추모라는 신의 이름의 역사가 아주 오래 되었음을 말해 준다. 이집트의 옛 신의 이름이 고구려에까지 흘러왔거나 우연이라고 치자. 문제는 주몽의 다른 이름 상해(象解)다. 문자 그대로라면 코끼리와 관련되어 보인다. 하지만 이 상해는 시베리아 샤먼 신 '상케'의 가차임이 분명하다.

문제는 지금부터다. 시베리아의 샤먼을 주관하는 신 '상케'와 수메르/ 아카드의 '상카'(제사장), 인도네시아의 '상크레'(창조신)와 아무런 관련이 없겠는가. 관련이 있다면 그것은 메소포타미아의 '상카'가 인도네시아와 시베리아에 퍼져 '상케'가 되었다고 보는 것이 타당하다. 그렇다면 이디오피아 Tumu신 역시 이집트에서 만주-퉁구스로 전파된 것인가?

다음 자료를 보자. BC 2천년경 이집트의 어떤 미스테리를 설명한 논문의 일부다.

At any rate foreign brides were entering the royal harem, and the exclusive traditions of Egypt were being set at defiance.

Senusert II had a favourite wife called Nefert, "the beautiful", who appears to have been a Hittite. Her son, Senusert III, and her grandson, Amenemhet III, have been referred to as "new types". 1

Their faces, as is shown plainly in the statuary, have distinct non-Egyptian and non-Semitic characteristics; they are long and angular--the third Senusert' s seems quite Mongoloid--with narrow eyes and high cheek bones. There can be no doubt about the foreign strain.

EGYPTIAN MYTH AND LEGEND
With Historical Narrative, Notes on Race Problems, Comparative Beliefs, etc.
by Donald Mackenzie Gresham Publishing Co., London p. 235

서기전 1800년경 이집트를 정복했던 히타이트의 힉소스 이래 이집트의 파라오들은 '새로운 유형' (new Type)이 나왔고 그들은 분명히 셈 계통이나 지중해, 아프리카 계통이 아닌 몽골로이드에 가깝다고 주장한다. 다른 논문을 인용한다.

Researches Into The Ethnic Origins Of Israel by C. F. Parker, B.A., page 37:

"It must be confessed that they (the Hittites) were not a handsome people. They were short and thick of limb, and the front part of their faces was pushed forward in a curious and somewhat repulsive way.

The forehead retreated, the cheekbones were high, the nostrils were large, the upper lip protrusive. They had, in fact, according to the craniologists, the characteristics of a Mongolian race.

Like the Mongols, moreover, their skins were yellow and their eyes black. They arranged the hair in the form of a 'pigtail', which characterizes them on their own and the Egyptian monuments quite as much as their snowshoes with upturned toes.

In Syria they doubtless mixed with the Semitic race, and the further south they advanced the more likely they were to become absorbed into the native population.

The Hittites of Southern Judah have Semitic names and probably spoke a Semitic language. Kedesh continued to bear to the last its Semitic title, and among the Hittite names which occur further north there are several which display a Semitic stamp." (If one could observe one of Esau' s wives today, she probably would look somewhat like an Albanian Turk.)

이스라엘인의 기원을 쫓던 고고학자 파커는 이집트와 히타이트인에게 나타나는 몽골인 캐릭터에 당황한다. BC 2천년경이다. 12세기 징기스칸 때가 아니다.

어떻게 기원전 2천년, 지금부터 4천년 전에 이집트와 메소포타미아에 몽골로이드가 나올 수 있는가? 이집트를 정복한 4천년 전 동아시아인의 왕조가 있단 말인가? 그렇다. 이집트에 분명히 몽골로이드왕조가 있었다. 그 해답은 고구려 주몽의 옛이름 tumu/tomo에 있다고 본다. 시베리아 만주-퉁구스의 신 tumo가 이집트로 가 tumu(주몽의 옛 이름)가 됐다고 보는 것이 자연스러울 것이다.[107]

이 글은 이집트의 불의 신 '투무' 와 우리의 전쟁신 '주몽(朱蒙 : 善射者)' 과의 선후배 관계를 쫓으면서 만주－퉁구스어의 '도모(tumo)' 가 고대 이집트(현재 이디오피아)의 불의 신 '투무(tumu)' 가 되었다고 주장하고 있는데 이는 맞는 얘기입니다. 이는 이미 우리가 확인한 바[108]가 있습니다.

아래 표를 보면 투무든 주몽이든 모두 우리의 전쟁신 '치우' 에서 비롯됨을 알 수 있습니다.

닭	→			닭맑		
↘				↘		
닭 →	찱 →	삵 →	잙	닭맑 →	삵맑 →	잙맑
단군	천군	산군 선우	장군	대감 다물	상감	장군
단우	치우	상케 상해	제우(스)	도모 투무	샤먼	주몽
	↑		↑	↑		↑
	우리 전쟁신		그리스 전쟁신	이집트 불의 신		고구려 선사자

투탕카멘은 단군왕검

투탕카멘은 이집트 제18왕조의 파라호인데 황금 마스크로 유명하죠. 그 이름이 단군왕검으로 풀리는 점, 생긴 모습, 황금문화 이런 것들이 우리와의 인연을 말하고 있습니다.

닭닭맑	→	닭삵맑 →	닭왉맑	→	삵닭맑	→	왉삵맑
투탕카멘	단군대감	단군상감	**단군왕검**	**단군임금**	사다함	소돔	이사금 오스만

107) http://www.coo2.net 이건주 글 '이집트를 정복한 몽골인들'
108) '네마당 4. 치우와 주몽과 제우스' 에서 다루었음

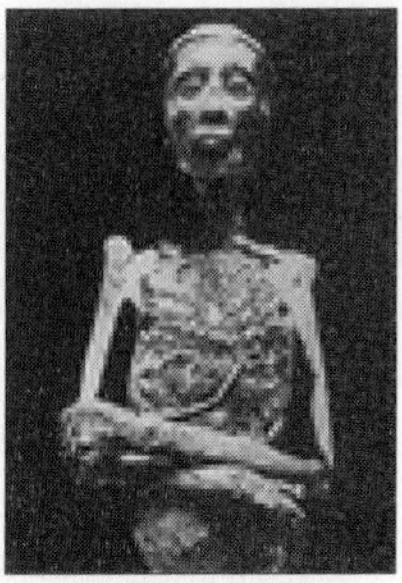

투탕카멘 미라
(기원전 1361년쯤)

사카라는 조세르왕의 초기 계단식 피라미드가 있는 곳입니다. 조세르왕의 '조세르'의 말뿌리가 '조선'이므로 '조세르' 왕(기원전 2668년~2649년 재위, 제3왕조의 둘째 파라호)은 조선 임금이 되겠습니다. 기자는 이집트 최대 피라미드가 있는 곳입니다. '기자'도 '조선'입니다.

닭 →	삵 →	앍
달갈 달개 도계 토계 덕계 대강	상그리에 상가 **사카라**	아리개 영가 악 옥
가르닭 → 가르삵 →	가르잙 →	자르삵
구다라 게세르 키쉬 큐슈九州	기준 **기자** 구지 기주 거제巨濟	**조세르 조선**

힉소스

힉소스는 히타이트와 함께 단군조선으로 풀립니다.

닭닭닭 티타이트 ↗ 홝닭닭 → 홝삵삵 → 앍앍닭 히타이트 힉소스 퀵투르크 ↘ 닭앍닭 → 닭가르닭 → 닭가르삵 → 닭자르삵 탕구트 퉁구스 단군조선	닭닭맑 → 닭앍맑 투탕카멘 단군왕검 단군임금
	가르잙 → 하르잙 고리족 후리족

BC 17세기에 나일강 유역으로 점차 침투해 와 결국 하(下)이집트를 다스리게 된 셈족과 아시아인들의 혼합 집단이다.

제15왕조(BC 1674경~1567경) 때 통치했다. 힉소스라는 이름은 이집트의 역사가 마네토(BC 300 활동)가 붙인 것으로 유대인 역사가인 요세푸스(AD 1세기 활동)에 따르면 '양치기 왕' 또는 '붙잡힌 양치기'라는 말을 옮긴 것이라 한다. 요세푸스는 유대인의 역사가 아주 오래됨과 힉소스인들과 〈구약성서〉에 나오는 히브리인들이 같은 무리라는 점을 증명하려 했다. 그러나 그 견해는 힉소스인들이 이집트를 지배할 때에 히브리인들이 거기로 들어갔거나 힉소스인 가운데 일부가 히브리인들의 선조였을 가능성은 있으나, 다수의 지지를 받지 못한다. '힉소스'는 '외국에서 온 지배자들'을 뜻하는 이집트어로 나타낸 것이 거의 확실하다. 힉소스인들은 제16왕조도 시작한 것으로 전해지고 있으나 그 통치자들은 제15왕조 왕들의 봉신으로 보인다. 힉소스인은 당시 중동 각지에서 일어난 전반적 이주 운동과 연관이 있는 것으로 보이며, 이들은 거의 셈족의 이름을 가졌지만 후리족도 일부 있는 것 같다.

힉소스인은 말과 전차를 비롯 조립식 활, 개량된 전투용 도끼, 발달된 요새 축조술을 이집트에 들여왔다. 또 나일 삼각주 북동부의 아바리스(지금의 탈앗드다바)를 수도로 정하고 그들이 점령한 중왕국 때의 유적지에 요새를 쌓았다. 1970년대 중반부터 발굴해 가나안 지방풍의 신전과 말의 무덤을 포함해 팔레스타인 지방풍의 매장지, 팔레스타인풍의 도자기와 발달된 무기가 많이 나왔다.

힉소스인의 최고신은 이집트인들이 폭풍과 사막의 신으로 여기던 세스신으로, 이들은 이를 아시아에서 폭풍의 신으로 숭배하고 있는 세테크신과 같다고 생각했다. 아바리스에서 이들은 하이집트의 대부분과 헤르모폴리스에 이르는 상이집트 지역을 지배했다. 남쪽으로는 쿠사이 너머까지 이집트인 봉신들을 통해 통치했다. 세케넨레와 테베 출신의 카모세가 반란을 일으키자 힉소스인 파라오 아우세레 아포피1세는 제13왕조 말기(BC1700경)부터 이집트의 누비아를 지배하던 쿠시족 통치자들과 동맹을 맺으려 하나 실패한다.

테베에서 일어난 반란은 카모세의 지휘 아래 북쪽으로 퍼졌고 BC 1567년경 카모세의 후계자이자 제18왕조를 시작한 아모세에게 아바리스가 무너진다. 이로써 108년에 걸친 힉소스인의 이집트 지배는 끝났다. 하트셉수트 여왕 때부터 이집트인들로부터 비방을 당하기는 했으나 힉소스인들은 여전히 파라오로서 이집트를 다스렸으며 '토리노 파피루스'에도 합법적 왕으로 적혀 있다. 적어도 겉보기에 이들은 이집트인들에게 동화됐고 정치 영역을 벗어나 이집트의 문화에 간섭하는 일이 없었다. – 브리태니커(힉소스)

위의 글에서 '힉소스인들은 당시 중동 각지에서 일어난 전반적인 이주 운동과 연관이 있었던 것으로 보이며' 와 같은 내용은 단군조선의 확산으로 풀 수 있습니다.

창조 여신 하토르 | 여제 하트셉수트 (기원전 15세기) | 세티1세 (기원전 12세기) | 네페르티티여왕 흉상 (기원전 1345년쯤)

위 첫 사진은 이집트 창조신 하토르상이고 가운데의 하트셉수트는 기원전 15세기 고대이집트에서 가장 드센 여제입니다. 그 옆은 기원전 12세기쯤 살던, 람세스2세의 아버지인 세티1세입니다. 그는 이집트를 정복한 힉소스의 19왕조 시대 인물이고 그의 조상은 후리(Hurri/Khurri, 저는 이들을 구려句黎의 서방진

출계로 봅니다.)인으로 불렸던 아시아계 사람들입니다. 세티1세는 히타이트와 평화조약을 맺고 아시아지역의 이집트 실지를 회복한 왕이기도 합니다. 맨끝은 베를린박물관에 소장된 네페르티티 여왕 흉상(기원전 1345년쯤)입니다. 이들의 골격이 몽골리안임을 보여줍니다. 하트셉수트는 조선 샛별 수다간(신지)으로 풀립니다.

		자르삵삵밝삵닭		
	↗	조선샛별수다간	↘	
가르닭닭밝닭닭	→	가르닭낡밝삵닭	→	하르닭삵밝삵닭
커다란 대백이도독		커다란높은세테크		하트셉수트
		(*이집트신神)		

하토르는 세스신, 세트신과 함께 이집트 신들의 계보에 들어있는 이름인데 이와 가장 비슷한 우리말은 신지입니다.

		닭삵 → 삵삵	→	삵잙						
	↗	덕수 도사 숙신 선생 스승 세스		신크치 신지						
닭닭	→	삵닭	→	잙닭	→	홝닭	→	낡닭	→	앍닭
도독		성황당 선덕 성덕 순도 세트		진덕		휴도왕 하토르 현덕		노티기		우다간
두들		수다간 **세테크** 스키타이		차카타이		히타이 한티 화타		논티		아더왕

2. 게세르를 찾아서

우투리님, 삼국유사에 따르면 고조선을 세운 것이 기원전 2333년이니까 지금(2019년)부터 4352년 전쯤 됩니다. 여기에 근거를 두고 우리 역사가 반만년이라고들 하죠. 그런데 일제의 역사 왜곡의 영향을 받아서 그런지, 과연 우리 역사가 5천년이나 될까 하고 물음을 가지는 사람들이 많습니다.

이런 상황에서 '게세르'의 역사를 찾아보는 것은 여러 모로 뜻 깊은 일입니다. 왜냐하면 '조선'이 '게세르'에서 나왔으므로 '게세르'를 밝히는 것이 곧 조선의 역사를 밝히는 것과 같습니다.

‘가르닭’ 에서 온 ‘게세르’

‘게세르’ 는 본디 ‘가르닭’ 에서 왔다고 이미 말씀했죠?

가르닭 →	가르삵 →	자르삵 →	아르삵 →	아르잙 →	아르앍
구다라	거서간 **게세르**	**조선**朝鮮	예씨가리	예족濊族	예濊겨레

그러면 ‘가르닭’ 은 무엇일까요? 이는 ‘큰 단군’ 을 뜻한다고 볼 수 있습니다. 또한 ‘닭’ 이든 ‘가르닭’ 이든 이들은 임금이나 무당이나 신(神)을 뜻함을 우리는 이미 배웠죠.

뿌리	**닭**[다르가르] → 삵 달구르 단군　스가르 신神
풀이	단군 : 조선을 세운 임금 당굴 : 남자 무당, 신(神) 스가르 : 샤먼(무당), 하늘 스아르 : 씨알 씨 알 아가르 : 인간 연燕 이夷

⇨

가르닭 → 가르삵 광대 큰 단군　거서간 게세르 큰신 귀신鬼神
거서간 : 임금 게세르 : 게세르신화의 영웅, 귀신 거수 : 무리의 두목 가시 : 일본에서 ‘임금’ 을 뜻함 아사르 : 예濊 왜倭 위魏 호胡 유연 여진

가르닭에서 온 소리는 다음과 같은데 이는 무릇이름씨 ‘나라’ 를 뜻하기도 합니다.

가르닭 →	나르앍
구다라 광대 쿠르드 카르타고 크로아티아 크레타 크리트	나락 나루 나라 노래

또한 ‘가르닭’ 에서 우리말 ‘커다란’ 과 ‘가운데’ 가 나왔습니다.

가르닭 →	가르닳 →	가르삵 →	자르삵
가운데	커다랗-	거서간 게세르	조선

‘가르닭’ 에서 온 우리 조상들

이처럼 ‘게세르’ 는 본디 ‘가르닭’ 에서 왔는데 여기서 예(濊)도 나오고, 조선, 흉노, 여진, 고구려, 가락도 나왔음은 이미 밝힌 바가 있죠. 가르닭은 케레이트로서 고리족, 태양족을 뜻하기도 합니다.

가르닭 →	가르삵 →	가르좖 →	가르앍 →	자르삵 →	하르삵 →	아르좖
커다란	게세르	고죽	고구려	조선朝鮮	흐순	여진女眞
골드	기슭	고리족	거란 국國	중산	**해씨가리**	**예족**濊族
케레이트	크스크	케추아	가락	종산	후리족	아신

우리나라의 게세르

(1) 거란(奚丹계단)

우리 역사에서 거란이 나오는데 고려와 전면전을 벌이다가 화친했죠. 이 '거란(渠丹)' 도 나라 이름으로만 보면 우리와 같은 계통일 가능성이 높습니다.

가르닭 →	가르삵 →	자르삵 →	가르앍
거단 키단Qitan	게세르	조선	가락 → 거란(渠丹)

몽고계의 한 종족으로 추정되는 거란은 모용연에 의해 격파된 선비족이 우문·해·거란으로 나뉜 4세기 전반부터 사서에 나온다. 이들은 필요하면 서로 잠정 동맹을 맺었으나 안으로는 끊임없이 다투었다. 이런 상황은 당의 기미지배로 바뀌었다. 628년 거란 8부의 수령들이 모두 부족을 이끌고 내속해 왔다. 당은 이들을 10주로 나눈 후 마회를 도독으로 임명해 8부를 통할케 했으며, 730년까지 대하씨가 도독의 지위를 독점했다. 이후 10세기초까지 거란군장의 지위는 요련씨로 넘어갔고, 그들 중 일부는 그 지위를 높여 나아갔다. 야율아보기는 종래 8부족 연합체를 무너뜨리고, 자신의 군사력·경제력을 바탕으로 907년 카간에 즉위한다. 916년 거란의 여러 부족을 통합해 요를 세웠다. — 다음백과

북위(北魏) 때부터 이름이 나오며, 고구려 장수왕 때 출복부(出伏部) 등 그 일부가 고구려에 딸렸다. 8세기에는 당나라의 위구르(回鶻, Uighur)에 딸리기도 했다. 그러나, 당나라 말의 정치적 혼란을 틈타 세어졌다. — 민족문화대백과

위 내용으로 보아 거란은 흉노의 모습을 그대로 갖고 있음을 알 수 있습니다. '대하씨' 는 발해의 왕족에서 기원한 우리의 太씨, 大씨와 같을 것입니다.

닭	→	닳
달갈 당골		대하 태太 대大

거란의 석실고분 벽화(10~11세기) 고구려의 개마무사와 똑같다

그런데 크스크등기(거란의 서울이

던 곳)의 박물관에서 거란의 고분 벽화를 보았더니 고구려의 개마무사와 차림새가 거의 같더군요. 크스크등기는 이미 '아사달' 로 푼 바가 있죠.

(2) 거제도

거제도(巨濟島)의 '거제(巨濟)' 는 한자의 뜻으로만 풀면 '큰 물가' 가 되죠. 이는 섬인 거제도의 뜻을 어느 정도 반영하고 있는 이름이기는 합니다.

거제도(巨濟島) = 거(巨) + 제(濟) + 도(島) = 큰 물가의 섬

그러나 '거제' 는 적힌 한자의 뜻으로만 풀면 아무리 그럴듯해도 함정이 있습니다. '거제' 는 아주 오래 된 땅 이름이라서 표현된 소리에 귀를 더 기울여야 하기 때문입니다. 거제도의 '거제' 는 '게세르' 에서 왔습니다. 그러므로 거제도는 조선의 섬이 되는군요. 여기서 '고조선' 이 확인됩니다.

가르닭 → 가르삵 → 자르삵 → 가르잙
게세르 갯 조선 거제巨濟 → 거제도巨濟島 = 게세르섬 : 조선 섬

거제도에는 아름다운 구조라해수욕장이 있더군요. 여기서의 '구조라' 도 '게세르' 인 것을 대뜸 알 수 있죠.

가르닭 → 가르삵 → 가르잙
게세르 구조라 거제

지세포중학교에 들렀는데, 매우 아담하고 예쁜 학교더군요. 여기서의 '지세' 가 또한 '게세르' 입니다. '지세포' 는 '조선포' 로 풀리니 이는 '조선의 항구' 입니다.

가르닭밝 → 가르삵밝 → 자르삵밝
게세르포구 조선의 포구 조선벌 지세포

장승포의 '장승(長丞, 張丞, 長承, 長生)' 도 역시 '게세르' 에서 나온 말인데 이는 우리가 마을 들머리에 많이 세우던 수호신이죠. 장승은 장사(壯士), 장수(將帥)이기도 하니 마을을 너끈히 지킬 만하죠. 게세르는 장사나 장수가 아니

고서는 임금에 등극하기 어려웠겠죠.

가르닭	→	가르삵	→	자르삵
큰닭 광대		거서간 게세르(임금, 샤먼)		조선 장승 장수 장사 → 마을의 수호신

거제도가 어이해 조선을 뜻하는 이런 '게세르' 라는 이름을 가지게 되었을까요? 그 까닭은 한반도 남부까지 고조선이 미쳤기 때문일 것입니다.

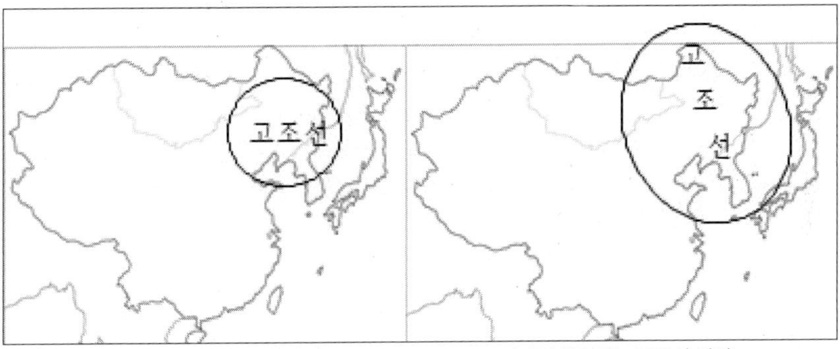

〈 이제까지 알려진 고조선 영역〉 〈 내가 주장하는 고조선 영역〉

(3) 진국(辰國)

우리는 이제까지 한반도 이북에 고조선이 있을 때 한반도 이남에는 진국(辰國)이 따로 있었다고 배웠습니다. 그러나 진국의 말뿌리를 캐보니 진국 자체가 같은 고조선입니다. 거제도에 있던 독로국(瀆盧國)도, 서라벌로 발전한 사로국(斯盧國)도 역시 조선이군요. 조선인 가르닭은 궁극적으로 닭닭에서 왔을 것입니다.

닭닭	→	삵닭	→	줅닭	→	앍삵	→	가르삵	→	자르삵
닭트리아		삵티아 스키타이		줅트리아		아시아		가르시아		조시아
독로국瀆盧國		사로국斯盧國		진국辰國		아신		가샨		조선朝鮮

초기철기문화를 배경으로 서기전 3~2세기경 한반도 중남부에 있던 정치집단이다. 조선(朝鮮) · 진번(眞番) · 임둔)臨屯) 등과 공존했다. 진국에 관한 첫 글인 〈사기〉가 판본에 따라 진번방중국(辰番旁衆國), 진번방진국(辰番旁辰國) 두 계통이 있어 진국을 역사적 실체로 인정하는 입장이 있다. 반면 진번 곁에 있는 중국(衆國)을, 여러 나라라는 보통명사로 해석하는 입장도 있다. 따라서 진국의 존재를 부인하거나, 진국을 중국의 하나로 보는 등 말이

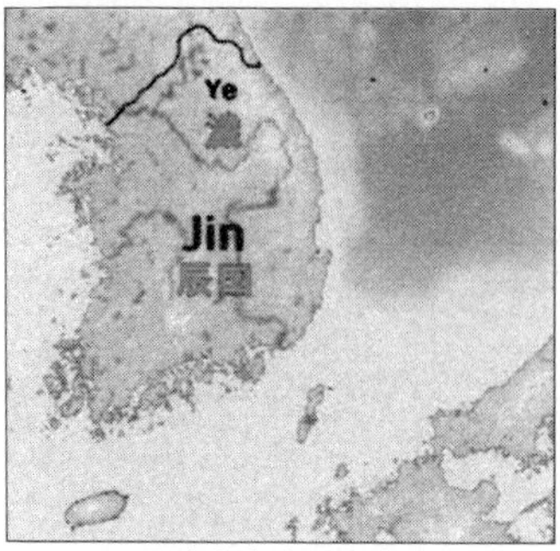

〈교과서에 나오는 진국〉

많다. 적힌 책은 〈사기〉 말고 "조선상(朝鮮相) 역계경(歷谿卿)이 위만조선의 우거왕(右渠王)과 맞지 않아 동쪽 진국으로 갔다."는 〈위략(魏略)〉과 '진한은 옛 진국(辰韓古之辰國)'이라는 〈삼국지〉 위서(魏書) 동이전(東夷傳), '삼한은 모두 옛 진국(三韓皆古之辰國)'이라는 〈후한서〉 동이전이 있다. 이들 중 『후한서』를 근거해 진국을 한반도 남부지역을 두루 아우르는 토착집단으로 규정하는 입장이 있다. 또한 이곳에 있던 여러 정치집단 전체에 대한 범칭으로서 '신지(臣智)의 나라'라는 뜻을 가진 집합명사로 보고, 진국을 삼한 또는 그 일부인 마한 · 변한의 모체로 풀기도 한다. 나아가 진국이 삼한이라는 주장도 있다. 또 〈삼국지〉를 보고 진국을 중남부 일부 지역에 있던 특정집단으로 보기도 한다. 즉, 진국이란 요동의 북진한(北辰韓)이 점점 내려와 지금의 경상도에 최종 정착지를 얻는 과정에서 일시적으로 한반도 중부에 세운 정치집단이라는 것이다.

또, 위만에게 쫓겨나 지금의 전북 익산 일대에 자리잡은 고조선 준왕(準王)의 치소(治所)가 진국이며, 이 준왕계의 진국이 경상도로 옮겨 진한의 일부를 구성했다는 설이 있다. 〈사기〉 · 〈한서〉에, 진국은 2세기 후반쯤 한(漢)과의 직접 통교를 바랐으나, 위만조선이 가로막은 것으로 나온다. 한(漢)과 국제적 교섭을 원할 정도라면 위만조선 이전부터 최소한 한반도 서북지역과 빈번하게 접촉한 선진 집단이며, 소규모의 단일무리라기보다는 여러 정치집단을 통할하는 큰 조직체로 본다.

진국은 BC 3~2세기경 중남부(충남과 전라도 일대)의 세형동검문화의 중심으로서 청동기 제작과 보급을 통해 대외 교역을 주관하면서 일정한 정치집단들을 다스린 구심체로 보인다. 지배자가 농경의례를 비롯한 각종 제사의식을 주관하며, 농경 · 행정 · 군사 기능을 겸한 제정일치사회다. 묘제는 석관묘(石棺墓)와 석곽묘(石槨墓) · 토광묘(土壙墓)다. 석제 농기구와 목제 따비 · 괭이를 쓰며 벼 · 조 · 기장 · 수수 등 잡곡을 심는 농업경제가 기반이다. 분묘유적은 당진 소소리, 부여 합송리, 장수 남양리에 있는데 세형동검 · 동과 · 동모 · 세문경과 중국 전국(戰國)계 주조쇠도끼 · 끌 등이 나와 대동강 유역과의 교류관계를 보인다.

– 민족문화대백과(진국辰國)

여기서 진국(辰國)은 아마 고조선의 3조선 중 마한을 말할 것입니다.

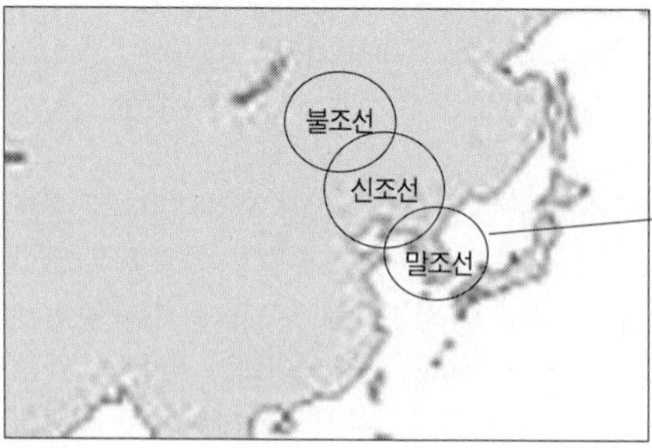

말조선(末朝鮮)
= 마한(馬韓)
= 진국(辰國)

고조선의 멸망을 3조선 중 신조선만의 멸망으로 본다면 말조선인 마한(진국)은 다시 3한으로 재정립되어 단군조선을 이어간 것으로 해석됩니다.

↗ 신조선 → 멸망 ↘
3조선 → 불조선(부여) → 고구려로 이어감
↘ 말조선 → 진국(마한)으로서 다시 3한으로 재편

우거왕이 진국(辰國)과 한(漢)과의 교류를 방해한 내용은 이미 삼한을 풀이할 때 말한 내용입니다. 연방정부가 지방정부의 독자적인 행동을 제재한 것으로 보인다고. 그리고 고조선(신조선)의 유민이 자연스레 진국쪽으로 오는 것은 서로에게 유대감이 없다면 쉽게 일어날 일이 아니라고.

〈독로국의 고인돌 =고조선의 고인돌〉

거제도에는 고인돌도 많은데, 이들은 '독로국' 임금들의 무덤이겠지요. 독로국이나 진국이 '조선'으로 풀리니 고인돌은 고조선의 유물이 맞습니다. 독로국은 아마도 단군조선의 소국의 하나였을 것입니다.

이는 비파형 동검의 분포를 보아도 마찬가지입니다.

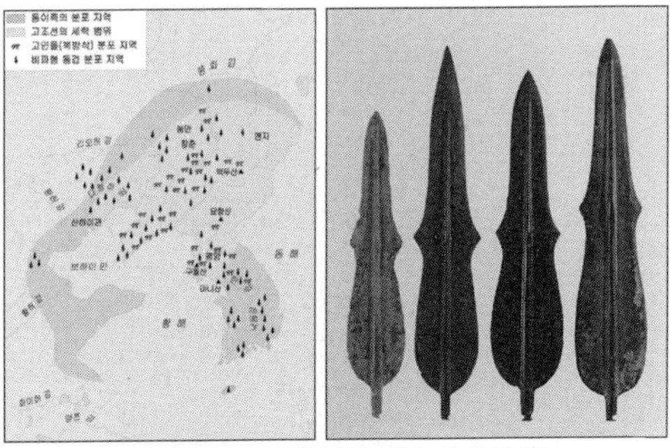
고인돌과 비파형동검(중학 국사 교과서)

그런데 사람들은 문헌자료에만 그것도 일부에만 매달려 고조선이 한반도 이남지역에는 미치지 못하였다는 설만 줄곧 따릅니다. 비파형 동검과 고인돌은 고조선의 결정적인 유물인데도 불구하고 그 존재를 무시해 왔습니다.

이는 식민사관의 영향일 것이며 한편으로는 진국과 독로국의 정체를 정확히 알지 못한 때문이기도 할 것입니다.

(3) 그 밖의 게세르

그밖에도 우리나라는 거창(巨昌), 고창(古昌, 高敞), 장성, 고성(高城), 고성(固城), 개성, 기장, 예천, 이천, 여주, 여수 등등 '게세르' 가 아닌 데가 없을 정도입니다. 우리나라는 모두 조선이기 때문입니다.

	자르닭 →	하르닭 →	나르닭		→	아르닭
↗	장단	한티 희티	낙동			왕태골 알타이 알동 안틀이 인동 어등
가르닭 →	가르삵 →	자르삵 →	하르삵 →	나르삵	→	아르삵
케레이트	과산 구산 고성	지산 재산 장성 장수	한성 혜산	내성		안성 온성 양산 오산
고타야 ↘	게세르 갯 괴산	조선朝鮮 종성 진성	한산	나산		용성 예산 여수 우산
가운데	가르잙 →	자르잙 →	하르잙 →	나르잙	→	아르잙
	케추아 고차 고지	진주 제주	해주	나전		인천 영천 양주 안질 옹천
	거창 고창 기천	전주	하진	나주		예천 이천 영주 여주 아차
	고척 가천 기주					오천 아천 안정 오지 인제

다른 나라의 거세르

(1) 꼬살라국의 '꼬살라'

우투리님, 게세르를 찾아서 다른 나라로 가 볼까요? 다른 나라의 게세르를 찾는 것은 고조선과의 관계성을 찾는 것과 같을 것입니다. 먼저 부처님이 나투신 카빌라성이 있던 꼬살라국으로 가 봅시다. 이 꼬살라국의 '꼬살라' 가 '게세르' 입니다. 부처님이 오신 것이 기원전 544년이니 지금(2019년)부터 2563년 전 인도북부에도 '게세르' 가 있었습니다.

가르닭 → 가르삵
커다란　　거서간 게세르, **꼬살라**(*지금으로부터 2563년 전의 게세르)

부처는 밝닭에서 왔는데 황제하고도 같은 말이군요. 이도 게세르와 같은 말이죠.

밝닭 →	밝춁 →	밝삵 →	홝잙 ⇄	아르앍 ←	가르삵 ←	가르닭
불타(佛陀)	부처	박사 박수	황제	여래	게세르	커다란
Buddha	깨달은 사람	'박식' 한 사람	지배자	↳ 2563년 전의 게세르		

또 부처님을 '석가모니' 라고도 했으니 이는 '닭맑' 에서 온 임금 또는 샤먼입니다.

닭 → 삵 단군 **석가**	닭맑 → 삵맑 → 잙맑 → 핡맑 → 왉맑 대감 상감 **석가모니** **주몽** 할미 **왕검** 곰 곰 어미 이모 다물 **씨갈머리 샤먼** 짐 호무 임금 가미 아무 임

부처님을 석가여래라고도 하는데 이는 퉁구스칸(큰 우주)이 되는군요.

닭가르닭 → 닭가르삵 → 닭자르삵 → 삵아르왉 → 왉아르잙
퉁구스칸 단군조선 석가여래 큰우주

부처님의 본디 이름은 고타마 싯다르타인데, 고타마는 단군왕검이고, 싯다르타는 성황당 샤먼으로 풀리는군요.

성姓	닭닭맑 → 닭왉맑 → 왉닭맑 투탕카멘 단군왕검 고두마칸 큰두만칸 **고타마**(Gautama)
이름	닭닭닭 → 닭삵닭 → 닭왉삵 → 닭왉잙 → 삵닭닭 대수다간 **퉁구스칸** 다루가치 **싯다르타**(Siddhārtha)

이처럼 부처님은 인도 북부의 사카족 출신인데 우리와 관계가 있습니다. 사카족이 단군족으로 풀리기 때문입니다. 불교 주문이 우리말로 잘 풀리는 까닭이 여기 있다고 봅니다.

닭 → 찱 → 삵 → 왉
단군 청구 사카 색 이(夷)

(2) 이스라엘의 예수

그러면 수메르에 살다가 이스라엘 쪽으로 간 아브라함의 후손인 예수를 볼까요? 예수를 야훼, 여호아라고도 하는데 이도 역시 '게세르' 에서 온 말이죠.

가르닭 → 자르삵 → 아르삵 → 아르핡
제수 예수 여호아 야훼 : 2019년 전 이스라엘의 게세르

옆 그림은 7세기 투르판 아스타나의 무덤에서 나온 '복희여와도(伏羲女媧圖)' 입니다. '여와(女媧)' 도 게세르와 같은 말입니다.

밝[바르가르] → 바르하르 부군 파군　　부라한 　　　　　　파라호 복희	가르닭 → 가르삵 → 아르핡 → 아르앍 　　게세르　여호아　**여와**女媧 **여와**女媧 : **1400여 년 전 투르판의 게세르** ↑

그리스도는 부처의 이름인 '싯달타' 로 풀리기도 하고 굿당이나 굿당의 무당으로 풀리기도 하네요.

닭닭닭 → 닭잙삵 → 닭앍삵 → 삵닭닭 → 앍삵닭 → 가르삵닭
티타이트　단군조선　퉁구스칸　싯달타　아사달　그리스도 구수당 굿당

(3) 수메르의 키쉬

수메르의 고대 도시국가인 키쉬를 한자로는 '기주(冀州)' 라고 적는데 이도 '게세르' 지요. 학자들이 대개 이 도시가 있던 때를 기원전 2700~2400년으로 잡고 있으므로 키쉬의 역사는 지금부터 약 4천7백 년 전으로 잡아 봅니다. 수메르의 퀴쉬제일왕조 때 주슈르왕도 있군요. 이도 '게세르' 인데 기원전 26세기의 임금입니다.

가르닭 → 가르삵 → 자르삵
　　　　키쉬　　　주슈르(조선) : 약 4600여 년 전의 수메르의 게세르

BC 2500년 전
수메르 씨름모양 향로

서기 357년 고구려 씨름 그림
각저총 널방 오른벽

수메르의 씨름과 고구려의 씨름이 같은 것이 옆 그림에서 확인됩니다. 씨름 방법도 우리와 같은 왼씨름이군요.

(4) 이집트의 조세르

이집트에 계단식 피라미드를 처음 세운 조세르 파라호의 '조세르'도 '게세르'입니다. 피라미드를 세운 땅인 '기자'도 '게세르'죠. 또한 조세르는 BC 2650~2575년 때의 이집트 셋째 왕조 2번째 임금이지요. 이는 지금부터 4650년 전의 파라호니 약 반만년 전의 '게세르'이죠.

가르닭 → 가르삵 → 자르삵 → 가르잙
조세르 : 4650여 년 전의 이집트의 게세르 기자

조세르 파라오의 계단식 피라미드

어떤 사람들은 이집트의 피라미드가 고조선의 계단식 적석총에서 유래한다고 주장하기도 하죠. 저도 그럴 가능성이 충분히 있다고 봅니다. 피라미드의 말뜻이나, 그것을 세운 파라호의 이름이나, 세워진 마을 이름이 실제로 위와 같이 우리의 '게세르'와 '밝닭(백두)'과도 인연이 있기 때문이죠.

실제로 울라하다(홍산, 紅山)에서는 2006년에 기원전 3500년쯤에 지은 것으로 보이는 적석총이 발견되었는데, 이는 지금부터 약 5500년 전의 피라미드로 볼 수 있죠. 이뿐 아니라 이곳에는 아직도 손도 못 댄 피라미드급의 적석총들이 많이 있다는 것이고, 거기서 가까운 곳에서 이제까지 고조선의 유물로 여겨온 빗살무늬 질그릇과 옥으로 된 귀걸이와 비파형 동검도 나왔다는 거예요.

조세르 파라호의 피라미드와 울라하다 우하량의 적석총 사이에는 약 천년의 시간이 흘렀는데, 그 사이에 여기서 거기까지 사람들이 갔거나 왔을 가능성이 높죠. 실제로 조세르 파라호는 그의 피라미드를 만들 때 수메르의 토목 기술자를 데려와 썼다는 글이 있죠. 더 구체적으로 말하면 계단식 피라미드의 설계자인 임호테프가 메소포타미아 출신이라는 거예요. 임호테프는 '수메르 나라 자부선생'으로 풀리는군요.

울라하다의 적석총
약 5500년 전 피라미드(60m×60m)

닭맑닭밝 → 삵맑닭밝 → 삵맑잙밝 → 앍맗닭밝
샤먼터부 수메르자부 → 수메르에서 온 자부선생 임호테프

그러므로 피라미드를 만드는 기술은 최소한 아시아에서 아프리카의 이집트로 가져갔을 가능성이 높습니다.

그리고 울라하다(밝닭=紅山)에서 시안, 티베트, 수메르, 이집트로 이어지는 피라미드의 길이 있다고 주장하는 사람도 있으니, 이는 우리가 더 배워야 할 배움감으로 남겨 둡니다.

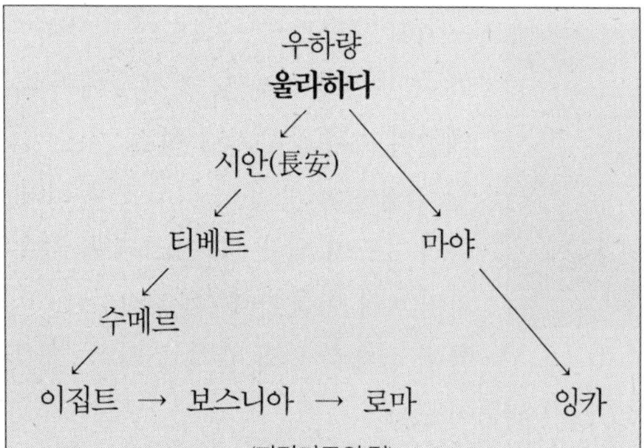

〈피라미드의 길〉

그리고 그때의 이집트문명이나 수메르문명이나 인더스문명이 아주 따로 이룩된 밝(문명)이 아니라, 서로 오가며 기댔음이 여러 모로 드러났죠.

이제까지의 풀이를 다듬어 간추리면 다음과 같습니다.

보기	때	나라
고조선의 '조선'	4352년 전	우리나라의 게세르
석가여래의 '여래'	2563년 전	인도 북부의 게세르
이스라엘의 '예수'	2019년 전	이스라엘의 게세르
복희여와의 '여와'	1400여 년 전	투르판(위구르)의 게세르
조세르왕의 '조세르'	4590여 년 전	이집트의 게세르
도시국가의 '키쉬'	4700여 년 전	수메르의 게세르
키쉬1왕조의 '주슈르'	4619년 전	수메르의 게세르

우투리님, 이렇게 '게세르' 의 역사가 5천년이 되니 고조선의 역사도 반만년이 될 가능성이 충분히 있는 것은 아닌가요? 이에 비해 우리는 우리의 긴 역사에 대해 말하는 것에 관해 그다지 자신감이 없는 까닭은 무엇일까요? 그 까닭은 아마 우리 역사를 한반도로만 국한시키려는 이른바 '흐름' 을 모르는 자폐증 때문일 것입니다.

3. 성황당에서 지구라트까지

처음

우투리님, 성황당(城隍堂)은 서낭당이라고도 하죠. 이는 우리 조상이 처음부터 믿어 온 신앙이지요.

> 서낭당은 마을의 수호신인 서낭을 모셔놓은 신당인데 성황당이라고도 한다. 마을 어귀나 고갯마루에 둥근뿔꼴로 쌓아 놓은 돌무더기로, 그 곁에는 보통 신성시되는 나무가 살거나 장승이 세워져 있기도 하다. 이곳을 지날 때 그 위에 돌 세 개를 얹고 세 번 절하고 침을 세 번 뱉으면 재수가 좋다고 믿는다.
>
> 
>
> 이곳을 오가는 사람들은 돌 · 나무 · 오색 천 등 무엇이든 놓고 지나다녔다. 그곳 물건을 함부로 파거나 헐면 벌을 받는다고 믿는다. …
>
> 우리나라에 서낭신앙이 전래된 것은 고려 문종 때 신성진(新城鎭)에 성황사(城隍祠)를 둔 것이 그 시초라 한다. 그 뒤 각 주부현(州府縣)마다 서낭을 두고 이를 극진히 위하였는데, 특히 전주서낭이 이름났다. 고려 고종은 몽고병을 물리친 것이 서낭신의 도움 때문이라 해 서낭신에게 신호를 가봉한 일도 있다.
>
> 수호신으로서의 서낭은 조선에서도 널리 믿겼다. 조선의 서낭은 국행(國行)서낭과 민간서낭으로 나뉜다. 국행서낭은 '호국(護國)' 을 써 붙였다. 이성계는 즉위 뒤 여러 산천에 서낭을 제사했으며, 태종은 백악(白岳)서낭과 송악(松岳)서낭을 신도(新都)서낭으로 모셨다. 조선의 이름난 서낭으로는 해주 · 괴산 · 현풍 · 양산 · 신성 · 밀양 · 전주 · 고성서낭 등이다. 서낭에서는 정기 제사를 지내고, 난리나 가뭄이 있을 때 서낭제를 올려 국태민안을 빌었다.
>
> – 민족문화대백과(성황당)

우투리님, 위의 내용에서 눈에 거슬리는 것이 없나요? '우리나라에 서낭신앙이 전래된 것은 고려 문종 때 신성진(新城鎭)에 성황사(城隍祠)를 둔 것이 그 시초' 라는 내용 말입니다. 서낭신앙은 우리의 원초신앙인데, 어찌 '고려 문종 때' 운운할 수 있습니까? 이는 우리 원초신앙을 하나도 모르는 소리예요. 차라리 '우리나라 서낭신앙은 고려 문종 때 신성진(新城鎭)에 성황사(城隍祠)를 두었다는 글이 시초나 그 신앙의 뿌리는 알 수 없다.' 이 정도로만 적어도 큰 흠은 아니 될 텐데, 섣불리 단정해 민족문화의 뿌리를 깎아내렸습니다.

성황당의 말뿌리

성황당은 아래와 같이 '닭닭' 에서 왔으며, 신라의 석탈해와도 관계되는 말이라고 이미 밝혔죠. 석탈해는 서기 58년에 신라에 왔으므로 그는 최소한 지금부터 1961년 전의 성황당 사면인 것입니다.

닭닭 → 삵닭 → 삶닭 → 삵닳
수다간 → 우다간 성황당 석탈해 : 1957년 전 신라의 성황당 샤먼

당장 신라로 올라갈 수 있는 문제를 '고려 문종' 운운하다니. 그런데 이 물음이 신라까지만 가고 마는 것일까요? 성황당(城隍堂)은 단군당(檀君堂)입니다. 그렇다면 단군이 고려 때 처음 나타났다는 것이 말이 됩니까? 위 사전은 아마 성황당이 단군당임을 몰라서 저지른 잘못일 것입니다.

닭닭 → 삵닭 → 삶닭 → 닭삵 → 닭앍
단군당檀君堂 산군당山君堂 성황당城隍堂 서낭당 닭씨가리 닭겨레 동이東夷

인더스문명을 일으켰던 드라비다족의 천독(天毒) 신앙도 우리의 성황당과 같은 신앙으로 보입니다. 이 천독 신앙에서 유래하여 고대 인도를 텬독국(天毒國) 또는 텬튝국(天竺國)이라고 했을 것입니다. 인더스문명의 전성기를 기원전 25세기로 보고 있으므로 이는 최소한 지금부터 약 4500년 전의 드라비다의 성황당이 됩니다.

닭닭 → 삶닭
텬독(天毒) : 4500년 전의 인도의 성황당 성황당

물음은 여기서 끝나는 것이 아닙니다. 성황당은 인류의 첫 밝(문명)을 일으켰던 수메르에까지 이어집니다. 수메르나 페르샤(오늘날의 이란) 지방에는 이집트의 피라미드에 버금가는 높은 신전이 많았는데, 이를 '지구라트' 라고 하지요. 이 '지구라트' 가 우리의 성황당과 같은 뿌리의 말입니다.

수메르 우르의 신전 지구라트(기원전 22세기)

지구라트는 성탑(聖塔), 단탑(段塔)이라고도 한다. 메소포타미아 곳곳에서 보이는 고대 건축물로서 일종의 신전이다. 하늘에 있는 신(神)과 땅의 사람을 이으려고 땅보다 높게 세웠으며 갈수록 더 높아졌다. 꼭대기는 '하얀집' 이라 하여 신상을 모셔 놓은 성소의 역할을 한다. 고대에 이와 필적할 규모의 건축물은 이집트의 피라미드밖에 없는데, 피라미드는 곧은길인데, 지구라트는 지그재그의 굽은 길로 올라간다. 수메르 초기왕조시대(B.C. 2700~B.C. 2350)에는 1층에 테라스 형태가 있었으나 우르 제3왕조시대(B.C. 2100~B.C. 2000쯤)에는 3층의 테라스를 겸한 탑이었다. 신바빌로니아시대(B.C. 7~B.C. 6세기)의 바빌론에 세워진 지구라트는 헤로도토스에 따르면 8층이었다. 바빌론의 지구라트는 성서에 나오는 '바벨탑' 전설의 뿌리다. — 미술대사전(지구라트)

닭닭 →	잙닭 →	삵닭 → 삸닭	
텬독天毒 텬둑天竺	장군당 **지구라트**	산군당	성황당 서낭당 사당 소도

위의 사진은 기원전 22세기의 지구라트입니다. 본디 전탑(적석) 위 꼭대기에 향당(享堂 하얀집, 신주를 안치한 집)이 있었는데 향당은 없어진 상태입니다. '수메르 초기 왕조 시대(기원전 27세기)에는 1층에 테라스형태가 있었으나' 와 같은 표현을 볼 때 지구라트의 역사를 가름할 수가 있죠. 이는 짧게 잡아도 지금부터 약 4700년 전 수메르에 있던 성황당입니다.

닭닭 → 잙닭	→	삸닭
지구라트 : **지금부터 4700년 전 수메르의 성황당**		성황당

지구라트는 이름 자체가 성황당으로 풀릴 뿐만 아니라 목적과 구조가 우리의 적석총이나 성황당과 비슷합니다.

예천의 흑응산 위 산신당 모습

옆 사진은 예천 흑응산의 성황당 모습입니다. 우리 성황당은 주로 산 위나 언덕 위에 있는 것이 보통이지요. 이런 신당을 산 위에 지은 까닭은 우리 조상들이 산을 믿었기 때문이 아닌가 합니다.

다음 아래 왼쪽 사진은 고구려 적석총의 하나인 장군총의 모습입니다. 9층의 돌탑 위에 향당이 있었는데 이는 수메르의 지구라트와 같은 구조를 가지고 있습니다.

오른쪽 사진은 장군총에 딸린무덤입니다. 이도 역시 적석 위에 고인돌이 놓여 있는데 이는 장군총 꼭대기의 향당에 해당할 것입니다.

고구려 장군총

적석 위의 고인돌(장군총에 딸린무덤)

말뿌리를 캐면 장군총은 단군총이며 단군당 또는 성황당과 같습니다. 향당도 이와 같습니다.

삵닭 → 삸닭
닭닭[다르가르닭] ↗ 산군당 성황당 ↘ 핡닭 → 낡삵
텬독(天毒) 단군당 ↘ 닭촭 → 쟑촭 ↗ 향당享堂 녁시(녃)
단군총 장군총

다음 그림은 장군총 꼭대기에서 신당으로 추정되는 향당(享堂)을 복원한 모형입니다. 전체 모습이 산 위에 있는 성황당 모습과 비슷합니다.

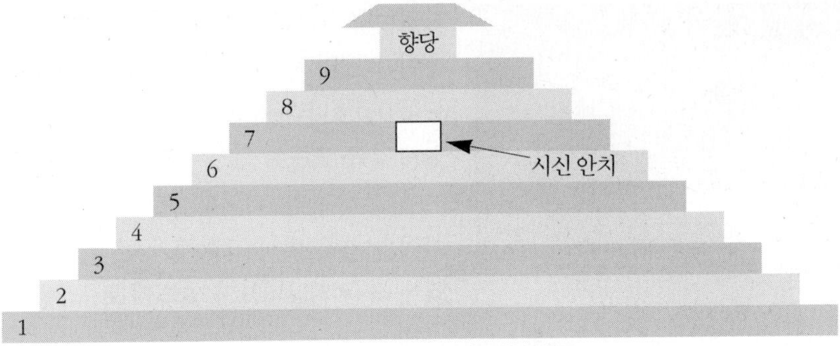

장군총 위의 향당享堂(신당神堂) 복원도

마야의 티칼1호 신전(9계단) (3~9세기)

이는 마야의 신전들에서도 확인되는 일입니다. 마야의 신전은 전체를 돌로 지어서 꼭대기의 향당도 그대로 남아 있는데, 우리의 경우는 나무로 지어서 없어지고 말았지요.

피라미드의 말뿌리를 좀 다른 눈으로 풀어 보면 다음과 같이 '할미당'과 '예맥족'이 나오는군요. 웅녀나 예맥족은 고조선이므로 이는 피라미드문화와 고조선과의 관련성을 증거합니다. 밝맑닭의 '밝'과 가르맑닭의 '가르'는 늘 같습니다.

밝맑닭	=	가르맑닭	→	하르맑닭	→	하르맑삵	→	아르맑잙
백두산 피라미드		곰딸(웅녀)		**할미당**		해모수 히말라야산		예맥족

피라미드가 '할미당'으로 풀리는 것은 피라미드가 예맥족의 신앙물임을 한 번 더 증명하는 것입니다. '할미당'은 3조선 연방의 하나인 왕검조선의 신당(神堂)이기 때문입니다.

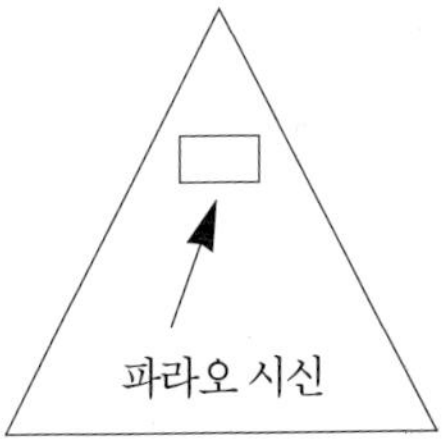

〈피라미드 구조〉

옆 그림은 이집트 피라미드 구조도인데 시신을 안치한 곳이 피라미드 꼭대기입니다. 이는 장군총 꼭대기의 향당과 같은 위치입니다. 이는 마야의 신전 구조와도 비슷합니다.

그리고 아홉 계단도 모두 일치하는데 이는 3진법 문

작은 피라미드에서 3층인 것이 보인다

화입니다. 마야의 신전이나 우리의 장군총이나 신라 황룡사의 목탑이 그 층수가 모두 9층입니다. 문화가 서로 다르다면 이렇게 같은 모습이 되기 어려울 것입니다.

이집트의 피라미드도 초기에는 계단식이었습니다. 옆의 그림에서 큰 피라미드 옆에 작은 피라미드가 있는데 모두 3층으로 된 것이 예사롭지 않습니다.

성황당 신앙의 내용

그러면 성황당에서 행해지던 신앙 내용은 어떠했을까요? 단재 신채호는 이를 신교(神敎)라 했는데, 이는 모든 자연(해, 달, 별, 산, 바위, 나무, 동물, 사람)을 숭배하는 원초적 신앙일 것입니다. 여기서의 주신(主神)은 물론 단군입니다. 이제까지는 성황당이 단군당임을 몰랐으므로 신교(神敎), 무교(巫敎), 도교(道敎), 천도교(天道敎)의 주신(主神)을 몰랐습니다.

성황당 ⇄ 단군당 ⇄ 신교 ⇄ 도교 ⇄ 무교

신(神)이란 말 자체도 단군입니다. 기독교의 갇(God)은 큰 단군(큰 신)으로 풀리는데 '큰신' 은 곧 '귀신(鬼神)' 입니다.

닭 ----------- 가르닭
↘ ↘
닭 → 삵 가르닭 → 가르삵
드라큐라 단군 스칸 신神 카톨릭 기독 콘돌 큰단군 갇God 큰신 귀신鬼神

성황당 신앙을, 무릇 자연을 숭배하는 인류의 근원적 신앙으로 보는 까닭은 그 주신인 단군(닭)이 자연(하늘, 땅, 생명)으로 풀리기도 하기 때문입니다.

'자연(自然)' 그 소리 자체도 닭(단군)에서 온 것으로 풀리니 이 어인 일입니까? 이는 세계, 지구, 누리와도 같습니다. '자연(自然)' 을 뜻으로만 풀면 '스스로 그러하다' 인데, 이는 무슨 말인지 애매합니다. 그러나 '자연(自然)' 에 '닭(=단군)' 이 숨어 있는 것을 알면 그 본질이 훤하게 드러납니다.

닭 →	삵 →	잙 →	핡 →	낡 →	앍
둥그르	씨가리 스칸 세계世界	지구地球 자연自然	하늘	누리	인간

이렇듯 자연은 지구(地球), 세계(世界), 누리와 같으니, 단군 신앙은 온누리를 다 믿음의 대상으로 하는 신앙이라고 볼 수 있는 것입니다.

단군 신앙의 원초적인 모습은 우리 삶속에서 찾을 수도 있겠으나, 성서(聖書)에서도 그때의 일들을 귀띔해 주고 있다고 생각해요. 왜냐하면 크리스트교는 성황당 신앙을 부정하면서 출발하였다고 볼 수 있으므로, 여기서 부정한 내용이 무엇인지를 밝히는 것이 성황당 신앙의 내용을 밝히는 것이기도 하기 때문입니다.

그러면 먼저 예수의 조상인 아브라함에 얽힌 내용을 살펴보도록 합시다.

아브라함은 구약성서 《창세기》에 적힌 이스라엘 민족의 조상이다. 신약성서 기자들이 '믿음의 조상' 으로 인정하여 유대교, 그리스도교, 이슬람교 등 유일신 종교의 공통조상이 됐다. 아브라함은 '열국(列國)의 아버지' 란 뜻이다. 본래 그의 이름은 아브람인데, 그 뜻은 '아버지는 높임을 받는다.' 이다.

닭밝맑	→	앍밝맑	=	앍밝	+	맑
		아브라함		아보기(아버지)		우두머리 → 열국의 아버지

〈아브라함이 머물렀던 하란의 폐허〉

메소포타미아의 갈데아 우르에서 태어나 아버지 데라, 아내 사라, 형제 나홀과 하란, 그리고 조카 롯과 함께 하란으로 갔다. 데라가 죽은 뒤 75살에 다시 조카 롯과 함께 가나안으로 갔다. 86살에 애굽인 여종 하갈에게서 이스마엘을 낳고, 백 살에 비로소 아내 사라에게서 이삭을 얻었다. 그는 조상들과 달리 유일신 하나님을 믿었다. 하나님을 전능하고 영원한 분으로, 하늘과 땅의 주관자로, 모든 인류의 심판주로 섬겼다. 그는 하나님의 친구로 대접받았으며, 환상이나 천사들의 방문을 통해 하나님 말씀을 수시로 계시 받았다. 구약성서 창세기에 적힌 그의 얘기는 이스라엘 민족의 역사형성의 뿌리가 됐다. 유일신 신앙, 선민사상, 계약개념 등은 모두 그의 말에서 기원한다. 또 신약성서 기자들도 그를 '믿음의 조상' 으로 인정했다. 그는 유대교, 그리스도교, 이슬람교 등 유일신 종교들의 공통조상이 됐다.

— 두산백과(아브라함)

일단 크리스트교의 겉모습은 성황당 신앙(닭닭 : 천독, 단군교)의 옷을 거의 그대로 받아 입은 듯합니다. 먼저 '성황당(城隍堂)' 이 '성당(聖堂)' 이요, 'church(교회당)' 입니다.

닭닭	→	삵닭	→	삻닭	→	잙잙
텬독天毒 단군당		시끌당 성당聖堂 신당神堂 사당祠堂		성황당		church(교회당)

또한 기독교에는 선민사상이 있는데 이는 범몽골 게세르신화와의 관련성을 말하는 것이 아닐까 생각합니다.

게세르 신화 : 하늘에서 내려온 **게세르**가 땅을 평정함.
가르닭닭 → 가르삵잙 → 자르삵잙 게세르족 **조선족** → **천손사상**(天孫思想) → **선민사상**
게세르신화 분포 : 중앙아시아와 티베트, 인도 북부에서 우리나라까지

기독교에서 예수를 하나님의 아들이라고 하잖아요? 예수도 범몽골 게세르신화에 나오는 하늘에서 내려온 '게세르' 와 같으니 그도 천손(天孫)일 수밖에 없지요.

가르닭	→	가르삵	→	자르삵	→	아르삵	→	아르핡	→	아르앍
큰단군		게세르		제수		예수		야훼 여호아		여와

그렇다면 범몽골의 천손강림신화 속의 영웅 '게세르' 가 어찌 셈족인 이스라엘까지 갔을까요? 이스라엘의 게세르는 아마 메소포타미아에서 갔을 것입니다. 실제로 예수의 조상인 아브라함은 수메르 우르에서 태어났습니다. 수메르 문명의 고대도시국가에 쿠타(Kutha), 키쉬(kish), 기르수(Girsu), 키수라(Gisssura)가 나오는데 이는 모두 임금을 뜻하는 '게세르' 에 말뿌리를 두고 있습니다. 결국 '예수' 도 수메르의 '게세르' 에서 갔다는 것입니다. 이는 게세르 신화에서 '하늘에서 내려온 지배자' 라는 뜻을 가지고 있는 말입니다.

가르닭	→	가르삵	→	자르삵	→	하르삵	→	아르삵
쿠타		게세르 키수라 기르수 키쉬 기주		조선 제수		흐순		아신 예수

한편 성경에서 야곱이 신을 위해 쌓은 집을 벧엘이라고 하는데, 이는 '하나님의 집' 을 뜻한다고 하잖아요? 여기서의 벧엘이 이른바 '흰집(white house)' 인데 이는 우리말의 '밝다락(밝닭)' 로 보입니다. '밝닭' 은 백악, 평양성, 신시(神市), 신전(神殿)이며 아사달임을 이미 배웠죠.

밝닭 → 밣닭
배달 **벧엘** 밝다락(밝은 집) 부라한다락 = 하늘임금 집 = (기독교의) **하나님의 집**

한편 앤드류콜린스는 본디 성경의 순수 천사 이야기는 페르시아 주시자(타락 천사) 신화에서 나왔다고 하면서 다음과 같이 적고 있습니다.

> 기독교의 교부와 신학자들은 초대교회의 많은 지도자들이 공공연히 가르친 '타락천사와 사람의 딸들' 얘기를 왜 숨기려 했을까. 필자가 찾아낸 많은 자료가 확인하듯, 우리 선조들은 하느님이나 삶의 경험으로부터가 아니라 타락천사들, 악마, 마귀, 거인들, 그리고 악령들로 기억되는 잊힌 종족에게서 통찰력(주시력)과 지혜를 얻었다고 믿고 그 종족을 숭배하며 찬미까지 한 부류가 있다.[109]

> 창세기엔 사람으로 변장한 세 명의 천사들이 아브람에게 다가간 이야기가 나온다. … 그들에게 식사를 대접했으며 시중을 들었다. … 성경에 나오는 천사들은 … 주시자들은 페르시아 신화에서 나온 셈이다.[110]

> 이 문헌에서 관심을 끄는 대목은 벨리알의 무시무시한 모습니다. '뱀과 같이 무서운 모습에 독사 같은 얼굴, 여러 색이지만 몹시 어두운' 망토를 입고 있는 것으로 미루어 인간의 모습을 한 것으로 보인다. … '독사 같은 얼굴' 을 한 사람의 모습을 머릿속에 그려 볼 수 있었다. 아마도 그들의 얼굴은 길고 좁을 것이며 튀어나온 광대뼈, 긴 턱과 얇은 입술을 한 데다가 동아시아 인종의 전형과 같이 눈꼬리가 올라갔을 것이다. 그러나 이런 모습 때문에 주시자들과 네피림이 뱀으로 묘사되었다고 단정 지을 수는 없을 것 같다.[111]

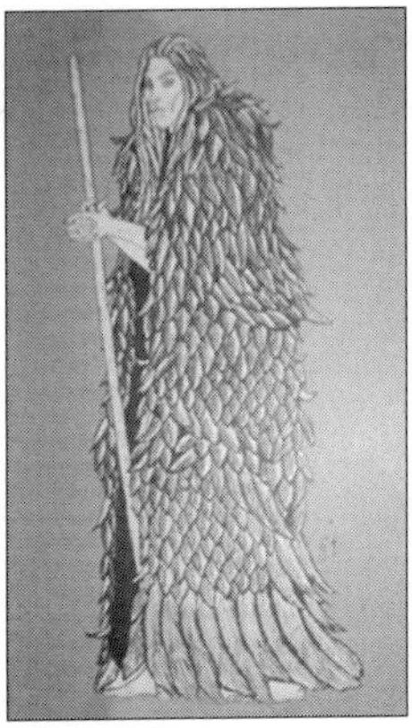

> 나는 작가이자 삽화가인 빌리 워커존의 상상력을 빌리기로 했다. 에녹의 문헌과 사해 두루마리 중에서 타락한 종족에 관

109) 앤드류콜린스 쓰고 오정학 옮김, 《금지된 신의 문명》 I (사람과사람, 2000) 21쪽
110) 앤드류콜린스 쓰고 오정학 옮김, 위의 책, 73쪽
111) 앤드류콜린스 쓰고 오정학 옮김, 위의 책, 78쪽

한 글을 보여주고는 주시자의 인상을 그려 달라고 했다. … 샤먼의 지팡이를 들고 걷는 새-인간의 충격적이고도 비도덕적인 얼굴은 놀랍기도 했고 다소 두렵게 느껴지기도 했다. 머리 속으로만 그려지던 모습을 그림으로나마 막상 대하자 놀라움이 두려움으로 바뀐 것이다. 과연 그들은 누구였을까? 아니 세상은 왜 그들을 잃어버린 것일까?[112]

여기 나오는 타락 천사인 주시자에 관한 여러 이야기가 많은데 이는 유대교 성립 이전에 있었던 메소포타미아 신족의 무당들이 아닌가 생각됩니다. 째진 눈에 뱀 같은 얼굴을 가졌다는 내용으로 봐서 이들이 천산에서 내려온 북방민족 계통이 아닌가 생각합니다. 앤드류콜린스님은 이들 주시자들을 최종적으로 다음과 같이 이집트의 선대문화를 일군 사람들일지도 모른다고 조심스럽게 말하고 있습니다.

주시자(注視者)들을 다시 한 번 정의를 내리자면, 대단히 큰 키에 하얀 피부, 덥수룩한 흰 머리카락, 빛나는 얼굴, 찌를 듯한 눈매와 뱀 같은 얼굴이다. 근동의 다른 거인족 이야기처럼 메소포타미아 문헌은 신과 여신, 그리고 그들의 후손들이 '거대한' 형상이었음을 암시하고 있다. 중요한 점은 이집트 선왕조의 무덤과 이라크에서 발굴된 유물들의 해부학적인 특징이 공통적으로 긴 머리카락의 커다란 인간이 기원전 4천년 초기문화에서는 귀족계급 혹은 통치계급을 상징했다는 점이다. 이러한 점은 이집트의 선대문화 역시 그 당시 근동의 선대문화와 똑같은 특징을 지녔다는 사실을 입증하고 있다.[113]

여기서 '닭' 에서 비롯된 종교가 분화한 길을 그려 봅니다.

<table>
<tr><th>종교</th><th colspan="2">신(神) 또는 창시자</th><th>당집</th></tr>
<tr><td>단군교
神教</td><td colspan="2">닭 → 삵
단군 → 단군교 신神 → 신교</td><td>닭닭 → 좕닭 → 삵닭
뎐독 지구라트 성황당</td></tr>
<tr><td>불교
佛教</td><td>밝닭 → 밝앍
붓다 불타 불교</td><td>닭맑 → 삵맑
다물 석가모니</td><td>닭 → 삵 → 좕
도량 사간 사寺 절간 절</td></tr>
<tr><td>기독교
基督教</td><td colspan="2">가르닭 → 자르삵 → 아르핡
카톨릭 간God 제수 여호아</td><td>닭닭 → 삵닭 → 좕좕
성당聖堂 Church</td></tr>
<tr><td>이슬람교
回教</td><td>가르닭맑 → 아르삵맑
고타마 이슬람</td><td>맗맑닭
마호메트</td><td>맑닭 → 맑삵
모스크</td></tr>
</table>

112) 앤드류콜린스 쓰고 오정학 옮김, 위의 책, 93쪽
113) 앤드류콜린스 쓰고 오정학 옮김, 위의 책, 300쪽

성황당 신앙이란 이른바 무속신앙, 산신신앙, 신선신앙이라고도 할 수 있잖아요? 이는 삼라만상을 믿음의 대상으로 하고 있는데 이는 다신(多神)이죠. 이에 반해 크리스트교는 유일신 하나님(God)만을 믿습니다.

성황당 신앙 : 닭닭(샤머니즘) 단군당 성황당 → 다신多神	크리스트교 : 가르닭 갇God → 하나님

성황당 신앙은 홍익인간, 이화세계, 영생불사를 주제로 삼는데, 크리스트교는 사랑과 건짐(구원), 영생천국 등을 주제로 하고 있다고 할 수 있죠.

일단 메소포타미아에서 나온 새로운 종교인 유다교는 기존 종교인 성황당신앙을 부정하면서 출발한 듯한데, 이는 아브라함이 남녀의 문란과 도덕적 타락을 문제 삼아 수메르의 소돔성과 고모라를 떠나는 것으로 상징하고 있죠. 소돔과 고모라는 다음과 같이 왕검조선과 관계되는 말입니다.

닭닭맑 → 닭앍맑 → 삵닭맑 → 삵닳맑 투탕카멘 **단군왕검** **소돔** 사다함	가르맑닭 → 가르맑삵 → 가르맑앍 곰딸(웅녀) 가메시 **고모라**

성황당 신앙은, 아직 모계사회로서 일처다부(一妻多夫)의 성격을 가집니다. 그러니 신(神)인 단군도 처음에는 여신(女神)이었습니다. 당시는 제정일치 사회이므로 모든 것을 신에게 기댔으며 집단적인 냄새가 짙습니다.

이와는 달리 유다교는 아브라함이든 예수든 남신(男神)을 믿었으며 1부1처(一夫一妻)를 주장하는데 이는 부계사회를 반영하며 제정 분리와 맞물린 것으로 보입니다.

성황당신앙은 곧 단군신앙이니 삼태극사상, 이화세계, 홍익인간으로 간추려진 듯합니다. 그래서 우주와 생명체를 아우르는 단군에게 경배를 올렸을 것입니다.

닭 → 닳 → 핡 → 삵 → 앍
단군 **땅** 하날 씨가리 → 씨알 인간

크리스트교는 새로운 종교의 정당성을 세우려고 기존 성황당신앙을 배격했을 것입니다. 성황당의 다신보다 유일신을 믿게 하고, 사랑, 성적 순결 등의 좀 더 세밀한 계율을 만든 것으로 보입니다.

성황당 신앙을 배격하는 말로 '사탄' 이 있지요. '사탄' 이란 '닭닭(성황당)' 을 의미하므로, 이는 '성황당' 을 배격한다는 뜻일 것입니다.

닭닭	→	삵갉	→	삻닭	→	사르닭
				성황당(城隍堂) 서낭당		**사탄** 사당(祠堂) 소도

이제까지의 풀이를 간추리면 성황당 신앙과 기독교는 다음과 같이 비교됩니다.

	성황당 신앙	크리스트교
신당 이름	성황당 **닭닭**	성당聖堂 **닭닭**
신의 이름	신神 단군 **닭**	갇God(귀신鬼神) 예수 가르닭
사제	무당 마지 샤먼	모세 목사 신부
신앙 내용	자연숭배	유일신 숭배(하나님 믿음)
	태극사상(천지인)	사랑, 건짐(구원)
	신정일치	신정분리
	모계사회(일처다부)	부계사회(일부일처)
	영생불사	영생천국

성황당신앙은 고대인도에서는 드라비다족의 천독신앙으로 있다가 힌두교를 낳습니다. 인도 북부에서는 다시 붓다에 의해 불교가 나오는 바탕이 되었습니다. 메소포타미아에서는 시나이반도로 내려간 아브라함족이 성황당신앙을 비판하면서 유다교를 만들고 곧 마호메트의 이슬람교가 갈라져 나갑니다. 유다교는 예수의 이름으로 유럽으로 건너가 유럽문화의 바탕이 됩니다.

마무리

성황당은 단군당이며, 이는 수메르에서 지구라트로 존재했으며, 고대인도에서 텬독(天毒)으로 표현되었습니다. 이는 인류가 만든 종교의 뿌리로 생각됩니다.

4. 한가위와 올림픽

우투리님, 한가위는 우리 축제요, 고대올림픽은 고대 그리스의 축제잖아요? 그런데 저는 우리의 한가위와 그리스의 올림픽이 무슨 연관이 있지 않나 생각해요. 제가 갑자기 또 서로 먼 것끼리 억지로 얽으려 하니 매우 어리둥절하실 겁니다. 그러나 이 둘 사이는 무엇인가 얽혀 있는 것 같아서 이야기를 꺼냅니다.

한가위

한가위는 지금은 추수감사제로서 우리를 대표하는 명절인데 알다시피 신라의 '가배' 에 뿌리를 두고 있습니다.

> 음력 8월 15일을 한가위라고 하는데 가배는 가위의 어원임. 한가위를 명절로 지키게 된 시초는 신라 때이며, 이날 남자들은 활쏘기를, 여자들은 길쌈내기를 하였다.
>
> – 가배嘉俳(고전용어사전)

이 사전의 '가배' 에 대한 설명은 불충분합니다. 당시 신라 사람들은 가배 때 활쏘기와 길쌈내기 말고도 제천의식과 화백회의도 함께 했을 것이기 때문입니다. 본디 가배는 제천의식, 부족회의, 부족간 친선경기를 뼈대로 하는 흉노의 용성대제에서 비롯된 것이기 때문입니다.

그런데 가배를 설명하는 데 있어서 말타기와 길쌈놀이만을 소개하고 있는데 이는 당시 가배가 흉노 계통의 축제에서 비롯된 것을 이해하지 못했거나, 간과했기 때문이라고 생각합니다. 가배와 화백회의를 축제와 관련시켜 설명하지 못한 것이나 제천의식을 언급하지 않은 것도 그렇습니다. 저는 적어도 신라 초기에는 가배의 축제 기간에 제천의식과 부족장회의(화백회의), 부족간 친선경기(활쏘기, 말타기, 씨름 등)가 동시에 열렸을 것으로 추정합니다. 다만 언제부터인가 길쌈놀이가 들어간 것은 농경문화의 반영일 것입니다.

> 북방민족의 제천축제 : 제천의식, 부족회의, 친선경기(활쏘기, 말타기, 씨름)
> (흉노의 용성대제, 신라의 가배)

가배 때 화백회의를 했을 것으로 추정하는 까닭은 '화백' 의 말뿌리가 '가배' 와 같기 때문이기도 합니다. 여기서 화백(和白)은 육촌(六村)의 대표자를 말할 것입니다.

화백이 촌장(村長)을 뜻한다면 화백과 같은 말뿌리를 가진 '가배' 도 결국 '촌장(村長)' 의 뜻을 가지게 됩니다. 그러므로 한가위는 '6촌장들이 다 모이는 큰 축제' 라는 뜻일 것입니다. 이는 결국 흉노의 용성대제(龍城大祭)나 브리야트의 용사(龍辭)와 뿌리가 닿아 있음을 알 수가 있습니다.

> 하르밝
> ↗ 화백하백 ↘
> 가르밝 → 가르밣 → 가르왉
> 가배 거불한 가위

가위 : 화백 → 화백회의 → 화백들의 축제
한가위 : 큰화백 → 대화백회의 → 화백들의 큰 축제

북방 민족의 제천축제

박원길님은 북방민족의 제천축제[114]에 관하여 자세하게 서술하였습니다.

흉노의 제천축제는 연중 3번 열었는데 정월에 선우정사(單于庭詞), 봄(음 5월)에 용성대제(龍城大祭), 가을에 대림대제(蹛林大祭)가 있습니다.

(1) 선우정사

선우정사[115]는 정월에 펼치는 제장소회(諸長小會)로 보면서 연제씨족의 겨울 수렵제(狩獵祭)에서 기원한 가장 작은 규모의 제천축제인 것으로 설명하고 있습니다.

저는 이 선우정사를 정초에 부족장들이 선우를 알현하고 제천의식과 나라의 번영을 경축하고 부족 친선 사냥을 하던 행사로 봅니다. 황제의 사냥 행사는 고구려와 조선까지도 있었습니다. 저는 이 선우정사가 오늘의 동지(冬至)나 설명절의 기원으로 봅니다. 동지(冬至)가 동제(冬祭)로 풀리기도 하기 때문입니다. 어른들이 사냥을 할 때 아이들은 때때옷을 입고 팽이를 치고 널을 뛰거나 연을 날리지 않았을까요?

---

114) 박원길은 《유라시아 초원제국의 샤머니즘》(민속원, 2006) 22쪽에서 '제천행사' 로 표현.
115) 박원길, 위의 책, 23쪽

ᄃᆞᆰ ↘		→		ᄃᆞᆰᄃᆞᆰ ↘		
	ᄃᆞᆰ → ᄉᆞᆰ	→	ᄌᆞᆰ		ᄃᆞᆰᄃᆞᆰ → ᄃᆞᆰᄌᆞᆰ	
	달개 설 사(辭詞)		제祭		때때	동제(冬祭) 동지(冬至)

(2) 용성대제

용성대제[116]는 제천의식은 물론 정치성이 강한 가장 중요한 대축제였습니다. 5월은 말젖술이 나오고 풀잎이 돋는 희망의 계절이니 먹거리도 많았을 것이며 충성을 맹세하는 연방의 속국들이 총출동했을 것입니다. 이는 단오(端午)의 뿌리인 것으로 보입니다.

용성대제(龍城大祭)의 '용성' 은 蘢城, 籠城, 龍城으로 적혔는데 이는 왜 다르게 적었는지 무슨 뜻인지, 그곳은 어디인지 학자들의 말이 많습니다. 이는 임금이 머무는 신성한 곳 곧 신시(神市)일 것입니다. 거기는 임금이 사는 대궐은 물론 신당(神堂)도 있었을 것입니다. 한자(漢字)를 풀어서 그 뜻을 밝혀 보겠습니다.

蘢 : 개여뀌 롱, 덮어 가린 모양 롱
籠 : 대그릇 롱
龍 : 임금 룡(용), 물(水)을 뜻하기도 함

여기서 가장 눈여겨보는 것은 '롱籠' 입니다. 이는 '처구(栅)' 로서 단군이 있는 성(城)을 뜻합니다. 흉노는 무당이나 임금(또는 그가 있는 곳)을 '처구' 라 하였습니다. 처구(郪丘, 栅)에서 처용(處容)과 용(龍)도 나왔을 것입니다.

籠 = 竹 + 龍 = ᄃᆞᆰ[다르가르]				ᄃᆞᆰ →	ᄎᆞᆰ →	ᄉᆞᆰ →	ᄋᆞᆰ
롱	대	가르	달갈	**단군**	**처구**栅	스칸	아간 롱蘢 롱籠
			단군	**단우**	**처용**	서왕 선우	칸 **용**龍

그러므로 롱성(蘢城, 籠城)이나 용성(龍城)은 임금이 머무르는 곳으로서 성(城, 처구)이 둘러쳐져 있습니다. '롱성(蘢城)' 일 때는 대궐(처구, 郪丘)을 보잘것없는 나뭇가지나 풀잎으로 가렸을 것이고, '롱성(籠城)' 일 때는 대나무로

116) 박원길, 위의 책, 24쪽

엮은 성책(城柵)으로 둘러쳐져 있을 것이며 용성(龍城)일 때는 물이 성의 회자(回刺)로서 궁궐에 둘러쳐져 있을 것입니다.

우리말에 철옹성(鐵甕城)이 있는데 국어사전에 '쇠로 만든 항아리처럼 튼튼하게 둘러싼 성이라는 뜻으로, 방어 준비나 단결 상태가 아주 튼튼한 것을 비유적으로 이르는 말' 이라고 했습니다. 그러나 '철옹성' 은 한자의 뜻과는 별로 관계가 없는 단군성에서 나온 처구성, 처용성, 용성, 옹성인 것으로 보입니다.

닭닭	→	닭삵	→	ᄎᆞᆰ삵	→	앍삵
단군다락 대궐다락		대궐성		처구(책)성 처용성 철옹성		롱성 용성 옹성
檀君다락 大闕다락		투구성		郪丘(柵)城 處容城 鐵甕城		籠(蘢)城 龍城 甕城

아래 글에서도 처구(郪丘)가 성(城)인 것으로 확인됩니다.

九年, 秦拔我懷. 十年, 秦太子外質於魏死. 十一年, 秦拔我郪丘[117)]

9년에는 진(秦)이 위(魏)의 회(懷) 읍을 함락시켰다. 10년에는 진(秦) 태자가 위(魏)에 인질로 있다가 죽었다. 11년에는 진(秦)이 위(魏)의 처구(郪丘)를 함락시켰다.

닭	→	탉	→	ᄎᆞᆰ	→	ᄌᆞᆰ	→	삵
		투구		친구 청구		줄기 자락		살구 상기 산山
		토끼		처구郪丘 책柵		절구 재		성城 수水

(3) 대림대제

가을에 열리는 대림대제(蹛林大祭)에 대해서 다음과 같이 적고 있는데 대림대제가 가을의 행사인 점과 '한 해의 수확' 운운한 것으로 보아 한가위의 뿌리인 것으로 보입니다.

특히 대림대제에서 주목되는 것은 〈사기(史記)〉나 〈한서(漢書)〉의 '課校人畜計' 라는 글이 있다. 사람과 가축의 수를 세어 과세한다는 이 문구는 사실 대림대제의 주요 목적일 가능성이 높다. 대림대제는 풍성한 수확을 가져다준 하늘과 대지와 삼라만상에 감사드린 뒤 '走馬及[鬪]駱駝爲樂' 처럼 오늘날 몽골의 나담과 유사한 놀이를 즐기면서 한 해를 마무리하는 축제로 볼 수 있다.[118)]

117) 사마천, 《사기》〈세가〉권44. 위세가 안희왕 쪽
118) 박원길, 《유라시아 초원제국의 샤머니즘》(민속원, 2006) 34쪽

대림대제의 '대림(蹛林)' 은 고구려의 '동맹(東盟)' 과 일치하는 '샤먼' 임을 알 수 있습니다.

닭맑 → 삵맑 → 잙맑
다물 동맹 대림 샤먼 주몽

대림대제는 학자들이 흉노의 제사의식을 논할 때 가장 먼저 말할 정도로 주목한다. 그 까닭은 대림(蹛林)이 이후 북방민족들의 제사에 흔히 나타나는 신수요선의식(神樹繞旋儀式)을 상징하는 말일 가능성이 높기 때문이다. 그러나 학자에 따라 대림이 단순 지명을 뜻한다는 반론도 있다. … 필자는 대림이란 〈요사국어해(遼史國語解)〉의 풀이나 당 태종 때 세운 '대림주' 에서도 입증되듯 '숲지' 를 뜻하는 용어며 안사고(顏師古)의 주석처럼 그 '숲지에서 행해지는 의식' 을 표현한 것으로 본다. 사실 유목군주의 오르도는 역대 유목제국의 오르도의 자리에서도 보듯 앞에는 트인 풀밭이 펼쳐져 물이 흐르며 뒤로는 숲이 우거진 곳에 있다. 특히 여름의 경우 더욱 그러하다. 따라서 사마천이 대회대림(大會蹛林)이라 적은 것은 바로 여름이나 가을의 선우의 오르도에서 벌이는 제천행사를 사실적이면서 함축적으로 표현한 것으로 본다. …

안사고는 흉노나 선비를 비롯한 북방제족이 가을에 신수(神樹) 주변을 도는 의식을 하는데 무작정 도는 것이 아니라 3번에 그친다고 했다. 이는 백거이(白居易)의 글에도 나오며 3번 도는 습속은 오늘날 오보에서도 보인다. 북방의 성수인 3의 기원에는 여러 설이 있으나, 샤머니즘의 세계인 하늘, 땅, 지하를 뜻한다는 데에는 이론이 없다. 이로 보아 대림대제는 풍성한 수확을 가져다준 하늘과 대지와 삼라만상에 감사하는 축제임은 의심할 바 없다. 江上波夫는 신수요선의식이 선우정사(單于庭事)나 용성대제(蘢城大祭)에서도 거행된 것으로 추정한다. 이는 거란(契丹)의 제산의(祭山儀)를 보아도 타당성이 있다. 그러나 안사고의 주(注)나 고차(高車)의 '來歲秋馬肥…人持一束柳桋, 回豎之, 以乳酪灌焉' 을 보면 이 의식이 마치 가을의 제의에만 거행된 느낌을 가지게 한다. 필자는 중국쪽 사가들이 이렇게 인식한 이유는 가을의 제의가 다른 제의와 달리 모든 부족이 참가하는 집단적인 요선(繞旋) 방식을 취했기 때문이 아닌가 한다. 역대 북방민족들의 신수요선의식을 모아 볼 때 이것이 집단적으로 행해지는 때는 위에 말한 가을의 제천행사와 군주의 즉위의식이다.

유목군주의 즉위의례는 제천행사와 함께 샤머니즘의 인식체계를 구체적으로 보여주는 데서 벌써부터 매우 주목을 받았다. 비록 흉노의 기원설화는 전하지 않지만 선우가 '하늘의 아들' 을 자임하면서 제정일치의 통치자로 군림하는 것을 보면 그들의 기원설화도 천상계와 얽혀 있는 것으로 보인다. 즉위의례에서 행해지는 신수요선의식은 사실 사마니즘 인식체계에서 비롯된다.

샤마니즘적 인식체계를 가진 북방사회에서 최고 존재는 하늘이며 그것이 인간계에 출현할 때에는 산봉우리나 숲, 나무 끝에 내린다는 것은 널리 알려진 것이다. 또 유목 부족들의 시조설화에도 잘 나타나듯 초기 군장들은 신의 뜻을 전하는 샤만이다. 따라서 이들의 즉위식도 샤만적 방식, 즉 신의 강림 장소인 숲이나 신수(神樹)에서 트랜스(Trance)의식을 통해 신탁을 받는 형식으로 전개된다. 바로 이 트랜스의식이 신수요선의식인 것이다. 또 이 트랜스의식은 군장의 샤만적 성격이 퇴색한 부족연합 때나 유목제국 때도 군장의 지위를 신성화하는 일종의 제도적 장치로서 존속했다. 대림대제의 신수요선의식은 제정일치의 통치자인 선우와 휘하의 백성이 신성(神聖)으로 맺혀 있다는 상징으로도 간주된다. 이런 점에서 흉노의 제천행사가 국가의 통일을 도모하는 기능을 한다는 白鳥庫吉의 풀이는 탁월하다.[119]

그 밖의 제천축제로 다브가치(탁발선비, 거란)의 춘추대제, 돌궐의 타인수제(他人水際), 몽골의 쿠릴타이를 소개하였습니다. 이는 제천축제가 흉노에서는 연간 3회이던 것이 다부가치의 춘추대제에 와서는 봄가을의 2회로, 돌궐과 몽골에 와서는 1회로 줄어든 것을 보이고 있습니다.

'가배' 와 올림픽은 같은 뿌리

(1) 축제 내용의 일치

그리스의 올림픽은 올림푸스산에 있는 제우스신전에서 제천의식을 하고 폴리스 간 친선경기를 한 것이 중요 내용일 것입니다. 부족회의를 했는지는 확실치 않으나 그리스 민주주의의 발전상을 보면 거기서도 아고라(광장)에서 북방민족의 부족회의와 같은 행사가 있었을 것으로 추정됩니다. 광장 이름 '아고라' 가 우리말 '아가리' 에 해당하며 시끄럽게 지껄이는 토론의 광장으로 해석되기 때문입니다. 다만 후기로 갈수록 제천의식이나 부족회의의 성격은 여려지고 친선경기가 두드러져서 오늘의 올림픽 모습으로 바뀌어 갔을 것입니다.

닭 →	삵 →	잙 →	핡 →	앍
두런거리	시끌	지껄	흥얼거리	일거리 아가리 아고라 ⇄ 신라의 화백회의

그러므로 그리스의 고대올림픽은 신라의 가배와 같은 북방민족의 제천축제와 내용면에서 맥을 같이 하고 있음을 알 수 있습니다.

북방민족의 제천축제(신라의 가배)는 제천의식을 통하여 여러 부족들을 아우르며 동족 의식을 높였고, 부족장들이 모여 나랏일을 의논(신라의 화백회의)

119) 박원길, 《유라시아 초원제국의 샤머니즘》(민속원, 2006) 34~37쪽

했습니다. 친선경기는 부족의 명예를 지키면서도 개인의 재능을 발휘케 하는 기회였을 것입니다. 그리스의 고대올림픽은 개최 기간 동안 휴전하여 평화에 기여하였고 아고라에서 나랏일을 토론하여 민주주의 발전에 기여하였습니다.

잔치가 벌어지는 때도 8월(우리나라 기준) 보름 즈음이고, 겨루기 갈래도 씨름(레슬링), 말타기(전차달리기), 활쏘기가 우리와 비슷합니다. 원반던지기 정도가 조금 다르군요.

그리스의 올림픽 성립이 기원전 776년 앞뒤라고 합니다. 처음에는 8년마다 열렸는데 나중에는 4년마다 개최하게 됩니다. 북방민족의 제천축제는 대체로 연간 3회 개최되었는데 차차 연간 1회로 굳어져서 오늘에 이르고 있습니다.

(2) '가배' 와 '올림픽' 은 말뿌리가 같다

이미 밝힌 바와 같이 북방민족의 제천축제의 이름은 3조선연방의 나라 이름에서 기원합니다.

구분	제천축제 이름
조선 연방	닭닭닭 → 닭삵잚 → 읽삵잚 → 읽읽닭 → 얽잚삵 두루덕달 **타인수제** 용성제 → **용성대제** **쿠릴타이** 얽조선 대단달 용성 (연방조선)
배달 연방	닭밝닭 → 닭밝잚 → 핡밝잚 → 읽밝잚 → 가르밝잚 두루배달 **태백제** **화백제** **오란분제** **가배**제 (배달연방) **태백** **화백** **오란분** → **올림픽** **가배** → 가위
말갈 연방	닭맑닭 → 닭맑잚 → 닭맑읽 → 읽맑읽 → 가르맑삵 두루무당 대림제 → **대림대제** 당금애기 얽말갈 가메시 대무당 다물제 얽몽골 곰씨(웅녀) 다물 (몽골연방) 김씨 금성

고대올림픽과 신라의 가배는 위 표에서 3조선연방 중 배달연방의 태백제에서 비롯되었음을 알 수 있습니다. '오란분(안파견)' 에서 '올림픽' 이 될 때는 'ㅁ' 이 생기는 현상이 일어난 것으로 봅니다.

읽밝
오란분(안파견, 알박, 오보) ---------→ 올림픽
(ㅁ생김)

제우스신전도 '단군' 신전입니다. 제우스의 '스'를 허사로 보면 '제우'가 '단군'이 됩니다. 그러므로 제우스신전은 우리의 단군당(성황당)임을 알 수 있습니다.

닭(단군) ↙ ↘ 촭(치우) = 불의 신 = 좱(제우스)	닭 → 좱 → 삻 단군 제우(스) 성황 ↓ ↓ ↓ 단군당 제우스신전 성황당

(3) 올림푸스산은 태백산

올림푸스산도 태백산으로 풀립니다. 올림푸스의 '스'도 허사로 보면 올림푸스산은 올림픽산이 되는데 이는 아래와 같이 태백산에서 온 것입니다. 그 까닭은 '올림픽'이 '태백'에서 온 것이기 때문입니다.

닭밝닭 → 닭밝삵 → 홝밝삵 → 앍밝삵
티베트 **태백산** **화백산** 알박산 → 알프스 → 올림푸스
(ㅁ생김)

▌마무리

제가 우리의 가배를 그리스의 고대올림픽으로까지 엮어 간 것은 너무 무리하게 건너뛴 것일지도 모릅니다. 그러나 북방민족에게서 이어오던 제천축제가 이른 시기 언젠가 그리스로 건너가서 올림픽이 되었다고 생각합니다. 결국 우리의 대표적 축제의 하나인 가배(한가위)와 그리스의 올림픽은 한 뿌리에서 나왔다는 결론입니다.

우리의 가배 ⇄ 그리스의 고대올림픽
(북방민족의 제천축제)

5. 강강수월래(强羌水越來)와 구지가(龜旨歌)

강강수월래 풀이

우투리님, 우리 겨레의 춤에 강강수월래가 있지요? 명절 때 여럿이 모여 두 팔 벌려 서로 손을 이어 잡고 둥글게 빙빙 돌며 추는 춤이지요. 이 춤의 이름인 '강강수월래' 의 말뿌리는 무엇일까요? 먼저 이 말을 다음과 같이 나눕니다.

강강수월래 = 강 + 강 + 수월래

여기서의 '강' 은 '가르' 에서 왔다고 봅니다. '강' 을 '가르' 로 볼 수 있는 것은 우리의 옛말에서 [ㅇ]은 [ㄹ]로 거슬러 올라갈 수 있는 '콧소리의 길' 을 간 것이죠.

가르 → 간 → 강 → 가
[ㄹ] → [ㄴ] → [ㅇ] → ϕ

'가르' 는 가다, 가로다, 구르다, 지르다, 흐르다, 나르다, 내리다. 나오다, 오르다, 오다로 풀 수 있습니다.

가르 →	자르 →	하르 →	나르 →	아르
가다 가로다 구르다	지르다	흐르다	나르다 내리다 나오다	오르다 오다

그러므로 강강수월래에서의 '강강' 은 다음과 같이 '오다, 나오다' 로 풀 수가 있죠.

강강 = 가르 가르 나오소서, 나오소서	강강 수월래 = 가르가르 수월래 나오소서 나오소서, 수월래여!

그렇다면 '수월래' 는 무엇일까요? '수월래' 는 '수' 와 '월래' 로 나눌 수 있는데, '수' 는 '닭' 에서 온 '삵' 으로 보았습니다.

닭 → 삵
스가르 → 스아르 → 사르 → 수

'월래' 는 '밝' 으로 풀었는데, 그 까닭은 '월래' 를 백제의 서울이던 '하남 위례성' 의 '위례' 와 같다고 보기 때문이지요.

밝 → 밣 → 왈ᇙ
베르켈 부군 　 부라한 부루 　 **월래**, 위례

그러면 '수월래' 는 결국 '세르밝' 이 되는데, 이는 아래에서 보듯이 본디 '닭밝' 에서 왔고 여기서 태백, 서불한, 화백, 수로왕 등등 많은 이름들이 나왔는데 여기서는 일단 '수로왕' 으로 풀겠습니다. 여기 널린 여러 이름들은 말뿌리가 같으므로 모두 동격(同格)으로 볼 수 있습니다.

닭밝 →	삵밝 →	삵왉 →	잙밝 →	홝밝 →	앍밝 →	가르밝 →	가르왉
태백	서불한	**수월래**	졸본	**화백**和伯	안파견	가배	가위
터부	세르박	**수로왕**	자부	하백河伯	알박		

그러므로 '강강수월래' 는 '가르 가르 삵밝' 이 되죠. 말의 뜻은 '나오소서, 나오소서, 수로왕이여!' 가 됩니다. 그러고 보니 강강수월래에서 구지가의 냄새가 진동하니 이 어인 일일까요? 더구나 수로왕은 가락의 구간(九干)들이 구지봉에 올라 구지가를 부르자 하늘에서 내려온 임금이 아닙니까?

가르 가르 닭밝 → 가르 가르 삵왉 → 가르 가르 수로왕
강 강 수월래 　 나오소서 나오소서 수로왕이여!

구지가(龜旨歌)

우투리님, 가야의 구간(九干)들이 구지봉에 올라 김수로왕이 나타나기를 빌었다는 노래가 구지가죠?

(1) 이제까지의 풀이

이제까지는 구지가를 한자의 뜻을 새겨 풀었습니다.

구지가 龜旨歌-거북이노래	
귀하귀하 수기현야 약불현야 번작이끽야 龜何龜何 首其現也 若不現也 燔灼而喫也	거북아 거북아 목을 내어라 그렇지 않으면 구워서 먹으리!

(2) 새로운 풀이

저는 이제까지와는 아주 다르게 한자의 뜻보다는 나타낸 소리에 초점을 두어 구지가의 내용을 풀고자 하는데 그대도 고개를 끄덕여 줄지 모르겠네요.

먼저, 제목 '구지가(龜旨歌)' 는 '게세르가락' 이군요. '게세르' 는 '임금' 이므로 게세르가락은 '임금노래' 가 됩니다.

가르닭가락 → 가르삵가락 → 가르좕가락
게세르가락 구지가龜旨歌
거서간가락 (임금노래)

다음으로 '귀하귀하(龜何龜何)' 를 보면 이는 '거북아 거북아' 가 아니고 강강수월래의 '강강' 과 같다고 보았습니다. '귀하귀하(龜何龜何)' 의 소리에 귀를 기울인 것입니다.

귀하귀하龜何龜何 = 강강强羌 = 가르 가르 = 나오소서 나오소서

'수기현야(首其現也)' 는 다음과 같이 나눌 수가 있습니다. 먼저 '야也' 는 누구를 부르는 소리 '~야' 입니다.

수기현首其現 + 야也
~야

그러면 '수기현(首其現)' 은 무엇일까요? 이는 '강강수월래' 의 '수월래' 처럼 닭밝에서 온 세르박, 서불한, 수월래, 수로왕, 안파견, 알박 따위로 풀립니다. 여기서도 당연히 '수로왕' 을 대표로 뽑을 수 있습니다. 그런데 여기 널린 여러 이름들은 소리 표현은 달라도 '수로왕' 과 뿌리가 같으므로 모두 동격(同格)이라고 할 수 있죠. 결국 여기서 우리는 수로왕의 내력과 의미를 헤아릴 수 있습니다. 그가 얼마나 위대한지, 어디서 온 어떤 존재인지를 말입니다.

삵밝 → 삵밟
닭밝 ↗ 세르박 삵부라한 서불한 ↘ 왉밝
태백 ↘ 삵홝 → 삵왉 ↗ 안파견(환인) 아보기(아버지) 알박
수기현 **수월래 수로왕**

그러므로 '수기현야(首其現也)' 는 '수로왕이여!' 로 풉니다.

수기현야首其現也	=	수기현首其現	+	야也
수로왕이여!		수로왕		이여

약불현야(若不現也)도 다음과 같이 나눌 수 있습니다. 먼저 '야也' 는 누구를 부르는 소리 '~야' 라고 이미 말했습니다.

약불현야(若不現也)	=	약불현(若不現)	+	야(也)
				~야

그러면 '약불현(若不現)' 은 무엇일까요? 이도 위의 '수기현' 처럼 닭밝에서 온 세르박, 서불한, 수월래, 수로왕, 안파견, 알박 따위로 풀립니다. 여기서는 '약불현(若不現)' 과 소리가 가장 비슷한 '안파견' 을 대표로 뽑겠습니다. 그런데 여기 널린 여러 이름들도 소리 표현은 달라도 '안파견' 과 뿌리가 같으므로 모두 동격(同格)입니다. 결국 여기서 우리는 안파견의 내력과 의미를 헤아릴 수 있습니다. 그가 얼마나 위대한지, 어디서 온 어떤 존재인지를 말입니다.

		삵밝	→	삵밝				
닭밝	↗	세르박	삵부라한	서불한	↘	왉밝	→	왉밝
태백	↘	삵홝	→	삵왉	↗	**안파견**(환인) 알박		**약불현**
		수기현	수월래	수로왕				

그러므로 '약불현야(若不現也)' 는 '안파견이여!' 로 풉니다.

약불현야(若不現也)	=	약불현(若不現)	+	야(也)
안파견이여!		안파견		이여

안파견(환인 또는 아바타)은 티베트 상그릴라 사람들이 믿고 있는 이상향의 '삼바라' 와도 같습니다. 이는 수메르문명에서도 보이는 샛별신이기도 합니다. 안파견은 '알박' 이기도 한데 '알박' 은 '흰말' 이며 '백마 타고 오는 영웅' 이기도 합니다.

닭밝 →	삵밝	→	삵홝 →	삵왉 →	홝밝	→	왉밝	→	가르밝
타파	사르박 샛별		수기현	수월래	하백河伯		약불현 가배		거발한
터부	서라벌 상바라 → 삼바라			서울	화백和白		안파견 알박		

〈박혁거세 미스테리〉

아래 그림〈1〉은 러시아 민속학자 아리엘 골란(Arial Golan)의 《신화와 상징》(Myth and Symbols)에 소개된 선사시대 시베리아 암각화의 복원 스케치다. 말이 꿇어 앉아 있고 그 옆에 커다란 둥근 알이 있다. 아리엘 골란은 이 둥근 알을 해로 보았고 그래서 이것을 시베리아와 노르딕신화에 나오는 태양말(Sun horse)로 풀이했다.

노르딕신화에 나오는 이 태양말의 이름은 "아르-박"(Ar-vak)이다. 그 뜻은 '일찍 일어나는 이' (Early Riser)이다. 이 아르박은 해의 여신 솔(Sol)의 마차를 끄는 성스런 말인데 독일에서 캔 2천5백 년 전의 모습은 그림〈2〉와 같다.

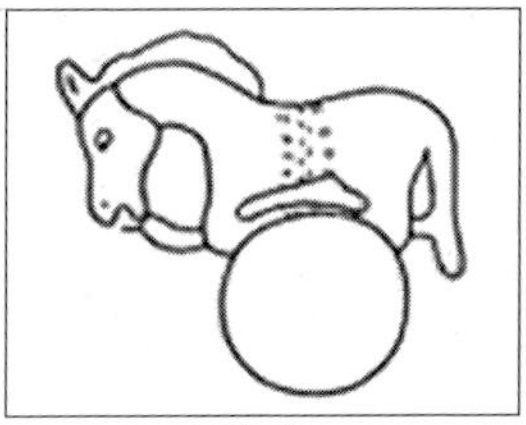

그림〈1〉

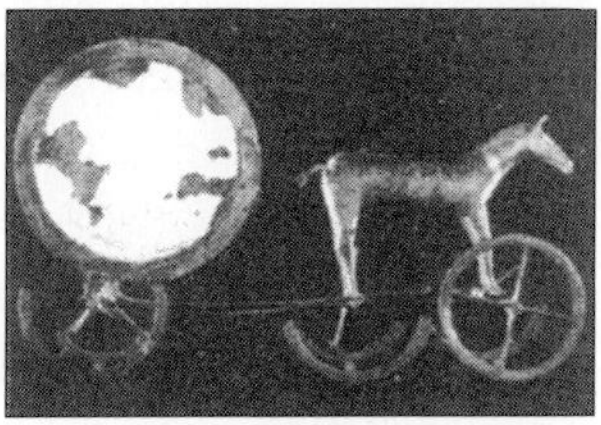

그림〈2〉

솔의 다른 이름은 순나(Suna)인데 그는 하루에 한 번 아르박이 끄는 마차를 타고 하늘을 돈다. 스콜(skall)이라는 늑대가 그를 삼키려고 뒤쫓는다. 대개 여신 솔은 잡히지 않고 서쪽으로 내빼지만 잡아먹힐 때가 있다. 그때 일식이 일어난다. 하지만 해의 여신 솔은 부활한다. 중국에도 이런 신화소가 남아있는데, 일식현상을 하늘에 사는 天狗가 해를 삼키기 때문이라 한다. 해의 여신 '솔'과 그 말 '아르박'의 신화는 범 유라시아적이다. 이 신화는 우리에게 박혁거세로 나온다.

혁거세의 탄생지에 백마가 알 옆에서 무릎을 꿇고 있다가 길게 한 번 울고 하늘로 올라갔다는 것이다. 우리는 그 뜻을 정확하게 파악하고 있는 것일까? 혁거세 탄생신화를 보면 중간에 뜬금없이 '선도성모가 낳을 때 이야기'라는 구절이 나온다. 선도성모가 무엇을 낳았다는 것인가? 알인가? 혁거세인가?

학자들은 해의 여신 '솔'이 바로 해 그 자체라고 한다. 사실 솔(Sol)의 뜻은 해라는 것인데 다른 이름 순나(Suna)역시 만주-퉁구스어로 해라는 뜻이기도 하다. 다시 말해 혁거세가 알에서 나왔다는 것은 태양신 솔/순나의 후손이라는 이야기다. 그렇다면 삼국유사가 말하는 '선도성모가 낳을 때 이야기'에서 선도성모가 바로 이 '솔/순나' 임을 짐작할 수 있다. 그렇다면 '선도성모가 낳을 때'라는 것은 매우 오랜 상고시대라는 것도 짐작할 수 있다. 적어도 신라가 건국된 BC 57년의 이야기는 아닌 것이다.

흥미로운 것은 혁거세의 성씨 '박'이 알과 비슷해서 '박'이 되었다는 삼국유사의 설명이다. 그것은 아마도 이 '아르박' (Ar-vak)이라는 단어에 어떤 유추관계가 개입했기 때문이 아닌가 한다. '박' (Bagg/Bak/Bek)은 인도-이란어 계통에서는 '말을 탄 군주'를 뜻한다. 또한 이는 God(신)에 대한 존칭어이다. 솔의 전차를 이끄는 아르박이 '일찍 일어나는 자'라는 뜻은 리그베다에서 태양신 솔을 '빠른 신'으로 일컬었던 유추를 짐작케 한다.

그러면 "알지 거서간 한 번 일어나다."(初開口之時自稱云 閼智居西干一起因其言稱之 自後爲王者之尊稱 그가 처음 입을 열 때에 스스로 말하기를, '알지거서간이 한 번 일어났다.'

는 말에서 일컬은 것이다. 이 뒤부터 모든 임금의 존칭이 거서간居西干으로 되었다.)라고 외친 것은 무슨 뜻인가? 그것은 아마 "아띨 카사르칸 아르 박"이란 혁거세의 공식 칭호를 풀어쓴 것이 아닐까?

閼智의 고대한어음은 "At-Dirr"(앗띨)이다. ⇨ (starostin/Chinease Etymology)

고대에는 ㅊ/ㅈ등의 이모음 치음은 t/d였다. 김부식은 알지를 어린이를 일컫는다고 했는데 아마도 '알지' 의 고음이 '아들' 과 비슷했기 때문일 것이다. 어쨌든 이 '앗-띨' 은 유라시아에서 사슴의 뿔을 뜻했고 그래서 오늘날 영어에서 Atitre라는 말로 남아 있다. 아울러 '앗-띨' 閼智을 앗-틸(at-til)로 적으면 투르크어로 '말 옆에 서 있는' 의 뜻이 된다. 유럽을 정복한 아틸라(Attila)의 어원이다.

그렇다면 혁거세 신화는 아주 오랜 상고시대에 우리에게 전해진 이야기이고 그 이야기가 유라시아 특히 인도유러피언, 곧 '아리아' 인의 모티브를 쏙 빼닮은 것인데. 우리가 아리안의 세례를 받은 것일까, 아니면 우리가 아리안에게 세례를 준 것일까? 나는 분명히 훈족의 아틸라가 우리 '아띨 카사르칸 아르박' 의 후예라고 생각한다. … [120]

위에서 '알지(閼智)' 를 '아틸라' 로 푼 것은 잘못으로 보입니다. '알지(閼智)' 는 본디 김알지(金閼智, 흉노의 성한왕 김일제金日磾와 같은 이름이며, 웅녀나 김씨를 뜻함)의 '알지' 에서 왔는데 이는 닭에서 온 '씨' 와 같은 뜻의 '아기, 알짜' 일 것입니다. 김부식의 '알지' 는 '어린이' 라는 말이 더 맞습니다. '아틸라' 는 닭닭에서 온 샤먼 또는 임금의 이름입니다. 이는 신라 여덟 번째 임금인 '아달라(2세기)' 와 퉁구스의 샤먼 이름인 '우다간' 과 스코틀랜드의 전설의 왕인 '아더왕' 과 같은 것으로 봅니다.

닭 →	삵 →	좕 →	홝 →	낡 →	앍
톨	**씨가리**	종	해	날	인간 잉카 아기 아지
	씨알 **씨 알**				알짜 알지 알
가르맑닭 →	가르맑삵 →	가르맑앍 →	하르맑삵 →	아르맑삵 →	아르맑좕
곰딸(웅녀)	가메시	김아기	할마시	아르마스	아르마질
키메트	곰씨 **김씨**	**김알지**	해모수	어마씨	예맥족 어미족
닭닭 →	삵닭 →	좕닭 →	홝닭 →	낡닭 →	앍닭
두다칸	수다간	주다간	후다간	누다간	우다간 아달라왕
도독	선덕왕	진덕왕	현덕왕 휴도왕	나덕왕	아더왕 아틸라

'번작이끽야(燔灼而喫也)' 는 다음과 같이 나눌 수가 있습니다. 먼저 '야也' 는 누구를 부르는 소리 '~야' 라고 했습니다.

120) www.coo2.net 이건주 글 '박혁거세 미스테리'

번작이끽(燔灼而喫) + 야也
~야

그러면 '번작이끽(燔灼而喫)' 은 무엇일까요? 이는 밝닭가르닭에서 온 '박수거서간' 으로 풀립니다.

밝닭가르닭 → 밝삵가르삵 → 밝잙가르앍
박수거서간 박수게세르 번작이끽

그러므로 '번작이끽야(燔灼而喫也)' 는 '박수거서간이여!' 로 풀 수 있습니다.

번작이끽야(燔灼而喫也) = 번작이끽(燔灼而喫) + 야(也)
박수거서간이여! 박수거서간 이여

그러면 '박수거서간' 는 무엇일까요? 먼저 '박수' 는 '남무男巫' 를 뜻하는 호남에서 아직 살아 있는 말입니다. 그리고 '거서간' 은 임금을 뜻합니다. 신라에서 혁거세를 '거서간' 이라 불렀잖아요? 그러므로 '박수거서간' 은 '남자무당임금' 인데 이는 제정일치시대의 제사장을 뜻할 것입니다.

이제까지 풀이한 구지가를 간추리면 다음과 같습니다.

원문	뜻풀이
구지가 龜旨歌	게세르가락
귀하귀하龜何龜何	나오소서! 나오소서!
수기현야首其現也	수로왕이여!
약불현야若不現也	안파견이여!
번작이끽야燔灼而喫也	박수임금이여!

그런데 구지가의 본래 모습은 아래와 같이 '귀하귀하' 를 두 번 더 넣은 다음 표의 '복원문' 과 같을 것으로 추정됩니다. 아마 당시 기록자가 뜻도 모르고 반복된 부분인 '귀하귀하(龜何龜何)' 를 빠뜨린 것으로 보입니다. 그러나 노래의 의미를 풀어보니 빠뜨린 것을 다시 넣어야 말이 됩니다.

원문	복원문	풀이
귀하귀하 수기현야	귀하귀하 수기현야	나오소서 나오소서 수로왕이여!
( ) 약불현야	귀하귀하 약불현야	나오소서 나오소서 안파견이여!
( ) 번작이끽야	귀하귀하 번작이끽야	나오소서 나오소서 박수임금이여!

(3) 강강수월래와 구지가는 같은 노래

'강강수월래'는 명절 때 우리 겨레가 추던 춤의 이름이기도 하고 그 춤을 출 때 부르는 노래의 후렴이기도 합니다. 그런데 이 '강강수월래'는 앞서 풀이한 바와 같이 구지가의 첫 구절과 똑같습니다. 이는 놀라운 일이 아닐 수 없습니다.

구지가		〈풀이〉		강강수월래
귀하 귀하 수기현야 龜何 龜何 首其現也	=	가르 가르 사르밝 나오소서 나오소서 수로왕이여!	=	강 강 수월래 强 羌 水越來

이로 보아 강강수월래의 뿌리는 구지가에서 왔다고 보아야 할 것입니다. 그러므로 이 노래(또는 춤)의 기원을 임진왜란 때 이순신과 관련짓는 것은 곤란합니다. 혹시 관련이 된다고 해도 이는 많이 후대에 일어난 일일 것입니다.

(4) 흉노의 신수요선의식에서 기원한 강강수월래와 구지가

구지가는 가락국 김수로왕이 하늘에서 강림할 때 9간들이 부른 노래입니다. 강강수월래는 정월 대보름날이나 한가위 등 명절 때 추는 춤이며 부르는 노래입니다.

그런데 이는 흉노의 제천축제 때 행해지던 선우의 즉위의식인 신수요선의식 때 추던 춤과 부르던 노래에서 기원한 것으로 보입니다. 우리는 이미 앞장 '4. 한가위와 올림픽'에서 우리의 명절이 흉노의 제천축제에서 기원한다고 배우지 않았습니까? 더구나 신라의 김알지나 가락의 김수로왕은 모두 북방민족인 흉노의 일파라고 하지 않습니까?

신수요선의식이란 주로 선우의 즉위식 때 집단적으로 신수(神樹)를 3바퀴 도는 행위를 말합니다.[121)] 그들은 신수를 돌 때 어떤 춤사위로 춤을 추며 무슨

121) 각주 112) 참조

주문을 외우거나 노래를 불렀을 것으로 추측됩니다.

저는 감히 주장합니다. 신수요선의식 때 부르던 노래가 있었다면 '구지가'가 그 노래가 아닌가 생각합니다. 왜냐하면 구지가도 9간들이 구지봉에서 수로왕을 맞이할 때 부른 노래이니 여기서 '수로왕을 맞이한다는 것'은 바로 수로왕의 즉위의식을 말할 것입니다. 그들도 신수를 3번 돌며 이 노래를 불렀을 것입니다. 그들은 첫바퀴를 돌 때는 '나오소서 나오소서 수로왕이여!'를 불렀고, 두 바퀴째 돌 때는 '나오소서 나오소서 안파견이여!'를 불렀고, 세 바퀴째 돌 때는 '나오소서 나오소서 박수임금이여!'를 불렀을 것입니다. 여기서 수로왕이나 안파견이나 박수임금은 각각 다른 사람이 아니라 모두 위대한 지도자인 수로왕의 또 다른 칭호일 것입니다.

구지가 = 신수요선의식 때 부른 노래		신수를 3번 돈다
귀하귀하 수기현야	나오소서 나오소서 수로왕이여!	첫 바퀴째 노래
귀하귀하 약불현야	나오소서 나오소서 안파견이여!	두 바퀴째 노래
귀하귀하 번작이끽야	나오소서 나오소서 박수임금이여!	세 바퀴째 노래

또한 신수요선의식 때 신수를 빙빙 돌며 추던 춤이 있었다면 오늘날의 강강수월래의 춤과 비슷했을 것입니다. 다만 빙빙 도는 모습은 같은데 오늘날의 강강수월래는 수없이 돌지만 신수요선의식에서는 3번만 돌았습니다. 또한 강강수월래는 그냥 둥그렇게 원을 그리지만 신수요선의식에서는 박달나무(신수, 神樹) 또는 지배자를 중심에 두고 원을 그렸을 것입니다.

〈강강수월래〉

'브리야트의 강강수월래' 바이칼 브리야트박물관

마무리

우투리님, 이제 우리는 구지가와 강강수월래의 정체를 밝혔습니다. 이는 흉노의 제천축제 때 행해지던 선우의 즉위의식인 신수요선의식을 할 때 신수(神樹)를 빙빙 세 번 돌며 추던 춤과 부르던 노래에서 기원했다는 것입니다.

여기서 그대와 나는 우리의 정체성을 찾는 길에서 또 하나의 큰 고개를 넘고 있습니다. 이 또한 매우 험난한 이제까지 누구도 헤쳐 넘지 못하던 높고도 아름다운 고개입니다.

6. 천수경의 정구업진언과 반야심경의 주문

천수경의 정구업진언

우투리님, 천수경을 볼 때에는 정구업진언((淨口業眞言)을 맨 먼저 외우잖아요? 이는 '입으로 지은 잘못을 씻는 참말씀' 이란 뜻이죠. 그 다음 오방내외안위제신진언(五方內外安慰諸神眞言)을 외우는데, 이는 '안과 밖의 모든 신을 편안하게 하는 참말씀' 이란 뜻이죠. 그 다음은 개경게(開經偈)로서, 이는 '경을 펴면서 찬탄과 서원을 불러일으키는 게송' 이란 뜻이고요. 서두의 마지막은 개법장진언(開法藏眞言)인데, 이는 경전을 펴면서 발원하는 주문이죠.

우투리님, 먼저 제가 불교를 잘 모르면서 불교 경전을 입에 담음을 용서하소서. 다만 여기서는 구지가나 강강수월래와 비슷한 흐름이 있는 것 같아 무리인 줄 알면서도 이야기를 잇나니, 이 마음을 알아주면 고맙겠어요. 그리고 혹시, 풀이가 잘못되더라도 뒷날 누가 바로잡으면서 저를 용서하소서. 여기서는 필요에 따라 정구업진언((淨口業眞言)과 오방내외안위제신진언(五方內外安慰諸神眞言)만을 풀어 볼까 해요. 먼저 '천수경' 부터 풀면 이는 '선도경(仙桃經)' 입니다.

삶닭
↗ 사당경祠堂經 선도경仙桃經 선도경仙道經 ↘
닭닭 → 닭삶 → 좖삶
텬독天毒 텬도경天桃經 덕수경德壽經 → 덕수궁德壽宮 천수경千壽經

정구업진언의 주문을 다음과 같이 우리말로 풀었습니다.

원문	**수리 수리 마하 수리, 수수리 사바하**					
	수리	수리	마하	수리,	수수리	사바하
뜻풀이	빕니다	빕니다	마고께	빕니다,	빌고 빕니다	안파견께

먼저 '수리'는 우리말 닭에서 온 '사르(辭)'로 보았습니다. '마하'는 '맑'으로 풀고 '수수리'는 '닭닭'으로 풀고 '사바하'는 '닭밝'으로 풀었습니다.

닭 → 삵 → 잙 시끌이다 수리(辭) 지껄이다 주리(呪) → 빌다	맑 → 많 마고 마하르 마할 **마하**
닭닭 → 삵삵 수수리 : 빌고빌다	닭밝 → 삵밝 → 삵밣 → 삵왉 → 왉밝 서불한 **사바하** **수로왕** **안파견**

오방내외안위제신진언(五方內外安慰諸神眞言)의 주문을 풀면 다음과 같네요.

원문	**나무 사만다. 못다 남.**			
	닭맑 → 낡맑 나무	닭맑닭 → 삵맑닭 사만다	맑닭 못다 무당	닭맑 → 낡맑 나무 → 남
풀이	기댑니다	샤먼당에.	무당에게	기댑니다
원문	**옴 도로도로. 지미 사바하.**			
	닭맑→낡맑→왉맑 나무 옴	닭닭 도로도로 도독	닭맑→잙 맑→낡맑 지미 나무	닭밝→삵밣 사바하
풀이	기댑니다	도독都督께.	기댑니다	안파견께.

먼저 '나무'는 '기대다'의 뜻인데 이는 우리말의 '나막'에서 왔다고 보았습니다. 예로부터 단군신화에 나오는 박달나무뿐만 아니라 모든 나무는 신성한 생명의 상징으로 여겨졌고 '기대다'의 뜻을 가지고 있었을 것입니다. 그리고 '사만다'는 '샤먼당'인데 이는 '성황당'일 것입니다. '못다'는 '무당'으로 보았고 '도로도로'는 '도독(都督)'으로 보았습니다.

닭맑 → 삵맑 → 잙맑 → 낡맑 → 앍맑 두만 덕만 사마귀 사막 샤먼 천막 장막 치마 **지미** **나무 남** **옴**		
맑닭 **못다** 무당	닭닭 → 삵닭 **도로도로** 도독都督	닭맑닭 → 삵맑닭 투메트 샤먼당朱蒙堂 → **사만다**

우투리님, 다음엔 반야심경의 끝부분의 주문을 풉니다.

원문1	아제揭諦 아제揭諦 바라波羅 아제揭諦 가자 가자 밝음으로 가자	
소리풀이	가르닭 → 가르삵 → 가르잙 → 아르잙 가세 가자 **아제**	밝맑 **바라밀** → 밝음
원문2	바라승波羅僧 아제揭諦 보디菩提 사바하娑婆訶 박수에게 가자 깨달음을 이루자	
소리풀이	가르닭 → 가르삵 → 가르잙 → 아르잙 가세 가자 **아제**	밝닭 → 밝삵 → 밝앍 **보디** **바라승** 보리
	닭밝 → 삵밝 → 삵밣 → 잙밝 서불한 **사바하** 집 → 짓다 이루다	

되풀이하면 먼저 '아제'는 '가자!'로 풀었습니다. '바라'는 '밝맑'에서 온 '밝음'을 뜻함을 쉽게 알 수 있고 바라승(波羅僧)과 보디(菩提)는 같은 밝닭에 말뿌리를 두고 있는 것으로 보았습니다.

가르닭 → 가르삵 → 가르잙 → 아르잙 **가다** **가세!** **가자!** **아제**揭諦	밝맑 바라밀 밝음 바람
밝닭 → 밝삵 보디菩提 → 보리 → 깨달음 박수, 바라승波羅僧 → 깨달은 이 → 남자 무당	

제가 불경을 우리말로 푸는 것은 위험하기는 하지만 믿는 구석이 있습니다. 불경의 오래된 주문은 드라비다말로 되어 있을 것이고 드라비다말은 우리말과 뿌리가 같다고 믿기 때문인데, 우리말로 술술 풀리고 있으니 이 어인 일인가요?

그리고 이런 불경의 문장과 분위기가 우리 구지가와도 비슷한 것 같아서 절박한 심정으로 풀어 보는 겁니다.

구지가龜旨歌	풀이
귀하귀하龜何龜何 수기현야首其現也 귀하귀하龜何龜何 약불현야若不現也 귀하귀하龜何龜何 번작이끽야燔灼而喫也	나오소서 나오소서, 수로왕이여! 나오소서 나오소서, 안파견이여! 나오소서 나오소서, 박수임금여!

우투리님, 이런 짜임의 구지가는 정구업진언과도 비슷하지 않은지 보세요.

〈원문〉 수리 수리 마하 수리 수수리 사바하
〈풀이〉 빕니다 빕니다 마고할미께 빕니다. 빌고 빕니다, 안파견께.

〈원문〉 나무 사만다 못다 남 옴 도로도로 지미 사바하
〈풀이〉 샤먼당에 기댑니다. 무당께 기댑니다.기댑니다, 사당에.기댑니다, 안파견께

이는 또한 반야심경의 주문과 견주어 보면 비슷함이 발견되지 않는가요?

〈원문〉 아제 아제 바라 아제, 바라승 아제 모지 사바하
〈풀이1〉 아르좖 아르좖 밝 아르좖, 밝삵 아르좖 밝좖 삵밝
〈풀이2〉 가자 가자 밝음으로 가자, 박수에게 가서 깨달음을 이루자

우투리님, 구지가, 반야심경 주문, 오방내외안위제신진언, 정구업진언 들의 사이에 흐르는 무슨 같은 유전자가 있지 않을까요? 유전자가 있다면 무엇일까요? 저는 불교 이전의 유전자라고 잘라 말하고 싶어요. 여기에는 동이족과 드라비다(두루배달)족과의 원초적 동질성이 스며 있다고 봅니다. 이는 인류의 원초신앙인 성황당신앙이나 북방민족의 제천축제와 어우러진 동질성이거나 범알타이-투르크계 말의 동질성이 아닐까 합니다.

7. 잉카제국에 살아있는 웅녀

‘스콰흐 발돌림’

아메리카 인디언의 말을 연구하는 손성태님 고맙습니다. 또한 이 땅에서 땀 흘리고 있는 수많은 한흰샘과 단재께 제 미력한 성원을 보냅니다.

손성태님의 ‘스콰흐 발돌린’ 은 귀중한 발견이라고 생각합니다. 이는 이건주님이 우리에게 수메르말에서 많은 영감을 주는 역할과도 같다고 생각합니다. 그는 우리와 중남미 인디언과의 인연 사이에 낀 뿌연 안개를 걷어냅니다.

‘스콰흐 발돌린’ 에서 ‘발돌린’ 은 알겠는데, 말씀을 안 한 ‘스콰흐’ 에 관해서 제 견해를 밝힙니다. ‘스콰흐’ 는 ‘닭’ 에서 온 ‘스가르’ 로 봅니다. ‘스가르’ 란 ‘단군’ 인데 여기서는 ‘샤먼’ 이나 ‘광대’ 쯤으로 풀었으면 해요.

스콰흐 발돌린 : 닭 밝닭 → 삵 밝닭
단군 발돌리기 스콰흐 발돌린 → 무당(광대) 발 돌리기

치남빠

그리고 ‘치남빠[122]’ 는 손성태님이 거의 다 풀었는데 제가 다음과 같이 ‘다락 나물밭’ 으로 마무리합니다. 아메리카 인디언의 말 속에 우리말이 그대로 살아 있음을 보여주는 아주 반가운 말이군요. 여기서의 ‘치’ 는 ‘치솟다’ 의 ‘치’ 인데, ‘닭’ 에서 온 것입니다. ‘빠’ 는 ‘밝닭’ 에서 온 ‘밭’ 일 것입니다.

닭 → 촭 다락 치	닭맑 → 삵맑 → 낡맑 나막, 나물, 남	밝닭 바탕 → 바다 → 밭 → 빠

고구려의 성(城)에서 튀어나온 곳도 ‘치(峙)’ 라고 하는데, 이도 한자로 어떻게 적든 본디 ‘치솟다, 치밀다’ 의 ‘치’ 와 같은 우리말임을 알 수가 있죠.

마추픽추

잉카의 ‘마추픽추’ 는 ‘맑닭밝닭’ 으로 풀리는군요. 마추픽추는 현지 주민들

122) www.coo2.net 손성태 글 ‘치남빠’

은 '오래된 봉우리'를 뜻한다고 하는데, 이는 아마 어떤 산의 여러 봉우리 가운데 가장 높은 봉우리를 말하는 듯합니다. 이는 네팔의 마차푸레차산과도 같습니다.

맑닭밝닭	→	맑닭밝앍	→	맑촭밝촭
맏봉두		맏봉우리		마추픽추 마차푸레차

마추픽추가 있는 잉카제국의 옛 서울을 '쿠스코'라 하잖아요? 이는 우리말의 기슭, 게세르, 조선으로 풀립니다.

가르닭 → 가르삵	→	가르앍	→	자르삵	→	아르쟑
커다란	거서간 기슭 **쿠스코** 게세르	고구려 가락		**조선**		여진 **예족濊族**

인티라이미축제와 아르마스광장

잉카제국의 후예들이 쿠스코에서 행하는 옛 잉카제국의 영광을 재현하는 축제를 '인티라이미' 축제라고 합니다.

인티라이미에서의 '인티라'는 성황당 또는 사당(祠堂)을 뜻할 것이며 '이미'는 고구려의 축제 이름인 '동맹'과 같습니다. '동맹'이든, '이미'든 이는 '샤먼'입니다.

닭닭 → 삵닭	→ 삻닭	→ 앍닭		닭맑 → 삵맑	→ 좌 맑	→ 앍맑	
던독	시끌당	성황당	인티라	동맹	샤먼	주몽	이미 이매 어미 임

결국 '인티라이미' 축제는 성황당 샤먼 축제로 풀립니다.

닭닭 닭맑	→	삵닭 삵맑	→	삻닭 삵맑	→	앍닭 앍맑
던독 두만		사당 샤먼		성황당 샤먼		인티라 이미

한편 중남미 3대 축제로 브라질의 리우카니발, 페루의 인티라이미축제, 볼리비아의 오루노카니발이 있는데, 신에게 제(祭)를 올리는 형식의 축제는 인티라이미축제뿐이라고 합니다. 삭사이와만 케추아족에 의해 동지인 매년 6월 24일(해가 가장 짧은 날)에 거행되는 이 행사는 한 해의 수확에 감사하고 다음해의 풍작을 비는 축제로서 태양신에게 제사하는 제례를 재연합니다.

여기의 '신에게 제(祭)를 올리는 형식의 축제' 는 북방유목민의 '제천축제(祭天祝祭)' 와 바로 이어진다고 봅니다. 축제는 코리칸차(태양신전을 파괴한 자리에 에스파니아가 산토도밍고교회를 세운 곳)에서 시작되어 아르마스광장에서 제례를 재현하고 사쿠사이와만유적지에서 마무리한답니다. 코리칸차는 조선땅이며 아사달로 풀리니 이 어인 일인가요?

			가르앍춝 코리칸차			
가르닭닭 커다란땅	→	가르삵닭 게세르땅	↗ ↘		↘ ↗	아르삵닭 아사달
			자르삵닭 조선땅			

사쿠사이와만 케추아족은 '단군왕검 조선족' 을 뜻합니다.

닭닭맑 투탕카멘	→	닭삵맑 단군샤먼	→	닭앍맑 단군왕검	→	삵삵맑 사쿠사이와만
가르닭 커다란	→	가르춝 **케추아** 고차	→	가르삵 게세르	→	자르삵 **조선**

여기 나오는 '아르마스' 광장은 '웅녀' 의 광장이 됩니다.

가르맑닭 → 가르맑삵 → 하르맑삵 → 아르맑삵 → 아르맑잙
곰딸(웅녀)　가메시 김씨　해모수 할마시　아르마스　아르마질 예맥족濊貊族

나라 이름 잉카는 이미 앞서 푼 바와 같이 '단군' 이므로 잉카제국은 '단군제국' 이 됩니다.

닭가르닭 → 닭가르삵 → 닭자르삵 → 앍가르앍
퉁구스　단군조선 → 단군제국　잉카 국 → 잉카제국

멕시코와 몽골

'멕시코' 는 '몽골' 과 말뿌리가 같습니다. 이를 보아 '멕시코' 도 '몽골' 이며 맥족(貊族)이 되지요. 언젠가 몽골족이 알래스카를 거쳐 멕시코로 갔을 것입니다.

맑닭 →	맑삵 →	맑잙 →	맑앍 →	맑앓
무당 만	멕시코	맥족(貊族)	몽카크	몽카홀 → 몽고홀 → 몽골

멕시코의 존경받는 첫 원주민 출신 대통령 베니토 후아레스는 '배달 임금'으로 풀립니다.

베니토 후아레스

밝닭 가르닭 →	밝닭 가르삵 →	밝닭 하르삵
	배달 게세르(임금)	베니토 후아레스

〈개혁정책〉

바티칸 금융기관에 진 공공 부채를 2년간 유예시킴.
결혼을 교황이 내리는 특권에서 민법으로 선언하게 함.
모든 시민의 종교적 자유를 보장함.
종교 법정들을 해산시키고 가톨릭교회 재산을 몰수함.

베니토 가르시아는 고향인 오악사카주 지사를 지냈다. 1855년 혁명 때는 산타안나를 타도하고 후안 알바레스가 이끄는 자유당 임시내각 법무장관이 된다. 1857년 임시 대통령으로서 헌법을 제정하여 가톨릭교회와의 정교분리, 가톨릭교회 재산몰수, 토지개혁을 하려 하나 대지주 · 가톨릭 성직자들이 들고 일어난다. 다행히 내란을 눌렀으나 1864년 보수파가 다시 프랑스의 나폴레옹 3세의 군을 빌려 막시밀리아노를 황제로 옹립한다. 그는 미국 국경쪽에서 버티며 항전, 1867년 5월 막시밀리아노를 사로잡아 죽인다. 1872년 혁명전쟁 중 서거, '공화국의 구제자' 로 존경 받고, 멕시코의 '크롬웰' 로 우러러 불렸다. 그는 경제를 바루자면 교회와 토지귀족이 쥐고 있는 숨 막히는 독점경제를 자본주의로 바꿔야 한다고 믿고 그에 따른 개혁정책을 폈다.

— 위키백과

〈여섯 마당〉

닭의 빛

1. 수로왕 신화 다시 보기
2. 단군신화 다시 풀기
3. 천부경 풀이
4. 그릇의 역사
5. 해모수와 뱀여인
6. 우리 가락의 뿌리
7. 온갖 삶의 뿌리
8. 온갖 생명의 뿌리
9. 오랑캐의 빛

1. 수로왕 신화 다시 보기

수로왕 신화는 삼국유사에 적힌 얘기인데 그 줄거리는 구간(九干)들이 구지봉에 올라 춤추며 구지가를 부르자 하늘에서 붉은 보자기로 싼 금빛 상자가 내려왔는데 그 상자 속 황금 알에서 수로왕이 태어나 가락국의 시조가 되었다는 이야기죠.

탄생과 치적이 〈삼국유사〉 가락국기에 있다. 아직 나라가 없을 때 가락에서는 주민들이 각 촌락별로 나뉘어 살았다. 3월 어느 날 하늘의 명을 받아 9간(九干 : 族長) 이하 수백 명이 구지봉에 올라 하늘에 제사 지내고 춤추고 노래하자 붉은 보자기로 싼 금빛 상자가 내린다. 그 속에는 해처럼 둥근 황금 알이 6개 있었다. 12일이 지난 뒤 6사내가 나왔다. 맏이를 수로라 하여 가락국 왕이 되고, 다른 이들도 각각 5가야의 왕이 된다. 이때가 42년(후한 건무 18)이다. 그는 관직을 만들고 도읍을 정해 나라의 기틀을 세운다. 천신의 명을 받아 배를 타고 바다를 건너온 아유타국(阿踰陀國) 왕녀 허황옥(許黃玉)을 왕비로 맞는다. 157년간 다스리다가 죽고, 아들이 이어 거등왕이 된다. – 민족문화대백과(김수로왕)

위 내용의 대부분은 가락국 김수로왕의 즉위식을 거행한 정황을 묘사한 것으로 보입니다. 9간 이하 수백 명이 구지봉에 올라 하늘에 제사 지내고 춤추고 노래한 것은 고스란히 북방민족(흉노)의 제천의식에 해당합니다. 그들은 제천의식 때 선우의 즉위식을 거행했는데 그 알맹이는 '신수요선의식(신수神樹를 세 번 도는 의식)'에 있음을 이미 배운 바가 있죠. 신수요선의식(神樹繞旋儀式) 때 그들이 부른 노래는 구지가일 것이며, 거기서 추던 춤사위는 지금의 강강수월래 춤의 원형일 것입니다. 그러나 동국여지승람에는 최치원이 쓴 〈석이정전〉을 따와 수로왕은 지리산 산신인 정견모주가 천신인 이비가지의 감응을 받아 태어났다고 적혔습니다. 이는 삼국유사와는 아주 다른 내용입니다.

최치원(崔致遠)이 쓴 《석이정전(釋利貞傳)》

최치원(崔致遠, 857~?)이 쓴 《석이정전釋利貞傳》에서 가야산 산신인 정견모주(正見母主)가 천신 이비가지(夷毗訶之)의 감응을 받아 대가야왕 뇌질주일(惱窒朱日)과 금관가야왕 뇌질청예를 낳았다고 한다. 뇌질주일은 대가야국 시조인 이진아시(伊珍阿豉, 또는 內珍朱智)의 별칭이며, 뇌질청예는 수로왕의 별칭이라고도 했다. 이 신화는 가야지역의 여러 소국들이 연합하려는 움직임 속에서 가야국 전체의 동질성을 강조하려는 의식의 소산이라 하겠다. 그런 통합의 움직임과 의식 속에서 가야의 여러 소국 중 가장 힘이 센 남북의 대가야와 금관가야의 시조의 형제설화가 나오게 된다. 뇌질주일을 맏이라고 함은 대가야를 중심으로 한 것이다. 그런데 〈가락국기〉에는 금관가야의 시조가 맏이라 한다. – **민족문화대백과**

이는 하늘의 신이 내려와 땅의 신과 감응하여 영웅이 태어났다는 단군신화와 뼈대를 같이하는 이야기로 보입니다. 이런 신화는 오늘날까지 우리의 정체성 그 자체인 천부경의 삼태극(三太極) 사상이 깃든 신화입니다.

천부경 사상 →	삼태극 사상 →	삼신 사상
삼재(三才) 세 씨알	하늘, 땅, 사람	하늘신, 땅신, 조상신

이런 얘기를 이해하자면 석이정전에 적힌 수로왕신화를 좀더 밝게 알아봐야겠죠. 먼저 저는 '수로왕' 자체를 '단군' 으로 풉니다. 우리가 이미 함께 풀었던 '단오날' 이 '수릿날' 이고, '수릿날' 은 '단군의 날' 이라고 한 것을 떠올려 보면서.

닭 →	삵
단군	사르곤, 산군, 사르간 → 수로왕(首露王)

수로왕의 어머니 정견모주는 도교의 신 서왕모이며 이는 '닭맑' 에서 온 샤먼이요 '곰' 으로 보입니다.

닭맑 →	삵맑 →	잙맑 →	핡맑 →	앍맑
대감	상감 **샤먼**	**정견모주**正見母主	한감	왕검 **왕모**王母 곰 곰
다물	**서왕모**	징거미 짐 주몽	할미	임금 어미 임 가미

천신(天神)인 이비가지(夷毗訶之)는 '알밝 게세르' 로 풀리는데, 이는 '하늘임금' 또는 '아바이 게세르' 겠죠. 드디어 여기 수로왕 신화에도 범몽골 게세르신화에 나오는 위대한 '아바이 게세르' [123]가 나오는군요. 다만 수로왕 신화에서는 주인공의 아버지로 나오고, 게세르신화에서는 주인공으로 나오는 것이 다를 뿐입니다.

---

123) 일리아N. 마다손 채록, 양민종 옮김, 《바이칼의 게세르신화》(솔출판사, 2008) 132쪽

닭밝 가르닭 → 삵밝 가르삵 → 읽밝 가르삵 → 읽밝 가르잙
태백 광대 샛별 거서간 아보기 게세르 이비(夷毗) 가지(訶之)
아바이 게세르 **안파견**(알박) 케자르(임금)

그러므로 수로왕은 다음과 같은 탄생의 과정을 겪었다고 간추릴 수 있습니다. 여기에는 삼신사상 또는 태극사상의 원리가 깔려 있습니다. 이는 범몽골 게세르신화의 짜임과 같습니다. 삼국유사의 이야기가 수로왕 등극 신화라면 석이정전의 이야기는 수로왕 탄생신화라 할 만 합니다.

	아버지	어머니	자식
신분	천신天神	지리산 산신山神	가야국 시조
이름	이비가지夷毗訶之	정견모주正見母主	수로왕
풀이1	아바이게세르	상감 임금 샤먼 곰	단군
풀이2	하늘신 안파견임금	땅신	사람신

이 수로왕 탄생신화는 이렇게 범몽골 게세르신화의 뼈대를 가지고 있는데 낯선 한자 때문에 이제까지 우리는 그 빛나는 알맹이에 다가가지 못했습니다.

〈수로왕신화의 더 자세한 풀이〉

〈1〉 부모

어머니(가야산 산신山神)	아버지(천신天神)
닭맑 → 잙맑 → 삵맑 정견모주 주몽 샤먼 서왕모	닭밝가르닭 → 읽밝가르삵 → 읽밝가르잙 아바이게세르 이비가지

〈2〉 자식

자식	맏(대가야 시조)	둘째(금관가야 시조)
이름	이진아시(伊珍阿豉, 또는 內珍朱智)	수로왕
풀이	닭닭닭 → 닭읽삵 → 낡잙 잙 → 읽잙읽 퉁구스칸 내진주지 이진아시	닭 → 삵 사르곤 수로왕
별칭	뇌질주일(惱窒朱日)	뇌질청예(惱窒青裔)
풀이	닭닭닭 → 닭읽삵 → 낡찱읽 → 낡잙읽 티타이트 퉁구스칸 뇌질청예 뇌질주일	

이진아시(伊珍阿豉), 내진주지(內珍朱智), 뇌질주일(惱窒朱日), 뇌질청예(惱窒靑裔)는 모두 닭닭에서 온 퉁구스칸(징기스칸)이 아닌가 생각합니다. 이름의 뜻은 모두 같은데 한자의 소리 표현을 조금씩 달리 해서 사람을 구별한 것으로 보입니다.

이와 같은 수로왕 탄생신화의 재발견은 이제까지 단군신화가 범몽골 게세르 신화의 원류라는 양민종의 주장을 더욱 확고히 받쳐 줄 것입니다. 또한 이는 당연히 범몽골 게세르신화의 뿌리 연구에 새로운 활로를 열어 나아갈 계기가 될 수 있을 것입니다.

따라서 단군신화 채록 이후 무려 오백여 년이 지난 뒤에야 이와 유사한 얼개를 가진 게세르신화와 서사시들이 몽골 등지에서 채록되기 시작한 것을 보면, 단군을 게세르 계열 이야기로 설명하기보다 게세르 이야기들을 단군신화 계열로 보는 것이 오히려 자연스럽다.[124)]

	수로왕 탄생신화	단군신화	게세르신화
채록	10세기(신라)	13세기(고려)	최고 16세기(타지키스탄본)
	석이정전	삼국유사	게세르신화(브리야트본)
주체	닭 → 삵 단군 수로왕	닭 단군	닭밝가르닭 → 앍밝가르삵 아바이게세르
모	닭맑→ 좖맑 정견모주 주몽	가르맑닭 → 가르맑삵 곰딸(웅녀) 가메씨	닭가르닭 → 낡가르홹 탕구트 나란 고혼
부	닭밝가르닭→앍밝가르좖 (아바이게세르)이비가지	밝닭→홹앍 배달 환웅	가르가르맑닭 → 하르하르맑삵 큰곰딸(큰웅녀) 한히르마스
강림	가르닭밝 → 가르삵밝 구지봉	가르닭닭 → 아르삵닭 아사달	가르닭닭 → 아르삵닭 커다란달 엘리스테 아사달

다시 말하거니와 석이정전(釋利貞傳)에 나오는 수로왕 탄생신화는 게세르 신화의 초기 형태로서 가장 먼저 채록된 게세르신화 계열이라는 데 큰 가치가 있습니다. 이런 소박한 원형에서 범몽골 게세르신화로 나아가지 않았을까요?

채록 연대를 보아도 최치원의 석이정전의 수로왕 탄생신화는 10세기에 적힌 것으로 추정되고 단군신화는 13세기에 삼국유사에 적힌 것이므로 수로왕 탄생신화는 범몽골 게세르신화의 최고본으로 자리매김합니다. 범몽골 게세르신화

124) 일리아N. 마다손 채록, 양민종 옮김, 《바이칼의 게세르신화》(솔출판사, 2008) 34쪽

의 최고본은 아무리 빨리 잡아도 대략 16세기(1504, 타지키스탄 마나스 서사시) 이후의 일일 것입니다.

수로왕 신화 → 단군신화 → 범몽골 게세르신화
(10세기 채록) (13세기 채록) (16세기 채록)

〈수로왕 탄생신화와 단군신화의 비교〉

	수로왕 탄생신화	단군신화
책	석이정전	삼국유사
저자	최치원	일연
때	10세기 채록	13세기 채록
내용	지리산 산신인 정견모주(샤먼)가 이비가지의 감응으로 수로왕을 낳음 그는 구지봉에서 가야를 세웠다.	환인의 아들 환웅이 땅에 내려와 웅녀와 결혼하여 단군을 낳았다. 그는 아사달에서 조선을 세웠다
구조	이비가지(천신天神) 아바이 게세르(닭밝 가르닭) ↗↙ ↘ 정견모주 → 수로왕(가야를 세움) 닭맑 닭 (지신地神) (인신人神)	환웅(천신天神, 환인의 아들) 밝닭(바타르, 배달) ↗↙ ↘ 웅녀 → 단군(조선을 세움) 닭맑닭 닭 (지신地神) (인신人神)

2. 단군신화 다시 풀기

단군신화는 환인의 아들인 환웅이 땅에 내려와 웅녀와 결혼하여 단군을 낳았는데, 그 단군이 나라를 세워 아사달에서 임금에 오르니 이를 조선이라 한다는 것이 줄거리입니다.

하늘의 환웅과 땅의 웅녀가 결혼하여 단군을 낳았다.
단군이 아사달에서 조선을 세우고 임금이 되었다.
단군은 천년 동안 조선을 다스리다가 태백산 산신이 되었다.

단군신화는 생명 창조의 신화

그런데, 단군의 말뿌리를 좇다 보니 단군신화는 단순히 단군이 조선을 세운 과정만 얘기하는 것이 아니라, 하늘과 땅의 조화로 모든 생명이 태어났다는 삼태극 사상을 표현한 신화로 풀리기도 합니다. 다시 말해서 단군신화는 단순히 우리 겨레가 처음 나라를 세우게 된 경과만을 말하고 있는 것이 아니라 모든 생명 창조의 위대한 근원적 철학을 담은 이야기도 된다는 겁니다. 이 단군신화에서 천부경이 나오고 거기서 삼태극 사상으로 발전하여 우리의 정통 철학이 된 것으로 보입니다.

〈단군신화의 좁은 풀이〉	〈단군신화의 넓은 풀이〉
환웅 + 웅녀 → 단군 하늘 땅 사람	환웅 + 웅녀 → 단군 하늘 땅 씨알

위에서 단군을 '임금'으로만 푸는 것이 아니라 '씨알'로도 풀 수 있다는 것이죠. '씨알'이란 사람을 포함한 모든 '생명'을 뜻한다고 볼 수 있습니다. 실제로 '단군'의 말뿌리를 캐 봐도 그러합니다.

닭 →	닳 →	삵 →	줡 →	핡 →	앍
단군	딸 땅	씨가리 씨알(생명)	지구	하날	인간 이누 인(人 仁) 이

삼태극 사상에서의 삼태극은 삼재(三才)에서 왔는데, 이는 '세 닭'을 뜻한다고 했잖아요? 왜냐하면 삼재(三才)의 재(才)가 '닭'에서 왔기 때문입니다. 하늘과 땅과 사람(생명)은 셋인데 이는 곧 하나인 '닭'이란 뜻이죠. '닭'은 '단군'이기도 하지만 '씨알'로도 풀립니다. 그러므로 단군신화는 하늘과 땅의 조화로 씨알이 자란다는 생명 창조의 신화가 될 수 있다는 것이죠.

하늘 + 땅 → 사람(생명)	닭 → 삵 → 좖
닭 닭 닭	씨가리 씨알 씨 조카(族) 종(種) 재(才)

범몽골 '게세르신화'는 대체로 천신(天神)이 내려보낸 게세르가 지상에서 다른 이름으로 태어났다가 나중에 게세르의 본모습으로 바뀌어 세상을 평정하는 줄거리입니다. 이는 게세르신화의 원류라고 볼 수 있는 단군신화의 확장성

이 축소된 모습이라고 할 수 있습니다. 게세르신화에서의 '게세르'는 땅의 평정자로서의 임무만 충실할 뿐, 단군신화의 단군처럼 '씨알, 생명' 따위로 해석될 여지가 없습니다.

또한 단군이 산신이 되었다고 하는 것은 하늘과 땅의 기운으로 태어나 다시 그곳으로 돌아갔으니 신이 될 수밖에 없습니다. 또한 우리말에 사람이 죽는 것을 '돌아가시다'로 표현하는 것도 이런 천지인 사상이 비춰진 삶의 철학일 것입니다. 그러므로 단군신화는 역사상 비로소 조선을 세운 이야기를 전하고 있는 동시에, 하늘과 땅의 조화로 모든 씨알(생명체)이 탄생하여 삼태극이 되어서 비로소 우주가 완성되어 돌아간다고 하는 과학적 철학적 이야기이며, 이는 자연과 우주와 인간은 하나라는 천부경 사상과도 일치하는 위대한 이야기라는 것입니다.

단군의 가계(家系) 풀이

단군의 할아버지는 환인이요, 어머니는 웅녀요, 아버지는 환웅입니다.

(1) 환인(桓因)

단군의 할아버지인 환인(桓因)부터 보겠습니다. 환인의 말뿌리를 캐기는 결코 쉽지 않았습니다.

> 환인은 제석천(帝釋天, Sakra devanam indra)이며 불교의 수호신이다. 불법과 이에 귀의하는 자를 지키며, 아수라의 군대를 정벌하는 하늘의 임금이다. 음역하여 석가제환인다라(釋迦提桓因陀羅)라 하며, 줄여서 석제환인(釋提桓因)·석가제파(釋迦提婆)라고도 한다. 또한 천제석(天帝釋)·천주·인다라라고도 한다.
>
> 본디 힌두교의 신이며 고대인도에서는 인드라(Indra)라고 했다. 불교에 들어온 후 제석천으로 불린다. 여러 경론에 따르면 제석천은 원래 마가다국(Magadha)의 브라만인데, 보시(布施) 등의 공덕을 닦아 도리천에 태어나 삼십삼천(三十三天)의 천주가 되었다. 불교에서 그의 지위는 범천(梵天)과 같이 불교의 호법주신(護法主神)으로서 동쪽을 지킨다. 수미산 마루의 도리천 선견성(善見城)에 살며 사천왕과 십대천자(十大天子)가 양 옆에서 모시고 있다. 석가모니가 성불한 뒤 제석천은 그의 수호신이 된다. 석가모니가 도리천에 올라 어머니께 설법할 때는 보개를 손수 들고 옆에서 시중을 든다. 보통 천인(天人)의 모습이며, 흰 코끼리를 타고 오른손에는 삼고저를 들고 있고 왼손은 허벅다리 위에 올려놓고 있다. 우리나라에서는 단군신화에도 나오는데, 천제환인을 석제환인(釋提桓因)이라고 적기도 한다. 민간에서는 이를 신앙대상으로 삼아 하늘의 주인으로 섬기기도 했다. – 다음 백과(환인)

석제환인(釋提桓因) :【범】śakra-devānā indra 석가제바인다라(釋迦提婆因陀羅) · 석가라인다라(釋迦羅因陀羅) · 석가제환인다라(釋迦提桓因陀羅) · 석가인다라(釋迦因陀羅) · 사갈라인다라(賒 羯羅因陀羅) · 석가제바인제(釋迦提婆因提) · 석가제바인달라(釋迦提婆因達羅)의 음역. 석가는 이름이니 능能, 제바는 천天, 인다라는 주(主) 또는 제(帝)라 번역. 곧 능천주(能天主)라 함. 수미산 마루에 있는 도리천의 주(主)인 제석천을 말함. 줄여서 석제(釋帝) · 제석(帝釋). 석제환인의 석은 석가에서, 제환은 제바에서, 인은 인다라에서 온 것.

— 불교 사전(운허스님 저, 동국역경원 편찬)

'환인' 은 위에서 보듯이 일연스님이 산스크리트말 '사크라데벤인드라하' 에서 온 '석제환인' 을 줄인 말입니다. 이의 말뿌리는 아래에서 보듯이 '닭닭**밝닭닭**' 에서 왔습니다. 그러니까 환인의 소리는 진한 글자인 **'밝닭'** 에서 왔습니다.

닭닭**밝닭**닭	→	삵닭**밝앍**닳	→	삵좕 홝**앍**닳
		사크로데**벤인**드라하		석가제**환인**드라하 → 석제**환인**드라하

그러나 환인의 뜻은 오히려 닭**닭밝**닭닭의 **'닭밝'** 에서 왔다고 보아야 합니다. 닭닭밝닭닭은 다음과 같이 '덩그런 샛별 신' 으로 풀립니다. 여기서 '덩그런' 은 형용사요, 닭밝은 샛별이요, '인드라하' 는 신(神)을 뜻하는 보통명사로 풀립니다. 그러므로 여기서 가장 중요한 어휘는 '닭밝' 인데 '샛별' 을 뜻하는 '안파견' 입니다.

닭닭밝닭닭	→	닭	삵밝	앍닳	→	홝	**앍밝**	삵닭
		덩그런	**샛별**	인드라하		향그런	**안파견**	수다간
		높은	**샛별**	신(神)				
		↑	↑	↑				
		(관형사)	**(핵심어)**	(보통명사)				

실제로 삼성기전 상편[125]에서도 환인을 안파견으로 풀고 있습니다.

吾桓建國最古 有一神在斯白力之天爲獨化之神 光明照宇宙權化生萬物長生久視
恒得決樂乘遊至氣妙契自然 無形而見無爲而作無言而行
日降童女童男八百於黑水白山之地 於是桓因亦以監群居于天界石發火始
敎熱食謂之桓國是謂天帝桓因氏 亦稱安巴堅也傳七世年代不可考也

125) 안함로, 《삼성기전 상편》

우리 환국의 건국이 가장 오래다. 한 신이 있어 사백력 하늘에서 스스로 바뀐 신이시다. 밝은 빛은 온 우주를 비추고 큰 교화는 만물을 낳았다. 오래 살면서 늘 즐기니 지극한 기를 타고 노닐며 그 묘함은 저절로 기꺼웠다. 모습 없이 볼 수 있고 함이 없이 모두 이루고 말없이 다 행하였다.

어느 날 동녀동남 800이 흑수백산의 땅에 내려왔는데 이에 환인께서 또한 감군으로서 천계에 계시면서 부싯돌로 불을 일으켜 날것을 익혀 먹기를 처음으로 가르치시니 여기를 환국이라 하고 그를 천제환인씨라 불렀는데 안파견이라고도 했다. 환국은 일곱대를 전하나 그 연대는 알 수 없다.

샛별은 동쪽 하늘에 뜨는 별이므로 불교에서 '동쪽 하늘의 수호신'으로 차용된 듯합니다. 이는 수메르의 사랑의 여신이며 샛별을 상징하는 '이난나'와도 같은 것으로 보입니다.

풀이를 마무리하자면 '환인'의 소리는 닭닭밝닭닭의 '밝닭'에서 왔지만 뜻은 '닭밝'에서 온 안파견이라는 것입니다.

	삵닭밝앍닳 →	삵좕 홝앍닳	
	↗ 사크라데벤인드라하	석제**환인**드라하 ← 소리(환인)	
닭닭밝닭닭			
	↘ 닭앍밝앍닳 →	홝앍밝앍닳	
	뎡그런**안파견**인드라하	향그론**안파견**인드라하 ← 뜻(샛별, 안파견)	

(2) 환웅(桓雄)

단군의 아버지 환웅은 '밝닭'이며 이는 영웅을 뜻하는 '바토르' 또는 '배달'입니다.

밝 → 홝 불 환桓 煥	밝닭 → 홝닭 ↗ 홝앍 환웅桓雄 바토르 배달 화타 ↘ 왉닭 우투리
닭 → 좕 → 앍 → 아르아르 → 아르 단군 장군 인걸 영웅 웅 용 왕 檀君 將軍 人傑 英雄 雄 龍 王	

(3) 웅녀

웅녀는 가르맑닭에서 온 가메시인데 이는 곰씨(곰씨, 김씨)입니다.

닭맑닭 → 읽맑닭 → 가르맑닭 → 가르맑삵 → 아르맑좕
투메트 우금치 키메트 금당 곰딸(웅녀) 가메시 곰씨熊族 김씨 예맥족

(4) 간추려 본 단군의 가계

단군	환인(단군의 할아버지)	웅녀(어머니)	환웅(아버지)
닭 단군	닭밝 → 좕밝 → 삵밝 → 읽밝 터부 자부 샛별 안파견	가르맑닭 → 가르맑삵 곰딸(웅녀) 가메시 곰씨	밝닭 → 홝앍 배달 환웅

단군신화에 배인 삼조선 개념

하늘의 환웅이 땅의 웅녀와 결혼하여 단군을 낳았고 그 단군이 우리 첫 나라 고조선을 세웁니다. 하늘(天神)과 땅(地神)의 조화로 단군(人神)이 태어났으니 이는 삼신사상으로 짜인 이야기입니다. 여기서 3조선 개념도 나왔다고 볼 수 있습니다. 아니, 3조선 개념은 단재 신채호가 이룩한 위대한 발견인데 단군신화에 이미 3조선이 나온다고요? 그렇습니다. 단군신화에 이미 3조선인 조선과 배달과 말갈이 나와 있습니다.

3신사상	단군신화		3조선
하늘 (天神)	환웅 (아버지)	밝닭 → 홝앍 배달 환웅	배달
땅 (地神)	웅녀 (어머니)	닭맑닭 → 읽맑닭 → 읽맑좕 → 맑좕 → 맑앍 투메트 곰딸(웅녀) 예맥족 맥족 말갈	말갈
사람 (人神)	단군 (아들)	닭닭 → 닭좕 → 좕삵 뎐독 단군족 **조선**	조선

이는 매우 놀라운 일입니다. 그러나 단군신화가 3신사상에서 왔다면 거기서 3조선이 나오는 것은 어쩌면 당연합니다. 다만 우리 생각이 여태 거기까지 못 미쳤습니다.

그리고 또 놀라지 마십시오. 3조선에서는 3가지 일들을 각각 분업한 것으로 보입니다. 전체가 하나된 아주 이상적인 나라(우주)가 아닐 수 없습니다. 조선이 괜히 셋으로 나뉜 것이 아님을 알 수 있습니다.

3조선	말 풀이	담당
조선	닭닭 → 좌닭 → 좌삵 던독 지껄이다 조선	종교
배달	밝닭 → 밝닭 배달 배우다 밝히다	학문
말갈	맑닭 → 맑삵 → 맑앍 맹갈다 무술 무사 말갈	생산, 국방

3. 천부경 풀이

단군신화는 천부경에서 우리 겨레의 철학사상으로 더 구체화되었습니다.

묘향산본	一始無始一 析三極無盡本 天一一地一二人一三 一積十鉅無匱化 三天二三地二三人二 三大三合六生七八九運 三四成環五七 一妙衍萬往萬來用變不動本 本心本太陽 昻明人中天地一 一終無終一	일시무시일 석삼극무진본 천일일지일이인일삼 일적십거무궤화 삼천이삼지이삼인이 삼대삼합육생칠팔구운 삼사성환오칠 일묘연 만왕만래용변부동본 본심본태양 앙명인중천지일 일종무종일
민안부본	一始無始一 新三極無盡本 天一一地一二人一三 一積十鉅無匱從 三天二三地二三人二 三大氣合六生七八九衷 三四成環五七 一妙衍萬往萬來用變不動本 本心本太陽 昻明人中天地一 一終無終一	일시무시일 신삼극무진본 천일일지일이인일삼 일적십거무궤종 삼천이삼지이삼인이 삼대기합육생칠팔구충 삼사성환오칠 일묘연만왕만래용변부동본 본심본태양 앙명인중천지일 일종무종일

(1) 민안부본 천부경을 풀어 봅니다.

1) 푸는 품새

1. 이는 우리말의 차례로 적었을 것이므로 '주어+목적어+술어' 의 차례로 푼다.
2. 그렇게 못 푸는 것만 한문의 차례인 '주어 + 술어+목적어' 의 차례로 푼다.
3. 본문을 너무 신비롭고 어렵게 생각하지 않고 쉽게 생각한다.

2) 풀이

천부경天符經

닭밝닭 →	닭밝앍 →	핡밝앍 →	앍밝앍
두루배달 드라비다 티베트	텬부경天符經	하늘풀이글	안파견글

一始無始一(일시무시일)

> 하나는 비롯됨이 없는데 비롯되어 하나가 되었니라.
> 한별은 비롯됨이 없는데 비롯되어 한별이 되었니라.
> 우주는 비롯됨이 없는데 비롯되어 우주가 되었니라.

新三極無盡本(신삼극무진본)

> 선명한 삼극은 없어졌다가 나타났다가 하는 것을 바탕으로 하느니라.
> 선명한 삼재는 없어졌다가 나타났다가 하는 것을 바탕으로 하느니라.
> 新 = 斤(도끼 근) + 木 + 辛(音)
> '나무를 베어 장작으로 하다' 의 뜻('辛' 은 '베다' 의 뜻)
> 벤 단면이 선명한 데서 파생하여. '새롭다' 의 뜻도 나타냄

天一一地一二人一三(천일일지일이인일삼)

> 하늘은 그 첫 하나요 땅은 그 첫 둘이요 사람은 그 첫 셋이니라.
> 하늘은 첫 우주요 땅은 둘째 우주요 사람은 셋째 우주니라.

一積十鉅無匱從(일적십거무궤종)

하나가 쌓여 열이 되고 다 큰 것은 없어졌다가 생겼다가 하느니라.
조금씩 쌓여 가득하면 다시 없어졌다가 나타났다가 하느니라.

鉅 : 大也, 鉤(갈구리 구)也, 강한 쇠 거
匱 : 匣也 다하다, 없다

三天二三地二三人二(삼천이삼지이삼인이)

세 하늘이 둘이요 세 땅이 둘이요 세 사람이 둘씩이면
세 하늘과 세 땅과 세 사람이 둘씩이면

三大氣合六生七八九衷(삼대기합육생칠팔구충)

세 큰 기운이 겹쳐 여섯이 생기고 일곱 여덟 아홉이 나오느니라.

三四成環五七(삼사성환오칠) — *이곳의 풀이가 가장 분분하다.

셋에서 넷이 생기고 거기에 꼬리 물려 다섯과 일곱이 되느니라.
셋에서 하나를 더하면 넷이 되고, 셋에서 둘을 더하면 다섯이 되고, 셋에서 넷을 더하면 일곱이 되느니라. (3+1×1=4, 3+1×2=5, 3+1×4=7)

一妙衍萬往萬來用變不動本(일묘연만왕만래용변부동본)

하나가 묘하게 넘쳐 끝없이 넘나들어 쓰이며 바뀌어도 본디 그대로니라.
자연은 묘하게 넘쳐 끝없이 넘나들어 쓰이며 바뀌지만 본디 그대로니라.

衍 : 빽빽하다 물넘치다

本心本太陽(본심본태양)

바탕은 마음이요 바탕은 해이리니
근본은 사람의 마음이요, 우주의 근본은 태양이리니

昻明人中天地一(앙명인중천지일)

높고 밝은 사람과 가운데의 하늘과 땅은 하나니라.
생명과 하늘과 땅은 늘 하나니라.

一終無終一(일종무종일)

하나는 끝이 없지만 끝나서 하나가 되었느니라. 한별은 다함이 없지만 다하여 한별이 되었느니라. 우주는 다함이 없지만 다하여 우주가 되었느니라.

(2) 부분 풀이에 대한 보충 설명

新三極無盡本(신삼극무진본)

이제까지의 한문식 풀이	새롭게 생긴 세 모습은 바탕이 다함이 없다. '無盡' 을 서술어(다함이 없다)로 본다. '盡' 을 '끝終' 으로 푼다.
우리말 어순의 새로운 풀이	선명한 세 모습은 없어졌다가 나타났다가 하는 것을 바탕으로 하느니라. '新' 은 '새롭다' 보다는 '선명하다' 로 풂이 옳다. '無盡' 을 목적어로 보고 '本' 을 서술어로 본다. '無' 와 '盡' 은 서로 맞서는 이름씨꼴로 본다. 無－없음 盡－있음(없어졌다 나타났다가 하는 것) '盡' 은 皆也(모두 개)

(3) 천부경이 우리말 차례로 적혔음이 증명되는 부분

三大氣合六生七八九衷(삼대기합육생칠팔구충)
세 큰 기운이 겹쳐 여섯이 생기고 거기서 일곱 여덟 아홉이 나오느니라.

三大氣 合 六 生 七八九 衷 (주어) (서술어) (보어) (서술어) (주어) (서술어) 우리말 어순 '주어－목적어, 보어－서술어' 에 맞다.
* 한문식으로 적었다면 三大氣 合 生 六 衷 七八九 (주어) (서술어) (서술어) (보어) (서술어) (보어)

(4) 우리말 차례에 안 맞는 글월

우리말 차례에 안 맞는 한문식(漢文式) 문장은 뒷날 고쳐졌을 가능성이 높습니다.

〈한문식 어순으로 된 부분〉		〈우리말 어순에 맞게 고쳐 보면〉
三四成環五七	→	三四成, 五七環
一妙衍萬往萬來用變不動本		一妙衍萬往萬來用變本不動

(5) 푼 뒤의 느낌

1. 하늘과 땅과 사람은 하나다.
2. 우리 겨레는 본디 3진법을 썼다.
3. 하나에서 아홉을 푼 것이지 복잡한 큰 숫자를 푼 것이 아니다.
4. 한문 말 차례를 따른 몇 문장은 뒷날 손본 것이 아닌가 한다.

천부경에서 하늘과 땅과 사람인 삼재가 나오고, 셋은 완성된 수로서 다시 큰 하나가 된다고 했으니, 이는 삼태극사상이죠. 삼태극사상은 우주의 중심에 나를 놓는 위대한 우주관이며 생명철학입니다.

4. 그릇의 역사

우투리님, 우리 조상의 첫 창작 예술품이 빗살무늬 질그릇(토기)이라고 하잖아요? 이는 크게 보면 비슷한 꼴의 그릇이지만 하나하나가 만든 사람의 생각이나 미의식이 스며 있기 때문입니다. 바닥이 삐죽하게 생긴 이 작품은 보는 바와 같이 그릇 겉에 소박하게 빗살무늬를 그어 넣어서 '빗살무늬질그릇' 이라는 이름을 얻게 되었지요.

이 그릇이 나오면 그곳은 바로 우리 조상의 옛터라고 추정할 수 있는 아주 소중한 유물입죠. 고인돌과 비파형 동검도 마찬가지입니다.

이 질그릇을 어째서 우리 조상의 첫예술품이라 할 수 있을까요? 제가 알기로는 이 그릇 이전에는 돌도끼 등등의 석기들이 있었는데 예술품으로 인정받기 어렵습니다. 최근에 발굴된 내몽골의 울라하다밝(紅山文明)에서 이 빗살무늬질그릇이 쏟아져 나왔습니다. 그러므로 홍산문명은 우리 조상이 이룩한 문명일 가능성이 매우 높습니다. '울라하다밝' 은 제가 '홍산문명' 을 우리말로 지어 붙인 이름입죠.

밝닭 ----------	밝닭밝		
배달 ↘	배달밝 ↘		
왉닭	왉닭밝 →	휡삵밝	
울라하다	울라하다밝	홍산밝 → 홍산문명(紅山文明)	

빗살무늬질그릇의 연대가 측정되면서 우리 겨레의 시베리아 기원설에 중대한 변화가 일어나기도 했습니다. 시베리아 그릇이 우리 것보다 약 천년이 뒤진다는 것이 밝혀지면서, 우리 겨레가 거기서 이리로 온 것이 아니라, 여기서 그리로 간 것이 밝혀진 셈이죠.

〈빗살무늬질그릇의 역사〉(최근 국립중앙박물관 도록에도 반영됨)

* 홍산지역 사해, 흥융와유적 BC 6000
* 연해주 카마신석기유적 BC 6000
(강인호 북경대, 2004. 6.24~26적봉북방문화학술대회)
* 강원 양양군 오산리유적 BC 6000
* 부산 동삼동 조개무덤 BC 6000
* 시베리아, 동유럽 지역 BC 5000(선문대 이형구)

농경이 시작되면서 이 그릇에 곡식이나 음식을 담았을 것입니다. 끝이 뾰족한 것으로 보아 아마도 땅에 끝을 묻어 놓고 썼겠죠.

질그릇의 역사로 볼 때 저는 우리 겨레의 역사를 약 1만년으로 잡는 것도 아주 엉터리로 보지 않습니다. 빗살무늬질그릇 뒤에 나타난 그릇이 무늬없는질그릇입니다. 이는 기원전 15세기부터 나타나서 기원전 3세기까지 이어졌습니

무늬 없는 질그릇

돌 절구

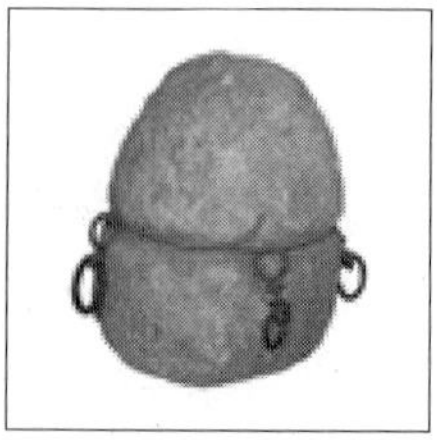
돌 달구(토지주택박물관)

다. 이는 용도에 따라 다양한 형태로 제작되었다는 면에서 빗살무늬토기보다 발전된 모습이라고 볼 수 있죠.

그런데 제가 여기서 더 관심을 가지는 것은 그때 우리 할배들은 이 그릇을 만들어 놓고 그 이름을 무엇이라 불렀을까 하는 거예요. 이 물음을 풀려고 저는 갖가지 그릇의 이름들을 훑어보았습니다.

다음은 오늘날 우리가 쓰고 있는 절구의 모습입니다. 오늘날 우리가 쓰고 있는 모든 연모나 그릇의 모양은 이미 신석기시대에 다 만들어진 것이라는 말도 있잖아요? 연모의 모습은 그때 거의 다 굳어져서 예나 지금이나 같은데 그 감이 돌에서 쇠로 바뀌었을 뿐이라는 것이죠.

저는 이 '절구'를, 모양이나 쓰임새로 보아 그 이름이 옛날과 별로 다르지 않다는 생각을 하고 있어요. '절구'는 닭을 말뿌리로 하는 '달구'에서 온 것으로 보입니다. 달구는 땅을 다지는 도구이기도 합니다.

닭 → 잙
달구 절구
[ㄷ] → [ㅈ] (※입천장소리되기)

내가 어릴 때 우리 어매가 된장을 끓이던 그릇에 '투가리'가 있어요. 곳에 따라 '뚜가리' 또는 '뚝배기'라고도 하는데 그 중 뚜가리도 '달구'와 말뿌리가 같습니다.

닭 → 잙
투가리 뚜가리 → 달구 둘개이 절구

광주리를 '둘개이'라고도 했는데 이도 '달구'와 크게 다르지 않습니다.

둘개이(표준말 광주리)

뚜가리(투가리)

다래끼

'뚜가리' 와 비슷한 이름의 그릇에 또 '다래끼' 가 있기도 해요. 이와 같은 이름은 모두 '닭' 에서 온 말이죠. '다래끼' 는 싸리나무 회초리로 엮은 그릇으로, 우리 할매가 옆구리에 끈으로 매어 차고 다니며, 양대 꼬투리, 팥 꼬투리 등 곡식을 담던 그릇이죠. 큰 다래끼에는 소꼴도 베어 담아 왔죠.

닭 → 잙
다래끼 뚜가리 달구 절구

그러면 이런 그릇들의 말뿌리가 왜 모두 '닭' 에서 왔을까요? '닭' 은 곧 '단군' 이 아닙니까? 그 까닭은 아마 당시에 이런 그릇은 임금만이 쓸 수 있었던 귀한 것이기 때문이 아닐까 합니다. 거둔 먹거리는 일단은 단군이 이 그릇에 모아 저장해 두었다가 그의 지도에 따라 나누어 먹었을 것으로 보이는데, 그때 쓴 그릇의 이름이 '임금' 과 같은 이름인 '닭(달구르, 뚜가리, 달구, 다래끼)' 이 되었을 것이라고 생각하는 거죠. 그래서 나는 우리가 오늘날 '닭' 이라고 적는 이 말의 표준음이라고 볼 수 있는 '달구르' 나 '뚜가리' 또는 '달구' 가 빗살무늬질그릇의 본디 이름이라고 생각합니다.

빗살무늬 질그릇의 이름으로 추정되는 소리 : 닭[다르가르]
달구르 둘개이 달구 뚜가리

우투리님, '닭[뚜가리]' 다음에 '발우' 또는 '바리' 가 나왔는데, 이는 밥을 담는 그릇으로 보입니다. '발우' 는 '밝' 에서 왔죠. '닭' 도 임금(단군)이요, '밝' 도 임금(부라한)인데, 여기서 보아도 '닭' 이 '밝' 의 형님임을 알 수가 있지요. 백과사전에는 '발우' 를 풀이하는 데, 불교와 부처님 이야기와 많이 결부시키고 있습니다. 그러나 그림에서 보는 것처럼 이 그릇은 기원전 6천년으로 올라가니, 부처님은 기원전 6백년쯤에야 나투신 것을 모르고 하는 소리죠. 한자로

'발우(鉢盂)' 라고 적었지만 이는 한자 이전의 'ᄇᆞᆰ' 에서 나왔습니다.

ᄃᆞᆰ → ᄇᆞᆰ
다래끼 뚜가리 달구 절구 → 바구니 바랑 발우(鉢盂) 바루 바리 벼루

발우(鉢盂)는 절에서 부처 또는 승려들이 쓰는 밥그릇이다. 다음은 기원전 6천~4천년쯤 에 쓰인 토기로 울산광역시 신암리에서 나온 바리이다. 이는 덧무늬토기라고도 하는데 가는 끈 모양의 흙을 덧붙여 무늬를 낸 토기를 말한다. 승려들이 쓰는 발우로는 주로 나무로 만든 목발(木鉢)을 쓴다. 발우는 석존이 열반한 후 여러 나라로 전해졌으며, 바릿대 · 바리 · 바루 · 발다라(鉢多羅) · 바리때 · 발(鉢) · 응기(應器)로 부르기도 했으며 재료와 색상, 크기도 법에 따라야 하므로 응량기(應量器)라 한다.…

울산 신암리에서 캔 바리

— 두산백과

ᄃᆞᆰ[뚜가리]은 ᄇᆞᆰ[발우]이 되고, ᄃᆞᆰᄇᆞᆰ[뚝배기]이 되고, 이것이 고려시대에 청자기가 되고, 조선의 백자기로 발전해 왔군요. 뚜가리에서 출발한 빗살무늬 토기가 멀리 달려 온 길을 그려 보면 다음과 같습니다.

ᄃᆞᆰ	ᄇᆞᆰ	ᄃᆞᆰᄇᆞᆰ	ᄃᆞᆰᄃᆞᆰ	ᄇᆞᆰᄃᆞᆰ
ᄃᆞᆰ → ᄌᆞᆰ → ᄉᆞᆰ → ᄋᆞᆰ 뚜가리 달구 절구 자기 사기 옹기 토기土器 도구 독 瓷器 沙器 甕器	ᄇᆞᆰ 발우 鉢盂	ᄃᆞᆰᄇᆞᆰ → ᄎᆞᆰᄇᆞᆰ → ᄉᆞᆰᄇᆞᆰ 뚝배기 추바리 사발 沙鉢	ᄎᆞᆰᄌᆞᆰ 청자 青瓷	ᄇᆞᆰᄌᆞᆰ 백자 白磁

빗살무늬 질그릇에서 비롯된 찬란한 그릇의 역사는 고려청자와 이조백자에 와서 그 절정에 이르렀습니다.

그러나 임진왜란으로 나라가 초토화되고, 많은 도공들이 일본으로 잡혀가서 그 맥이 끊어지다시피 하였습니다. 그래도 많은 도공들이 다시 일어나 곳곳에서 불가마를 지피느라 땀 흘리고 있습니다.

5. 해모수와 뱀여인

해모수는 누구인가?

(1) 해모수는 주몽의 아버지

해모수는 누구죠? 고구려를 세운 주몽의 아버지입니다.

> 『구삼국사』와 『삼국사기』 고구려본기 건국신화 쪽에는, 해모수는 천제(天帝)의 아들로서 천제의 명에 따라 서기전 58년 오룡거(五龍車)를 타고 땅에 내려와 인간세상을 다스렸는데, 사람들은 그를 천왕랑(天王郞)이라 했다고 한다.
>
> 하루는 웅심산(熊心山) 가까이 사냥을 갔다가 하백(河伯)의 맏딸 유화(柳花)를 만나 꾀어 관계를 맺고, 하백을 찾아가 자신이 천제의 아들임을 입증하고 정식으로 유화와 혼인한다. 그러나 딸을 버릴까 저어해 하백이 대들자, 분개해 유화를 버리고 하늘로 올라가 버린다. 그 뒤 유화는 고구려의 시조 주몽을 낳았다 한다. 한편, 그는 천제로서 바로 흘승골성(紇升骨城)에 내려와 북부여를 세우고 부루(扶婁)를 낳았다는 말도 있다. 그런데 고구려 건국신화를 적은 가장 오래된 자료인 광개토왕릉비나 『위서(魏書)』에는 해모수가 안 나온다. 이는 본디 북부여의 시조로 전승되어 오던 것을 5세기쯤 고구려가 부여를 아우른 뒤 부여인을 달래려고 고구려의 건국신화와 결합, 재구성한 것으로 보인다. — 민족문화대백과(해모수)

위 글에서 해모수는 천제(天帝)의 아들로서 땅에 내려와 사람을 다스리다가 유화와 결혼하여 고구려를 세운 주몽을 낳았다고 했는데, 한편으로는 천제로서 흘승골성에 내려와 부여를 세우고 부루를 낳았다고도 하는군요. 그렇다면 여기서 해모수는 주몽의 생부(生父)가 맞는가 하고 학자연하며 논쟁할 수도 있습니다. 그러나 이는 주몽이 해모수가 세운 부여를 계승하여 고구려를 세운 것으로 해석하는 데 초점을 맞추어야 마땅할 것입니다.

해모수 → 주몽 부여 건국 고구려 건국	⇨	주몽은 해모수가 세운 부여를 계승하여 고구려를 세웠다.

(2) 해모수의 말뿌리

해모수는 가르맑닭에서 온 말인데 이는 '웅녀'로 풀리기도 하고 곰겨레(熊族)로 풀리기도 하죠. 웅녀는 본디 단군의 어머니입니다. 아니 그러면 웅녀가 고조선의 단군을 낳았는데 고구려의 주몽도 낳았다는 얘기가 아닙니까? 맞습니다.

가르맑닭	→	가르맑삵	→	가르맑좕	→	가르맑앍	→	하르맑삵
곰딸(웅녀)		곰씨가리 곰신 김씨		곰족熊族		곰겨레		호메로스
키메트 귀밑		쿠르마스 가메시						할마시 **해모수**

그런데 단군을 낳은 웅녀는 어머니(여성)인데 주몽을 낳은 해모수는 아버지(남성)이군요. 성 전환이 이루어졌다는 얘기인데 이는 당시 사회가 모계사회에서 부계사회로 바뀐 것을 뜻할 것입니다.

고조선 (계집사회) → 고구려 (사내사회)

어떻든 웅녀와 해모수가 말뿌리가 같다는 것은 고조선과 고구려가 같은 곰겨레(熊族, 濊貊族)라는 것을 뜻합니다. 또한 고구려가 고조선을 직접 계승한 것을 뜻하기도 합니다.

나라	고조선	고구려
건국자	단군	주몽
낳은이	웅녀(어미)	해모수(아비)
말뿌리	가르맑닭 → 가르맑삵 → 하르맑삵 곰딸(웅녀) 곰씨가리 해모수 할마시	

우투리님, 해모수의 말뿌리는 가르맑닭에서 왔다고 했는데 이는 궁극적으로 닭맑닭에서 왔다고 볼 수 있다고 했죠? 다음 표의 닭맑닭에서 나온 온갖 이름들은 3조선연방(단군조선, 배달조선, 왕검조선)의 하나인 왕검조선 또는 예맥족과 관련된 이름들입니다.

그러므로 여기에 나오는 낱말들은 예맥족, 곧 웅녀족이 누리에 남긴 흔적일 것입니다. 서사시 '일리아드'와 '오디세이'를 쓴 그리스의 호메로스, 몽골 게세르신화에서 게세르의 어머니인 쿠르마스, 게세르의 생모인 아르마질 잉카제국의 샤먼인 아르마스 등은 모두 웅녀입니다.

닭맑닭 → 닭맑삵 → 닭맑잙 → 삵맑잙 → 잙맑삵
투메트 토미리스 다물스칸 테무진 샤먼족 주몽족 ↘
동명성왕 두만선우
아르맑잙
예맥족
아르마질
가르맑닭 → 가르맑삵 → 하르맑삵 → 아르맑삵 ↗
곰딸(웅녀) 쿠르마스 까막수리 해모수 할마시 아르마스
키메트 귀밀 가메시 김씨 곰씨가리 호메로스 어마씨 임씨

(3) 해모수에서 나온 샤먼

무속신앙의 사제를 우리는 무당이라 하지만 범세계적으로는 '샤먼' 이라고 이르지요. 사람들은 이 샤먼이 어디서 왔는지 지대한 관심을 가지고 있습니다. 왜냐하면 샤먼은 인류문명의 처음을 장식한 샤머니즘의 사제(司祭)이기 때문입니다. 그러므로 샤먼의 뿌리를 찾는 것은 샤머니즘의 고향을 찾는 것과 같은 중대한 일입니다.

… 그렇다면 과연 '조선 천독' 이 동북아에 있던 그때가 언제쯤인지 궁금하다. 산해경은 적어도 3천 년 전의 이야기를 다루고 있으니 '조선 천독' 의 상한이 4천 년 전인지 5천 년 전인지 모른다. 이 문제는 사실 종교 학계의 오랜 논쟁인 만주-퉁구스어의 샤먼(Shaman : '아는 이' 라는 뜻)과 아리안 산스크리트어의 사만(Saman : 본뜻은 도 닦는 자, 퇴마사)간에 이 어휘를 누가 누구에게 빌렸느냐가 알맹이다. 만일 고대 조선 천독의 샤먼이 불교 전래로 인한 아리안어 '사만(沙門)' 이라면 우리 '박수(男巫)' 나 만주 Baxi(무당)도 BC 6세기 인도 불교의 Bikshu, 男僧에서 온 말일까? 아니면 그 정반대로 인한 결과일까.[126]

그런데 '샤먼' 은 주몽, 할미, 호무, 해모수 따위와 함께 닭맑닭에서 왔습니다. 이들은 모두 3조선연방(단군조선, 배달조선, 왕검조선)의 하나인 왕검조선의 무당(司祭)들입니다. 다시 말해서 고조선의 '웅녀' 에서 '샤먼' 이 나왔다는 것입니다.

닭맑닭 → 삵맑닭 → 잙맑닭 → 핡맑닭
닭맑닭 ↗ 두만당 두만 샤먼당 샤먼 주몽당 주몽 할미당 할미 ↘ 앍맑삵
투메트
타무딕 ↘ 닭맑삵 → 삵맑삵 → 잙맑삵 → 핡맑삵 ↗
퇴마사 퇴마 수미산 샤먼 주마산 주몽 해모수 호무
곰씨(웅녀)
왕검조선
어마씨 어미 임

126) 〈두마당〉 '7. 동이와 텬독' 의 각주 38)에 이미 나온 내용입니다.

우투리님, 우리가 그토록 찾던 '샤먼'의 고향이 왕검조선의 '웅녀'인 것으로 밝혀졌으니 이 어인 일입니까? 잃어버린 역사의 큰 부분이 또 복원되는 순간입니다.

위의 '호무'는 흉노족의 무당 이름입니다. 이는 해모수(호메로스) 또는 할마시에서 나온 '할미'인데, 그리스의 서사시 작가 '호머(호메로스)'도 모두 말뿌리가 같은 '샤먼'입니다.

우리말에 '샤먼'과 거의 같은 말이 없는 것은 아닙니다. 어떤 사람이 신기(神氣)가 있는 경우 '살매 들렸다.'는 말이 있는데 여기서의 '살매'가 '샤먼'과 같은 말입니다. 다음에서 보면 오히려 '살매'가 '샤먼'보다 선배임을 알 수 있습니다.

닭맑 →	삵맑 →	잚맑 →	핡맑 →	앍맑
다물 → 두만	살매 → 샤먼	주몽 → 추모	할미 → 호무	어멍 → 어미
(ㄹ → Ø)	(ㄹ → Ø)	(ㅇ → Ø)	(ㄹ → Ø)	(ㅇ → Ø)

우리 도교의 신이 서왕모(西王母)인데 이도 성황모(성황당 어미신), 정견모주(수로왕을 낳은 모신)이며 '샤먼'입니다. 이들은 모두 '단군의 어머니'로도 풀립니다.

닭맑 →	삵맑 →	삷맑 →	잚맑 →	핡맑 →	낡맑 →	앍맑
檀君母 두만	서왕모 샤먼(神母)	성황모	정견모주 주몽	할미	님	임

샤먼의 말뿌리가 같은 말을 다 늘여놓으면 다음과 같은데 그 중 가장 선배 소리는 두마칸, 덕만 또는 다물(多勿)입니다. 가장 후배는 '어미' 또는 '임(主)'입니다. 이런 '샤먼'과 같은 수많은 이름들은 샤머니즘의 고향이 어디인가를 말하고 있지 않을까요?

닭맑 →	삵맑 →	잚맑 →	핡맑 →	앍맑
덕만 동명 다물 두만	살매 승만 신명	주몽 추모 짐	할미 호무	왕검 어미 임
두마칸 티무르 퇴마	솔로몬 서왕모 샤먼	정견모주 즈믄	휴먼 호머	임금 왕모 곰

덕만(신라 선덕여왕) 동명(부여 건국) 다물(고조선 무당) 두만(흉노 황제) 두마칸(동명왕) 티무르(징기스칸 후손) 퇴마(퇴마사) 살매(우리나라 神) 승만(신라 진덕여왕) 샤먼(무당) 서왕모(도교의 신) 솔로몬(이스라엘 임금) 주몽(고구려 건국) 추모(주몽) 짐(유럽 임금) 정견모주(김수로왕 낳음) 할미(제주 무당) 호무(흉노 무당) 호머(그리스 무당) 왕검(임금) 어미(母) 임(主) 왕모(서왕모) 곰(神)

뱀여인은 누구인가?

(1) 뱀여인에게서 태어난 스키타이족

1) 스키타이의 기원에 관한 전설

김정민님은 헤로도토스가 〈역사〉에서 스키타이의 기원에 관한 전설을 다음과 같이 적고 있다고 소개합니다.

헤라클레스와 뱀여인

옛날 타르그타이가 깜빡 잠이 들었다가 그의 말을 잃어버렸다. 말을 찾아 나선 그는 동쪽으로 계속 갔는데 그곳에서 상반신은 사람, 하반신은 뱀의 꼴을 한 여인을 만났다. 타르그타이가 뱀여인에게 '혹시 임자 없는 말을 보지 못했소?' 하고 묻자 '네, 봤습니다. 제가 매어 두었습니다.' 하고 대답했다. 그 말이 자기 말이라고 하면서 돌려달라고 하자 그는 잠자리를 같이 하면 돌려주겠다고 되받는다. 이들은 같이 살면서 세 아들을 두는데 리폭사이, 아르폭사이, 콕락사이이다. 그 뒤 타르그타이는 뱀여인을 떠나 고향으로 가버리고 세 아들이 커서 스키타이를 3부족으로 나누어 다스리게 된다. – 〈역사〉

이 3삭(스키타이)이 오늘날 카자흐 민족을 3분하는 3주스의 기원이 아닌가 추측되는데… 우리가 먼 유럽의 신화로만 여겨 왔던 그리스신화의 헤라클레스가 한국의 신화와 연관이 있는 스키타이족을 구성하는 데서 나왔다는 것도 신기하지만 … 세 아들이 삭족, 즉 환단고기에서 말하는 색족(色族)을 구성했다는 뜻이 된다. 이 신화를 카자흐인들도 알고 있었지만, 서양 지향적인 역사 해석으로 인해 모두들 헤라클레스에만 초점이 맞추어져서 헤라클레스와 동침한 뱀여인에게는 관심이 없었다.[127]

이 뱀여인은 스키타이의 국모신이며 제정일치시대의 제사장인데 이는 아마 우리 역사에서 단군을 낳은 웅녀와 같은 존재일 것입니다. 여기 뱀여인과 동침한 헤라클레스는 당시 북방민족의 족외혼 흔적일 것입니다. 그리스에는 도리안계가 일찍부터 살고 있었는데, '도리안' 이란 '단군족' 을 뜻하는 것으로 풀립니다. 그때는 모계사회(결혼제도 없음)이니 부계(父系)는 중요하지 않으므

127) 김정민, 《단군의 나라 카자흐스탄》(글로벌콘텐츠, 2015) 250쪽

로 '타르그타이' 는 잉태 후 자연스레 떠납니다.

2) 뱀여인은 창조신

(가) 환단고기에 나오는 창조신 여와

환단고기에 나오는 여와도 스키타이의 창조신 뱀여인과 같은 것으로 추정됩니다. 다만 스키타이의 뱀여인은 스키타이를 낳는데 환단고기의 여와는 뭇 생명과 사람을 낳습니다.

> 그러던 중 우연히 환단고기에 나오는 '여와' 라는 인물이 이 여인과 비슷함을 알았다. 여와는 조금 독특한 인물인데 실존 인물로서 배달국 5번째 환웅인 태우의(太虞儀, BC 3511~3420)의 딸이다. 또한 신화로 전해지는 여와는 인간을 창조한 신으로서 첫째날 닭을, 둘째날 개를, 셋째날 양을, 넷째날 돼지를, 다섯째날 소를, 여섯째날 말을, 일곱째날 황토로 인간을 만들었다고 한다. 또한 그는 그가 창조한 생명체들이 다른 신에 의해 홍수로 멸절 위기에 있을 때 인류를 홍수로부터 구한 신이기도 하다. 이 여와가 한 일은 정확하게 기독교 성경에 나오는 여호와와 같다. 인간을 창조하고 7일만에 쉰 것이나 노아로 하여금 인류를 홍수로부터 구한 것이 같으니 한국 신화에 나오는 '여와' 와 성경에 나오는 '여호아' 는 같은 인물일 가능성이 높다.[128]

	천지 창조	인간 창조	신화	장소
여와	천지창조(7일)	진흙으로 창조	홍수신화	아시아
여호아	천지창조(7일)	진흙으로 창조	홍수신화	중동
에아	지구환경 개선	DNA조작으로 창조	홍수신화	수메르

(나) 도교의 창조신 서왕모

서왕모(西王母)는 도교의 주신(主神)이기도 하지만 무속신앙의 '샤먼' 과 같은 이름입니다. 결국 '서왕모' 든 '성황모' 든 '샤먼' 이든 이들은 성황당의 무당이었음을 알 수 있습니다.

닭맑 → 삵맑 → 삻맑 → 좕맑 → 핡맑 → 왉맑
다물 동명 **샤먼** **성황모 서왕모** 주몽 할미 호무 호머 왕모 임금

128) 김정민, 《단군의 나라 카자흐스탄》(글로벌콘텐츠, 2015) 252쪽

서왕모도 여와처럼 모든 생명을 낳습니다. 옆의 그림에서 서왕모를 가운데 앉히고 주위에 사람, 3족오, 구미호, 용(서왕모가 베고 앉은 동물), 두꺼비, 토끼들을 놓은 것은 서왕모가 이런 모든 생명들을 창조하고 관장한다는 뜻으로 풀립니다. 서왕모가 용(龍)을 깔고 앉은 것으로 보아 그는 틀림없이 뱀여인입니다. 뱀에서 용이 나왔기 때문입니다.

전한 (BC221～AD220) 사천성 출토 화상석의 서왕모

(2) 온누리에 퍼진 창조신 뱀여인

1) 뱀여인은 스키타이의 흔적

뱀은 지혜의 동물이며 다산을 상징하여 북방 민족에게서 일찍이 숭배되었을 것입니다. 그것이 스키타이의 '뱀여인' 의 기원이 된 것으로 보입니다. 스키타이의 창조신 '뱀여인' 은 스키타이의 세계로의 진출과 함께 온누리로 퍼져 북방민족의 흔적으로 남아 있는 것으로 보입니다.

다음의 여러 사진들은 세계에 퍼진 뱀여인(복희와 여와) 사진입니다. 〈그림1〉은 이집트 곱트교회 벽에 새겨진 뱀여인의 모습을 누가 옮겨 그린 것이고, 〈그림2〉는 성서에 나오는 '야훼' 입니다.

이집트 곱트교의
복희와 여와〈그림1〉

고대 히브리인들의 야훼 〈그림2〉

〈그림3〉은 투르판의 무덤에서 나온 '복희와 여와' 이고, 〈그림4〉는 티베트의 여와형 불상이고, 〈그림5〉는 후한 그림돌(畵像石)에 새겨진 '복희와 여와' 모습입니다. 이들은 모두 창조신인 '뱀여인' 을 표현한 것입니다.

복희와여와
(투르판)〈그림3〉

여와형 황동 불상
(티베트)〈그림4〉

화상석의 복희와 여와
(후한)〈그림5〉

2) 비늘 갑옷의 개마무사가 된 뱀여인

스키타이인들은 뱀의 비늘 모습의 갑옷을 입고 전장에 나아갔습니다. 그들은 말에게도 갑옷을 입혀 긴 창을 들고 적진에 달려갔는데 이들을 '개마무사' 라 합니다. 스키타이를 '기마민족' 이라고 부르는 것도 '개마무사' 에 기인합니다. 이 개마무사들이 유럽으로 몰려갔을 때 이를 처음 본 유럽인들이 놀라서 '뱀여인' 으로 착각했을 것입니다. 뱀여인은 스키타이의 위세를 등에 업고 점차 파괴의 신, 전쟁의 신(神)이 되기도 하였습니다.

다음 그림〈1〉은 카자흐스탄 유적 쿠르칸에서 나온 황금갑옷을 인형에게 입힌 모습입니다. 그림〈2〉는 뱀여인으로 추정되는 얼음공주[129]가 황금갑옷을 입고 출정한 모습입니다.

그림〈1〉 황금인간 복원상
(카자흐스탄 아스타나 박물관)

그림〈2〉 얼음공주 출정도
(카자흐스탄 아스타나 박물관)

129) 카자흐스탄 쿠르칸에서 발굴된 여황제로 추정되는 미라

카자흐스탄 역사책에 훈족 병사라고 해서 묘사된 전사들의 복장을 보면 하나같이 고구려의 개마무사를 연상시키고 있는데 … 이러한 갑옷은 알타이-투르크 민족만이 가지고 있던 특징으로 보인다. 왜냐하면 중국(漢族이 세운 국가)이나 유럽인은 이러한 형식의 갑옷을 입지 않았기 때문이다. … 말에게까지 철갑옷으로 무장시키는 것은 고구려, 가야만이 가지고 있던 방식으로 알고 있었는데 투르크인들도 같은 제조 방식을 가지고 있었던 것이다. 당시 철기군은 현대판 F-22와 같은 것으로 절대로 남에게 그 기술을 전파해 주지 않았다. … 투르크 민족이 우리와 친연성이 얼마나 높았는가를 알 수 있다.[130]

고대 수메르문명 시절 언급된 주시자와 고대 그리스신화에 나오는 시렌, 성경에 나오는 미카엘의 공통점은 모두 깃털로 된 옷 또는 몸을 가지고 있다는 것이다. 이렇게 묘사된 이유는 문명적으로 낙후된 원주민들이 동방에서 이주해 온 선진 문명을 가진 비늘 갑옷을 입은 기마민족을 보고 '새 인간' 또는 신(神), 천사 등으로 묘사하고 시간이 지나면서 사람들의 상상력이 더해져 전설이 탄생한 것이 아닌가 생각된다.[131]

3) 창조신 뱀여인의 뱀이 황제의 용(龍)이 되다

뱀여인은 제정일치시대(모계사회)의 제사장이었는데 부계사회로 넘어오면서 황제가 됩니다.

뱀신앙에서 나아간 용(龍)

세종대왕상(용포에 용이 그려짐)

뱀여인의 뱀은 차츰 용(龍)이 되면서 남성인 황제를 상징하는 신령한 동물로 바뀝니다.

이때 성전환이 있었는데 모계사회에서 부계사회로 되었다는 뜻입니다.

4) 새가 된 뱀여인

뱀의 비늘은 새의 깃털과 비슷해서 새가 되기도 합니다. 물론 고구려의 세 발 까마귀도 이와 관련이 있습니다. 새(鳥)는 하늘의 뜻을 전하는 신(神)인데, 여기서 봉황무늬가 나왔을 뿐만 아니라 새를 받드는 신앙과 솟대를 세우는 풍습이 생겼을 것입니다.

130) 김정민, 《단군의 나라 카자흐스탄》(글로벌콘텐츠, 2015) 63~68쪽
131) 김정민, 위의 책, 260쪽

타락천사상
'금지된 신의 문명1'

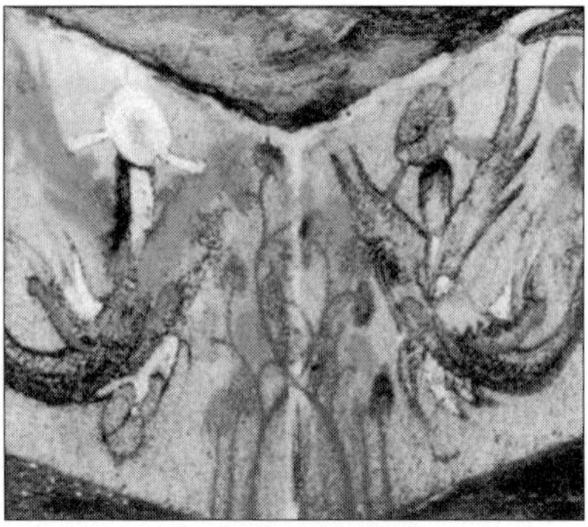

쌍영총의 복희와 여와
새처럼 묘사되고 있다.

이집트 세트신
새의 부리와 깃털 묘사

5) 성모(聖母)가 된 뱀여인

뱀여인은 창조신이므로 천지를 창조하기도 하고 인간을 낳기도 합니다. 그가 위대한 이를 낳으면 성모(聖母)가 되고 성신(聖神)이 되었을 것입니다.

마야부인 출산상
(파키스탄 3세기)

마야부인 출산상
(네팔 7세기)

로마 피에타
(미켈란젤로 1496)

성모마리아와 아기예수
(오스트리아 1660년쯤)

6) 웅녀와 단군

우리 민족의 시조 단군을 낳은 웅녀도 성모(聖母)이면서도 모신(母神)이 되는 것은 당연합니다.

다음 첫 사진은 수메르의 샤먼상입니다. 그 옆의 웅녀상은 홍산문명의 본고장인 우하량에 최근에 세워진 돌로 만든 작품입니다. 이들은 모두 치맛자락에 나뭇잎 같은 치장을 하고 있는데 이는 옆의 단군영정(대종교 소장)도 같은 모습입니다. 그런데 이는 신수(神樹)의 나뭇잎일 수도 있고, 스키타이족 창조신인 뱀여인의 비늘일 수도 있고, 삼족오의 새털일 수도 있습니다. 그 옆의 단군영정(현정회 소장)은 신단수의 나뭇잎이나 뱀여인의 비늘이나 삼족오의 깃털을 완전히 벗은 뿌리 잃은 단군상으로 볼 수 있습니다.

수메르 샤먼상
(바그다드박물관)

우하량 웅녀상
(내몽골)

단군영정
(대종교 소장)

단군영정
(현정회 소장)

(3) 마사게트족의 여전사 토미리스는 누구인가?

1) 마사게트족은 누구일까?

마사케트족은 헤로도토스의 〈역사〉에 스키타이의 일파라고 합니다. 마사게트의 여제(女帝) 토미리스는 페르샤의 절대 황제 키루스를 참수시킨 용맹한 여황제로 소개합니다.

토미리스는 헤로도토스의 《역사》에 나오는 키루스 2세를 죽인 스키타이족 일파 마사게타이족의 여왕이다. 토미리스는 후대 그리스인들이 붙여준 이름이며, 그녀의 남편 이름은 밝혀진 바 없다. 헤로도토스의 '역사'에 따르면 키루스 2세가 마사게타이 정벌 당시 그녀의 아들을 포로로 잡았고, 그녀의 아들이 수치심에 못 이겨 자살한 것에 격분해 토미리스 여왕이 키루스 2세를 죽여 피가 가득 찬 주머니에 그의 머리를 담궜다고 전한다. 세계 첫 여왕으로 추정되지만, 그녀의 정확한 나이, 이름 등은 밝혀지지 않았다. – 위키백과(토미리스)

'마사게트'는 '스키타이'보다 더 '우두머리' 스키타이를 뜻합니다. 그러므로 이는 스키타이에서 파생된 스키타이를 말하니, 헤로도토스의 말이 정확합니다.

닭닭 → 맑닭닭 → 말닭잙 → 맑앍잙
뎐독 머리뎐독 무당족 말갈족
↘ 삵닭 ↘ 맑삵닭
스키타이 머리스키타이 마사게트

2) 여전사 토미리스

토미리스는 놀랍게도 웅녀, 가메시, 해모수로 풀립니다.

↗ 삵맑닭 → 잙맑닭 → 핡맑닭 → 앍맑닭 → 가르맑닭 ↘
사먼당 주몽당 할미당 임당 곰딸(웅녀)
닭맑닭 가르맑삵
투메트 가메시 곰씨
↘ 닭맑삵 → 삵맑삵 → 잙맑삵 → 핡맑삵 → 앍맑삵 ↗
토미리스 수미산 주마산 해모수 어마씨

다음 사진은 각각 토미리스상의 앞면이고 옆면입니다. 힘찬 물소를 타고 있는 모습이며 표범 두 마리가 토미리스의 신검(神劍)을 입에 물고 있습니다.

마사게트의 여전사 토미리스 동상 (카자흐스탄 아스타나)

3) 개마무사는 누구인가?

고구려의 철갑기병을 개마무사라 합니다. 말에게도 갑옷을 입혔다는 뜻인데 당시 고구려는 이 개마무사로 인해 천하무적이었습니다.

개마(鎧馬) = 鎧(갑옷 개) + 馬(말 마)

개마(鎧馬)는 평양에 있는 고구려 개마총(鎧馬塚)에서 온 말입니다. 이 무덤은 1916년에 조사되는데 천장 행렬도의 '무덤주인이 개마를 탄 모습(塚主着鎧馬之像)' 이라는 명문으로 인해 개마총으로 불리게 됩니다.

개마(鎧馬)는 개마(介馬)라고도 적으며 기마(騎馬)와도 비슷한 소리입니다. 개마고원(蓋馬高原)의 개마(蓋馬)와도 비슷합니다. 이는 한자의 무슨 뜻보다 어떤 소리에 귀를 열어야 하지 않을까 생각합니다. 이는 '곰(웅녀)' 이며 '가미' 입니다.

개마(鎧馬, 介馬, 蓋馬) ⇄ 기마(騎馬) ⇄ 곰 가미 곰 김

그러므로 개마무사란 웅녀의 무사, 곰(神)의 무사이니 이는 곧 고조선, 고구려의 무사가 됩니다.

고구려 삼실총 개마무사

고구려 쌍영총 개마무사

가야 기마인물형토기

신라 기마인물형토기

카자흐스탄의 중세시대에 있던 유목민 중에 키맥족이 있었는데 이들의 검이 고구려의 환두대도와 비슷한 모습이며, 이 검에 장식된 인물상이 서왕모의 인상을 풍기고 있어 신비롭다. … 환단고기의 12환국 중 구막한국(寇幕汗國)과 소리가 비슷한 것으로 보아 키맥족과

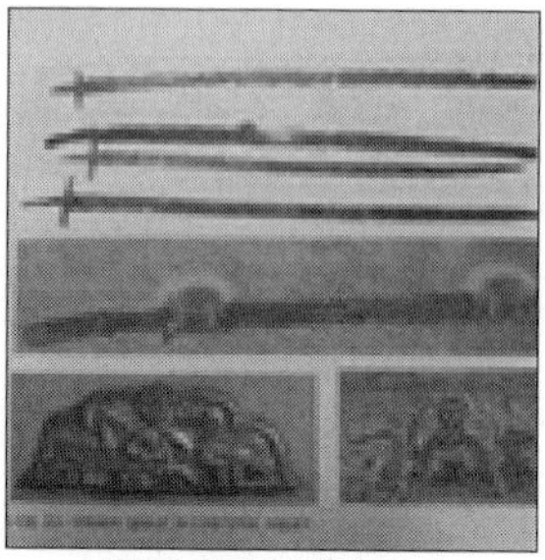

〈검에 새겨진 서왕모상〉

구막한국은 같은 나라이며 상고시대 전부터 이미 있었을 것으로 보인다.

흥미로운 것은 이들 키맥족 무사의 복장이 고구려, 가야, 훈족, 캉르의 복장은 물론 심지어 중원을 통일했던 진(秦)과도 비슷한 것으로 보아 이들이 언젠가 몽골고원을 지나 카자흐스탄으로 들어온 것이 아닌가 추측된다.[132]

키맥족의 검에 새겨진 서왕모상은 우리의 환두대도의 칼잡이 부분에 새겨진 봉황(새)무늬와 대비됩니다. 그런데 서왕모든 봉황이든 이들은 신격(神格)이므로 이것이 새겨진 검은 신검(神劍)이라는 뜻이 됩니다. 또한 이는 키맥족과 우리가 뿌리가 같은 신족(神族)을 뜻하기도 합니다.

〈우리나라에서 많이 출토되는 봉황무늬 환두대도의 칼잡이 부분 모습〉

새무늬환두대도
경산 임당 C1-1호분

세고리무늬대도
동래 복천동 10-11호분

백제은봉황환두대도
반남 신촌 9호분

가야용봉환두대도
합천 옥전 M3호분

저는 이 키맥족의 '키맥'을 개마무사의 '개마'의 어원인 것으로 봅니다. 이는 곧 웅녀족인 예맥족을 뜻할 것입니다. 그러므로 키맥무사는 개마무사이며 예맥무사이니 고조선 무사이며 고구려 무사가 맞죠.

가르맑닭 키메트 곰딸(웅녀)	→	가르맑삵 가메시	→	가르맑곪 키맥족 곰족	→	자르맑곪 주몽족	→	아르맑곪 예맥족濊貊族
가르맑무사 키맥무사 개마鎧馬무사 곰(웅녀)무사			→	하르맑무사 해모수 무사	→	아르맑무사 예맥濊貊무사		

132) 김정민, 《단군의 나라 카자흐스탄》(글로벌콘텐츠, 2015) 198쪽

(4) 잊혀진 뱀여인

1) 죽임을 당한 뱀여인

켄타우로스는 대초원에 무리를 지어 사는데, 대부분 성질이 사납고 음탕하다. 55살까지 살 수 있으나 거의 40살이 되면 죽는 이유는 피살되거나 전사하기 때문이다. 그만큼 난폭하다는 뜻이다. 또한 술을 너무 좋아해 종종 술에 취해 추태를 부리기도 한다. 그래서 술의 신 디오니소스의 추종자 대열에 드는 이가 많았다.

켄타우로스가 저지른 비행 중에서 가장 널리 알려진 것은 테살리아 왕의 결혼식을 아수라장으로 만든 이야기이다. 사람들과 곧잘 사귀던 켄타우로스들은 결혼식에 초대되었는데, 잔치가 한창 무르익어갈 무렵 몇몇이 만취해 신부에게 행패를 부렸다. 이를 빌미로 인간과 켄타우로스 간에 혈투가 벌어졌다. 결국 싸움에서 진 켄타우로스들은 테살리아를 떠난다. 남은 자들은 훗날 헤라클레스에게 거의 죽임을 당했다.

그러나 모든 켄타우로스가 호전적이고 난폭한 건 아니다. 케이론이라는 켄타우로스는 의술, 음악, 수렵, 예언에 능통하였으며, 결코 죽지 않는 불사의 운명을 타고났다. 아폴론과 아르테미스 남매로부터 가르침을 받은 케이론은 그리스 신화에 나오는 대부분의 영웅(헤라클레스 등)들을 자신의 제자로 두었다. 케이론은 의술이 뛰어나 죽은 사람도 살려 저승의 신 하데스의 분노를 샀다. 끝내 케이론은 하데스의 청탁을 받은 제우스의 독화살을 맞고 쓰러진다. 제우스는 불사의 케이론이 영원히 상처의 고통을 받는 것에 연민을 느껴 그를 황도 12궁의 궁수자리, 즉 켄타우로스자리로 만들었다. — 켄타우로스, 위키백과

…점성학에서 궁수자리는 황도 12궁의 제9표지로서, 11월 22일경에서 12월 21일경 사이를 관장한다. 활을 쏘는 켄타우루스나 활시위에 매겨진 화살로 표시된다. BC 11세기경 벌써 바빌로니아인들은 궁수자리를 인마(人馬)의 모습과 연관시켰다. — 궁수자리, 다음백과

위에서 켄타우로스를 곱지 않은 눈으로, 대초원의 유목민으로 묘사하고 있습니다. 고대 그리스의 신화에서 반신반인(半神半人)인 켄타우로스는 모든 고

김해 경마공원
켄타우로스상

피렌체 시뇨리아광장
죽임을 당하는 켄타우로스

궁수자리(사수자리)
활을 쏘는 켄타우로스

대 그리스 대부분의 영웅들의 스승인데도 죽임을 당했습니다. 그러나 죽임을 당하고도 인마궁(人馬宮)의 별자리에까지 올랐습니다.

그리스신화의 켄타우로(스)는 거서간, 게세르로 풀립니다. 게세르는 범몽골 게세르신화에서 누리를 평정한 영웅이지요. 동양의 3황5제신화에서 게세르는 인신(人神)인 여와에 해당합니다. 여기서 그리스의 반신반인(半神半人)인 켄타우로스는 동양에서 간 인신(人神) 게세르임을 알 수 있습니다.

가르닭	→	가르삵	→	아르앍
켄타우로		거서간 게세르		여와(女媧)
반신반인(半神半人)		임금 영웅(英雄)		인신(人神)

그러므로 '켄타우로스족' 이라 하면 이는 신족(神族)인 '게세르족' 을 뜻하니 놀라울 따름입니다.

가르닭족	→	가르삵족	→	자르삵족	→	아르앍족
켄타우로(스)족		게세르족 귀신족(鬼神族)		조선족		여와(女媧)족 예족(濊族)

켄타우로스가 모든 그리스 영웅들의 스승인 것으로 보아 그는 초고대에 그리스에 문명을 퍼뜨린 무리로 보입니다. 또한 켄타우로스가 활과 말과 고대천문학과 얽힌 것으로 보아 그들은 우리와 같은 줄기인 초고대 스키타이의 뱀여인인 것으로 보입니다.

스키타이는 인류에게 고대천문학(별자리), 연금술(황금문화), 활과 말(기마전술)을 퍼뜨린 것으로 이미 배운 바가 있습니다.

2) 잊혀진 뱀여인

에녹서에 타락천사로 묘사된 째진 눈에 뱀 얼굴을 한 수메르의 주시자들은 선지자들을 가르쳤지만 잊혀진 문명의 인간들로 남았습니다. 그들은 새－인간으로 묘사되기도 합니다. 다음 〈그림1〉은 이미 소개한 바 있는 수메르 주시자인 타락천사 상상도이고 〈그림2〉는 바그다드박물관에 소장된 소중한 샤먼상입니다. 이들의 정체는 과연 무엇일까요?

수메르 초기 주신은 이난나라고 하는데 물론 여신입니다. 이는 닭에서 온 것으로 보입니다.

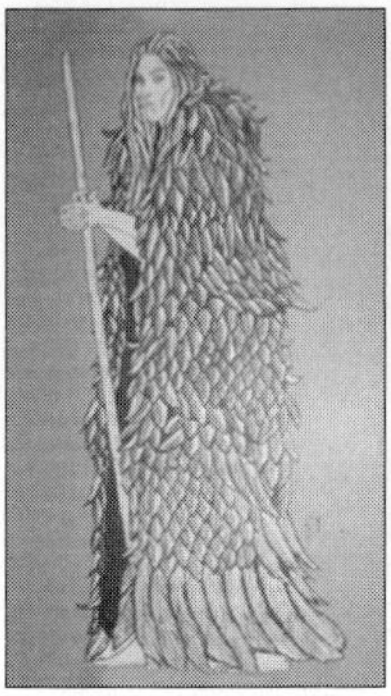
〈그림1〉

〈그림2〉

닭 → 삵 → 앍
달갈 스칸 아간 아론 이난나

수메르 신전은 지구라트인데 이는 성황당과 뿌리가 같습니다.

닭닭 → 삵닭 → 잙닭
성황당 지구라트

고대 수메르문명 시절 언급된 주시자와 고대 그리스신화에 나오는 시렌, 성경에 나오는 미카엘의 공통점은 모두 깃털로 된 옷 또는 몸을 가지고 있다는 것이다. 이렇게 묘사된 이유는 문명적으로 낙후된 원주민들이 동방에서 이주해 온 선진 문명을 가진 비늘 갑옷을 입은 기마민족을 보고 '새 인간' 또는 신(神), 천사 등으로 묘사하고 시간이 지나면서 사람들의 상상력이 더해져 전설이 탄생한 것이 아닌가 생각된다.[133]

6. 우리 가락의 뿌리

우투리님, 우리 가락이나 우리 소리의 뿌리는 어디일까요? 저는 굿거리장단이나 시나위가락은 어디서 왔는지 참 궁금합니다. 우리 고유의 가락으로서 우리 스스로에게서 비롯되었는지, 서역에서 왔는지, 내내 궁금했지요.

조선에서 나온 가락과 노래

'가락' 은 말씀으로 풀어 보면 '조선' 에서 왔습니다. 그래서 조선 사람들이 노래를 잘 부르는지도 모릅니다. 가락은 더 정확하게는 고구려와 가락(가야)에서 왔습니다. 고구려와 가락국도 조선에서 왔기 때문입니다. 그러므로 그들도 '가락' 을 잘 탔을 것입니다. 그래서 가야에서 '가야금' 이 나온 것은 아닐까요?

'가락' 의 기원인 '가르닭' 을 살펴봅니다.

133) 김정민,《단군의 나라 카자흐스탄》(글로벌콘텐츠, 2015) 260쪽

		자르닭 장단長短	→	자르삵 조선朝鮮	↘	
가르닭 큰두런거리	↗ ↘					나르앍 → 아르앍 나락 나라 노래 예濊 락樂
		가르삵 게세르 큰시끌 고구려	→	가르앍 가락 곡曲	↗	

과연 '가르닭' 이 무엇이길래 여기서 조선도 나오고 가락도 나오고 곡(曲)도 나오고 노래도 나왔을까요? 이제까지 우리는 '닭' 은 '단군' 으로 많이 풀어 왔는데 그렇게 되면 '가르닭' 은 '큰 단군' 이 되지요. 이렇게만 풀고 말면 결국 '큰 단군' 이 '가락' 이 되는데, '큰 단군' 이 왜 '가락' 이 되는지 도무지 알기 어렵습니다. 이 때는 '가르닭' 을 '광대' 로 풀어야 '가락' 이 나옵니다. 광대가 가락을 타거나 노래를 하겠지요.

가르닭	→	가르삵	→	가르앍
광대		거서간(제사장)		가락 곡曲 가歌

그러므로 이때는 '가르닭' 의 '닭' 을 다음과 같이 '단군' 이 아닌 '지껄이(다)' 으로 푸는 것이 옳습니다.

닭	→	삵	→	잙	→	핡	→	낡	→	앍
대거리		시끌이		지껄이		흥얼거리		닐거리		일거리

그러므로 '가르닭' 은 다음과 같이 '큰 지껄이' 가 되겠네요. 크게 지껄이는 것은 남을 울리는 '가락' 이군요. 또 '가락' 에서 한자말 '락(樂)' 이 나왔음을 알 수가 있지요.

가르닭	→	가르삵	→	가르잙	→	가르앍	→	아르앍
광대 큰두런거리		큰시끌이		**큰지껄이**		가락(큰 일거리)		락樂 록Rock 악樂

우투리님, 그러면 '음악(音樂)' 은 무엇일까요? 이는 '주몽의 가락' 으로 풀립니다. 아니 '주몽가락' 에서 '음악' 이 나오다니! 그러므로 음악은 주몽(샤먼)의 주술 행위와 관련되어 비롯된 것임을 알 수 있습니다.

닭맑가르닭→닭맑가르앍→삵맑가르앍→잙맑가르앍→앍맑가르앍→앍맑아르앍

	두만가락	샤먼가락	주몽가락	임가락	음악(音樂)

우리 가락의 뿌리

(1) 닭에서 온 '소리'

노래를 '소리' 라고도 하지요? 그러나 '노래' 의 말뿌리는 이미 밝혔듯이 가르닭이고 '소리' 의 말뿌리는 아래서 보듯이 '닭' 입니다. '소리' 는 '소뢰' 에서 왔는데, '소뢰' 는 '지껄이다(말씀)' 를 뜻하는 '닭' 에서 온 것입니다. '시가(詩歌)' 와 '시조(時調)' 도 '닭' 에 뿌리를 두고 있습니다.

닭 →	삵 →	잙 →	낡 →	앍
타령	시끌이 시나위 소뢰 소리	지껄이	니껄이	아가리 → 아니리
독讀	시가詩歌 → 시조時調	절규絶叫	니르	일거리 - 읽 -

(2) 닭에서 온 여러 가락 이름들

우투리님, 아리랑을 비롯한 우리 소리에 얽힌 말들은 거의가 닭에서 왔습니다. 타령, 사랑, 스리랑, 어기야, 아이고, 옹헤야, 아리, 아라리, 아리랑, 릴리리, 니나누 따위의 옥구슬 같은 우리말들이 거의 여기서 왔습니다.

	다르아르→	사르가르→	사르사르→	사르아르→	사르라르→	사르나르→	사르	
↗	타령	시끌	상사	소뢰 사랑	쓰리랑	시나위	스리 ↘	
닭								아르
↘	아르가르→	아르하르→	아르아르→	아르라르→	아르나르→	아느나느→	나르 ↗	아리 알
	어기야	옹헤야	아라리	아리랑	아니리	니나누	나리	
	아이고	엥헤이	아랑 어랑	릴리리	어른		날	
		에루하	어이 리리	아를란	언니			

(3) '아이고' 와 '어이' 에 대하여

초상 때 상제들이 우는 소리에 '아이고' 와 '어이' 가 있지요? 고인의 직계 자손들은 '아이고' 를 하고 방계나 친지나 일반인들은 '어이' 를 하죠. 이 말의 뿌리도 '닭' 이군요.

닭[다르가르]	→	사르가르	→	자르가르	→	아르가르	→	아르아르
		시끌이		지껄이		아가리 아이고		어이

또한 상여노래의 후렴 '너호 너호 너화 넘자 너허호' 에서 '너호' 는 '닭' 에서 나온 '단군' 이 아닌가 합니다.

닭	→	삵	→	잙	→	핡	→	낡	→	앍
단군		산군		장군		현군		낭군		인간
↓		↓		↓		↓		↓		↓
닳		삻		잛		핧		낧		앓
태호		상해		중해		흐헤		너호		어허

남아프리카공화국의 세기적 영웅인 만델라가 돌아가셨을 때의 일입니다. 많은 사람들이 그의 서거를 애도했지요. 보도를 보니 그곳 사람들은 고인을 추모하는 뜻으로 껑충껑충 뛰면서 무슨 소리를 지르더군요. 저는 그 장면을 보고 그들의 고유 장례문화가 아직 살아 있음을 느꼈습니다.

지금 우리는 어떻습니까? 장례 때 고인을 추모하는 우리 소리와 문화가 거의 사라졌습니다. 상여가 없으니 상여소리도 필요 없고 상제들이 곡을 하지 않는 경우가 대부분입니다. 장례, 상례, 혼례 등등은 겨레 문화의 깊은 뿌리인데.

(4) '얼시구' 와 '절시구' 에 대하여

우리가 놀다가 홍이 날 때나 노래 도중 추임새를 넣을 때 '얼시구' 와 '절시구' 가 있지요? 이 감탄사들의 말뿌리는 '가락' 과 '조선' 과 같은 가르닭에서 왔으니 신기하기도 합니다. 그러므로 '얼시구 좋다!' 하면 '가락 좋다' 또는 '조선 좋다!' 이런 뜻도 되거든요.

가르닭	→	가르삵	→	자르삵	→	하르삵	→	아르삵	→	가르앍
광대		게세르		절시구 조선		헐시구		얼시구		가락 고구려

(5) '지화자' 에 대하여

'지화자' 는 '닭가르닭' 에서 온 것으로 보입니다. '닭가르닭' 은 '퉁구스' 이니 신기하죠. 퉁구스는 조선연방이며, 태극(太極)이잖아요? 그러므로 '지화자 좋다!' 고 하면 '단군조선 좋다!' 또는 '퉁구스 좋다!' 이런 뜻이 됩니다.

닭가르닭 → 닭가르삵 → 닭가르앍 → 닭자르삵 → 삵가르삵 → 잙하르잙
　　　　　퉁구스　　태극(太極)　단군조선　　　　　　　지화자

(6) 온갖 우리 가락의 이름

닭 → 삵 → 앍 둥기, 더쿵, 덩, 둥, 시구 아이구, 얼
가르닭 → 가르잙 → 하르닭 → 하르삵 → 잙삵 → 앍삵 쿵덕 쿵작 후닥 헐떡 헐시구 절시구 얼시구
닭닭 → 닭삵 → 칡칡 → 삸닭 → 삵삵 둥기둥기 덩더쿵 둥기덕 덩덩 동동 둥실 칙칙 칭칭 상사디 시구시구
가르닭닭 → 가르잙잙 → 하르닭닭 → 하르삵삵 → 자르삵삵 → 아르삵삵 쿵닥닥 쿵작작 후닥닥 헐시구시구 절시구시구 얼시구시구
닭가르닭 → 잙하르잙 덩 쿵닥 지화자

우리 악기의 기원

우리 악기는 북과 피리를 빼고는 모두가 '닭'에서 왔군요.

가르닭 ↗ 가르잙 → 가르앍 ↘ 아르삵 쿵닥 　 쿵작 　 가락 꽹과리 　 얼씨구 　 ↘ 자르삵 → 하르삵 ↗ 　 　 절시구 　 헐씨구	밝[바르가르] → 바르아르 북 　 피리 닭 → 삵 → 잙 → 앍 ⇄ 밝 탱고 소고 장구 고鼓 북 땡 씽 징 종鐘 쿵 펑

'상모'는 샤먼이 돌리는 놀이기구입니다. 몽골의 '허파에서부터 내는 소리'를 '후미'라고 하는데 이도 샤먼에서 왔군요.

닭맑 → 삵맑 → 잙맑 → 핡맑 → 앍맑
두만　　상모 샤먼　주몽　　후미 호무　곰 가미 구멍

음악과 얽힌 많은 용어들이 우리 조상인 예(濊)를 뜻하는 가르닭에서 왔는데 이는 무엇을 뜻할까요?

				조선	가락 고구려	예濊
				↓	↓	↓
가르닭 →	자르닭 →	가르잙 →	하르삵 →	자르삵 →	가르앍 →	아르앍
쿵닥 광대	장단	쿵작	헐씨구	절씨구	쾡과리 가락	악樂

우리 노래

(1) 각설이

우리 겨레에게 끈질기게 불려오고 있는 노래에 각설이가 있지요? 각설이는 '가르닭닭' 에서 온 '게세르타령' 으로 풀립니다. 이는 임금타령, 샤먼타령, 거지타령, 조선타령이기도 하군요.

가르닭닭→	가르삵닭	→	자르삵닭→	가르앍닭	→	가르앍삵	닭
	게세르타령	거지타령	조선타령	고구려타령	가락타령	각설이	타령

'각설이' 를 '품바' 라고도 하죠. 이는 '본바' 의 와전이며 무가(巫歌)의 '본풀이' 와 같을 것입니다. '본풀이' 는 '뿌리풀이' 로서 신(神)의 내력을 밝힌다는 뜻입니다.

밝밝 → 밝밣
뿌리 밝히기 → 뿌리풀이 → 본풀이 → 본바 → 품바
(*ㅁ첨가현상)

각설이를 할 때 '얼시구시구 들어간다' 에서 '얼시구시구' 는 '각설이(가르닭닭)' 의 풀이인 것으로 보입니다.

가르닭닭 → 하르닭닭 → 자르삵삵 → 아르삵삵 → 가르앍삵
쿵닥닥 거들거리고 후닥닥 절시구시구 얼시구시구 각설이

'들어간다' 는 '닭닭' 으로 풀립니다. 여기서 우리말의 마침꼴 어미 '-다' 는 '닭' 에서 온 것을 알 수 있습니다. '-닭' 에서 온갖 연결어미도 싹텄습니다.

−닭 : −다, −다니, −다고, −다오, −다가, −아서, −으니	
〈보기〉	닭**닭**[다르가르닭] → 다르가르**삵** → 다르가르**왉** → 다르가르**안** 들어간다 들어가**서** 들어가**고** 들어가**니**
〈보기〉	가르닭**닭** → 가르닭**삵** → 가르닭**왉** → 가르닭**안** 깨단**다** 깨달아**서** 깨닫**고** 깨달으**니**

'어얼 시구시구 들어간다.' 는 다음과 같이 더 다양하게 풀 수 있습니다.

닭닭닭 닭닭 →	잙 삵삵 닭닭 →	홝삵삵 닭닭 →	왉삵삵 닭닭
덩덩기닥 들어간다	절시구시구 들어간다	헐시구시구 들어간다	얼시구시구 들어간다
닭닭닭 닭닭 →	왉닭왉 닭닭 →	왉잙 왉 닭닭 →	왉왉삵 닭닭
덩닥닥 들어간다	거들거리고 들어간다	우쭐거리고 들어간다	각설이 들어간다
닭닭닭 닭닭 →	닭왉삵 닭닭 →	닭잙 삵 닭닭 →	잙 삵삵 닭닭
티타이트 들어간다	퉁구스 들어간다	단군조선 들어간다	조선씨가리 들어간다
닭닭닭 닭닭 →	잙 삵닭 닭닭 →	왉삵닭 닭닭 →	왉잙 닭 닭닭
단달타령 들어간다	조선타령 들어간다	게세르타령 들어간다	거지타령 들어간다

(2) 쾌지나칭칭

주로 경상도지방에서 즐겨 부르던 '쾌지나칭칭' 이 있죠. '쾌지나칭칭 나네.' 는 '조선 동이(가르닭닭닭) 나오네.' 로 풀리니 이 또한 놀라운 일입니다.

가르닭 닭닭 나네 → 가르잙 촭촭 나네 → 자르삵 닭왉 나네
쿵더쿵 덩더쿵 나오네 쾌지나 칭칭 나네 조선 동이 나오네(노네?)

'이 친구 저 친구 다 모였네.' 에서 '친구' 는 닭에서 온 우리말이군요.

닭 →	촭 →	잙 →	삵 →	왉
단군 도고	천군 **친구**(親舊) 처구	장군 장구	산군 선우	인간 이누 인(人) 이

'쾌지나칭칭' 을 놀 때의 가락을 '굿거리장단' 이라고 하는데 이는 '조선가락장단' 으로 풀립니다. 결국 굿거리장단은 '조선가락' 이 되겠습니다.

가르닭 → 가르삵 → 자르삵
구다라 굿 → 굿가락 → 굿가락장단 → 굿거리장단 조선→ 조선가락

(3) 판소리

호남에서 나와서 우리 소리의 대표급이 된 판소리가 있죠. 이는 '밝닭' 으로 풀립니다. 판소리에서 창(唱)이 아닌 사설을 '아니리' 라고 하는데 이는 '닭' 에서 왔죠.

밝닭 → 밝삵	닭 → 챩 → 잙 → 삵 → 앍
판소리	탱고 첼로 천天 창唱 장구 지껄이 시끌이 일거리→아니리

(4) 통명농요

예천군 통명(通明) 마을에 전해 오는 농요를 '통명농요' 라 하는데, 통명(通明)이란 마을 이름 자체가 고구려의 동명(東明)과 소리가 거의 같으므로 범상치 않습니다. 한자의 뜻을 풀면 동명(東明)은 '동쪽의 밝음' 이요, 통명(通明)은 '밝음이 통함' 입니다. 그러나 여기서도 뜻보다 '소리' 가 중요할 것입니다. 이들 말을 소리로 풀면 '샤먼' 또는 '주몽' 을 뜻하는 닭맑에서 온 말로 보입니다.

닭맑 → 삵맑 → 잙맑 → 앍맑
두루마기 동막 동맹 **통명** 동명 다물 사막 **샤먼 신명** 천막 장막 **주몽** 안막

그래서 저는 통명, 동맹(東盟), 동명(東明), 동막 같은 마을들은 '무당들이 사는 마을' 이란 뜻이 아닐까 생각합니다. 무당은 광대이기도 합니다. 통명에는 원(院 : 조선시대 국영 여관)이 있었으므로 무당이나 광대들이 살았을 가능성이 있습니다. 무당에게 '東' 과 '明' 은 중요합니다. 샤먼에서 신명(神明)이 나오기도 하였습니다.

통명농요는 모숭기소리와 논매기소리, 타작소리, 상엿소리, 돔소소리, 노세소리 등등 방대하니 여기서는 모숭기소리와 논매기소리만 이야기해 보겠습니다. 특히 후렴 부분이 중요하다고 보고 중점적으로 논의해 볼까 합니다. 왜냐하면 후렴 부분은 어느 노래든 오래된 화석처럼 원초적 이야기를 담고 있는 경우가 많기 때문입니다.

먼저 모숭기소리부터 보겠습니다. '모숭기소리' 의 후렴은 다음과 같이 '아부레이순아 이도수여' 입니다. 이 후렴도 도무지 무슨 뜻인지 밝혀지지 않았습니다. 처음엔 누가 '어울려 보세나 이여송아' 로 풀었습니다. 모숭기소리에 갑자기 명나라의 이여송이 나온 것이죠. 나는 여기서도 하화를 끌어들이는 데는 신물이 났습니다. 모숭기소리와 임진왜란 때 우리를 도우러 온 명나라 장수 이여송은 어떤 경우라도 관계가 있으리라고 보기 어렵습니다. 모화사상의 끈질긴 모습을 여기서도 보는군요. 우리의 벼농사의 뿌리가 얼마나 깊은데 어찌 임진왜란 때의 이여송과 갑자기 얽힐 수가 있을까요?

아부레이수나 이도수여 – 어울려 보세나 이여송아 --- (?)

그래서 그런지 그 뒤 '이여송' 은 빠지고 '어울려 일을 하니 일도 쉽구나.' 로 풀려고 하더군요. 매우 그럴듯한 풀이입니다. 그러나 이 풀이도 우리말이 흘러온 길을 밝히지는 못하였으니 답답하기는 마찬가지지요.

아부레이수나 이도수여 – 어울려 일을 하니 일도 쉽구나 --- (?)

우투리님, 그런데 좀처럼 풀리지 않던 이 후렴구가 우리말의 길을 따라 풀어나갔더니, 다음과 같이 뜻이 훤하게 밝혀지니 얼마나 기뻤는지 모릅니다.

먼저 '아부레이수나' 부터 보겠습니다. 이는 '아부레이순' 과 누구를 부르는 말인 '아' 로 이루어져 있다고 볼 수가 있죠.

아부레이순아 = 아부레이순 + 아

'아부레이순' 의 본딧소리는 '가르밝닭' 이며 '알이 벌어질 순' 로 풀립니다.

<table>
<tr><td colspan="3">가르밝닭 → 아르밝닭 → 아르 + 밝 + 삵 → 아 부레이 순
알이 벌어질 씨알 싹 순 알이 벌어질 순</td></tr>
<tr><td>가르 → 아르
알</td><td>밝[바르가르] → 바르자르
벌어질</td><td>닭 → 삵 → 좖
씨가리 싹 씨알 순 씨 찌</td></tr>
</table>

'가르밝닭' 에서 나온 '아부레이순' 은 '개벽할 씨알' 로 풀 수도 있는데, 뜻은 같습니다. 이는 알이 벌어져서 천지개벽할 정도로 많은 씨알을 얻는다는 뜻

이니까요.

가르밝닭	=	가르밝	+	삵	→	아르밝	+	삵
		개벽(開闢) 겹 곱		씨알		아부레이		순

그러므로 '아부레이순아'는 '알이 벌어질 순이여'나 '개벽할 싹이여'가 됩니다.

아부레이순아 :	가르밝닭이여 =	알이 벌어질 순이여 =	개벽할 씨알이여
	본딧소리	뜻풀이1	뜻풀이2

다음으로 '이도수여'는 '이도수'와 누구를 부르는 소리 '여'로 짜여 있고요.

이도수여 = 이도수 + 여

'이도수'는 '가르닭닭'에서 온 '커다란 씨알' 또는 '거둘 씨알'로 풀리는군요.

가르닭닭	→	가르닭	삵	→	아르닭	삵
		커다란, 거둘 씨알			이도	수

그런데 이런 풀이는 이 후렴 앞에 나오는 '선소리'가 거듭 뒷받침합니다. 바로 '한 톨 종자 싹이 터서 만곱쟁이로 열매 맺는 신기로운 이 농사는 하늘땅의 조화로세!' 입니다. 여기서 '한 톨 종자 싹이 터서 만곱쟁이로 열매 맺는' 부분이 '아부레이수나 이도수여'와 들어맞는 내용이기 때문입니다.

한 톨 종자 싹이 터서 만곱쟁이 열매 맺는 신기로운 이 농사는 하늘땅의 조화로세
아부레이수나 = 알이 벌어질 씨알이여! = 개벽할 씨알이여!
이도수여! = 커다란 씨알이여! 거둘 씨알이여!

통명농요의 논매기소리의 첫 후렴구에 '엥헤이'가 있는데 이도 역시 '닭'에서 왔습니다.

닭	→	삵	→	잙	→	흙	→	낡	→	앍	→	잃
대거리		시끌이		지껄이		흥얼거리		니꺼리		일거리 아가리		엥헤이

'엥헤이' 다음의 후렴구에 '상사디야' 가 있는데 이는 '사랑스런 씨알이여' 로 풀리는군요.

닭닭 → 삵닭 → 삸닭 → 사르아르닭 → 사르아르삵
상사디 사랑 톨 사랑 씨알

우투리님, 모숭기노래와 논매기소리가 이렇게 애절할 정도로 '씨알' 을 노래하고 있을 줄은 저는 미처 몰랐습니다. 그러나 이는 돌이켜 생각해 보면 농민들에게, 모든 사람들에게, '씨알' 이 생명줄이란 것은 지극히 당연할 것입니다. 다만 제가 미처 깨닫지 못했기 때문입니다.

'한 톨 종자 싹이 터서 만곱쟁이 열매 맺는
신기로운 이 농사는 하늘땅의 조화로세.'

우투리님, 저는 상사디야도 처음엔 남녀 간의 사랑 이야기쯤으로 보았는데 완전히 빗나가고 말았습니다. 농민들의 '씨알' 에 대한 진정성을 미처 몰라보고 그저 오락적으로 풀려고 한 것은 많이 반성할 일로 받아들입니다.

상사디야 = 상사병이 났네(?) - (×)
상사디야 = 사랑스런 씨알이여! - (○)

우투리님, 생명의 근원은 어딥니까? 씨알이죠. 씨알의 근원은 어딥니까? 닭이죠. 모든 것이 닭으로 거슬러 올라가니 놀랍기만 합니다.

<table>
<tr><td colspan="2">닭 → 삵 → 좕 → 잛
톨 덩거리 씨가리 싹 씨알 정기精氣 종자種子 조화調和</td><td>모내기 = 모심기
모 넣기 모 담기</td></tr>
<tr><td colspan="3">가르닭 → 가르촭 → 가르삵 → 가르읽 → 나르삵
갈다 기르다 컬처culture 문화 → 가르치(다) 기슭 기르기 농사農事</td></tr>
<tr><td>밝닭 → 밝삵 → 밝읽
부살 → 입쌀 → 쌀 벼알</td><td colspan="2">닭맑 → 삵맑 → 읽맑
씨갈머리 알맹이 열매 어미 임</td></tr>
<tr><td>닭맑닭 → 삵맑닭
다무리다 담다 심다</td><td colspan="2">닭닭 → 삵닭 → 낡닭 → 낤다
나르다, 내다 넣다, 놓다</td></tr>
</table>

통명농요의 돔소소리에 '에루하' 라는 감탄사가 있는데, 이도 '엥헤이' 와 같

습니다.

돔소 도와주소서		돔소 도와주소서		에루하 (감탄사)		돔소 도와주소서		
닭 두런거리	→	삵 시끌이	→	잙 지껄이	→	앍 아가리	→	앓 에루하 엥헤이

참고로 뱃노래의 후렴 '어기야 디야 어기 어차' 는 '닭 닭 닭 닭' 으로 풀리는군요. 모두가 닭(단군)으로 풀리니 이 어인 일입니까?

닭 → 촭 → 삵 → 앍 디야 차 어기(야) → 어차	그러므로, 닭 닭 닭 닭 어기야 디야 어기 어차

통명농요와 쌍벽을 이루는 농요에 공처농요가 있죠. 학자들은 공처농요의 독창성과 학술적 값어치를 드높게 평가한대요. 그런데 아직 국가무형문화재 지정이 안 되고 있습니다. 국가무형문화재로 지정받아도 될 만한 값어치를 가지고 있는 문화재가 푸대접을 받는 것은 안타까운 일입니다.

공처농요는 예천군 풍양면 공처마을에 전해 오는 농요인데, '공처(公處)' 는 '게세르' 로 풀리는군요. '게세르' 는 '거렁' 이니, 공처는 강가의 마을이군요.

가르닭 → 가르삵 → 가르잙 → 가르앍
가산 개성 게세르 기슭 갯 　공처 고창 케추아 고차 　가락 거럴 거렁 강江

공처농요를 비롯한 예천지방의 논매기소리의 후렴에 '이여송아' 가 여러 곳에서 보이는데, 이는 위에서도 말씀한 바와 같이 임진왜란 때의 명나라 장수 '이여송' 과는 전혀 관계가 없는 소리일 것입니다. 이는 모화사상의 영향으로 인해 왜곡되고 와전된 듯합니다. 다만 '이도수여' 가 '이여수여' 로 바뀔 수는 있습니다.

가르닭닭 → 가르닭삵 → 아르닭삵 → 아르앍삵
거둘 씨알(이여) 　이도수 　이여수 ≒ 이여송

공처농요에 논매기소리의 단계에 '긴 사대' 와 '짜른 사대' 와 '어루 사대' 가 있지요. 여기에 나오는 '사대'는 '사당'에서 나온 말인 듯합니다. '사당'은 '성황당'과 함께 '닭닭'에서 온 것이고요. 여기서는 마당놀이의 무대 단위인 '마당'을 뜻하는 것으로 보입니다.

닭닭 →	삵닭	⇄	맑닭
단군당檀君堂	사당祠堂 사당寺堂 사대		마당

7. 온갖 삶의 뿌리

방위(밝)

'방위'는 '밝'으로 풀리는군요. '중앙'은 '닭'에서 왔습니다.

밝[바르가르] → 바르아르 부락 방위方位 → 방方	닭 → 잙 둥근 중간中間 → 중앙中央 → 중中

다음으로 동(東), 서(西), 남(南), 북(北)의 말뿌리를 밝혀 봅니다.

먼저 '동(東)'과 '서(西)'는 '닭'에서 온 것으로 보입니다. 동과 서가 말뿌리가 같을 것이란 것은 동풍을 뜻하는 '샛바람'의 '새'가 '서(西)'와 비슷한 데서 엿볼 수 있습니다. 또한 서(西)의 본디 우리말은 '하늬'임을 '하늬바람(서풍)'에서 알 수 있습니다.

닭 →	삵 →	핡
동東 → 새(*샛바람 = 동풍)	서西	하늘 → 하늬(*하늬바람 = 서풍)

'남'은 '닭맑'에서 온 것으로 보입니다.

닭맑 →	삵맑 →	잙맑 →	낡맑
동막 동명	샤먼	주몽	나막 → 나무 → 남南

'북(北)'은 '밝'에서 왔을 것입니다.

밝
북北

그런데 북쪽을 뜻하는 '북(北)' 은 본디 '밝' 에서 '맑' 이 붙어 있었던 것으로 추정됩니다. 이는 '북두칠성(北斗七星)' 에서 귀띔을 받았습니다. '북두칠성(北斗七星)' 은 '북쪽칠성' 으로 풀었을 때 '두(斗)' 는 '맑' 인데 '쪽' 을 뜻하였을 것으로 추정된다는 것입니다.

밝 ← 밝맑
북(北) 밝목 북머리(北斗) = 북쪽

그렇다면 동쪽도 마찬가지로 본디 상태는 '닭' 에 '맑' 이 붙어 있었던 것으로 추정됩니다.

닭 ← 닭맑
동東 동목 동막 동머리(동두東豆) = 동쪽

동쪽을 뜻하는 '동두' 의 흔적은 경기도에 있는 마을인 '동두천(東豆川)' 의 '동두(東豆)' 에 남아 있는 것으로 추측됩니다. 두(斗)든 두(豆)든 '맑(머리)' 을 표현한 것이 아닌가 생각합니다. 우리말에 들머리, 끝머리, 발머리 따위에서 '머리' 는 '쪽' 또는 '입구' 를 뜻하며 이는 '맑' 에서 온 '목(항項)' 으로도 보입니다.

닭맑
동목, 동막, 동머리, 동두(東豆) → 동두천(東豆川) : '동쪽의 시냇물' 을 뜻함

서쪽도 마찬가지로 본디는 '닭' 에 '맑' 이 붙어 있었던 것으로 추정됩니다. 서쪽이 본디 '닭맑' 에서 왔다는 증거는 찾기 어렵군요. 다만 우리말에 서풍(西風)을 하늬바람이라고 하는 데서 '서' 를 '하늬' 라고 했음을 알 수 있습니다. 여기에 '맑' 이 붙어 서쪽을 '하늬머리' 라고 하지 않았을까 생각합니다.

닭맑 → 삵맑 → 핡맑
삵머리(서두) 삭쪽 삭朔 서西 하늘맑 → 하늬머리 → 하늬문 → 하늬

〈삭풍〉
'된바람' 을 뱃사람들은 북풍으로 알고 있지만 말뿌리로는 삭풍朔風(서풍西風)으로 풀립니

다. 우리나라 위치에서 보면 서풍과 북풍을 혼동할 만도 합니다. 실제로 겨울에 우리나라에 많이 불어오는 바람은 정확하게 북서풍이기 때문입니다.

닭바람	→ 삵바람	→	핡바람
된바람	삭풍朔風 서풍(西風)		하늘바람 → 하늬바람

영어에서 밀월여행을 하니문(honeymoon) 여행이라 하는데 이는 샤먼 여행, 서쪽 여행을 뜻하는 것으로 보입니다. 여왕벌이 숫벌과 하늘 높이 떠나는 여행과 같군요. 이런 것을 보면 본디 서(西)쪽을 뜻하는 우리말 '하늬머리' 에서 영어의 '밀월여행' 을 뜻하는 하니문(honeymoon)여행이 되었을지도 모릅니다.

'남(南)' 에는 앞에서 확인한 바와 같이 '닭' 에 이미 '맑' 이 붙어 있습니다.

닭맑	→	낡맑
		나막 나머리 나무 남(南)

끝내 동, 서, 남, 북의 말뿌리는 다음과 같이, '북(北)' 만 '밝맑' 에서 왔을 뿐 동, 서, 남은 모두 말뿌리가 같은 '닭맑' 에서 왔음을 알 수 있습니다.

<table>
<tr><td rowspan="3">북(北)
밝맑
⇑
서(西) ⇐ 중앙(中央) ⇒ 동(東)
닭맑 닭 닭맑
⇓
남(南)
닭맑</td><td>밝[바르가르] → 바르아르
부락 방위方位</td></tr>
<tr><td>닭 → 좕 밝맑
둥근 중간 중앙 중 북머리北斗 북쪽</td></tr>
<tr><td>닭맑 → 삵맑 → 핡맑 → 낡맑
동머리 삵목 하늬목 낡목
東斗 서머리 하늬머리 남南
동쪽 서쪽 하늬 남쪽</td></tr>
</table>

철과 계절

(1) 철

철은 절기, 줄기, 슬기 등등과 함께 닭에서 나왔습니다. '절기' 는 '마디' 의 뜻도 되고, '헤아리다' 의 뜻도 됩니다. 우리가 날짜를 헤아리다가 뭔가 '철' 이 바뀜을 압니다.

ᄃᆞᆰ	→	ᄎᆞᆰ	→	ᄌᆞᆰ	→	ᄉᆞᆰ	→	ᄒᆞᆰ	→	ᄋᆞᆰ
단군 달		처구 철 책		절기 줄기 **절 줄**		슬기 세-		향기 향 헤-		얼개

여기서 '저 애는 아직 철이 덜 들었어요.' 할 경우 '슬기롭지 못하다.' 또는 '헤아릴 줄 모른다.' 는 뜻으로 보입니다. 그러므로 '철이 들었다.' 고 하면 깊이 헤아릴 줄 안다는 뜻입니다.

ᄃᆞᆰ	→	ᄉᆞᆰ	→	ᄎᆞᆰ	→	ᄌᆞᆰ	→	ᄌᆞᆶ
		슬기		총기 철 총		정기 재간		지혜(智慧) 재才

(2) 계절

'계절(季節)' 은 '가르ᄃᆞᆰ' 에서 온 '큰 절기' 로 보입니다. 이는 '구절(句節)' 로도 풀리네요. '절' 이 '마디' 라면 '구절' 은 '큰 마디' 가 되겠네요. 끝내 '철' 이든 '계절' 이든 무엇을 구분하는 단위를 나타내는 말임을 알 수 있겠습니다.

가르ᄃᆞᆰ	→	가르ᄉᆞᆰ	→	가르ᄌᆞᆰ
큰		게세르 끄서리		계절(季節) 구절(句節) : 큰 절기

(3) 봄, 여름, 가을, 겨울

ᄇᆞᆰᄆᆞᆰ 봄 밝음 바람 바라밀 보람 뱀	ᄃᆞᆰᄆᆞᆰ → ᄉᆞᆰᄆᆞᆰ → ᄋᆞᆰᄆᆞᆰ 씨갈머리 알맹이 열매 여름
가르ᄃᆞᆰ → 가르ᄉᆞᆰ → 가르ᄋᆞᆰ 큰 거두- 가살 가을	가르ᄇᆞᆰ → 가르왉 개벽(開闢) 계백 갈아엎- 가배 겨울

명절

(1) 설

지금 우리는 '설' 은 ᄃᆞᆰ에서 온 삭(朔), 제(祭)였던 것으로 보입니다. ᄉᆞᆰ(朔)은 '초하루' 를 뜻하고 제(祭)는 '제사(祭祀)' 를 뜻합니다. 그래서 '설을 잘 센다.' 고 하면 '명절을 잘 보낸다.' 또는 '제사를 잘 모신다.' 는 뜻이 되었을 것입니다. '설' 의 말뿌리는 ᄃᆞᆰ이므로 설날은 단군날이며 단군께 제사지내는 날이 되겠네요. 여기서도 우리 조상이 단군임을 알 수 있습니다.

닭 → 삵 → 잙 → 홝 단군 삭朔 수리 설歲 사辭 세歲 새 제祭 헤아리-	닭날 = 삵날 = 잙날 단군날 수릿날 설날 제일祭日

(2) 보름

'보름' 은 달마다 열닷새를 말합니다. 이는 '밝음' 을 뜻하는데 산스크리트말의 지혜를 뜻하는 '바라밀' 이기도 합니다.

밝맑
바구미 **바라밀** 파미르 밝음 보라매 바람 보람 보름 밤 범 봄 뱀 범凡

섣달 그믐날에 잠을 자면 눈썹이 센다는 말이 있죠. 이는 설을 준비하느라 잠을 잘 시간이 없다는 뜻이죠. 또한 잠을 자는 사람에게 옆에서 밤늦도록 떡을 빚던 사람이 심술이 나서 쌀가루를 눈썹에 발라주니 눈썹이 하얗게 됩니다.

정월 열엿샛날을 '귀신닭날' 이라 하는데 이는 '나라의 설날' 로 풀리는군요. '귀신달갯날' 밤에는 신발을 감추어야 하는데, 신발을 밖에 벗어 두면 귀신이 신고 가 버린다고 하죠.

		가르삵삵날	→	아르삵잙날		
	↗	큰신설날 → 귀신설날		용성제날 → 용성대제		
가르닭닭날	→	가르삵닭날	→	자르삵삵날	→	가르앍 삵날
		큰신닭날 → 귀신달개날		조선설날		나라설날(國祭日)

이는 이날만큼은 밖에 나가서 밤들이 놀아야 한다는 뜻이 아닌가 생각합니다. 정월 초하루에서 보름까지는 집안이나 마을의 설이니 집안이나 마을사람들끼리 지내고, 정월 열엿샛날은 나라의 설이므로 국가적 차원의 어떤 무속적 행사를 치르느라 분주하다는 뜻으로 풀립니다. 국가적 차원의 행사란 용성제 또는 용성대제와 관계되는 것으로 보입니다.

(3) 단오

단오(端午)를 한자의 뜻으로 풀면, 단(端)은 '곧다' 요, 오(午)는 '거스르다' 의 뜻인데, 그러면 단오(端午)는 '곧게 거스르다' 가 되니 이는 도무지 무슨 말인지 모르지요. 단오(端午)도 한자의 뜻이 아닌, 소리로 우리말을 나타낸 것입니다. 단오(端午)는 수릿날이라고도 하지요? 수릿날의 '수리' 는 삭(朔)이며 설입니다. 그러므로 단오는 닭날이며 단군의 날이므로 이날도 단군에게 제사지내는 날입니다.

닭 → 삵 → 좕
단군(→ 단오, 다누) 산군(→ 선우) 삭朔 수리 설 신神 세歲 제祭 조弔

(4) 추석

추석(秋夕)은 '한가위' 라고도 하죠. '한가위' 의 '가위' 는 '가르밝' 에서 온 '개벽' 또는 '겨울' 로 풀립니다. 이는 열매를 거두어 모든 것이 마무리된다는 뜻일 것입니다.

가르밝 → 가르왉
개벽 가배 겹 굽 갑甲 가위 겨울

'가르밝' 은 '거불한' 이며 '화백(和白)' 이기도 합니다. 화백회의는 신라의 부족장회의를 말합니다. 처음에는 육촌(六寸)장의 회의였으나 뒤에는 진골 이상의 귀족들의 회의로 바뀌었습니다. 그러므로 '화백' 이란 처음에는 '부족장(部族長)' 을 뜻했을 것입니다. 여기서도 하백((河伯)이든 화백(和白)이든 뜻보다 소리가 중요합니다. 한가위는 '큰 화백' 입니다.

가르밝 거불한 가배	→	하르밝 하백河伯 화백和白	→	가르왉 가위 : 화백들의 잔치
가르가르밝 큰 가배	→	가르하르밝 큰 화백和白	→	하르가르왉 한가위 : 화백들의 큰 잔치

이처럼 '가위' 와 '화백' 은 말뿌리가 같으므로 '가윗날' 에 '화백회의' 를 했을 것이라고 이미 밝힌 바가 있죠.

가위 = 화백(和白), 하백(河伯)

그런데 한가위의 한자말인 '추석(秋夕)' 은 무엇일까요? 이를 아는 데도 시간이 걸렸습니다. 한자의 뜻으로만 풀면 추석(秋夕)은 '가을 저녁' 이니 조금 이상합니다.

추석 = 가을(秋) + 저녁(夕) ?
(뜻) (뜻)

그러나 '추석'은 향찰식으로 풀어야 합니다. '가을 추(秋)'에서는 뜻인 '가을'을 가져오고, '저녁 석(夕)'에서는 소리 '석'을 가져오니 결국 추석(秋夕)은 '거둔 씨알'이 되는군요.

이와 같이 '가배'와 '추석'의 말뿌리를 풀어 보니, '가배'는 농경생활 이전의 축제 이름이고, '추석'은 농경생활로 들어갔을 즈음 생긴 말임을 알 수 있습니다.

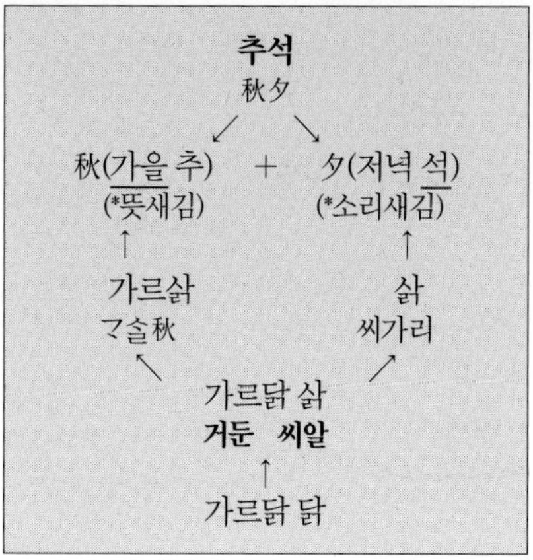

가배	→	추석(秋夕)
가르밝 화백		가르닭 닭 → 가르닭 삵(거둔 씨알)
화백(가르밝)들이 다 모이는 잔치		거둔 곡식으로 제를 올리는 명절
농경 이전(*용성대제)		농경 이후(*추수감사제)

(5) 동지

동지(冬至)의 '동(冬)'은 겨울입니다. '겨울'은 '개벽'을 뜻하는 '가르밝'에서 왔다고 했죠? '지(至)'는 닭에서 온 '설'로 보입니다. 그러므로 '동지'는 '겨울설'이 됩니다.

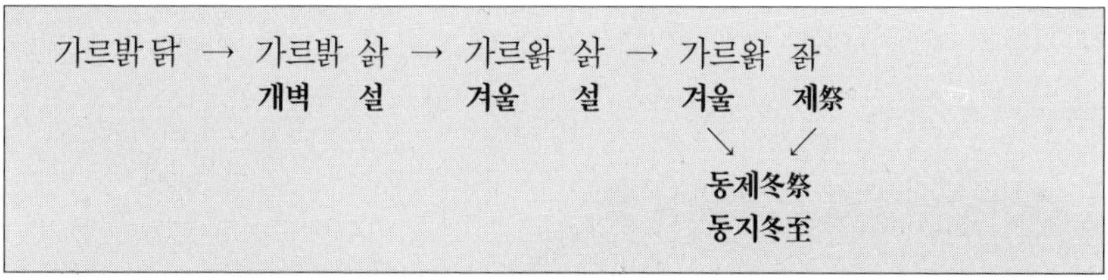

'섣달'은 '설달'이며 '설'을 맞이하는 달로 풀립니다. 절후로 보면 동지가 한해의 시작인 진정한 설로 볼 수 있습니다.

(6) 하지(夏至)

하지는 하제(夏祭)이며 여름설입니다.

하지(夏至) :	하(夏) +	지(至) =	여름 +	자르	
	여름(하)	이르다(지)	열매	제	
	*뜻새김	*소리새김			

닭맑닭 →	앍맑삵 →	앍맑잙		
	여름설	여름제 →	열매제(祭)	
	열매설	하제(夏祭)	하지(夏至)	

내 몸

(1) 얼굴과 다리

가르 → 하르 → 나르 → 아르 코 귀 간 혀 눈 알	마르 머리	맑 목	맑맑 몸	밝맑 발목	닭맑 → 앍맑 이마
닭 → 챩 → 잙 → 삵 → 핡 → 앍 턱 다리 등 창자 장기 지라 쓸개 살 손 허리 어깨 아가리					가르닭맑 → 가르삵맑 가슴
닭밝 → 삵밝 → 잙밝 → 앍밝 씹 집 아그빠리 옆구리 입구 입					가르밝 → 하르밝 갈비 허파

(2) '밝' 과 얽힌 말들

'팔' 과 '발' 은 다 같이 '밝' 에서 온 것으로 풀리네요. 이것을 보면 아주 옛날에 사람이 원시인을 못 면할 때 곰처럼 네 다리로 건던 모습을 상상하게 되네요. 그때는 '발' 과 '팔' 이 구분이 안 되었겠죠. 이는 '벌리다' 와 얽힌 듯합니다.

밝 = 발 = 팔 → 벌리다

'뼈' 와 '피' 도 '밝' 에서 온 것으로 풀리네요. 우리 조상들은 '피' 가 '뼈' 와 같다고 생각한 모양입니다. 실제로, '피' 는 '뼈' 에서 만들어지잖아요? 할배들의 슬기가 놀랍습니다.

밝 볼기 불알 볼 팔 발 배 **피 뼈**	밝밝 배꼽	밝닭 볼태기	가르밝닭 콩팥	밝닭닭 불두덩

'콩팥' 과 '간' 과 '허파' 에는 모두 '가르' 가 들어 있는 것을 보면 무엇을 '거르다' 는 뜻이 담겨 있음을 압니다.

가르	→	가르밝	→	하르밝	→	가르밝닭
간 거르(다)		거르는 판		허파		콩팥(거르는 판 덩어리)

입은 아가리라고도 하는데 여기서 '구(口)' 가 나왔습니다.

닭	→	삵	→	앍			→		가르
				아가리					구(口)
닭밝	→	삵밝	→	잙밝	→	핡밝	→	앍밝	↑↓
태백		삽揷 씹		집		합合		아그빠리 입구	입(口)

(3) 아기를 만드는 그릇에 얽힌 말

다음은 '아기를 만드는 그릇' 에 관해서 풀어 볼까요? 먼저 '머시기' 를 보겠습니다. 이의 말뿌리는 맑닭인데 여기서 문턱, 무엇, 물건 따위가 나왔군요.

맑닭	→	맑잙	→	맑삵	→	맑앍
만들기 머들기 **문턱** 무더기 모두기 무당 마당		마지기		**머시기** 무수리 **무엇**		맹갈기 **물건**

계집의 머시기에 '씹' 과 '보지' 가 있는데, 먼저 '보지' 는 '밭' 으로 풀립니다.

밝닭	→	밝잙
바탕 바다 **밭**		**보지**

'씹' 은 본디 성행위를 뜻했으나 언제부터인가 계집의 성기가 된 것으로 보입니다. '아버지' 도 말뿌리가 같으므로 성행위와 관련이 있음을 알 수가 있습니다.

닭밝	→	삵밝	→	잙밝	→	핡밝	→	앍밝	→	가르밝
덮-		씨불알 씹		집 접接 첩妾		합合		입, 아보기 → 아버지		개벽 곱 겹

'거시기' 는 가르닭에서 왔는데 여기서 끝, 꽃, 꾸구리, 공알, 좆, 젖 등이 나왔군요.

가르닭 → 가르잙 → 가르삵 → 가르앍 → 자르잙
끝 케추아 고차 꽃 거시기 게세르 꾸구리 거기 공알 자지 젖 좆 젓-

머시기의 뾰족한 곳을 공알이라 하는데 이곳은 성감대이기도 하죠. 공알은 끝(꼭대기)을 뜻합니다. 사내의 거시기를 자지나 좆이라 하는데 이 또한 '끝(꼭대기)' 입니다. '불알' 은 '밝' 으로 보이는데, 이는 '불' 이며 '불' 은 '별의 알' 입니다. 이는 '별' 의 '씨' 라는 뜻이 들어있기도 하니 굉장히 뜻이 깊은 말임을 알 수가 있습니다.

밝[바르가르] → 바르아르
불 불알 별알 → 별의 씨

거시기 주위의 볼록한 부분을 '불두덩' 이라 하는데, 이는 '밭의 언덕' 으로 풀리네요.

불두덩 : 밝닭닭
불두덩 밭둑 밭두렁

'계집' 은 '가르닭밝' 에서 오고, '사나이' 는 '닭' 에서 왔습니다. 계집은 '큰 씹' 이므로 이는 과년한 딸일 것입니다. '사나이' 는 딸에서 왔으니 본디 여장부를 뜻했던 모양입니다.

가르닭밝 → 가르삵밝 → 가르잙밝 큰 씹 계집	닭 → 삵 딸 스가르 스나르 사나이

가족

(1) 아가씨와 아저씨

어머니와 아버지는 이미 많이 밝혀 왔으므로 그냥 넘어갑니다. 아가씨와 아저씨의 말뿌리는 같습니다. 제주도에서 고모(姑母)도 아저씨라고 하는 것에서 말뿌리가 같은 이유를 알 수 있습니다.

가르닭 → 아르닭 커다란 큰딸 아들	닭닭 → 삵닭 → 앍닭 → 앍삵 → 앖삵 수다간 우다간 아가씨 아저씨

(2) 딸

닭에서 딸을 비롯한 많은 낱말이 나왔군요.

닭 →	삵 →	잙 →	핡 →	낡 →	앍	
따라기 딸아 딸	씨가리 싹 새끼 사나이	친구 장군 사네	흙	누이	올케 어른	

시집간 딸이 죽고 새로 생긴 딸을 '움딸'이라 하죠. 여기서 '움'은 '닭맑'에서 온 듯합니다.

닭맑 → 삵맑 → 앍맑 샤먼 움 임 어미	움딸---------움고모 새로 생긴 딸 새로 생긴 고모

제가 어릴 때 남남 간에도 너무 좋아하거나 서로가 친구만으로는 만족할 수 없을 때 '의형제'를 맺었습니다. 이때 네 부모도 내 부모처럼 여겼지요. 이런 풍습은 참 아름다웠는데 이제는 거의 사라지고 말았죠. 인정이 메말라 가는 사회의 안타까운 모습이랄까요? 의부모가 돌아가시면 의형제를 맺은 사람은 내 부모와 똑같이 굴건제복을 하고 상주가 되었지요. 이 얼마나 아름다운가요? 의형제의 '의義'는 '수양'과 말뿌리가 같습니다.

닭[다르가르] →	사르가르 →	사르아르 →	아르아르
		수양 씨알	의(義)

우리 옷

옷에 관한 말도 임금이나 샤먼을 뜻하는 게세르나 스가르와 얽힌 것이 많아요. 그 까닭은 옷도 아주 옛날에는 샤먼이나 임금만 입었지 민중들은 감히 입을 생각도 못한 것 같아요. '옷'이라는 말 자체가 '게세르'를 뜻하거든요.

가르삵 → 가르잙 ↗ 거서간 게세르 고쟁이 ↘ 가르닭 → 하르닭 → 아르닭 → 아르삵 → 아르앍 걸 홀 온 옷 우아기	닭 → 삵 → 잙 단군 수건 저고리 댕기 솔기 두건

(1) 치마

치마와 두루마기는 샤먼(닭맑)에서 왔군요. 그러므로 옛날에 샤먼들만이 치마와 두루마기를 입은 것으로 보입니다. 곧 두루마기나 치마는 샤먼의 옷입니다. 대님과 고름도 그런데 모두 길게 늘어뜨린 모습입니다.

닭맑	→	삵맑	→	좕맑	→	앍맑	→	가르맑	→	아르맑
두루마기		사막		천막 처마 장막		얼기미		까마귀 고름		어미
대님		**샤먼**		**치마** 추모 주몽		안막 임금		곰 구멍		임

(2) 저고리와 색동저고리

저고리와 댕기는 닭으로 풀리고요, 색동저고리는 성황당 저고리로 풀리니 무당들이 입던 옷임이 틀림없어요. 무당들은 옛날에 임금이었잖아요? 그러므로 옛날의 임금들은 색동저고리와 비슷한 옷을 입었겠지요.

닭 → 삵 → 좕 댕기 솔기 저고리	닭닭닭 → 삵닭좕 → 삵 닭좕 색동저고리 사당저고리 성황당 저고리

(3) 바지와 버선

바지는 팬티와 버선과 함께 밝닭에서 온 것으로 보입니다. 밝닭은 황제이므로 바지나 팬티나 버선은 황제가 입은 것으로 보입니다. 명주실로 짠 옷감을 비단이라 하는데, 이도 밝닭에서 온 것이므로 황제의 옷을 만드는 옷감이었을 것입니다. 영어의 실크(silk)는 '실' 과 함께 닭에서 간 것으로 보입니다.

밝닭 → 밝삵 → 밝좕 → 홝좕 비로드 배달 **팬티** 반달 **비단** 바다 밭 박수 **버선** 빤스 **바지** 황제	닭 → 삵 silk 실

고깔

(1) 광대와 고깔과 갓

우투리님, 농악대가 놀 때 머리에 고깔을 쓰죠. 고깔은 갓이기도 한데 '게세르' 이기도 하니, 광대들이 옛날에 게세르(임금, 샤먼)이었음이 여기서도 드러납니다.

가르닭 → 가르삵 → 가르앍
광대 게세르 갓 고구려 가락 **고깔**

(2) 모자

고깔이 광대가 머리에 쓰는 것이라면 모자(帽子)는 무당이 머리에 쓰는 것입니다.

맑닭 → 맑삵 → 맑잙
무당 모세 모자帽子 마지 미자

(3) 두건과 수건

두건과 수건은 고깔이나 모자의 원형인 것으로 보입니다.

닭 → 삵 → 앍 두건 수건 이관 → 의관	닭닭 → 닭삵 → 삵삵 닭두건 토시 손수건

먹거리

(1) 먹거리

먼저 '먹이' 부터 풀어 볼까요? 이는 '묵' 과 함께 본디 맑에서 왔는데, 이는 '맹갈다' 의 뜻을 가지고 있습니다.

맑[머리가르]
메르켈 **맹갈** 미륵 무쿠리 멀구 망개 **마고** 먹거리 메기 먹이 모기 먹 묵

(2) 고기와 과자

고기는 '게세르' 와 함께 가르닭에서 온 것으로 보입니다. 이런 것으로 보아 옛날에 고기는 게세르가 가져오는 것으로 생각했나 봐요. 게세르는 강(江)이기도 하니까요. 국도 고기와 말뿌리가 같은데 국에는 고기가 꼭 들어가야 하나 봐요.

가르닭 → 가르삵 → 가르앍
게세르 갯 고기 국焗

과자(菓子)도 가르닭에서 온 '구운 떡' 으로 풀립니다.

가르닭 → 가르삵 → 가르잚 → 가르앍 → 아르앍
구운 떡 구운 설기, 과상 강정 과자 까까 케이크 쿠키 국焗 유과

(3) 나물

'나물' 은 '나무새' 에서 왔고, '나무새' 는 '닭맑닭' 에서 온 것으로 보입니다. '나무새' 는 무엇을 뜻할까요? 이는 '나무의 살' 곧 '나뭇잎' 을 뜻한다고 봅니다.

닭맑닭 → 삵맑삵 → 낡맑삵 나막살 → 남새 → 나물	맑 무꾸 → 무	밝닭 → 밝챩 배추 부추
닭닭 → 닭잚 → 삵잚 → 잚 잚 → 핡잚 → 낡챩 돌가지 수리치 상추 정구지 주치 후추 늑치 누리치		밝 → 바르 부루

반찬거리가 되는 다른 먹거리를 봅시다.

닭 → 삵 당기 달랭이 달래 토란 딸기 생강	밝 박(朴) 파	가르밝 → 하르밝 호박	
가르닭 → 자르닭 → 가르삵 → 가르잚 → 하르챩 → 나르삵 → 나르앍 잔대 고사리 가지 고추 후추 나생이 냉이			
가르닭닭 → 가르닭잚 꽃다지	맑 머구 미나리 마늘	가르닭밝 고들빼기	밝닭닭 → 밝삵삵 버섯
닭맑닭 → 앍맑닭 → 가르맑잚 토마토 감자	밝닭 → 밝잚 부추	가르닭맑 → 가르앍맑 고구마	

(4) 술

술은 닭에서 왔습니다. 술은 단군당에서 단군께 바쳤기 때문일 것입니다. '주(酒)' 는 '술' 에서 나아간 것으로 보입니다.

닭 → 삵 → 잚 → 핡 → 낡 → 앍
떡 삭히食醢 삭 술 세歲 사祀 지유 주酒 제祭 향기 향 내그르 누룩 나른 알그리 알콜

(5) 밥

밥은 밝밝에서 왔다고 보는데, 이는 '익힌 벼' 를 뜻한다고 생각해요. 벼는 한자로 화(禾)라 하잖아요? '화(火)' 는 '밝' 임이 분명하죠. 여기서도 한자가 우리말을 정확하게 나타내고 있다는 것을 알 수가 있어요.

밝밝	=	밝	+	밝	=	밥
밥		불(화火)		벼(禾)		익힌 벼

(6) 떡

우투리님, 떡이 닭에서 왔다면 그대는 또 놀라실 건가요? 떡도 아마 아주 옛날에 술과 함께 신(神)에게 바치는 음식이기 때문에 닭에서 나온 것이 아닌가 생각해요. 왜냐하면 닭은 단군이며 하늘이며 곰(신神)을 뜻하죠. 성황당의 성황(城隍)도 닭(신神)이잖아요? 똥도 닭에서 왔습니다.

닭 = 떡, 똥

경단이 맞을까 정단이 맞을까 했는데, 다 맞는 말이군요.

가르닭 → 자르닭 가래떡 경단 정단	닭닭 → 삵닭 → 삸닭 수꾸떡 쑥떡 시루떡 수리떡 술떡

기주떡은 기지떡이라고도 했는데 어느 것이 맞는 말인지 궁금했는데 어떻게 소리내든 괜찮군요. 표준말은 술떡인데 술로 발효시켜 만들죠.

가르ᄃᆞᆰᄃᆞᆰ	→	가르ᄉᆞᆰᄃᆞᆰ	→	가르ᄌᆞᆰᄃᆞᆰ
		게ᄉᆞ르떡		기주떡, 기지떡

붉은설기와 백설기는 말뿌리가 같군요. 흰색과 붉은 색은 모두 '밝은' 색에서 나왔나 봐요. '설기' 는 '떡' 과 같고요.

닭 → 삵 → 잙 단군 떡 설기 술 죽 전煎 주酒	맑닭 → 맑삵 무당 마구설기	가르맑닭 → 가르맑삵 키메트 콩망새기
밝닭 → 횕닭 → 밝착 → 밝삵 배달 밝떡 흰떡 부치개 붉은설기 백설기	닭닭맑 → 닭왉맑 → 왉잙맑 투탕카멘 단군왕검 인절미	

한편 떡이 닭에서 왔듯이, 편은 밝에서 왔음을 알 수가 있지요. 밝도 임금 또는 신(神)을 뜻하잖아요?

밝 → 편 → 병 → 빵 [ㄹ] → [ㄴ] → [ㅇ]	
닭밝 → 삵밝 → 잙밝 → 낡밝 → 앍밝 → 가르밝 → 아르밝 송편 절편 전병 누른병 알빵 까배기 어비	

묵도 떡의 갈래의 하나로 보입니다. 끝내 떡의 갈래에는 떡과 편과 묵의 3갈래가 있다고 보아야 할 것입니다.

닭 → 삵 → 잙 떡 설기 전煎 죽	밝 편, 빈 → 병 → 빵	맑 묵

(7) 김치

떡을 먹을 때는 김치가 있어야 합니다. 김치는 본디 '나물' 을 뜻하는 '남새' 입니다. 과메기도 여기서 나왔군요

닭맑닭 → 닭맑촭 → 낡맑삵 → 앍맑닭 → 앍맑촭 → 앍맑삵 → 앍맑앍
투메트 딤채 남새 곰딸(웅녀) 우금치 김치 콩망새기 과메기

'짠지' 는 '닭밝닭' 에서 온 것으로 보입니다.

닭밝닭 → 잙밝잙 → 잙왉잙
티베트 짭지 짜거운지 짠지

김치는 닭맑닭에서 왔으므로 왕검조선(웅녀)에서 담고 짠지는 티베트(닭밝닭)에서 왔으므로 얽배달(배달조선)에서 담았다고 볼 수 있습니다.

닭맑닭 → 앍맑삵 → 앍맑잙 투메트 딤테 왕검조선 우금치 김치	닭밝닭 → 잙밝잙 → 앍밝닭 티베트 짜가운지 짠지 얽배달

(8) 곡식

1) 쑥

쑥은 곡식은 아니지만 수수와 같이 ㅅ가르로 풀리니 여기에 소개합니다. 쑥은 우리 겨레가 나물 또는 약으로 일찍부터 먹었죠. 지금도 우리가 봄이 되면 쑥을 온갖 방법으로 얼마나 많이 먹습니까?

닭 → 삵 → 삸
쑥 수꾸 수수

2) 여러 가지 곡식

벼는 오곡 가운데 가장 널리 먹으니 그 가운데 으뜸이랄 수 있죠. 쌀, 나락, 밥 등 그만큼 이름도 많지요.

<table>
<tr><td colspan="2" rowspan="2">ㄱㄴ → ㄱㅇ
↗ 간(다) 강 공 콩 궁
가르
구르 ↘ 하르 → 나르
해 호昊 날 논 노</td><td colspan="3">밝[바르가르] → 바르아르
보리 불 풀 벼 피</td><td>밝밝
밥</td></tr>
<tr><td colspan="4">닭닭 → 삵삵 → 앍삵 → 앉삵
서숙 아기쑥 인진쑥 아지쑥</td></tr>
<tr><td colspan="3">밝닭 → 밝삵 → 밝앍
밝달 부살 → 입쌀 → 빨 → 쌀 벼의알</td><td colspan="3">닭 → 삵 → 좖 → 낡
쑥 생강 수꾸 조 나락</td></tr>
<tr><td>밝닭 → 밝앍
팥 붉은 알</td><td colspan="3">가르닭 → 가르삵 → 가르좖
큰톨 과실 기장</td><td colspan="2">맑 → 말
맥麥 물 밀 미米</td></tr>
</table>

3) 우케

거둔 곡식을 멍석에 말리려고 널어놓은 것을 '우케'라고 했습니다. 이는 '알갱이'로 풀립니다.

닭 → 삵 → 앍
톨 씨가리 싹 씨알 씨 알갱이 우케 → 알

집

(1) 방(房)과 울

방(房)과 울은 밝에서 왔고 울타리는 밝닭에서 왔군요.

밝 → 왉 바구니 → 바랑 → 반(班) → 방(房) → 부(部) 우르 우리 울	밝닭 → 왉닭 버들 울타리

(2) 문(門)

문(門)은 '문간' 또는 '막다' 의 '막' 에서 왔을 것입니다.

맑
문간 막 → 문(門)

대문은 닭맑에서, 솟을대문은 닭닭닭맑에서 왔습니다.

닭맑 동막 대막 대문 (큰 문)	닭닭닭맑 → 삵삵닭맑 소슬대문 → 솟대문

(3) 마당

마당은 '맑닭' 에서 왔으며 '막아 놓은 뜨락' 이 되네요.

맑닭
마당 : 막아놓은 뜨락, 뜰, 들

(4) 봉당과 부뜨막

봉당은 '밝닭' 에서 왔습니다. 요사이에는 집을 지어도 봉당이 없더군요. 봉당 위에 마루를 깔기도 했지요. 부뚜막은 정지 안에 있는 봉당을 말하죠.

밝닭 → 밝닭맑
바닥 봉당 → 봉두 → 부두 → 발 부뚜막 발머리

(5) 집과 지붕

집은 닭밝에서 왔는데 이는 본디 '들어가다' 란 뜻을 가지고 있었습니다. 지붕은 '집의 위' 라는 뜻이군요. '위' 도 '밝' 에서 왔다고 이미 말했지요? 들보도 집과 말뿌리가 같습니다.

닭밝 →	삵밝 → 잚밝 → 핡밝 → 읽밝				닭밝밝 → 잚밝왉
들보 대백이	씹	**집**	**합**습	**입** 잎	집위 → 지붕

(6) 정지

정지는 가르닭에서 온 게세르와 같은 말로 보입니다. 이는 중전, 진지, 지중, 스승, 선생과 같은 말인데 샤먼을 뜻합니다. 샤먼이 정지에 들어가서 고기와 먹거리를 장만하여 씨족들에게 나누어 준 것이 아닌가 합니다.

가르닭 →	가르삵 →	가르앍 →	자르삵 →	자르잚 →	사르삵
커다란 그레이트	게세르	고기 고구려 거록	조선	지중 중전	선생 스승
가운데 콘돌 큰닭	기슭	게오르규 거렁	조상	**정지** 진지	산신 신선

(7) 시렁

시렁은 서까래인데 이는 닭에서 온 틀거리, 대간, 대궁, 줄기와 같군요.

닭 →	잚 →	삵 →	핡 →	낡 → 앍	밝맑닭
틀거리	줄거리 줄기	서까래 실경 시렁	혀까래	날개 얼개	백두틀거리 백두대간

(8) 기둥

기둥은 '큰들개' 를 뜻하는 가르닭에서 왔는데, 지붕을 얹으려고 세우는 나무를 말하죠. 기단(基壇), 장대도 여기서 나왔군요.

가르닭 →	자르닭	밝닭 →	밠닭
큰들개 → 기단(基壇) → 기둥	장대	풍간대	표줏대 바지랑대

절간에 세워진 당간지주(幢竿支柱)의 '당간(幢竿)' 과 '지주(支柱)' 는 '대궁' 과 '장대' 로 뜻이 같은 말의 겹침으로 보입니다.

닭 → 삵 → 잙 → 핢 당간(幢竿) 대궁 서까래 졸가리 혀까래	닭닭 → 잙닭 → 잙잙 당대 장대 지주(支柱)

(9) 봉창

봉창은 밝닭에서 왔죠. 광창은 가르닭에서 왔습니다. 여기서도 가르와 밝은 같은 뜻의 말임을 알 수 있습니다.

가르챩 ← 가르닭 = 밝닭 → 밝챩
광창 봉창

그릇과 연모

(1) 그릇

그릇도 아주 옛날에는 주로 제례에 많이 썼음을 알 수가 있어요. 일반 민중들은 그릇을 가지기가 어려웠나 봐요. 그릇 자체가 게세르로 풀리기 때문입니다. 질그릇의 '질'은 흙으로 풀리므로 흙으로 만든 그릇이 질그릇이군요.

가르닭 → 가르핢 → 가르삵 구운흙 그릇 게세르	닭가르닭 → ㆅ잙가르삵 → 핢가르삵 질그릇 흙그릇	
닭닭가르닭 → 삵닭가르앍 숟가락	가르닭가르닭 → 자르삵가르앍 젓가락	닭맑 두멍
닭닭 → 닭잙 → 삵닭 → 앍잙 도독 단지 시끄때기 옹가지	밝닭 → 밝잙 버지기 바가지	닭 → 삵 독 뚜가리 시루

우리 어매가 샘에서 버지기로 물을 여 올 때, 머리와 버지기 사이에 끼우는 도구에 따배가 있었죠. 이는 닭밝으로 풀리죠. 한편 처녀가 시집갈 때 쓰던 모자에 족두리가 있지요? 이는 말뿌리가 닭닭인데 이는 상투와 같은 말임을 알 수가 있죠. 상투와 족두리는 몽골에서 들어온 것이 아닐까 했는데, 말씀으로 보면 그 역사는 성황당과 이어지는 엄청난 역사를 갖고 있음을 알 수가 있어요.

닭밝 타파 대백이 **따배기 따배**	닭닭 → 삵닭 → 삻닭 → 잙닭 상두 **상투** 성황당 서낭당 사당 족두리

상투를 틀 때 머리를 고정시키는 '동곳' 이 있는데 이는 닭가르닭으로 풀립니다. 그런데 닭가르닭은 '퉁구스' 이고 퉁구스는 태극 또는 '대우주' 로 풀리기도 합니다. 퉁구스족들은 상투를 틀어서 그들의 상징과 표상으로 삼은 것이 아닌가 합니다. 그들은 '대우주' 를 늘 머리에 이고 살았음을 알 수 있습니다. 이쯤에서 그들은 사실상 도인(道人)입니다. 개화기에 일본사람들이 단발령을 내렸을 때 우리 조상들이 불을 켜고 항거한 까닭을 여기서 알게 됩니다.

닭가르닭 →	닭가르삵 →	닭앍좖 →	닭가르앍
단군기둥 대기둥	퉁구스 동곳	대우주	태극(太極)

사당에서 종교 의식을 할 때 쓰이는 그릇인 촛대도 사당(祠堂)으로 풀리네요. '초' 는 '닭' 에서 왔군요.

닭 → 좖 태우ㅡ 됴(焦) 초(焦)	닭닭 → 좖닭 → 삵닭 촛대(*촛불을 켜는 그릇) 사당(祠堂)

'시끄떼기' 는 밥그릇을 덮는 덮개로 많이 쓰이는데, 우리 어매는 밥을 지을 쌀을 고방에서 이 '시끄떼기' 로 양을 조절하며 물빼기에 펴 담았죠. 이는 '삵닭' 으로 풀리는데, 여기서의 '삵' 은 '씨알' 을 뜻하기도 하므로 '곡식' 과 얽힌 그릇이라고 볼 수가 있겠어요.

닭닭 →	삵닭 →	사르아르닭
	시끄떼기	씨알 뜨개

'대접' 과 '양푼이' 는 주로 국그릇으로 쓰이는데, 이들도 끝이 '밝' 으로 풀리는 것을 보면 '발우' 에서 나아간 그릇이라고 볼 수가 있습니다.

닭닭밝 → 닭좖밝 대접	닭밝 → 삵밝 → 좖밝 → 앍밝 뚝백이 사발 추바리 양푼이	닭닭 → 닭좖 → 좖좖 단지 종지

냄비는 낡맑밝으로 풀리는데, 이때 낡맑은 나물로 풀리니, '나물을 요리하거나 담는 발우' 을 뜻하지 않을까 생각해요.

밝 발우	닭맑밝 → 낡맑밝 냄비 나물바루	닭밝닭 → 좖밝삵 닭밝삵 접시

바가지는 밝닭에서 왔군요.

밝닭 → 밝잙 바가지	맑밝닭 → 맑밝잙 → 맑밝앍 물바가지 물빼기

(2) 농사에 쓰이는 연모

다래끼를 비롯한 주로 농사에 쓰이는 연모를 소개합니다. 농기구는 농사에 쓰이는 연모라서 그런지 씨알을 뜻하는 닭에서 온 경우가 많군요.

닭 →	삵 →	잙 →	핡 →	낡 → 앍
다래끼 도리깨	사카 스키 쇄기	천군 친구 쟁기 지게 짜구	홀키-	날개 얼개
트렁크 도끼 도구	싹 씨알 써레	처구 치키(箕) 잭	하키	내기

먼저 다래끼를 볼까요? 이 다래끼는 우리 할매들이 얼마나 많이 애용하던 그릇입니까? 그것을 허리에 차고 정겨운 논두렁과 밭두렁을 얼마나 오르내리셨을까요? 그것을 야윈 허리에 차고 불이 나도록 산에 들에 쏘다니던 우리 어매와 할매를 생각하면 눈물이 날라 그래요.

닭 다래끼 도가니 독 당堂 되 두斗	밝 바구니 바랑 반班 방房	맑 마구니 말 막幕 망 멍
닭닭 → 닭잙 대독 단지	밝닭 → 밝삵 방티기 포대기 푸대 포包 봉세기 방석	맑닭 → 맑삵 망다래끼 망태기 멍석

포대기와 봉세기와 방석은 밝닭에서 왔군요. 우리 엄마가 아기를 포대기로 둘러서 업고 일을 했었죠. '포대기' 에서 '푸대' 가 나오고 '포包' 가 나왔음을 알 수 있습니다.

밝닭 → 밝삵
방티기 포대기 푸대 포包 봉세기 방석

망태기는 맑닭에서 왔는데 여기서의 '맑' 은 '그물' 을 뜻합니다. 망태기는 '그물' 로 된 '다래끼' 가 되겠어요.

맑닭 → 맑삵
망다래끼 망태기 멍석

'보습' 을 예천에서는 '훅지' 라 하는데, 이들 말뿌리에 황제를 뜻하는 '밝닭' 이 나오는 것을 보면 '보습' 은 '황제' 만이 쓰던 농기구인 것으로 보입니다.

밝닭 → 활잙 발기는 도구 훅지 황제	밝닭밝 → 밝삵밝 → 활잙밝 밭발기-, 밭을 일구다 보습 훅지부리기

눈여겨 볼 것은 곡식을 까불 때 쓰이는 키(箕)인데 한자의 짜임을 풀어도 '닭' 이 나오니 한자(漢字)가 우리말을 얼마나 성실하게 나타내고 있는지를 여기서도 볼 수가 있네요.

닭 →	삵 →	잙
다래끼	쐐기 싹 스키 씨가리 씨알	치키(箕) = 竹(대)其(기) = 닭

땅을 파는 연모는 끝에 '가르' 가 붙은 것이 많으니, 이는 '갈다' 의 뜻에서 온 것으로 보입니다.

닭밝 → 삵밝 삽가래 삽	가르닭 → 가르삵 → 가르앍 괭이	가르맑 → 하르맑 호미

8. 온갖 생명의 뿌리

풀

'풀' 은 '밝' 에서 왔는데, 이는 '바위' 와도 말뿌리가 같죠.

밝[바르가르] →	바르아르 →	와르아르
방구 방귀 펑크	벌레, **빌레**, 바위, 불, 풀 ('바위' 의 제주도 사투리)	여 ('바위' 의 홍도 사투리)

'억새' 의 말뿌리는 '닭닭' 에서 왔군요. '억새' 는 '새강이' 라고도 하는데, 이는 '닭' 입니다.

닭 → 삵 새강이 새	닭닭 → 삵삵 → 왉삵 속새 억새 우악새

돌

돌은 '닭' 에서 왔는데, '바위' 는 '밝' 에서 왔군요.

밝	---	닭	→	잙	---	맑
방구 바회 바위		돎 돓 돌		자갈		몰개 무흘 모래 물

산

닭 → 삵		→		잙	→ 핡	→	앍
달	산山 선仙 신神 손客 성聖 숭崇	상上 수水 사祠 씨		재 주州	항亢		악岳

물

맑 → 말 무케 몰개 모래 물 뫼	닭 → 찱 ― 닭맑 → 삵맑 탕 천泉 탕물 담潭 샘	가르닭 → 가르삵 → 아르왉 구태 갯 용왕

닭			가르닭					밝닭		
↘			↘					↘		
닭	→	삵	가르삵	→	가르왉	→	하르삵	밝닭	→	왉삵
탕(샘) ⇨ **도랑** ⇨ **시내** ⇨ **갯** ⇨ **개울** ⇨ **거렁** ⇨ **강江** ⇨ **호수** ⇨ **바다** ⇨ **오션**										

은하수의 우리말은 미리내라 합니다.

맑닭 → 맑삵	→	맑낡 ⇄	아르핡 ←	아르삵 ←	가르삵 ←	가르닭
맑스가르 **맑스나르** 용성 용수		**미리내** =	은하銀河	아리수 용성 용수	게세르 갯	큰들개 근

가르(자르→하르→아르) = 맑 칼 주朱 홍紅 용龍 용龍	자르삵 ← 가르닭 = 맑닭 → 맑왉 조선 용성龍城 용성龍城 무쿠리 몽골

'아리수' 는 '큰 강' 이 아니라, '큰 시내(韓水)' 에서 왔으며 '큰 시내' 가 곧 거렁(江)입니다. '아리수' 는 자체가 '조선' 과 '예수(濊水)' 이기도 합니다. '한강(韓江)' 을 '한강(漢江)' 으로 적는 마음에는 사대주의가 들어와 박혔죠.

가르닭 →	가르삵 →	가르앍 →	자르삵 →	하르삵 →	아르삵 →	아르잙 →	하르앍
큰 도랑	게세르	거록 거렁	**조선**朝鮮	한수韓水	**아리수**	여진女眞	한강韓江
큰 달개	거서리	가랄 강江	재산	호수湖水	**예수**濊水	예족濊族	혼강

꽃

'꽃' 은 다음과 같이 '가르닭' 에서 왔고 '꼬타리' 와 '끝' 에서 피었습니다. '봉오리' 는 '밝' 에서 왔습니다.

가르닭 → 가르삵 꼬타리 귿 끝 꽅(꽃) 끄서리 갓	밝 → 밣 [볼록] 봉오리 봉우리	맑 → 맔 [몽글] 망아리 몽요리

여기서 참고로 꼬리(미尾)의 말뿌리를 캐 봅니다. '꼬리' 의 옛말은 '초리' 입니다.

가르삵
끄서리　　가르
↑　↗　꼬리
가르닭　→　가르촭　→　하르촭
귿(끝)　　끄초리　↘　회초리
↓　　촭
가르앍　　초리
극(極)

(1) 천지화

우리나라 꽃에 관한 송준희님[134]의 글을 소개합니다.

- 한국본기에는 한화(桓花)
- 단군세기에는 한화(桓花), 천지화(天指花)
- 산해경 해외동경편에는 훈화(薰華)

한단고기 단군세기 13세 단군 흘달(屹達, 재위 BC 1782~1772) 쪽입니다.

戊戌二十年 多設蘇塗 植天指花 使未婚子弟 讀書習射 號爲國子郞 國子郞出行 頭插天指花 故時人稱爲天指花郞

무술 20년(BC 1763) 소도蘇塗를 많이 짓고 천지화天指花를 심었다. 거기서 미혼의 젊은이들에게 독서와 활쏘기를 익히게 했는데 이들을 국자랑이라 한다. 그들은 머리에 천지화를 꽂고 다녀서 사람들이 천지화랑이라고 했다.

134) 송준희, 명지대 사학과 교수

동북삼성에서는 진달래를 지금도 천지화라고 부른답니다. 고조선의 천지화랑이 신라의 '화랑(花郞)'으로 전수되었을 것입니다. 머리에 장식한 것은 바로 무궁화가 아닌 진달래꽃일 것입니다. 그 큰 무궁화를 머리에 장식으로 달고 다닐 수는 없지 않습니까?

한단고기 단군세기 16세 단군 위나(尉那, 재위 BC 1610~BC 1553) 辛未元年條(신미원년조)를 보겠습니다. 애한가에 나오는 꽃은 바로 진달래를 뜻하는 것으로 보입니다.

戊二十八年會九桓諸汗于寧古塔 祭三神上帝 配桓因.桓雄.蚩尤 及檀君王儉而享之

무술28년 구한(九桓)의 여러 한(汗)들을 영고탑(寧古塔)에 모이게 하여 삼신 하느님께 제(祭)를 지냈는데 한인(桓因), 한웅(桓雄), 치우(蚩尤)와 단군왕검(檀君王儉)을 같이 모시고 제를 지냈다.

五日大宴 與衆明燈守夜 唱經踏庭 一邊列炬 一邊環舞 濟唱愛桓歌

닷새 동안 큰 잔치를 베풀어 백성과 더불어 불을 밝혀 밤을 지새며 경(經)을 외우고 마당밟기(踏庭)를 하셨다. 한쪽에서는 횃불을 나란히 피우고 또 한쪽은 환무(環舞)를 추며 애한가를 부르게 하셨다.

愛桓卽古神歌之類也 先人指桓花 而不名直曰花 愛桓之歌 有云

애한이란 곧 옛 신가의 한 갈래다. 선인들은 한화를 가리켜 이름을 붙이지 않고 다만 꽃이라고만 했다. 애한가愛桓歌는 다음과 같다.

山有花 山有花 去年種萬樹 今年種萬樹 春來不咸花萬紅 有事天神樂太平

'산에는 꽃이 있네 산에는 꽃이 있네, 지난해 만 그루 심고 올해 또 만 그루 심었네. 봄이 불함산에 오면 꽃은 만발하여 붉고, 하느님을 섬겨 태평을 즐기리.'

아래는 동북삼성에 사는 조선족이 보내 온 글입니다. 더 연구해 봐야 알겠지만 단군세기에 나오는 한화(桓花)나 천지화(天指花)는 무궁화가 아니라 진달래일 가능성이 높습니다. 진달래는 일명 '참꽃'이라고도 하지요. 꽃 중의 '진짜 꽃' 그래서 우리 겨레와 이토록 얽혀 있는 것이 아닐까요? 옛날에 참꽃귀신은 사람을 웃겨서 죽인다는 설화가 있었지요. 참으로 정겨운 전래 설화이지요.[135]

> 진달래가 표준어라 하지만 연변에 사는 조선인들은 대부분 천지꽃이라 부른답니다. 왜 진달래를 놔두고 굳이 천지꽃이라 부르는지 의아했는데 여기서 많은 것을 배우네요. '어른'을 조선족들은 굳이 어른이라 부르지 않고 '자랑'이라고 부르는 것도 그렇고 모두 단군님과 조선에서 유래한 것이었군요. 그리고 어른께 얘기할 땐 말끝마다 '꾸마'를 붙이는 습관도 있는데 이 꾸마가 예전엔 곰이었다니 비록 민족의식은 많이 사라져가고 있지만 우리 조선족의 말 속엔 정말 많은 것이 남아 있군요.

'꾸마'는 용언의 어미 '~구먼'이 된 것으로 보입니다.

---

135) www.coo2.net 송준희 글 '천지화'

님의 생각에 전적으로 동의하며, 다음과 같이 천지화는 진달래라는 것을 말뿌리를 풀어서 증명하고자 합니다.

먼저, 무궁화는 말뿌리를 따라가 보면 '메꽃' (많은 꽃)입니다.

맑닭 → 맑찱	→	맑삵	→	맑핡
	말곶 → 많꽃 → 메꽃	문근순門槿舜		마칸화 무궁화無窮花

그리고 천지화는 다음과 같이 진달래꽃(연달래꽃, 철쭉꽃)으로 풀립니다.

닭닭닭	→	잙닭찱	→	삵닭찱	→	앍닭찱	→	찱잙찱	→	찱잖앍
		진달래꽃		수달래꽃		연달래꽃		철쭉꽃 천지꽃		천지화天指花

그러므로 천지화(天指花)란 무궁화가 아니라 진달래꽃입니다. 일전에 최룡관[136]님으로부터 진달래를 '천지꽃' 으로 부른다고 들었습니다. 만주는 지금은 우리 땅이 아니라서 쉽게 확인할 수 있는 일도 이렇게 어렵사리 풀고 있군요.

진달래를 한화(桓花) 또는 훈화(薰華)라고도 하는 모양인데 이의 말뿌리는 가르닭으로 풀립니다. 가르닭은 본질적으로 닭닭과 같다고 볼 수 있습니다.

닭닭	→	찱잙	→	잙닭	→	삵닭	→	핡찱	→	핡핡	→	앍닭	→	가르닭
달곧		철쭉		진달래		수달래		훈꽃		훈화		연달래		곤드레

(2) 나리꽃

나리꽃을 서양에 가져가 백합을 만들었다고 했죠? 맞습니다. 백합은 '릴리'라 하는데 이는 우리의 '나리' 에서 갔지요. 근순화(무궁화), 능소화도 여기서 나왔군요.

닭닭	→	삵찱	→	잙찱	→	핡찱	→	낡삵	→	낡찱	→	앍앍
달곧		산꽃		재꽃		해꽃		능소		나리꽃		라일락 릴리

---

136) 최룡관 : 연길에 사는 조선족 시인

(3) 여러 가지 꽃

닭 → 삵 → 좕 → 왉 딸기꽃 도라지꽃 살구꽃 사쿠라꽃 사과꽃 칡꽃 찔레꽃 오랑캐꽃	맑 망고꽃 메꽃		
밝 빼기꽃 박꽃 분꽃 패랭이꽃 배꽃	밝닭 → 밝삵 → 밝좕 박태기 복숭아 봉선(화) 붓 벚		
맑닭맑 → 맑왉맑 마마꽃 모메꽃	닭맑 → 홝맑 할미꽃	가르맑 → 하르맑 호박꽃	닭닭밝 → 왉닭밝 애기똥풀꽃

나무

(1) 나무의 부분별 이름

닭맑 → 삵맑 → 좕맑 → 낡맑 → 왉맑 → 가르맑 → 아르맑 샤먼 주몽 나막 낡 나물 **나무** **얼그미** 아가미 꼬막 가마귀 열매 임
닭 → 가르닭 → 밝 ↘ 삵 → 좕 / ↘ 가르삵 → 가르좕 / ↘ 밟 씨가리 줄기 / 긋 / 가지 곶 꽃 / 불휘 뿌리
닭밝닭 → 삵밝삵 → 왉밝삵 닢사귀 → 닢새 → (leaf)닢 → 잎 : 복수형 leaves(립새)

(2) 나무 이름들

밝나무 북나무 뿔나무 배롱나무 뽕나무 팽나무 배나무 피나무	가르나무 귤나무	맑나무 모과나무
밝닭나무 → 밝좕나무 → 밝삵나무 박태기나무 박달나무 뻘뚝나무 버드나무 벚나무 보리수나무 복상나무		
닭나무 → 삵나무 → 좕나무 떡갈나무 닥나무 등나무 대나무 살구나무 생강나무 사과나무 서어나무 소나무 전나무		
닭맑나무 → 촭맑나무 → 삵맑나무 → 가르맑나무 참나무 삼나무 고욤나무 감나무	밝맑나무 밤나무	
가르닭나무 → 나르닭나무 → 가르좕나무 → 자르삵나무 → 하르삵나무 느티나무 가죽나무 잣나무 화살나무		

가르밝나무 굴피나무	닭닭나무 → 닭잚나무 때죽나무 탱자나무	닭밝나무 → 낡밝나무 느릅나무

열매

(1) 실과(實果)와 과실(果實)

'실과' 는 '닭' 에서, '과실' 은 '가르닭' 에서 왔습니다. 사과(沙果)는 沙(모래 사)와 果(실과 과)로서 이는 '모래 실과' 이니 무슨 뜻인지 알 수 없습니다. 이런 말들은 한자로 적혔어도 그 소리가 중요합니다. '실과(實果)' 나 '사과(沙果)' 는 우리말 '씨가리' 를 한자로 적은 것이요, '과실(果實)' 은 '큰씨알' 을 적은 것입니다.

닭 → 삵 덩굴 타래 씨가리 살구 실과實果 사과沙果	가르삵 → 가르닥 큰 씨알 과실果實 → 과일 → 果 꼬타리

(2) 사과와 능금

사과(沙果)는 '씨가리' 에서 왔고 능금은 '열매' 입니다.

닭 → 삵 톨 씨가리 실과實果 사과沙果	⇄	앍맑 ← 낡맑 ← 닭맑 열매 여름 임금 나물 나막 능금 두마칸 다물

(3) 열매의 갈래

가르 콩 깨	닭 → 촭 → 삵 딸기 다래 추자 살구 사과	밝 삘기 빼기 박 배	밝맑 밤

맑 멀구 망개 망고 모과 머루 밀	닭닭 → 닭촭 도토리 대추	밝닭 → 밝삵 뻘뚝 복상 보리수

닭맑 → 낡맑 → 앍맑 → 가르맑 능금 열매 여름 고욤 감	닭가르 들깨	가르닭맑 → 가르앍맑 깨금 개암

벌레와 짐승

가르 → 자르 고래 고니 개 자라	맑 멍게 메기 모기 문어 말 매	닭닭맑 → 찱삵맑 → 삵삵맑 청설모 사슴
밝 → 홝 → 왉 벌기 방개 벼룩 부엉이 붕어 피리 벌 황굴레 워리	가르밝 → 가르왉 거북이 거위	
닭 → 탉 → 삵 → 잙 → 낡 → 핡 → 앍 대구 퉁가리 쏘가리 솔개 삵 장끼 장어 너구리 해오라기 악어 오리 닭 토끼 소나귀 사자 쉬리 새우 지노귀 쥐 나귀 학鶴 여우 왜가리		
닭닭 → 닭잙 → 낡닭 → 앍찱 → 앍삵 → 앍앍 두더지 도야지 낙타 늑대 여치 오소리 이리	닭밝 → 낡밝 나비	
가르닭 → 가르찱 → 가르잙 → 가르앍 깔따구 까투리 고등어 갈치 꽁치 가재 개구리 꾸구리 기러기 꿩		
밝닭 → 밝삵 → 밝잙 → 홝삵 비둘기 박새 베짱이 백조 박쥐 황새	맑닭 → 맑찱 → 맑잙 메뚜기 명태 멸치 미꾸라지	
닭맑 → 잙맑 → 삵맑 → 앍맑 → 가르맑 두루미 징거미 쭈꾸미 사마귀 새매 엉마구리 이무기 까마귀 거머리 개미 거미 곰		
밝닭닭 → 밝닭찱 버들치	닭가르닭 → 닭가르잙 땅가재	가르닭닭 → 가르앍잙 꺾지
맑맑닭 → 맑맑찱 모래무치	맑닭맑 → 맑앍맑 매미	가르닭닭닭 → 자르삵핡삵 장수하늘소
닭밝맑 → 찱밝맑 → 앍밝맑 칡범 올빼미	닭밝닭 → 앍밝닭 → 앍왉닭 오리방티기 오랑우탄	밝맑 피라미 범 뱀
닭맑닭 → 닭맑잙 → 찱맑삵 → 가르맑찱 다람쥐 참새 가물치	닭닭맑밝 → 삵삵맑밝 사슴벌레	

9. 오랑캐의 빛

닭에서 온 오랑캐

우투리님, 이제 글을 서서히 마무리하면서 꼭 고백하고 넘어가야 할 큰 일이 있습니다. 어쩐지 입에 담기가 거북합니다마는 우리는 … '오랑가르(오랑캐)'가 맞습니다. 우리는 다음과 같이 '닭'에서 왔으며 '오랑가르(오랑캐 狄)'이기 때문입니다. 하화는 아래와 같이 닭을 말뿌리로 하는 수많은 좋은 말 중에 우리를 가장 낮은 '적(狄), 흉(匈), 이(夷), 노(奴)'로 낙인찍었습니다.

닭 →	촭 →	좕 →	삵 →	홝 →	낡 →	앍
둥그르	친구 청구	지껄 주呪	시끌 신神	향그르 해	누구	오랑가르
단군 도령	처구 천賤	적狄 족族	산山 선仙	흉匈 호昊	노奴	알 얼 이夷

장구를 오랑캐장구라고도 하는 것은 '단군족이 만든 장구'로 풀립니다. 오랑캐에서 아리랑도 나왔습니다.

닭 → 삵 → 좕 → 앍 절구 장군 장구 오랑캐 → 아리랑	닭닭 → 닭좕 → 앍좕 단군장구 오랑캐장구

우투리님, 제비꽃을 오랑캐꽃이라고도 하니 이 또한 '닭'에서 온 꽃이네요. 그러므로 제비꽃이나 오랑캐꽃은 본디 '단군꽃'이 되지요.

닭밝꽃 → 삵밝꽃 → 좕밝꽃 → 앍밝꽃 단군임금꽃 제비꽃 오랑캐임금꽃	닭꽃 → 삵꽃 → 앍꽃 단군꽃 오랑캐꽃

'오랑캐'란 단군, 씨알, 수레 신(神) 등등 수많은 뜻을 가진 보통명사였는데 언제부터인가 우리를 비하하는 말로 바뀐 것으로 보입니다.

우투리님, 그러나 여기서 중요한 것은, 우리는 하화가 규정한 '미개한 오랑캐'가 아니라 모든 자연과 생명의 뿌리며, 인류의 시원문명을 일으켜 이끌어온 자랑스러운 오랑캐라는 것이죠.

우리가 어릴 때는 '무찌르자 오랑캐 몇 백 만이냐' 라는 노래를 불렀다. 여기의 오랑캐는 중공군이다. 중국 사람을 오랑캐라고 부른 것이다. 우리말에서는 야만적 침략자를 흔히 '오랑캐' 라고 부른다. '중공오랑캐' 라든지 '일본오랑캐' 라든지 심지어 '서양오랑캐' 라 부르기도 한다. '오랑캐' 의 뜻과 어원은 무엇일까? 옛날에는 야만적인 종족이라는 뜻으로 주변의 미개한 종족들을 '오랑캐' 라고 했다.

옛 문헌 〈가례언해〉에는 '재물을 논함은 오랑캐의 도리라' 고 적었고, 〈동국신속삼강행실도〉에는 '계미년 오랑캐 난' 이라는 글귀가 있다. 〈십구사략언해〉에는 '오랑캐 나라에 들어와' 라는 글귀가 보인다. 이렇게 나오는 '오랑캐' 란 본래 여진의 한 종족 이름으로 우디허족을 말한다. 그들이 살던 곳은 흑룡강 일대의 깊은 삼림지대고 수렵을 했다. 15세기의 〈용비어천가〉에는 '오랑캐(올량합兀良哈)' 을 '여진' 과 '야인' 이라고 푼 대목이 있다. 여진족은 미개하고 침략과 이웃의 약탈을 일삼았다. 〈조선왕조실록〉 등 여러 사서에는 올량합(兀良合), 알랑개(斡郞改), 올적합(兀狄合) 등 여러 말이 나오는데 모두 '오랑캐' 를 나타낸 말이다. 그러나 이들은 본디 몽골족으로 헨티와 흥안령산맥 등에 살고 있던 삼림종족 오리양히(Oriyanghai)에서 왔다고 볼 수 있다. '오랑캐' 란 한 겨레 이름이던 것이 오늘에는 무릇이름씨가 되어 야만적이고 미개한 겨레를 깔보는 이름이 되었다.[137]

여기 나오는 '우디허족' 을 풀어 보면 역시 '가르닭' 이 나오는군요. '가르닭' 은 '예족(濊族)' 이요 '조선(朝鮮)' 이죠. 말뜻으로 보면 이는 '큰 오랑캐' 가 됩니다.

가르닭 →	아르닳 →	가르삵 →	자르삵 →	하르잚 →	아르잚	→	가르앍
구다라	**우디허**	게세르	**조선**	흐순	**여진 예족**濊族		**큰 오랑캐**

보통 야만스러운 종족이란 뜻으로 침략자를 업신여겨 이르던 말이다. 그러나 역사적으로는 15세기에 동북지방에 퍼져 살던 여진족을 이르던 말이 넓게 쓰인 것이다. 다른 말로는 외이(外夷) · 이적(夷狄) · 만이(蠻夷)라고도 한다. 중국에서는 우리도 오랑캐로 여겨 동쪽 오랑캐라는 뜻의 동이(東夷)라고 부르기도 했다.

– 네이버 지식백과(오랑캐)

위의 글에서는 우리가 여진족을 오랑캐라 불렀다고 하는데, 사실은 오랑캐의 뿌리는 하화가 주변의 다른 겨레들을 두루 얕잡아 이르던 말에서 비롯되었죠. 여진을 다른 말로 외이(外夷), 이적(夷狄), 만이(蠻夷)라고도 한다고 했는데 이들은 모두 예족(濊族)이며 단군족입니다.

---

137) 최기호, 《어원을 찾아 떠나는 세계문화여행》 아시아편(박문사, 2009) 30쪽

3 조선	닭닭 → 닭앍 → 삵잙 → 잙삵 → 핡앍 → 앍닭 → 앍앍 → 앍잙 타타르 타이탄 동이 신크치 조선 현이 알타이 견이 **이적**夷狄 뎐둑天竺 東夷 玄夷 케레이트 구이 **여진**女眞 뎐독 도독都督 단군겨레 **예족**濊族
	밝닭 → 밝앍 → 밝잙 → 홝잙 → 왉닭 → 왉잙 → 왉앍 브리야트 배크리 백이白夷 백제 백적白狄 황제 화척 온달 온조 **외이**外夷
	맑닭 → 맑잙 → 맑앍 메르키드 무당 맥족貊族 만주 마지 무쿠리 말갈 물길 몽골 **만이**蠻夷 맥이貊夷

우리는 하화에게 오랑캐라고 놀림을 당하면서도 같은 계통인 여진에게 오랑캐라고 했으니 어찌된 일일까요? 주자학과 소중화사상은 아마 이를 부채질했을 겁니다. 뿐만 아니라, 우리는 우리끼리도 반상으로 구분하여 소수의 양반이 다수의 상민을 '오랑캐'로 여긴 듯합니다.

밝 박朴 반班 본本 부部	닭 → 찱 → 삵 → 앍 단군 대끼 천賤 상常 올케 오랑캐 이夷	맑 맹갈 맥貊 민民

닭에서 온 문명

(1) 닭에서 나온 신(神)

그런데 오랑캐의 말뿌리인 닭은 정반대로 인류 밝(문명)의 뿌리입니다. 인류가 태어나자마자 가장 먼저 만든 것이 신(神)이었는데, 그 신은 닭에서 왔습니다. 수메르에서도 신(神)을 우리와 비슷한 '수엔'이라고 했습니다.

닭 →	삵 →	잙 →	앍
단군	산군 사카 선우 신神 선仙 손客 산山	천구 친구 장군	오랑캐
도고	숭崇 송頌 사辭 사詞 수秀 시詩	청구 처구 장구	인간

닭보다 더 '큰 닭'이 큰 신(귀신鬼神)이 되었습니다. '도깨비'는 '닭밝'에서 왔군요. '청승개비'는 '하늘 도깨비'입니다.

가르닭 → 가르삵 큰닭 콘돌 커다란 가운데 골드(gold) 갇(God) 게세르 큰신 귀신(鬼神)		
닭밝 → 핡밝 두꺼비 **도깨비** 토째비 터부 허깨비	닭닭밝 → 찱 닭밝 → 핡닭밝 → 찱 삵밝 처구도깨비 하늘도깨비 청승개비	

(2) 닭에서 나온 종이와 책

'종이' 와 '책' 도, 종이를 발명했다는 '채륜' 도 '닭' 에서 왔습니다.

닭 → 찱 → 잙 단군 천군 친구 처구 **책**冊 체르니 **채륜** 치우 쪽 **종이** 지紙	닭나무 → 잙나무 닥나무 종이나무

우리가 '종이쪼가리' 라 하는 말은 '닭닭' 이며, '종이' 가 겹친 말로 보입니다. '쪽' 도 '쪼가리' 에서 나온 말로 보입니다.

닭 → 삵 → 잙 쪼가리, 쪽, 종이, 지(紙)	닭닭 → 잙잙 종이쪼가리

문화 발전 단계에서 종이의 발명은 활자의 발명과 함께 혁명의 연속입니다. 우리가 금속활자를 발명한 것은, 그 하나만으로도 앞선 문화민족임을 입증하고도 남습니다. 문화(文化)는 곧 활자와 책에서 나왔기 때문이지요. 금속활자의 발명은 아는 수준과 문화 저력이 없이는 아니 될 것입니다.

금속활자 : 책 - 종이 - 인쇄술 - 저자 - 독자 - 철학 - 지식 - 학문

'책' 은 처음에는 '대나무' 를 쪼개어 엮은 것이니, '대나무' 도 '책나무' 며 이는 '닭나무' 에서 왔죠.

닭 → 찱 → 잙 닥 대竹 책冊 적籍, 종이 → 지紙	닭나무 → 찱나무 → 잙나무 닥나무 책나무 종이나무

(3) 닭에서 나온 수레

알다시피 수레의 발명은 증기기관의 발명으로 이어지는 인류문명사에서 획을 그은 일이죠.

수레가 언제 발명되었는지는 잘 알 수 없으나 기원전 3천년쯤 서아시아에서 처음 썼으리라고 믿기며, 기원전 2천5백년쯤에 바빌로니아에서 바퀴 주위에 구리판을 덧씌운 전차(戰車)가 나왔다. 기원전 천5백년 즈음 이집트나 미케네 등지에서 여러 개의 살을 박아 만든 수레바퀴를 썼다.

한편, 기원전 천3백년 즈음 은나라에도 바빌로니아의 것과 비슷한 전차가 있었다. 우리나라에서 수레를 썼다는 글은 없으나, 신라나 가야시대의 옛 무덤에서 수레 모양의 토기가 나오고 그 형태가 매우 정교한 것으로 미루어 보아 아주 일찍부터 쓴 것으로 보인다.

– 민족문화대백과(수레)

수레를 언제 누가 먼저 만들었는지는 확실히 모르지마는 사람들은 대체로 메소포타미아 수메르에서 처음 시작된 것으로 믿습니다. 인류 밝(문명)이 수메르에서 비롯되었다면 수레도 수메르에서 먼저 발명했을 가능성이 높죠. 왜냐하면 '수레' 는 '밝(문명)' 의 상징이기 때문입니다.

수레의 기원도 '닭' 입니다. 북부여를 세운 해모수가 '오룡거' 를 타고 하늘에서 내려왔다고 하는데 이는 그냥 '수레' 를 뜻할 것입니다.

닭 →	삵 →	잙 →	앍
단군 둥굴레	숭굴레 → 수레	중굴레 → 차車	오랑가르 아리개 오룡거五龍車 거車

한편 '큰 단군' 으로 풀리는 '가르닭' 에서 '굴레수레' 가 나왔습니다.

가르닭 →	가르삵 →	자르삵
구다라 큰단군	게세르 굴레수레 큰수레	조선

바퀴 달린 수레는 '밝은 단군' 으로 풀리는 '밝닭' 에서 온 것으로 보입니다. 여기서 '황제' 도 나왔죠. '수레바퀴' 는 '태백, 투르판' 으로 풀리는 '닭밝' 에서 왔습니다.

닭밝 →	삵밝	밝닭 →	밝삵 →	밝잙 →	홝잙
태백 투르판 티베(트)	**수레바퀴** 소벌 선비	배달	바퀴수레	백제	황제

한편 '밝닭' 에서 온 '황제(黃帝)' 는 삼황오제(三皇五帝)의 신화에 나오는 '헌원' 을 말하는데, 동양에서는 이 '헌원황제(軒轅黃帝)' 가 수레를 발명했다고 믿고 있죠.

軒轅 = 軒(수레 헌) + 원(끌채 원)

지금까지 발굴된 가장 오래된 실물 수레도 역시 메소포타미아의 수메르문명과 관계가 있는 것으로 보입니다. 고대 수레 유물이 아르메니아 르차르첸에서 발굴되었습니다. 아르메니아는 메소포타미아 지방의 북쪽으로 바로 이웃한 곳이니 넓은 뜻의 메소포타미아에 들어가는지는 모르겠습니다.

수메르 그 문명의 새벽을 돌아보다.(고대의 민족 대이동)138)

그렇다면 이들의 도시국가 에녹은 과연 있었을까? 있었다면 과연 어디 있었을까? 성서의 내용으로서 에녹시를 추정할 수 있는 근거는 그것이 에덴의 동쪽이며, 도시국가며, 방목에서 벗어난 목축이 행하여졌으며, 일찍이 청동기를 썼고, 그에 걸맞은 문화생활을 누렸다는 것 등이다. 그렇게 볼 때 에녹은 에덴의 경우와 같이 구체적 지명을 동반하지 않았음에도 에덴보다도 오히려 많은 흔적을 남겼다고 할 수 있다. 나는 이미 터키 동남부 아르메니아 고원의 산록 일원(지금의 이란공화국 우르미아 호수의 서쪽)을 에덴으로 비정한 바가 있다.

그런데 그곳의 동쪽에 아르메니아 공화국이 있다. 아르메니아공화국은 구소련에 속해 있다가 1991년에 독립한 소국(넓이 남한의 1/3)인 바, 언뜻 신생국처럼 여겨질지 모르겠으나 사실은 실로 유서 깊은 땅에 자리한 장구한 역사의 나라다. 그러한 만큼 인류사에 남긴 커다란 족적들을 발견할 수 있는데, 그 중에서도 가장 특기할 만한 것은 인류 최초로 밀이 재배된 곳이라는 점이다. 고대 아르메니아인들은 이미 1만 년 전에 수렵과 채집에서 벗어나 목축과 경작 생활을 했던 것으로 알려져 있는데, 이를 증명하는 유적이 쉬레크 지방 아라랏스키 계곡에서 신석기시대의 취락 유적과 함께 발견된 바 있다.

또한 아르메니아는 인류의 야금술이 시작된 곳으로도 알려져 있는데, 수도 에레반에 가까운 생가비트 지역과 메사모르 지역에서는 기원전 5천년쯤의 청동기 주물 공장이 동시대의 요새, 제단, 주거지 등과 함께 발견되기도 하였다. 제련소 유적에서는 금, 구리, 철, 망간, 아연, 수은 등의 성분이 추출되었으며 거대한 지하 구덩이는 수은과 같은 비철금속의 저장고로 추정된다.

▲ 메사모르의 제련소 유적

기원전 3천년쯤에 시작된 에게해(海)의 청동문명을 무려 2천년이나 웃도는 연도이다. 신비스럽게도 이곳에는 현지 사람들이 마시스 산이라고 부르는 아라랏 산이 그야말로 영산(靈山)으로 자리

138) http://kibaek,tistory.com153 김기백 글(2017. 12. 31.)

하고 있다. 노아의 방주가 안착했다는 바로 그 산이다.

▲ 기원전 2천년쯤의 철제 마차

더불어 아르메니아의 여러 지역에서 발견된 기원전 2천년쯤의 철기 또한 히타이트 제국의 그것을 앞지른 것으로 밝혀진 바 '최초의 철기 사용 민족은 히타이트가 아닌 고대 아르메니아 부족' 이라는 학계의 공식 인정을 이끌어내기도 했다.

세반 호수 근방의 르차르첸에서 모두 12개가 발굴되었는데, 함께 발굴된 2륜 전차와 함께 아르메니아 국립박물관에 전시 중이다. 이 마차는 스튜어트 피고트 교수의 고전 서적인 '가장 빠른 바퀴라는 운송 수단' 이라는 책에 긴급 수록되기도 했다.

아르메니아 고원은 포도 재배의 발상지로 간주되는데, 노아가 마시고 취한 것도 이 와인이었을 것이다.(창세기)

▶ 아르메니아 남부 동굴에서 발견된 6100년 전의 와인 생산 시설로 세계에서 가장 오래된 와인 생산 공장이다.

▲ 세계에서 가장 오래된 청동 말 굴레. 4500년 전의 것으로 청동기시대의 기병의 존재를 증언한다.

▲ 세계에서 가장 오래된 32만5천 년 전의 부싯돌. 두 개의 특별한 돌이 만나야 불이 잘 켜진다.

고조선 후예가 찾았다, 흉노제국 금속 마차[139]

고조선과 이웃한 유목 민족, 몽골서 대형마차 원형 첫 발굴
6개 기관 · 대학 참여한 조사단, 흉노 초창기 연구에 최대 성과

몽골평원에서 유적을 발굴 중인 한국 고고학자들이 2천여 년 전 고조선과 이웃하며 세력을 떨친 흉노제국 초기의 귀족 무덤과 네 바퀴 달린 금속제 대형 마차 실물을 처음 찾아냈

139) 출처 : http://www.hani.co.kr/arti/culture/culture_general/823076.html

다. 안개에 싸인 기원전 1~2세기 흉노 초창기 역사를 밝혀주는 유물들로, 1990년대부터 시작된 국내 학계의 국외 발굴에서 가장 돋보이는 성과를 거뒀다는 평가다.

이런 성과를 낸 곳은 중앙문화재연구원, 동서문물연구원 등 4개 발굴기관과 서울대, 충북대가 함께 꾸린 유라시아 발굴조사단(단장 조상기)으로, 지난해부터 몽골과학아카데미와 손잡고 현지 발굴을 벌여왔다. 조사단은 지난 6~7월 수도 울란바토르에서 남쪽으로 150㎞ 떨어진 치헤르틴 유적의 적석(돌무지)무덤을 조사한 결과 바퀴가 각각 네 개씩 달린 사륜마차 2대의 실물을 확인했다고 11일 밝혔다. 몽골과 중국 내 몽골 흉노 귀족 무덤에서 한나라 시대의 마차 잔해나 부품들은 간간이 출토된다. 그러나 4륜 대형 마차의 원형이 온전하게 나온 것은 몽골 현지에서 처음 확인된 사례다.

조사 내용을 보면, 마차가 나온 1호 무덤은 구덩이 깊이가 11m를 넘고 바닥 지름은 20m에 이르는 돌무지무덤이다. 무덤구덩이 안은 나무관에 주검을 넣고 다시 나무 덧널(목곽)로 감싼 얼개를 하고 있다. 가장 주목되는 유물인 마차 2대는 목곽 양옆 동서쪽에 마주 보는 식으로 묻혀 있었다. 목곽 동쪽에서 나온 마차 유물은 청동제, 서쪽에서 나온 마차 유물은 철제이며 표면에 각각 칠기를 입힌 것으로 밝혀졌다. 조사단은 중국 특유의 칠기 재료를 쓴 점으로 미뤄 중국제 마차를 수입해 부장품 용도로 묻었다고 보고 있다.

▲ 무덤 안 마차 바퀴를 확대한 모습

출토된 마차 본체와 바퀴들은 70~80년대 중국 시안 진시황릉 병마용 갱에서 나온 마차 출토품과 겉모양이 비슷하다. 바퀴를 단 마차 위에 살대를 올리고 우산 같은 차양막을 드리운 얼개다. 또 목곽과 목관 사이에는 재갈, 굴레장식 따위의 철제 말갖춤(마구), 금장식 칠기, 토기 조각, 옥제품, 유리구슬 등 부장품들이 쏟아져 나왔다.

조사단에 따르면 중국, 몽골 등지에서 그동안 조사된 흉노 귀족 무덤은 기원 전후 것으로 바닥 평면이 네모지고 '凸(철)' 자형 구조를 갖춘 대형 적석무덤들이었다. 그러나 이번 조사로 이보다 200년 가량 앞선 시기의 원형 바닥 평면의 적석목곽무덤에서 대형 마차 등의 귀족 부장품이 처음 확인돼, 초창기 흉노 귀족 무덤의 원형을 밝힐 수 있게 됐다. 조사에 참여한 양시은 충북대 교수는 '함께 나온 청동과 뼈 화살촉 등의 분석연대로 볼 때 무덤 시기는 기원전 2세기까지 올라갈 수 있다.' 며 '전례 없는 초기 귀족묘 발굴로 흉노 초창기 역사의 공백을 메울 소중한 고고학적 자료를 얻게 됐다.' 고 말했다.

흉노는 고대 유라시아의 대표적인 유목민족으로 기원전 1세기 전후 한나라를 제압해 강성한 대제국을 형성했다. 4~5세기 민족 대이동으로 유럽을 공포에 떨게 했던 훈족이 후신으로 알려져 있다. 한반도, 만주 일대의 고조선과도 긴밀한 교류가 있었다고 추정되며, 한나라 무제가 흉노와의 연계를 끊기 위해 고조선 정벌을 감행한 사실이 〈史記〉에 전한다.

(4) 닭에서 나온 쇠

구리는 가르에서, 쇠는 닭(투르크)에서, 금(金)은 가르닭(조선)에서 온 것으로 보입니다.

닭닭 단달	↗ 삵삵 → 잙삵 → 핡삵 → 낡삵 → 앍삵 → 앍잙 숙신 조선 호순 누르쇠 아신 알짜 예족	가르 → 나르 구리 누르黃
	↘ 삵닭 → 잙닭 → 핡닭 → 낡닭 → 앍닭 → 가르닭 스키타이 차카타이 한티 느티 알타이 골드gold	닭 → 찱 → 삵 투르크 철鐵 쇠

웅녀를 예맥족(濊貊族)이라고 했지요? 이는 김씨(金氏)이기도 하지만 금족(金族)도 되고 금성(金城, 신라의 별칭)도 되므로 우리가 황금문화를 일구고 철기문화를 누리에 확산시킨 알타이 또는 스키타이임이 증명됩니다.

닭맑닭 →	앍맑닭 →	가르맑닭 →	가르맑삵 →	가르맑잙 →	아르맑잙
투메트	오금덩어리	곰딸(웅녀)	금성 가메시 김씨	금족金族	예맥족濊貊族

이제까지 인류에게 철기문화를 확산시킨 스키타이 중 메소포타미아로 진출한 사람들을 히타이트라고 합니다. 이때 '스키타이'는 '조선'을 말하며 '히타이트'는 '단군조선(조선연방)'을 뜻하니 맹 같은 사람들일 것입니다.

닭닭 → 삵닭 → 잙삵 단달 스키타이 조선	닭닭닭 → 닭잙삵 → 핡닭닭 → 앍잙삵 티타이트 단군조선 히타이트 얽조선(조선연방)

가르닭에서 나온 문화

(1) 가르닭에서 온 조선과 나라

가르닭에서 '나라'와 '조선'이 나왔습니다. 이런 것으로 보아 조선족이 비로소 나라를 세운 것이 아닌가 합니다. 국경을 가르는 데서 끝이 나오고 나라가 생긴 모양입니다.

가르닭	→	가르삵	→	자르삵	→	가르앍	→	가르앓	→	나르앍
가르다 근(끝)		기슬기 쿠스코		조선		고구려 가락 고기		고호르		나락
칸트리		게세르 갯				국(國) 칸쿤 경계				나라

(2) 가르닭에서 나온 '문화(文化)'

'문화(文化)' 를 볼까요? '문화' 는 우리말의 '글자' 와 영어에서 '갈다' 를 뜻하는 'culture' 에서 왔는데 그 말뿌리는 '가르닭(조선)' 입니다.

				아르닭				
			↗	letter				
문화 :	가르닭		→	가르좕	→	가르삵	→	자르삵
文化	갈다			글자 컬처(culture) 케추아 고차		게세르		조선(朝鮮)

그러나 '문화(文化)' 의 소리는 '맹갈(다)' 을 뜻하는 '맑' 에서 왔습니다. '그대로' 가 아닌, '사람이 만드는' 데서 '문화(文化)' 가 나왔을 것입니다.

맑	→	많	→	마르
맹갈(다)		문헌文獻 문화文化 문호文豪 문호門戶		말語 물水 말馬 문文

끝내 '글자' 든 '갈다' 든 '문화(文化)' 든 이는 자연이 아닌 인위(人爲)를 뜻할 것입니다.

가르닭	→	나르앍	맑	→	많
갈다 가르다 culture country		나라	맹갈		문화文化

고조선에서 비롯된 고대민주주의

오늘날 사람들은 고대민주주의는 그리스에서 시작되었다고 믿고 있습니다. 그런데 여기서 갑자기 인류 최초의 민주주의가 고조선에서 시작되었다고 하면 이야말로 '제 논에 물 대는' 궤변이라고 꾸짖을 수도 있을 것입니다. 그러나 저는 감히 주장합니다. 그리스에서 꽃피운 고대민주주의가 사실은 고조선에서 먼저 시작되었다고.

(1) 그리스 고대민주주의의 기원은 올림픽

이제까지 인류의 민주주의의 기원은 고대 그리스에서 시작되었다는 것이 정설입니다. '민주주의' 의 말뿌리도 그리스말 democracy에서 왔습니다. 그렇다면 그리스의 고대민주주의는 그 당시 어떤 배경에서 나왔을까요? 이는 그리스의 제천축제인 고대올림픽에서 시작된 것으로 보입니다. 그리스 사람들은 고대올림픽 때 민족회의, 제천의식, 제전경기 등의 3가지 행사를 했는데 여기서 민족회의란 동족끼리 모여, 하던 전쟁도 멈추기를 결의하고 제천의식과 제전경기를 공동으로 운영하는 방안을 논의한 것을 말합니다. 이 민족회의가 그리스 고대민주주의의 기원이 되었다는 것입니다.

고대 그리스의 제천축제(올림픽) = 민족회의 + 제천의식 + 제전경기
↑
* 고대민주주의의 기원

이 민족회의가 차츰 더 발전하여 아고라(광장)의 시민에 의한 국정 토론회가 되었을 것입니다.

그리스 고대민주주의 시작 : 민족회의 → 아고라의 시민 토론

(2) 북방 유목민의 제천축제에서 비롯된 올림픽

그렇다면 그리스의 고대올림픽은 더 멀리 또 어디에서 갔을까요? 이는 고대 아시아 북방유목민의 제천축제에서 갔을 것입니다. 그 까닭은 그리스 고대올림픽과 북방유목민의 제천축제가 다음과 같이 뼈대가 같기 때문입니다.

북방 유목민의 제천축제	→	그리스의 고대올림픽
(부족회의 + 제천의식 + 제전경기)		(민족회의 + 제천의식 + 제전경기)

북방유목민인 흉노의 제천축제는 다음과 같이 연간 3회 열렸습니다.

선우정사(정월) 용성대제(5월) 대림대제(9월)

박원길님은 이를 제천행사[140]라고 했지만 저는 이것을 '제천축제' 로 표현하겠습니다. 본디 이 행사는 북방민족이 거족적으로 함께하는 큰 잔치이기 때문

입니다. 또한 전체 행사를 '제천행사' 라 부르면 더 작은 단위인 '제천의식' 과 혼동될 수도 있습니다. 그런데 이런 흉노의 제천축제는 더 멀리 고조선(3조선 연방 : 신조선, 불조선, 말조선)의 제천축제로 거슬러 올라갈 수 있습니다. 고조선의 제천축제는 다음과 같이 용성제, 태백제, 대림제 등 연간 3회 개최되었는데[141] 이는 흉노와 크게 다르지 않습니다.

용성제는 선우국인 단군조선(신조선)에서 열리고, 태백제는 배달조선(불조선)에서 열리고, 대림제는 왕검조선(말조선)에서 열린 것으로 보입니다. 그 까닭은 축제 이름과 각 연방국의 이름이 그 말뿌리가 같기 때문입니다.

고조선(3조선연방)	축제명	풀이
단군조선(신조선)	용성제	닭닭닭 → 삵닭잙 → 왉삵잙 → 삵잙삵 (티타이트) 스키타이제 **용성제** 신조선
배달조선(불조선)	태백제	닭밝닭 → 닭밝잙 → 왉밝닭 → 왉밝잙 (티베트) 태백제 얽배달(배달조선) 오란분재
왕검조선(말조선)	대림제	닭맑닭 → 닭맑잙 → 얽맑왉 (투메트) 대림제 얽몽골(왕검조선)

여기서 고조선이나 흉노는 다 같은 북방유목민으로서 축제의 이름이나 축제의 성격으로 볼 때 거의 동일체로 여겨집니다. 다만 축제의 이름으로 볼 때 다음과 같이 고조선의 축제가 흉노보다 더 오래된 것으로 보입니다. 이는 고조선이 흉노의 선배임을 뜻합니다.

용성제 → 용성대제 (고조선) (흉노)	대림제 → 대림대제 (고조선) (흉노)

또한 저는 이들 축제가 열리는 때로 볼 때 오늘날 우리의 3대명절인 설, 단오, 추석의 기원으로 생각합니다.

선우정사(單于庭詞) - 용성대제(蘢城大祭) - 대림대제(蹛林大帝)
(정월) 설 (5월) 단오 (9월) 추석

140) 박원길, 《유라시아 초원제국의 샤마니즘》(민속원, 2001) 22쪽
141) 이 책 〈네마당〉 '5. 성황당' 참조

우리가 설 때 집안 어른을 찾아뵙고 새해 인사를 드리는 풍습은 흉노가 선우 정사 때 부족장들이 선우를 알현하고 새해 인사를 드리는 데서 비롯된 것으로 보입니다. 또 용성대제는 단오와 대응되고 대림대제는 추석과 대응됩니다.

저는 우리 고조선의 제천축제가 그리스의 고대올림픽으로 이어졌다고 보고 있습니다. 특히 '올림픽' 의 말뿌리는 고조선 중 두루배달(배달조선, 불조선, 배달연방)의 제천축제인 '태백제' 에서 비롯된 것으로 보이기 때문입니다.

앍밝닭
닭밝닭 ↗ 아바타 얽배달(배달연방, 배달조선, 불조선) ↘
두루배달 ↘ 닭밝잙 → 홝밝잙 → 앍밝잙 → 앍밝
배달연방 **태백제 터부제** **화백제** 알박제 오란분재 **알박 오란분 → 올림픽**

신라의 '가배' 도 말뿌리는 배달조선의 제천축제인 '태백제' 에서 온 것입니다. 그래서 저는 이미 신라의 '가배' 와 그리스의 올림픽이 서로 얽혀 있음을 밝힌 바가 있죠.[142)]

가르밝 → 가르왉
↗ 가배 가위 → 한가위
닭밝 → 홝밝 → 앍밝
태백 화백 안파견 ↘ 아르밝
아크바르 알박 오란분 → 올림픽 olympic
(*ㅁ 더해짐)

또한 '부족회의' 차원에서도 배달조선의 제천축제인 태백제(더 구체적으로 신라의 '가배' 제)에서 나온 '화백회의' 가 그리스 고대올림픽의 '민족회의' 와 대응됩니다. 태백이 곧 화백이요, 가배요, 올림픽이므로 신라의 '화백회의' 와 비슷한 민족회의가 그리스의 올림픽 때도 있었던 것입니다.

신라의 화백회의 = 그리스의 민족회의

다음은 신라의 '화백(和白)' 에 관한 글입니다. '화백' 이 제천축제와 관련이 있다는 분명한 서술은 없지만 이 화백의 기원은 제천축제인 '가배' 에서 비롯

142) 이 책 〈다섯마당〉 '4. 한가위와 올림픽' 에서

된 것이 확실합니다.

其有大事 則聚群官 詳議而完之[143] 큰일이 있으면 관리들이 모여 상의해 처리한다.
官…凡十有七等…事必與衆議 號和白 一人異則罷[144] 관리는 … 무릇 열이 있고 일곱 단계가 있다. 일은 꼭 여럿이 의논했는데 이를 화백이라 한다. 하나라도 반대하면 안 된다.

또한 고대민주주의의 기원을 광장민주주의 차원에서 보면 단군조선(신조선)의 제천축제인 용성제(또는 부여의 '영고' 제)에서 왔다고 볼 수 있습니다. 부여의 '영고' 는 지껄이는 '아가리' 이며 이는 고대 그리스의 민주주의광장인 '아고라' 와 같기 때문입니다.

닭닭닭 →	삵닭좕 →	읡삵좕 →	읡좕 →	읡
티타이트	스키타이제	용성제	영고제	영고迎鼓, 아가리, 아고라
단군조선		(*조선)		(*부여) (*그리스 광장)

또한 삼국지[145]에도 우리 조상들의 제천축제 때 실제로 고대민주주의를 실행한 흔적이 곳곳에 나옵니다.
여기에 부여의 '영고' 제 때에도 사법 재판을 열었다는 내용이 나오는데 이는 오늘날로 말하면 시민배심원제와도 비슷한 민주주의의 모습입니다.

以殷正月 祭天 國中大會 連日飮酒歌舞 名曰迎鼓 於是時斷刑獄解囚徒 은나라 정월에 하늘에 제사를 올리는데 나라 안에 큰 모임이 열려서 날마다 음주가무하는데, 이를 영고라 한다. 이 때에 이르러 죄의 유무, 경중을 물어 재판을 열고 죄수를 풀어주기도 했다.

또 동예에서도 읍락끼리 부당하게 침범할 경우 '무천' 제 때 이를 공개적으로 심판한 내용이 나옵니다. 이를 '책화(責禍)' 라 하는군요. 이 때의 회의 주체들은 각 읍락의 대표들일 것이며 그들은 아마 제천축제 때 모였을 것입니다. 축제 기간의 거룩한 분위기에서 중의를 모아 사면할 사람은 너그럽게 사면하여 새 출발을 하게 하였을 것입니다.

常用十月祭天 晝夜飮酒歌舞 名之舞天 又祭虎以爲神 其邑落相侵犯 輒相罰責生口牛馬 名

143) 당나라 안사고(顔師古)와 공영달(孔穎達) 등, 《隨書》〈신라전〉(서기636)
144) 송나라 구양수(歐陽修)와 송기(宋祁) 등, 《新唐書》〈신라전〉(서기1044)
145) 진(晋)나라 陳壽, 《三國志》〈魏志 東夷傳〉 辰韓條 (서기 290년쯤 나온 책)

之爲責禍 殺人者償死

매년 10월에는 하늘에 제사 지내고, 밤낮으로 술을 마시며 노래하고 춤추는데 이를 무천이라 한다. 또 범을 신으로 삼아 제사를 지낸다. 읍락이 서로 침범하면 하나하나 서로 벌책으로 사람과 말과 소를 챙기는데 이것을 책화(責禍)라고 한다. 사람을 죽인 자는 죽인다.

또 고구려의 '동맹' 제 때에도 관리들이 의논하여 형을 집행하는 장면이 나옵니다. '諸加評議' 란 신라의 '和白會議' 와 같을 것입니다.

無牢獄 有罪 諸加評議 便殺之 沒入妻子爲奴婢

감옥이 없고 죄를 지으면 여러 관리들이 의논해 죽이고 처자를 데려다 노비로 삼는다.

한편 민주주의의 말뿌리는 본디 'demokratia' 인데 이는 왕검조선을 뜻하는 닭맑닭(투메트)에서 왔고, 여기서 다시 'democracy' 가 나왔는데 이는 왕검조선(말조선)의 제천축제인 대림제(또는 고구려의 '동맹' 제)와 소리가 같습니다.

	↗	앍맑삵 → 가르맑삵		
		왕검조선 　가메시 곰씨(웅녀) ↘		
닭맑닭 →	닭맑삵 →	닭맑잙	→	앍맑잙
투메트	토미리스	대림제 (*왕검조선 축제)		예맥족
democratia	democracy	'동맹東盟' 제(*고구려 축제)		濊貊族

사전에서 'demokratia' 는 사람을 뜻하는 'demos' 와 힘이나 지배를 뜻하는 'kratia' 의 합성어로 '인민에 의한 지배' 를 뜻한다고 합니다. 이는 우리말로 '사람 나라' 가 되니 같은 뜻입니다.

↗	닭맑챍 →	삵맑챍 →	앍맑챍 →	앍맑 챍 ↘
	다람가르치	사람가르치	인민가르치	人民政治
닭맑닭 →	삵맑닭 →	삵맑앍 →	앍맑앍 →	앍맑 앍
다람크라티아	사람크라티아	사람가락	인민가락	인민나락
데모크라티아	시민크라티아	市民國	人民國	인민나라

그러나 저는 조금 다르게 풀었는데 결과는 같습니다. 왕검조선의 어원인 '닭맑닭' 의 '닭맑' 은 '사람' 을 뜻하고 '닭' 은 '시끌' 을 뜻하는데 여기서 주권재민을 뜻하는 democracy가 나왔다는 것입니다. 이는 곧 사람이 시끄럽게 떠드

는 데서 민주주의가 나왔다는 뜻입니다.

닭맑닭 →	닭맑삵 →	삵맑삵 →	왉맑좕
다물대거리	다물시끌	사람시끌	인민지껄 → 인민주권人民主權 ↘
demokratia	democracy	시민시끌	인민중얼 → 인민주의人民主義 → 民主主義

이렇듯 그리스의 고대민주주의는 고조선(단군조선, 배달조선, 왕검조선)의 제천축제와 밀접한 관계를 가지고 있습니다. 이제까지의 풀이를 간추립니다.

단군조선의 용성제(또는 부여의 '영고' 제)의 '영고' : 광장 '아고라' 의 말뿌리
배달조선의 태백제(또는 신라의 '가배' 제)의 '가배' : '올림픽' 의 말뿌리
왕검조선의 대림제(또는 고구려의 '동맹' 제)의 '동맹제' : 'democracy' 의 말뿌리

그렇다면 그리스의 고대민주주의가 거기서 우리 쪽으로 왔을까요, 여기서 그리로 갔을까요? 저는 물론 여기서 그리로 갔으리라고 믿습니다. 가장 먼저, 초고대에는 환국(桓國)의 단군족(도리안 또는 색족)이 아시아대륙에서 아나톨리아반도나 그 부근의 땅을 거쳐 바로 그리스로 갔을 것이고, 두 번째로는 고대 키맥족(동이, 웅녀족)이 수메르와 이집트를 거쳐 먼 길을 돌아 에게해로 갔을 것입니다.[146]

① 단군족(東夷 도리안)
↓
그리스 ⇐ 아나톨리아반도 ⇐ 고대 환국 (① 단군족 = ② 키맥족)
⇖ ⇙ ← ② 키맥족(웅녀)
크레타섬 수메르
⇖ ⇙
이집트

이는 '두루배달(닭밝닭, 배달연방)의 길' 을 추적해 보아도 배달겨레가 간 길이 대략 짐작이 됩니다.

그렇다면 모순점이 있습니다. 지금의 그리스인들은 거의가 서양 백인의 모습을 하고 있습니다. 그런데 그리로 건너간 고대 환국인은 단군족이든 키맥족이든 몽골리안일 가능성이 높은데 그렇다면 현실과 맞지 않습니다. 그러나 그

146) 김정민, 《단군의 나라 카자흐스탄》(글로벌콘텐츠, 2015) 304~305쪽

들은 아마도 후대에 백인들과의 접촉으로 말미암아 몽골리안의 모습이 보이지 않게 되었을 것입니다. 다만 지금 그리스인이나 로마인은 검갈색 눈동자가 다수인데 그것이 몽골리안의 흔적으로 남아 있는 것인지도 모릅니다.

세계를 놀라게 한 '정유년 촛불'[147]도 직접민주주의의 큰 본보기가 되었는데, 위와 같이 우리에게 오랜 뿌리가 있었습니다. 더 거슬러 올라가 천부경에서도 하늘이 처음 열리고 땅이 생기고 하늘과 땅의 조화로 무릇 생명이 태어났다고 하였으니 천부인권사상의 원형이 태초로부터 우리에게 있었기 때문일 것입니다.

〈두루배달(닭밝닭, 배달연방)의 길〉

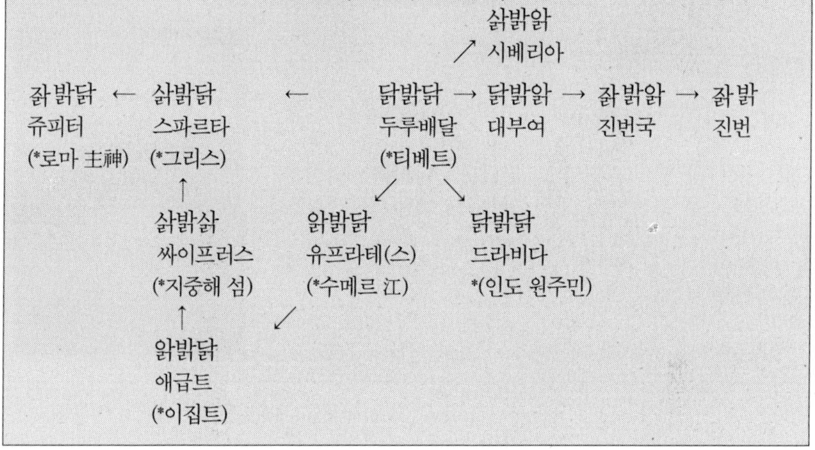

우리 겨레의 고대천문학

(1) 우리 겨레의 3신우주관

우리 겨레가 처음 생각한 우주관을 좇아 봅니다. 그들은 하늘이 처음 열리고, 그 다음 땅이 열리고, 하늘과 땅의 조화로 무릇 생명이 태어났다고 생각했습니다. 이것이 삼신사상이 되어 지금의 우리에게까지 이어졌습니다. 그것이 천부경으로도 전해져 오고 있습니다.

---

147) 2017년 연인원 천만 명이 넘게 모인, 박근혜 대통령 탄핵의 원동력이 된 촛불문화제

3씨(하늘+땅+사람)=3신(하늘신+땅신+사람신)=3끋(3우주)=3대끋(세큰우주)
(三才) (三神) (三極) (三太極)

1) 천부경에 나타난 3태극 우주관

천부경[148]은 81자로 된 우리 고유의 경전으로서 3진법에 꼭 들어맞게 완성되어 오늘까지 전하고 있습니다. 나라의 틀을 갖추는 것도 3조선(조선, 부여, 말갈)이요, 제례의 헌작도 3작(초헌, 아헌, 종헌)이요, 민요의 율격도 3음보요, 시조의 틀도 3장이요, 불교의 석탑도 3층이요, 무슨 일을 할 때도 '사무세판' 으로 하니 우리 겨레는 그런 태초의 우주관을 면면히 이어 오고 있습니다.

<table>
<tr><th>3진법에 따르는 3조선 구성 원리</th><th>3진법 갑골문 천부경</th></tr>
<tr><td>3^1 → 3^2 → 3^3
↓ ↓ ↓
3 9 81
3씨(三才) 3끝(우주) 3큰끝(대우주)
↙ ↓ ↘ ↙ ↓ ↘ ↙ ↓ ↘
닭 밝 맑 닭닭 밝닭 맑닭 닭닭닭 닭밝닭 닭맑닭
달 별 물 조선 배달 말갈 단군조선 배달조선 말갈조선
↖ ↑ ↗ ↖ ↑ ↗ ↖ ↑ ↗
3부족 9부족 81부족
(三夷) (九夷) (81夷)
↑ ↑ ↑
부족국 나라(3조선) 3조선연방(단군조선)</td><td>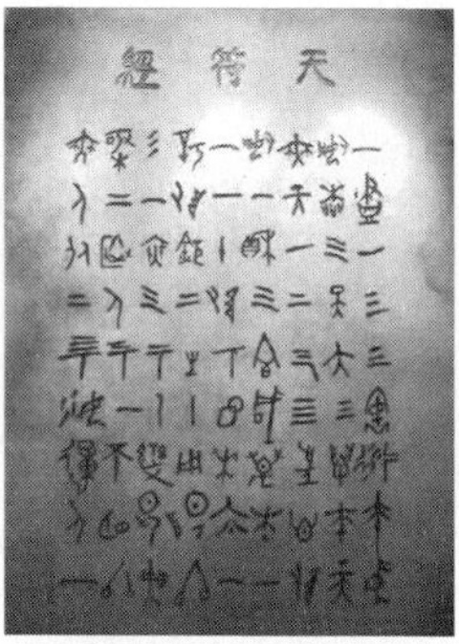</td></tr>
</table>

2) 상투머리에 들어있는 태극사상

우리 겨레는 까마득한 옛날부터 상투머리를 한 민족입니다. '상투' 또는 '상두(上斗)' 는 '넋' 또는 '우주(끝, 極)' 로 풀립니다. '상두(上斗)' 의 '斗' 는 북두칠성을 말하는 것으로 보입니다. 우리 조상들이 상투머리를 하고 살았다는 것은 단순한 '머리 다듬기' 가 아닌 어떤 철학이 깃든 행위일 것입니다. 그것은 바로 별 또는 우주를 머리에 이고 살았다는 것인데, 이는 우주를 경외하며, 나를 우주의 중심에 두는 마음일 것입니다. 이보다 더 엄청난 일이 있을까요?

148) 이미 '여섯 마당 3. 천부경 풀이' 에서 풀이했습니다.

읽닭 → 읽줅
↗ 귿(끝) 우주 ↘
닭닭 → 삵닭 → 낡삵 → 읽읽
둔덕 사당 상투 넋 극極

그리고 상투머리에 꽂는 것을 '동곳' 이라 하는데 이는 다음과 같이 '태극(太極)' 으로 풀어야 마땅할 것입니다. 만약 이런 풀이가 맞다면 상투머리를 할 때 상투 속에 동곳을 꽂은 것이므로 이는 최종적으로 우리 조상들은 머리에 태극(대우주)를 이고 살았다는 결론입니다. 이는 다름 아닌 태극(대우주)을 경외하며 나 또는 우리가 대우주라고 생각하는 것을 말하는데 이것이 바로 태극사상일 것입니다.

닭읽닭 → 닭읽삵
↗ 탕구트 퉁구스 동곳 ↘
닭닭닭 → 핡닭닭 → 읽읽닭 → 닭읽읽
티타이트 히타이트 얽글 대극 태극太極

상투는 성인 남자가 머리털을 끌어올려 정수리 위에 틀어 감아 삐죽이 맨 것인데 상두(上斗)라고도 한다. 끈으로 앞으로 4번, 뒤로 3번 돌려서 묶는데 7은 북두칠성과 얽힌 것으로 보인다. 대개 망건을 쓰고 동곳을 꽂아 맨다. 상투는 삼국시대에 나오는 것으로 전해지고 있으며 조선시대 26대 고종32(1895년) 11월에 단발령이 내려 상투를 깎게 되었다. 상투를 트는 풍속은 21세기 현재에도 일부 지키는 사람들이 남아 있다.

상투는 어릴 때에는 댕기를 드리다가 장가를 가면 머리카락을 끌어 올려서 정수리 부분에서 감아 매던 머리형으로 《史記》에 위만(衛滿)이 조선에 들어올 때 '추결(魋結)' 을 하고 왔다는 글과 《삼국지》(三國志) 위서(魏書) 동이전(東夷傳) 한조(韓條)에 '괴두노계(魁頭露紒)', 즉 관모를 쓰지 않는 날상투를 했다는 글이 있다.

이로 미루어, 상투의 역사가 매우 오램을 알 수 있으며, 그 확실한 모습은 고구려의 고분벽화에서 볼 수 있다. 벽화에 나타나는 상투의 모양은 커다랗고 둥근 것, 작고 둥근 것, 쌍상투[雙髻]가 있는데, 큰 상투는 관모를 쓰지 않은 장사도(壯士圖)나 역사상(力士像)에 많고, 작은 상투는 관모를 쓰는 귀인층에서 볼 수 있다. 신라에도 경주 금령총(金鈴塚) 출토의 도기로 만든 기마인물에 상투가 잘 나타나 있다. 백제는 자료가 보이지는 않지만, 삼국 공통의 풍습이었을 것으로 추정된다. 고려시대는 《고려도경》에 '왕 이하 서민에 이르기까지 모두

관(冠) · 건(巾) · 복두(幞頭)를 썼다.' 는 글과 '속발(束髮)' 의 글이 보인다.

이들 관모는 모두 상투 위에 쓰기에 맞는 모양이며, 속발도 상투를 밝힌 것으로 볼 수 있다. 1278년(충렬왕 4) 왕의 명에 따라 모든 관료층은 정수리부분의 머리카락만 남기고 뒤통수에서 묶어 길게 땋아 내린 몽고식 개체변발을 했다.

공민왕의 복구적인 중흥정책 뒤 다시 상투를 하게 된다는 글이 있고 조선시대는 초상화나 풍속화에서 계층을 망라해 상투 튼 모습을 흔히 찾아 볼 수 있다.

사기에, 연왕(燕王) 노관(盧綰)이 한(漢)나라에 반(叛)하다 실패하여 흉노로 도망하자 그 밑에 있던 위만은 무리 1,000여 명을 모아 동쪽으로 패수(浿水)를 건너 상하장(上下障)이라는 곳에 정착하였다 한다.

당시는 고조선의 마지막 왕인 준왕의 시대로, 위만은 요동태수(遼東太守)로부터 변방을 지키는 외신(外臣)의 직함을 받았다. 그런데 차츰 그는 진번조선(眞番朝鮮)과 연(燕) · 제(齊)의 유민들을 모아 왕 노릇을 하다가, 끝내 준왕을 내몰고 왕검성(王儉城)에 도읍했다. 이 때가 한(漢) 혜제(惠帝) 1년(서기전 194)이다.

한편 위만이 연에서 들어올 때 '상투를 틀고 조선 옷을 입었다(魋結蠻夷服)' 고 묘사하고, 또 국호를 그대로 조선이라 한 것으로 보아 위만은 조선인 계통의 자손으로 보인다.

또한 위만은 중국어와 조선어에 능통하였고 주변 사정에 정통했으며, 주위의 진번 등을 복속시켜 영토의 확장을 꾀한 것으로 보아 상당히 유능한 무장이며 정치가였던 것으로 추정된다. 그의 가계는 이름이 밝혀지지 않은 아들을 거쳐 손자 우거(右渠)와 태자 장(長)에 이르게 되며, 손자 우거왕대인 서기전 109년 한무제(漢武帝)의 침공으로 서기전 108년 멸망한다.

– 상투(위키백과)

동곳은 상투가 풀어지지 않게 정수리에 꽂아 고정시키는 남성 머리장신구로 조선시대 여성의 쪽머리에 꽂는 비녀와 같은 역할을 한다. 신분에 따른 제한은 없었으나 상류층은 주로 옥, 산호, 호박 등으로 장식하였고 서민층은 대개 은, 백동 등으로 장식하였다. 동곳의 형태는 동곳머리를 버섯과 콩 모양으로 꾸민 것이 가장 많고, 말뚝 같이 생긴 것도 있으며 몸체를 약간 배가 부르게 만들어 상투에 꽂을 때 빠지지 않게 한다. 조선시대 성인 남성의 머리모양은 삼국시대부터 1895년 단발령이 내리기 전까지 대체로 변발(辮髮)과 상투머리였다. 조선시대 기혼남성이 쓴 머리꾸미개로는 상투 튼 머리를 고정시키는 역할을 했던 망건(網巾)을 비롯해 관자(貫子), 풍잠(風簪), 동곳 등이 있다.

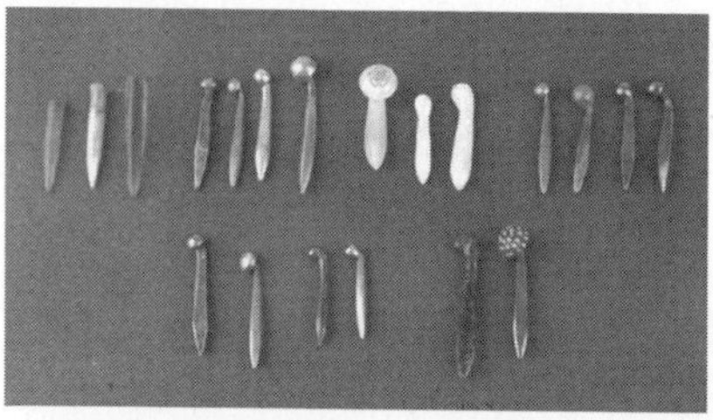

– 동곳(문화콘텐츠용어사전)

3) 칠성판에 살아 있는 고대 우주관

우리 천문학은 처음에는 제천축제와 무속신앙에 녹아 있다가 점성술로 나아갔는데, 이것이 보천가(步天歌)[149]나 성경(星經)[150]으로 남아있기도 합니다.

북방 유목민의 한 갈래인 우리 조상들이 당시 밤길을 걷다가 길을 잃었을 때, 어떻게 방향을 잡아 집을 찾아갔을까요? 그것은 아마도 별자리였을 것입니다. 북극성, 북두칠성, 샛별, 은하수 이런 것들을 보고 가야 할 방향을 잡았을 것입니다. 그것은 망망대해를 항행하던 뱃사람들의 등대와도 같았을 것입니다. 이렇게 시작된 별에 대한 관심이 무속 신앙과 도교 등의 오랜 과정을 거쳐 오늘날의 칠성신앙으로 남아 있기도 합니다.

칠성신앙의 '칠성'은 북두칠성을 말합니다. 이 북두칠성이 모든 생명의 삶과 죽음을 관장한다고 믿는 것이 칠성신앙입니다. 그래서 고조선의 무덤인 고인돌과 고구려 고분 벽화에도 북두칠성이 그려져 있습니다. 지금도 사람이 죽으면 다음 글에서와 같이, 주검을 '칠성판' 위에 올려놓고 염을 하는 의식이 있습니다. 칠성신앙이 우리 삶속에 깊이 남아 있는 모습입니다.

우리 민족의 천문관(天文觀)이 이렇게 이승과 저승까지 꿰뚫으며 시퍼렇게 살아있다는 것은 인류의 문화사나 과학사에서도 전무후무한 일일 것입니다. 이 하나만으로도 우리가 위대한 민족임을 자랑해도 손색이 없을 것입니다.

다만 이것으로 만족할 것이 아니라, 자연과 우주에 대한 경외심을 더욱 잘 가다듬어 지구를 살리며 인류의 앞날을 이끌어 나아가야 할 것입니다.

…입관 과정 이전에 시신을 올려놓는 나무판을 칠성판이라고 한다. 북두칠성을 본뜬 일곱 구멍을 뚫었기에 칠성판이라 한다. 칠성은 북두칠성을 나타내는 것으로, 이것은 중국 도교의 칠성신앙에서 유래한 것이다. 옛 사람들은 별과 인간의 운명을 엮어 생각했다. 우리 민간신앙에도 '칠성신'은 사람의 명운을 관장하는 신으로 여겨 집안에 모신다. 이능화(李能和, 1869~1943)는 『조선도교사』에서 북두신앙과 장례 관습과의 얽힘을 말하면서 칠성판은 북두가 죽음을 관장하고, 북두신군의 힘이 살(煞)을 막을 수 있다고 여겼기 때문이라고 했다.

칠성판은 대체로 관보다 약간 작게 가로 한 자쯤 되는 직사각형 모양으로 만든다. 사람이 죽으면 시신을 목욕시키고 옷을 입힌 뒤, 칠성판 위에 창호지를 깔고 누인다. 이때 남자는 왼손이 위로 여자는 오른손이 위로 가게 놓는데, 입관할 때 삼베 끈으로 묶는다. 묶을 때는 일곱 송이의 꽃을 놓는데, 이는 저승길에 일곱 개울을 지나야 하기 때문에 하나씩 던지고 건너라는 뜻이다. 시신을 가지런히 넣은 뒤 짚 베개를 만들어 머리와 허리에 괸다. 입관 때 칠성판은 넣지 않는다.

---

149) 수(隋)나라 단원자(왕희명으로 알려짐)가 별자리를 3원(垣) 28수로 나누어, 칠언시로 적음.
150) 이준양이 1862년(철종 13)에 펴낸 2권 2책으로 됨. 이 책은 〈新法步天歌〉를 보완함.

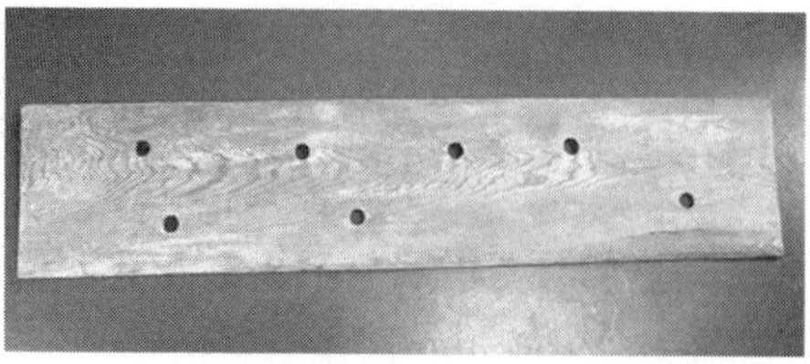

칠성판에 그려진 북두칠성은 별이 인간의 명운과 관련이 있다는 고대로부터의 사상과 얽혀 있다. … 우리 민간신앙에서는 가신(家神)으로 모셔지는 '칠성신' 에서 그 모습을 찾아볼 수 있다. '칠성신' 은 인간의 명운을 관장하며, 구체적인 소원을 빌 수 있는 신격이다. 예부터 부녀자들이 집안의 뒤뜰이나 장독대 등에서 정화수를 떠 놓고 비는 대상이 바로 '칠성신' 이다. 또 부산지역 절에서도 칠성신앙의 흔적을 볼 수 있는데, 백양산 선암사 등에 있는 '칠성각' 이 그것이다. 부산지역에서는 금정구 두구동에서 칠성판과 관련된 풍속이 전해 내려오고 있다.

– 부산향토문화백과(칠성판, 박기현 집필)

여기서도 칠성신앙의 근원을 찾는 곳에서 또 중국 타령을 하고 있군요. '칠성판의 칠성은 북두칠성을 나타내는 것으로, 이것은 중국 도교의 칠성신앙에서 유래한 것이다.' 아무런 배경 설명도 없이 대뜸 우리의 칠성신앙이 중국 도교에서 왔다고 잘라 말하고 있군요. 우리의 모든 것에 대해 하화를 끌어들이는 데는 연이어 신물이 납니다. 무엇이든 우리의 뿌리를 우리에게서 찾으려 하지 않고 남에게서 찾으려 하거나 단정하려는 지식인들의 태도에 낮이 붉습니다. 우리 할매들이 새벽마다 정화수 떠다 놓고 삼신할머니께 까마득한 날로부터 빌어오던 토속신앙이 비록 다른 나라와 같은 점이 있다고 해서 바로 남에게서 왔다고 단정해서야 될 일입니까? 저는 도교의 뿌리는 우리에게 있다고 믿는데, 이는 저만의 생각이 아님을 아는 사람은 다 알 것입니다.

(2) 삼태극사상의 실체

그들이 처음 본 하늘은 둥글고, 땅은 평평하며, 생명은 삐죽이 튀어나왔다고 생각했습니다. 이것을 이른바 '천방각' 이라고 하는데 이는 민족 종교인 천도교에서 간직해 왔습니다. 천(天)은 하늘이요, 방(方)은 땅이요, 각(角)은 사람이나 생명을 뜻합니다. 천원지방의 우주관은 중국에도 전해 내려왔지만 사실은 우리와 같은 계통의 북방 유목민이 일궈낸 우주관이었을 것입니다. 그것이 마리산 참성단에서도 확인됩니다.

○□△

삼태극

4천3백년 상제문화를 간직한 불멸의 성지, 마리산 참성단

▲ 강화도 마리산의 참성단(塹城壇, 塹星壇)

강화도(江華島)는 경기도에서 가장 큰 섬으로, 민족사의 굵직한 사건들을 두루 거친 사연 많은 땅이자 한민족의 신도(神道)문화를 대표하는 성지(聖地)이기에 '작은 한국'이라는 별칭으로도 불린다.

예로부터 전하기를, '강화는 그 생김새가 천하의 요새로 되어 있고, 문물이 발달했으며, 옛 이름 마리(摩利), 혈구(穴口) 들은 하늘과 그 연관성이 깊다.' 고 했다. 또한 근 4천3백 년 전 단군임금이 요임금과 같은 때에 하늘에 제를 올리던 역사적 유적이 남아 있어, 태고의 숨결을 간직한 신성한 땅으로 여겨진다.

1) 뭇 산의 머리되는 성산(聖山), 마리산

이 강화도 서남단 바닷가에 단군임금이 삼신상제님께 제를 올렸던 마리산(摩利山)이 있다. 이 산은 마치 자로 잰 듯 백두산과 한라산의 꼭 중간지점에 자리해 신비감을 더해 준다. 마리산에는 박달나무가 장생하며, 마리산 쑥은 약효 좋기로 유명한 강화약쑥 중에서도 가장 이름이 높은 명약(名藥)으로 꼽힌다.

이곳 강화도에는 약 20여 년 전부터 주민들이 〈마리산 이름 되찾기 운동〉을 펼치고 있다. 그 요지는 중앙지명위원회에서 공표된 바 있는 '마니산(摩尼山)'이란 지명을 본디 이름인 '마리산(摩利山)'으로 바꿔 불러야 한다는 것이다.

원래 마리산은 '머리산'의 뜻으로, 뭇 산의 머리가 되는 거룩한 성산(聖山)을 상징한 데서 붙여진 이름이다. 이를 『고려사』에는 마리산(摩利山) 또는 두악(頭岳)으로, 『세종실록』에서도 마리산(摩利山)으로 적었다.

> 摩利山 남쪽에 이궁離宮을 세웠다. — 『고려사』 고종 46년(1259년)쪽
> 摩利山 참성대에서 종소리 같은 울음소리가 10여리에 들리더니 큰 돌이 무너졌다.
> — 『세종실록』 권 31

또 우리 민족이 동물의 수를 셀 때 '마리'라는 말을 써 온 데서도 어원의 유사성을 찾을 수 있다.

> 納采用雁一頭, 납채용 기러기 한 마리 — 『선조실록』 35년쪽
> 黃牛一首, 누런 소 한 마리. — 『만기요람萬機要覽』

이처럼 '마리'는 '머리 두(頭)'나 '머리 수(首)'와 같은 뜻으로 쓰였던 것이다.

2) 4천3백년을 전해 내려온 불멸의 신앙과 전통

뭇 산의 머리되는 이 숭고한 성산에는 단군임금께서 상제님께 천제를 올린 참성단이 자리

하고 있다. 참성단(塹城壇)이란 성(城)을 파서(塹) 단을 쌓았다는 데서 유래한 이름으로 돌을 반듯하게 다듬어 3m의 높이로 쌓았다.

> 1세 단군 51년(BC 2283년)에 운사(雲師) 배달신(倍達臣)에게 시켜 장정 8천을 풀어 강화도 정족산에 삼랑성(三郎城)을 쌓고, 마니산에 하늘에 제사지낼 참성단을 쌓게 하였다. … 초대 단군임금께서 단기 51년 참성단 축성을 명하고 3년 뒤에 손수 여기 납시어 천제를 올리셨다.
>
> – 『환단고기』「단군세기」

이로부터 4천3백여 년의 오랜 역사를 전해 내려온 참성단은 여러 차례 보수 및 중수되는 가운데, 면면히 천제문화의 전통과 맥을 이어온 곳이다. 이후 고려 원종 11년(1270년), 조선 인조 17년(1639년)에 제단을 고쳐 쌓았고, 숙종 43년(1717년)에 다시 중수했는데 당시 강화유수 최석항(崔錫恒)이 바위에 새긴 중수비(重修碑)가 참성단 동쪽 아래 있다.

참성단은 남북한을 통틀어 가장 오랜 단군 유적으로 알려졌으며, 강화가 아닌 남한의 다른 곳에서는 찾아볼 수 없는 각별한 유적으로 평가받는다. 4천3백여 년의 역사를 거슬러 올라가는 이 유적의 역사적 사실성은 관련된 몇 가지 정황과 유적, 글들이 뒷받침한다. 그 하나로 고인돌을 꼽는다. 단군조선의 대표 유적인 고인돌이 유독 강화에 많은 점이 참성단과의 시대적 연관성을 유추케 한다.

참성단과 유사한 유적으로 인근에 있는 삼랑성(三郎城)에 관한 글도 좋은 전거(典據)로 꼽힌다. 삼랑성은 강화에 있는 또 하나의 단군 유적으로, 『환단고기』에는 '단군께서 명을 내려 쌓은 산성' 이며, 『고려사』에는 '단군이 세 아들로 하여금 쌓게 했다.' 고 한다.

근래 북한 화성동에서 찾은 제단 유적을 단군시대의 것으로 판단한 근거가 참성단과 겉모습이 비슷함이라 하니, 참성단의 역사적 위상이 재확인된다.

3) 천지인 합일 사상을 담은 상제문화의 메카, 참성단

참성단은 원방각(圓方角)의 꼴로, 제단 아래 부분은 둥글게, 윗부분은 정사각형으로 만들었다. 이러한 '천원지방(天圓地方)' 꼴은 우리 선조들의 우주관이 비춰졌다. 원은 하늘을, 네모는 땅을 상징한다. 곧 하늘 위에 땅이 있는 모습이다.

이에 대해 조선 말 김교헌(金教獻)은 『신단실기(神檀實記)』에서 '하늘은 음(陰, 땅)을 좋아하고 땅은 양(陽, 하늘)을 좋아하므로 단(壇)을 물 한가운데 있는 산에 세웠다.' 고 적었다. 또한 하늘 위에 땅이 있는 형상은, 역학(易學)에서 후천을 상징하는 괘인 지천태(地天泰)의 태(泰)를 뜻하기도 한다.

그리고 이 참성단은 한민족 고유의 상제문화가 녹아 숨쉬는 생생한 역사의 현장이라는 데에 무엇보다 큰 뜻이 있다. 이 참성단은 국조단군께서 손수 명하여 단을 쌓으시고 천제를 주관하셨다는 글에서 알 수 있듯, 인간과 하느님을 잇는 고리의 뜻을 가지며, 천지인(天地人) 합일(合一)의 원리가 비춰 제천단이다.

『신단실기(神檀實記)』는 『동사(東史)』를 따와 말하기를 '마니산(摩尼山)은 강과 바다의 모퉁이로서, 땅이 한적하고 깨끗하고 조용하고 깊어서, 신명(神明)한 자리이다. 그래서 제사 자리를 만들어 상제께 제사지낸다.' 고 적었다.

그리고 고구려 유리왕 19년에 사슴과 돼지를 잡아놓고 제사를 지냈다는 『고려사(高麗史)』의 글을 비롯한 여러 문헌을 보면 국가 차원의 제사가 조선말까지 이어졌음을 알 수 있다. 고려와 조선시대에는 국가제사의 제단으로도 활용되어, 임시제(臨時祭)와 정기제(定期祭)가 행해졌는데, 임시제는 가뭄이나 전쟁 같은 특별한 일이 있을 때 이를 이겨내려고 지내는 것이며, 정기제는 4월과 8월에 정기적으로 거행되었다. 그밖에도 마리산에 얽힌 천제의식과 상제문화의 흔적들이 여러 문헌에 나온다.

광개토경평안호태황(361년)은 순찰할 때는 마리산에 올라 친히 삼신께 제사했다.
—『삼국사기』〈고구려본기〉

을지문덕은 해마다 3월 16일에 강화 마리산으로 달려가 제물을 차려 경배했고, 돌아와 10월 3일에는 백두산에 올라 하늘에 제를 올렸다. —『삼국사기』〈고구려본기〉

태종이 납시어 사당 밑 제궁에서 쉬면서 승지로 하여금 초례를 봉행케 했다.
—『동국여지승람』

인조 17년(1639) 마리산에 참성단을 쌓고 사당을 세워 삼신께 제를 올렸다. —『江都志』

역대 제왕들뿐 아니라 나라의 관리와 장수들도 참성단에서 태평성대를 기원하며 상제님께 제를 올렸다. 충무공, 퇴계, 율곡도 나라의 안녕을 위해 참성단에서 제를 올렸다고 전한다.

4) 참성단의 올바른 자리매김을 기대하며

이처럼 참성단은 하늘과 땅과 사람이 하나인 우주원리가 녹아있는 제단(祭壇)이자, 삼신상제님과 천지신명의 도움으로 정사를 다스린 역대 제왕들의 염원이 서린 성지(聖地)다.

이렇듯 유서 깊은 유적인 참성단이 재조명을 받은 것은 그리 오래 되지 않았다. 일제가 참성단을 천문대로 왜곡해 진면목이 가려져 잊혀 오다가, 광복 후에야 세상에 알려지게 되었다. … [151]

그런데 이 글에서는 참성단을 제단으로서의 가치만을 논하고 있으나 이는 별을 관측한 천문대 역할도 겸한 종합 문화적 제단이었을 것입니다. 다시 말해서 이 유적은 종교와 과학이 융합된 제사 유적이라는 것입니다.

그것은 참성단(塹星壇)의 이름에서도 확인됩니다. 다음 글에서, 참성단에서 '도교식 제천행사인 초제(醮祭)' 를 지냈다는 것은 분명 별에게 지낸 제사를 말할 것입니다. 별에게 지내는 제사는 별의 관측을 전제로 하는 행위일 것입니다.

고려와 조선 두 왕조에 걸쳐 나라에서 참성단에서 도교식 제전행사인 초제(醮祭)를 거행했다.《세종실록》지리지와《東國輿地勝覽》강화도호부 쪽에는 단군이 쌓은 제단이라는 전승을 전하고 있다. 조선 후기에는 단군에 대한 관심이 높아지면서 참성단을 단군 시대

151) 출처: http://cafe.daum.net/hanryulove(다음 까페 한류열풍사랑) 글 이동화

의 종교와 관련시켜 이해하는 경향이 나타났다. 예컨대 18세기 중엽의 국학자 이종휘는 참성단을 단군 시대의 종교인 신교의 제단으로 이해하고 참성단의 제사가 도교적 성신신앙과는 관련이 없음을 주장하며 그때까지 써오던 참성단(塹星壇)을 참성단(塹城壇)으로 바꿔 썼다.

– 위키백과(塹星壇)

이는 신라 때 세운 첨성대(瞻星臺)와의 유사성에서도 확인됩니다. 참성단의 '참성(塹星)' 과 첨성대의 '첨성(瞻星)' 이 거의 비슷한 소리이면서도 별을 관측했음을 뚜렷이 보여주고 있기 때문입니다.

(3) 우리 우주관이 누리에 퍼지게 된 배경

1) 일본으로 간 천원지방 우주관

천원지방의 우주관은 중국보다 훨씬 늦게 일본으로도 갔습니다. 그것이 일본 고분에서 확인되는데, 이는 대륙의 기마민족이 바다를 건너 일본에 도래[152] 한 결과일 것입니다.

▲ 일본 천원지방형고분

일본 오사카 사카이(Kansai)시에 있는 열쇠구멍 모양의 다이센 고분(Daisen-kofun)은 쿠푸왕의 피라미드, 진시황의 능과 함께 세계 3대 무덤에 들어간다. 닌토쿠(仁德) 천황릉이라고 일본에서는 주장하나, 학계에서는 '알 수 없음' 으로 보고 있다.

길이 486m 높이 35m로 무덤 주변에 3중으로 해자를 두르고 물을 채웠다. 이곳은 일본 최대의 전방후원분으로 무덤의 둥근 데에 시신을 묻고 앞쪽 네모난 데서 제사, 왕위 계승 등의 의식을 거행했다고 한다. 4~6세기쯤 야마토 정권에서 하루 1000여 명을 풀어 15년 이상 걸린 대규모 공사였다고 한다. 권력의 크기가 무덤의 크기로 증명된다.

2) 하화로 간 우리의 우주관

먼 옛날 우리의 우주관이 일본으로 건너가기 훨씬 이전에 하화에 먼저 퍼졌을 것입니다. 이는 지정학적으로나 역사적으로 한 대륙에 살고 있는 무리들끼리 피할 수 없는 일이기도 하였을 것입니다.

---

152) 고대한반도 기마민족이 건너가 초기국가를 세웠다는, 1948년 에가미(江上波夫)의 학설.

쉽게 3황5제 신화부터 말한다면, 여기서 3황은 우리의 3태극 우주관일 것이며, 5제도 3태극 사상에서 나아간 것입니다. 이미 많이 이야기한 내용이므로 여기서 줄이겠습니다.

▲ 북경 천단공원

옆 그림은 북경 천단고원의 전경입니다. 중국의 제단도 천원지방의 모습을 뚜렷이 보여주고 있습니다. 이는 화하의 지배세력들이 우리에게서 간 북방민족이었음을 증명하는 것이기도 할 것입니다. 또 어떤 사람은 이것을 보고 거꾸로 중국의 우주관이 우리에게 전하였다고 할 수도 있겠으나 여기서는 그런 말은 없으니 그나마 다행입니다.

우리의 천방각 우주관이 중국으로 간 증거는 이른바 홍산문명의 '우하량 유적' 에서 결정적으로 찾을 수 있습니다.

우리 철학은 천지인[153]

(1) 참성단과 우하량 천제단

강화도 마리산의 참성단. 국내 현존하는 제천단 중 가장 오래된 것으로 알려져 있다. 단군께서 운사 배달을 시켜 쌓은 것이라고 한다. 그 이래 역대 군왕들을 비롯하여 을지문덕, 연개소문 등 영걸들이 이곳에서 천제를 올렸고, 이런 제의(祭儀)는 근세조선에까지도 이어졌다. 어떤 사람은 이 제단을 두고, 맨 위에 제물을 올려놓으면 전체적으로 세모 형태로 보인다는 '참신한' 생각을 한다. 곧 참성단에서 ○, □, △을 보는 것이다. 이 마리산 동쪽의 정족산에는 삼랑성(지금의 정족산성)이 있다. 단군의 세 아들이 쌓았다고 해서 그런 이름이 생겼다고 전하나 이 역시 운사 배달이 참성단과 함께 지은 것이다. 삼랑은 삼신을 수호하는 벼슬 이름이며 성은 삼랑이 머물며 지키던 곳이다. 신채호는 『조선상고문화사』에서 이 적막하고 외진 곳을 노래한, 고려시대 이숙첨(李叔詹)의 시를 소개한다. '어초유설구천경(漁樵猶說舊天京)' 이곳 삼랑성은 하늘 도시라는 것이다. 그러고 보면 마리산과 전등산 근처에 굴이 있어 혈구(穴口)로도 불렸던, 서해 섬 강화도는 천경과 천단이 있는 성스러운 터전인 것이다.

마리산 참성단보다 앞서 축조된 것으로 보이는 ○, □ 형태의 제단이 요동지방 우하량 지역에서 나왔다. 동서로 160m, 남북으로 60m에 이르는 방대한 규모의 제사유적이다. 돌을 쌓아올려 만든 것으로 원형과 방형이 앞뒤로 나란히 배치된 모습이다. 홍산문화에 속하는 이

153) http://cafe.daum.net/chunbooi, 우리철학 아카데미 유토피아님의 글

▲ 우하량 천원지방형 제단 유적

곳의 유적, 유물은 BC 3,500년까지 거슬러 올라간다. 전문가들에 따르면 이 제단을 명, 청 시대 중국의 황제들이 천제를 지내던 북경 천단의 원형이 된다고 한다. 중국인들이 전통적으로 '새외' 곧 그들의 국경 바깥으로 여기던 이곳에서 제단만이 아니라 적석총, 여신묘, 옥기류의 부장품들이 발굴된다. 이런 유적, 유물들은 이곳에 초기 국가가 성립돼 있음과 이 문화의 주체가, 저 하화가 '오랑캐'라고 부르며 경원시하던 동이 배달족임을 고고학적으로 강력히 보여주어 많은 사람들의 눈길을 끌고 있다.

(2) 하늘과 땅과 사람

상고시대 둥글고 네모진 꼴의 제단에 관해서 문헌에 이렇게 적혀 있다.

> '삼한의 옛 풍속이, 10월 상일(上日)에는 모두가 나라의 큰 축제에 참여했다. 이때 둥근 단을 쌓아 하늘에 제사지냈는데, 땅에 대한 제사는 네모진 언덕에서 지냈으며, 조상에 대한 제사는 각목(角木, 세모 나무)에서 지냈다. 산상(山像)과 웅상(雄像)은 모두 이러한 풍속으로 전해 오는 전통이다.'
> — 『태백일사』

이러한 제의는 천원지방 사상의 반영으로 본다. 하늘의 덕성은 원만하고 땅의 덕성은 방정하다는 것인데 이는 각기 ○와 □의 그림으로 표현된다. 여기에 사람은 △로 나타냈다. 땅에 뿌리를 내리고 하늘을 지향하는 형태의 △로써 천지의 중심에서 천지를 조화롭게 하며, 그 뜻을 실현하는 인간의 위상을 담아낸 것이다. △는 곧 조화와 인간의 상이다.

> '원○은 一이 되어 하늘의 무극 정신을 뜻하고, 방□은 창조의 순서에서 二가 되어 하늘과 반대지만 짝이 되는 반극(反極)을 말하고, 각△은 三이 되어 천지의 주인인 인간의 태극 정신을 형상함이로다.'
> — 『태백일사』

둥근 것은 사제(司祭), 네모는 생산, 세모꼴은 통치의 비유며, 1은 정신적인 본질의 실재, 2는 대치, 조화, 충돌, 3은 창조를 위한 형식 혹은 정신적인 종합의 상징이란 풀이도 이와 상통하는 것이다. △과 3으로 상징되는 사람은 또한 나무로도 비유된다.

> '대개 대시(大始)에 삼신 상제님께서 천지인 삼계를 만드실 때, 물로써 하늘을 상징하고, 불로써 땅을 상징하며, 나무로써 사람을 상징하였으니, 이는 사람이 땅에 우뚝 서서 하늘을 대신하는 것과 같다.'
> — 『삼한관경본기』

배달국 치우천황 때 선인 유위자가 한 말이다. 앞서의 인용문에서 삼한의 옛 풍속이 조상에 대한 제사는 '각진 나무'에 지낸 이유도 여기서 알 수 있다. 웅상에 대한 얘기는 또 다른 곳에도 나온다.

'도해단군께서 … 국선소도(國仙蘇塗)를 설치하게 하셨다. 그 둘레에 박달나무를 많이 심고, 가장 큰 나무를 택하여 환웅상으로 모시고 제사를 지냈다. 그리고 그 이름을 웅상이라 하셨다.'

– 『단군세기』

이와 관련하여 늘 함께 인용되는 것이 『산해경』의 다음과 같은 구절이다.

'숙신(조선)국에는 백의민족이 살고 있다. 북쪽에 나무를 모시는데 이름을 웅상(雄常)이라고 한다.'

나무가 조상을 기리는 신물(神物)로 숭배된 것이다. 소도의 나무는 『삼국지』「동이전」에도 나오는데, 별읍(別邑)에 소도를 세우고 거기에 천군(天君)이라 불리는 천신(天神)을 두어 제를 지내고 그 소도에는 큰 나무를 세워 북이나 방울과 같은 무구(巫具)를 걸어 두었다는 것이다. 또 이 나무와 유사한 조형물이 사찰의 법당 앞에 있는 탑 혹은 탑머리란 지적도 문화의 연원관계나 습합과 얽혀 흥미롭다.

△은 또 하늘, 땅과 삼위일체가 돼 수행하는 사람의 가부좌한 모습을 나타낸 것이라고 한다. 그렇게 보면 홍산문화의 유적지에서도 △의 요소는, 물론 또 다른 방식으로도 탐색될 수 있겠지만, 이미 알려진 것에서도 너끈히 발견된다. 여신묘의 여신상이 그것이다. 종족의 시조묘로 추정되는 여신묘에서는 여신두상을 비롯하여 부서진 조각들이 나왔다. 크기가 사람에 가까운 여신상은 황토질 점토로 빚어 만든 소상(塑像)이다. 조각을 모아 복원해 보니 여신상은 반가부좌한 모습이다. 오른다리를 왼다리 위에 얹고, 오른손으로 왼손을 쥔 상태로 단전 앞에 가지런히 모아져 있다. 영락없는 △의 상이다. 제사의 대상이었을 이 여신은 시조이면서 당시 문화에 비춰볼 때 정치적 권력자이면서 종교적 스승일 터다.

▲ 우하량 여신묘 유적에서 발견된 도제 여신두상

▲ 반가부좌하고 있는 여신상

『삼국유사』에 나오는 신라 탈해왕 얘기가 여기에 비교될 수도 있다. 탈해왕이 죽어 장사지냈는데, 그 후 신이 나타나 '나의 뼈를 조심해서 묻으라.' 고 한다. 이에 뼈를 부수어 소상을 만들어 궐내에 안치하니 신이 또 말하기를 '뼈를 동악에 두라.' 고 했다. 뼈를 부수어 인신상(人身像)을 만들었다는 것이다. 궐내에 안치했으니 그것은 신상(神像)과 다를 바 없다. 정치적 군주며, 종교적 지도자인 조상의 소상에 부순 뼈를 넣어 만들 때는 점토가 재료로 쓰였을 것이다. 만약 홍산문화의 여신묘에서도 뼈 성분이 나온다면 둘 사이의 문화적 친연성은 더욱 높을 것이다.

(3) 천부경과 ○, □, △

위에서 알 수 있듯이 천지인은 원방각으로만이 아니라 1, 2, 3의 수로도 나타낸다. 우리

『천부경』에는 '天一一 地一二 人一三' 이란 구절이 나온다.

… 『천부경』은 모두 81자로 되어 있는데, 우주의 본성과 변화이치, 인간 삶의 의미에 대한 한민족의 깨달음을 담고 있는데 동방의 첫 경전으로 꼽힌다.

인용한 '천일일 지일이…' 에서 앞의 一은 하늘, 땅, 인간이 한 근원에서 비롯됐으며, 셋은 하나라는 것을 뜻한다. 뒤의 일(一), 이(二), 삼(三)은 양을 대표하는 근본인 하늘이 먼저 나고[一], 만물을 낳아주는 어머니 음인 땅이 다음에 나고[二] 그리고 하늘, 땅의 교합으로 사람이 났음[三]을 가리킨다. 하늘과 땅은 인간을 통해 조화되고 그 이상을 실현한다. 한편 인간과 더불어 만물이 생겨나니 인은 곧 인간과 만물이며 셋은 여럿이다. 이는 1-2-3의 논리요 원방각의 사상이다. 그러므로 『천부경』은 일에서 시작하여 삼이 되고 삼이 부풀어 가득함(萬)이 되고 다시 그 가득함이 일로 돌아가는 진리를 요체로 한다.

또 다른 맥락에도 ○, □, △은 숨어 있다. '운삼사성환오칠(運三四成環五七)' 이란 구절이다. 이에 대해서는, 특히 삼과 사, 오와 칠에 대해서는 여러 철학적 해석이 가능하다. 그러나 어느 경우에도 삼이 네 단계를 거쳐 원, 즉 우주의 고리를 이루며 오와 칠은 그 조화의 중심 동력이란 뜻은 공통적일 것이다. 삼이 네 단계를 거쳐 원을 이루니 ○, □, △이다. 이를 하나로 합하면 ◬(三一圖)이 된다. 또 이 삼일도에서 오, 칠의 수도 발견된다. 원 안에 5접점이 있고 7면이 들어있다. 원 안의 3개의 삼각형이 부드럽게 움직이면 삼태극 모양이 된다.

… 원, 방, 각은 『천부경』 자체에서도 찾을 수 있다. 一始無始一로 시작해서 一終無終一로 끝나는 『천부경』은 모두 81자니 가로 9자, 세로 9자로 배치하면 방□형을 이룬다. 또 一로 시작해서 一로 돌아가는 순환을 이루니 원○이 들어있다. 여기에 그 순환의 중추를 이루는 논리가 1과 3의 논리니 △의 요소가 또한 간직돼 있다.

… 윷에도 당연히 ○, □, △이 있다. 윷판은 4개의 삼각형이 원을 이루고 있다. 윷놀이는 원방각의 놀이, 천지인이 어우러진 '천지놀음' (11:216:4)인 셈이다.

가톨릭의 성호가 갖는 상징성을 원, 방, 각으로 풀기도 한다. 이마와 가슴 양쪽으로 긋는 성호는 하늘, 땅, 인간을 상징한다는 것이다. 천[성부]와 지[성자]는 이마[天, ○]에서 가슴[地, □]으로 직선으로 연결되고 인[성신]은 양쪽으로 그어 △을 이루게 된다는 것이다. …

3) 우리의 고대천문학이 고대 그리스로 갔을 가능성

고대 그리스에서 '켄타우로스' 라는 종족이 있었는데 이들은 우리와 가까운 고대투르크계 종족(스키타이)을 말하며, 그들은 고대 그리스에 고대천문학을 비롯한 고대문화(학술, 의술, 천문학, 연금술, 기마전술 등)를 전파했다고 우리는 이미 배운 바가 있습니다.[154] 켄타우로스는 죽임을 당하여 하늘의 별자리인 '궁수자리' 에 올랐다고 했습니다. 이는 분명 고대천문학과 켄타우로스족(동이족, 東夷族)과의 관계를 말할 것입니다.

154) 이는 이미 〈여섯마당 5. 해모수와 뱀여인〉에 나온 내용입니다.

4) 우리의 고대천문학이 마야, 잉카로 갔을 가능성

아메리카 인디언은 아시아에서 베링해를 거쳐 들어간 몽골리언이라는 것이 정설입니다. 그들의 고대 천문 관련 유적도 당연히 우리와 이어져 있을 것입니다. 아래 글에서도 그들의 뱀신앙, 3수문화, 제단의 모형이나 천문대의 모습, 높은 수준의 천문학 등등이 우리와 깊이 얽혀 있음을 알 수 있습니다.

[멕시코 자유여행] 치첸이사 마야의 용 '쿠쿨칸' 어디 갔나[155]
하지 춘분엔 큰 뱀 그림자 쇼 … 뱀이 땅으로 내려온다.

▲ 치첸이사 '전사의 성전'

▲ 치첸이사 '차크물'

▲ 치첸이사 '천 개의 기둥'

칸쿤에서 서쪽으로 2백 킬로미터에 치첸이트사(치첸이샤)가 있다. 이 멕시코의 유적지는 11세기에 마야의 정치 종교적 수도다. 지금은 유네스코 세계 문화유산인데 유카탄 반도에서 가장 유명한 관광지 중 하나다. 연간 1백만 명의 관광객들이 찾아오는 멕시코 필수 관광지는 멕시코 유카탄반도의 휴양지 칸쿤과 묶어서 여행하기에 좋다. 치첸이사는 마야어로 '이차 샘물 근처' 라는 뜻이다.

치첸이사는 450년쯤 마야족이 남쪽에서 올라와 세우기 시작했는데 이후 톨텍족이 멕시코의 중앙 고원에서 7세기쯤 이곳에 와 마야인과 섞였다.

치첸이사의 문명은 마야 건축으로 대표되며 이는 톨텍족의 강한 영향을 드러낸다. 치첸이사가 톨란이라는 옛 톨텍 수도와 닮아 있다는 점이 이를 입증한다.

마야인들은 10세기 갑자기 사라졌다. 내란설, 가뭄설, 토양황폐설 등이 분분하다. 어쨌든 1533년 스페인 정복자들이 치첸이사에 들어왔을 때 여기는 이미 버려진 도시였다.

▲ 광화문 앞 해태 모습

그러나 19세기 들어 치첸이사는 고고학자들이 전세계에서 찾아와 마야의 건축을 발굴했다. 치첸이사 도시 면적은 최소한 30㎢ 이상이고 포장 둑길도 69개소에 이른다. 치첸이사의 고고학 존은 8㎢에 걸쳐 있는데 아직도 발굴할 것이 너무 많다. 지금까지 발굴된 볼거리로는 피라미드, 볼경기장, 해골의 제단, 천개의 기둥, 전사의 성

155) 트래블바이크 뉴스 최승언 기자 글 travel-bike@naver.com

▲ 뱀이 땅으로 내려오는 것 같은 효과를 내는 춘분과 추분. 이 태양 신전은 뱀을 숭배하던 사원임을 알 수 있다.

전, 천문대, 차크몰 등이 있다. 차크물은 누워서 한쪽으로 얼굴을 돌린 모습(우리나라 해태상과 비슷하다/ 필자 주)의 사원을 지키는 인물상으로 톨텍왕조가 남긴 유적으로 밝혀졌다. 로스아틀란테 역시 톨텍시대에 조각한 것으로 사원 지붕과 성전을 바치고 있는 전사상이다.

가장 주목할 건물은 쿠쿨칸 피라미드(엘 카스티요)다. 마야어로 쿠쿨칸은 깃털이 있는 큰 뱀을 뜻한다. 깃털이 있는 뱀은 용(龍)이다. '龍' 을 풀면 깃털(彡)이 있는 것과 유사하다. 이 마야의 용은 전쟁과 희생물 등과 함께 마야문명의 예술에서 곳곳에 나온다.

쿠쿨칸 피라미드는 별자리와 천문학 틀에 따라 지었다. 높이는 30미터며 4면 9층 테라스꼴이다. 면마다 중간에 위로 오르내리는 계단이 있다. 마야의 9개의 테라스는 아홉 하늘을 뜻한다는 점에서 흥미롭다. 동양에서 말하는 9층탑, 구중궁궐, 구천(아홉 하늘) 등의 사상과 닮아 있다. 이 쿠쿨칸피라미드는 9월 21일과 22일 사이에 뱀쇼를 펼쳐낸다. 태양이 9층 테라스 코너를 비출 때 북쪽 계단의 전체를 그림자가 덮은 상태가 된다. 이때 태양빛은 난간으로 형상화된 뱀의 몸통을 따라 흐르며 피라미드 계단 밑 뱀의 머리까지 이어진다.

이 대비 효과는 뱀이 땅으로 미끄러져 내려오는 것같은 효과를 낸다. 높이 24m에 45도 각도로 된 피라미드인 태양 신전은 뱀을 숭배한 사원이다. 마야인들이 뱀을 신성시한 이유는 뱀이 만물을 재생시키고 풍요로움을 준다고 믿었기 때문이다. 뱀의 재생과 풍요로움을 믿었던 마야인들과 그 뱀신은 어디로 갔는지, 관광객들의 호기심을 충족하는 관광자원 역할에 만족하고 있다.

▲ 뱀 대신 용의 모습으로 나타난 용문사 대웅전 계단

뱀신앙은 우리나라에서도 있었습니다. 특히 제주도에 뚜렷이 남아 있는데, 용신앙으로 바뀌어 오늘에 이르고 있습니다.

옆 그림은 예천군 용문사 보광명전 앞 계단의 용입니다. 이는 마야 쿠굴칸 피라미드의 뱀과 거의 같은 모습을 하고 있습니다. 문화의 동질성이 신기할 정도로 거듭 확인됩니다.

북아메리카의 유명 천문대[156]

아메리카대륙에서 가장 오래된 천문대 유적은 어디 있을까? 흔히 중미의 마야 유적이나 남미의 잉카 유적을 떠올릴 법하나 놀랍게도 그 유적은 캐나다에

156) http://kibaek,tistory.com153 김기백 글(2018. 5. 6.)

있다. 캐나다 엘버타에 있는 메이요빌 메디슨 횔이 그것인데 만들어진 연대는 자그만치 5천 년 전이다. 이집트 피라미드보다 빠르다.(헐, 이보다 연대는 늦지만북미대륙에는 이런 유적이 수십 개라고)

▲ 빅 호른 '메디슨 휠' 천문 유적

처음에 이것은 그저 오래 된 돌무지 정도로 봤으나, 미국 콜로라도주 볼터에 있는 보다 구체적인 모양의 빅호른 돌무지가 고대천문대로 밝혀짐에 따라 눈길을 끌었다. 2011년 7월 이것을 처음 밝힌 물리학자이자 천문학자인 죤 에디(콜로라도 고지대 관측소)의 주장에 따르면 여기 표시된 점은 하지점의 일출과 일몰 등을 정확히 나타낸다고 한다. 계절의 변화에 의식주를 기댄 고대 인디언에게 계절의 변화를 예측하는 일은 매우 중요해서, 천체 관측으로 알아낸 것이다.

멕시코 유카탄반도의 치첸이트사 유적은 마야문명의 대표 유적이다. 여기는 얼핏 보아도 알아차릴 수 있는 고대천문대 건물이 있는데, '카라콜' 천문대다. 미국의 팔로마 천문대는 필시 카라콜을 흉내 내었으리라. 중미의 마야문명은 기원전 2~3천년쯤 이룩된 문명이나 천문대는 그보다 늦은 것으로 여겨진다. ('카라콜' 은 달팽이를 뜻하는데 이는 천문대의 돔 모양에서 유래되었으리라.)

마야족의 유물 가운데 가장 뛰어난 유물이라고 평가 받는 1년 365일의 마야 달력은 고대 마야인(이트사족+톨텍족)들이 천체의 운행을 정확히 예측하고 있었다는 정확한 방증이다. 1년은 원래 365.2422일인데, 마야력은 365.2420일이고, 보름달의 간격은 29.53095일인데 마야력은 29.53020일이었다. 놀랍다.

▲ 마야 달력

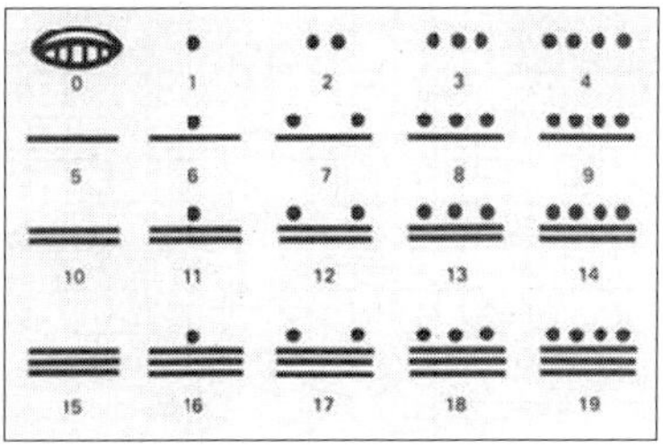

▲ 마야의 숫자 체계

치첸이트사에는 마야족이 낳은 또 하나의 천문대가 있다. 바로 유적지 중앙에 있는 쿠쿨칸 피라미드로, 전에는 신전으로 인식되었으나 지금은 천문대로 인정받고 있다. 같은 곳에서 다른 양식의 천문대가 있는 것은 그것을 조성한 민족이 각기 다르기 때문이다. 카라콜 천문대는 이트사족이, 쿠쿨칸 천문대는 톨텍족이 자신들의 건축 양식을 좇아 지은 것이다. 나중에 들어온 톨텍족이 원

▲ 카라콜 천문대

주민 이트사족을 정복했다고 한다.

쿠쿨칸 피라미드가 천문대로 여겨지는 것은 그 건물 자체가 달력을 나타내고 있는 때문인데, 4면 364개 돌계단에 꼭대기의 태양신전 제단을 합치면 365개 곧 1년을 뜻한다. 아울러 동서남북 4면의 큰 돌계단은 18개월의 마야력에서 왔으며, 또 춘분과 추분의 정확한 인식까지 몸으로 증명하는 바, 춘분과 추분에는 신전 테라스의 모서리에 드리워진 그림자가 계단을 타고 내려와 아래의 뱀머리 조각에 바로 잇긴다. 마야인들은 때에 맞춰 농사를 지은 것이다. 정말 신기하다.

▲ 쿠쿨칸 천문대의 신비를 보려고 몰려든 사람들

▲ 계단 밑 뱀 머리 조각상

(4) 인류 최고 천문 관련 유적－카라훈지

아르메니아 카라훈지는 예레반 남쪽으로 슈니크 지방에 있는 거석 유적입니다. 조성 면적이 약 7만 제곱마일에 이르고, 무덤 떼, 중앙의 고리, 거석 줄로 돼 있습니다. 둥근 거석 고리는 직경이 최대 45미터이고 바윗돌은 높이가 2.8미터에 이르며, 무게가 최대 10톤까지 나갑니다. 부지의 돌 223개 가운데 약 3분의 1에는 작은 구멍이 나 있습니다.

영국의 스톤헨지, 이집트의 피라미드와 견줄 만하며, 고대 태양신앙과 연관되며 별을 보고 잰 것으로 추정됩니다. 연대는 기원전 5500년을 거슬러 올라갈 정도니 어쩌면 카라훈지가 세계 최고의 천문대라 부를 만합니다. 이 카라운지 유적의 연대는 우리의 빗살무늬토기의 연대(기원전 6000년)와 대비됩니다.

말하고 있는 돌, 카라훈지[157]

아르메니아 국경지인 아가락에서 북쪽으로 올라가는 길은 끝없는 S자다. …

늦가을이라 매우 추웠지만 아르메니아의 맑고 푸른 자연이 너무 아름다웠다. 즐기며 달린

157) 영남대심리학과 동문회 들소리신문 연재 40째편 자유여행가 김경순의 글

▲ 카라훈지의 선돌들

▲ 카라훈지의 선돌들

지 몇 시간 되지 않아 카라훈지에 닿았다. 카라훈지는 시시안 마을 가까이 있는 선사시대의 거석 선돌 유적이다. 220여 개나 되는 커다란 돌들이 벼랑을 낀 드넓은 언덕 위에 남북으로 줄지어 세워져 있었고 중간쯤엔 타원형으로 다시 둘러져 있었다. 80여 개의 돌 위쪽엔 작은 눈구멍이 뚫려 있다.

아르메니아 헤로우니 교수는 오랜 연구 끝에 카라훈지는 신전이 달린 세계 최초의 천문 관측소라는 결론을 내린다. 중간쯤의 타원형으로 둘러진 곳은 옛 아르메니아인의 태양신 '알/아르(AR)' 에 바쳐진 신전이라 한다.

▲ '스톤헨지' 기원전 1500년 추정 유적

남북으로 줄 지은 선돌들은 태양과 달 그리고 별의 움직임에 따라 앉혔고 특히 돌의 눈구멍을 통해 하지의 일출과 일몰이 관측되었다고 한다. 거석물이 만들어진 때는 지금으로부터 7,500년 전인 기원전 5,500년경이고 아르메니아가 기독교를 국교로 삼은 301년까지 약 5,000년 동안 꾸준히 이곳에서 관측 활동을 한 것으로 보고 있다. 이는 영국의 스톤헨지보다 3,500여 년이나 앞선 세계에서 가장 오래된 천문 관측소라는 것이다.

오랜 연구로 얻은 카라훈지 자료를 바탕으로 아르메니아의 고대 언어와 역사 그리고 다른 나라 거석물들과 같이 분석하여 정리한 헤로우니 교수의 책을 읽었다. 한국의 〈환단고기〉와 〈부도지〉를 처음 접했을 때의 느낌이 그대로 느껴져 웃음이 나왔다.

카라훈지를 이렇게 배열하자면 지구의 반지름이 6300㎞라는 것, 지구는 자전축을 중심으로 하루를 자전하고 태양을 365.25일 주기로 공전한다는 것, 그리고 지축이 24도 기울어 있고 아주 조금씩 바뀐다는 등 과학 지식이 있어야 한다. 7500년 전 아르메니아인들은 이미 이 지식을 가지고 있었던 셈이다. 그들은 세계 사람들과 지식을 공유하려고 아르메니아 카라훈지를 중심으로 영국의 스톤헨지, 이집트 대 피라미드 등 세계 곳곳에 거석물을 세웠고 그들의 뛰어난 지식을 수메르, 이집트, 바빌로니아, 이란, 인도 등에 다니며 전파하였다는 것이다. 그 이유는 태양신 '알/아르(AR)' 에게서 무조건적인 사랑을 받았기에 받은 사랑을 세상 사람들에게 전하기 위해서란다.

〈환단고기〉는 한국의 고대 역사를 서술한 1979년에 나온 책으로 옛 한민족 선조들이 연방국 형태로 아시아 대륙 대부분을 다스린 내용이 담겨 있다.

〈부도지〉는 신라 눌지왕 때 박제상이 저술했다는 〈징심록〉의 일부로 '마고성'에서 평화롭게 살던 사람들이 '오미의 화'로 세계 각지에 흩어져 힘들게 살게 되었는데 그들을 도와 학문을 가르치는 선조의 모습이 나온다.

헤로우니 교수가 말한 고대 아르메니아인들의 모습과 〈환단고기〉와 〈부도지〉에 나오는 한민족 선조들의 '홍익인간'의 삶이 교차되어 처음엔 웃음이 나왔다. 하지만 다시 생각해 보면 그럴 수도 있겠다는 생각이 든다. 진위 여부를 떠나 〈환단고기〉와 〈부도지〉는 여행을 시작하는데 어떤 아이디어를 제공해 준 건 사실이고 헤로우니 교수의 책은 인류 역사를 좀 더 큰 틀에서 다시 바라볼 수 있게 해 준다.

'카라훈지'는 아르메니아말로 '말하고 있는 돌'이라고 한다. 7,500년의 긴 세월 동안 있었던 일들에 대해 돌들이 말하고 있는 걸 헤로우니 교수는 들었으나, 난 다음날 다시 찾아와도 도대체 뭐라고 하는지 알 수가 없었다.

(5) 첨성대

첨성대는 본격적인 우리 고대천문학의 버젓한 유적입니다. 사람들은 첨성대를 동양 최고의 천문대라고 하나 저는 사실상 인류 최고의 천문대라고 생각합니다. 아르메니아의 카라훈지가 천문대의 성격을 가진 가장 오래된 유적이라고는 하나 그것을 뒷받침할 만한 기록은 없습니다. 다만 학자들이 그 구조를 연구한 결과 천문을 관측했을 것이라는 해석을 한 것일 뿐입니다. 마야문명이나 잉카문명의 천문 관련 유적도 대단한 것은 인정되나 이도 역시 구체적인 관측 기록이 남아 있지 않습니다. 그러나 우리의 첨성대는 그 이름도 그렇고, 여러 가지 기록들을 보아도 별을 관측했다는 것을 구체적으로 증언하고 있는 세계에서 유일한 유적일 것으로 생각됩니다.

첨성대(瞻星臺)

현존하는 첨성대 중 대표적인 것은 신라시대 경주에 있는 것이다. 별을 보는 데에는 크게 두 가지의 목적이 있었다. 하나는 별을 보고 나라의 길흉을 점치려는 것이고, 또 하나는 역법(曆法)을 만들거나 그 오차를 줄이려고 별이나 일월오성(日月五星 : 해와 달과 금성 목성

수성 화성 토성의 다섯 행성)의 운행을 보는 것이다.

앞은 미신적인 점성학이고, 뒤는 과학적인 천문학 또는 역학(曆學)이다. 이 두 가지 관측의 비중은 날이 갈수록 후자 쪽으로 옮겼음은 물론이다. 우리나라의 첨성대도 점성학적인 비중이 컸던 시대에 비롯되었을 것이다.

고구려의 첨성대에 대하여는 《세종실록》지리지에 '평양성 안에 9묘(廟)와 9지(池)가 있는데 … 그 못가에 첨성대가 있다.' 는 글이 있고, 《신증동국여지승람》에도 평양의 첨성대 옛터가 평양부 남쪽 3리(里)에 있다고 했다. 이것은 모두 고구려의 첨성대를 말하는데 현재는 흔적을 모른다.

신라의 첨성대는 경주에 실물이 그대로 남아 있고, 《삼국유사》, 《고려사》지리지, 《세종실록》지리지, 《신증동국여지승람》, 《증보문헌비고》 등에 적혀 있다. 선덕여왕 때 세운 것으로 상방하원(上方下圓)이며, 높이는 19척5촌, 위의 원둘레가 21척6촌, 아래의 원둘레가 35척7촌이며, 중간 이상이 위로 뚫려서 사람이 그 속으로 오르내리며 별을 보았다는 글이 현존 실물과 일치한다.

이 첨성대는 《삼국유사》에 따르면, 점성대(占星臺)라고도 불렀는데, 얼마 뒤에 일본에서도 점성대를 쌓았다는 《일본서기》의 글이 이 사실을 확실하게 해 주고 있다. 경주 첨성대는 국보 제31호로 지정되었다.

백제의 첨성대에 대해서는 문헌의 글도 없고 건축물의 터도 없다. 그러나 백제가 일본과 천문역법을 교류한 역사적 사실로 보아 《일본서기》에 나오는 첨성대가 없었다고 할 수 없다.

고려의 첨성대에 대한 글은 별로 없다. 그러나 강화도마니산(摩尼山) 정상의 참성단(塹星壇)의 기록과 터, 그리고 개성만월대(滿月臺) 서쪽에 첨성대라고 구전(口傳)되는 석조물이 전해오고 있다.

여러 지리지에 따르면, 참성단은 돌을 쌓아서 만든 것으로 높이가 10척 상방하원이며, 위의 사면(四面)이 각각 6척6촌, 아래의 원 너비(지름)가 각각 15척이다. 세간에 전하기를, 단군(檀君)이 하늘에 제사를 올린 곳으로 산기슭에 재궁(齋宮)이 있어서 봄 가을로 대언(代言 : 承旨)을 보내 제사를 올렸다고 한다.

점성과 제천(祭天)의 관계, 참성단과 경주 첨성대의 상방하원의 형태상의 비슷함과 명칭이 소리가 서로 비슷한 것, 그리고 그 뒤 조선시대에 마니산 산정에서 천문관측을 했다는 글 등으로 보아 고려가 몽골의 침공을 받았던 강화도에 도읍을 하던 때의 첨성단이 아닌가 하는 짐작이 가는 곳이다.

만월대의 첨성대는 높이 3m 가량의 다섯 개의 돌기둥으로 받친 석대(石臺)로서 위의 평면넓이가 대략 3m×3m로 9m²이다. 《고려사》에는 충렬왕 7년(1281) 원나라에서 수시력(授時曆 : 원나라 곽수경이 만든 달력)이 들어왔는데, 왕은 태사원(太史院)에 명하여 영대(靈臺 : 임금이 기상을 보는 대)와 천문기기(天文器機 : 觀象)를 만들어서 일월(日月)을 관측하여 도수(度數 : 각도나 광도 등의 크기)가 맞는가를 자세하게 참고하고 살폈다는 글이 있다.

이로 보아 이때부터 그 영대 위에 측기(測器)를 놓고 천문을 관측했음을 알 수 있다. 그러므로 현존하는 만월대의 첨성대가 설령 이 밖의 글은 없어도 위의 글과 같은 관측에 쓰인 관천대(觀天臺)일 가능성은 높다.

조선시대에 들어서는 개국 초부터 고려의 서운관(太卜監과 太史局을 합친 것) 제도를 그대로 답습하였는데, 1420년(세종 2)에는 첨성대를 세우고, 그 뒤에 다시 경복궁 안의 서운관을 확충하여 간의(簡儀 : 장영실과 이천 등이 만든 관측기)를 비롯한 천문기기를 10여 종이나 만들어 두고 관측하였다. 그 중 간의를 올려놓은 간의대(簡儀臺)는 돌로 쌓은 것으로 높이가 31척, 길이가 47척, 너비가 32척이었다.

이 관상감(서운관의 바뀐 명칭)은 1592년(선조 25) 임진왜란으로 경복궁과 같이 불타 없어지자, 1688년(숙종 14) 남구만(南九萬)이 북부 광화방(廣化坊)에 터를 잡아 관상감을 재건하였다. 이것이 곧 창덕궁 금호문(金虎門 : 지금의 현대건설 자리) 밖에 있는 높이 3.5m, 넓이 2.4m×2.5m인 관천대(觀天臺)로서 현재까지 남아 있다.

이 대 위에는 높이 1m의 네모진 돌이 있는데 관측할 때에 소간의를 놓는 곳이다. 그래서 이 대를 일명 소간의대(小簡儀臺)라 하고 속명(俗名)으로는 첨성대라고 한다고 《서운관지(書雲觀志)》에 적혀 있다. 이 관천대와 비슷한 것이 현재 창경궁 안에도 남아 있는데 높이 3m, 넓이 2.9m×2.3m이며, 역시 그 위에 높이 1m 정도의 네모진 돌이 놓여 있다. 그러나 제작연대는 잘 모른다.

1715년(숙종 41) 또 하나의 관상감을 경희궁 개양문(開陽門) 밖에 만들었다. 거기도 관천대가 있었다고 하나 흔적이 없는데 〈도성도(都城圖)〉에는 나타내고 있다.

… 첨성대는 처음에는 점성대라고도 불려서 다분히 점성적이던 것이 날이 감에 따라 영대라고도 했다가 다시 관천대, 더 정확하게는 간의대 · 소간의대라고 해 점점 과학적인 이름으로 바뀌었다. 한편으로는 예로부터의 습성에 따라 후세까지 여전히 첨성대라고 불린 것이 사실인 듯하다.

– 민족문화대백과(첨성대)

〈일곱 마당〉

불어라 신바람

1. 임금에서 거지까지
2. 백정의 기원
3. 닭이 먼저일까, 달걀이 먼저일까?
4. 가림다문을 찾아서
5. 하늘은 하나, 땅은 둘, 씨알은 셋
6. 우리의 영원한 아리랑
7. 한류에서 신바람으로

1. 임금에서 거지까지

우투리님, 제가 이 글의 제목을 이렇게 붙여서 매우 어리둥절할 겁니다. 너무 엉뚱한 소리인지는 몰라도, 옛날의 어떤 임금이 영화를 누리다가 세월이 많이 흐른 뒤 거지가 되었다는 굉장히 황당한 이야기를 하려고 해요.

거지가 된 게세르

아주 옛날 제정일치시대에 샤먼이면서 임금이던 게세르가 살았습니다. 그 게세르는 처음에는 정치지도자와 종교지도자를 겸임했지요. 그래서 우리는 옛글에서 게세르가 나오면 임금으로 풀 수도 있고, 샤먼으로 풀 수도 있습니다.

게세르 = 정치지도자(임금) = 종교지도자(샤먼)

그런데 사회가 조금씩 바뀌면서 차츰 정치에서 종교가 갈라져 나갔죠. 그래서 다스리는 임금과 종교의식을 맡은 샤먼이 따로 있게 되었죠. 그래도 처음에는 나라를 다스리는 임금 게세르나, 종교의식을 맡은 샤먼 게세르가 거의 같은 수준의 최고 대우를 받았을 거예요.

종교 의식을 맡은 게세르 : 샤먼 (제사장)	다스림을 맡은 게세르 : 임금 (황제)

그 뒤 사회가 시시각각으로 바뀌면서 임금 게세르는 절대 권력을 행사하게 되고 샤먼 게세르는 차츰 권력에서 멀어졌죠. 그래도 임금 게세르가 나라의 운명이 달린 전쟁이나 큰일을 결정할 때, 샤먼 게세르를 궁궐에 불러들여서 그의 자문 역할 정도는 하였습니다. 그 뒤 샤먼 게세르는 사회적 지위도 앞서보다 훨씬 낮아지고, 차츰 한갓 점을 치는 직업인으로까지 전락해 갔을 것입니다.

임금 게세르 : 강한 권력을 가짐	샤먼 게세르 : 한갓 직업인이 됨

그 뒤 사회 전체가 오직 유학만 받들게 되면서 샤먼 게세르의 필요성은 거의 없어지고, 그들은 임금 게세르나 귀족들 연회장에서 재주를 부려서 먹고 사는

기생이나 광대가 되었습니다. 결국 천민이 된 샤먼 게세르들은 간간이 민중을 대상으로 점도 쳤지만, 미신타파라는 명분 앞에 생존의 위기에 내몰리기도 했겠죠.

임금 게세르 : 절대 권력을 가짐	샤먼 게세르 : 기생이나 광대가 됨

게세르가 '기생' 이나 '광대' 나 '거지' 가 된 것을 어떻게 아느냐고요? 그것은 이들 말의 뿌리가 게세르에서 나왔기 때문입죠. '게세르' 의 말뿌리는 '가르닭' 이죠.

가르닭	→ 가르삵	→	가르잙 →	가르앍
구다라 **광대**廣大	거시기 **게세르(임금, 샤먼)**	**기생**妓生	**거지**	걸인乞人 갈가리

그 뒤 기근이 들거나 전쟁으로 민중의 삶이 더욱 어려워질 때 광대들은 살아남으려고 사당패(유랑 극단)를 만들어서 여기저기를 떠돌며 고단한 광대의 삶을 이어갔습니다. 이 때 옛날의 그 샤먼 게세르들은 아마 차츰 각설이가 되기도 했을 거예요. 다음과 같이 '각설이' 를 하며 거지나 다를 바가 없게 돌아다녔죠. 제정일치시대의 신과 같은 존재이던 게세르가 이렇게 '각설이' 가 되어 이 마을 저 마을 밥을 빌러 다니는 '거지' 가 되었다는 이야기입니다.

얼 시구시구 들어간다 저얼 시구시구 들어간다!
작년에 왔던 각설이 아니 죽고 또 왔네!
어허라 품바가 들어간다!

결국 '각설이' 는 '게세르타령' 인데 이는 '샤먼' 의 타령인 동시에 '거지' 의 타령이 됩니다. '작년에 왔던 각설이 아니 죽고 또 왔네.' 거지가 되어 살아가는 게세르의 끈질긴 생명력과 그 역사를 생각하니 속으로 눈물이 날라 하네요.

가르닭닭 →	가르삵닭	→	가르잙닭 →	가르앍삵
	게세르타령		거지타령	각설이

각설이는 고구려 유민의 노래일 가능성

우투리님, '게세르' 는 '조선' 도 되고 '고구려' 도 됩니다. 그러므로 '각설이'

는 '조선타령' 이며 '고구려타령' 이기도 합니다. 또한 '각설이' 는 고조선이나, 고구려의 유민들이 유랑하며 부르던 노래일 가능성이 높습니다. 각설이의 역동성을 보면 고조선과 고구려의 냄새가 진동하는 것을 그대는 느껴 보지 못했습니까? 특히 고구려 멸망 후 많이 살육당하고 운 좋게 살아남은 게세르(광대)들이 당나라 임금 앞에 끌려가 연희한 기록이 꼭두각시연극사에 흔적으로 남아 있습니다. 고구려의 유민들은 신라에서도 대접받았을 리가 만무합니다. 고조선이나 고구려 때 임금이던 게세르(광대)가 통일신라에서 가장 천대받는 거지가 되어 방방골골을 각설이(게세르타령)를 하며 돌아다니게 되었다는 이야기예요.

가르닭닭	→	가르삵닭	→	자르삵닭	→	가르잙닭	→	가르앍닭
광대타령		게세르타령		조선타령		거지타령		고구려타령 가락타령

여기서 각설이의 노랫말을 잘 살펴보면 각설이의 정체가 더욱 잘 드러납니다. '어얼시구시구 들어간다' 에서 '어얼시구시구' 가 '가르닭닭' 으로 풀리는데, 이는 결국 '게세르타령' 이면서 '조선타령' 을 뜻합니다. 이 때 조선은 근세 조선이 아니며, 고조선이나 그를 이어받은 고구려를 뜻할 것입니다.

가르닭닭	→	가르삵닭	→	자르삵닭	→	가르앍닭	→	가르앍삵	→	아르삵삵
광대타령		게세르타령		조선타령		고구려타령		각설이		얼시구시구

그러므로 '어얼시구시구 들어간다' 는 '광대타령 들어간다.' 로 풀리기도 하고 '게세르타령 들어간다.' 로 풀리기도 하고, '조선단군 들어간다.' 로 풀리기도 하고 '조선타령 들어간다.' 로 풀리기도 하는군요. '타령(打令)' 은 '닭' 에서 왔음을 이미 밝힌 바가 있지요.

		가르삵닭 닭닭	→	가르닭앍 닭닭
	↗	게세르타령 들어간다		거들거리고 들어간다
가르닭닭 닭닭	→	자르삵닭 닭닭	→	자르삵삵 닭닭
광대타령 들어간다	↘	조선타령 들어간다		절시구시구 들어간다
		하르닭닭 닭닭	→	아르삵삵 닭닭
		후닥닥 들어간다		얼시구시구 들어간다

'각설이' 를 '품바' 라고도 하는데, 이 '품바' 는 '본바' 의 와전으로서 무가(巫歌)의 '본풀이' 와 같을 것입니다. 본풀이는 '뿌리풀이' 며, 신(神)의 내력 풀이입니다.

밝밝 → 반밝
본풀이(뿌리풀이), 푼바 → 품바 (* ㅁ더해짐)

본(本)풀이는 신명(神明)풀이와 같군요. 신명풀이의 신명(神明)은 '샤먼' 을 뜻하는 것으로 보입니다. 옛날에 임금이 샤먼이요, 샤먼이 곧 신(神)입니다.

삵맑밝 ← 닭맑밝 ⇄ 밝밝
신명풀이 샤먼풀이 두만풀이 뿌리풀이 **본풀이** 푼바

'게세르' 가 본디 왕족이었음을 알 수 있는 말에 '바리공주' 가 있지요. 이는 무신(巫神) 이름의 하나인데 말뿌리가 '밝게세르' 니 결국 '바리공주' 는 밝샤먼, 밝임금, 혁거세와 같습니다. 이는 '바리공주' 가 옛날에 임금임을 말합니다.

가르닭 ------------- 밝가르닭 → 홝가르삵
↘ ↘ ↗ 혁거서간 **혁거세** ↘
가르삵 → 가르잙 밝가르삵 → 밝가르잙
거서간 게세르 공수 공주 밝거서간 밝게세르 밝공수 **바리공주**(公主)

바리공주를 '바리데기' 라고도 하는데, 이는 '밝닭' 으로 풀리는군요. 이도 '바리공주' 와 크게 다르지 않는 황제입니다.

밝닭 → 홝잙 ⇄ 밝가르닭 → 밝가르삵 → 홝가르삵 → 밝가르잙
바리데기 배달 황제 밝거서간 혁거세 바리공주

샤먼 게세르들의 일부는 대갓집 씨종이 되어, 밥 굶을 걱정은 안 해도 되는 삶을 살았겠지만, 거지가 된 게세르들은 떠돌며 밥을 빌어야 했지요. 샤먼 게세르들의 지위는 그야말로 하늘같은 '별' 에서 땅 같은 바닥에 떨어져 아무에게나 밟히는 이름 없는 풀(밝)이 되고, 누구의 발길에도 차이는 돌(닭)이 되었다는 이야깁니다.

닭 → 잙 → 삵 단군 돌 자갈 제帝 씨가리 시종侍從 씨종	밝 → 밟 → 홝 방구 바위 부라한 별辰 풀草 황皇

우투리님, 혹시 그대에게 별로 재미없는 이야기라면 용서하세요. 저의 생각은 다음과 같이 그 정체를 잘 알 수 없던 '기생' 이나 '광대' 들이 '게세르' 에 뿌리가 있고, 그들의 타령이 '각설이' 라는 것을 이야기하고 싶었을 뿐입니다.

닭 --------- 가르닭 --------------- 가르닭닭
↘ ↘ ↘
닭 → 삵 가르닭 → 가르삵 → 가르잙 가르삵닭 → 가르왉삵
달굴 스가르 → 씨종 광대廣大 게세르 기생 거지 게세르타령 각설이
(男巫) (샤먼) (샤먼) (임금)(妓生) 거지타령 고구려설

이런 이야기 속에 들어 있는 말을 풀어 보면, 샤먼인 게세르가 '임금' 에서 거지나 씨종으로 떨어진 사연을 알게 되죠.

그로부터 다시 세월이 많이 흐른 뒤 풀들은 끝내 일어났고, 돌들도 다시 깨어나 숨쉬기 시작했습니다. 곰(신神)의 아들딸이던 게세르가 다시 일어나 신바람을 일으켰죠. 그들은 골방에서 새우잠을 자며 라면 한 조각으로 하루를 견디며 절실한 꿈을 꿨겠죠. 못 먹고 못 배우고 못난 이들이 바닥에서 일어나 다시 꽃이 되었습니다.

맨 먼저 임방울의 쑥대머리가 되고 최승희의 춤이 되었죠. 벽초의 임꺽정이 되고 김덕수의 꽹과리가 되고 이미자의 노래가 되었습니다. 수많은 아이돌과 수많은 김기덕과 수많은 대장금의 판소리마당이 되었죠. 소월과 고은의 정선 아리랑과 조정래의 날랜 붓과 수많은 유홍준의 진한 먹이 되었죠. 수많은 김일성과 백범과 중근의 바람굿이 되었겠죠.

광대들이 다시 일어난다는 것은 버림받은 조선이 일어난 것이요, 웅혼한 고구려를 살리는 것이요, 잃어버린 단군을 되찾는 것이요, 꺼져가던 신바람을 일으키는 것이요, 그대로의 하늘과 땅과 사람을 되찾는 것일지니, 그대들 위대한 풀뿌리여! 별님달님들이여! 조선이여! 깨쳐 일어나라!

2. 백정(白丁)의 기원

백정(白丁) 또는 화척(禾尺)

조선시대 도살업 · 유기(柳器)제조업 · 육류판매업을 하며 살던 천민층이다. 고려 때 가장 드넓게 존재한 농민층을 뜻하던 백정은 고려 말과 조선 초를 거치며 평민 · 양민(良民) · 촌민(村民) · 백성으로 불렸다. 대신에 백정은 주로 도살업 · 유기세조업 · 육류판매업에 종사한 천민을 부르는 데 쓰였다. – 민족문화대백과(백정)

화척(禾尺)은 수척(水尺) · 무자리라고도 한다. 신라 말 고려 초 혼란기에 유입된 양수척(楊水尺)이 고려 후기에 화척으로 불렸다가 조선 초에 백정(白丁)으로 바뀌어 불렸다. 법제상은 양인(良人)인데 직업이 천해 천민으로 인식됐다.

고려 때 화척은 국가에 신공(身貢)을 바쳤는데, 조선을 세운 뒤 1414년에는 지폐인 저화(楮貨) 30장을 내자시(內資寺)에 냈다. 재인(才人)처럼 도살업, 유기(柳器 : 고리)와 피물(皮物) 제조, 수렵, 육류 판매가 주된 생활수단이다. 때문에 일반 양인들은 이들과의 혼인이나 함께 살기를 꺼렸고, 화척 또한 그들끼리 무리삶을 좋아해 떠돌며 산다. 화척은 전국에 분포하나 특히 평안도와 황해도에 많다.

화척은 무리로 떠돌며 걸식, 강도, 방화, 살인을 자행했다. 고려 말 홍건적 침입 때는 길잡이를 하고, 왜구를 가장해 민가를 털기도 했다. 공민왕 5년에는 나라에서 화척과 제주 사람과 재인을 모두 찾아내 서북면 수졸(戍卒)로 보내기도 했다. 화척이 서북의 군사로 충당되거나 왜구를 사칭해 노략질을 일삼은 것은 그들의 유목민적 기질과 농경을 못해 항산(恒產)이 없는 열악한 처지를 말한다.

화척은 호적에 오르지 못해 공민 대우를 받지 못했다. 조선 태조에서 성종 때까지 조정은 이들을 호적에 올려 살피려 하거나 땅을 주어 농사를 짓도록 했고, 그런 경우 신공을 면해주는 정책을 폈다. 아울러 독립된 집단생활과 그들끼리의 혼인을 막는 한편, 일반 양인과 함께 살게 하고 혼인도 장려했다. 또한 지방 관아에서 이들을 찾아내 각 방(坊)과 촌(村)별로 살피게 하고, 장적을 만들어 형조 · 한성부 · 감영과 각 고을에 보관해 출생 · 사망 · 도망 등에 관해 적으며 점검했다.

화척은 유목민 출신이라 말타기와 활쏘기를 잘 한다. 때문에 이들은 고려 말 왜구 격퇴와 세종 1년 대마도 정벌, 세조 13년 이시애(李施愛) 난 평정 등에 큰 공을 세우기도 한다. 군공을 계기로 이들의 무예는 인정받고, 화척은 세종대 이후 취재(取才)를 통해 갑사(甲士) · 별패(別牌) · 시위패(侍衛牌) 등의 군인이 되기도 한다.

고려 고종 때 보이는 양수척은 창우(倡優)로 먼저 갈려 재인으로 불리고, 이어 화척으로 바뀌어 불린다. 이는 1382년(우왕 8) 4월 '화척이 곧 양수척(禾尺卽揚水尺)'이라는 글이 나온다. 조선 때도 수척과 화척은 같은 뜻으로 쓰였다.

달단(韃靼)은 몽고간섭기에 고려에 남은 몽고인의 유종(遺種)인데, 농사를 짓지 않고 소를 잡아먹고 산다. 화척도 달단처럼 소를 잡고 사는데, 조선 때도 우마(牛馬) 도살을 생계로 삼으며, 유기도 만든다.

세종 5년에 천민인식을 끄려고 '재인' 과 '백정' 으로 바꿔 부른다. 하지만 간혹 평민과 구별해 신백정(新白丁)으로 불리기도 하고, 화척은 화백정(禾白丁), 재인은 재백정(才白丁)이라 따로 부르며 양색백정(兩色白丁)으로 구별했다. 16세기 화척은 점차 농경을 하며 양인이 된다.

– 민족문화대백과(화척)

백정은 본디 고려시대의 광범위한 농민층을 말한다고 하나, 그럼 그 이전의 신라 때는 어떠했을까를 생각합니다. '백정' 은 신라가 660년에 백제를 병합하고 그 백성들을 신라 사람들과 차별하여 부른 데서 비롯된 것으로 보입니다. 신라는 이어서 668년에 고구려마저 무너뜨리고 그 유민을 백정에 포함시킨 것이 아닌가 합니다.

원래 하화가 우리를 비하할 때 '백적(白狄)' 이라고도 했는데 이는 3조선(조선, 배달, 말갈) 가운데 배달(곧 백제, 부여)에서 나온 소리입니다. 신라는 백제를 무너뜨리고 하화가 그랬듯이 '백제' 유민을 낮춰 '백적(白狄)' 으로 불렀을 가능성이 높습니다. 여기서 백성(百姓), 백정(白丁), 화척(禾尺)이 나온 것으로 봅니다.

		밝홝			→		밝앍	
	↗	발해					부루 부여	↘
밝닭	→	밟닭	→	밝삵	→	밝잙	→	홝잙
배달		불한당		백성百姓		백적白狄 백잔 백정白丁 백제 비적匪賊		화척禾尺

조선 백정의 주류는 고구려 유민일 가능성

'백적' 이나 '백정' 은 백제 유민에서 비롯되었지만, 백정(화척)이 많다는 평안도와 황해도는 옛 고구려 땅이며 그들은 '남녀가 기마와 궁술에 능했다.' 고 한 것으로 보아 그 주류는 고구려 유민일 가능성이 높습니다.

백정을 무자리, 수척(水尺), 양수척(揚水尺)이라고 부른 데서도 그들이 고구려를 뜻하는 맥족(貊族)임이 증명됩니다.

ᄆᆞᆰᄃᆞᆰ →	ᄆᆞᆰᄉᆞᆰ →	ᄆᆞᆰᄌᆞᆰ	→	ᄆᆞᆰᄋᆞᆰ
무당	무수리	무자리 물척 → 수척水尺		말갈족 맥족貊族 말갈 무쿠리 맥이
ᄃᆞᆰᄆᆞᆰᄃᆞᆰ →	ᄋᆞᆰᄆᆞᆰᄃᆞᆰ →	ᄋᆞᆰᄆᆞᆰᄉᆞᆰ →		ᄋᆞᆰᄆᆞᆰᄌᆞᆰ
투메트	곰딸(웅녀)	가메시 김씨		키맥족 예맥족濊貊族 양물척 → 양수척

고구려 유민은 어디로 갔을까?

나당연합군은 백제와 고구려를 차례로 멸망시킵니다. 그 결과 백제 땅은 그대로 신라의 새로운 영토가 됩니다. 고구려 땅은 전체 고구려로 보면 일부이기는 하지만 그래도 신라로서는 상당한 넓이에 해당하는 대동강지역까지의 고구려 땅을 손에 넣습니다. 이는 우리가 역사시간에 이미 배운 소위 통일신라의 영토에 대한 이야기입니다. 그러나 우리는 국사시간에 싸움에서 진 멸망국의 유민에 관해서는 진지하게 배운 바가 없습니다. 다만 후백제와 후고구려 등의 부흥운동이 있었다는 정도로만 배웠습니다.

나당연합에 의한 사생결단의 격렬한 국제전의 결과는 백제 유민이든 고구려 유민이든 그들을 적극 껴안았을 리가 없습니다. 그들은 전쟁 포로로서 어떤 처분만을 기다리는 전리품 그 이상도 이하도 아니었을 것입니다.

그래도 살아남은 다수 유민 중 백제 유민은 대개가 농민이었을 것이므로 일정 기간을 거쳐 안정화되었을 것입니다. 그러나 고구려 유민은 이와는 달리 유목민적 고구려 기질을 쉬 버리지 못하였을 것입니다.

그러므로, 백정이라 함은 본디 백제 유민을 뜻하던 이름에서 비롯되어 곧바로 고구려 유민도 거기에 들어갔을 것입니다. 고려시대에는 귀족이 못되는 백제와 고구려의 유민을 비롯한 드넓은 하층민을 부르는 이름이었다가 조선시대에 와서 그때까지도 공민에 들지 못한 고구려의 유목민적 성격이 뚜렷한 천민 집단을 이른 것으로 보입니다.

결국 백정이란 통일신라 때의 고구려 유민을 양민으로 받아들이지 않은 것이 갑오개혁 때까지 이어진 것이 아닌가 합니다. 신라가 고구려 유민을 끝까지 공민으로 아우르지 못한 것은 신라 통일의 미완성적 성격을 되뇌게 하는 대목이기도 합니다. 저는 조선시대의 의적 임꺽정도 고구려 유민의 후손으로 생각합니다. 그의 고향도 옛 고구려 땅 황해도며 임꺽정이란 이름도 고구려를 뜻하는 예맥족으로 풀리기 때문입니다.

		ᄋᆞᆰᄆᆞᆰᄃᆞᆰ	→	ᄋᆞᆰᄆᆞᆰᄎᆞᆰ		
	↗	키메트 곰딸(웅녀)		양물척 → 양수척		
ᄃᆞᆰᄆᆞᆰᄃᆞᆰ	→	ᄒᆞᆰᄆᆞᆰᄉᆞᆰ	→	ᄋᆞᆰᄆᆞᆰᄉᆞᆰ	→	ᄋᆞᆰᄆᆞᆰᄌᆞᆰ
투메트		할마시 해모수		가메시 김씨		예맥족 임거질정林居叱正 임꺽정

… 거란의 제1차 침입에서 제3차 침입 후 양국의 국교가 회복될 때까지 36년간의 싸움에서 거란에 사로잡힌 고려 전쟁포로도 적지 않아 동몽고인 지금의 열하성으로 옮겨져 집단생활을 했다. 거란의 행정구역인 고주삼한현(高州三韓縣)은 바로 이들이 살던 현이었다. 한편, 고려에 사로잡힌 거란 병사들도 그 수가 많았다. 이들은 천례계급(賤隷階級)에 놓여 무리 지어 살면서 기구(器具), 옷 만들기 등으로 생계를 삼게 했다. —거란, 민족문화대백과

'왕후장상(王侯將相)의 씨가 따로 있나?' 하며 고려 신종1년(1198년)에 천민들이 난을 일으켰는데 이를 '만적의 난' 이라고 합니다. 반란을 함께 계획한 사람으로 만적(滿積), 미조이(味助伊), 연복(延福), 성복(成福), 소삼(小三), 효삼(孝三) 등 여섯 이름이 나옵니다. 천민인 이들의 이름이 어떤 연유로 이렇게 붙여진 것인지는 알 수 없으나 이 가운데 특히 만적과 미조이의 이름에 눈길이 갑니다. 만적(滿積)이나 미조이는 맥족(貊族)으로 풀리기도 하니, 이들도 고구려 유민 출신일 가능성이 높습니다. 고려 때에는 천민들이 무공을 세워 면천하는 일이 많았는데, 이는 고구려인의 용감성이 그때까지도 발휘되고 있었던 것이 아닐까요?

ᄆᆞᆰᄃᆞᆰ	→	ᄆᆞᆰᄉᆞᆰ	→	ᄆᆞᆰ작	→		ᄆᆞᆰᄋᆞᆰ
무당		문수		민족 만적 미조이 맥족 마적	→	마적단	말갈 몽골
巫堂		文殊		民族 滿積 味助伊 貊族 馬賊		馬賊團	靺鞨 蒙古

3. 닭이 먼저일까, 달걀이 먼저일까?

우투리님, 그대는 이 세상에 닭이 먼저 나왔다고 생각하나요, 달걀이 먼저 나왔다고 생각하나요? 이 물음에는 아마 누구도 대답하기가 어렵지요. 닭이 먼

저 나왔다고 말하면 그 닭은 어디서 왔느냐고 되물을 것이고, 알이 먼저 나왔다고 말하면 그 알은 누가 낳았느냐고 되묻겠죠.

이렇게 어찌 보면 어리석기 짝이 없는 질문을 제가 왜 하느냐 하면, 우리가 사물의 본질을 찾아갈 때 어리석을지도 모르는 이런 근원적인 물음을 가끔은 품을 수 있어야 한다고 믿기 때문이죠.

말도 그렇습니다. 말도 역사적 유물로 본다면 그 뿌리의 앞뒤를 가리다 보면 역사적 진실을 캐는 데 도움이 됩니다.

먼저 쉬운 문제부터 한 번 풀어 봅니다. 같은 말뿌리인 닭닭에서 온 선덕여왕과 진덕여왕과 아더왕을 보겠습니다. 다음에서 소리의 발달 순서로 보면 선덕여왕이 가장 선배입니다. 그 다음이 진덕여왕이고 그 다음이 아더왕입니다.

닭닭	→	삵닭	→	잙닭	→	홁닭	→	낙닭	→	앍닭
도독		선덕(여왕)		진덕(여왕)		현덕		낙동 녹동 느티		아더왕
(ㄷ	→	ㅅ	→	ㅈ	→	ㅎ	→	ㄴ	→	Ø)

실제로 선덕여왕은 신라 27대(재위 632~647) 임금이고 진덕여왕은 28대(재위 647~654) 임금입니다. 아더왕은 영국의 전설상 임금이므로 연대를 찾기 어렵습니다. 다만 소리의 발달 순서로만 보면 그는 진덕여왕보다도 더 후배입니다. 또 '구다라'와 '게세르'는 말의 뿌리가 같은 '가르닭'에서 왔는데 어느 말이 먼저일까요? 이는 '구다라'가 '게세르'보다 먼저입니다. '구다라'는 백제의 또 다른 이름입니다. '닭'에서 '삵'으로 되었기 때문입니다.

가르닭	→	가르삵	→	자르삵
구다라(백제百濟의 다른 이름)		기숡 → 게세르		조선

또 가르닭과 밝닭도 끝내 같은 말인데 어느 것이 먼저 나왔을까요?

가르닭	=	밝닭
(가르)	=	(밝)

가르닭이 먼저입니다. 밝은 '[바르]+[가르]'로 짜인 겹낱말이기 때문이죠.

가르 ⊂ 밝 (바르+가르)	그러므로, 가르 〉밝	그러므로, 가르닭 〉밝닭

게세르와 밝닭도 끝내 같은 말인데 어느 말이 먼저일까요? 여기서도 다음과 같이 닭이 세르가 되었으므로 게세르가 늦게 나온 말입니다.

닭 → 삵 → 세르	그러므로, 밝닭 〉 게세르

이제까지의 풀이를 간추리면 다음과 같이 맺을 수가 있습니다. 다음의 세 낱말이 궁극적으로는 뜻이 같은 말이겠지만, 가르닭이 가장 선배요, 밝닭이 그 다음이요, 게세르가 가장 막내라는 것입니다.

가르닭 〉 밝닭 〉 게세르
구다라　　배달　　예(濊), 조선(朝鮮)

여기서 밝닭은 배달이고, 게세르는 조선이므로 배달이란 말이 조선이라는 말보다 더 오래된 말이라고 볼 수 있다는 거예요. 그러나 말과 역사는 꼭 일치하지 않을지도 모르므로 다만 참고로 하는 겁니다.

밝닭 〉 게세르 〉 조세르
배달　　　　　　　조선

우투리님, 그러면 우리는 여기서 한 걸음 더 나아간 다음과 같은 생각의 열매를 얻을 수 있지 않을까요?

달, 별, 가르 〉 닭, 밝 〉 닭밝, 밝닭 〉 스가르, 게세르 〉 세르밝, 밝세르, 닭세르

이런 생각의 꽃을 피우면 다음과 같이 재미있는 이야기꽃이 핍니다.

① 달 별가르	〉	② 닭 밝	〉	③ 가르밝 가르닭	〉	④ 닭밝 밝닭	〉	⑤ 삵 가르삵	〉	⑥ 밝잙 삵밝 닭잙

① 달 별 가르 – 비로소 달과 별이 갈라지다.
② 닭(생명) 밝(빛) – 비로소 생명과 빛이 나오다.
③ 가르밝(개벽) 가르닭(까닭) – 비로소 개벽하고 까닭이 생기다.
④ 닭밝(집) 밝닭(바다) – 비로소 집을 짓고 바다에 나아가다.
⑤ 삵(씨) 가르삵(갯) – 갯벌에 씨를 넣다. – 비로소 농경이 시작되다.
⑥ 밝잙 (황제) 삵밝(수레바퀴) 닭잙 (달구지) – 비로소 황제가 수레와 달구지를 타다.

4. 가림다문을 찾아서

가림다문에 대한 의심의 눈

가림다문은 환단고기에서 한글의 기원이라고 일컬은 글자지요. 그러나 그 믿음성에 대한 논란이 많습니다.

가림토(加臨土) 또는 가림다(加臨多)는 환단고기에 나오는 기원전 22세기 고조선에서 만들었다는 문자다. 사학계와 언어학계에서는 환단고기에 말고는 안 나오고 실제로 쓰인 증거도 없어 인정하지 않는다. 반면 환단고기 내용을 믿는 일부 재야학계에서는 가림토가 있었다고 한다.

《환단고기》〈단군세기〉에서는 3세 단군인 가륵 재위 2년(BC 2181) 삼랑 을보륵에게 정음(正音) 38자를 만들게 했다고 한다.

"경자 2년(BC 2181) 아직 풍속이 하나같지 않았다. 곳곳마다 말이 서로 다르고 모습으로 뜻을 나타내는 참글(眞書)이 있어도 열 집 사는 마을에도 말이 통하지 않는 경우가 많고 백리 땅의 나라에서도 글을 서로 알기 어려웠다. 이에 삼랑 을보륵을 시켜 정음 38자를 만들어 가림토(加臨土)라 하니 다음과 같다."

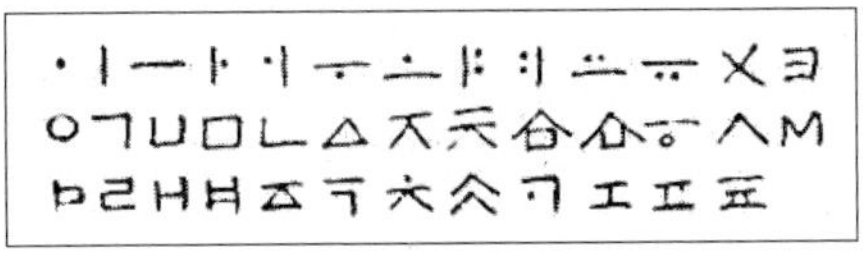

환단고기 때문에 단군이 만든 문자로서의 가림토 또는 가림다가 널리 알려지나, 이 책이 나오기 전의 글들에서는 전혀 다른 개념으로 나온다. 단기고사(檀奇古史)에는 가림다가 고설(高契)이 엮은 역사책 산수가림다(刪修加臨多)로 나온다. 곧 3세 단군 가륵 재위 3년에 단군이 고설에게 국사를 편찬케 하고 산수가림다라 불렀다 한다. 또 바로 전 해에 을보륵(乙普勒) 박사에게 국문정음(國文正音)을 정선케 했다고 적혔다. 그렇다면 산수가림다는 역사책이고, 환단고기의 가림토에 해당하는 국문정음은 글자다. 환단고기의 실제 작자로 의심되는 전수자 이유립은 환단고기를 보이기 3년 전인 1976년에 월간 자유 5월호에 낸 글에서 가림토에 대해 이렇게 썼다. "태백유사(太白遺史)에는 '흉노의 조상 모수람은 천신을 섬겼고 … 풍속이 사납고 맹렬하여 수렵을 좋아하고 흙을 굽고 밧줄을 꿰어 신표로 삼으니 이를 가림토라 했다.' 하니 가림토는 흙을 굽고 밧줄을 꿰어(煉土貫索) 신표로 쓰는 문자, 곧 결승문자 수준의 글자로 흉노가 쓰던 문자다." 환단고기 전수자를 자칭한 이유립의 글에 이런 모순이 있어, 그가 환단고기를 조작할 때 가림토를 창작했다고 보는 견해가 많다.

1994년 12월 28일 문화일보는 '잃어버린 고대문자' 가림토문 비석을 만주에서 찾았다면서, 높이 2m, 너비 32cm의 탁본을 보였다. 이는 사회학자 이상백이 학생 시절 1930년대에 만주에서 직접 탁본한 것인데 경상대학 정도화가 보관하다가 발표한 것이라고 하며, 재야학자 김인배, 김인문, 여증동 등은 이를 가림토문의 증거라 했다. 이는 만주 경박호 부근 비석에서 탁본했다고 한다. 2003년 3월 13일 부산일보는 경북 경산시 명마산에서 가림토로 보이는 문자가 새겨진 비석을 찾았다고 보도하는 등의 기사가 일부 언론에 나오기도 한다.

그러나, KBS 역사스페셜 42회 "한글은 집현전에서 만들지 않았다." 편에 나온 송기중은 문화일보에 나온 것은 가림토가 아닌 돌궐문자라 밝혔고, 그 뒤 언론에 말이 없다. 이들 비석에 새겨진 '가림토 추정 자형' 들은 일부가 한글 꼴과 비슷할 뿐, 글자조합이나 문장이 안 되니 문자로 보기 어렵다는 비판도 있다.

환단고기 가림토의 생김새는 한글, 특히 훈민정음 창제 때 판본체의 한글과 비슷하다. 가림토를 지지하는 사람들은 훈민정음이 '고전을 모방했다.' 는 세종실록을 들어 훈민정음은 가림토를 본따 만들었다고 주장한다.

그러나, 세종실록의 고전(古篆)은 한자의 옛 서체를 가리키는 전서(篆書)며, 이는 오랑캐(몽골 · 여진 · 일본 등)처럼 새로운 글자를 만든다고 비판할 중화주의자들을 의식해 '언문은 옛글자(한자의 옛 서체)를 본떠서 만들었다.' 는 식으로 해명한 것을 자음에 모음을 더해 음절을 만드는 한글의 표기방식이 뜻글자인 한자와는 다르다고 비난한 내용이니 가림토와는 무관하다. 고대문자는 거의 회화문자나 상형문자로 시작한다. 이는 보통 자형이 복잡하며 상징하는 사물의 모습이 드러난다. 가림토가 만들어졌다는 때는 뜻글자인 갑골문(BC14~11세기)이 생긴 때보다 8백년이나 앞선다. … 갑골문이 나오기 수백년 전에 소리글자(가림토)가 나온다는 것은 문자발달사에 안 맞다.

가림토에는 훈민정음의 홑중성과 비슷한 꼴의 글자 11자가 있다. 가림토가 한글의 모(母)문자라면 가림토의 해당 11자는 훈민정음의 중성 11자에 대응한다. 소리는 날이 가면 바뀐다. 일례로 훈민정음 모음 11자는 18세기엔 '아래아' 가 없어져 10자로 줄며, 그 뒤 전설 단모음 ㅔ, ㅐ, ㅚ 등이 생겨나 현재는 그때 모음보다 둘이 많다. 1443년에 나온 한글이 이렇게 바뀌는데, 4200년 전 가림토가 훈민정음과 모음의 수가 같기는 어렵다. — 위키백과(가림토문)

이 내용은 환단고기에 나오는 가림다문에 대한 글을 3가지 측면에서 그 근거가 희박하다고 주장하고 있습니다.

① 환단고기의 실제 저자로 보이는 이유립의 가림토 풀이가 오락가락한다.
② 소리글자인 가림다문이 뜻글자인 갑골문보다 8백년이나 앞서기는 어렵다.
③ 가림토로 추정되는 문자를 찾았다는 보도도 돌궐 문자로 밝혀졌다.

그렇다면 이유립이 환단고기의 가림다문 내용을 모두 창작했을까요? 아마 그가 글을 쓸 때는 최소한 무슨 자료를 보았을 것입니다.

허대동님은 고조선 때 이미 한글과 같은 자음과 모음으로 된 소리글자가 있었다는 증거를 대고 있습니다.

빌게카간 비문
돌궐 (8세기)

> 〈해동역사(海東歷史)〉에 "기자조선에서는 기원전 957년 자모전(子母錢)이라는 철전(鐵錢)이 주조되어 쓰였다."고 했습니다. 이 책은 한치윤이 조선, 중국, 일본의 여러 책을 보고 쓴 것입니다. … 만약 '자모전(子母錢)' 이 아니라 '자모전(字母錢)' 이라면 지금 우리는 엄청난 양의 자모전(字母錢)을 가진 것입니다. 바로 명도전입니다.[158)]

가림다문으로 추정되는 글자가 돌궐문자로 밝혀졌다는 내용도 너무 쉽게 지나가는 것이 아닌가 합니다. 돌궐이나 흉노는 고대로 올라가면 우리와 뗄 수 없는 관계에 있습니다. 그러므로 우리가 한글의 기원을 쫓다가 흉노나 돌궐의 문자가 나왔다면 사촌집 문서와도 같이 소중히 다루어야 하거늘, 발견된 글자가 돌궐문자로 판명되었다고 해서 다시 거들떠보지도 않는 눈은 큰 눈도 바른 눈도 아닙니다. 역사든 무엇이든 한반도 안에서만 생각하면 아마 풀릴 일이 별로 없을 것입니다.

가림다문 추적

(1) '가림다문' 의 소리 풀이

1) 글자와 문자(文字)

흔히들 '글자' 는 본디 우리말이고 '문자(文字)' 는 한자말이라고 합니다. 그러나 말뿌리를 캐 보니 꼭 그렇지 않습니다. 먼저 '글자' 는 가르닭에서 왔습니다. 이는 '크리트' 인데 '조선' 이요, '나라' 입니다. 그러므로 글자는 '나라' 에서 만들어 지정하는 것임을 알 수 있습니다. 또한 글자는 조선에서 만들었다고 풀 수도 있습니다.

가르닭 →	가르삵 →	가르잙 →	자르삵 →	가르앍 →	나르앍
크리트	그슭 게세르	글자	조선(朝鮮)	고쿠리 국(國)	나라

'문자(文字)' 는 '맑닭' 에서 온 것으로 보이는데 이는 메르키드와 같군요. 그

158) 허대동, 〈고조선문자〉 (도서출판 경진, 2011) 40~41쪽

러므로 '문자'는 '메르키드'가 만들었다고 풀 수 있습니다. 메르키드는 무당 또는 몽골입니다. 그러므로 하화 말에서 따로 '문자(文字)'가 왔다고 보기 어렵습니다. 문(文)은 '맑'에서, 자(字)는 '닭'에서 왔을 뿐입니다.

맑닭 → 맑삵 → 맑잙 → 맑앍
메르키드 무당 모세 **문자** 마지 **말갈** 물길 몽카크 몽고홀 **몽골** 몽고 마고

2) '가림다' 문이 미노아문자일 가능성

'가림다'의 [ㅁ]을 [ㄴ]의 와전이거나 바뀜으로 보면 '가림다'는 크리트, 글자, 조선을 뜻합니다. 그러면 여기서 가림다문은 조선의 글자로 풀립니다.

가림다(加臨多) : 가르닭 → 가르잙 → 자르삵
크리트 → 고린도 가림다(加臨多) **글자** **조선**
[ㄴ] → [ㅁ]

가림다문에서의 '가림다'를 '크리트'로 풀 경우 이는 '고린도'이기도 합니다. 고린도는 그리스 크레타섬의 '크레타'와 같습니다. 그러면 가림다문은 크레타문이 될 수 있습니다.

가림다 = 크레타	→	가림다문 = 크레타문

크레타섬은 미노아문명의 본거지입니다. 미노아문명에는 미노아문자가 있었습니다. 그러므로 가림다문은 미노아문자일 가능성이 있다는 것인데 이는 다름 아닌 박용숙님의 견해입니다. 그는 미노아문자와 한글의 틀이 많이 닮아 있음을 구체적으로 파고듭니다.

이 가림토문에는 우리가 쓰고 있는 한글의 모든 글자가 들어 있다. 중요한 점은 이 글자를 '가림토'로 부르는 것이다. 중국은 성서에 나오는 고린도(corinth)를 가림다(哥林多)로 적고 한글판에서는 '고린도'로 풀고 있다. corinth는 뮤케나이와 그리스반도가 이어지는 병목에 있다. 만일 거기 나타난 '加臨多'가 실제로 고린도를 이른다면 미노아문자(선문자B)가 곧 우리말과 같은 말틀을 가진 문자라는 것이 증명된다.

미노아문자는 한글의 원리와 거의 같다. 미노아문자의 권위자 채드윅(John Chadwick)의 풀이를 보면 이 미지의 국어는 단모음인 a e i o u에 자음 j k l m n p r s t w x z로 짜이며 우리말처럼 자음에 모음을 더해 말한다. 이런 말꼴은 그리스의 알파벳에서는 받아들일

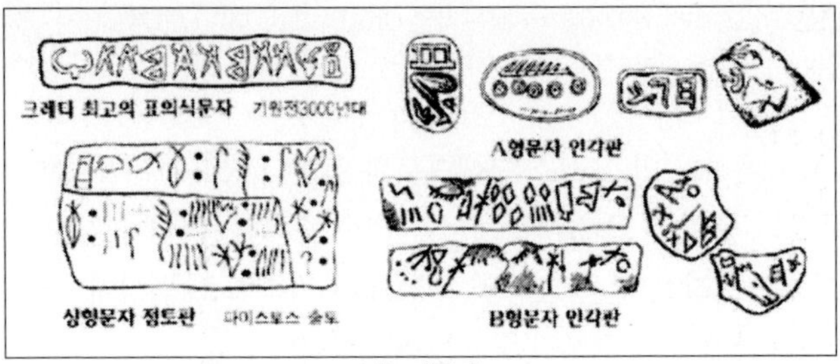

〈미노아문자〉

수 없는 글자 틀이다.

한글 홀소리	ㅏ	ㅓ	ㅗ	ㅜ	ㅣ
미노아 모음	a	e	i	o	u

모음 틀은 온전히 같으나 자음은 조금 다르다.

한글 닿소리	ㄱ	ㄴ	ㄹ	ㅁ	ㅅ	ㅈ	ㅋ	ㅌ	ㅍ	ㅎ
미노아 자음	k	n	l	m	s	j	x	t	p	w

자음 틀은 우리의 ㄷ ㅂ ㅇ ㅊ이 빠져 있는데 오늘날 우리가 쓰고 있는 자음은 세종 이후에 정해진 것이니 중요한 것은 모음 틀이다. 5 모음은 ㅡ와 ㅣ를 더한 ┼을 가운데 놓고 음양오행설에 따라 4 방향을 보여준다. 이 모음 틀은 정확히 5행 사상이 깔린 것으로 수메르 설형문자(일명 쐐기글자)와 맥을 같이한다.

북
ㅜ
동 ㅏ ┼ ㅓ 서
ㅗ
남

규원사화에는 신지(神誌)가 문자를 만든 동기와 과정을 소개하고 있다.

'사냥을 갔다가 사슴을 보고 쏘았으나 빗나갔다. 사슴을 찾아 헤매다 모래밭에 이르러 사슴 발자국을 보고 좇았다. 사슴 발자국이 화살처럼 방향을 찍어 놓은 것이다. 그는 순간 문자 발명의 귀띔을 받아 돌아오자마자 사슴 발자국으로 글자를 만든다. 이것이 상고문자다.'

이것이 설형문자라는 것은 짐작하기 어렵지 않다. 설형문자는 화살을 이리저리 방향을 바꾸어 놓아 소리와 뜻을 나타낸다. 이를 한글 홀소리에 넣어 본다.

한글 홀소리	ㅏ	ㅓ	ㅗ	ㅜ	ㅡ	ㅣ
설형문자	→	←	↑	↓	→←	↓↑

미노아문자는 설형문자도 아니고 한글처럼 질서정연하지도 않다. 중요한 것은 한글과 똑

같은 표현 틀을 가졌으며 그 속에 은대(殷代) 청동기로 알려진 세발 제기(鼎)가 나오는 것이다. 이는 미노아문명과 웅족과의 관련성을 증명한다.[159)]

가림다문을 갑자기 거리가 먼 그리스 크레타문과 얽으니 당혹스러울 수도 있습니다. 그러나 문자의 틀이 한글과 비슷해서 믿음을 줍니다. 더구나 김정민님은 고대 그리스인들을 우리와 같은 계통인 투르크계 민족일 가능성이 높다고 하여 박용숙님의 이야기에 대한 당혹감을 누그러뜨립니다.

오늘날 우리가 얘기하는 그리스 민족은 도리안족의 침입으로부터 형성되는데 그리스인들은 도리안도 이미 그리스에 살던 그리스인과 같은 갈래 겨레라고 주장한다. 그리스 신화를 보아도 이들이 같은 갈래 겨레일 가능성이 높다. 서양 학자들도 도리아인의 그리스 반도 유입을 놓고 '침입' 으로 볼지 '이민' 으로 볼지 고민한다. 이는 암흑기 그리스인과 고대 그리스인은 같은 민족임을 서양 학자들도 인정하는 셈이다. 하지만 나와 다른 것은, 서양 학자들은 그들을 유럽인으로 보는데 나는 투르크계 겨레일 것으로 본다는 점이다. 그 이유는 첫째 도리아인과 카자흐인(우리와 같은 케레이트 또는 고구려)이 얽혀 있고, 둘째 헤라클레스 전설과 예(濊)의 열 개의 태양 전설이 비슷하고, 셋째 헤라클레스의 12업과 동방에서 온 사자의 전설이 얽혀 있기 때문이다.[160)]

또한 김정민은 그리스뿐만 아니라 고대 북유럽에서 투르크어가 쓰인 흔적을 찾으면서, 고대 투르크족이 유럽까지 다스리며 문자를 가지고 있었다고 말합니다.

고대 북유럽에서 알타이계 말이 쓰였음은 스칸디나비아반도에서 나온 비석에서도 입증된다. 북유럽 타무가문자(고대 투르크문자)는 길게는 5천년 전부터 중세 초기까지 나온다. 문장도 투르크계 문법과 같다. 투르크어식 타무가 비석이 남겨진 곳은 스칸디나비아반도뿐 아니라 독일 북부, 폴란드, 러시아 일대에 드넓게 퍼져 있는데 이는 이곳을 다스린 무리가 알타이-투르크계 말을 한 증거다. 여기서도 서양인들이 말하는 기독교 전파 이전에 문자가 없었다는 주장은 성립될 수 없음을 알 수 있다.[161)]

이들 비문들은 알타이-투르크계 말차례로 되어 있다. 곧 유럽에서 문자를 쓰고 읽을 줄 알던 지배층은 유럽계가 아닌 아시아계며 유럽계 민족은 아시아에서 온 이 기술 종족을 신으로 섬긴 것을 알 수 있다. 이런 일이 스웨덴에는 알려졌지만 다른 유럽에 안 알려진 이유는 유럽문명의 아시아 도래를 부인하고 싶은 서양인의 마음 때문일 것이다.[162)]

---

159) 박용숙,《지중해문명과 단군조선》(집문당, 2001) 15쪽
160) 김정민,《단군의 나라 카자흐스탄》(글로벌콘텐츠, 2016) 305쪽
161) 김정민, 위의 책, 78쪽
162) 김정민, 위의 책, 295쪽

스웨덴 바이킹 비석문 → ᚺᛋᚹᚢᚦᚢᛚᚨᚨᛉᚺᛋᛗᚱᚢᚦᚢᛚᚨᚨᛉᚺᛋᚨᚨᛏᛉᚺᛋᚱᛁᚦᚢᛚᚨᚨ
그는 용감하게 살고 많은 군대를 헌신적으로 돌보며 이 땅을 군세게 지키다 여기에 잠들다.

ᚢ y ϒ ᛚ
t ng r i

'단군' 의 탐가문자

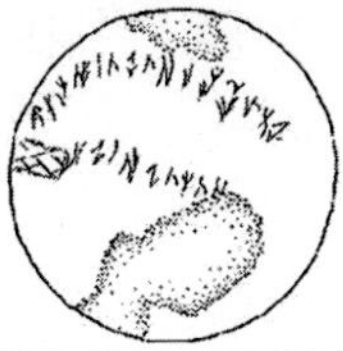

← 카자흐스탄 이시크 쿠르칸에서 나온 은잔에 새겨진 타무가문자의 실제 모습

김정민님이 말하는 고대 투르크 문자인 '타무가' 문자는 '가림다' 문과 같은 '웅녀' 의 문자 곧 고조선 문자로 풀리니 이 어인 일입니까?

	읽맑닭 → 가르맑닭	→	가르맑삵	
	↗ 알마티 곰딸(웅녀) 가림다 → 가림다문		가메시 ↘	
닭맑닭	→	닭맑잙	→	읽맑잙
투메트 타무딕 → 타무딕문자		타무가자 → 타무가문자		예맥족

또한 고대 투르크 문자인 '타무가' 문자의 '타무가' 는 메소포타미아에서 나온 기원전 17세기쯤으로 추정되는 '타무딕' 문자의 '타무딕' 과도 말뿌리가 같으니 이 어인 일입니까?

세라빗 알카딤 출토
원시타무딕문자(기원전17세기) [163)]

시나이반도 고대유적에서 발견된
타무딕문자가 새겨진 돌 [164)]

저는 다음과 같은 가림다문과 얽힌 '웅녀문자의 길' 이 있다고 봅니다.

타무가문자	⇄	가림다문	⇄	타무딕문자	⇄	미케네문자
(고대 투르크)		(환단고기)		(시나이반도)		(고대 그리스)
기원전 30세기		기원전 22세기		기원전 17세기		기원전 20세기

163) cafe.daum.net/sangrimwon 엄용식 글 '원시타무딕'
164) cafe.daum.net/wildernesslove/aoor 강훈기 글 '파괴된 고대 성지 알-우크우드'

3) '가림다' 문이 산스크리트말일 가능성

단기고사에 따르면, 3세 단군 제위 3년에 고설(高契)을 시켜 역사책 〈산수가림다(刪修加臨多)〉를 엮습니다. 이미 앞에서 '가림토'를 '크리트'로 풀었으므로 '산수가림다'는 '산스크리트'가 됩니다. 결국 '산수가림다문'이란 '산스크리트말'을 뜻하게 됩니다. 산스크리트말이란 다른 주장이 있기도 하지만 이는 인도 원주민 말인 드라비다말로 보입니다.

산수가림다문 = 산스크리트어 = 인도의 원주민 드라비다족의 말

'산스크리트'는 '텬독(天毒)글자'로도 풀립니다. 텬독(天毒)은 이미 동이(東夷)나 조선으로 푼 바가 있습니다.

	↗	닭닭가르좕 텬독天毒글자	→	닭앍가르좕 동이東夷글자	↘	
닭닭가르닭 단달그리트						좕삵가르좕 조선 글자
	↘	촭 춁가르닭 천축크리트	→	삵삵가르닭 산스크리트	↗	

우리 한글의 기원과 얽힌 산수가림다문이 곧 드라비다족의 산스크리트말을 이르는 말이라면 이 또한 당혹스러울 수 있습니다. 그러나 우리말과 드라비다말은 친연성이 높다는 이야기가 끊임없이 나오고 있는 점을 고려하면 무엇인가 깊이 음미할 내용입니다. '드라비다' 족 자체가 '두루배달(배달연방)' 족이기도 합니다.

더구나 최근, 이승재님의 '훈민정음의 고려 불경 각필 유래설'이나, 강상원님의 산스크리트어 연구와, 허대동님의 구자라트문자 연구는 한글과 범어 계통의 문자와의 관련성을 주장하고 있어 관심을 모으고 있습니다.

(2) 허대동님의 명도전 문자 연구

허대동님은 고조선의 화폐인 명도전에 새겨진 고대문자를 가림토문의 글자와 대응시키면서 이를 한글의 뿌리가 되는 고조선의 문자임을 매우 구체적으로 설명하고 있어[165] 정신이 번쩍 들게 하고 있습니다.

이제까지 명도전은 연나라 화폐로 알려져 거기 새겨진 문자를 고조선 문자로 보지 못했습니다. 그런데 허대동님은 명도전을 연나라 화폐가 아닌 고조선 화폐로 본 것입니다. 아마 그는 모든 명도전에 두루 새겨진 '明' 자가 고조선을 뜻하는 이른바 '아사달무늬' 에서 왔다고 증명[166]하면서 이 문자가 고조선의 문자임을 알게 되었을 것입니다.

명도전이 고조선의 화폐임을 알려주는 것은 거기 새겨진 '明' 자가 고조선(또는 그 서울)을 뜻하는 이른바 '아사달' 무늬에서 왔기 때문입니다.

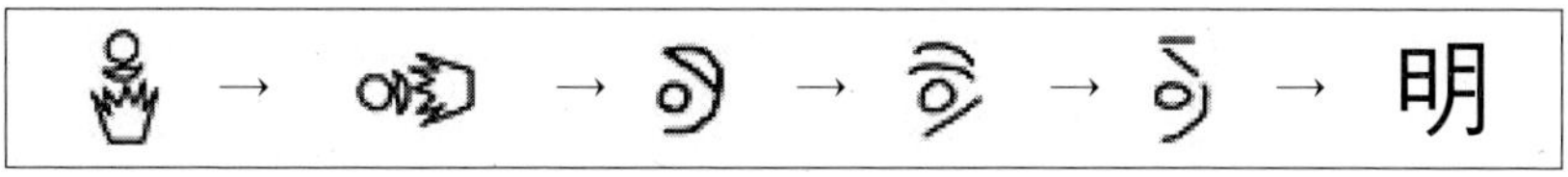

'아사달' 은 '조선땅' 을 뜻한다고 이미 풀이한 바가 있습니다. 그러므로 '明' 이 새겨진 명도전(明刀錢)은 고조선의 돈이고, 거기 새겨진 문자는 고조선의 문자가 되는 것입니다.

닭닭닭 → 좌삵닭 → 앍삵닭
티타이트 조선땅 아사달

그가 명도전에서 찾아낸 가림토 글자를 소개합니다. 그는 가림다문 38자 중 'ㅊ M' 을 뺀 모든 글자를 다 찾은 것으로 평가됩니다. (다만 ㅈ̄은 츠, M은 工, ㄱ̄은 그, ㅍ̄은 프, 合은 ㅅㅁ, ㅿ은 ㅅ⊔, △̄은 △ㅡ로 보고 홀소리 ㅑ ㅕ ㅛ ㅠ는 각각 ㅏ ㅓ ㅗ ㅜ의 긴 소리로 봄)

표시 : ○ (찾아낸 글자) ☆ (찾았으나 모양이 조금 다른 글자) × (아직 찾지 못한 글자)

	○	☆	☆	☆	☆	○	○	○	○	×	○	○	☆	○	☆	☆	×	○	○	○	☆	○	○	○	○	○	○
가림다 :	ㄱ	ㄴ	ㄹ	ㅁ	ㅒ	ㅅ	△	ㅇ	ㅈ	ㅊ	ㅈ̄	ㅋ	ㅌ	ㅍ	ㅎ	⊔	M	X	H	工	þ	ㄱ̄	ㅍ̄	合	ㅿ	ㅆ	△̄
명도전 :		工	∫	8	⊎								∈		ㅎ	U					þ					(ㅆ)	

또한 그는 명도전에 나오는 소리글자를 해독할 때 브라흐미문자에서 많은 귀띔을 받았다고 하면서, 고대인도 브라흐미문자가 우리 한글과 거의 일치한다고 말하고 있습니다.

165) 허대동,《고조선 문자》(도서출판 경진, 2011) 72쪽
166) 이 책 〈세 마당〉 '4. 몽골' 에 나오는 내용입니다.

브라흐미문자는 모든 인도 계열 문자의 조상인데 한글과 거의 일치하지요. 그 중 工이 [ㄴ]음가임을 알게 해 줍니다. 명도전문자의 工이 [ㄴ] 소리임을 알게 되어, 다른 문자 해석에 큰 도움이 됩니다. 또한 모음을 붙일 때 원문자에 수평선, 수직선을 붙여 모음을 나타냅니다. 명도전에 한글 규칙이나 그리스어 알파벳 규칙으로 풀 수 없는 것은 이 브라흐미문자 규칙으로 풀 수 있습니다. 모든 인도, 아랍 문자의 조상 문자인 브라흐미문자의 최고 기원은 기원전 2천 년까지 올라가니 이는 고대 한글이 처음 쓰인 시기와 거의 맞고, 명도전에 이 문자들이 거의 다 표현된 것은 고대 한글 혹은 브라흐미문자 사용의 강력한 증거입니다.[167]

브라흐미문자는 파밀문자로 풀리므로 그 고향이 파밀고원일지도 모르겠습니다.

밝맑 → 밝맑
파미르 브라흐미 → 브라흐미문자

허대동님이 명도전에서 찾아낸 가림다문의 음절 조합 모습과 몇몇 어휘를 보여 드립니다. 가림다문이 소리글자와 그림글자의 성격을 다 가지고 있음을 알 수 있습니다.[168]

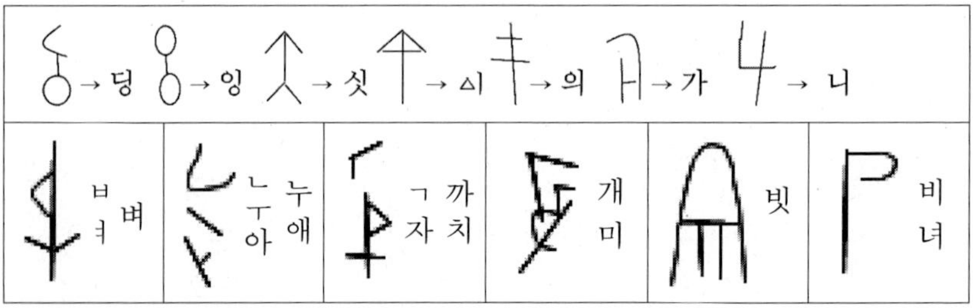

아쇼카왕 비문 BC 3세기

브라흐미문자는 근대 이전 브라흐미계 문자의 일종이다. 아부기다에 속하며, 남아시아, 동남아시아의 여러 문자의 시조다.

이제까지 브라흐미문자로 된 가장 오래된 글은 인도 아쇼카 왕의 비문으로 알려졌으나 최근 인도 남부와 스리랑카 등지에서 더 이른 브라흐미문자 용례가 보여 오래됨을 다툰다. 오늘날 브라흐미문자는 안 쓰이지만, 인도대륙과 동남아, 티베트 등 인도문화가 스민 모든 곳에 각각 여러 개별 문자로 진화되어 큰 영향을 미쳤다. 한글의 글자 모형의 모델(古篆) 중 하나로 지목받는 파스파문자 역시 브라흐미문자 계열이어서 한글도 브라흐미문자 계열이라는 주장도 있

167) 허대동, 《고조선 문자》(도서출판 경진, 2011) 78쪽
168) 허대동, 위의 책, 87쪽

다. 또한, 오늘날 널리 쓰이는 아라비아숫자 역시 브라흐미문자의 숫자가 그 기원이다.

– 위키백과(브라흐미문자)

브라흐미 필기체로 쓰여진 아쇼카 황제의 칙령

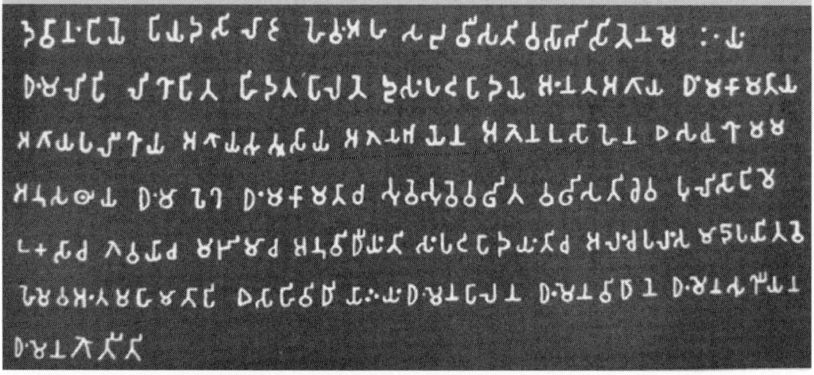

출처 : http://blog.daum.net/ruleof02/510

한편 허대동님은 함안의 아라가야(가야 : 기원전 1세기~기원후 6세기)의 토기에서 나온 고대문자를 '아라가야 가림토문' 이라고 부르며 소개하고 있는데, 이도 환단고기에 나오는 가림다문 글자와 거의 같습니다. 이는 가림다문이 한반도 안에서도 쓰인 소중한 증거입니다.

허대동님이 발견한 아라가야의 가림다문(토기에 새겨진 문자, 함안박물관)

ㄱ	ㄴ	C	ㅅ	X	O	H	W	U	8	<	N
		(ㄷ)		(ㅋ)				(ㅂ)	(ㅁ)	(ㅆ)	(ㄹ)

아무리 일제의 역사 왜곡이 악랄하고, 중국의 억지 해석이 있었던들, 조상의 화폐와 문자를 이런 간단한 비교로도 알 수 있는 것을 아직도 국사 책에 명도전을 연의 화폐라 하고, 학계에서도 가림토문자가 없다고 하니 말이 안 됩니다.[169)]

한편 우리가 훈민정음의 기원을 얘기할 때 일본의 '신대문자' 기원설이 있는데, 학자들은 거의 무시합니다. 그러나 신대문자의 꼴이 가림다문과 얽혀 있다는 것이 중요합니다. 이는 가림다문이 일본까지 건너간 흔적일 것입니다. 특

169) 허대동, 위의 책, 268쪽

히 훈민정음에는 안 보이는 '工' 이 가림다문, 명도전문자, 아라가야문자, 신대문자에 두루 나오는 것을 눈여겨봅니다. 이는 인도 브라흐미문자에 'ㄴ' 음가로 나오는 글자입니다.

아히루 문자(阿比留文字) 일문자

<가림다문계 고대문자 비교>

훈민정음	:	ㄱ	ㄴ	ㄷ	ㄹ	ㅁ	ㅂ	ㅅ	ㅇ	ㅈ	ㅊ	ㅌ	ㅋ	ㅎ		
가림다문	:	ㄱ	ㄴ	ㄷ	ㄹ	ㅁ	⊔	ㅅ	ㅇ	ㅈ	ㅊ	ヨ	X	ㆆ	工	ㅿ
브라흐미	:		ㄴ	ㄷ		8		ㅅ		ㅈ				δ	工	
명도전	:	ㄱ	ㄴ	C	ʃ	8	U	ㅅ	ㅇ	ㅈ		ヨ	X	ㅎ	工	
아라가야	:	ㄱ	ㄴ	C	ʍ	8	U	∈	ㅇ				X		工	
신대문자	:	ㄱ	ㄴ	ㄷ	コ	ㅁ		ㅅ	ㅇ	ㄷ	ㄷ	ㄷ	ㄱ	ㆆ	工	ㅿ

(3) 훈민정음과 불교와의 관계

지금 훈민정음을 집현전 학자들이 만들었다는 것을 믿는 사람은 없습니다. 이는 훈민정음을 반포하려 하자 최만리 등 집현전 학자들이 반대하고 나선 것을 보아도 그렇습니다. 그러면 훈민정음 창제를 주도한 사람은 누구일까요?

'훈민정음의 길'[170]에는 다음과 같은 글이 있는데, 이는 신미(信眉)대사가 훈민정음 창제에 깊이 관여하였다고 추정하고 있습니다. 이는 훈민정음의 고려 불경 각필 관련설과도 이어져 있을 것입니다.

> 집현전의 상층부에 있던 최만리 등이 훈민정음을 공공연하게 반대하고 나온 배경에는 역설적으로 집현전의 학자들이 창제의 사실을 알고는 있었을지도 모르지만 최소한 작업에는 참여하지 않았다는 하나의 반증이다. —104쪽
>
> 세종은 냉정하게 미래와 함께 할 인재를 찾고 있었다. 조선 불교계의 영수인 효령대군이 속리산 복천사의 '주머니 속의 송곳' 과 같은 신미(信眉)를 추천했다. 신미는 구결과 범어, 주역과 삼재(三才)에 정통해 있었다. 세종이 기획한 새로운 문자 창제의 협력자로는 적격이었다. 세종은 세자(문종), 효령대군, 수양대군, 안평대군 외에는 비밀에 붙였다. 수양대군을 복천사로 보내 신미를 불러올렸다.
>
> '처음에 세종께서 신미의 이름을 듣고 산으로부터 불러 담소를 나누었다. 신미의 대답이 모두 이치에 맞고 의리가 정밀하고 넓었다. 아뢰고 답하는 것이 세종의 뜻에 어긋남이 없었다. 이로부터 세종의 대우가 두터웠다.'[171] —39쪽

170) 박혜진, 《훈민정음의 길》(도서출판 나녹, 2014) 104쪽
171) 김수온, 《福泉寺記》 39쪽

복천사로 돌아온 신미는 훈민정음의 큰 골격을 잡는 데 집중했다. 핵심을 잡으려고 대장경을 읽고, 각필로 한 땀 한 땀 새겨 넣은 구결(口訣)을 폭넓게 분석했다. —41쪽

신미대사가 '구결과 범어와 주역과 삼재(三才)에 능통' 했다는 것은 무엇을 말할까요? 특히 범어에 능통했다는 것은 인도에서 전통적으로 써 오던 브라흐미글자 계통의 소리글자를 읽을 줄 알았다는 것을 말할 것입니다. 그는 불경을 연구하는 승려로서 소리글자인 범어로 적힌 불경 원문을 읽으면서 소리글자에 눈을 떴을 것입니다. 그것이 세종대왕의 뜻과 어울려 훈민정음을 창제하게 되었을 것입니다.

〈가림다문의 모양과 얽힌 또 다른 글자들〉

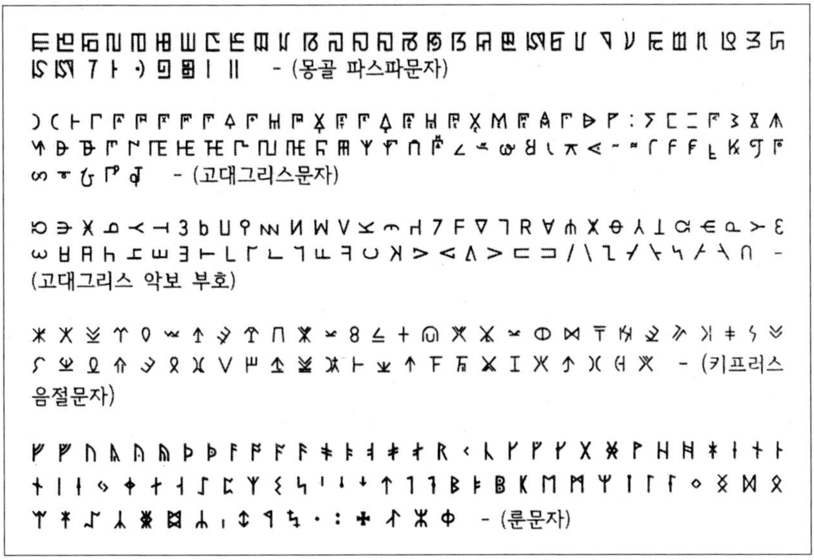

▌마무리

한글의 기원라고 하는 환단고기의 가림다문에 대한 논의를 다소 어지럽게 폈습니다. 이들 설들은 모두가 이질적인 횡설수설이라서 무의미할 것 같지만 크게 보면 긴 역사 속에서 두루 알타이-투루크계 말을 적은 글자로서 어떤 식으로든 훈민정음에 영향을 주었을 것입니다.

〈가림다문(기원전 2181)에 대한 중요 학설〉

1) 그리스 크레타문명(기원전 1600~1100)의 미노아문자와의 관련 가능성
2) 고대 투르크의 타무카문자(최고 기원전 3000)와의 관련 가능성
3) 산스크리트어(최소한, 기원전 1500)의 브라흐미문자와의 관련 가능성
4) 메소포타미아 타무딕문자(기원전 1700)와의 관련 가능성
5) 고려 불경(최고, 기원전 600)의 각필 문자와의 관련 가능성
6) 연燕(북연, 기원전 1100)의 화폐로 알려진 명도전의 문자와의 관련 가능성

특히 명도전 문자가 가림다문 글자와 대응됨을 밝힌 허대동님은 소리글자로서의 고조선 가림다문의 존재를 구체적으로 증명하여 여러 논란을 잠재웁니다.

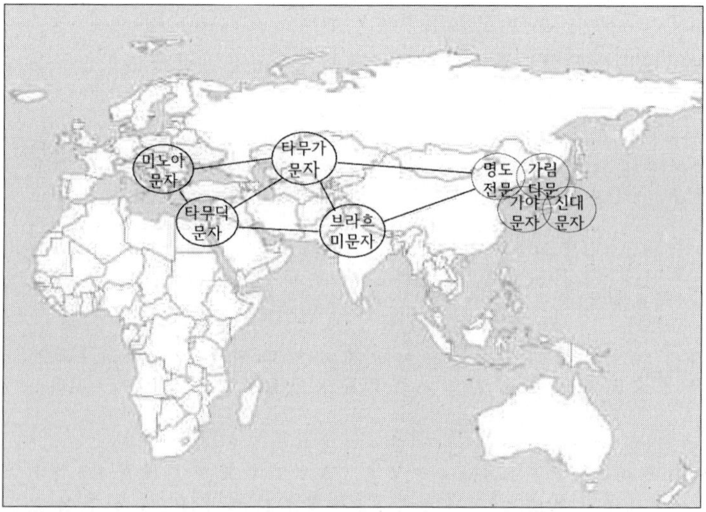

5. 하늘은 하나, 땅은 둘, 씨알은 셋

머리말

셈씨 이야기입니다. 저는 처음 태어났을 때 엄마로부터 손가락을 헤아리며

하나, 둘, 셋을 배웠죠. 초등학교에서 일, 이, 삼, 사를 배우고, 중학교에서 원, 투, 쓰리를 배웠습니다.

엄마에게 : 하나 둘 셋	초등 시절 : 일 이 삼 사	중학 시절 : 원 투 쓰리

요사이는 아기가 처음 태어나면 하나, 둘, 셋 하는 엄마는 아예 없고, 텔레비전부터 보고 자라니까, 일, 이, 삼, 사도 거의 건너뛰고 바로 원, 투, 쓰리를 배우게 되더라고요. 아예 본디 우리말 하나, 둘, 셋은 배울 기회도 없는 환경이 되었지요. 우리말 정책은 어디로 갔을까요? 말글살이의 본보기를 보여야 할 방송은 지금 어디쯤 있죠? 어떤 대통령은 뼛속까지 '무엇' 을 한다는 얘기가 거짓이 아닌 듯해요. 뼛속까지 그렇지 않다면 언어 정책이 왜 없을까요? 다만 촛불정부 초기인 지금 '한글화' 를 가끔 뇌고 있어 귀가 솔깃합니다.

〈요즈음 아이들〉

태어나 텔레비전과 함께 유치원에 가서도 야구장에 가서도 학교의 선생님도 나라의 어른들도 나라 밖에 나가면 당연히	⇨ 원, 투, 쓰리

영어를 배워도 우리 것을 살려가면서 배우고, 필요할 때 그것을 써먹어야 하거늘, 우리 교육은 사람들로 하여금 우리 것 다 버리게 하려고, 나를 없애려고 존재하는 것처럼 착각하게 할 정도라면 너무 심한 말일까요? 더구나 보수정부 9년 동안 언어정책이 없는 것은 물론, 아예 나라가 우리 얼을 대놓고 망가뜨리려고 작정한 것은 아니었는지 모르겠네요.

셈씨

우리말의 셈씨는 천지인의 삼재(三才)를 바탕으로 하여 꼭 3진법의 틀로 짜여 있습니다. 우리 셈씨가 이렇게 철학적이고 과학적인 틀로 짜인 것을 보고는 놀라지 않을 수 없습니다. 천부경의 원리가 말 속에 이렇게 온전히 녹아 있습니다.

(1) '한 개' 또는 '하나'

이 '한 개' 또는 '하나' 는 천지인(天地人) 중 '하늘' 을 뜻합니다. 하늘이 가장 먼저이기 때문입니다. '하나' 나 '하늘' 은 물론 '닭' 에서 왔습니다.

닭 → 핡
한 개 → 하늘 → 하나 → 한

(2) '두 개' 또는 '둘'

'두 개' 또는 '둘' 은 천지인(天地人) 중 '땅' 을 뜻합니다. 하늘이 생긴 뒤 두 번째로 땅이 생겼으니 땅이 '둘' 이 되는 것입니다. 이도 물론 '닭' 에서 왔습니다.

닭 → 닳
두 개 땋(땅) → 두흘 → 둘

(3) '세 개' 또는 '셋'

'세 개' 또는 '셋' 은 천지인(天地人) 중 '사람(생명)' 을 뜻합니다. 하늘과 땅에 뒤이어 3번째로 생긴 것이 사람인데 이도 물론 '닭' 에서 왔습니다.

닭 → 삵 → 삯
씨가리 세 개 셋

셋은 3진법에서 완성수이므로 다시 하나와 같다고 천부경에서 말하고 있습니다. 하늘이 열리고 땅이 생긴 뒤 생명이 살아 세상이 온전한 하나로 완성되는데, 셋은 다시 큰 하나가 된다는 것이 천부경의 이야기지요.

(4) '네 개' 또는 '넷'

'네 개' 또는 '넷' 은 천지인(天地人) 중 다시 처음의 '하늘' 로 돌아갑니다. 왜냐하면 넷의 앞에 있는 셋이 3진법에서 완성수이기 때문입니다. 그래서 '1' 에서 '3' 을 더하면 '4' 가 된다는 뜻입니다.

$$1+3=4$$

그러므로 '네 개' 또는 '넷' 이라는 말도 '한 개 +세 개' 의 틀로 짜였습니다.

1 + 3 → 4
한개 세개 → 하나세개 → 아나세개 → 나세개 → 네세개 → 네 개, 넷

(5) '다섯 개' 또는 '다섯'

'다섯 개' 또는 '다섯' 은 둘에서 셋을 더하면 다섯이 된다는 뜻입니다.

2+3 = 5

그래서 '다섯 개' 또는 '다섯' 이라는 말도 '두 개 +세 개' 의 틀로 만들어졌습니다.

2 + 3 → 5
두개 세개 → 두세개 → 다세개 → 다섯 개, 다섯

(6) '여섯 개' 또는 '여섯'

'여섯 개' 또는 '여섯' 은 셋에서 셋을 더하면 여섯이 된다는 뜻입니다. 그래서 '여섯 개' 또는 '여섯' 이라는 말도 '세개 +세개' 의 틀로 만들어졌습니다.

3 + 3 → 6
세개 세개 → 세세개 → 에세개 → 여세개 → 여섯 개, 여섯

여섯도 3진법에서 '셋' 의 배수로서 이 역시 완성수입니다. 완성수인 이 '여섯(6)' 을 (셋의) '곱(고빼기)' 이라 합니다.

3+3 = 6 = 곱(고빼기)

여기서 '고빼기' 의 말뿌리를 생각해 봅니다. 이는 '가르밝' 에서 왔는데 '갈아엎다' 또는 '개벽' 또는 '겹' 의 뜻을 가지고 있습니다. 그러므로 여기서는 '배수(倍數)' 의 뜻을 가지고 있습니다. '곱' 은 정확하게는 3의 배수인 6을 뜻합니다.

고빼기 : 가르밝 → 하르밝 → 아르밝
고빼기 개벽 굽이 겹 곱 → 6 한바퀴 엎(다) 뒤집다

(7) '일곱 개' 또는 '일곱'

'일곱 개' 또는 '일곱' 은 3진법에서 다시 '하나' 로 돌아갑니다. 왜냐하면 '여섯' 이 완성수이기 때문입니다. 그래서 하나에서 여섯을 더하면 일곱이 된다는 뜻입니다.

1+6 = 7

그러므로 '일곱 개' 또는 '일곱' 도 '한 개 +여섯 개' 의 틀로 만들어졌습니다. 그런데 여기서는 '여섯 개' 대신에 '고빼기' 를 넣습니다. '일곱' 이라는 말은 최종적으로 '한 개 +곱배기(6은 3의 고빼기)' 의 틀로 짜여 있음을 알 수 있습니다.

1 + 6 → 7
한개 고빼기 → 한고빼기 → 안고빼기 → 일고빼기 → 일곱 개, 일곱

(8) '여덟 개' 또는 '여덟'

'여덟 개' 또는 '여덟' 은 3진법에서 다시 '2+6' 이 됩니다. 여덟은 완성 수 '여섯' 보다 둘이 더 많기 때문입니다. 둘에서 여섯을 더하면 여덟이 된다는 뜻입니다.

2+6 = 8

'여덟 개' 또는 '여덟' 도 '두 개 +고빼기(6은 3의 고빼기)' 의 틀로 만들어졌습니다.

2 + 6 → 8
뚤(두흘) 고빼기 → 뚤고빼기 → 으뚤고빼기 → 여덜고빼기 → 여덟 개, 여덟

(9) '아홉 개' 또는 '아홉'

'아홉 개' 또는 '아홉' 은 셋에서 여섯을 더하면 아홉이 된다는 뜻입니다.

3+6 = 9

'아홉 개' 또는 '아홉' 도 '세 개 +고빼기(6은 3의 고빼기)' 의 틀로 만들어졌습니다.

3 + 6 → 9

세개 고빼기 → 세고빼기 → 에고빼기 → 에호빼기 → 아호빼기 → 아홉 개, 아홉

셈씨		짜임	말뿌리	풀이
하나	1		ᄃᆞᆰ	ᄃᆞᆰ → ᄒᆞᆰ **하늘**개, 한 개, 하나
둘	2		ᄃᆞᆰ	ᄃᆞᆰ **ᄄᆞᆼ**개, 두 개, 둘
셋	3		ᄃᆞᆰ	ᄃᆞᆰ → ᄉᆞᆰ 씨가리, 세 개, 셋
넷	4	1+3	ᄃᆞᆰᄃᆞᆰ	ᄃᆞᆰᄃᆞᆰ → ᄒᆞᆰᄉᆞᆰ 하나세 개, 나세 개, 네 개, 넷
다섯	5	2+3	ᄃᆞᆰᄃᆞᆰ	ᄃᆞᆰᄃᆞᆰ → ᄃᆞᆰᄉᆞᆰ 두세개, 다세 개, 다섯 개, 다섯
여섯	6	3+3	ᄃᆞᆰᄃᆞᆰ	ᄃᆞᆰᄃᆞᆰ → ᄉᆞᆰᄉᆞᆰ 세세 개, 에세 개, 여섯 개, 여섯
일곱	7	1+6	ᄃᆞᆰᄃᆞᆰᄃᆞᆰ	ᄃᆞᆰ가르ᄇᆞᆰ → ᄒᆞᆰ가르ᄇᆞᆰ 한고빼기, 일곱빼기, 일곱 개, 일곱
여덟	8	2+6	ᄃᆞᆰᄃᆞᆰᄃᆞᆰ	ᄃᆞᆰ가르ᄇᆞᆰ → ᄃᆞᆶ가르ᄇᆞᆰ ᄄᆞᆼ고빼기, 으다고빼기, 여덟 개, 여덟
아홉	9	3+6	ᄃᆞᆰᄃᆞᆰᄃᆞᆰ	ᄃᆞᆰ가르ᄇᆞᆰ → ᄉᆞᆰ가르ᄇᆞᆰ 세고빼기, 이고빼기, 아홉 개, 아홉

우리말 셈씨를 열에서 천(千)까지 대략 풀어 보았습니다. 본디 우리말의 최대수는 '아홉' 입니다. '열' 부터는 먼 뒷날 생긴 것이겠지요.

열(열개)	ᄃᆞᆰ가르 → ᄒᆞᆰ가르 → ᄋᆞᆰ가르 하나큰 열큰 → 여흘 → 열
스물(스무개)	ᄃᆞᆰᄆᆞᆰ → ᄉᆞᆰᄆᆞᆰ 두물큰 두물개 스무개 스물

서른(서른개)	ᄃᆞᆰ가르 → ᄉᆞᆰ가르 → ᄉᆞᆰ하르 세큰 설흔 → 서른
마흔(마흔개)	ᄆᆞᆰ가르 → ᄆᆞᆰ하르 머리큰 마흔
쉰(쉰개)	ᄃᆞᆰᄃᆞᆰ가르 → ᄃᆞᆰᄉᆞᆰ가르 → ᄃᆞᆰᄉᆞᆰ하르 → ᄋᆞᆰᄉᆞᆰ하르 땅세큰 다세흔 쉬흔 → 쉰
예순(예순개)	ᄃᆞᆰᄃᆞᆰ가르 → ᄋᆞᆰᄉᆞᆰ가르 → ᄋᆞᆰᄉᆞᆰ하르 여섯큰 여세흔 → 예순
일흔(일흔개)	ᄃᆞᆰ가르ᄇᆞᆰ가르 → ᄋᆞᆰ가르ᄇᆞᆰ가르 → ᄋᆞᆰ가르ᄇᆞᆰ하르 일곱큰 일곱흔 → 일흔
여든(여든개)	ᄃᆞᆰ가르ᄇᆞᆰ가르 → ᄃᆞᆰ가르ᄇᆞᆰ가르 땅곱큰 으다곱큰 → 여덟큰 → 여든
아흔(아흔개)	ᄃᆞᆰ가르ᄇᆞᆰ가르 → ᄋᆞᆶ가르ᄇᆞᆰ가르 아흐곱큰 → 아홉큰 → 아흔
온(온개)	ᄇᆞᆰ → 홁 → 옭 백(百) 온
즈믄(즈믄개)	ᄃᆞᆰᄆᆞᆰ → ᄉᆞᆰᄆᆞᆰ → ᄌᆞᆰ ᄆᆞᆰ 다물개 스물개 즈믄개 즈믄
만萬	ᄆᆞᆰ ⇄ ᄃᆞᆰ → ᄌᆞᆰ → ᄋᆞᆰ → 가르 만萬 조兆 억億 경京

요일

달력은 우리 삶 속에서 하루도 멀리할 수 없는 것이죠. 달력에다가 무슨 약속이 있는 날을 적어 두지 않으면 큰 낭패를 볼 수도 있을 정도로 날마다 바쁘게 살고 있잖아요.

저는 달력의 요일에 대해서 조금 생각해 보았어요. 일요일, 월요일, 화요일 … 하면서. '요일(曜日)' 은 뭘까? 이는 어디서 온 말일까? '요(曜)' 를 옥편에서 찾아보았더니 '빛나다 요' 라고 적고 있네요. 그러면 '일요일' 은 '햇빛날' 이 되더군요. 그리고 '요일(曜日)' 은 일본 사람들이 'day' 를 옮긴 말이라고 하는군요. '일요일' 은 영어의 '선데이sunday' 를 옮긴 것이라면, 왜 우리는 우리말로 '해날' 이라고 쓰면 안 될까? 이런 생각을 했죠. 그러나 한 번 든 습관은 무서

운가 봐요. 'sunday' 를 '해날' 로 쓰자는 사람이 없더라고요. 다만 국어교사모임에서 나오는 달력에서 오로지 우리말로 쓴 것을 보고 얼마나 반가웠던지!

한 주일을 우리말로 해날, 달날, 불날, 물날, 나무날, 쇠날, 흙날로 했더군요. 그런데 모두 한 음절의 말로 했으니 '나무' 도 '낡' 으로 하면 어떨까 생각해 보았습니다.

영어	Sunday	Monday	Tuesday	Wednesday	Thursday	Friday	Saturday
일본말	일요일	월요일	화요일	수요일	목요일	금요일	토요일
우리말	해날	달날	불날	물날	나무날	쇠날	흙날
전국모	해	달	불	물	나무	쇠	흙
내생각	해	달	불	물	낡	쇠	흙

'나무' 는 언제나 뒤에 'ㄱ' 이 따라다니는데, 이런 현상을 'ㄱ곡용' 이라고 풀어 왔죠. 으뜸꼴은 '나무' 인데 때에 따라 이상하게 'ㄱ' 이 나타난다는 얘기입니다.

나무 + 신 → 나막신	나무 + 에 → 남게

그러나 이런 현상은 '나무' 가 본디 'ᄂᆞᄆᆞᆨ' 이라는 얘기죠. 'ᄂᆞᄆᆞᆨ' 에 얽힌 것은 이미 푼 바가 있으나 되뇌어 봅니다. 이는 본디 '닭맑' 에서 온 '샤먼' 과 관계되는 말입니다.

닭맑 →	삵맑 →	잙맑 →	핡맑 →	낡맑 →	앍맑
다물 동명	수구막	천막 장막	흙목 할미	늘그맑	왕검 앵매기 이무기 곰
동막 두만	샤먼 사막	치마 주몽	할미 호무	나막 나무	임금 엉마구리 어미 임

법률말도 쉬운 우리말로 고친다는데, 건축말, 학술말 따위에 묻어있는 쉽게 알 수 없는 일본말의 찌꺼기를 우리는 언제 걷어낼 수 있을까요? 정부가 있다면 진정 우리 삶과 정신에 영향을 크게 끼치는 이러한 일에 대한 긴 계획과 실천의 노력을 꼭 해야 하지 않을까요? 정치의 민주화나 자치의 실현이 열매 맺는 날쯤 될 일일지, 그 날은 언제가 될지 막연하기만 하군요.

오히려 사람들은 한 술 더 떠서 요일을 아예 영어로 적는 이도 많더라고요. 영어 바람이 얼마나 드센지, 우리말 타령은 꿈에도 할 수 없는 일이더군요.

6. 우리의 영원한 아리랑

우투리님, 우리 겨레의 애환이 듬뿍 담긴 '아리랑' 은 우리의 아주 자랑스러운 문화유산이잖아요? 그 값어치가 인정되어 드디어 2012년에 유네스코 세계문화유산으로 올랐지요. 그런데 그러기 앞서 우리가 매우 놀란 적이 있습니다. 다름 아니라 중국에서도 우리 아리랑을 자기네 나라 문화유산으로 정했다는 거죠. 중국이 왜 우리 아리랑에 손을 대려 했을까요? 그 까닭은 중국이 중국에 살고 있는 조선족의 아리랑을 중국 문화의 일부라고 생각했기 때문일 것입니다. 자칫하면 우리의 자랑스러운 문화유산인 아리랑을 중국에게 빼앗기고 마는 것이 아닌가 해서 놀랐던 것이죠. 다행히 우리가 유네스코 세계문화유산으로 올리는 데 성공하여 우리의 우려는 조금 가시기는 했습니다. 그러나 그것으로만 끝나는 것이 아닐 것입니다.

이런 일을 겪으면서도 우리는 안일에 빠져 있는 것은 아닐까요? 문화민족이라고 자부하는 우리는 지금 과연 우리 문화와 역사에 대하여 관심을 얼마만큼 기울이고 있으며 그것을 후손들이 물려받을 수 있도록 얼마만큼 땀 흘리고 있을까요? 혹시 우리는 지금 세계화라는 이름 아래 역사에 대한 관심이나 우리 얼과 문화에 대한 자존심도 없는 무방비 상태에서 큰바다에 빨려 들어가고 있는 것은 아닌지요?

나는 우리가 아리랑이라는 버젓한 민족문화를 조상으로부터 물려받았는데도 불구하고 그것을 우리 삶에 깊이 녹여내지 못하고 있다고 생각합니다. 우리가 제대로 된 나라라면, 우리의 국가(國歌) 정도는 적어도 아리랑의 가락으로 뽑아야 하지 않았을까요? 우리는 우리를 대표하는 빼어난 아리랑의 가락을 놓아두고 느닷없이 서양의 악곡을 가져왔습니다. 문화와 전통을 자부하는 우리에게 졸업 노래든, 입학 노래든, 생일 축하 노래든 삶에서 전통에 뿌리를 둔 노래가 얼마나 됩니까?

어떻든 지금 우리의 벌거벗긴 사회 현상이나 황폐한 교육의 모습을 보면 우리는 누구한테 '너희는 너희의 얼을 잃었다.' 는 말을 듣는다고 해도 변명하기가 어렵다고 봅니다.

또한 우리는 아리랑을 유네스코 세계문화유산에 올렸지만 이 '아리랑' 의 말뿌리를 아직 잘 모르고 있습니다. 적지 않은 학자들이 아리랑에 관심을 가지기도 했지만, 뚜렷이 다가간 실적이 보이지 않습니다. 물론 아리랑을 비롯한 뿌리가 오랜 민요는 그 이름이나 노래 후렴의 어원을 알기 어려운 측면도 있습니다. 뿌리가 너무 깊어서 캘 수 없는 나무라고나 할까요, 화석이라고나 할까요.

어떻든 '아리랑' 의 뜻을 모른다는 것은 이 또한 우리의 잃어버린 '나' 의 하나입니다. 이는 어떤 변명을 하든 부끄러운 일입니다. 우리 겨레의 애환을 오래도록 곳곳마다, 사람마다 다 다르게 노래하면서도 다시 하나로 입을 모아 즐겨 불러온 위대한 노래 '아리랑' 의 정확한 뜻을 모르고 있으니.

아리랑 아리랑 아라리요.
아리랑 고개로 넘어간다.
나를 버리고 가시는 님은
십리도 못 가서 발병 난다.

아리랑의 말뿌리에 얽힌 학자들 말씀은 여기에 다 늘여놓기 어려울 정도로 많습니다. 다만 여기서 최근에 나온 이야기 하나를 소개합니다. 박치정님은 아리랑의 기원에 대한 설을 두루 모아 소개하고 비판하면서, 아리랑의 말뿌리를 다음과 같이 풀고 있습니다.

아리랑의 '알' 또는 '얼' 의 뜻은 말 그대로 '알' 또는 '얼' 이다. 아리랑은 '알+이+랑' 의 구조이며 알은 우리말 '알' 과 그대, 당신, 너(여汝, 농儂)를 가리키는 이(爾)의 중국어 발음인 얼(알)(erh, 인儿) 그리고 중국 숫자 알(얼, 二, 둘)을 나타낸다. 숫자 二는 양(兩), 양(倆), 이(貳), 쌍(雙), 이(麗), 항(伉), 짝의 뜻이다. … '이' 는 이두의 이(伊), 시(是), 역(亦)이다. '랑' 은 우리말 '함께' 와 같다.[172)]

아리랑	① 알 + ② 이 + ② 랑
① 알	(1) 우리말의 '알(난卵)' 이거나 (2) 중국어 '너' 를 뜻하는 '이(爾)' 의 소리인 '얼(알') 이거나 (3) 중국어 '二' 의 소리 '알' 이다.
② 이	이두의 이(伊), 시(是), 역(亦)이다.
③ 랑	우리말 '함께' 를 나타내는 '~랑' 이다.
그러므로 아리랑은 '둘이랑' 의 뜻을 가지고 있다.	

이를 간추리면 '아리랑' 은 우리말과 중국말이 섞인 것이며, '둘이 함께' 의

172) 박치정, 《고구려아리랑》(더썬, 2012) 199~212쪽

뜻을 가지고 있는 노래라는 것입니다.

저는 물론 우리 겨레의 대표적 민요인 아리랑의 말뿌리가 우리말과 중국말이 섞인 것이란 주장에 승복하기가 어렵군요. 왜 또 중국 타령일까요?

한 어절인 우리말 '아리랑' 을 각각 3음절로 무리하게 나누어 설명하려는 자체가 중국식 생각입니다. 이는 우리말의 낱말은 더 나눌 수 없는 2음절 또는 3음절로 이루어진 경우가 대부분임을 잊어버린 생각에 지나지 않습니다.

저는 아리랑은 다음과 같이 우리말 '닭(단군)' 에서 왔다고 생각해요. 아무런 서론도 없이 느닷없이 '아리랑' 이 '닭(단군)' 에서 왔다고 주장하니 어안이 벙벙할지 모르지만 우리 노래의 뿌리는 당연히 우리말에서 캐 보는 것은 생각의 순서로는 맞을 겁니다. 저는 그대와 함께 우리말의 고향을 찾는 길에서 우리 문화에 대한 어떤 자신감과 자부심을 가지게 되었음을 고백합니다. 우리 문화는 결코 중국의 아류가 아니며 튀기는 더욱 아니라는 것입니다. 아리랑도 마찬가지입니다. 이런 생각을 가지는 태도야말로 우리의 '잃어버린 나' 를 찾는 데 매우 중요하다고 생각합니다.

닭(단군) = 아리랑

닭에서는 아리랑뿐만 아니라 우리 가락과 얽힌 말이 거의 다 나왔습니다. 먼저 닭에서 '사랑' 이 나온 길을 보입니다. '사랄' 에서 '사랑' 이 될 때는 'ㄹ' 이 'ㅇ' 으로 바뀌었는데 이는 '콧소리의 길' 현상입니다.

닭[다르가르] →	사르가르 →	사르나르 →	사르아르
두런거리 단군	시끌	시날 시나위	사랄 → **사랑**

다음으로 닭에서 스리랑이 나온 길을 보입니다. '사르아르' 에서 '사르라르' 가 될 때는 'ㄹ' 이 더해졌습니다.

닭[다르가르] →	사르가르 →	사르나르 →	사르아르 →	사르라르
두런거리 단군	시끌	시날 시나위	사랄	사르랄 → 스리랑

닭에서 아리랑이 나온 길을 열어 보입니다. '아르아르' 에서 '아르라르' 가 될 때에도 'ㄹ' 이 더해졌습니다.

닭[다르가르] → 사르가르 → 아르가르 → 아르아르 → 아르라르
두런거리 단군 시끌 이꺼리- 이르- 아랄 아르랄→ 아리랑

'아르아르' 에서 '아리랑' 말고도 아랑, 아라리, 어른 따위가 나왔습니다.

아르아르 → 아르라르
아랄 아란 어른 아랑 아롱 아리 아르랄 아르란 **아리랑** 아라리

닭에서 사랑과 아리랑과 스리랑이 나온 길을 함께 열어 보입니다.

사르라르
↗ 사르랄 → 스리랑
닭 → 사르가르 → 사르아르
[다르가르] 시끌 사랄 → 사랑 ↘ 아르아르 → 아르라르
아랄 → 아랑 아르랄 → 아리랑

'닭' 은 곧 '단군' 이며 '비는 말씀' 도 된다고 이미 밝혔죠?

닭[다르가르] → 사르가르 → 자르가르
단군 두런거리 시끌이(辭) 지껄이(呪) (*비는 말씀)

그러므로 아리랑은 샤먼인 '단군' 도 되고, '비는 말씀' 도 됨을 알 수 있습니다.

닭[다르가르] → 자르가르 → 사르가르 → 사르라르 → 아르라르
단군 = 샤먼 지껄이 = 비는 말씀 시끌이 스리랑 아리랑

이제까지의 풀이를 간추려 보았습니다. 아리랑이나 스리랑은 '비는 말씀' 이며 나아가 '노래' 가 될 수 있습니다.

'사랑' 도 여기서 나왔는데 처음에는 노래에 가까운 '붊' 에서 오랜 뒷날에 '사랑(애愛)' 의 뜻을 얻게 된 것으로 보입니다.

사르가르 → 사르아르 → 사르라르 → 사르나르
↗ 시끌이 사랄 사랑 사르랄 스리랑 시나위 ↘
닭[다르가르] 아르
단군(샤먼) ↘ 자르가르 → 아르가르 → 아르아르 → 아르라르 ↗ 알卵
지껄이(빌다) 아가리 아랄 아르랄 **아리랑** 애愛

우투리님, '닭' 은 다음과 같이 '샤먼' 을 뜻하는 '아랑' 과 '알령' 과 '아로' 와 '아를란' 이 되기도 했지요. '아랑' 은 경남 밀양의 아랑각에 모셔져 있는 전설의 여신이고, '알령' 은 혁거세 거서간의 부인이며, '아로' 는 석탈해 이사금의 부인이기도 하지요. '아를란' 은 몽골 게세르신화의 주인공 '게세르' 의 부인입니다. 이들은 모두 '닭[다르가르]' 에서 온 샤먼을 뜻하는 말이며, 웅녀와도 같은 성모신(聖母神)일 것입니다.

닭 →	짉 →	싉 →	사르아르 →	아르아르	→	아르라르
단군	지껄	시끌	사랑 스리랑	아라리 어른	**아론 아랑 알령 아로**	**아를란** 아리랑

박치정님도 아리랑의 뿌리를 찾는 길에서 오랑캐고개까지 찾은 것은 끈질긴 노력이며 아리랑에 매우 가까이 다가간 것으로 평가됩니다. 왜냐하면 '아리랑' 은 '오랑캐(단군)' 에서 왔기 때문입니다. 다만 뒷심이 좀 부족한지 '오랑캐' 고개에서 '아리랑' 고개로 넘지 못하고 말았습니다.

> 삼합을 지나 강역마을에서 두메로 접어들면 깊고 험준한 아흔아홉 굽이 고갯길이 나오는데, 거기가 아리랑고개 또는 오랑캐고개다. 오랑캐 땅으로 가는 길목이 아니라, 이곳이 원래 알동 지역으로 오랑캐부족 근거지다. 이성계의 선조와 누루하치의 조상이 활동한 오랑캐부족의 주된 근거지다. 대략 위치는 중국 용정시 삼합진에서 북쪽으로 20여 리 지점의 오랑캐령을 지나 오랑캐부가 있던 화룡시 동북 지역이거나 연길 동쪽에 있는 성자산성과 장백향 하룡 고성 일대라고도 한다. 아리랑과 오랑캐가 겹치는 지명이라서 더욱 뜻 깊은 고개다. 회령에서 삼합을 거쳐 오랑캐고개로 난 조선족 이주 노선은 발해의 신라도며 예부터 오랑캐부족의 활동 요충지다. 나운규도 1920년대 함경도지방에서 아리랑을 들으며 살던 경험과 그 영감으로 영화 아리랑의 주제곡을 만든다.[173]

2015. 7. 18. 오랑캐고개 답사
(왼쪽부터 김기현 김규탁 홍현기 김철호)

옆 사진은 필자 일행이 오랑캐고개를 넘으며 찍은 것입니다. 고개 마루에 해관령(海關嶺)이라는 푯말이 있는데 해관령의 '해관' 은 '오랑캐' 이전의 '하리개' 를 한자소리로 적은 것으로 보입니다.

오랑캐고개가 아리랑고개이니, '오랑캐'

173) 박치정, 《고구려아리랑》(더썬, 2012) 209쪽

가 '아리랑' 입니다. '오랑캐' 는 '연길(延吉)' 이기도 합니다.

닭고개 → 잙고개	→	핡고개 →	앍고개 →	앓고개
단군고개	장군고개	**해관**령 하늘고개	**오랑캐고개**	아랑고개 외고개 예고개
당고개	진고개 지고개	홍고개	**연길고개**	**아리랑고개** 애이고개

* 애이고개 : 영주에서 서쪽으로 장수면으로 넘어가는 고개
* 외고개 : 예천군 용문면 복천마을에서 성현마을로 넘어가는 고개
* 예고개 : 안동에서 영주로 가는 중간쯤에 넘어가는 고개

용정시를 가로지르는 강을 '해란강' 이라 하는데 이는 결국 '오랑캐강' 이며 '아리랑강' 이 됩니다. '오랑캐강' 은 '연길강(延吉江)' 도 됩니다.

닭강 → 잙강 →	핡강	→	앍강
단군강 장군강	해관강 → 해란강		오랑캐강 연길강 → 아랑강 아리랑강

아리랑은 이와 같이 중국과는 아무런 얽힘이 없는 오랑캐의 노래인 것입니다. 오랑캐들이 오랑캐고개를 넘으며 오랑캐노래인 '아리랑' 을 부른 것입니다. 오랑캐는 '단군' 이며 '하늘' 이며 '땅' 이며 '씨알' 이며 '겨레' 며 '임' 이기도 합니다. '씨알' 은 함석헌 선생이 즐겨 쓰던 말이기도 하죠.

닭[다르가르] →	사르가르 →	아르가르	→ 아르아르 →	아르라르
단군	씨가리 → **씨알**	아가리 얼굴 인간 오랑캐	아라리	**아리랑**

닭은 하늘을 뜻한다고도 했죠. 아리랑이 닭에서 나왔으므로 아리랑은 하늘도 되는 것이죠.

닭[다르가르] →	사르가르 →	사르나르 →	하르나르 →	아르나르 →	아르라르
둥그르	시끌이	시나위	하날	아니리	아리랑

이런 것을 바탕으로 아리랑의 노랫말의 뜻을 새겨 봅니다.

원문1	아리랑 아리랑 아라리요	아리랑 고개로 넘어간다.
풀이1	단군이여! 단군이여! 비오리까?	단군의 고개로 넘어간다.
풀이2	사랑이여! 사랑이여! 비오리까?	사랑의 고개로 넘어간다.

<table>
<tr><td>풀이3</td><td>임이여! 임이여! 비오리까?</td><td>임의 고개로 넘어간다.</td></tr>
<tr><td>풀이4</td><td>노래여! 노래여! 노래하리까?</td><td>노래의 고개로 넘어간다.</td></tr>
<tr><td>풀이5</td><td>오랑캐여! 오랑캐여! 노래하리까?</td><td>오랑캐 고개로 넘어간다.</td></tr>
<tr><td>풀이6</td><td>신이여! 신이여! 비오리까?</td><td>신의 고개로 넘어간다.</td></tr>
<tr><td>풀이7</td><td>하늘이여! 하늘이여! 비오리까?</td><td>하늘고개로 넘어간다.</td></tr>
<tr><td>풀이8</td><td>씨알이여! 씨알이여! 비오리까?</td><td>씨알의 고개로 넘어간다.</td></tr>
<tr><td>풀이8</td><td>겨레여! 겨레여! 노래하리까?</td><td>겨레의 고개로 넘어간다.</td></tr>
<tr><td>원문2</td><td colspan="2">나를 버리고 가시는 임은 십리도 못 가서 발병 난다</td></tr>
<tr><td>풀이</td><td colspan="2">나를 버리고 가시는 임은 열 마장도 못 가서 발불 난다</td></tr>
<tr><td colspan="3">밝[바르가르] → 바르아르 맑잚 ← 맑삵 ← 맑닭
부락 부리部里 → 리里 = 마장 마살(마을) 메르키드
십리十里 = 열 밝(부리部里) = 열 마장 = 열 마살 = 열 마을</td></tr>
</table>

우투리님, 그렇다면 '나를 버리고 가시는 임' 에서의 '임' 은 과연 누구일까요? 이는 홑지게 '연인' 의 뜻만을 가진 것이 아니겠지요. 이는 '단군' 또는 '겨레' 로도 풀리니 이 얼마나 구슬프고도 엄청난 노래일까요? '아리랑' 은 '닭' 이니, 이는 곧 단군을 부르는 소리요, 우리 겨레를 부르는 소리며, 우리 조상을 부르는 소리며, 어미신(聖母神)을 부르는 소리며, 연인을 부르는 소리입니다. 그러므로 아리랑은 우리가 단군을, 겨레를 임으로 여기고 불러 왔던 노래라고도 할 수 있죠.

아리랑 = 단군 = 신(神) = 겨레 = 임 = 사랑

우리가 아리랑을 길게 부른다면, 그것은 우리 겨레를 그리워하며 부르는 소리요, 우리의 염원을 간절히 비는 몸짓이 될 것입니다. 그러니 우리는 아리랑을 마음 가다듬고 길게 불러야 하지 않을까요? 이 땅의 우투리님들! 지금도 진행 중인, 나라 잃고 가족과 헤어지고 사랑하는 임과의 백년가약도 안개로 날려 보내고 정처 없이 떠돌던, 아니 아직도 떠돌고 있는 우리 아픔과 눈물을 쉬 잊지 마세이.

거듭 빌거니와 살기 좀 나아졌다고 우리 어찌 할미 할비들의 눈물을 쉬 잊을 수이껴. 헤어진 상처와 울부짖음이 한으로 남아 있는데. '아리랑' 에서처럼 건강한 눈물도 담고 겨레의 아픔을 내 아픔으로 삼을 줄도 아는 그런 그릇이 되소서. 그대 뿌리가 벼랑에 있음입니더.

7. 한류에서 신바람으로

우투리님, 요즈음 그야말로 한류(韓流)가 대단하죠? 노래, 춤, 영화, 연속극 따위의 우리 문화가 세계를 울리고 있다는 소식을 들을 때마다 우리의 저력을 새삼 느끼기도 합니다. 방탄소년단을 비롯한 아이돌들의 눈부신 활동이나 봉준호 감독의 영화 '기생충' 의 칸 영화제에서의 '황금종려상' 수상이나 U-20청소년 축구의 세계대회 준우승 등등은 우리의 신바람이 누리에 불기 시작한 것이라고 말할 수 있지 않을까요?

우투리님, 그러나 여기쯤 와서 우리가 편하게 자랑만 하고 있어도 될 형편은 아닐 것입니다. 지금 아무리 큰 손뼉을 받는다고 해도 끊임없는 변화나 노력이 없이는 언제 밀릴지도 모르는 것이 현실 아닙니까? 이미 노력한 업적 때문에 이제는 편히 쉬어도 된다는 그런 법칙이 있다면 얼마나 좋을까요? 지금 우리는 자신을 돌아보며, 늘 다시 시작하는 마음으로 겸손하고 진지하게 새로움을 찾아 나서고 있습니까?

먼저, 문화 연구가들은 '한류(韓流)' 의 정체성부터 연구하고 세워야 할 것이며, 그것을 토대로 앞으로의 방향까지 내놓으며 분위기를 만들어가는 데 앞장서야 할 것입니다. 한류가 어째서 사람들을 울릴 수 있었는지, 앞으로 어떻게 해야 계속 사랑을 받을지 규명해 볼 필요가 있습니다.

첫째, '한류' 라는 이름부터가 남이 붙여 준 것인데, 이를 우리가 주체적으로 받아들여 우리의 '신바람' 으로 풀어나갈 수도 있어야 한다고 봅니다. 그리고 뿌리 없는 나무가 없듯이, 우리 전통과 역사 속에서 소재와 영감을 얻으려는 노력이 배가되어야 하지 않을까요? 신명(神明)은 '샤먼' 또는 '주몽' 입니다. 여기서 '신바람' 과 '설렘' 이 나왔을 것입니다.

ᄃᆞᆰᄆᆞᆰ →	ᄉᆞᆰᄆᆞᆰ →	ᄌᆞᆰᄆᆞᆰ →	ᄂᆞᆰᄆᆞᆰ →	ᄋᆞᆰᄆᆞᆰ
동막 다물	성황모 **신명** 샤먼 **설레임** 서왕모	정견모주 **주몽**	나무	엉마구리
두만	城隍*母* 神明 수메르 사람 西王*母*	正見*母*主 朱蒙	님	오금 꿈

신바람은 단군 바람으로 풀립니다.

신바람 : ᄃᆞᆰᄇᆞᆰᄆᆞᆰ → ᄉᆞᆰᄇᆞᆰᄆᆞᆰ
단군바람 신바람 → 신명(神明) → 샛바람 → 새바람

그러므로, 신명(神明) = 샤먼, 주몽 = 신바람 = 새바람 = 단군바람

둘째, 일단 감수성을 자극하는 데는 성공했다 하더라도 말하려는 무엇이 부족하다는 생각을 해요. 특히 노래의 경우 사랑 말고는 떠오르는 메시지가 별로 없습니다. 보기를 들어 가난한 사람을 돕자든가, 평화를 원하든가, 헤어진 사람을 그리워한다든가, 뭐 이런 얼들이 감수성을 건드렸을 때 절절한 감동도 받고 또 값어치도 있지 않겠어요? 우리의 전통에 뿌리박은 것이면서도 인류보편적인 것을 찾았을 때 사랑이 오래 가지 않을까요? 또한 사랑받는 가수보다 한 수 위인 위대한 가수는 꿈꿀 수 없을까요?

일본 사람들이 한류 스타 배용준을 '욘사마' 라 합니다. 욘사마의 '욘' 은 배용준의 '용' 이랍니다. 일본 사람들은 이응[응] 소리를 못 내어, '용' 을 '욘' 이라 한다는군요.

배용준의 '용' → '욘'
용사마 → 욘사마

여기서 '사마' 는 '선생님' 을 뜻한다는군요. 우리가 꼭 교육자가 아니더라도 존경하는 사람에게 김선생, 박선생 하듯이. 그런데 여기서 '사마' 의 말뿌리를 한 번 생각해 봅니다. '사마' 는 백제 무령왕의 이름이기도 하죠. 이 '사마(斯麻)' 는 거슬러 올라가면 '샤먼' 에서 온 듯합니다.

ᄃᆞᆰᄆᆞᆰ(단군 임금) →	ᄌᆞᆰᄆᆞᆰ →	ᄉᆞᆰᄆᆞᆰ →	ᄒᆞᆰᄆᆞᆰ
동막 다물 두만	정견모주	성황모 서왕모 샤먼 사마	할미
	正見*母*主	城隍*母* 西王*母* 斯麻	호무

샤먼은 제정일치시대의 제사장이면서도 임금이었는데, 임금 자리는 떼어 주

고 제사장 역할만 하다가 '선생님' 정도의 존경을 받는 존재로 작아진 듯합니다. 그것이 일본의 '사마' 인 것이죠.

샤먼	→	샤먼	→	사마
제사장, 임금		제사장		선생
(제정일치시대)		(제정분리시대)		(오늘날)

이는 신라의 임금 이름 '지증' 에서도 확인됩니다. '지증' 을 한자로 차차웅(次次雄)이라고 적기도 했습니다. 이도 처음엔 임금이나 샤먼이었는데 나중에는 '스승' 이 되었죠. '선생(先生)' 도 우리가 쉽게 '먼저 태어난 사람' 이란 뜻의 한자말로 알고 있지만 사실은 가르닭에서 온 '스승' 과 같은 말입니다.

닭닭 → 참참	→	삵참	→	삵삵
도독	차차웅 지중 지증 짖-	신크치 신지		소서노 선생先生 스승 시새-

〈여덟 마당〉

마무리

1. 우리말 낱말의 샘
2. 말이 먼저일까, 글이 먼저일까?
3. 인류의 말은 한 뿌리
4. 우리 얼
5. 우리말 살리기와 역사 복본

1. 우리말 낱말의 샘

우리말의 뿌리

저는 이제까지 우리말의 고향을 더듬어 오면서 우리말의 뿌리에 가르, 다르, 바르, 마르, 닭, 밝, 맑이 있다고 했습니다. 이 일곱 말이 모든 우리말의 어휘를 이룬 뿌리가 되었다는 것입니다. 이 일곱을 우리말의 '뿌리말' 이라 하겠습니다.

우리말의 뿌리말 : 가르, 다르, 바르, 마르, 닭, 밝, 맑

그런데 이 뿌리말은 아주 처음에는 가르, 다르, 바르, 마르의 넷에서 시작된 것이 분명합니다. 이를 우리말의 '씨알말' 이라고 해 두겠습니다. 이야말로 태초의 말로 보입니다. 태초에 [가르]는 '해(太陽)' 를, [다르]는 '달(月)' 을, [바르]는 '별(星)' 을, [마르]는 '뫼(산山)' 를 뜻했던 것으로 보입니다. 물론 이들 말들은 뒤에 온갖 여러 낱말로 갈라졌겠죠.

우리말의 '씨알말' : 가르, 다르, 바르, 마르
↓ ↓ ↓ ↓
해 달 별 뫼

이 네 씨알말의 바로 뒤에 생겨난 말이 닭, 밝, 맑입니다. 이 세 말은 다음에서 보는 바와 같이 다르, 바르, 마르에 '가르' 가 더해져 생긴 겹말임을 알 수 있습니다. 이 세 겹말을 '움말' 이라 해 두겠습니다. 씨알말에서 '움' 이 튼 말이기 때문입니다. 물론 이 말들도 나중에는 여러 가지 뜻을 가지게 되었지만 처음에는 닭은 돌을, 밝은 불을, 맑은 물을 뜻했던 것으로 보입니다.

우리말의 움말 : 닭(다르+가르), 밝(바르+가르), 맑(마르+가르)
달구 벼락 미역
↓ ↓ ↓
돌 불 물

어쨌든 우리말의 모든 어휘가 나온 뿌리가 되는 말은 가르, 다르, 바르, 마르, 닭, 밝, 맑입니다. 이 일곱 말이 우리말의 모두입니다. 이들 뿌리말들이 각각 소

리와 뜻이 바뀌면서 많은 어휘가 생겨났을 뿐만 아니라 이들이 서로 얽혀 우리말의 더 많은 어휘를 이룬 것으로 보입니다.

'뿌리말' 우리말 어휘 형성의 바탕	→	가르, 다르, 바르, 마르, (씨알말)	닭, 밝, 맑 (움말)

뿌리말에서 나온 어휘

(1) 가르

먼저 '가르' 는 다음과 같이 바뀌면서 많은 어휘가 나왔죠.

가르 → 자르 → 하르 → 나르 → 아르

1) 가르

이름씨	가르 고래 글 깔 칼 결 굴窟 골谷 길路 군君 간干 궁宮 경經 가家 고高		
움직씨	가르(다) 가다 가르다 기르다 그리다 골다 갈다 걸다 가로다 겨누다 꺼리다 캐다 켜다		
어찌씨	가르 → 가르가르 → 하르하르 겨우 깔 꽤 깔깔 호호	그림씨	가르(다) 고르다 길다 크다 걸다

2) 자르

이름씨	자르 줄 질 잔 자尺 주主	그림씨	자르(다) 자르(하다) 잘다(작다) 질다(질퍽하다) 지루하다
움직씨	자르(다) 자르다 줄다 졸다 잘다 자누다 재다 주다 지다	어찌씨	자르 잘

3) 하르

이름씨	하르 하루 홀谷 현縣 한韓 혼魂 해日 호昊 호呼 후候	어찌씨	하르 홀로
움직씨	하르(다) 흐르다 *허릿골(유곡流谷) 혀다	그림씨	하르(다) 하르(하다) 흐리다 후련하다

4) 나르

이름씨	나르 날(日) 날 노을 널 논畓 눈目 낭 농 내川 나我 너 누 니		
움직씨	나르(다) 날다 나르다(옮기다) 내리다 누르다(壓) 놀다		
그림씨	나르(다) 누르다(黃) 느리다	어찌씨	나르 늘 내(내내)

'칼' 과 '자루' 와 '날' 은 본디 말뿌리가 같군요.

가르가르 → 가르자르 → 가르나르
칼가루 칼자루 칼날

5) 아르

이름씨	아르 알卵 올 얼 온 이누 왕王 용龍 옹翁 웅雄 앙 어語 예濊 이		
움직씨	아르(다) 알다(知) 얼다(氷) 일다(起) 울다 어루다(愛) 어르다 오다		
그림씨	아르(다) 아르(하다) 아르(ㅂ다) 아리다 어리다(幼) 어리다(映) 아련하다 예쁘다		
어찌씨	아르 → 아느 오래 아니 이내(곧)	매김씨	아르 → 아느 어느 안

(2) 다르

이름씨	다르 → 사르 달(月) 달(山) 돈 데 수리 살 실 솔 슬		
움직씨	다르(다) → 사르(다) 달리다 돌리다 데리다 다리다 두르다 따르다 달다 돌다 살다 썰다		
그림씨	다르(다) → 사르(다) 다르다(이異) 달다(감甘) 되다(경硬) 달다(울鬱) 솔다(좁다) 설다		
어찌씨	다르 달리 따로 도로 두루 덜 도리어	접사	다르 되

(3) 바르

이름씨	바르 → 화르 → 와르 별 / 화려華麗 활活 / 우려憂慮 우리 울 우雨		
움직씨	바르(다) → 화르(다) → 와르(다) 벼리다 부르다 빌다 벌다 불다 풀다 / 후리다 / 우리다		
그림씨	바르(다) 푸르다 부르다 바르다 비리다 버리다	어찌씨	바르 바로 별로

(4) 마르

이름씨	마르 → 마느 → 마ㅇ → 마 머리 무리 마루 미르 / 무늬 머니 문門 / 망(그물) 멍 / 모母 무無 미美 말言 말馬 밀密 / 문文 면面 민民 / 몽夢 명名 / 마馬 매埋 며旀		
움직씨	마르(다) / 마르(하다) 밀다 물다 몰다 말다 미루다 / 마련하다	매김씨	마르 → 마느 맨
그림씨	마르(다) / 마르(하다) / 마르(ㅂ다) 멀다 / 미련하다 / 미쁘다 밉다	어찌씨	마르 → 마으 매우

(5) 닭[다르가르]

1) 닭에서 온 이름씨

닭[다르가르] →	다르가느 →	다르아르 →	다르
대궐 둥글 다래끼 달구 도구道具	다르간	타령 도령 도로	단檀 당 떼 때
달개 뚜가리 도리깨 떡 덩거리	도가니	도랑 도랑	땅 띠 또 데
달갈 틀거리 다락 덕거리 도고	단군 다간	두렁 두루	대大 탕 똥 도道

닭 →	삵 →	잙 →	핡 →	낡 →	앍
대구 토계	산군 선우 수리 산	천군 친구 제귀 책력	향기	날개	아리개 영가 어른
뜨락 투구	세계 사辭 신 상일	처구 자기 절구 지구	하늬	난간	아가리 연기 아랑
틀개 토끼	살구 솔개 선 서왕	차일 천天 장군 절기	학鶴	논개	아고라 아까 앙리
등걸 태껸	슬기 속 설 살 손	축 잘 찌 자 죽 전 초	확鑊	넝쿨	오랑캐 아간 아롱
돌기 딸기	삵 시내 사나이 싹	차라리 지랄 주왕 종	항간	누구	연장 옥 알짜 아론
따귀 퇴계	사랑 씨알 새랄 삭	철 추 칡 족族 자갈	하날	누이	인간 아가 아라리
따위 탁록	시래기 수레 시 새	창공 차車 재갈 지게	호노	네	오기 아주 아니리
도끼 들녘	시끌 선인 수라	청구 책 지껄 절간	하나	내	악樂 아제 애愛
터럭 두렁	실경 살내 상기 술	차력 초롱 장구 징	흙 훈	나	여기 안개

① 닭에서 나온 '인간'

닭 →	삵 →	좕 →	홝 →	낡 →	앍
단군 동기	산군 사士	장군 친구 처구	히가리	낭군 누구	인간 아가
단우 도령	선우 사師	조카 치우 처용	형兄	년 나 너	올케 이누
동童 도徒	성聖 상相	제弟 제祭 지노귀	후侯	낭郎 누	인人 양孃 이

죽은 사람의 넋이 극락으로 가도록 하는 굿에 지노귀굿이 있는데, '지노귀'에서 '제(祭)'가 나왔음을 알 수 있습니다.

닭 →	삵 →	좕 →	홝 →	낡 →	앍
돌아가-	삭- 썩- 슬-	지노귀 죽-	후리키-	날아가-	올라가-
돌기	사死 사祀 시屍	제祭 조弔	회回	나가-	

'흉내'도 닭에서 왔군요.

닭 →	삸 →	좕 →	홠 →	낡 →	앐
	숭내		흉내		잉내
	숭보다		흉보다		

② 닭에서 온 다락(집)

닭 →	삵 →	좕 →	홝 →	낡 →	앍
대궐 도량 다락	사간(원) 실室	절간 정랑 처구	헛간 학교	난간	외양간
궐 당堂 대臺	사寺 舍 소巢 所	절 전殿 청廳 재齋	헌軒 향교	누樓	옥屋

집을 이는 '영개'와 '이영'도 닭에서 왔습니다.

닭 →	삵 →	좕 →	홝 →	낡 →	앍
틀개	설기	줄기	홀키	날개 내기	얼개 엮- 영개 이영

③ 닭에서 온 들

마을 입구를 '동구밖'이라 하고 이를 마을 '어귀'라고도 하는데 이와 가장 비슷한 소리는 '아리개'이며 이는 들(野)인 것으로 보입니다. 우리 고향 마을에는 늘 정겨운 '문전옥답(門前沃畓)'이 있잖아요?

닭 →	삵 →	잙 →	핡 →	낡 →	앍
들녘 들개 뜨락 들 뜰	솔개 손기	진개	횡개	논개 논 농 내	아리개 어귀

④ 닭에서 나온 연장들

닭 →	삵 →	잙 →	핡 →	낡 →	앍
도구道具	설기 쐐기	치키 쟁기 지게	홀키	내기	얼기(미) 에기
도리깨 도끼	스키	키 자귀 짜구	훅지 하키		연장

⑤ 닭에서 나온 그릇

얼기설기, 옹기종기를 보겠습니다. 그리고 우리말 절구가 한자말 확(鑊), 호(壺)임을 알 수 있습니다.

닭 →	삵 →	잙 →	핡 →	낡 →	앍
도가니	설기	처구 줄기	확鑊	내기	얼기 → *얼기설기
뚜가리 독	쐐기 상床	절구 종지 잔	호壺	농籠	옹기 → *옹기종기

우리말 '타래, 얽, 엮' 들에서 비롯된 한자어 축築, 직織, 연聯과 일본말 '니꾸사꾸' 를 보겠습니다.

닭 →	삵 →	잙 →	핡 →	낡 →	앍
떨기	쌓(다)	챙기(다) 쟁이(다) 짜(다)	하꾸	니꾸	얽 엮 → *니꾸사꾸
타래	사꾸	축築 적積 직織	虛構	날개	얼거리 연결連結 연聯

⑥ 닭에서 나온 천간과 지지

닭에서 온 천간(天干)과 지지(地支)를 보겠습니다. 천간과 지지를 아울러 간지(干支)라 하는데 이는 '하늘과 땅의 얽힌 이치' 를 말함이 아닌가 합니다. 여기서 대표적인 우리말은 대궁, 줄기가 되겠습니다.

천간지지 = 간지(干支)					
닭 →	삵 →	잙 →	핡 →	낡 →	앍
대간 대궁	상관	천간天干 줄기 층계	허구	내기	얽
단계	사꾸	지간支干 지지地支	하꼬	니꾸	연결

천간	갑甲 을乙 병丙 정丁 무戊 기己 경庚 신辛 임壬 계癸 껍질 굽 밝음 번성 우거짐 다스림 길道 맵다 짊어지다 헤아림
지지	子 丑 寅 卯 辰 巳 午 未 申 酉 戌 亥 쥐 소 범 토끼 용 뱀 말 양 잔나비 닭 개 돼지

⑦ 닭에서 온 새

닭 → 삵 → 좕 → 홝 → 놝 → 왉
따오기 솔개 생이 자규子規 작鵲(까치) 작雀(참새) 해오라기 노고지리 왜가리 오리
닭 두견 수리 새 축鷲(독수리) 취鷲(독수리) 조鳥 학鶴 노鷺 연鳶(독수리)

⑧ 닭을 간직한 마을과 산

'닭[다르가르]' 의 소리가 처음 그대로 살아있는 곳이 있습니다. 이는 '우리말의 성지(聖地)' 로 부르고 싶을 정도로 소중한 이름입니다.

진주시 대곡면으로 달려가서 제가 그렇게도 찾던 '달갈' 이라는 마을을 찾았습니다. 그리고 예천군 예천읍 생천리를 넘어가는 '달구리' 고개도 알아냈고, 계룡산 뒷자락의 '달갈봉' 도 찾아갔습니다. 봉화군 '닭실' 에도 '닭' 이 살아있는데, 이런 마을들은 금계포란(金鷄抱卵)형의 길지라고 합니다.

'달갈' 마을
진주시 대곡면 월아리

'달구리' 고개
예천군 예천읍 생천리

'달갈' 봉
공주시 계룡면 윗난댕이

월아리는 조선 전기에는 진주목 북면 사죽리 월가동(月家洞)이었고, 조선 후기까지 진주군 사죽면 월아동(月牙洞)이었다가 1914년 지방 행정 구역 개편으로 던날, 달갈, 민두미, 외또리, 바람이, 감나무골, 뻿정지(보정지)를 하나의 월아리(月牙里)로 하여 대곡면에 들어갔다.(한국향토문화전자대전, 집필자 이정섭)

이 마을에 가보니 마치 닭이 알을 품은 듯한 봉우리 밑에 열 집 안팎이 살고 있었습니다. 월아리는 너무 아름다운 마을 이름도 많이 간직하고 있어 반가웠습니다.

경북 예천군 예천읍 북쪽 생천리에서 용산리로 넘어가는 고개가 '달구리' 고개입니다. 이 고개 오른쪽에 서낭당이 있었는데 길을 넓히다 보니 없어지고 말았습니다. 이 고개에는 용문면 선리에 사는 한 선비가 멀리 나갔다가 집으로 돌아가는 길이 너무 늦어 이 고개를 넘을 때 새벽닭이 울었다고 하여 '닭울이' 고개가 되었다는 전설이 있습니다. 그러나 '닭울이' 는 '닭' 의 본디소리를 잘 간직한 '달구리' 일 것입니다.

닭고개	→	삵고개	→	잙고개 →	핡고개 →	낡고개 →	앍고개	
달구리 고개		성황고개 서낭고개		진고개	한고개	농고개	오랑캐고개 예고개	
당고개		신神고개 새鳥고개		제祭고개	홍고개		아리랑고개 외고개	

달갈봉은 충남 공주시 계룡산 북쪽 봉우리의 하나다. 남쪽으로 수정봉과 삼불봉에 이어지며, 북쪽으로 안산에 이어진다. 동쪽 능선은 말재(두마리재)에 이른다. 달갈봉은 계룡산지의 북쪽 능선에 든다. 서쪽 밑에는 곧은골과 윈난댕이 등의 마을이 있다. 작은 충적지를 통해 논농사를 한다.(공주향토문화백과, 작성자 최성길)

마을 사람을 만났는데 달갈봉은 모르고 있고, 달갈봉 오른쪽을 자갯골이라 한다고 했습니다. 그리고 윗난댕이를 본디 물이 맑아 청수난댕이라고 했다고 했습니다. 여기서 '난댕이' 가 '갯' 을 뜻하는 물가 마을임을 짐작하였습니다. 청수는 맑은 물일 것입니다.

		가르삵				
	↗	거서리 갯				
가르닭	→	자르닭 →	하르닭 →	나르닭	→	아르닭
큰들개 큰들		진달개	한들 한티	느리티 난댕이 노티기 낙동		안틀이 알동 언덕

'닭[다르가르]' 이 이른바 향찰식 표기로 살아있는 곳도 있습니다. 이미 풀이한 바가 있는 계립령(鷄立嶺), 계란(鷄卵)마을, 계란(鷄卵)재, 계룡(鷄龍)산 등입니다. 아래를 보면 우리 조상들이 불완전한 한자(漢字)로 우리말 '닭' 의 소리를 살리려고 애를 얼마나 썼는가를 알 수 있습니다.

계립(鷄立) = 鷄 + 立 닭 계 / 설 립('닭'의 'ㄺ' 소리를 나타냄) *뜻새김 / *소리새김		닭 [다르가르]
계란(鷄卵) = 鷄 + 卵 닭 계 / 알 란('알'의 본디 소리 '깔'을 불러옴) *뜻새김 / *소리새김		
계룡(鷄龍) = 鷄 + 龍 닭 계 / 용 용('龍'의 본디 소리 '가르'를 불러옴) *뜻새김 / *소리새김		

이밖에도 달강, 달개, 대강, 토계, 도계, 독기, 덕계, 덕거리, 덕구, 대구, 투구, 단양, 다인 따위의 이름들도 '닭'의 소리를 간직하려고 몸부림쳐 왔음을 알 수 있습니다.

닭[다르가르] →		다르하르 →	닭
달갈 달강 달구 달개 독양 대강 토계 퇴계		태호太昊	단양 다인 다낭 뒤안
달기 덕거리 덕구 덕계 독기 도계 대구 투구		대흥大興	도양 두인 도안 뒤란

2) 닭에서 온 용언

① '~다'가 붙을 때

닭 →	삵 →	잙 →	홁 →	낡 →	앍
달개다 토끼다	시키다 썩다	치키다	흘기다	농가르다	어기다
다르다 퉁기다	시끄리다	지키다	흐르다	농개다	읽다 어루다
들키다 따개다	삭다 싸다	죽다 재다	헤다	낚다 뇌다	얽다 아리다
둥글다 들이키다	숙이다 쏘다	지껄이다	홍얼거리다	녹다 누다	애다 어리다
뒹굴다 달려가다	세다 쓰다	질기다		낫다 넣다	얹다 엉기다
달래다 돌이키다	살다 시다	즐기다		놓다 눅다	앉다 안기다
달구다 때려가다	사다	쪼개다		느끼다	우러르다

② '~하다' 가 붙을 때

ᄃᆞᆰ →	ᄉᆞᆰ →	ᄌᆞᆰ →	ᄒᆞᆰ →	ᄂᆞᆰ →	ᄋᆞᆰ
통쾌하다 달큰하다	상쾌하다	장쾌하다	흔쾌하다	느끼하다	언간하다
독하다 탁하다	서글하다	척하다 착하다	헐겅하다		여간하다 억하다
둥그렇다 딱하다	시큰하다	징글하다 직하다	헐렁하다		어리하다

③ '~ㅂ다' 가 붙을 때

ᄃᆞᆰ →	ᄉᆞᆰ →	ᄌᆞᆰ →	ᄒᆞᆰ →	ᄂᆞᆰ →	ᄋᆞᆰ
두껍다 뜨겁다	살갑다 서글프다	차갑다 지겹다	헐겁다	내그럽다	아깝다
달갑다	시끄럽다 씨굽다	짜갑다 즐겁다	해깝다	능그럽다	예쁘다
따갑다	싱그럽다	징그럽다			

④ 맛을 나타내는 말

ᄃᆞᆰ →	ᄉᆞᆰ →	ᄌᆞᆰ →	ᄒᆞᆰ →	ᄂᆞᆰ →	ᄋᆞᆰ
ᄃᆞᆰ다	ᄉᆞᆰ다	ᄌᆞᆰ다	ᄒᆞᆰ다	ᄂᆞᆰ다	ᄋᆞᆰ다
↙ ↘	↙ ↘	↙ ↘	↙ ↘	↙ ↘	↙ ↘
달다 달콤하다	시다 새콤하다	짜다 짜굽다	향기 향그럽다	내 느끼하다	얼다 얼큰하다

3) ᄃᆞᆰ은 용언 어미의 기원

① 용언의 어미 '~다' 는 '~ᄃᆞᆰ' 에서 옴

ᄃᆞᆰ(단군)의 명령이 있어야 이 세상의 모든 것이 움직였나 봐요. 그래서 'ᄃᆞᆰ' 은 움직씨와 그림씨의 어미 '~다' 의 기원이 되었겠지요.

가르 + ᄃᆞᆰ	
가로다曰 갈다摩 가르다 고르다 거르다濾 기르다育 구르다轉 걸다濁 걸다掛 끊다斷	
ᄇᆞᆰ + ᄃᆞᆰ → ᄇᆞᆰᄃᆞᆰ	ᄆᆞᆰ + ᄃᆞᆰ → ᄆᆞᆰᄃᆞᆰ
밝다 붉다 벌다 빌다	맑다 묽다 먹다 묵다

② 바뀌는 어미

'~ᄃᆞᆰ' 에서 나온 어미의 바뀜을 봅니다.

어미의 뿌리말		바뀐 소리	어미의 갈래	〈보기〉 푸르−
		다르아르	~다, ~더라	푸르다 푸르더라
		다르나르	~다니, ~더냐	푸르다니 푸르더냐
		다르가르	~다가, ~다고, 다오	푸르다가 푸르다오
		다느가르	~다니까	푸르다니까
닭[다르가르]	⇨	자르아르	~지요, ~지	푸르지요 푸르지
		아르가르	~이고, ~일까	푸르고 푸를까
		아르자르	~이지	푸르으지
		아르나르	~이니, ~ㄴ	푸르으니 푸른
		아르아르	~이ㄹ, ~ㄹ	푸를
닭맑 → 삶맑 → 앎맑	⇨	아르머리	~이며, ~ㅁ	푸르며 푸름
		아르머니	~이면	푸르면

이와 같이 '~다' 의 뿌리말은 '닭' 인데, '~하다' 의 말뿌리는 '~가르닭' 이고 '~ㅂ다' 의 말뿌리는 '~밝닭' 입니다.

말뿌리	닭	가르닭 → 하르닭	밝닭
어미	~다	~하다	~ㅂ다(프다)
〈보기〉	밝+다 = 붉다	밝+하다 = 불그레하다	밝+ㅂ다 = 부끄럽다
	닭+다 = 둥글다	닭+하다 = 둥그렇다	닭+ㅂ다 = 달갑다
	맑+다 = 맑다	맑+하다 = 뭉클하다	맑+ㅂ다 = 미끄럽다

③ '이다' 와 '있' 과 '인' 은 같다

닭닭 →	삶닭 →	잙닭 →	핡닭 →	낡닭 →	앎닭
돋	싣	짙	훑	닏	이다 인 있
닭닭닭 →	삶닭닭 →	잙닭닭 →	핡닭다 →	낡닭다 →	앎닭다
돋다	싣다	짙다	훑다	닏다	읻다 잇다 있다

④ '닭' 은 높임 접사 '시' 의 말뿌리

높임을 나타내는 접사 '시' 와 시(媤)어머니의 '시(媤)' 도 닭에서 나온 같은 말로 보입니다. 이는 결코 한자말에서 온 것이 아닙니다.

닭 → 삵 → 잙 → 앍			
시끌 지껄 아가리			
⇩			
사르		→	시
사르술설살	신선신산손	송성성상숭	새씨수사사시
辭祭酒歲矢	神仙信山客	頌聖城上崇	鳥種秀祀師媤
[ㄹ]→	[ㄴ]→	[ㅇ]→	ø

위에서 보는 것처럼 이 말은 근원적으로 '사로다(辭)' 또는 '지껄이다(呪)' 의 뜻을 가지고 있었기 때문에 높임 접사가 된 것으로 보입니다.

⑤ '닭' 에서 나온 보조용언들

닭 → 삵 → 잙 → 핡 → 낡 → 앍

직(~직하다) 척(~척하다) 체(~체하다)

4) '닭' 에서 나온 시늉말

닭 →	삵 →	잙 →	핡 →	낡 →	앍
두근	소곤	조곤	하근 하늘	능글	우글
두근두근	소곤소곤	조곤조곤	하늘하늘	능글능글	우글우글

닭 →	닭닭 →	닭앍 →	삵앍 →	잙앍 →	핡앍 →	낡앍 →	앍앍
두런거리	덜커덕	덜컥	살칵	찰칵	헐컥	날칵	알칵
두런	두런두런	덜렁	살랑	찰랑	흘랑	날랑	알랑
툭	투둑		*실컷				*얼른

(2) 밝[바르가르]

1) 밝에서 나온 이름씨

밝[바르가르] →	바르하르 →	바르아르 →	화르가르 →	와르가르
부가리 벼락 부락	봉황鳳凰	부안 부애 발 비	확 황皇	와락 울화
번개 부리기 볼록	부라한	바위 벼랑 팔 보	혹 황굴레	우륵
바구니 방구 방귀	봉화 평화	평양 벌레 풀 堡	활活 황간	우르
비구니 포구 파크	부화	부루 부우 피	환桓	우리
빨강 불그레 발칸	방하	벼루 벌 반班	혼魂	울
봉개 부엌 벌 북 벽	바회	방坊 불 포浦	황黃	여

① 봉황과 새

밝에서 온 봉황은 활개를 치고 닭에서 온 새는 날개를 칩니다. 맑에서도 '매'라는 새가 나왔습니다.

밝	닭	맑
밝 → 밣 → 홝 부라한 봉황鳳凰 활개 활기活氣	닭 → 삵 → 낡 솔개 생기生氣 수리 새 날개	맑 매

2) 밝에서 나온 용언

① '~다' 가 붙는 경우

밝다 → 홝다 → 왉다
발개다 뿔개다 부리다 배기다 바뀌다 헐다 왈기다 울리다
밝다 박다 붉히다 볶다 푸르다 바라다 빌다 희다 우기다 우리다

② '~하다' 가 붙는 경우

밝하다 → 홝하다 → 왉하다
불그레하다 뺄겋다 박하다 환하다 원하다

③ '~ㅂ다' 가 붙는 경우

밝ㅂ다 →	홝ㅂ다
부끄럽다 부럽다 번거롭다 반갑다	헐겁다

3) 밝에서 나온 어찌씨

밝 →	홝 →	왉
바르게, 별안간, 버럭, 퍽, 푹, 바로, 별로	확	왁 와

4) 밝에서 나온 시늉말

밝 →	밝밝	밝닭 → 밝앍 →	홝앍 →		왉앍
퍽 버럭 팡 뽕	팍팍 빵빵 삐약삐약	벌커덕	벌컥	활칵 훌렁	왈칵 울렁
보글 뽕 펑	보글보글 버글버글	벌떡	벌컥벌컥	훌렁 훌렁	와락 우르르

(3) 맑

1) 맑에서 온 이름씨

맑[마르가르] →	마르자르 →	마르하르 →	마르나르 →	마르아르
메르켈 맹가리 머구리	머저리	물한 명호	망나니	물알 물론 미울
물결 멀구 물건 문군	메주	무흘	마누리	머루 무라이 물안
무케 미역 미륵 마고		마흔	며느리	무렌 머리 모래
몰골 멍게 망개 메르켄		만호	미나리	마루 무리 마리
맹과니 머거리 무쿤 무꾸		모형模型	미리내	모양模樣 미르
마구니 매구 메기 먹이		미호	마늘 미늘	물 망 명 모이
맥 멱 먹 묵 막 목		많	만 문 면 민	말 모 무 미 마

① 맑에서 온 물

'물' 은 바로 '마르' 에서 온 것이 아니라, '맑' 에서 온 것으로 보입니다. 우리말에 '물' 과 비슷한 말에 '멱' 과 '물알' 과 '미리내' 가 있기 때문입니다. 이는 몽골말에서 '물' 을 뜻하는 '무케' 에서도 확인됩니다.

맑[마르가르] →	마르하르 →	마르나르 →	마르아르
메르켈 물고 목간 무케 미역 멱	물한 멘홀 명호 미호	미리내 미나리	물알 무렌 물

'목욕하다'를 뜻하는 말에 '멱 감다'가 있지요. 여기의 '멱'이 '물'의 말뿌리인 '무케'와 같습니다. 그러므로 '멱 감다'는 '물에 감다'가 됩니다.

② 마고할미-창조신화

'맑'에서 '마고'가 나와 천지창조 신화로 나아간 것으로 보입니다. '마고'는 '물'이므로 생명체의 뿌리입니다. 마고할미가 큰 다리를 벌려놓고 오줌을 싸서 산과 강을 만든 것이 마고할미 이야기의 줄거리 아닙니까? 곰곰 생각해 보면 물[맑]인 '마고'가 산과 강을 만든 것은 당연한 이치입니다.

맑할미
메르켈할미 → **맹갈**할미 → **마고**할미 → **멱**할미 → **물**할미 : 산과 강을 낳음

③ '맑'에서 온 행정 단위인 '면(面)'

우리나라 행정 체계로 도(道), 시(市), 군(郡), 면(面), 동(洞)이 있습니다. 이들이 각각 어디에서 왔는지 보겠습니다.

가르닭 → 가르왉 → 가르왏 가락 고호르 → 고을 → 군郡	닭닭 → 삵닭 도독 스탄 시티 시市
맑 막幕 맥脈 목(재 령嶺) → 면面	닭 → 삵 → 좖 동洞 도道 실 시市 천川 진鎭 재 주州 지地

예천군 은풍골에 8목9실의 마을이 있습니다. 이 때 '목(맑幕)'이 '면面'과 같으므로 '목'은 본디 '실'보다 더 상위의 마을 단위임을 알 수 있습니다.

2) 맑에서 온 용언

맑다 맹갈다 뭉개다 메기다 막다 맑다 묽다 먹다 묵다 뫃다	맑ㅂ다 미끄럽다 미쁘다	맑하다 뭉클하다 멍하다 멀겋다 미끌하다 물컹하다

3) 맑에서 온 어찌씨와 매김씨

맑
마카 막 마구 먼저 많이 매우 미리 맨

4) 맑에서 온 모양시늉말

맑 → 맑맑 막 몽글 막막 묵묵 뭉게뭉게 몽글 몽글몽글 묵묵하다	맑닭 → 맑앍 묽다 묽고 물컥 → 물렁 물커덕 물컥물컥 물렁물렁 말랑말랑

같은 뜻의 뿌리말들

(1) 물과 비

맑 ====================== 닭 ========= 밝
미륵(가르, 용龍) 모롱이山 물(마) 뫼山 달(땅) 산山 수水 비(우雨) 봉峰 벌(평平)

닭山 뫼 ↑ 雨밝 마 ← 맑 → 물 닭水 ↓ 미르龍 가르江

(2) 물(水)을 뜻하는 말들

가르 개울 고이― 개 계溪 용龍	닭 → 삵 → 잙 → 앍 탕湯 실개울 수구水口 시내 수水 소沼 천川 정井 지池 요내

가르닭 → 가르삵 → 가르앍 → 하르삵 → 나르삵 → 아르삵 구태 갯 거렁 강 韓水 湖水 내성乃城 아리수 熱水 濊水 龍水

맑 몰개 무케 무흘 미울 무렌 물 무이	밝 → 왉 비 피 우雨	밝닭 바다	맑닭 → 맑삵 물 못

닭맑 → 삵맑 → 낡맑 → 앍맑 → 가르맑 탕물 시냇물 샘 냇물 우물 강물 가람	닭닭 → 닭삵 → 닭앍 → 핡삵 대수 대양 호수

(3) 불(火)을 뜻하는 말들

가르 → 자르 → 하르 → 나르 → 아르 그을- 켜- 쬐- 조照 초焦 혀- 눌-(*누룽지) 열熱	밝 → 핡 벼락 불 호롱 화火
닭 → 삵 → 좕 → 핡 → 낡 → 앍 튀기- 태우- 타- 사르- 소燒 쬐- 초롱 초焦 조照 혀- 눌- 열熱	

(4) 얼굴과 볼기와 몰골

닭 → 앍 달기 따귀 얼굴	밝 볼기	맑 → 맗 → 맣 몰골 모형模型 모양模樣

(5) 되와 바리와 말(斗)

닭 되	밝 바리	맑 말(斗)	닭맑 → 삵맑 두멍 섬	닭밝 → 핡밝 대박 되빡 흡

(6) 아내와 부인과 마누라

닭 → 삵 → 좕 → 핡 → 낡 → 앍 → 앓 따라기 씨가리 조카 히가리 누이 올케 안해 달기 딸 사내 성 자네 형兄 낭娘 아내	밝 부인 빈嬪 비妃	맑 마누라

(7) 다래끼와 바구니와 멍

닭----------밝-----맑 다래끼 도가니 바구니 마구니 막 망 멍	닭닭 → 좕닭 --- 밝닭 → 맑닭 종다래끼 방티기 망태기

(8) 닭과 밝과 맑은 돌과 불과 물

아래를 보면 제가 우리말의 뿌리를 찾는 길에서 '뿌리말'로 닭, 밝, 맑을 설정한 것은 일리가 있다고 생각합니다. 돌과 불과 물은 우주의 기본 구성 요소이기도 합니다.

우리말의 뿌리말	닭	[다르가르] → 다르아르 달갈 돍 돓 돌	돌	우주의 구성요소
	밝	[바르가르] → 바르아르 벼락 불 풀	불	
	맑	[머리가르] → 마르아르 무케 물알 물	물	

(9) 삼태극 사상에서 음양사상으로

또한 ᄃᆞᆰ, ᄇᆞᆰ, ᄆᆞᆰ에서 삼태극(三太極), 삼재(三才), 삼신(三神)이 나왔다고도 볼 수 있습니다.

밝 = 불 = 하늘 = 양陽	닭 = 돌 = 땅 = 음陰	맑 = 미륵 = 물 = 생명

우리말은 어쩌다가 중구난방으로 만들어진 것이 아니라 우주 탄생의 근원적 철학을 담고 있는 아주 체계적이고 합리적인 말이라는 결론에 이르게 됩니다.

말본과 얽힌 말

(1) 우리말의 그 많은 어찌씨들은 어디서 왔을까요?

<table>
<tr><td colspan="6">닭 → 삵 → 잙 → 앍
도리어 되래 두루 따위 또 상기 썩 제기랄 오기(로) 아주 아니 오히려 어이 왜</td></tr>
<tr><td colspan="6">가르닭 → 가르삵 → 가르잙 → 가르앍 → 아르삵 → 아르잙 → 아르낡
까닭 그대 그대로 그스기 그저 그윽 거꾸로 으슥 오직 아주 아늑</td></tr>
<tr><td colspan="4">닭닭 → 삵닭 → 앍닭 → 앍삵 → 앍잙
수다간 우두커니 억수로 어거지(로) 오로지</td><td colspan="2">닭밝 → 잙밝
덕분에 제발</td></tr>
<tr><td colspan="4">닭맑 → 찱맑 → 잙맑 → 앍맑
다무래 때문에 다만 참 조금 좀 어머나 아마 이미</td><td colspan="2">맑닭 → 맑닳
모두 무던히</td></tr>
<tr><td colspan="2">밝닭 → 밝삵 → 홝 잙
비로소 벌써 폭삭 활짝</td><td colspan="2">맑닭맑 → 맑찱맑
마침(내)</td><td colspan="2">닭맑닭 → 닭맑잙
도무지</td></tr>
<tr><td colspan="2">밝
퍽 빨리 별로 바로 별안간</td><td colspan="2">맑
막 마구 매우 미리 맨</td><td colspan="2">가르 → 자르 → 나르 → 아르
꽤 잘 늘 ~을</td></tr>
</table>

(2) 토씨의 말뿌리

밝닭 ~부터	밝 ~뿐	맑 ~만	닭닭 → 앍닭 → 앍삵 더디 어디 ~에서

가르 → 나르 → 나느 → 라르 → 아르 → 아느 ~가 ~네 ~는 ~를 ~을 ~은	닭 → 앍 ~에게(로)

(3) 사람대이름씨의 말뿌리

닭 → 삵 → 잙 → 낡 → 앍 대가리 씨가리 자기 저 나가(내) 너거(네,너희) 누구(뉘) 어른 아가 아이 이	가르 그
가르닭 → 가르앍 → 자르앍 → 아르앍 그대 그이 저이 이이	밝 → 왉 방(房) 울 우리

(4) 가리킴대이름씨의 말뿌리

가르가르닭 → 가르가르삵 → 자르가르삵 → 아르가르삵 그건 그것 그곳→거기 저것 저곳→저기 이것 이곳→여기

(5) 느낌씨의 뿌리

닭→앍 → 앓 에그! 이크! 아하! 오호!	밝 → 홝→홝홝 → 왉 팍! 버럭! 헉! 확확 훨훨 와락! 와아!
닭맑→앍맑 애그머니! 어머나!	닭밝→앍밝 오키바리!→어즈버! 아주버(님)

(6) 덜된이름씨

밝[바르가르]→바르아르→바르아느 바 분, 뿐	가르닭→가르삵 걷, 곧 것, 곳	닭 데, 때, 터

▌겹말

(1) 닭닭에서 온 말

1) 어제와 오늘과 내일

닭닭 →	앍잚 →	앍낡 →	낡낡 →	낡앍
	어끄저께 그저께 어저께 어제	오끄나께 오늘	나끄나께 난날	내일

2) 언덕과 기슭

산 '기슭' 이나 강 '언덕' 은 우리의 꿈과 추억이 깃든 곳이죠. 금잔디가 있는 양지 바른 그곳에서 강을 내려다보며 노래도 불렀을 것입니다. 언덕, 기슭, 둔덕, 둔치, 동산, 잔디 조선, 나라, 알동 따위가 모두 같은 닭닭에서 왔습니다. 마을이나 나라도 여기에 많이 세웠습니다. 거기엔 나루가 있어 배들이 드나들었고 아늑하고 평화로웠을 것입니다. '노래' 도 여기서 나왔으니 분위기로 봐서 노래가 나올 만한 곳이죠.

	닭삵 →	잚삵 →	핡삵 →	낡삵 →	앍삵 →	가르삵	
↗	동산	조선	한산	낙산	아산	기슭 ↘	
닭닭 →	삵닭 →	잚닭 →	핡닭 →	낡닭 →	앍닭 →	낡앍 →	가르앍
둔덕	솔등	중턱	한들	낙동	알동	나루	가락
둔치	송대	잔디	한티	노티기	언덕	노래	곡谷, 曲

3) 통시와 뒷간

화장실의 우리말 '통시' 와 '뒷간이 닭닭에서 왔음을 알 수 있습니다.

닭닭 →	닭삵 →	닭앍 →	잚앍
똥다락 똥당	통시	뒷간	정랑

4) 가르닭에서 온 말

① 가르닭에서 온 이름씨

가르닭 →	가르삵 →	가르잙 →	가르핡 →	가르낡 →	가르앍
케레이트 거단	거서간 게세르	공자 고죽 기주	고홍	그늘	고구려
구다라 구데아	고산 고성 괴산	귀주 거제 기자	경홍	강릉	가락
커다란 쿠르드	크스크 기슭 갯	가천 가창 고창	고향		꾸러기
큰들 기둥	귀신 개성 고신	구천 고천 강진			거렁 강
자르닭 →	자르삵 →	자르잙 →	자르핡 →	자르낡 →	자르앍
진덕 장단	조세르 조선	진적이 제주 주주	진한 조홍	저녁	줄기 자락
하르닭 →	하르삵 →	하르잙 →	하르핡 →	하르낡 →	하르앍
현덕 한티 한들	한성 한수	홍천 하천	회회	하늘	한알 한강 혼강
나르닭 →	나르삵 →	나르잙 →	나르핡 →	나르낡 →	나르앍
노티기 논티 느티	나생이 능소 능수	나전 나주	나한	나나이	나락
아르닭 →	아르삵 →	아르잙 →	아르핡 →	아르낡 →	아르앍
알동 알타이 어둥	아신 어신	안정 안질 여진	안학	아낙 아날로그	예濊

② 가르닭에서 온 용언

(ㄱ) '~다' 가 붙을 때

가르닭다 → 가르삵다 → 아르삵다
거들다 꼬드기다 커다랗다 길다랗다 / 거스르다 꼬시다 / 웃기다

(ㄴ) '~하다' 가 붙을 때

가르닭하다 → 가르삵하다 → 자르삵하다 → 자르잙하다 → 아르삵하다
고대하다 꾸덕하다 거뜬하다 / 고소하다 거시기하다 / 진실하다 / 진지하다 / 아삭하다

(ㄷ) '~ㅂ다' 가 붙을 때

가르닭ㅂ다 → 가르삵ㅂ다 → 아르삵ㅂ다
고달프다 까다롭다 / 가소롭다 구슬프다 갔습니다 / 왔습니다 어설프다 우습다

4) 닭닭의 길

닭닭 →	닭삵 →	닭잙 →	닭핡 →	닭앍
타타르 둔덕 돈달 도독	단군씨가리 대수	단군족 덕지	대한	탁리국 다인
텬독天毒 텬둑天竺 두들	당산 두류산 덕산	독짓골 대치	대홍	독로국 대은
덕다리 단동 던둥 텬도天桃	덕수 텬산 돈산 단산	닭재 당진 둔치	대하	동이 동국

삵닭 →	삵삵 →	삵잙 →	삵핡 →	삵낡 →	삵앍
스키타이 생달	숙신 소산 소사	색족色族 산청 송지	수한	상낙	색이色夷
선덕 신대 송도	선산 상산 수산	상주 순천 소천	순홍	상냥	색국色國
신당 순도	소수 성수 숙수	성주골 생천 성진	시홍		신안 성인
수다간 소도	성산 살수 신성	신크치 신지 서천	신한		신국 서이

잙닭 →	잙삵 →	잙잙 →	잙핡 →	잙낡 →	잙앍
장단 전둥	직신 조선 장성	전주 진주 주주	진한 장항	정랑	조이鳥夷 천안
저동 재달	종산 재산 주산	진적이 진천	천향 장홍		진국辰國 진안
창동 지동	정선 주실 장산	장춘 제주 재천	진홍		장안 제곡 주곡
장대 진덕	축산 추산 진실	중전 제준 진지			진고개 지고개

핡닭 →	핡삵 →	핡잙 →	핡핡 →	핡낡 →	핡앍
훍티 한들	홍성 흐순 한산 한수	한족韓族 해주	회홀	흉노	한국 형곡
한티 히티	형산강 한성 해산	후리족 훈족	홍해		회인 홍고개
휴도왕 현덕	호라산 학산 횡성	훍진개 흔전	회회		한강 흔강

낡닭 →	낡삵 →	낡잙 →	낡핡 →	낡낡 →	낡앍
느리티 논티 느티	낙상 낚시 노산	나전 나진 나주	내홍	낙랑	나각 낙강
낙동 난댕이 노티기	내성 논산 나산	늑치 느리치	나한	나나이	노래 노은

앍닭 →	앍삵 →	앍잙 →	앍핡 →	앍낡 →	앍앍
왕태골 우다간	왕산골 왕신 온수	안질 잇질 안정 연천	온해	오녀	안악
알타이 아더왕	아신 어신 옥산	예족 오랑캐재 여진			유연
안틀이 인동 온달	완산 온성 오산	알천 인천 웅천 영천			이안
안동 어둥 알동	아리수 예니 세이강	예천 여주 오천 아천			예고개
오대 오토五土	이사리 일산 안산	영주 양주 옹진 우주			외고개
우대	익산 예산 이산	오전 이천 아리랑재			이곡

(2) 밝밝에서 온 말

밝밝 →	밝홝 →	홝밝 →	홝홝 →	왉왉
벌방 필리핀 비로봉 파리봉 부르봉 봉평	봉황	황보	활활	왕왕
부평 파평 부용봉 바보 보배 뽀삐 밥 법法			훨훨	윙윙

'밥이 보배' 라는 말이 있는데, 이는 밥의 중요성을 말하는 말입니다. 위를 보면 '밥' 이든, '보배' 든 말뿌리가 같은 '밝밝' 에서 왔으므로 말 풀이로도 맞는 말입니다.

밝밝 →	밝홝 →	홝밝
부풀다 비비다	방황하다	활발하다

(3) 맑맑에서 온 말

맑맑
모래미 먹물 만물 미물 막막하다 만만하다 모면하다 멍멍하다 미미하다

1) 미륵물과 용물

맑맑에서 온 미르물을 주로 용물 또는 용수(龍水)라 합니다. '맑' 이 '물' 이라서 뒷날 '용(龍)' 으로 의역된 것으로 보입니다.

맑맑 미륵물 마그마 몰개미 미르물(용물) 모래물 무르미 미르미 문막 맥문(동) 목멱(산) 마름		
밝닭맑맑닭나라 →	밝잙 맑맑닭나라 → 백제물무당나라(변진미르미동국)	밝잙 맑맑닭 나라 백제 마호메트 나라

(4) 밝닭에서 온 말

1) 밝닭에서 온 나라

밝닭 →	밝삵 →	밝잙 →	밝홝 →	밝앍
포르투갈 박트리아	페르샤 보스니아	백제 베네즈웰라	발해	부여 페니키아
빅토리아 폴란드	프러시아 프랑스	브라질 버지니아		벨기에 불가리아

2) 밝닭의 길

	[ㄺ]→	[ㄴ]→	[ㅇ]→	∅
밝닭	복뎅이 박달 박트리아 배달 포대기 별동 버들 바닥 방티기 별당	번뜩 비단 부탄 비엔티안 변달 번들 바덴	불당 분통 봉당 봉두 포동 바탕	피터 바다 붓다 바투 밭 부두 볕 불타
밝삵	박사 박수 벅수 백설기 별실 보실 피실 푸실	판수 반석 부산 배산 변산	방석 보성 병산 봉산	배새이 비롯 부사 벗 풋
밝잙	부치개 픽추 번쩍 박적 버지기 바가지 팔직이	변진 백잔 백제	불정 봉정	부처 빛 비적 버찌 벌재
밝핡	발해	변한	방하 봉화	바하
밝앍	백악 백의 백골 피아골	반곡 비간 부안	방곡	부여 피아골
홝닭	활동	환단	황도	화타
홝삵	화살 확실히	환상	항상 황성	화산
홝잙	활짝	환자	황제 화장	화지
홝앍	화락	환인	황간	
왉닭	아틸라 아달라 우투리	온달	웅덩이 왕태	우대 윗
왉삵	월산 울산	완산 우산	왕산골 왕신	
왉잙	월지 올자	온조 완주 옹진	왕자 양지	
왉앍	울릉 월악			

(5) 맑닭에서 온 말

1) 무당

맑닭 →	맑삵 →	맑잙 →	맑앍
망태기 무당巫堂 마운틴	멍석 마실 모세	마젤 맛질	몽카크 매곡 마곡
미코토 마토 무드 야마토	마하살 무수리 매산	만주 모자	몽고홀 몽골 마광
믿信 맏兄 묻埋 모둔곡	마실 문수 무사 막실	미자 마지	마한 말갈 먹이

2) 무당과 박수

맑닭 → 밝닭
무당 ↘ 배달 ↘
맑삵 밝삵 → 홝 좕 → 왉 좕
무수리 마하살 모세 박수 박사 보살 황제 온조

3) 못과 섬

맑닭 - - - - - - - - - - 닭맑 ↘ ↘ 맑삵 삵맑 **못** : 뫼에 고인 물 **섬** : 물 위에 솟은 뫼	닭맑 - - - - - - 닭맑맑 ↘ ↘ 닭맑 → 삵맑 삵맑맑 **탕물** **샘** **샘물**

가르닭 → 하르닭 → 가르삵 → 하르삵 → 아르앍 → 가르앍
큰들개 한들개 한티 기슭 갯 호수 한수 아리수 거럭 거렁 강江

⑹ 닭밝에서 온 말

1) '개벽' 과 '겨울'

'개벽(開闢)' 은 '세상이 처음 생김' 또는 '세상이 어지럽게 뒤집힘' 을 뜻한다고 합니다. 실제로 글자의 뜻도 '開' 든 '闢' 이든 '열다' 의 뜻을 가지고 있어서 '개벽(開闢)' 의 뜻을 뒷받침하고 있습니다. 그래서 사람들은 막연히 '개벽(開闢)' 은 한자말이겠지 하고 생각했을 것입니다.

그러나 저는 이미 '개벽(開闢)' 이 우리말 '곱빼기' 와 '겨울' 과 관계된다고 밝힌 바 있습니다. 그러므로 이는 '처음으로 돌아감' 을 뜻하는 우리말임을 알 수 있습니다. 여기서 '겨울' 도 봄의 꽃이 피기 이전의 본디 상태로 돌아간 것입니다.

자르밝 → 하르밝 → 나르밝 → 아르밝
↗ 절벽 진보 장백이 지보 하백 화백 높– 입 업– 엎– ↘
가르밝 → 가르왉
갈보 까백이 꺼풀 개벽開闢 계백階伯 곱빼기 굽이 갑甲 곱 굽 겹 급急 깊– 겨울 가위

여기서 '배가 고프다' 의 '고프다' 가 나왔습니다. 뱃속에 아무것도 없는 본디 상태가 되니까 배가 고프겠죠. '~겹다' 도 여기서 나왔는데, 이는 '고프다' 와 정반대로 두 배로 넘치는 상태를 말할 것입니다.

가르밝 → 가르밝닭
개벽 고프다(배가 고프다) ~겹다(시름겹다 눈물겹다)

2) **행복과 복**

먼저 '복福' 은 무엇인가? 옥편에서는 그냥 '복 복' 입니다. 국어사전에서는 '福' 을 아래와 같이 풀고 있습니다. 나는 여기서 '몫' 을 눈여겨봅니다.

복福 : 1. 편안하고 만족한 상태 2. 배당되는 몫이 많음의 비유

'복福' 은 우리말 '볽' 에서 온 '봉개' 입니다. 이와 뜻이 가장 가까운 우리말은 '몫' 일 것입니다. 우리말에 '봉개를 놓다' 하면 이는 '몫을 놓다' 와 같기 때문입니다.

복福 : 밝
봉개 ⇄ 몫

'행복幸福' 은 무엇인가? 복은 이미 봉개로 풀었으므로 '행' 만 알면 됩니다. 사전에서는 '행幸' 을 '다행多幸' 의 준말이라고 합니다. 그렇다면 '행복幸福' 은 본디 '다행복多幸福' 이었음을 알 수 있습니다.

다행복多幸福 → 행복幸福

그렇다면 '다행복多幸福' 의 말뿌리는 무엇일까요? 이는 아마 '닭밝' 에서 왔을 것입니다. 여기서 대박과 대복大福도 나온 것으로 보입니다. 그러므로 '행복幸福' 은 '큰봉개' 임을 알 수 있습니다. 복이든 행복이든 이는 처음에는 물질에서 시작되어 지금은 정신적 상태를 나타내는 말로까지 되었습니다.

여기서 결국 '행복幸福' 의 '행幸' 은 '크다' 의 뜻을 가지고 있음을 알 수 있습니다. 그러므로 '행幸' 과 가장 가까운 우리말은 '한韓' 인 것도 알 수 있으며 '큰, 전全, 한韓, 온' 이 같은 반열에 있음도 알 수 있습니다.

다르밝
↗ 대봉개 대박 대복 다복 ↘
大朴 大福 多福
닭밝[다르가르밝] 닳밝 → 하르밝
덩그런 봉개 다행복 행복
多幸福 幸福
↘ 가르밝 → 하르밝 ↗
큰봉개 큰복 행복

가르 →	자르 →	하르 →	아르
큰	전全	한韓 행幸	온

'봉개' 는 '밝' 에서 왔지만 '봉다리' 는 '밝닭' 에서 왔습니다.

밝 -----	밝닭 →	밝삵 →	밝잙
봉개 복	봉다리	봉순	봉지

3) 왕비의 이름들

왕후들 이름이 대부분 닭밝에서 왔음을 알 수 있습니다.

닭밝 →	삵밝 →	잙밝 →	핡밝 →	앍밝
태백 대부인 대비	숙부인 숙빈 선비	정부인 정빈 자부	현부인 희빈	왕비 안파견 알박 연비 아비 어부인

4) 씹과 합(合)

닭밝에서 다음과 같은 말들이 생겼습니다.

닭밝 →	삵밝 → 잙밝 →	핡밝 →	낡밝 →	앍밝 →	가르밝
더불어 타불이 덮	씹 삽 처부 첩 접 집	합흡	납	입 압	겹 겁 곱 굽 깊

이들 말들이 다시 서로 더해져서 삽입, 흡입, 납입, 접합, 집합과 같은 한자말이 생겼을 것입니다.

5) 닭밝의 길

닭밝 →	삵밝 →	좕밝 →	핡밝 →	낡밝 →	앍밝 →	가르밝
닭벌 태백	상굼부리 사발	천왕봉 장보고	화백	넓–	안파견	개벽
다부 투르판	시베리아 선평	청백이 장군봉	하백	높–	아파치	계백
다비 토박이	서라벌 사부	천변 진번 집안	할배	나쁘–	아보기	거북
따배기 터부	성평 새벽 수평	진평 청평 졸본	할빈	높	아버지	고빼기
단군봉 테베	시루봉 성벽	칠보 천보 절벽	희빈	눕–	아그빠리	거불한
단군벌 태평	서불한 석보	천부天付 진보	흡吸	납	알박 아배	가배
도편(수)	서백력 셀파	천변 처부 장백	합合	닢	은풍殷豊	굽이
대평 투구봉	서벽 사벌 소벌	추바리 지보	홉		웅부	가위
대판 타파	새벌 새박 석포	청풍 조부祖父			우복 우보	곱 깊
덥 돕 더불어	수비 수박 새별	철벽 자부 장평			읍부리	굽 겁
탑塔 톱 덮	숲 썹 삽	첩 접 집 좁 짚			읍 입 잎	겹 꺼풀

(5) 닭맑에서 온 말

1) 사람과 시민

다물(多勿), 사람, 시민(市民), 샤먼, 인민(人民)이 같군요.

닭맑 →	삵맑 →	좕맑 →	핡맑 →	낡맑 →	앍맑
탕물 동막	수구막 수막 샤먼	주민	할미	냇물 나물	강물가람
동무 다물	샘 사람 시민市民	주몽	휴먼	나막 나무	인민人民

2) '가람' 과 '강물'

먼저 '거랑' 에서 '강江' 이 왔다면 '강江' 이 한자말일까요?

가르닭 →	가르삵 →	가르앍
큰달개	기슭 갯	가락 거럭 구계 곡谷 거렁 거랑 강江

문경에 구랑리(九郞里)가 있는데 이 마을의 기원에 대해서 '아홉 사나이…' 운운하는 전설이 있는데 이는 사실과 거리가 있습니다. 구랑리는 그냥 소리로 '거렁' 곧 '강江' 입니다. 실제로 이 마을은 강가의 마을로 사람들이 놀러 많이 옵니다.

예천군 용문면에 '구계九溪' 라는 마을이 있는데 사람들은 '구렐' 이라고 더 많이 이릅니다. 이도 '가락' 에서 온 '거렁' 일 것입니다.

이제까지 가람은 본디 우리말이고 강(江)물은 한자말인 것으로 알고 있지만 이들은 '가르닭맑' 에서 온 같은 말입니다. 여기서 '가람' 과 '강물' 이 같은 우리말임을 알 수 있습니다.

꾸정물과 흔튼물은 겉모습만 보면 말뿌리가 다른 데서 온 아주 다른 말 같지만 그 뿌리가 가람(강물)을 뜻하는 '가르닭물' 에서 온 같은 말입니다. 이때 강물은 맑은 '샘물' 과 대비되는 말입니다.

	하르닭물 →	아르좕맑	
↗	흐트린물 흔튼물	오줌 ↘	
가르닭맑 →	가르좕맑 →	가르삵맑 →	가르앍맑
커다란물	꾸정물	기슭물 갯물	거렁물 → 강물 → 가람

3) 샘에서 바다까지

닭 → 삵 → 삶 달개울 실개울 시느리 시내	닭맑 → 삵맑 → 삶맑 탕물 수구막 샘 시냇물	밝닭 → 밝닭맑 바다 바닷물
가르닭 → 가르삵 → 가르앍 커다란 갯 가락 거렁 강江	가르닭맑 → 가르삵맑 → 가르앍맑 커다란물 기슭물 갯물 **거렁물 강물 가람**	

상주 함창에 공갈못이 있는데 '공갈' 은 무엇일까 생각해 봅니다. 이는 가르닭에서 온 가락(가야), 나라를 뜻하는 것으로 보입니다. 그러면 공갈못이란 '가야' 또는 '나라' 의 못이 됩니다. 왜냐 하면 함창은 옛날에 고령가야라는 나라가 있었던 고장이기 때문입니다. 그리고 '공갈못' 에서 '공검' 이 나왔을 것입니다.

가르닭 →	가르삵 →	가르앍 →	나르앍
	거서간	가락 가야 공갈 공공 거렁 강江	나락 나라 나루

4) 씨름과 싸움과 스모

'씨름' 과 '싸움' 의 말뿌리가 같습니다. 이로 보아 옛사람들은 싸울 때 치고 박지 않고 '씨름' 밖에 몰랐던 것 같습니다.

닭맑 →	삵맑 →	삶맑
대갈머리	씨갈머리 사람 사먼	사호미 **싸움 씨름** 스모 삶

5) 투무와 처구마마

① 투무

투무(突姆)는 여진족의 불의 신인데 존칭은 '처구마마(車庫媽媽)' 입니다. 투무는 이디오피아의 불의 신이기도 합니다. 이는 일본의 불의 신인 토고문과도 같은데 이들은 모두 '닭맑' 에서 온 주몽 또는 샤먼입니다.

닭맑	→	삵맑	→	잙맑	→	핡맑	→	낡맑	→	앍맑	→	가르맑
토고문 티무르		씨갈머리		처구마 주몽		할미		나막		임금		곰
다물 투무		상감 샤먼		찰거머리 짐		호무		나무 님		왕검 임		가미

② 처구마마

'처구마마' 는 '처구마' 에 '닭맑' 이 높임의 뜻으로 붙은 것으로 보입니다.

처구마마 :	닭맑닭맑	→	찱맑핡맑	→	찱맗닭맑	→	찱맗앍맑
	단군맑닭맑		처구맑닭맑		처구마하트마		처구마마

'처구마마' 는 태(兌)에 있는 '처구(車庫)의 깃발' 을 움직이는 마마님이라는 뜻입니다. 태(兌)나 '처구' 는 닭에서 온 당(堂)이며 성(城)인 것으로 보입니다.

닭[다르가르]	→	찱	→	삵
당(堂) → 대(臺), 태(胎, 兌) 데 터 토土		처구(車庫) 책柵		성城

③ 마마

'마마' 는 '위대한' 으로 풀립니다. 말닭맑에서 '매금' 과 '마마' 가 나왔습니다.

맑닭맑	→	맗닭맑	→	맑삵맑	→	맑낡맑	→	맑앍맑
머리두마칸 머리다물		마하트마		머리상감		마님		매금 → 마마

닭맑닭맑	→	삵맑삵맑	→	잙맑잙맑	→	앍맑앍맑
다물다물 드문드문		스물스물 섬섬		주물주물 즈믄즈믄		어물어물 어마어마한

'상감마마' 는 닭맑맑닭맑에서 온 것으로 보입니다.

닭맑맑닭맑 → 닭맑맗닭맑 → 삵맑맗닭맑 → 삵맑맑앍맑 → 앍맑닭맑
다물마하트마 상감마하트마 상감마마 샤먼마마 임금마마

6) 닭맑에서 온 용언

① '~다' 가 붙을 때

닭맑다 → 삵맑다 → 잙맑다 → 핡맑다 → 낡맑다 → 앍맑다 → 가르맑다
다물다 심다 저미다 헤매다 내매다 악물다 가멸다
닮다 삼다 잠그다 해맑다 넘다 옭아매다 오무리다

② '~하다' 가 붙을 때

닭맑하다 → 삵맑하다 → 잙맑하다 → 핡맑하다 → 앍맑하다 → 가르맑하다
티미하다 서먹하다 적막하다 희미하다 오목하다 갈무리하다

③ '~답다' 가 붙을 때

닭맑답다 → 삵맑답다 → 잙맑답다 → 핡맑답다 → 앍맑답다
동무답다 샤먼답다 사람답다 주몽답다 할미하다 아름답다 어미답다

이제까지 '아름답다' 의 말뿌리를 몰라 학자들의 말이 많았습니다. 그런데 이는 '다물' 에 '~답다' 가 더해져서 나온 말인 것으로 보입니다. '다물' 은 '샤먼' 인데 그는 때로는 동무가 되어 주기도 하고 이해심도 많은 '아름다운' 사람이 아니었을까요?

7) 닭맑의 길

	[ㄹ]→	[ㄴ]→	[ㅇ]→	ø
닭맑	두르마기 대목 도꼬마리 두마칸 돌맹이 투르만	대님 달문 대문 두만 투먼 때문에	동그라미 두명 동막 동명 동맹 통명 동무	대감 달마 달미 두메 다물 담로 도모 탐라 티무르 투무 타밀 둠
삵맑	씨갈머리 시무르크 사막	석가모니 샤먼 신명	상감 서왕모 싸움 소금 사람	사마귀 시그마 샘 새목 사마 삶 섬 숨

	[ㄹ]→	[ㄴ]→	[ㅇ]→	ø
좖맑	찰거머리 철모 쭈꾸미 주먹 자무카 죽음	천막 처막 즈믄 자민 정견모주	천명 청명 장막 주몽朱蒙 징거미	차마 치마 처마 추모 치미 침 춤 지미 줌 짐(주主)
핡맑	하모니카 흙목	할머니	할망	하마 호무 할미 홈 힘
낡맑	니기미 닛금	눈물 냇물	나물	나막 나무 남 놈 님
앍맑	아무르 이무기 억마구리 알매	어머니 악마 안막	임금 어멍 여름 영감 왕모 얼음	아가미 아지매 이매 어미 움 임
가르맑	까마귀 키맥 거머리 가로막	구문 구만 까만	구멍 깽마 꺼멍 까망	구무 개미 거미 곰 꿈 금 김 고마(ㅂ다)

세겹 말

(1) 닭닭닭에서 온 말들

1) 수수꼬타리와 얽꽃

아래의 타래꽃, 수수꼬타리, 얽꽃, 아카시아, 옥수수 따위는 꽃송이 하나하나가 얽혀 더 큰 하나의 꽃이 된 다발꽃이죠.

닭좖삵→삵삵닭 → 앍좖삵→앍앍좖→앍낡앍→앍앍앍
단군조선 수수꼬타리 얽조선 얽꽃 얽나라 얽국
연방조선 강냉이 (聯邦) ↘ 앍앍좖
닭닭닭 ↗
티타이트 ↘ ↗ 얽우주
닭앍닭→닭앍삵 → 닭앍좖→핡삵삵→앍삵삵→앍앍삵
탕구트 퉁구스칸 타래꽃 힉소스 옥수스 아카시아
타래꽃 퉁구스 다루가치 옥수수 얽게세르

수수꼬타리나무에서 피는 꽃이 수수꼬타리꽃인데 '수수꼬타리' 자체가 '얽꽃' 입니다. 수수꼬타리꽃은 아카시아꽃과 마찬가지로 여러 꽃이 얽혀 전체가 다시 하나가 된 타래꽃입니다.

'얽꽃' 은 '얽나라(聯邦)' 이기도 합니다. 얽꽃이든 얽나라든 하나하나의 우주가 얽혀 다시 하나가 된 대우주입니다. 이것이 단군조선이요, 연방조선이요,

연방국이기도 합니다.

2) '수수께끼'는 '신선 이야기'

'수수께끼'란 무엇일까요? 이는 '스승이야기' 또는 '신선이야기'일 것입니다. 옛날에 '스승의 그림자도 밟으면 안 된다.'는 말이 있습니다. 제자들에게 스승이나 신선의 이야기는 풀 수 없는 신비한 이야기가 많지 않았을까요?

닭닭닭	→	삵삵삵	→	삵삵왉	→	삵삷왉
티타이트		신선긴시끌		신선긴이꺼리 수수가락		신선이야기
		스승긴시끌		스승긴이꺼리 수수께끼		스승이야기

3) 아사달은 조선땅

		가르삵삵	→	자르삵삵	→	아르잙삵	→	가르왉삵		
	↗	게세르산		조선산		아차산		고구려산	↘	
가르닭닭	→	가르삵닭	→	자르삵닭	→	아르삵닭	→	아르닭닭	→	아르닭삵
커다란땅	↘	게세르땅		조선땅		아사달		알타이땅	↗	오르도스
		가르삵잙	→	자르닭잙	→	아르잙잙	→	나르삵왉		알타이산
		게세르족		조선족		여진족		누른쇠겨레		

(2) 닭밝닭에서 온 말

		삵밝닭	→	잙밝닭	→	홝밝닭	→	낡밝닭	→	왉밝닭	→	가르밝닭
		쏘비에트		쥬피터		헐버트		네바다		얽배달 애급트		크레오파트라
	↗	솔밭		진밭		하버드		너밭		엘리자베드 아바타		카파도키아
닭밝닭	→	닭밝왉	→	삵밝왉	→	잙밝왉	→	낡밝왉	→	왉밝왉		
두루배달 티베트		두루부여 동부여		선비국		진번국		누비아		얽부여		
드라비다 다비드		태백국 대부여		상바라		진번		니벨룽겐		연방부여		

(3) 닭맑닭에서 온 말

1) 닭맑닭의 길

닭맑닭 →	삵맑닭 →	잙맑닭 →	핡맑닭 →	앍맑닭 →	가르맑닭
투메트	상감당	주몽당	할미당	임금당 알마티	금당 귀밑
대감당	샤먼당		험독	임둔 어미당	곰딸(웅녀)
두만당	사만다			임당(수)	금미달

닭맑삵 →	삵맑삵 →	잙맑삵 →	핡맑삵 →	앍맑삵 →	가르맑삵
다물산	샤먼산	주몽산	하무실	임금산	까막수리 곰씨(웅녀)
대감산	수미산	주마산	할마시	아미산	가메시 금성 감사感謝
투먼산	스미스	주몽성	해모수	아르마스	검산 금산 김씨

닭맑잙 →	삵맑잙 →	잙맑잙 →	핡맑잙 →	앍맑잙 →	가르맑잙
태무진 달밋재	샤먼재	주문진	홁목재	우르무치 임금재	곰족 갈머리재
다물재 도무지	삼량진	주몽재	함창 험측	우금치 예맥족	가무치 검재

2) 회오리바람과 용오름

회오리바람을 '용오름' 이라고도 하는데 이 '용오름' 은 가르닭맑에서 온 것으로 보입니다.

가르닭맑 →	가르앍맑 →	하르앍맑 →	아르앍맑
	가르오름	회오름 → 회오리	용오름

2. 말이 먼저일까, 글이 먼저일까?

우리말과 한자(漢字)말

우투리님, 말이 먼저일까요, 글이 먼저일까요? 이 또한 받을 말이 뻔한 물음이죠. 당연히 말이 먼저죠. 말은 사람이 짐승에서 벗어날 때부터 생겨난 것이니 글의 역사와는 비교가 아니 되죠. 인류가 태어난 것은 지금부터 약 2백만년 전인 신생대 4기에 든다고 합니다. 그런데 글의 뿌리는 아무리 올라가도 겨우 5천년 안팎입니다.

그러면 그대는 이런 뻔히 알고 있는 것을 왜 묻느냐 하겠죠. 그런데, 우리가 살다 보면 가끔은 이런 기본을 잊어버리고, 착각할 때가 있기 때문입니다. 이는 무슨 얘기일까요? 바로 우리말과 한자말과의 관계를 얘기할 때 한자나 한자말이 우리말보다 먼저 나왔다고 착각하기 쉽다는 것이죠. 우리는 막연히 중국의 역사가 오래되므로 한자말이 우리말의 뿌리가 아닐까 하고 착각하기 쉽다는 겁니다. 그러나 말은 글의 뿌리지만 글은 어떤 경우든 말의 뿌리가 될 수가 없다는 것이 제 생각입니다. 또한 저는 중국의 역사가 우리보다 더 오래 되었다는 데도 고개를 젓습니다.

나아가, 중요한 것은 한자말을 가만히 들여다보면 본디 우리말에서 한자말이 나왔고 거기서 다시 뜻글자인 한자(漢字)가 나왔다는 것을 깨닫게 됩니다. 만약 이런 제 주장이 맞다면 이 또한 우리 정체성을 찾는 데 큰 고비일 것입니다.

우리말에서 생긴 한자(漢字)말 또는 한자(漢字)

(1) '가르' 에서 생긴 말

1) 가르

우투리님, 다음에서 한자(漢字)말인 '家(집 가)' 는 우리말 '굴' 과, 우리와 같은 계통인 몽골말로 집을 뜻하는 '게르' 에서 나온 것으로 보입니다.

가르
게르 굴 → 가家
[ㄹ] → Ø

우리말 '글' 에서 '經' 이, '굴' 에서 '京' 이, '거울' 에서 '경鏡' 이, '고래' 에서 '경鯨' 이 나온 것을 보겠습니다.

ᄀᆞ르 → ᄀᆞᆼ 글 → 경經 굴 → 경京 거울 → 경鏡 고래 → 경鯨 갈다 → 경耕 [ㄹ] → [ㅇ]	여기서 여러 음절이며 여러 소리로 된 우리말에서 홑음절이며 같은 소리의 뜻글자인 한자가 만들어졌음을 알 수 있습니다. 무슨 '경' 이 이리도 많을까? 여기서부터 한자의 뜻을 구별하려고 성조가 나왔습니다. 여러 음절인 우리말일 때는 성조가 굳이 필요 없습니다.

우리말 '가히' 에서 '견犬' 과 '구狗' 가 나왔습니다.

가르
가히(개) → 견犬 → 구狗
[ㄹ] → [ㄴ] → Ø

우리말 '깔' 에서 '란卵' 과 '알' 이 생긴 것으로 보입니다.

가르 →	자르 →	하르 →	나르 →	아르
깔 꼴 공 콩	자	해	난卵 낭囊	알 안

우리말 '굴' 에서 한자말 '혈穴' 이 나왔습니다.

가르 →	자르 →	하르 →	나르 →	아르
굴	질	혈穴	날 널	알 올 안 온

우리말 '길' 에서 한자말 '로路' 가 나왔습니다.

가르 →	자르 →	하르 →	나르 →	아르
길	줄	혈	날	로路 열列

우리말 '이르다' 에서 '어(語)' 가 나온 것으로 보입니다.

가르 →	자르 →	하르 →	나르 →	아르
가로(다)	지르(다)	하(다)	니르(다)	이르(다) → 어語

우리말 '끓' 에서 한자 '열熱' 이 나온 것으로 보입니다.

가르	→	자르 →	하르 →	나르	→	아르
골(다) 끓(다)	고(다) 켜(다)	쬐(다)	혀(다)	내(다)	눋다(*누룽지)	열熱

다음에서 우리말 개울, 저울, 너울, 여울이 모두 같고, 이집트 나일강의 '나일' 도 우리말 '너울' 임을 알 수 있습니다. 우리말 개울에서 한자 '계(溪)' 가 나왔을 것입니다.

가르 →	자르 →	하르 →	나르 →	아르
개울 계溪	지르 저울 지池	흐르 허울 류流	나리 너울 나일 내	여울 아리

'가르' 의 소리가 바뀌면서 나온 말들을 간추려 봅니다.

	가르→	자르→	하르→	나르→	아르
ㄹ	가르– 깔 칼 굴 결 길 골骨	잘 줄 절 질 질膣	흐르– 혈穴 홀忽	날 널 날捺	알 얼 일日 왈曰 로路
ㄴ	큰 칸干 견犬 곤昆 군君 軍 郡 건建	진 진眞 전全	한 한韓 현縣 혼魂	눈 난卵 논畓	온 언言 인人
ㅇ	강强 콩 공 공工 경卿 경京 궁宮	장長 중中 종種	홍紅 弘 흉匈 항恒	낭娘 囊 농籠	왕王 웅雄 용龍
ø	가家 고高 교敎 계溪 고告 구區 거車 巨去	자子 주主 재才	해 호昊 后후 하河 해海	나我 내川	외 어語 예濊 아我

2) '가르' 에 '~닭' 이 붙을 때

우선 알아야 할 것은, 무슨 말에 '~닭' 이 붙으면 일반적으로 움직씨가 된다는 것입니다. 또한 무엇을 '가르' 면 거기서 '끝' 도 나옴을 알 수 있으니 참 재미있습니다.

가르닭 →	자르닭
가르다 끊다 금(끝)	자르다 잔(잣) 젼(젖, 젓) 졷(좆)

그런데 우리말 '끝' 에서 '극(極)' 이 나왔습니다.

가르닭 →	가르삵 →	가르앍
금(끝) 크다 길다	긋	극(極)

극에서 태극이 나왔는데 이는 가르닭에 닭(덩그런)이 더 붙어서 나왔다고 했죠?

닭가르닭 →	닭가르삵 →	닭가르앍	
탕구트	퉁구스	퉁가락	→ 태극(太極)
덩그런금(끝)	덩그런긋	덩그런극(極)	→ 대극(大極)

(2) '닭' 에서 온 말

닭 →	삵 →	쟑 →	핡 →	낡 →	앍
동가리 동량東梁	서까래	쪼가리	혀까래	날개	얼개 영개
둥글 덩굴 따귀	송글	종글 지구地球	흥클 형形	넝쿨	얼굴 엮-
단군檀君	성군 상相	장군 자기 재宰	환관 후候	낭군 랑郞	아기 옹翁
달구	시루	절구 쟁기	하꼬	내기	악기
뜨기	삭히 食醯 술	죽醬 장 초醮 주酒	혜醯	누룩 녹	알그리
덩거리 團結 同氣	설기	줄기 절기節氣	虛構 형型	내기	얽 連結
틀거리 대간大幹	설거리	줄거리	활개	날개	어깨 아구
틀개 對決 鬪技	쏘기 삭 사死	쪼개 죽 적敵	홀키 혹酷	낚	옭 옥屋
때리기 태껸 跆拳	쏘기	차기 蹴球	하키	놀기 농구	아리개 野球
달력	쐐기	주역周易 책력	홀기笏記	내력來歷	이력履歷
달개 渡口	시내 水口	진개 靑丘 처구	흐르 回歸	나리	아리
달려가-	살아가-	질러가-	흘러가-	내려가-	올라가-
두런거리	송알거리	종알거리	흥얼거리	농알거리	옹알거리
대거리 對話 討論	시끌 詩歌 辭	지껄 절규絶叫 呪	흘기 呼	닐거리 弄奸	일거리 一喝
당간 대臺	산간 산 사寺	절간 절 廳 停	헛간	난간	아가리入口
떨기 同氣	생기生氣	정기精氣	眩氣 香氣	느끼 내그	연기煙氣
타래 태胎	씨가리 實果	절구絶句	핵核	낭囊 농 낭	알 얼 올
티끌 톨 티	살구 씨 소巢	쬐 조照	해 호昊	난卵 나	我 애 이

1) 닭

① '지껄이' 와 '절규(絶叫)' 그리고 '일거리' 와 '어구(語句)'

다음에서 ㉠, ㉡의 우리말에서 ㉢, ㉣, ㉤의 한자말이 나왔음을 알 수 있습니다. 특히 우리말 '지껄이' 에서 '절규(絶叫)' 가 나오고, '일거리' 에서 '어구(語句)' 가 나왔군요. ㉢은 '소리' 에서 '뜻' 으로 바뀌는 중간 단계인데 이른바 '한자말漢字語' 입니다. 이를 많이 쓰면 우리말 ㉠, ㉡이 죽게 됩니다.

닭 →	삵 →	쟑 →	핡 →	낡 →	앍
㉠ 두런거리	송알거리	중얼거리	흥얼거리	농알거리	옹알거리
㉡ 대거리	시끄리	지껄이	홀키	놀리기	일거리
㉢ 대화 토론 對話 討論	사간 서기 시가 司諫 書記 詩歌	절규 자규 絶叫 子規	홀기 회귀 笏記 回歸	농간 弄奸	어구 언어 語句 言語
㉣ 독讀	송誦 사辭 시詩	축祝 창唱	홀忽 흥興	농弄	언言
㉤ 토討	사詞 소訴	주呪	호呼 회回	노呶	어語

② '틀거리' 와 '대간(大幹)'

백두대간의 '대간(大幹)' 은 우리말 틀거리, 대궁, 자락, 줄기를 한자로 표현한 우리말에 지나지 않습니다. '대간(大幹)' 은 '대궁' 을 나타내는 소리글자로 보아야 하고 '간(幹 : 줄기 간)' 의 단계에 와서 뜻글자가 됩니다.

ᄃᆞᆰ →	ᄌᆞᆰ →	ᄉᆞᆰ →	ᄒᆞᆰ →	ᄂᆞᆰ →	ᄋᆞᆰ
틀거리 대간大幹 대궁	줄기 자락	서까래 실겅(시렁)	혀까래	날개	얼거리 엮–

↘ ↙

간幹 : '줄기' 를 나타내는 뜻글자

③ '씨가리' 와 '실과(實果)'

또한 '실과(實果)' 는 우리말 '씨가리' 를 한자로 표현한 것에 지나지 않습니다. '실과(實果)' 는 '씨가리' 를 적은 것이지만 우리말의 원형을 나타내기에는 턱없이 모자라는 표현입니다. 그러므로 우리는 '실과(實果)' 보다는 '씨가리' 나 '씨알' 이나 '열매' 를 많이 써야 '소리의 깎여나감' 현상을 줄일 수 있을 것입니다. 거꾸로 한자를 많이 쓰면 나중에는 뜻만 남고 우리말의 소리는 없어질 것입니다. 혹시 남는다고 해도 뿌리를 모르는 외계인의 도깨비소리 취급을 받을 것입니다. 이쯤 되면 우리 본디 모습이나 생각이 사라지는 상태가 될 것입니다.

ᄃᆞᆰ →	ᄉᆞᆰ →	ᄌᆞᆰ →	ᄒᆞᆰ →	ᄂᆞᆰ →	ᄋᆞᆰ
돌기 떨기	**씨가리 살구 수꾸**	조카 자기自己	히가리	누구	알갱이 우케
딸기 돌기	**실과實果 사과沙果**	족族 종種 중中	핵核	날 눈	알 액液
톨 돌 티	씨알 씨 과果	才 弟 主 子 自	해	낭囊 나	애

④ '얼개' 와 '연결(連結)'

다음은 ㉡의 한자말이 ㉠의 우리말을 거의 그대로 표현한 것임을 알 수 있습니다.

	ᄃᆞᆰ →	ᄉᆞᆰ →	ᄌᆞᆰ →	ᄒᆞᆰ →	ᄂᆞᆰ →	ᄋᆞᆰ
㉠ 우리말 :	틀거리	서까래	줄기	혀까래	날개	얼개
	↓	↓	↓	↓	↓	↓
㉡ 한자말 :	대간大幹	설계設計	천간天干	허구虛構	내구乃久	연결連結

아래의 ㉠, ㉡, ㉢의 우리말에서 ㉣, ㉤의 뜻글자(漢字)가 나왔을 것입니다.

닭 →	삵 →	좕 →	홝 →	낡 →	앍
㉠ 틀거리	서까래	줄거리 좕 철 줄	혀까래	날개 나래	얼개 영개 얽
㉡ 덩거리	설기 속	줄기 절구節句	하꾸 홍클	니꾸	얼기 아귀 엮
㉢ 대간大幹	사꾸 소개疏開	天干 절기節氣	허구虛構	내구乃久	연결連結
㉣ 대大 태態	석碩 성成 소疎	절節 철綴 장章	확廓 확鑊	내乃	연聯
㉤ 태泰 다多	석析 소巢 개個	장長 구句 귀句	허虛 구構	구久	결結

⑤ '틀개' 와 '대결(對決)' 과 '투鬪'

다음에서 우리말 '틀개' 에서 '대결(對決)' 과 '투기(鬪技)와 한자(漢字) '투(鬪)' 가 나오고 우리말 '쏘기' 에서 한자말 '살殺, 시矢' 가 나오고 우리말 '쪼개다' 에서 '절絶' 이 나오고, 우리말 '홀키다' 에서 '홀笏' 이 나오고 우리말 '일거리' 에서 '갈喝' 이 나왔음을 알 수 있습니다. '틀개' 는 벌써 거의 잊고 말았습니다.

닭 →	삵 →	좕 →	홝 →	낡 →	앍
틀개 때리기 태껸	싸우기	졸기 쪼개 짜구	홀키 후리	닐거리	일거리
대결 투기 태권	쏘기	절기 천간 절 촉 창 총	홀기 혹	농간	일갈
對決 鬪技 跆拳	살殺	節氣 天干 絶 觸 槍	笏記 惑	弄奸	一喝
투鬪 태跆 도逃	사射	재才 주走 자刺	회回 휘-	弄	喝

또 달아나기(토끼기)는 도주(逃走), 달리기는 질주(疾走), 뛰기는 도약(跳躍)일 것입니다.

⑥ '향기' 와 '향(香)'

2음절어 우리말인 달기, 총기, 정기, 생기, 싱그, 향기, 느끼, 연기 따위에서 각각 당儻, 총聰, 정精, 생生, 신新, 향香, 내(냄새), 연煙 따위가 나왔음을 알 수 있습니다.

닭 →	촑 →	좕 →	삵 →	홝 →	낡 →	앍
달기	총기	정기	생기 싱그르	향기	느끼(다)	연기
당儻	총聰	정精	생生 신新 새	향香	내	연煙

⑦ '덩거리' 와 '단결(團結)'

'덩거리' 에서 '단결團結' 이 나왔다면 사람들이 믿을까요? 실질명사인 '덩거리' 에서 추상명사 '단결(團結)' 로 나아갔을 것입니다. 그런데 '단결(團結)' 은 부족하지만 그런대로 '덩거리' 의 소리를 나타낸 소리글자이고, 앞뒤 음절이 뒤바뀐 '결단(結團)' 의 단계에서는 뜻글자가 됩니다.

닭		→		잙 →		핡 →		앍	
틀거리 덩거리	단결團結	→	결단結團	줄거리 →	幹	후리키 →	回	얼거리 →	聯
	↑		↑	↑	↑	↑	↑	↑	↑
	(*소리글자)		(*뜻글자)	(소리)	(뜻)	(소리)	(뜻)	(소리)	(뜻)

⑧ 도기(陶器)와 도(陶)

다음에서 '도기(陶器)' 와 '단지' 와 '독' 은 우리말일 것이요, '도(陶)' 는 한자(말)일 것입니다. 또 '옹기(甕器)' 는 우리말일 것이요, '옹(甕)' 은 한자(말)일 것입니다. 그러나 철기(鐵器), 칠기(漆器), 자기(磁器), 석기(石器), 사기(沙器) 들은 한자말로 보아야 할 것입니다.

닭 →	촭 →	잙 →	삵 →	핡 →	낡 →	앍
도기 단지 독	철기 칠기	자기	석기 사기			옹기
도陶	철鐵 칠漆	자磁	석石 사沙			옹甕

2) '닭' 에 '~닭' 이 붙어 움직씨가 되는 경우

① 움직씨의 으뜸꼴 '~다' 가 되는 경우

닭닭 →	삵닭 →	잙닭 →	핡닭 →	낡닭 →	앍닭
달려가다 토끼다	쓸어가다	질러가다	흘러가다	내려가다	올라가다

닭에 이름씨꼴 '~기' 가 붙는 경우, '달려가기' 에서 돌격(突擊)이 나왔다면 '돌격(突擊)' 이 한자말일까요? 그 뒤에 앞뒤 음절이 뒤바뀐 한자말 '격돌(激突)' 이 나왔을 것입니다. 싸움에 얽힌 말이 많군요.

닭앍 →	찱앍 →	잙앍 →	삵앍 →	핡앍 →	낡앍 →	앍앍
달려가기 닿기	쳐가기	졸기기	살려가기	흘러가기	니러가기	일러가기
토끼기 때리기 태껸	추격追擊	진격進擊	승격昇格	허걱	논객論客	일격一擊
돌격 타격 태권	차력借力	진력盡力	쏘아가기		내려가기	일러가기
突擊 打擊 跆拳			사격射擊		내력來歷	이력履歷

② '챙기다' 와 '책册'

다음에서 '챙기다' 에서 '책册' 이 나오고 '적다' 에서 적籍, 재載가 나오고 '새기다' 에서 석釋, 쇄刷가 나오고 '읽다' 에서 역譯이 나왔음을 알 수 있습니다.

닭 →	찱 →	잙 →	삵 →	핡 →	낡 →	앍
둥글	챙기(다)	적(다)	새기(다)	흥클	넝쿨	얽(다)읽(다) 엮다
대大	책册	적籍 재載	석釋 쇄刷	해解	날捺	엮 역譯 인印

③ '생기다' 와 '성成'

'생기다' 에서 '생(生)' 과 '성成' 이 나왔을 것입니다. 그리고 무엇을 얽어서 이룰 것입니다. '성(成)' 은 본디 '생기다 성' 이었군요.

닭 →	잙 →	삵 →	핡 →	앍
따개다	쪼개다	생기다 썰다	허개다	어개다 얽다
		생生 성成	-----------	이루다

④ '죽다' 와 '졸(卒)'

우리말 '죽다' 에서 한자 '졸卒' 이 나오고, 우리말 '삭다' 와 '슬다' 에서 한자인 사死, 시屍가 나왔음을 알 수 있습니다.

닭 →	삵 →	잙 →	핡 →	낡 →	앍
돌아가다	슬어가다	질러가다	흘러가다	늙다	올라가다
	삭다 썩다 슬다	죽다 지다	흐르다	낡다	오르다 이르다
	사死 시屍	졸卒 조弔	류流	노蠢	이移

닭에서 나온 소리들을 간추려 보았습니다. 한자말에 덕(德), 동(洞), 돌(石), 당(堂), 동(東), 대(大)가 처음부터 따로 있었던 것이 아니라, 이는 모두 우리말 '닭' 에서 이런 여러 한자말이 갈라져 생겨 나왔다는 거예요.

ㄺ	ᄃᆞᆰ	달갈 달구 다락 대궐大闕 대간大幹 도로道路 덕德 돌石 들 따위 독篤
ㄴ	ᄃᆞᆫ	단檀 돈錢 돈豚 둔屯 뎐天
ㅇ	ᄃᆞᆼ	당堂 동東 통筒 둥 퉁 뚱 똥 땅 동洞 등
ø	ᄃᆞ	다(모두) 도道 도島 대大 태太 때時 다多 타他 토土 터 데 디地 두頭

(3) 'ᄇᆞᆰ' 에서 온 말

ᄇᆞᆰ →	ᄇᆞᆶ →	ᄇᆞᇙ →	ᄇᆞᇙ
부리기 포구浦口	포항浦項	평양平壤 풍양豊壤	벌 변邊 판板 배
벙글 분간分揀	분화分化	분양分讓 분열分裂	본本 분分 반班 비肥 부部
빙글 분기分岐	분해分解	분리分離 비율比率	ball

ᄇᆞᆰ →	홝 →	왉
벼락 발악發惡 부락部落 부력浮力 포구浦口	화락火力 화火	울력 우리 울
불칸 부군夫君 府君 벌리分離 분간分揀	활개活氣 화和	we our 온 완

ᄇᆞᆰ →	ᄇᆞᆰᄃᆞᆰ →	ᄇᆞᆰᄋᆞᆰ →	홝ᄋᆞᆰ →	왉ᄋᆞᆰ
부리기	ᄇᆞᆰ다	발개기發覺 배격排擊 반격反擊	훌륭 화락	왈칵 울컥
봉개	붉다	ᄲᆞᆯ개기破格 박격迫擊 피격被擊	환각幻覺	온갖 완력腕力
벼락	벌다	벌어가기發展 폭격爆擊 포격砲擊	환락歡樂	원격遠隔 원력願力

ᄇᆞᆰ[바르가르] →	바르자르 →	바르하르 →	바르나르 →	바르아르
㉠ 푸르기	푸르지	파랗-	푸른	파랑 풀草 피
				풀- 펴- 피-
㉡ 포구浦口	평지平地	평화平和	평안平安	평양平壤 평야平野
		봉화奉化	편便	평平 풍豊 포浦 파播
㉢ 부리기 벌개	부려지-	부흥	부린	부리벌 비
㉣ ᄲᆞᆯ기	뽀록지	불휘	뿌린	뿌리
㉤ 벌기 빵게	버러지	벌헤	비늘	벌레 벌 봉蜂
㉥ 방구	반지	바회	바늘 비녀 삔	바위 벼랑 봉峰
㉦ 발개- ᄇᆞᆰ히-	벌어지-	ᄇᆞᆰ히-	비나리 비아냥	부라리-
㉧ 評價 發見	發展 變質	發顯 發揮	비난非難	부렁 평評
㉨ 바구니 봉개	바지	ᄇᆞᆼ-	배낭 빈	바랑 별別 방房

1) 푸른 평화

위의 ㉠과 ㉡을 봅시다. '푸르기' 가 '포구(浦口)' 요, '푸르지' 가 '평지(平

地)' 요, '파랗-' 이 '평화(平和)' 요, '푸른' 이 '평안(平安)' 이요, '파랑' 이 '평야(平野)' 입니다. 푸른 것이 '평화(平和)' 와 얽혀 있는 것이 이해는 되나 참 신기합니다. 그래서 '녹색 평화' 니, '푸른 평화' 니 하는 말이 있는 것이 아닌가 생각합니다.

ⓒ은 들(야野)을 뜻하는 '벌' 과 얽힌 말들로 되어 있습니다. ⓡ은 '뿌리-' 와 얽힌 말들입니다. 그러므로 푸른 평화는 들에 씨를 뿌리듯 사람들이 힘을 모아 일궈 나가는 것이라고 볼 수 있습니다. 여기서 우리는 새삼, 평화는 누가 거저 갖다 주는 것이 아님을 깊이 깨닫습니다.

2) '발개-' 와 '평가(評價)'

ⓢ과 ⓞ을 봅시다. '발개' 는 것이 '평가(評價)' 요, '밝히' 는 것이 '발견(發見)' 이요, '벌어지' 는 것이 '발전(發展)' 이요, '비아냥' 이 '비난(非難)' 이요, '부라리' 는 것이 '평(評)' 임을 알 수 있습니다. 여기서 한자말 평가(評價), 발견(發見), 발전(發展), 비난(非難) 등이 비록 조금 불완전하기는 하지만 우리말 발개-, 밝히-, 벌어지-, 비아냥의 각각의 소리를 적은 소리글자임을 알 수 있습니다.

3) '바구니' 에서 온 '방房'

방(房)을 옥편에 찾아보면 '방 방' 입니다. 이 말도 다음에서 보는 것처럼 바구니, 바랑, 반(班), 분(分) 등과 함께 '밝' 에서 온 것을 알아야 본질에 더 다가갈 수 있습니다. 끝내 '바구니' 에서 '바랑' 을 거쳐 '방房' 이 나왔을 것입니다.

밝
바구니 바랑 바루 반班 본本 분分 방房 병甁 부部
[ㄹ] → [ㄴ] → [ㅇ] → ø

4) '봉개' 와 '복福'

복(福)은 우리말 밝을 말뿌리로 하는 '봉개' 에서 왔는데 이는 '몫' 을 뜻한다고 앞에서 배웠습니다. 우리가 '복福' 만 많이 쓰다듬다가 보니 '봉개' 가 애정결핍증으로 숨을 거두고 말았습니다. 지금은 거의 화석 상태로 남아 있습니다. 봉개를 잊고 말았으니 '복福' 의 뜻을 정확하게 알 수 없었지요.

밝 →	밣 →	닭밝 →	닮밝 →	하르밝
봉개 복福 보寶 부富	팔자(八字)	대복 대박 다복	다행복	행복幸福
(봉개를 놓다, 봉개가 크다)	(팔자가 좋다)			

5) 바구니와 바랑과 배낭背囊

중국말에 '배낭背囊' 이 따로 있는 것이 아니라 이는 우리말 '바구니' 에서 갔을 것입니다.

밝
바구니 → 바랑 → 배낭背囊
[ㄹ] → [ㄴ]

6) '벼' 와 '화禾'

밝 → 홝
벼 　 화(禾)

7) '불' 과 '화(禍)'

화(禍)를 재난, 재앙, 불행 등등으로 풀고 있습니다.

禍 : 재난, 재앙, 불행

그러면 '禍' 는 정확하게 무엇인가? 이도 '밝' 에서 나온 '불' 과 같은 말임을 알았을 때 '禍' 의 의미는 완성됩니다. 불이 나서 몸도 다치고 재산도 잃은 상태가 '禍' 일 것입니다.

밝 → 홝
불 　 화이어fire 화(火, 禍)

'불쾌(不快)하다' 는 한자말이 아닌 '밝' 에서 온 우리말 '불' 로 보입니다. 언짢아서 마음이 불이 난 상태가 '불쾌(不快)' 일 것입니다.

닭 →	삵 →	낡	밝 →	홝
돌다(돌아버리다)	성내다	노怒	불그레하다 불쾌하다 불이 나다	화내다

8) '버들' 과 '부르퉁하'

지난해 몇몇 분들과 함께 연변에 가서 현지 혈족들의 환대를 받았습니다. 연길을 가로질러 흐르는 강을 '부르퉁하' 로 듣고 이 강이 우리 역사에 나오는 패수(浿水)임을 알았습니다. 현지인들은 부르퉁하는 만어(滿語)이며 '버들' 을 뜻한다고 합니다. 만주족은 여진족으로서 우리와 같음을 직감했습니다. '부르퉁하' 의 말뿌리는 밝닭에서 온 '배달, 버들' 입니다. 아사달이 한 곳이 아니듯 패수도 여럿일 수 있습니다. 백수(白水) 패수(浿水) 백강(白江) 따위의 한자말이 우리말 배달(밝닭)에서 온 것일 뿐입니다.

닭 -------- 밝닭								
↘	닭 →	닳	↘	밝닭 →	밝닳 →	밝삵 →	밝핡 →	밝앍
	통구	퉁화		배달강	부르퉁하 배달하	백수 패수	백하	백강
				보통강	버드내 버들	白水 浿水	白河	白江

살수(薩水)는 닭닭에서 왔습니다.

	낡닭 →		앍닭		
↗	낙동강 노티기 낙동 논티		알동강 알동 알타이 ↘		
닭닭 →	닭삵 →	촭 촭 →	삵삵 →	앍삵 →	가르삵
대동강 대동	대수	청천강 청천	살수薩水	옥수 아리수	거수 갯

9) '밝' 에 '~닭' 이 붙어 용언이 되는 경우

다음에서 보면 우리가 화가 날 때 '버럭!' 소리를 지르잖아요? 여기서 버럭, 바락을 '발악發惡' 으로 적은 것이 아닐까요? 우리말 '발개기' 를 '발각(發覺)' 으로, '밝히기' 를 '발견(發見)' 으로 적은 것이 아닐까요?

밝닭 →	밝앍 →	홝앍 →	왉앍
밝다	밝고	화락 화려華麗	와락
발개다	발개기 발각發覺 발견發見 발간發刊	활력活力	완력腕力
밝히다	밝히기 발칵 바락發惡 버럭	활약活躍	
불켜다	불켜기 포격砲擊 포악暴惡	화력火力	

'밝의 길' 을 간추려 보았습니다.

	밝→	홝→	왉→
ㄱ	부락部落 포구浦口 백력白力 복福	活力 확廓 혁奕, 赫, 革	울력 욱昱
ㄹ	발足 발發 불火 벌罰 불不 별別	활活 혈血	우리 울鬱
ㄴ	변邊 변變 반班 본本 분分 번番	환 煥 桓 丸 幻	완完
ㅇ	평양平壤 방위方位 방房 봉峰 병病	황 黃 皇 凰 홍紅	웅 왕 윙
Ø	벼禾 비雨 비比 보甫 부部	화 火 和 禾	雨 워 와

(4) '맑' 에서 온 말

다음의 낱말들은 한자로 어떻게 표현했든 우리말 'ᄆᆞᆰ' 을 나타낸 것으로 보입니다.

ᄆᆞᆰ[마르가르] →	마르자르 →	마르하르 →	마르나르 →	마르아르
메르켈靺鞨 몰골	머저리	물한 무흘	마누라	물알 미울
메르켄痲立干 망개	모조리	명호 무한	며느리	물안 문안文案
물건物件 몽골蒙古	마주	만호 미호	미나리	무렌 무이
무궁無窮 미륵彌勒	맞	문헌文獻	무늬	文樣
문구文句 마고痲姑	몇	문호文豪	마늘	말 멸滅 물
맹갈 마개幕 미역		문화文化	미늘	말馬 말勿
마카 목項 묵		많滿	머니	문門 문文 면面
				만萬 민民 명明
				모母 미微 무無

맑 → 맑닭 → 맑앍

맹갈 맹갈다 맹갈리 먹기 몰아가기 말아가기 물어가기 마구기 몰라가기

滿喫 謀略 謀議 馬力 魅力 問議 모곡耗穀 망각忘却

1) '마개' 에서 온 '막(幕)'

막(幕)과 문(門)을 보면 옥편에 '막 막' 그리고 '문 문' 으로 나와 있습니다. 이는 순환논리인데 더 이상 설명이 안 됩니다. 이런 현상은 우리말을 한자로 적어 놓은 낱말에서 흔히 일어나는 일인데 이는 여러 음절인 우리말의 본디 소리를 잃어 가는 현상이기도 합니다. 막(幕)은 '마개' 에서, 문(門)은 '문간' 에서 왔을 것입니다.

맑[마르가르]
무케(→ 물), 마개(→ 막幕), 문간(→ 문門)

2) '맹갈' 또는 '물건(物件)' 에서 나온 '물(物)'

옥편에서 '물(物)' 은 '만물 물' 로 풉니다. 그러나 '물(物)' 은 우리말인 '맹갈' 또는 '물건(物件)' 에서 나왔을 것입니다. 그러므로 '물(物)' 은 '만물 물' 이 아니라 '맹갈 물' 또는 '물건 물' 로 풀어야 할 것입니다.

맑[마르가르]
맹갈 물건(物件) 물견 → 물(物)

3) 면面(몰골 면)

옥편에서 '面' 은 '낯 면' 또는 '얼굴 면' 으로 나왔습니다. 이도 틀린 풀이는 아니나 본디 말뿌리를 찾아가자면 '몰골 면' 이라 해야 맞을 겁니다. 행정명칭의 면(面)은 '목(項) 면' 으로 풀어야 할 것입니다.

맑[마르가르]
몰골(→ 면面), 목(項)(→ 면面)

4) '맑다' 와 '목격(目擊)'

'맑다' 하면 맑은 상태를 나타내는 그림씨입니다. 그런데 이는 '보다' 의 뜻도 있는 것으로 보입니다. 맑으니까 무엇이 잘 보이겠죠. 그래서 '맑다' 에서 '목격' 이 나왔을 것입니다.

맑닭 → 맑앍
맑다 맑고 맑기 말개기 목격(目擊) 목견(目見) 면경(面鏡)

5) '먹기' 와 '만끽'

'맑' 에 '~다' 가 붙으면 움직씨 먹다, 먹고, 먹기가 됩니다. '만끽(滿喫)' 은 '먹기' 를 한자로 나타낸 것이 아닐까요?

맑닭 → 맑앍
먹다 먹고 먹기 → 만끽(滿喫) → 끽(喫)

6) '모르다'와 '망각(妄覺)'

'망각(妄覺)'이든 '망각(忘却)'이든 소리가 중요합니다. 이는 '모르는 상태(생각을 지운 상태)'를 나타내는 '뭉개기'를 한자로 나타낸 우리말들일 것입니다.

맑	→	맑닭	→	맑앍
맹가리 맹과니(청맹과니) 맹꽁이 맹구 망나니		몰라가다		몰라가기(망각妄覺)
		뭉개다		뭉개기(망각忘却)

7) '꼬깔'과 '모자'

광대는 고깔이나 갓을 쓰고 무당은 모자를 씁니다. 고깔이나 갓이 우리말이라면 모자(帽子)도 우리말이 아닐까요?

가르앍	←	가르삵	←	가르닭	=	맑닭	→	맑삵	→	맑잙
고깔		갓 게세르		광대		무당巫堂		모세		마지 미자 모자帽子

여러 음절인 우리말에서 생긴 홑음절 한자(漢字)

우리말의 어휘는 주로 여러 음절로 되어 있습니다. 여러 음절말인 우리말에서 홑음절말인 한자(漢字)가 생긴 것으로 보입니다. 이런 보기를 많이 들 수 있는데 이는 우리말이 하화말의 조상말일 가능성을 말합니다.

'궐闕'은 옥편에서 '대궐 궐'로 풀고 있습니다. 그렇다면 '대궐大闕'에서 '궐闕'이 나왔다고 보아야 할 것입니다. 그러면 대궐大闕은 또 어디서 왔을까요? 이는 닭에서 왔습니다. 닭을 공통 조어(祖語)로 본다면 대궐은 1세 어휘, 궐은 2세 어휘로 볼 수 있습니다. 여기서 여러 음절말인 1세 어휘가 우리말이고 홑음절말인 2세 어휘가 한자(漢字)말 또는 한자(漢字)입니다. 이제까지 공통 조어인 '닭'을 찾지 못해서 대궐大闕과 궐闕과의 관계를 잘 알지 못했던 것입니다.

닭[다르가르]	→	다락 대궐大闕	→	궐闕
공통 조어		1세 어휘		2세 어휘
여러 음절		여러 음절		홑음절
우리말		우리말		한자(말)

틀거리에서 대간(大幹)과 간(幹)이 나온 것을 보겠습니다. '대간(大幹)' 이 한자말이 아니고 우리말 '대궁' 일 것입니다.

닭[다르가르]	→	틀거리, 대간大幹, 대궁	→	간幹
공통 조어		1세 어휘		2세 어휘
여러 음절		여러 음절		홑음절
우리말		우리말		한자(말)

텬군(天君)에서 텬(天)이 나온 것을 보겠습니다. 텬군(天君), 텬공(天空), 텬구(天球), 텽구(靑丘), 틴구(親舊)가 한자말인가 의심됩니다.

닭	→	톩		
달갈 단군檀君		텬군天君 텬공天空 텬구天球 텽구靑丘 틴구親舊	→	텬天 텽靑 틴親
공통 조어		1세 어휘		2세 어휘
여러 음절		여러 음절		홑음절
우리말		우리말		한자(말)

산간(山間)과 산(山), 장군(將軍)과 장(將)을 보겠습니다.

닭	→	삵			닭	→	좕	
단군		산간山間	→	산山	단군		장군將軍	→ 장將
공통 조어		1세 어휘		2세 어휘	공통 조어		1세 어휘	2세 어휘
여러음절		여러음절		홑음절	여러음절		여러음절	홑음절
우리말		우리말		한자말	우리말		우리말	한자말

성군(聖君)과 성인(聖人)에서 성(聖)이 나오는 경우를 봅니다.

닭	→	삵				
단군		성군聖君	→	성인聖人	→	성聖
공통 조어		1세 어휘		2세 어휘		3세 어휘
여러 음절		여러 음절		여러 음절		홑음절
우리말		우리말		우리말		한자(말)

인간(人間)에서 인(人)이 나왔는데 인간(人間)이 한자말일까요? 아마 하화의 말에는 '인간人間' 이 없을 것입니다.

닭 →	앍	
단군 텬군	인간人間 →	인人
공통 조어	1세 어휘	2세 어휘
여러음절	여러음절	홑음절
우리말	우리말	한자(말)

봉개와 복(福)을 보겠습니다.

밝 →	봉개 →	복福
공통 조어	1세 어휘	2세 어휘
여러음절	여러음절	홑음절
우리말	우리말	한자(말)

더 많은 보기를 간추려 표로 만들었습니다.

(1) 가르

가르 → 자르 → 하르 → 나르 → 아르
여러음절 우리말 : 길 가로(다) 간 지르(다) 흐르(다) 니르(다) 이르(다)
↓ ↓ ↓ ↓ ↓ ↓ ↓
홑음절 한자말 : 로路 간諫 용龍 주呪 류流 어語 왈曰

(2) 닭

닭 → 삵 → 잙 → 핡 → 낡 → 앍
두런거리 송알거리 중얼거리 지껄이 홍얼거리 농알거리 웅알거리
대거리 시끌이 칭얼거리 흘키- 흘리- 놀리- 일거리-
對話 討論 司諫 詩歌 書記 絶叫 讚歌 唱歌 笏記 弄奸 語句
↓ ↓ ↓ ↓ ↓ ↓
독讀 토討 詩 辭 書 詞 祀 叫 祝 讚 呪 唱 惑 興 呼 弄 語

닭 → 촭 → 잙 → 삵 → 핡
대궐大闕 다락 대기 도량 창고倉庫 절간 사랑舍廊 사원寺院 학교學校
↓ ↓ ↓ ↓ ↙↘ ↓ ↓ ↙↘ ↓
궐闕 루樓 댁宅 당堂 창倉 고庫 절 사舍 사寺 원院 교校

닭 → 삵 → 잙 → 앍
대간 도로道路 산간山間 중간中間 → 중앙中央 줄기 → 자락 → 재 아리개
↓ ↙↘ ↓ ↓ ↑ ↓
幹 도道 로路 산山 중中 령嶺 ← 악岳

ᄃᆞᆰ	→	ᄎᆞᆰ →	ᄌᆞᆰ →	ᄉᆞᆰ	→	ᄋᆞᆰ	
단군檀君	대군大君	친구親舊→親友	장군將軍	산군山君	→선우單于	人間	靈駕
↓	↓	↓	↓	↙↘	↙↘	↓	↓
단檀	군君	우友	장將	손客 서婿	선仙 신神	인人	영靈

ᄃᆞᆰ →	ᄎᆞᆰ	→	ᄌᆞᆰ →	ᄉᆞᆰ		
달개	천공天空	처구鄹邱	지구地球	세계世界	상가	→시내
↓	↓	↙↓↓↘	↓	↓	↓	↓
토土	천天	축軸 책柵 천川 촌村	지地	세世	성城	수水

ᄃᆞᆰ →	ᄉᆞᆰ	→	ᄌᆞᆰ			→			ᄒᆞᆰ →	ᄂᆞᆰ →	ᄋᆞᆰ	
달력	순간	시간	절기	책력	천간	주역	주간	지지	회력	내력	얼개	이력
月曆	旬間	時間	節氣	册曆	天干	周易	週間	地支	回歷	來歷	얽	履歷
달月	旬	時	節	册	天	周	週	地	하늘 핵核	낫	엮歷	履
때	씨		절	철		찌			한韓 해昊	날	알日	애

ᄃᆞᆰ →	ᄌᆞᆰ	→	ᄉᆞᆰ →	ᄒᆞᆰ →	ᄋᆞᆰ
동기同氣	전기電氣	정기精氣	상쾌爽快	향기香氣	연기煙氣
↓	↓	↓	↓	↓	↓
동同	전電	정精	쾌快	향香	연煙

ᄃᆞᆰ →	ᄎᆞᆰ →	ᄌᆞᆰ →	ᄒᆞᆰ →	ᄉᆞᆰ
토끼	치키	자기	하꼬	생기다
↓	↓	↓	↓	↓
토兎	키箕	자自	확鑊	生

ᄃᆞᆰ →	ᄉᆞᆰ →	ᄋᆞᆰ
두건頭巾	수건手巾	의관衣冠
↓	↓	↓
건巾	건巾	관冠

ᄃᆞᆰ →	ᄎᆞᆰ →	ᄌᆞᆰ →	ᄉᆞᆰ →	ᄋᆞᆰ
둥굴레	차굴레	주굴레	수굴레	아리개五龍車
↓	↓	↓	↓	↓
구球	차車	주周	거車	거車

ᄃᆞᆰ →	ᄒᆞᆰ
돌이키(다)	후리다
↓	↓
도倒	회回

(3) ᄇᆞᆰ

ᄇᆞᆰ						→						ᄒᆞᆰ
봉개	분간	ᄇᆞ록	펄럭	별개	붉은	포구	빠개(다)	부르(다)	푸르(다)	벌(다)		活氣
↓	↓	↙↓↘	↓	↓	↓	↓	↓	↓	↓	↓		↓
복福	分	불 房 部	기旗	별別	홍紅	포浦	파破	번番	벽碧	부富		활活

ᄇᆞᆰᄇᆞᆰ	ᄇᆞᆰᄃᆞᆰ →	ᄇᆞᆰᄎᆞᆰ	ᄇᆞᆰᄃᆞᆰ →	ᄇᆞᆰᄋᆞᆰ	가르ᄇᆞᆰ
보배 밥	포대기 푸대	부처	바뀌다	밝히기	꺼풀
↓	↙↘	↓	↓	↓	↓
보寶	포包 대帶	불佛	변變	발각發覺 발견發見	갑甲

(4) 맑

맑 → 맗

말갈 물건 몰골 목 문간 민간 먹이 무늬 마개 / 많이

↓ ↓ ↓ ↓ ↓ ↓ ↓ ↙↘ ↓ / ↓

貊(脈) 物 面 面 門 民 묵 文 紋 幕 멍 망網 / 만滿

맑닭 → 맑닭맑

무당巫堂 무덤

↓ ↓

무巫 묘墓

닭맑 → 낡맑

나막

↓

목木

맑닭 → 맑앍

먹다 먹기 만끽(滿喫) 목격目擊

↓ ↓

끽喫 목目

(5) 가르닭에서 온 말

가르닭 → 가르잙 → 가르삵 → 가르핡 → 가르앍 → 아르삵

기둥 기단基壇 글자 과실果實 그릇 고향故鄕 궁궐宮闕 인쇄印刷

↙↘ ↓ ↓ ↓ ↓ ↓ ↓

기基 단壇 자字 과果 기器 향鄕 궁宮 인印

가르닭 → 가르앍 → 자르앍 → 나르앍 → 아르앍

커다란 끄트 가락 歌謠 거렁 자락 나락 아락

↓ ↘ ↓ ↓ ↓ ↓ ↓ ↓

巨大 극極 곡曲 곡哭 가歌 요謠 강江 자者 낙樂 악樂 요樂

가르닭 → 가르닭닭 → 가르삵닭 → 가르잙닭 → 가르앍닭 → 갈르앍앍

가르다 가르티다 가라사대 꾸지르다 갈구다 갈구기

↓ ↓ ↓ ↓ ↓

教 訓 질叱 격擊 공격攻擊

〈내가 옥편을 만든다면〉

곁가지 이야기입니다마는 만약에 옥편을 새로 만든다면 홑음절인 한자의 뜻을 풀이할 때 그 뿌리가 되는 조어(우리말)를 밝혀서 설명하면 그 뜻이 비로소 완성될 것입니다. 보기를 들면 저는 '浦' 를 옥편에서 다음과 같이 풀이하겠습니다.

포浦 : 이는 우리말 '부리기' 또는 '포구浦口' 에서 왔고 '밝' 을 말뿌리로 한다. 이는 '부루' 또는 '벌' 이기도 하다. 영어 burg, park, village와도 같다.

밝 →	부리기 →	포구浦口 →	포浦
공통 조어	1세 어휘	burg park village	2세 어휘
	여러음절 우리말	여러음절 영어	홑음절 한자말

이제까지의 옥편은 철저한 중국 입장의 풀이입니다. 이제 우리 입장의 주체적 옥편을 만들어야 한다고 생각해요. 우리는 언제까지 우리 겨레를 뜻하는 '이(夷)'를 하화가 뜻을 비튼 그대로 '오랑캐 이'로 가르치고 배워야 할까요? 우리는 '흉(匈)'을 언제까지 '오랑캐 흉'으로 풀어야 하나요? 그런데 알고 보니 하화의 자전에는 '이(夷)'든 '흉(匈)'이든 이미 '오랑캐 이'가 아닌 '겨레 이름 이'와 '겨레 이름 흉'으로 풀고 있대요.

우리는 언제 어디서든 우리 입장에서 배워야 합니다. 외국어를 배울 때도 그 세계로 들어갔다가 '우리에게로' 돌아와야 한다고 생각해요. 영어를 배우다가 거기서 영원히 머무는 것이 영어 공부가 되어서는 아니 되겠죠. 그런데 현실은 어떻습니까? 우리 모두는 영어 속으로 들어가서 다시는 '나'에게 돌아오지 못하고 있습니다. 못 돌아오는지 안 돌아오는지 잘 모르겠네요. 우투리님, 제 생각이 많이 부풀려졌다고 생각하나요?

… 그러므로 인류는 利害問題뿐이다. 利害問題를 위하여 釋迦도 나고 孔子도 나고 예수도 나고 마르크스도 나고 크로포트킨도 났다. 時代와 境遇가 같지 아니하므로 그들의 感情의 衝動도 같지 아니하여 그 利害標準의 大小廣狹은 있을망정 利害는 利害이다. 그의 제자들도 本師의 精義를 잘 이해하여 自家의 利를 求하므로, 中國의 釋迦가 印度와 다르며, 日本의 孔子가 中國과 다르며, 마르크스도 카우츠키의 마르크스와 레닌의 마르크스와 중국이나 일본의 마르크스가 다 다름이다. 우리 朝鮮 사람은 매양 利害 以外에서 眞理를 찾으려 하므로, 釋迦가 들어오면 '朝鮮의 釋迦'가 되지 않고 '釋迦의 朝鮮'이 되며, 孔子가 들어오면 '朝鮮의 孔子'가 되지 않고 '孔子의 朝鮮'이 되며, 무슨 主義가 들어와도 '朝鮮의 主義'가 되지 않고 '主義의 朝鮮'이 되려 한다. 그리하여 道德과 主義를 爲하는 朝鮮은 있고 朝鮮을 爲하는 道德과 主義는 없다. … [174]

청나라가 조종으로 삼은 양명학(陽明學)보다 예교(禮敎)를 중화주의의 절대적 기준으로 삼은 주희의 성리학에 중독된 조선 유교는 중국 유가(儒家)나 일본 유학과 다르게 종교적이며 정치이데올로기가 되어 극단적 대명의리와 춘추대의에 빠져 중화의 화석지대가 되었다.[175]

3. 인류의 말은 한 뿌리

앞장에서 우리는 본디 우리말과 한자말과의 관계를 많이 이야기하며 여러

174) 『東亞日報』(1925. 1. 2) 단재의 글 '浪客의 新年漫筆'에서
175) 박치정, 《고구려아리랑》(더썬, 2012) 118쪽

음절말인 본디 우리말에서 홑음절말인 한자(漢字)가 생겨났음을 보았습니다. 여기서는 더 나아가 우리말과 대응되는(여기서는 '대응' 을 '맞섬' 으로 표현했음) 영어의 어휘를 보여 드릴까 합니다. 영어는 인도유럽어족의 대표 말이라고 볼 수 있는데 자세히 보면 이도 우리말의 일곱 뿌리말에서 갈려 나갔음을 알 수 있습니다.

(1) 씨알말

1) '가르' 에서 나온 말

① 둥근 모양을 뜻할 때

우리말 '꼴' 과 영어 'goal' 과 한자말 '구球' 가 맞섭니다.

ᄀᆞ르	→	ᄀᆞ느	→	ᄀᆞᆼ	→	ᄀᆞ
구르 꼴 깔 골 goal		간 칸 켠 곤坤		공 콩 공孔		구球

우리말 '눈' 과 한자말 '안眼' 과 영어 'eye' 가 맞섭니다.

가르	→	자르	→	하르	→	나르	→	아르
깔		잘		해		날 눈		알 안眼 eye

② 말(言)을 뜻할 때

우리말 '가로다' 와 '크라이cry' 와 '콜call' 과 한자말 '告' 따위가 서로 맞섭니다. 우리말 '지르다' 와 '叱' 과 '呪' 가 맞서고 'hello' 와 '呼' 가 맞서고 '이르다' 와 '왈曰' 이 맞서고 '어르다' 와 '言' 과 '語' 가 맞섭니다.

가르	→	자르	→	하르	→	나르	→	아르
가로(다) 글		지르(다)		호리(다)		니르(다)		이르(다) 어르다
cry call		질叱		흘吃 hello		눌訥		왈曰 언言
고告		주呪		호呼 호號		노呶		어語

③ 집을 뜻할 때

우리말 '굴' 과 몽골말 '게르' 와 한자말 '가家' 가 맞서고 한자말 '혈穴' 과

'호戶' 와 영어 'hall' 이 맞섭니다. '굴' 에 잇긴 이런 말들이 집을 뜻하게 된 것은 인류가 처음에 '굴' 에서 살았기 때문일 것입니다.

가르 →	자르 →	하르 →	나르 →	아르
게르 골谷 굴窟	질膣	홀hall 혈穴	널	알 얼 울
간 ken	존存	한閑	난欄	온 안 안安 in
꽝	정停	항抗	농籠	용
가家	주住	호戶	누樓 내內	애

'窟' 의 옥편에서의 풀이는 '굴 굴' 입니다. 여기서 '窟' 이 순 우리말 '굴' 임을 알 수 있습니다. 이는 '幕' 을 '막 막' 이라고 푸는 데서 '막幕' 이 우리말 '막다' 의 '막' 임을 아는 것과 같은 이치입니다.

'굴窟' : 본디 우리말이다.

집을 뜻하는 우리말 '굴' 에서 한자 '家' 가 나오는 길은 다음과 같습니다. 이는 소굴을 뜻하는 영어의 ken과 맞섭니다.

가르 →	가느 →	가ㅇ →	가
굴 골 게르	간 ken	꽝 궁宮	가家 고庫

이들과 얽힌 다른 말들을 보여 드립니다.

굴	간	꽝	가家 고庫
동굴 소굴 시골	뒷간 곳간 잿간	미나리꽝	초가草家 인가人家 창고倉庫

다음 표에서 '가르' 에서 나온 '굴' 과 '가르맑' 에서 온 '구멍' 과 '홈home' 을 보겠습니다.

가르 →	자르 →	하르 →	아르	가르맑 →	자르맑 →	하르맑 →	아르맑
굴 게르	질膣	혈穴 hall	알	골무	주물	할망구	이무기
간 ken	존存	한閑	안 安 in	구문	주머니	할머니	어머니
공 궁宮	중中	항抗	웅 왕 용	구멍	졸망	할망	올망 우물
球 家	주住	호戶	애	곰	점	홈 home	우묵 움 임

가르에서 온 굴, 게르, 궁宮, 가家와 가르맑에서 온 구멍, 홈home이 모두 굴이나 구멍을 뜻하는 주거지(住居地)임을 알 수 있습니다. 여기서 원시인들의 최초의 주거지는 굴이거나 홈home이거나 구멍이었음을 거듭 알 수 있습니다.

주거지住居地		
가르 →	하르	가르맑 → 하르맑 → 아르맑
굴 게르 궐闕 칸 ken 궁宮 가家	혈穴 hall 호戶	구멍 홈 home 움

인간이 태어나기 전의 원거주지는 어머니의 질(膣)입니다. 이는 '굴'과 비슷한 말인 '길(路)'에서 입천장소리되기 현상이 일어나서 생긴 우리말 '질(路)'임을 알 수 있습니다.

굴 길(路) → 질(路) = 질(膣)
[ㄱ] (*입천장소리되기) [ㅈ]

나를 사랑하는 '어머니'는 '구멍'에서 왔는데 이는 당연하면서도 너무 단순해 조금은 허무감을 느끼게도 합니다.

가르맑 → 하르맑 → 아르맑
구멍 가미 할미 홈 home 우물 우묵 어머니 → 어멍 → 어미 → 임

④ 길(路)과 움직임을 뜻할 때

'가르'에서 '길'과 '가다'가 나왔는데 이는 거去, 거車, go, car, 주走, 내來, line, run, 路 들과 맞섬을 알 수 있습니다.

가르 →	자르 →	하르 →	나르 →	아르
길 결 가(다) car 개울	지르(다)	흐르(다)	나르(다)	이르(다) run
거去 거車 go 개	주走	류流	line 내來	오다 로路 이移

⑤ 칼을 뜻할 때

'가르'에서 칼이 나왔습니다. 칼로 가르고, 자르고, 나눕니다. 칼과 날은 '예리'해야 잘 듭니다. 활도 칼에서 나왔군요.

가르 →	자르 →	하르 →	나르 →	아르
칼 kill 궁弓	자루	활	날	예리(하다)
가르(다)	자르(다)	후리(다)	나누(다)	
끊(다)	찌르다		노리(다)	

우리말 '가르다'와 영어 'cut'는 같습니다. 이로 보아 영어로 칼을 지금은 'knife'라고 하지만 처음에는 우리와 같은 '가르'라고 했을 가능성이 높습니다. '나이프knife'는 우리말로 '까발개다'로 풀립니다. 우리는 칼로 어떤 물체를 까발릴 것입니다.

가르닭 →	자르닭	가르밝 →	가느밝
가르다 cut	자르다	개벽 까발개(다) 까밝히(다)	knife

⑥ 사람을 뜻할 때

'칼'에서 군君, 간干, 칸khan, 퀸queen, 공公, 경卿, 킹king, 가家 등이 나왔습니다. 이들은 거의가 임금과 얽힌 고귀한 사람들이군요.

가르 →	가느 →	가ㅇ →	가
칼 클太	큰大 간干 권權 칸khan	공公 킹king 경卿	키身長 계系
겨레 쿨cool	군君 군軍 퀸queen 관官	경卿 강强 궁宮	가家 키key

⑦ 불(火)을 뜻하는 경우

우리말 '켜다'와 한자 '照'와 영어 'light'가 맞섭니다.

가르닭 →	자르닭 →	하르닭 →	나르닭 →	아르닭
골다 끓다 그을다 고다 켜다	쬐다 조照	혀다	(불을)내다	일다 light

⑧ '길다'를 뜻할 때

우리말 '길다'와 한자 '長'과 영어 'large'가 맞섭니다.

가르닭 →	자르닭 →	하르닭 →	나르닭 →	아르잙
길다 크다	질다 장長	하다	너르다	large

우리말 '줄' 과 한자 '列' 과 영어 'line' 이 맞섭니다.

가르	→	자르	→	하르	→	나르	→	아르
길(다) 골 굴		질(다) 줄		한		늘(다) 늘 널		열列 line

2) 다르

영어 'dollar' 와 우리말 '돈' 과 베트남 말 '동銅' 과 한자말 '전錢' 과 '환圜' 과 '원圓' 과 '위안' 이 맞섭니다.

다르	→	사르	→	자르	→	하르	→	나르	→	아르
돌다 대다		세다		재다		헤다		뇌다		애다
달月 달러dollar 돈ton 동銅		산算		전錢		환圜		냥		위안 원圓

'다르' 에 불(火)의 뜻이 있습니다. '다르' 에서 나온 말은 '사르' 를 빼고는 '가르' 에서 온 말과 겹칩니다.

가르									
골다 곯다 켜다 고다	↘	자르	→	하르	→	나르	→	아르
		졸다 쬐다 재		혀다		눌다		애다
	↗	초焦 조照 재災				나다		열熱
다르 → 사르								
달다 타다 티 / 사르다								
태우다 때다 / 솔다 쓰다								

3) '마르' 에서 온 말

우리말 '머리' 와 한자어의 '面' 과 '민(民)' 과 영어의 'man' 이 맞서고, 우리말 '무늬' 와 한자 '文' 이 맞섭니다.

ᄆᆞ르 → ᄆᆞᄂᆞ 머리 뫼 　머니 면面 민民 맨man 미러mirror	ᄆᆞ르 → ᄆᆞᄂᆞ 말 　무늬文

(2) 움말

1) 닭에서 온 말

① 하늘과 얽힌 말

아래를 보면 하늘, 天, sky, 썬sun 신神, 씨, 해, 날, 일日 등이 모두 닭(단군)에서 왔음을 알 수 있습니다. 天과 sky와 하늘이 맞서고, sun과 해와 날과 일日이 맞서고, 톨, 총叢, 종種, 재才, 싹, 씨, 핵核, egg, 난卵, 알이 서로 맞섭니다.

닭 →	춝 →	줅 →	숡 →	훍 →	눍 →	욹
둥글	총글	종글	송글	홍글	농글	옹글
단군	천구	지구	sky	흙 핵核	날 년年	egg
단檀	天	地	sun	하늘 하늬	눈 난卵	알 얼 안 安 in
톨	총叢	종種 재才	싹 신神 씨 氏	하나 해 호昊	낭囊	일日 일一

② '해' 와 '호(昊)' 와 '핵(核)' 과 '태양(太陽)'

'해' 와 '太昊' 와 '太陽' 도 '닭' 에서 온 것으로 보입니다. '太昊' 와 '太陽' 이 한자말일까요?

닭 →	닳 →	숡 →	줅 →	훍 →	눍 →	욹
둥글 탱글	태호太昊 단양 태양太陽	sun 새	재才 조鳥	핵核 해 호昊	날	알 안 애

그러나 '해' 나 '호' 나 '날' 이나 '알' 은 '가르' 에서 왔다고 볼 수도 있습니다. '닭' 에도 '가르' 가 들어있기 때문입니다.

가르 →	자르 →	하르 →	나르 →	아르
깔 꼴	잘	할 해 호昊	날 눈 난卵	알 온 안眼 eye 애

③ 지구와 땅에 얽힌 말

지구(地球)도 닭에서 왔습니다.

닭 →	숡 →	줅 →	훍 →	눍 →	욹
달구 땅	사꾸	절구 천구 처구 지구地球	하꼬	날개 내기	얼개 얽-

지구 속으로 들어가 봅니다.

지구의 속	말 풀이
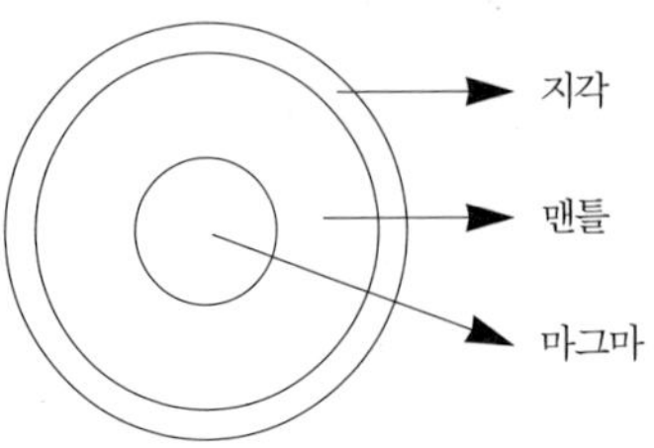	닭닭 → 잚밝 → 밝닭 돌 단단 지각地殼 겉
	맑닭 맨틀mantle(묽은 틀)
	맑맑 마그마magma(묽은 물)

다음에서 덩거리, 덩굴, 대간大幹, 대궁, 체구體軀, 줄기, 자락, 설기, 허구, 날개, 얼개 따위가 같은 뜻을 지니고 있음을 알 수 있습니다. 여기서 덩거리, 덩굴, 대궁, 줄기, 정글, 헝클, 넝쿨 등은 뿌리가 같은데 한자말 大幹, 영어의 jungle도 여기서 나왔음을 알 수 있습니다. 段階, 層階, 體系도 우리말 '줄기' 에 닿아 있음을 알 수 있습니다.

닭 →	삵 →	잚 →	핡 →	낡 →	앍
덩거리 段階	생기(다)	줄기 층계層階	활개	날개	얽 엮 역歷 약約
틀거리 덩굴	슬기生氣	체계體系 jungle	香氣	넝쿨	엉클 얼개 얼굴
대간 대궁	살 속	자락 처구 줄	흥클	날	영개 이영 angle
틀 톨 돌	실實	체구體軀 주柱	허구	나	알 얼 일日
티	씨	철 치 재才	허울 홀		안 安 in 애

다음에서 '땅' 과 'town' 과 '土' 가 맞섭니다.

닭[다르가르] →	다르하르 →	다르아느 →	다르아르
뜨락 들	땋 땅	타운town	터 데 토土

둥그르, 주周, cycle, angle, 원圓이 맞섭니다.

닭 →	삵 →	잚 →	핡 →	낡 →	앍
둥글 덩굴	송글	종글	홍클	넝쿨	옹글
동창	싸이클cycle	주周			앵글angle 원圓

뜨락, track, 들, 야野가 맞섭니다. 또한 청기, 진개, 손기, 흙 따위도 들(野)과 얽힌 말임을 알 수 있습니다.

닭	→	삵	→	잙	→	핡	→	낡	→	앍
뜨락 들녘 뙤기 두렁		손기		청기		흙		녘		아리개 어귀
트렉track 도로道路 들 뜰				진개						아野

'季節' 은 '큰 절기' 인데 'season' 과 맞섭니다.

닭 → 찱 → 잙 달기 달月 천간 철 줄기 절기 절節	닭닭 → 삵삵 → 앍잙 season 큰절기節氣 → 계절季節

다음에서 '얼개' 과 '연결(連結)' 과 'align' 이 맞섬을 알 수 있습니다. '연결' 이 과연 한자말일까요?

닭	→	잙	→	앍
타래		줄거리 줄기 주리 줄		얼거리 얼개 연결連結 align

④ 사람과 얽힌 말

다음에서, 단군dragon, dracula, 천군, 처용, 장군, 장인丈人, 산군, 성군, 성인, 현인, 낭군, 인간에서 각각 단檀, 천天, 장將, 장丈, 산山, 신神, 성聖, 현賢, 낭郎, 인人, 인仁, 용龍, 왕王, 웅雄, 옹翁, er 따위가 나왔음을 알 수 있습니다.

닭	→	삵	→	잙	→	핡	→	낡	→	앍
단군		산군山君		천군 장군將軍		호걸豪傑		낭군郎君		인걸人傑 공公
dracula		성군聖君 선우		처용 장인丈人		현인賢人		낭인浪人		인간人間 경卿
dragon		산山 순舜 신神		천天 존尊 장		현賢 걸傑		누구 년姩		인人 인仁 가家
단우		성聖 상上 숭崇		충忠 장將 주르		형兄		낭郎 나희		왕 용龍 웅雄 옹翁
당堂		사師 사士 수首		추酋 주主 치우		후侯		노奴 너희		아兒 우友 이 er

다음에서 친구親舊, 조카, 자기, 씨가리, she, 형兄, 나, 너, 누이, 인간, 我, 兒, I(아이), you 등이 같은 닭에서 나왔음을 알 수 있습니다.

닭	→	삵	→	잙	→	핡	→	낡	→	앍
동기		씨가리		친구 자기自己		히가리		나가 너거 누구		알가르 아가
同		싹 성姓		조카 족族		형兄		나희 너희 누나		인간 아이 i
		씨氏		自 者 己		후侯		나의 너의 누이		인人 아兒 여汝
		she		제(저)		he who		내 네 뉘		이er 아我 you

자기自己, 나, 아我, 아이 i 가 맞서고 모든 '씨가리' 가 '하늘' 과 같은 존재임을 알 수 있습니다. 우리말 '자기自己' 에서 한자 '自' 가 나왔을 것입니다.

닭 → 삵 → 잙 → 홁 → 낡 → 앍
달구 단壇 땅 씨가리 sky 처구 지구 천天 자기自己 자自 하늘 나 인간 아我 아이 i

우리말 너와 한자말 여(汝)와 영어 you가 맞서고

닭 → 삵 → 잙 → 홁 → 낡 → 앍
동기 씨가리 조카 자기 형 너 you 여汝

우리말 '누구' 와 한자어 '수(誰)' 와 영어 'who' 가 맞섭니다.

닭 → 삵 → 잙 → 홁 → 낡 → 앍
대가리 씨가리 사카 수誰 조카 족族 who 후侯 누구 인간人間

'속' 과 '애' 를 보겠습니다. 속, 내內, 안安, in, 애가 모두 같은 말임을 알 수 있습니다. 그러므로 '속을 태우다' 와 '애를 태우다' 가 같은 뜻임을 알 수 있습니다.

닭 → 삵 → 잙 → 홁 → 낡 → 앍
돌기 톨 속 씨 중간 종 핵 해 날 내內 알 안安 in 애

우리말 '혀' 와 'tongue' 와 '설舌' 이 맞서고 '이' 와 '치齒' 와 'teeth' 가 맞섭니다.

닭 → 삵→잙 → 홁 → 낡 → 앍 tongue 시끌 처구 치아 홍클 넝쿨 아구 설舌 치齒 혀 니 이	닭밝→앍밝 아그빠리 이빨 입	닭닭→닭촭 teeth

⑤ 말(語)과 얽힌 것

다음에서 두런거리, 대거리, 토크talk, 독讀, 지껄, jock, 중얼, 주呪, 설說, say, 사辭 따위가 맞섭니다. 우리말 '옳거니' 와 영어 'o.k' 가 맞섭니다.

닭 →	삵 →	잙 →	핡 →	낡 →	앍
두런거리	송알거리	중얼거리	흥얼거리	농알거리	옹알거리
대거리	시끄리	지껄이	홀기	닐거리	일거리 읽-
대화對話	사간司諫	절규絶叫	홀기笏記	농간弄奸	어구語句 一喝
talk	thank say	jock	hello	knock	옳거니 o.k
달래다	사뢰다	조르다	호리다	놀리다	이르다 read
독讀	설說 송誦	창唱	혹惑 홀忽 흥興	농弄	왈曰 언言
토討	사辭 사詞 소訴	주呪	호呼	노呶	어語

다음에서 소리와 관련된 말들의 뿌리를 알 수 있습니다. 독讀, 창唱, 주呪, 송頌, song, sing, 시詩, 읽 따위가 같은 반열에 있음을 알 수 있습니다.

닭 →	삵 →	작 →	핡 →	낡 →	앍
대거리對話	시끌이 소리 송頌 성聲	칭얼거리 지껄이	흥얼거리	닐거리	일거리 語句
독讀 talk 토討	사辭 시詩 song sing	창唱 주呪	향響 흥興	낙樂 농弄	읽 악樂 어語

또 '탱고'는 아프리카에서 나온 음악인데 우리의 '장고'와 맞섬을 알 수 있습니다.

닭 →	삵 →	잙 →	핡 →	앍
탱고tango 퉁기다 돌리다	소고	장고 치다		악기樂器

우리말에서 여럿을 뜻하는 '들'과 '따위'와 '떼'와 한자말 '등等'과 영어에서 복수를 나타내는 '-s'가 맞섭니다.

닭 → 삵	〈보 기〉
들 등等 따위 떼 / 씨가리 s	책 → 책들 book books

⑥ 먹는 것과 얽힌 말

'들이키다'와 'drink'와 '취取'와 '식食'이 맞섭니다.

닭 →	삵 →	잙 →	핡 →	낡 →	앍
들이키(다)	삭이(다)	축이(다) 죽이(다)	홀기(다)	녹이(다)	애기(다)
드링크drink	식食	취取 죽鬻	해害	누漏	애嗌

술과 관계되는 말에 초醋, 주酒, 술, 시그르食醯, 혜醯, 누룩, 알그리, alcohol 따위가 있습니다. 우리말 '알그리' 하다는 영어 'alcohol' 과 같습니다.

닭 →	삵 →	잙 →	핡 →	낡 →	앍
뜨기	삭히- 시케食醯	초醋 찌기 지울	혜醯	누룩	알그리(하다)
띄우	삭(다) 술 시(다)	지유 주酒			alcohol

⑦ 움직이는 것과 얽힌 말

우리말 '당기(다)' 와 영어 'take' 가 맞섭니다.

닭 →	잙	닭닭 →	잙닭
당기(다) take	챙기(다)	당기다 taked	챙기다

'돌이키' 와 '도(倒)' 와 turn, cycle과 회回가 맞섭니다.

닭 →	삵 →	잙 →	핡 →	낡 →	앍
돌이키-	수그리-	찡그리-	후리키-	날리-	일으키-
돌리- 도倒	cycle	줄이-	후리-	눌리-	일-
턴turn	소小	축縮	회回		기起

우리말 '달리다' 와 영어 'trot' 이 맞섭니다.

닭닭
달려가다 토끼다 달리다 trot

다음에서 트럭truck, 차車, 수레, 굴레車, 오룡거五龍車 등은 뜻이 같거나 비슷한 어휘임을 알 수 있습니다.

닭 →	삵 →	잙 →	핡 →	낡 →	앍
둥굴레	수굴레	차굴레 차車	허울	날개	아리개
트럭truck	수레	굴레 거車	회回		오룡거五龍車

다음을 보면 나가다, 나오다, 나다 등과 내來, run 등이 같은 뿌리에서 나온 말임을 알 수 있습니다.

닭 →	삵 →	잙 →	훍 →	낡 →	앍
달리기	생기(다)	차기 죽(다)	훌기(다)	나가(다)	일으키(다)
달리(다)	살다 삭(다)	차(다) 지(다)	후리다	나오다	일다 이르다
뛰기	생生 사死	축蹴 졸卒	회回	나다 내來	런run 기起 이移

우리말 '나오다' 와 영어 'out' 과 한자말 '出' 이 맞섭니다.

닭닭 →	챍닭 →	잙닭 →	낡닭 →	앍닭
댕기다	챙기다	장기다	나가다	오가다 이웃
다니다	출出	자놓다	나오다	오다 out
대躋		재在	나다	래來

우리말 '살다' 와 영어 'stay' 와 한자말 '生' 이 맞섭니다. '살더이다' 또는 '살았다' 와 'staid' 가 맞섭니다. 여기서 우리말 용언의 마침꼴 과거형 '~았다' 와 영어의 과거형 'ed' 가 맞섬을 알 수 있습니다. 결국 우리는 여기서 우리말 마침꼴 '~다' 가 영어에서도 살아 있음을 알 수 있습니다.

닭닭 →	잙닭 →	낡닭 →	삵닭 →	삵닭닭 →	삵앍닭
다니다	즐기다	놀다	살다 stay 生	살더이다 staid	살았다

우리말 마침꼴 '~다' 가 영어에서도 살아 있는 경우를 더 보겠습니다. 찾으면 얼마든지 더 나올 것입니다.

가르닭 →	아르닭	맑닭 →	많닭	
가르다 cut 크다 great grand 가다 go to	오다 out	multi	많다	
닭닭 →	삵닭 →	앍닭		
똑같다together 닿다touch	쏘다shoot 쌓다set	읽다read 얽다unite 연聯 인at		
밝닭 →	홝닭 →	왉닭		
밝다 bright 보이다 parade 붓다 put 박다 fight	희다 white	red(붉다)		

⑧ 운동 경기와 얽힌 말

'뛰기' 와 'dunk' 가 같고, 축구와 'soccer' 가 맞섭니다.

닭[다르가르] → 사르가르 → 자르가르
다리공 뛰기dunk 쏘기 싸커soccer 차기 축구蹴球

각종 운동 경기의 이름도 거의가 다 닭에서 왔습니다. '하키' 는 우리말 '홀키다' 에서 나온 말로 보입니다.

닭 → 삵 → 찱 → 쟑 → 핡 → 낡 → 앍 달구리 때리기 쏘기 스키 차기 족구 홀키다 날기 아리개 달리기 태껸 송구送球 축구 정구 하키 농구 오룡거 탁구 태권 싸카soccer 蹴球 庭球 야구 테니(스) 들녘 야野	밝 배구 피구 피겨	가르밝 골프

⑨ 싸움과 얽힌 말들

다음에서 투鬪, 졸卒, 전戰, 쟁爭, 살殺, 사死, 시尸, 해害 모두 우리말 '틀개' 와 관계됨을 알 수 있습니다. 또한 우리말 '틀개(對決, 鬪技)' 와 'tackle' 이 맞섬을 알 수 있습니다. 여기서 '對決, 鬪技' 는 '틀개' 를 나타낸 우리말이 아닐까요?

닭 → 삵 → 잙 → 핡 → 낡 → 앍
틀개 對決, 鬪技 성城 슬- 삭- 싸우- 책柵 짜개- 죽- 적敵 홀키- 녹이- 이기-
tackle 투鬪 송訟 살殺 사死 시尸 창槍 졸卒 전戰 쟁爭 해害 낙落 누漏

⑩ 집과 얽힌 말

다음에서 '도량' 과 '학교學校' 와 'school' 이 맞섭니다.

닭 → 삵 → 잙 → 핡 → 낡 → 앍
당간 다락 도량 school 사간 절간 절 헛간 학교學校 난간 역驛
당堂 대臺 사寺 정停 치鴟 헌軒 회랑回廊 누樓 옥屋

'자리' 와 '앉' 과 '좌座' 와 '석席' 과 'chair' 가 맞섭니다.

닭 → 삵 → 잙 → 낡 → 앉
들개(다)둘개이 두(다) 석席 자리 chair 좌座 놓(다) 앉(다)

우리말 '앉다' 와 한자 '착석着席' 과 영어 'sit' 가 맞서고, '인' 또는 '이다' 와 '존재存在' 와 'at' 와 'is' 가 맞섭니다. 아울러 '두다' 와 '놓다' 와 '쌓다' 와 '존치存置' 와 'set' 가 맞섭니다.

	↗	좕촑 → 좕좕	→	좕삵		
		존치存置 존중尊重 존재存在		착석着席 ↘		
닭닭 →	삵닭 →	좕닭 → 낡닭	→	앉닭	→	왉삵
들개다 닿다 두다	sit set 쌓다	주다 놓다 넣다 낳다		앉다 었다 인 at 이다		is

⑪ 그릇과 얽힌 말

초롱과 호롱은 같은 불이나 말뿌리는 다릅니다.

닭 →	촑	밝 →	홝	맑
튀기다 태우다	초롱 초焦	번개 밝다	호롱 호야 fire	명
타다 티	쬐다 조照 재	불	훤 환煥 홍紅 화火	明

다래끼와 trunk는 온전히 같은 말임을 알 수 있습니다.

닭	밝	맑
다래끼 trunk	바구니 bag pack 바랑 배낭背囊 방房	묶— 막 mook 幕 멍 망網

⑫ 닭(鷄)과 새에 얽힌 말

다음에서 달걀, 톨, 씨, 핵核, 난卵, egg, 알들은 뜻이 같은 반열에 있습니다. '닭' 과 'chicken' 과 'hen' 이 맞서고, '달걀' 과 'egg' 가 맞섬을 알 수 있습니다.

닭 →	삵 →	좕 →	홝 →	낡 →	왉
닭 달걀 두견이	솔개	chicken 자규子規	해오라기 hen	난卵 낭囊	외가리 오리
톨 따오기	씨 새	작雀 작鵲 조鳥	핵核 학鶴 해	노鷺	egg 알

⑬ 물과 얽힌 말들

물과 얽힌 말들이 닭에서도 왔음을 알 수 있습니다.

닭 →	삵 →	좕 →	핡 →	낡 →	앍
도구	실개울水口 스나르	츠가르 즈가르	하가르	나르	여울
도랑	수렁 시내 쏘	천川 정井	흐르	내	계溪
탕湯	수水 sea 소沼	주州 지池	류流		

'소나기' 와 영어 'squall' 이 맞섭니다.

닭[다르가르] →	사르가르 →	사느가르
	스콜squall(국지성 호우)	소나기

다음에서 돌개바람과 cyclone과 tornado가 얽혀 있음을 알 수 있습니다.

	↗ 삵 싸이클론 cyclone ↘				
닭 돌개		닭밝 →	닭밝맑 →	핡밝맑	
	↘ 닭닭 토네이도 tornado ↗	태풍颱風	돌개바람	회오리바람	

⑭ 불(火)을 뜻하는 말

다음에서 '쓰다' 와 'light' 가 맞섭니다.(이는 '가르닭' 에서 온 말과 거의 같습니다.)

닭닭 →	삵닭 →	좕닭 →	핡닭 →	낡닭 →	앍닭
튀기다	솔기다 솔다	졸기다	혀다	눌다	익다
태우다	사르다 쓰다	졸이다 쬐다	호롱	누룽지	일다
됴焦	소燒	초롱 초焦 조照		내다	light

2) '밝' 에서 온 말

다음에서 '불' 과 '화火' 와 'fire' 가 맞섬을 알 수 있습니다.

밝 →	홝 →	왉
벼락 빨강 백白	활기 혈기	온기溫氣
불쾌 불 봉 붕	화로 활活 혈血 환煥 흰 홍紅 황黃 황皇	온溫
피	화이어fire 화火 희- 회灰	

다음에서 '벌' 다와 'burn' 과 '富' 가 맞섭니다.

밝[바르가르] →	바르아르
벌키다	벌리다 벌다 burn(타오르다) 부富

다음에서 '봉(峰)' 과 'peak' 가 맞서고, '비' 와 '우雨' 와 'rain' 이 맞섭니다.

밝 peak 봉(峰)	밝 → 왉 비 우雨 rain

부리기, 부락, 포구浦口가 영어 burg, village와 같고 '우리' 와 'we' 가 맞섭니다.

밝	→	왉
부리기 부락 포구浦口 평양 부루 벌		우리
burg village park pur vill 포浦 bay		we our

다음에서 방귀와 펑크puncture가 맞섬을 알 수 있습니다.

밝	→	홝
방귀 펑크puncture 배기排氣		환기換氣

다음에서 '벽碧' 과 '푸르' 와 'blue' 가 맞섭니다.

밝[바르가르]	→	바르아르
불그레 블랙black 벽碧		푸르 블루blue

'밝' 에 어미 '닭' 이 붙으면 '밝다' 가 나오는데, 이는 영어 'white' 와 같습니다. 여기서 '붉다' 에서 '희다' 가 나왔음을 알 수 있습니다.

밝닭	→	홝닭	→	왉닭
붉다 푸르다 밝다		희다 white		red

다음에서 우리말 '바랑' 과 '방房' 과 'block' 이 맞섭니다.

밝

바구니 봉개 버럭 부엌 블록block 블러그blog 플러그plug 바랑 방房 병 봉 부部

우리말 '봉개' 와 한자말 '福' 과 영어 '포크pork' 가 맞섭니다. '봉개' 는 '몫' 입니다. 그러므로 '복을 받음' 은 '봉개를 받음' 인데 이는 '몫을 가진다.' 는 뜻입니다. 영어 '포크pork' 는 숟가락인데 이는 '복(福)' 과 관계됨을 알 수 있습니다.

밝
봉개 복福 포크pork

'벼룩' 과 'bug' 이, '벌레' 와 'flea' 가 각각 맞섭니다.

밝[바르가르] → 바르아르
벼룩 벌기 벅 bug 벌레 플리 flea

우리말 '펄럭이' 다와 깃발을 뜻하는 영어 'flag' 과 '기旗' 가 맞섭니다.

밝[바르가르]
펄럭이(다) flag 기旗

다음에서 우리말 '별로' 와 영어 'very' 가 맞섭니다.

밝 → 밣
별로 very

방티기, 봉세기와 영어 'pocket' 과 'bakes' 가 맞섭니다.

밝 →	밝닭	→		밝닭닭
바구니	방티기	↘		↘
	포킷pocket		밝삵	밝삵닭
			봉세기 바케스bakes	바스켓basket

3) 맑에서 온 말

맑 →	말 →	막 →	만 →	망 →	마
메르켈 맹갈다 물건	모래	묵 목 막 먹 맥	문文 문門	멍	마 뫼 모貌
메르켄 마립간 물견	몰개	무케 미키 미끌	민民 만滿	망網	무無 미美
몰개 뭉키 뭉개다	물 mol	멱 mook 미역	면面 man	명明	모母 매 me

우리말 '맹갈-' 과 영어 'make' 가 맞서고 우리말 '막-' 과 한자말 '물勿' 과 '막幕' 과 영어 'mark' 가 맞섭니다.

밝[마르가르] → 마르나르
맹갈(다) 메이크make 막(다) 막幕 마크mark 물勿 마누라 며느리 미나리 마늘

우리말 '마칸' 과 '많이' 와 한자말 '무궁(無窮)' 과 '만(滿)' 과 '만(萬)' 과 영어 'macro' 와 'many' 가 뜻과 소리가 거의 같습니다. 그런데 '많이' 와 'many' 가 같다는 주장은 이미 있었지만 이들 말들이 '밝' 이라는 한 뿌리에서 나온 것임을 증명하지 못해 우연으로 취급당했습니다.

밝 → 많
몰골 macro(큰, 긴) 마칸(마카) 무궁無窮 많이 마하摩訶mach many money 만滿 만萬
[ㄹ] → [ㄴ] → [ㅇ]

'물꼬' 와 '맨홀' 도 서로 맞섭니다.

밝 → 많
물꼬 맨홀manhole

(3) 겹말

1) 가르닭

우리말 '나라' 와 영어 'countury' 가 맞서고 '노래' 와 '가락' 과 'rock' 과 '락樂' 이 맞섭니다.

가르닭 → 가르삵 → 가르핡 → 가르앍 → 나르앍 → 아르앍
countury 기슭 고향故鄕 가락 국國 나락 나라 노래 락rock 락樂

우리말 '갈다' 와 영어의 '문화' 를 뜻하는 'culture' 가 맞섭니다.

가르닭 → 가르촭
갈다 가르치- 컬처culture

우리말 '고양이' 와 영어 'cat' 가 맞섭니다.

가르닭	→	가르삵	→	가르앍
켈cat				고양이

'귀신' 과 'God' 이 맞섭니다. '귀신鬼神' 은 '큰신' 입니다.

삵	←	닭	→	가르닭	→	가르삵
신神		단군 드라큐라 드레곤		갇God 큰단군		큰신 귀신鬼神

우리말 '큰닭' 과 영어 'condor' 가 맞섭니다.

가르닭	→	가느닭	→	가르앍
		큰닭 = 콘돌condor → 독수리		cock(수탉)

'가락' 과 '격格' 과 '계단階段' 과 'class' 가 맞섭니다.

가르닭	→	가르삵	→	가르잙	→	가르앍	→	자르앍
큰단계 계단階段		클라스class		큰줄기		가락 격格		자락 자者

우리말 '큰들' 과 영어 'ground' 가 맞섭니다.

가르닭	→	하르닭
큰들 그라운드ground		한들 한티

'커다란' 과 '거대巨大한' 과 'great' 가 맞섭니다.

가르닭	→	가르닳	→	아르닳
커다랗 great gland		거대巨大한		위대偉大한

우리말 '글자' 과 영어 'letter' 가 맞섭니다.

		아르닭		
	↗	레터letter	↘	
가르닭		→		가르잙
크리트cleat				글자

우리말 '알짜' 과 영어 'gold' 가 맞섭니다.

가르잙 → 나르잙 → 아르잙
↗ 구지 노른자 알짜 ↘
가르닭 아르삵
골드gold ↘ 아르닭 → 나르삵 ↗ 아신
알타이 알트→금(金) 누른 쇠

'게세르' 는 '게오르규' 와 '조지' 와 맞섭니다.

자르삵 → 자르잙
↗ 조선 조지George ↘
가르닭 → 가르삵 → 가르밝
커다란 거서간 거서리 게세르 게슬러 기슭 가락 거룩 게오르규Gheorghiu

우리말 '끝' 과 '극極' 과 end가 맞섭니다.

가르삵
↗ 긋 ↘
가르닭 아르닭
귿(끝) ↘ ↙ end
가르밝
극極

2) 닭닭

'스승' 과 한자말 '先生' 과 영어 'teacher' 가 맞섭니다.

삵닭 → 잙닭 → 핡닭 → 낡닭 → 밝닭
선덕 성덕 진덕 현덕 낙동 아더왕
닭닭 ↗ 신독 수다간 잔다크 휴도왕 너덜 우다간 ↘ 삵삵
면독 ↘ ↗ 소서노 선생
도독 닭촭 → 삵잙 → 잙잙 → 낡잙 → 핡잙 산신 스승
두들 teacher 신크치 신지 지중 나중 훈장 신선

'이것' 과 'it' 가 맞서고 '저것' 과 'that' 가 맞섭니다.

좕닭 → 왉닭
↗ 저것 이다 이것 인 – it at ↘
닭닭 → 닭왉 → 홝왉 → 왉왉
that ↘ there here ↗ 여기 are
닭삵 → 왉삵
this 있 – is

우리말 '도독(都督)' 과 한자말 '대인(大人)' 과 영어 'titan' 이, 휴도왕과 'Arthur왕' 이 맞섭니다.

닭왉 → 왉왉 → 가르왉
↗ 대인大人 의인義人 큰인간 거인巨人 ↘
닭닭 → 삵닭 → 삵닰 → 좕닭 → 홝닭 → 왉닭
도독都督 수다간 소크라테(스) 석탈해 진덕 후다간 우다간 인덕
동덕 titan 선덕 신독 성덕 사당 휴도왕 Ather왕

우리말 '읽다' 와 영어 'read' 가 맞섭니다.

닭닭 → 삵닭 → 좕닭 → 왉닭
두런거리다 시끌이다 지껄이다 읽다 리드read

'돓다' 와 영어 'good' 이, '옳다' 와 'alight' 가 맞섭니다.

닭닭 → 좕닭 → 왉닭 → 가르닭
돓다 좋다 옳다 alight 굳good

'때리다' 와 '닿다' 와 'touch' 와 '타打' 가 맞섭니다.

촭닭
닭닭 ↗ 치다 ↘ 닿닭
때리다 ↘ 닭촭 ↗ 닿다 타打
touch

우리말 '생각' 과 영어 'thinking' 이 맞섭니다.

닭닭 →	삵닭 →	삵앍
	시끌다	시끌아기 생각 thinking

우리말 '쏘다' 와 영어 'shoot' 와 한자어 '射' 가 맞섭니다. '사격(射擊)' 은 우리말 '쏘아가기' 일 것입니다.

닭닭 →	삵닭	→	삵앍
때리다	쏘다 shoot 쏘기 사射		쏘아가기 사격射擊

우리말 '솔다' 와 '작다' 와 영어 'shot' 와 한자 '소小' 가 맞섭니다.

닭닭 →	삵닭	→	잙닭 →	핡닭 →	앍닭	→	앍삵
	솔다 shot 소小		작다	hot	at 인 - 이다		is 있

늙다, 낡다와 한자어 老, 朽와 영어 old가 서로 맞섭니다.

닭닭	→	삵닭	→	잙닭	→	핡닭 →	낡닭	→	앍닭
돌아가다		슬다		죽다		헐다	낡다		앓다
		삭다 썩다		지다		해害	늙다		애다
		사死 시屍		졸卒 제除 지止		후朽	노老		old

우리말 '얽틀' 과 영어 'style' 이 맞섭니다.

닭닭 →	삵닭 →	잙닭 →	핡닭 →	낡닭 →	앍닭
	style				얽틀

우리말 '통시' 와 영어 'toilet' 이 맞섭니다.

닭닭 →	닭삵 →	닭앍
똥다락 toilet	통시	뒷간

3) 밝밝

'밝은 풀이' 와 브리핑briefing과 '법法' 이 같습니다.

밝밝
밝은 풀이 briefing 법法

4) 밝닭

'비둘기' 와 'bird' 가 같고, '배따라기' 와 '보트' 가 맞섭니다.

밝닭	→	밝삵
배둘기 bird 배따라기(어부들의 고달픈 삶의 노래) boat		풍선風船

우리말 '봉지' 와 영어 '패키지package' 가 같고, '방티기' 와 'bakesu' 가 맞섭니다.

밝닭	→	밝잙	→	밝삵
방티기 팩트pact 봉다리		박적 백제 **봉지** 패키지package		봉손
발 푸드food 피드feed		부적 부자富者		바케쓰 bakesu

밝닭에서 영어 brother, friend, father, poodle, victor, brand 등등 많은 말들이 나왔습니다. 더 구체적으로 우리말 '벗' 과 영어 'friend' 가, 바둑이와 poodle이 맞섭니다.

밝닭	→	밝삵
바둑이 박달 victor brother **friend** father **poodle** brand		보살 박수 박사 **벗**

'빵떡' 과 'bread' 가 같고, '복숭아' 와 'peach' 가 맞섭니다.

밝닭	→	밝삵	→	밝잙
빵떡 bread butter food		복숭아 풋		피치peach

뿔개다, 비기다, 빠개다, 파괴(破壞)하다, fight 등이 맞섭니다.

밝닭	→	밟닭
뿔개다 비기다 빠개다 파괴(破壞)하다 파기(破棄)하다 폐기(廢棄)하다 박다		fight

'밭' 과 'field' 가 맞서고, '울타리' 와 'boundary' 가 맞섭니다.

밝닭	→	왉닭
바탕 밭 필드field boundary		울타리

우리말 '밭' 와 영어 'virgin' 이 맞섭니다.

밝닭	→	밝좕
밭		버진virgin 보지

우리말 '바다' 와 영어 'water' 와 'ocean' 이 맞섭니다.

밝닭	→	왉닭	→	왉삵
바다		워터water		오션ocean

우리말 '발공' 와 영어 'football' 이 맞섭니다.

밝닭	→	밝닭밝
발공		football

다음을 보면 '달구리' 에서 '족足' 과 '다리' 와 '교橋' 가 나왔음을 알 수 있습니다.

좕	←	닭		⇄	밝닭
족足		달구리			foot
↓		↙	↘		↓
주		다리	구리		밝좕
走			교橋		bridge

5) 닭밝

'대백이' 와 'top' 이 맞서고, '깊―' 과 'deep' 가 맞섭니다.

닭밝	→	삵밝	→	좕밝	→	홝밝	→	낡밝	→	왉밝	→	가르밝
대백이 톱top 디프deep		씹		접接		합合		높-		입		깊-

'씹' 과 'love' 가 맞서고, '더불어' 와 'double' 이 맞서고, '굽이' 와 'curve' 가 맞섭니다.

닭밝	→	삵밝	→	좕밝	→	홝밝	→	낡밝	→	왉밝	→	가르밝
더불어		씹		처부 접接		합合 흡吸		놉 높-		입入		고빼기 곱 겹 굽이 굽
double		삽揷		chip		hub		납納		love		꺼풀 갑甲 curve

'거북이' 에서 '꺼풀(겹)' 과 'couple(짝)' 과 '갑甲' 이 나왔습니다.

가르밝 꺼풀골甲骨 → 꺼풀기(거북이) → 꺼풀이, 꺼풀, 커플couple(짝) → 갑甲, 겹, 곱

'행복' 과 'happy' 가 같습니다.

닭밝	→	핡밝	→	앍밝	→	가르밝
대봉개 대복大福 대박		한봉개 행복幸福 happy		앉은봉개		큰봉개

둥글바퀴와 turbine이 같고 '새벽' 과 'eve' 가 맞섭니다.

닭밝 둥글바퀴 터빈turbine	닭밝 → 삵밝 → 앍밝 태백 새벽 eve 겹

둥근 반을 뜻하는 '둘레반' 과 영어 'table' 이 같습니다.

닭밝	→	앍밝
둘레반 두리반 table		원반圓盤

6) 닭맑

우리말 '꿈' 과 'dream' 과 한자말 '영감(靈感)' 이 맞섭니다.

닭맑	→	삵맑	→	앍맑	→	가르맑	→	하르맑
다물多勿 dream		설레임 샤먼 신명神明		영감靈感		곰 꿈 곰 가망可望		희망希望

우리말 '어머니' 와 '주몽' 과 영어 'woman' 이 맞섭니다.

맑닭
↗ 무당 mather ↘
닭맑 → 삵맑 → 좕맑 → 앍맑 ⇄ 왉맑 ← 밝맑
두만 샤먼 주몽 아멘 어머니 woman farmer

'사막' 과 'smork' 가 같음을 알 수 있습니다.

닭맑 → 삵맑 → 잙맑 → 앍맑
동막 삭막朔漠 사막砂漠 smork 장막帳幕 연막煙幕

우리말 '돌맹이' 와 영어 'dolmen' 이 맞섭니다.

닭맑 → 삵맑 → 잙맑 → 핡맑 → 낡맑 → 앍맑
달문 다물 dolmen 돌맹이 두만 神明 샤먼 주몽 호무 나무 이매

7) 맑닭

'무당' 에서 '뮤직music' 과 'Muse' 와 'massa' 가 나왔습니다. 그리고 우리의 제의祭儀인 '마지' 와 카톨릭의 제의祭儀인 '미사missa' 도 같은 '무당' 에서 왔음을 알 수 있습니다.

맑닭 → 맑삵 → 맑잙
무당巫堂 무수리 모세 미사missa 무천舞天 뮤직music 뮤즈muse(樂神) 마지

'무당' 과 '무대舞臺' 와 영어 'mood' 가 맞섭니다. 여기서 무당이 연극과 관련이 있음을 알 수 있습니다. 또한 '무당' 과 'medical' 이 얽혀 있는데 이는 옛날에 무당이 병도 고쳤기 때문일 것입니다.

맑닭
무당巫堂 무대舞臺 mood(분위기) 메디칼medical

*3조선(조선, 배달, 말갈)의 굿에서 나온 예술 용어들

광대가 큰대stage에서 굿을 할 때 고깔hat을 쓰고 노래serenade를 한다.

잙삵 낡앍 앍삵
↗ 조선 ↗ 노래 ↗ 굿
닭닭 → 삵닭 → 잙닭 → 핡닭 → 낡닭 → 앍닭 → 앍앍
대덕 stage serenade 진덕 현덕 hat 노르딕 큰대 광대 고깔

박수가 빈대에서 푸닥거리를 할 때 벙거지bakesu를 쓰고 배따라기를 부른다.

밝닭 → 밝삵 → 밝잙
배달 푸닥거리 배따라기 빈대 박수 bakesu 벙거지

무당이 무대에서 mood를 잡고 마지missa를 올릴 때 모자帽子를 쓰고 music을 연주하고 매혹적으로 무용을 한다.

밝닭	→	밝삵	→	밝잙	→	밝핡	→	밝앍
무당 무대 mood		missa		마지 모자帽子 music		매혹		무용 말갈

샤먼이 치마를 입고 점을 칠 때 ceremony를 하고 힘차게 춤을 춘다.

닭밝	→	삵밝	→	잙밝	→	핡밝	→	낡밝	→	앍밝
다물		샤먼 ceremony		치마 점占 춤		힘		나무		어미

영어에서 산(山)을 뜻하는 'mountain' 도 우리말의 '무당(巫堂)' 과 관계된다고 볼 때 여기서도 산(山)이 신앙의 대상이었음을 알 수 있습니다. 그리고 무당에서 'mountain' 과 우리말 '뫼' 와 '달' 이 나왔습니다.

밝닭
마운틴mountain
무당

↗ 밝
모롱이 뫼

↘ 닭 → 삵 → 잙
달 산山 진鎭 재

(4) 세겹말

1) 닭닭닭(가르닭닭)에서 온 말

닭닭닭은 단군조선이며 얽조선(연방조선)입니다. 여기서 '얽꽃' 과 'acacia' 가 나왔군요.

↗ 닭앍닭 → 닭잙삵 → 앍잙삵 → 앍앍앍 ↘
탕구트 타래꽃 | 단군조선 | 얽조선(연방조선) | 얽국(연방국)

닭닭닭	→	삵삵닭	→	핡삵삵	→	앍삵삵	→	앍앍삵	→	앍낡앍	→	앍앍잙
티타이트		수수꼬타리		힉소스		옥수수		acacia		강냉이		얽꽃

우리말 '아사달' 과 영어 'east' 가 맞서고, '굳다' 와 영어의 concrete가 같습니다.

가르닭닭 → 가르삵닭 → 아르삵닭 게스트 아사달 east	가르닭닭 → 가르앍닭 굳다 concrete

2) 닭밝닭에서 온 말

닭밝닭에서 온 '티베트' 나 '드라비다' 는 무슨 뜻일까 궁금했습니다. 그러나 사실 이는 '두루배달' 로 풀리므로 모두 '배달민족' 임을 알 수 있습니다. 한밭, 시베리아, 카파도키아, 클레오파트라, 쥬피터, 슈베르트, 상바라, 크레오파트라, 아바타, 엘리자베스 들도 마찬가지입니다.

		닭밝삵	→	삵밝앍		→		잙밝삵	→	앍밝삵	
	↗	도편수		상바라 시베리아 서백력				자부선생		안파견선생	↘
닭밝닭	→	삵밝닭	→	잙밝닭	→	핡밝닭	→	앍밝닭	→	앍밝잙	→ 앍밝앍
두루배달		슈베르트		쥬피터		한밭		엘리자베드		안파견족	얽부여
드라비다		소비에트		자코뱅당		하버드		카파도키아			(연방부여)
티베트		숲땅				헐버트		크레오파트라			오까방고
대배달		소프트						애급트 아바타			

터키에 카파도키아가 있는데 이는 고대인들이 바위산을 뚫어 층층이 방이나 집을 만든 곳입니다. 이것이 오늘날 '아파트' 의 기원이 된 것으로 보입니다.

가르밝닭	→	하르밝닭 →	아르밝닭
큰배달 크레오파트라 카파도키아 가파른다락		한밭	아바타 아파트apart

우리말 '잎' 와 영어 'leaf' 가 맞섭니다.

닭밝닭 → 낡밝삵	→	앍밝삵
티베트　　닢사귀 → 닢새 → 닢leaf → 립스leaves		잎사귀 → 잎새 → 잎

3) 닭맑닭(가르맑닭)

곰딸(웅녀)인 '가메시' 가 영어의 'climax' 가 된 것은 무엇을 말할까요?

가르맑닭	→ 가르맑삵	→	하르맑삵
곰딸(웅녀)	까막수리 가메시 climax		할마시 해모수 호메로스

아름답다의 '아름다'가 'smart'와 맞서고, '부드럽'다와 영어 'beautiful'이 맞섭니다.

닭맑닭 → 삵맑닭 → 앍맑닭 투메트 smart 아름다+ㅂ다	밝닭밝 부드럽(다) beautiful

(5) 한 뿌리에서 나온 누리의 여러 이름들

1) 가르에서 온 이름

가르 →	자르 →	하르 →	나르 →	아르
골谷 굴 길 권圈	진鎭 재城	혈穴	널棺 난卵 내內	알 안 온
기니 가나 케냐 케년	zone	holl		area all in

2) 닭과 얽힌 이름

닭 →	삵 →	잙 →	핡 →	낡 →	앍
달갈 동구	신갈 상구	정구리	항구	날개	얼거리
터키 토고	싱그러운 상그릴라	체코	헝가리	니제르	앙골라 잉카 알제리

가르닭 →	가르삵 →	가르잙
커다란 쿠르드 그라나다	기슭 개성 고산 고성	공주 귀주 기자 기주 거제
카르타고 크레타 고딕 클리트	거서간 게세르 가시개	고죽 고천 고창 고차 곶
공덕 까닭 구다라 꼬투리	공성 크스크 키쉬 갯	기장 거창

			잙삵	핡삵	낡잙	
		↗	조선 ↗	한성 ↗	나이지리아	
닭닭 →	삵닭 →	잙닭 →	핡닭 →	낡닭 →	앍닭 →	앍앍
타일란드	소그디아	차카타이	흙티	낙동 낙타	잉글란드 온달	고구려
타타르	스키타이	차드	홀란드	노티기	아이티 인디아	가락 낭랑
돈달	수다간	잔다크	한티	노르딕	우간다 요르단	콩고 락樂
둔덕	성덕 수단	진덕 청도	현동	늑대	우다간 아더왕	곡谷 극極
도독	순덕 스웨덴	칭따오	휴도왕	녹동	에콰도르 알타이	격格
단동	수동	직동 저동	휴다간	느리티	쿠르드 그라나다	국國
덕다리	신당골	지통골	한들	노고단	왕태골 알동	유연
돈달	생달	재달	히티	농다리	안틀이 안동 alt	

		삵닭닭 →	핡닭닭 →	핡삵삵 →	앍앍닭 →	앍잙삵
	↗	스코틀랜드	히타이트	힉소스	얽꽃	얽조선
		스키타이땅	한티땅		퀵투르크	(연방조선)
닭닭닭 →		닭앍삵 →	잙앍삵 →	앍삵닭 →	앍삵삵 →	앍앍삵 → 앍낡앍
티타이트		퉁구스(칸)	징기스칸	알렉산더	옥수스	아카시아 강냉이
		단군조선	징크스	아사달	옥수수	이르크스크

3) 밝과 얽힌 이름

밝 →	밣 →	홝 →	왉
부리기 포구浦口 block village black 벽碧	방하 포항	활개 황기	우리 we our
park 파라과이 브루나이 페루 feel blue	평양 풍양	황간 횡계	우루과이

밝밝
벼르빡 벌방 봉평 부평 파평 배뱅이 부용봉 보배 밥 법法
볼리비아 핀리핀 피플people 브리핑briefing 포로필profile

닭밝 →	삵밝 →	잙밝 →	핡밝 →	앍밝
닭벌 대백이 태백	스가발 수빅 소백	장백이 자코뱅	하롱배이	오까방고 옥방
덕평 대평 타이페이	서라벌 성평 수비	천평 장백 증평	하얼빈	아라비아 안파견
투르판 대판 토번	세르비아 서벽 수평	진평 집안 진번	해평 후평	알박 알평 가평

밝닭 →	밝삵 →	밝잙 →	밝핡 →	밝앍
박달 배달 부탄 포르투갈	보살 보실 보성	박적골 팔직이	백화	백골 바이칼
박트리아 빅토리아 폴란드	보스니아 배새이	버지니아	발해	피아골 백악
분통골 푸에르토리코 버들	벽산 변산 박수	변진 브라질	봉화	벨기에
비엔티안 브리야트 붕따우	봉성 페르샤	백제 비적	백학	페니키아

밝밝닭 →	밝밝삵
퍼팩트perfect	부푸실 프로방스 파피루스

4) 맑과 얽힌 이름

맑 →	맗 →	많
마광 메콩(강) 망개 멍게 무케 미역	무흘 뮌헨 묘향	마닐라 마누라 며느리
monkey 마나과 모과 모로코 모나코	명호 미호 미향	미나리 마늘 머루 man

밝맑
모래물 미르물 무르미 모래미 미안마 목멱 맹물 용마龍馬

닭맑	→	삵맑	→	잙맑	→	핡맑	→	앍맑
도미니카 덕만		살목 수메르 시민		자메이카		하모니카 흙목 홈		아메리코 임
동명 다물 대만		사그막골 샤먼 사람		주몽		할머니 호무 home		어머니 이매

닭맑닭	→	닭맑삵	→	닭맑잙	→	삵맑삵	→	핡맑삵	→	앍맑삵	→	앍맑닭
투메트		토미리스		태무진		수미산		할마시		가메시		금당 아미타
타무딕		토함산		도무지		삼위산		해모수		김씨		곰딸(웅녀)
탈무드		두마칸산		담징		샤먼산		히말라야산		아르마스		우금티

마무리

우리는 이제까지 홑음절말인 한자(漢字)말 또는 한자(漢字)는 여러 음절말인 본디 우리말에서 나왔음을 보았습니다. 그리고 인도유럽어족의 대표 언어라고 볼 수 있는 영어의 어휘도 우리말의 일곱 뿌리말에서 갈려 나갔음을 보았습니다. 또한 누리의 땅 이름들이 모두 한 뿌리로 얽혀 있음도 살폈습니다.

그러므로 우리말의 뿌리말인 가르 다르 바르 마르 닭 밝 맑은 인류 언어의 공통 조어로 생각됩니다. 특히 우리는 인류의 공통조어인 일곱 뿌리말을 온전한 모습으로 간직한 겨레인 것으로 보입니다.

인류의 말의 뿌리 :	ᄀᆞ르	ᄃᆞ르	ᄇᆞ르	ᄆᆞ르	ᄃᆞᆰ	ᄇᆞᆰ	ᄆᆞᆰ
	해	달	별	뫼	돌	불	물

인류의 말은 겉모습은 많이 달라도 그 뿌리는 같습니다. 다른 것은 소리와 뜻의 맞춤일 것이며, 어순과 말본일 것입니다. 그리하여 사람들이 뜻과 어순과 말본의 같고 다름에 따라 어족을 나누고 겨레말들의 친소에 따라 무리 사이에 얽힌 이야기를 좇고 있을 것입니다.

4. 우리 얼

우리말은 우리 얼

우리말은 우리 생각의 그릇이며 우리 역사며 우리 얼 그 자체입니다. 우리말은 알타이어족 또는 퉁구스어족에 드는 교착어입니다. 그러므로 우리는 알타이어족이거나 퉁구스어족에 드는 무리들과 무슨 인연이 깊을 것입니다. 특히 저는 드라비다말, 수메르말 들의 고대말와 투르크말, 티베트말, 카자흐스탄말를 비롯한 중앙아시아말이 우리와 같은 교착어라는 데 눈여겨보고자 합니다.

우리말 1인칭 대이름씨 '나'와 '너'는 다음에서 보는 바와 같이 '누구'라는 한 뿌리에서 갈라져 나온 것을 알 수 있습니다. 여기서 우리말은 우리에게 '나'와 '너'가 본디 둘이 아닌 한 뿌리라고 가르칩니다. 우리말에는 이런 우리 얼이 담겨 있습니다.

ᄃᆞᆰ	→	ᄉᆞᆰ	→	ᄌᆞᆰ	→	ᄒᆞᆰ	→	ᄂᆞᆰ	→	ᄋᆞᆰ
대가리		씨가리		조카		히가리		누구 나가 너거		인간 아기 아이

			↗	나				
	↗	나가	→	나희	→	나의	→	내
ᄂᆞᆰ[ᄂᆞ르ᄀᆞ리] ᄂᆞᄀᆞ	→	누구	→	누이	→	뉘	→	누
	↘	너거	→	너희	→	너의	→	네
			↘	너				

우리말은 조사가 발달한 교착어입니다. 다른 나라 말로는 아래와 같이 이렇게 미묘하게 달리 나타내기가 쉽지 않을 겁니다. 우리말은 이런 미묘한 생각을 다 담을 수 있는 빼어난 그릇입니다.

아우가 떡을 먹는다. 아우가 떡은 먹는다. 아우가 떡만 먹는다.	
弟食糕(제식고)	Brother eat bread(형제가 빵을 먹는다.)

한자로 푸른 뜻을 나타내는 말에 청(靑), 록(綠), 벽(碧) 등이 있습니다. 그런데 우리말은 얼마나 다양한 푸르름을 간직하고 있습니까? 다른 나라 말에는 이런 말이 없으므로 이런 생각이 없습니다.

푸르다 짙푸르다 푸르딩딩 푸릇푸릇 파릇파릇 포릇포릇 파랗다
새파랗다 시퍼렇다 파르스름하다 푸르무리하다 연푸르다

삼위일체의 우주관

하늘과 땅과 사람은 하나니라. 이는 누구의 말씀이던가요? 이는 바로 천부경의 말씀이지요. 하늘과 땅과 사람은 셋인데, 그 셋은 완성된 수로서 다시 하나라고 했잖아요? 이는 우주가 하늘과 땅으로 이루어지지만 사람(생명)이 생겨나서 비로소 그 의미가 완성된다는 위대한 철학을 담고 있지요. 이는 하늘과 땅의 조화로 모든 목숨들이 산다는 생각이기도 한데 이것이 곧 단군사상이요, 삼위일체요, 삼신사상이요, 태극사상이요, 유학이요, 불교요, 동학의 정신이지요. 이는 곧 단군 겨레의 얼 그 자체입니다. 이것이 바로 사람 중심이요, 생명중심 사상입니다.

하늘 + 땅 → 사람(생명)
사람은 만물의 으뜸, 생명의 탄생은 우주의 완성품

이런 현상은 우리말 닭에서 이미 확인된 일이기도 합니다. 곧 삼재(三才)는 하나의 닭에서 나왔다고.

닭	→	삵	→	좕	→	홁	→	앍
땅		씨가리 씨알 씨		종種 재才		하늘		인간 아기

산해경(山海經)의 해내경(海內經) 편에도 '발해만에 조선천독이 있었는데 그들은 주로 물가에 살며 사람을 아끼고 사랑한다.' 고 했지요? 여기서도 이미 우리 겨레의 '인간 존중' 의 오랜 물줄기를 만날 수 있습니다.

東海之內北海之隅 有國名曰朝鮮天毒 其人水居偎人愛之 동해 안과 북해 모퉁이에 나라가 있으니 조선 천독이다. 그들은 물가에 살며 사람을 아끼고 사랑한다.

이 역시 닭에서 나온 인(仁)으로써 증명됩니다. 인(仁)은 유학의 뿌리입니다.

닭 → 삵 → 잚 → 핡 → 읽
덕德 땅 대大 씨가리 친구 하늘 인간 → 인(人), 인(仁) → *유학儒學

천도교를 창시한 수운 선생도 '사람이 곧 하늘' 이라고 했는데 이를 '한울사상' 이라고 하지요. 이는 우리의 잃어버린 '단군사상' 을 다시 일깨운 것입니다.

단군교 → 천도교
성황당신앙(천부경天符經) 한울사상(동경대전東經大全, 용담유사龍潭遺詞)
천지인은 하나다. 사람이 곧 하늘이다.(人是天, 人乃天)

'태극' 은 '닭가르닭' 에서 왔는데, 이는 '퉁구스' 로 풀리므로 결국 '단군조선' 을 뜻합니다. '단군조선' 자체가 '태극' 이니, '태극사상' 은 '단군조선' 에서 나왔을 것입니다. 태극은 큰 우주, 대우주입니다. 나와 우리가 대우주의 중심이라는 생각이 태극사상입니다. 삼재(三才), 삼극(三極), 삼태극(三太極)은 모두 닭(단군檀君, 씨알)에서 나와서 태극사상의 뿌리가 되었지요. 여기서 '삼진법(三進法)' 이 나온 것은 물론이고, 세종의 한글 창제도 세씨알(三才)에 뿌리를 두고 있으니, 이는 우리가 조상의 위대한 철학을 면면히 잘 이어받은 것이지요. 그러므로 단군사상은 '씨알사상' 이요, '태극사상' 이며 이는 '나(생명)' 를 우주의 중심에 두는 주체 철학입니다.

까치밥 마음

우리는 밥을 먹어도 고수레를 하고 먹고, 감을 따도 까치밥을 남겨둡니다. 굶주림에 허덕이던 시절에도 먼 데서 모르는 손님이라도 오시면 큰 절로 맞이하고, 이밥으로 먹여 주고 재워 주었습니다. 또한 손님은 아무리 주려도 주인이 내온 밥을 다 들지 않고 남겼습니다. 이는 서로를 존중하고 배려하는 마음이며 섬김의 문화이며 여유입니다. 여유와 여백은 여운의 미(美)로 나아가기도 하였습니다. 이 모든 것은 한 마디로 생명과 만물에 대한 경외입니다.

신명난 사람들

우리 얼에 신명(神明) 또는 신바람을 뺄 수 없을 것입니다. 좋은 뜻으로 무슨 일에 빠져들어 거침없이 나아가는 것을 '신명이 났다.' 또는 '신바람이 났다.'

고 합니다. 이는 밤을 새워 놀거나 일하거나 하는 몰아의 경지를 말합니다.

또한 동지나 동무가 죽으면 며칠씩 밤을 새워 피눈물을 흘리며 애도합니다. 이렇게 신명과 피눈물이 섞여 의(義)와 용(勇)의 물결이 일어나기도 합니다.

5. 우리말 살리기와 역사 복본

우리말과 한글

한자의 뿌리인 갑골문을 우리가 만들었다고 해도 긴 역사 속에서 한자는 우리말 소리의 개성을 닳아 버리게 하였고 본디 우리말 어휘를 많이 잃어버리게 하였습니다. 뿐만 아니라 민중의 표현과 소통을 가로막고 우리 문화를 지배계급의 전유물로 만드는 데 쓰였습니다.

한글은 소리글자인 고조선문자에 뿌리를 둔 누리에서 앞선 글자입니다. 이는 누구나 쉬 배울 수 있으며, 온갖 소리를 거의 다 적을 수 있으므로 그간 많이 빛바랜 우리말의 본디 모습을 되살리고, 서로 소통하는 데 꼭 있어야 합니다. 또한 한글은 민중 중심의 민족문화 창달의 활로를 결정적으로 열어젖힐 것입니다. 나아가 미래의 전자말시대에 한글과 우리말은 인류 문화를 이끌어 갈 것입니다.

그런 점에서 세종대왕의 마음을 한 때라도 잊어서는 아니 되며, 혹시라도 누리로 나아가기를 핑계로 한글과 우리말에 대한 사랑의 끈을 놓아서는 아니 될 것입니다.

역사 회복과 복본(複本)

이제까지 우리는 우리 역사를 현재의 한반도 중심으로만 생각하는 경향이 컸습니다. 그러나 역사는 흐름이며 변화무쌍하다고 볼 때 우리 역사는 결코 한반도에만 머물지 않습니다. 긴 역사로 볼 때 현재의 한반도는 잠시 여기일 뿐입니다. 특히 우리 조상은 광활한 북방을 말달리던 무리라고 볼 때 우리 역사는 세계사와 뗄 수 없는 관계에 있습니다. 그러므로 국사와 세계사를 거의 같은 개념으로 배워야 할 것입니다.

사실 누리의 어느 무리의 역사든 세계사와 끊긴 닫힌 역사는 물론 없습니다. 더구나 북방은 허허벌판이므로 누구에게 한 번 밀리면 만주에서 중앙아시아는 물론 카스피해까지 쫓기기가 일쑤입니다. 북방민족은 드넓은 유라시아 대륙을 주요 활동무대로 하면서 누리로 나아갔습니다. 그러므로 우리 역사는 중앙아시아는 물론 아나톨리아반도, 유럽, 티베트, 인도북부 등 유라시아와 아프리카, 남북아메리카 대륙에까지 이어져 있음을 인식해야 합니다. 우리 역사개념을 너무 닫아 버리거나 너무 좁게 잡아 한반도로만 잡아두려는 생각은 잘못입니다. 역사 전문가도 아닌 제가 이런 소리를 하는 것을 보고 소도 웃을지 모르지만 제 생각에서 티끌만큼이라도 건질 건더기가 있다면 다행으로 여기겠습니다.

우리 스스로의 역사 축소

우리 스스로가 우리 역사를 축소하고 왜곡했다면 매우 어리둥절하실 겁니다. 먼저 삼국사기 문제입니다. 이는 신라 중심의 사관을 가지다 보니 고조선과 고구려와 백제와 발해의 이야기에 소홀했다는 것입니다. 그것이 역사의 무대를 한반도에 국한시킨 출발점이 되었을 것입니다. 우리가 여기서부터 눈이 멀기 시작해 우물 안의 개구리가 되었을 것입니다. 더구나 삼국사기는 우리의 정통 사서로 여겨져 왔으므로 영향력이 큽니다. 여기서 사대(事大)와 모화(慕華)의 구름이 끼기 시작하였을 것입니다.

김부식이 우리 역사에서 단군조선을 빠뜨린 것은 겨레의 열린 심성을 크게 다치게 했습니다. 물론 삼국유사 등 사료가 남아 있어 단군이나 조선을 다 잊어버리지는 않았지만 관학파의 영향은 큽니다. 단군과 조선을 모르는 데서 혼돈과 사대(事大)와 소중화병(小中華炳)이 났고, 이는 조선 주자학에 와서 고질병이 되었습니다. 친일을 거친 지금에 와서는 '작은 미국' 병으로 고생하는 근원이며, 동서화합과 자주통일로 가는 길목에 걸림돌로 박혀 있습니다.

일제의 역사 파괴

일제에 의한 역사 파괴는 누구나 다 아는 일입니다. 이는 고조선의 역사와 발해의 역사를 짓밟은 것을 말하며, 더 나아가 그들이 우리를 '떳떳한 나' 로부터

'부끄러운 너' 로 떨어뜨린 것이 가장 아픈 대목입니다. 제가 여기서 역사 '왜곡' 이나 '축소' 보다 조금 더 과격한 '역사 파괴' 를 입에 담는 까닭도 여기에 있습니다. 자존을 빼앗기는 것은 파괴 또는 파멸의 길임이 맞을 겁니다. 일제 강점기를 보낸 뒤 얼마를 지난 지금에 와서도 아직도 상처 치유에 난감하니, 관학파를 원망할까요, 주자학을 원망할까요, 친일을 원망할까요, 쿠데타세력을 원망할까요, 외세를 원망할까요?

하화와 유럽인의 역사 왜곡

먼저 화하의 상고사 왜곡일 것입니다. 사마천의 사기가 대표적입니다. 고대 삼황오제 문제에서부터 오랑캐 개념에 의한 주변 지배 방식과 오늘의 동북공정에 이르기까지 그들의 강자로서의 논리를 막지 못하고 있습니다. 역사에 대한 관심이 부족한 상태에서 말만으로 대응하기 어렵습니다.

서양에 있어서는 그리스로마문명의 아시아와의 관련성을 자꾸 회피하는 문제를 들 수 있습니다. 그리스와 로마, 심지어 고대이집트의 신화까지 중앙아시아의 신화에서 흘러간 정황이 많이 드러나고 있습니다.

스키타이가 유럽계가 아닌 북방민족임을 알게 된 것은 최근의 일입니다. 이는 앞으로 우리 역사의 눈을 넓히고 바로잡는 데 분수령이 될 것입니다. 서양인들이 고대투르크족의 중앙아시아문명을 애써 무시하거나 왜곡해 왔음이 밝혀지고 있기 때문입니다.

역사 회복

역사 회복이란 무엇일까요? 단군과 조선을 있던 그대로 찾아오는 것입니다. 그것은 신채호가 밝힌 3조선 개념을 이해하는 것이며, 3조선인 조선, 배달, 말갈을 우리 역사에 당당히 올리는 것입니다. 또한 3조선 연방인 단군조선(탕구트, 퉁구스), 배달조선(티베트, 진번조선, 부여조선), 왕검조선(투메트, 말갈조선, 몽골조선)을 우리 역사로 세우는 것입니다.

복본

복본은 고조선 이래 끊임없이 간직해 온 우리의 화두입니다. 이는 조선으로의 복본을 말하는데 조선의 높고 큰 정신을 회복한다는 뜻입니다. 조선의 정신이란 천지인 사상과 홍익인간, 이화세계를 말합니다. 홍익인간은 이미 반만년 전에 우리 조상이 내놓은 사해동포(코스모폴리타니즘) 개념입니다. 천지인 사상은 '나'를 우주의 중심에 놓는 주체철학이며 생명 중심의 위대한 우주관입니다. 그러한 우주관을 회복하는 것이 복본일 것입니다.

우리는 드넓은 북방입니다. 우리는 소중화(小中華)가 아닌, 작은 미국은 더욱 아닌 드높은 조선이며 변방이 아닌 우주의 중심일진저!

조선의 마음은 역사의 중심에 나와 너를 우리로 세우는 마음입니다. 조선의 마음은 배려하는 마음이며 섬김이며 여유와 여백과 여운입니다. 복본은 동서로, 남북으로 갈린 마음밭을 갈아엎음입니다.

다물 흥방

다물 흥방은 다물 개벽과 같은 말입니다. 다물 개벽은 주몽 개벽입니다. 이는 주몽의 고구려 건국 정신으로 돌아감을 뜻합니다. 이는 결국 복본과 같은 개념입니다.

우리는 최근의 소장 학자들이 거둔 진보적 성과와 민중이 거둔 문화의 성취를 올바르게 해석하고 좋은 의미의 자신감으로 가져갑니다.

그대여, 남이 붙여준 '한류(韓流)'보다 '신바람'으로 강강수월래를 춤추며 아리랑의 피와 눈물로 하나됨을 노래하리니.

| 책을 내며 |

제가 이 책을 구상한 것은 어림잡아 열 해가 되었습니다. 여러 날을 새벽으로 넘나들며 많이 애태우고 불태웠습니다. 우리말의 고향이나 나의 뿌리가 늘 궁금했습니다. 그러나 욕먹지 않을까 두렵기만 합니다.

> 무명의 사공이 시린 강에 부러진 삿대를 젓노라
> 노을이 내리는 녘 우두봉에 달이 뜨기는 이른데
> 은비늘 가슴의 실을 풀었다 동였다 하지마는
> 기나긴 물은 수이 건너 주지 않나니…….

저를 밀어 주신 우리말교육대학원 故 김수업 선생과 천문학자 나일성 선생께 절합니다. 〈조선상고사〉의 단재 신채호님께 절합니다. 〈환단고기〉의 이유립님에게 절합니다. 〈문자에 숨겨진 민족의 연원〉의 유창균님에게 절합니다. 〈단군의 나라 카자흐스탄〉의 김정민님에게 절합니다. 〈고조선 문자〉의 허대동님에게 절합니다.

성원해 주신 겨레문화연구원에 절합니다. 책을 내어 주신 한누리미디어 김재엽 사장께 절합니다. 격려해 주신 한국과학문화진흥원 분들과 민예총 가족과 농촌유학 '시골살이아이들' 께 절합니다.

못난 나를 늘 감싸시던 한어버이께, 야단만 치시던 어버이께 절합니다. 늘 딴 생각만 한다고 불만이던 아내와 아이들과 가족에게 절합니다.

| 증보판을 내며 |

초판을 낸 뒤 꼭 보탤 것이 있었습니다.

특히 고대 민주주의의 기원과 강강수월래와 구지가에 대한 생각을 보탤 필요성을 절감했기 때문입니다.

부족하나마 많은 뜻 있는 분들께 뜻 있는 감이 되면 다행이겠습니다.

우리말 연구서 出版.
2016.11.22

홍현기

- 1947년 경북 예천 용문 출생
- 1969년 홍익대학교 미술대학 졸업
- 1986년 홍익대학교 대학원 졸업
- 개인전 25회(대구 9, 서울 2, 미국 1, 일본 11, 부산 1, 예천 1)
- 역임 : 대구현대미술가협회 회장
  인천가톨릭대학교 미술학부 교수

| 글쓴이 |

김소내의 본디 이름은 김두년이다. 육이오 한 해 앞서 소백산 아래 예천군 은풍골에서 태어나고 자랐다. 안동교육대학에서 배우고 국어국문학 독학사 공부를 하고 우리말 교육대학원에서 배웠다. 어려서부터 혁거세와 징기스칸을 비롯한 옛말과 마을이나 산 이름, 꽃 이름, 풀 이름에 호기심을 가졌다. 국어 교사로 일했다.

지금 관여하고 있는 데는 대구경북작가회의, 농촌유학운영위원회, 한국민족예술단체총연합 예천지부, 한내글모임, 한국과학문화진흥원, 은풍골 향토사연구회 따위다.

우리말의 고향 (증보판)

지은이 / 김소내
발행인 / 김영란
발행처 / 한누리미디어
디자인 / 지선숙

08303, 서울시 구로구 구로중앙로18길 40, 2층(구로동)
전화 / (02)379-4514
Fax / (02)379-4516
E-mail/hannury2003@hanmail.net

신고번호 / 제 25100-2016-000025호
신고년월일 / 2016. 4. 11
등록일 / 1993. 11. 4

초판발행일 / 2016년 12월 5일
증보판발행일 / 2019년 6월 25일

값 30,000원

※잘못된 책은 바꿔드립니다.

ISBN 978-89-7969-801-5 03710